高等学校应用技术型经济管理系列教材（会计系列）

高等学校应用型经济管理规划教材

总主编／李　雪　主审／徐国君

U0958354

审计学

Auditing

李雪◎主编
洪宇◎副主编

立信会计出版社
LIXIN ACCOUNTING PUBLISHING HOUSE

图书在版编目(CIP)数据

审计学 / 李雪主编. —上海：立信会计出版社，2020.9(2022.7 重印)
高等学校应用技术型经济管理系列教材. 会计系列
ISBN 978-7-5429-6587-5

Ⅰ.①审… Ⅱ.①李… Ⅲ.①审计学—高等学校—教材 Ⅳ.①F239.0

中国版本图书馆 CIP 数据核字(2020)第 168906 号

策划编辑　方士华
责任编辑　张善涛
封面设计　南房间

审计学
Shenjixue

出版发行	立信会计出版社		
地　　址	上海市中山西路 2230 号	邮政编码	200235
电　　话	(021)64411389	传　　真	(021)64411325
网　　址	www.lixinaph.com	电子邮箱	lixinaph2019@126.com
网上书店	http://lixin.jd.com		http://lxkjcbs.tmall.com
经　　销	各地新华书店		

印　　刷	常熟市华顺印刷有限公司	
开　　本	787 毫米×1092 毫米	1/16
印　　张	25.75	
字　　数	660 千字	
版　　次	2020 年 9 月第 1 版	
印　　次	2022 年 7 月第 2 次	
印　　数	3101—5200	
书　　号	ISBN 978-7-5429-6587-5/F	
定　　价	56.00 元	

总　序

教材是高校实现人才培养目标的重要载体，教材及教材建设对高校发展具有举足轻重的作用。与培养模式相对应的教材是培养合格人才的基本保证，是实现培养目标的重要工具。由于历史的原因，在财经类教材的出版方面，相关出版社出版研究型本科或者高职高专、中等职业等层次的教材较多，也较成熟，而在应用技术型本科教材出版上比较欠缺，虽然近年来也出版了一些这方面的教材，但总体而言，还是缺乏权威性、普适性、实用性和创新性。造成这种状况的原因主要在于：出版社对财经类应用技术型本科教材的出版还不够重视，没有进行有效的组织；财经类应用技术型本科院校多为新建院校，教材建设相对滞后，主观上也较愿意使用研究型本科教材；教材的使用存在比较严重的混用现象，教材的目标读者群不明确，如不少教材既适用于研究型本科又适用于应用技术型本科，或者既适用于本科院校又适用于高职高专院校。

由于目前应用技术型本科教材种类和数量匮乏或质量欠佳，应用技术型本科不得不沿用传统研究型本科教材，比如，东北财经大学会计系列教材（包括《基础会计》《中级财务会计》《管理会计》《高级财务会计》《审计》等），中国人民大学会计系列教材（如《成本会计》），教育部统编教材（如《财务管理》）等国家级规划教材。这些教材本身的质量很好、级别很高，但是并不适用于应用技术型本科院校的教学，教师和学生普遍反映不好用。即使从全国范围来看，我国也还没有相对成套、成熟的适合应用技术型高校使用的教材，不适应教育教学要求。现有教材存在的主要问题包括：①定位和要求较高；②内容多、难度大；③着重于理论解释，相关案例、实训等内容较少，缺乏普适性、实用性。所以，应用技术型本科教学需要有适应学生水平、便于学生接受的应用技术型教材。

我们组织具有多年应用技术型人才培养经验的优秀教师和实务界专家编写了本套系列教材。本套系列教材由《会计基本技能》《基础会计》《中级财务会计》《成本会计》《管理会计》《财务管理》《会计信息系统》《审计学原理》《审计实务》《税法》《经济法》《金融学》《纳税会计》等构成。为了保证教材的质量，我们聘请了著名高校的专家、教授对本套系列教材的编写进行专门指导和审核。每种教材至少有一名本学科的知名专家或学科带头人提出审核指导意见，有一名高等院校教学一线的高级职称教师参与组织编写，有一名行业协会、实务界专家和教学研究机构人员提出编写建议。

本套系列教材的特色如下。

1. 应用性

应用技术型本科教材应坚持培养应用技术型本科人才的定位，充分吸收和借鉴传统的普通本科教材与高职高专类教材建设的优点和经验，以就业为导向，做到在理论上优于高职高专教材、在动手能力的培养上优于传统的本科教材。

本套系列教材体现了应用技术型本科的定位，体现了素质教育和“以学生发展为本”的教育理念，遵循了高等教育教学基本规律，重视知识、能力和素质的协调发展，根据应用技术型人才培养模式对学生的创新精神、实践能力和适应能力的要求，在内容选材、教学方法、学习方法、实验和实训配套等方面突出了应用性的特征。

2. 针对性

本套系列教材的编写符合会计学、财务管理和审计学等专业的培养目标、培养需求、业务规格（知识结构和能力结构）和教学大纲的基本要求，与各专业的课程结构和课程设置相对应，与课程平台和课程模块相对应。本套系列教材在结构的布局、内容重点的选取、示例习题的设计等方面符合教改目标和教学大纲的要求，把教师的备课、试讲、授课、辅导答疑等教学环节有机地结合起来。

3. 先进性

本套系列教材反映了应用技术型会计人才教育教学改革的内容，能够反映学科领域的新发展。本套系列教材的整体规划、每种教材构造等均体现了实用性和创新性。本套系列教材还强调了系列配套，包括了教材、学习指导书、教学课件等。

4. 基础性

本套系列教材打破传统教材自身知识框架的封闭性，尝试多方面知识的融会贯通，注重知识层次的递进，体现每一门科目的基本内容；同时，在具体内容上突出实际的运用知识的能力，达到“教师易教，学生乐学，技能实用”的教学目的。

5. 易于自学性

自学能力的培养是高等教育应该教授给学生的一项基本能力。学生只有具备了自主学习的能力，才能最终建立起终身学习的保障体系，这也是应用技术型本科人才培养的客观要求。应用技术型本科院校的生源素质与其他高校相比存在较大差距，除一部分高考发挥失误的学生外，有相当一部分学生在学习习惯、基础知识等方面存在一定的欠缺，这就要求本套系列教材要能调动这部分学生的学习积极性，在理论方面尽量做到通俗易懂，在实践方面尽量采用案例式教学。为了有利于学生课后自主学习，本套系列教材配套了学习指导书和教学课件。

因此，本套系列教材的定位把握准确，教材的特色明显，适用于应用技术型本科院校教学，容易得到学生和市场的认可，便于学生的自学和教师的教学。

高等学校应用技术型经济管理系列教材（会计系列）凝聚了众多领导、教授和专家多年来的经验和心血。当然，由于我们的经验和人力有限，教材中难免存在不足，我们期待着各位同行、专家和读者的批评指正。我们将随着经济发展和会计环境的变迁不断地修订教材，以便及时反映学科的最新发展和人才培养的最新变化。

本套系列教材出版后，得到学生和市场的认可，深受广大读者的欢迎。为了更好地回馈读者，本套系列教材从 2017 年起启动改版修订工作，改版的各种教材将陆续出版。我们会一如既往地做好教材修订和相关服务工作，希望广大读者对本套系列教材给予支持。

李　雪

2020 年 9 月

前 言

审计学课程是高等学校会计学本科专业核心专业课之一，内容涵盖审计学的基础理论和审计的操作实务。主要通过对审计理论和审计实务的讲解，并结合生动的案例分析，使学生掌握审计学的基本程序和方法，为今后从事会计和审计工作打下坚实的基础。

近年来，我国审计事业不断发展，审计准则不断完善。我们本着与时俱进的精神，着眼于应用技术型会计人才培养的现实需求，依据高等学校应用技术型经济管理系列教材（会计系列）的编写要求，结合多年应用技术型会计人才培养的教学经验，编写了本教材。我们力求做到：

(1) 结构合理，便于应用型会计人才的教育教学。每章均设置了"内容提要""重点难点""学习目标""知识框架""重要概念""本章练习"等内容，便于学生了解每章的主要内容、应解决的问题等，有利于学生将审计理论与审计准则、审计实务结合起来，对学生综合掌握和理解审计学的基本理论、程序和方法大有裨益。

(2) 国际化与本土化并重。本教材在大量借鉴了以英、美为代表的发达国家先进审计理论与实务的基础上，注重立足国情，严格按照我国的最新的审计法规、审计准则阐述审计问题，有利于提高学生的实际工作水平。

(3) 体现了最新审计规范和企业内部控制规范的要求。本教材适时全面地反映2019年7月1日起实施的18项审计准则和24项应用指南的新修订，同时借鉴了2020年1月《会计师事务所质量管理准则第5101号——业务质量管理》等三项准则征求意见稿、《中国注册会计师职业道德守则（征求意见稿）》和《中国注册会计师协会非执业会员职业道德守则（征求意见稿）》的内容，有助于学生及时了解新的审计规范对审计的影响和要求。

(4) 内容新颖，形式灵活。从内容上看，本教材吸收并参考了截至2020年8月我国发布的最新审计准则和相关规范，还吸收了作者及中外众多审计学者的最新研究成果；以介绍民间审计为主线，主要讲述财务报表审计的原理，在审计实务的知识中，贯穿风险导向审计模式，使读者了解每一业务循环的重大错报风险、内部控制要点及其测试方法、主要账户的分析程序和实质性测试方法。从形式上看，本教材列示了各种重要观点流程图和审计报告，便于学生理解。

本教材由李雪担任主编，洪宇担任副主编，张文娟、高金清、马瑞颖为编者。具体分工为：第1章至第4章、第11章由李雪、洪宇编写；第5章至第6章由李雪、高金清编写；第7章至第10章由李雪、张文娟编写；第12章至第14章由李雪、马瑞颖编写。

在本教材的编写过程中，我们参考了大量相关教材和论著，在此向有关作者致以深深的感谢！

本教材的编写经过多次讨论研究，力求完善，但由于我们的经验和其他客观条件，书中疏漏和不妥之处在所难免，恳请各位专家与读者多加批评指正，以便进一步修改完善。

编　者

2020年9月

目　录

第 1 章　审计概述

内容提要

本章主要讲解审计的基本概念，包括产生与发展、概念框架、准则以及注册会计师的职业道德等，并分为 4 节进行讲解。

重点难点

本章重难点为审计准则与注册会计师的职业道德，理解并掌握注册会计师执业应遵循的相应规定，掌握职业道德的基本要求。

学习目标

通过本章的学习，学生应掌握审计的基本概念；了解审计产生与发展的过程；明确注册会计师执业的相关规范；掌握注册会计师独立性的实质要求。

知识框架

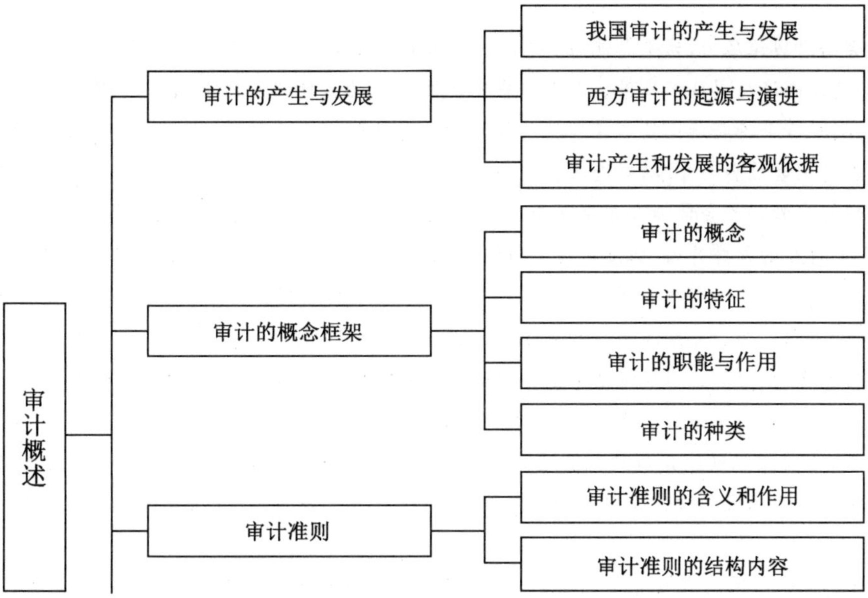

- 注册会计师的职业道德
  - 注册会计师职业道德的基本要求
  - 注册会计师业务能力和技术守则
  - 注册会计师对委托单位的责任
  - 对同业的责任
  - 业务承接中的职业道德

引入案例

南海公司破产案

英国南海股份有限公司成立于1710年，主要从事海外贸易业务。公司成立10年间，经营业绩平平。1719—1720年，公司趁股票投机热在英国方兴未艾之机，发行海量股票，同时公司董事会对外散布公司利好消息，致使公众对股价上扬增强了信心，带动了公司股价上升。1719年，南海公司股价为每股114英镑，到1720年3月股价升至每股300英镑，1720年7月，公司股票价格高达每股1 050英镑，公司股东波伦特决定以高于面值数倍的价格发行新股，一时间，南海公司股价扶摇直上，一场股票投机浪潮席卷全英。

英国议会为了制止国内“泡沫公司”的膨胀，于1720年6月通过了《泡沫公司取缔法》，随之一些公司被解散。许多投资者开始清醒，抛售手中所持股票。股票投资热的降温，致使南海公司股价一路下滑。到1720年12月，南海公司股价跌至124英镑。1720年年底，英国政府对南海公司资产进行清理，发现其实际资本所剩无几。南海公司宣布破产。

南海公司破产，犹如晴天霹雳，震惊了公司投资人和债权人，数以万计的股东及债权人蒙受损失。当证实了百万英镑的损失落在自己头上时，他们纷纷向英国议会提出严惩欺诈者并给予赔偿损失的要求。

英国议会面对舆论压力，为平息南海公司破产引发的风波，于1721年9月成立了由13人组成的特别委员会，秘密查证南海公司破产事件。在查证中发现该公司的会计记录严重失真，并有明显的篡改舞弊行为。为此，特别委员会特聘请伦敦市霍斯特·莱思学校的会计教师查尔斯·斯奈尔对南海公司账目进行审查。斯奈尔应特别委员会的要求，对南海公司会计账目的审核，于1721年编制了一份题为《伦敦市霍斯特·莱思学校的习字教师兼会计师查尔斯·斯奈尔对南海股份有限公司会计账簿检查的意见》的查账报告书，指出了公司存在的舞弊行为，但没有对公司编制虚假账目的目的表示自己的意见。英国议会根据斯奈尔的查账报告书，没收了全部公司董事的个人财产，将公司一名直接责任经理押进了英国伦敦塔监狱。为此，查尔斯·斯奈尔成为世界民间审计的先驱者，他编制的查账报告是世界最早由会计师编制的审计报告。

英国政府颁布的《泡沫公司取缔法》，主要目的是防止不正常的股票投机，对股份公司的成立严加限制，以保持资本市场的稳定，保护投资者及债权人的利益不受侵害。1828年，英国政府根据国内经济发展对资金的高度需求，重新认识股份公司的经济意义，撤销了1720年的《泡沫公司取缔法》，1834年以后，又通过了由国王授予特许证来设立股份公司的法案。英国议会于1844年颁布了《公司法》，促进并规范了股份公司的发展。

要求：分析说明英国南海公司破产案审计的历史意义及对现代民间审计产生的深远影响。

参考来源：秦荣生，卢春泉.审计学[M].北京：中国人民大学出版社，2019.

1.1 审计的产生与发展

1.1.1 我国审计的产生和发展

我国审计经历了一个漫长的发展过程，大体上可分为6个阶段：西周初期初步形成阶段；秦汉时期最终确立阶段；隋唐至宋日臻健全阶段；元明清停滞不前阶段；中华民国不断演进阶段；新中国振兴阶段。

我国西周国家财计机构分为两个系统：一是地官大司徒系统，掌管财政收入；二是天官冢宰系统，掌管财政支出。天官所属中大夫司会，为主宦之长，主天下之大计，本为分掌王朝财政经济的审核和监督。《周礼》中记载："凡上之用，必考于司会。"即凡帝王所用的开支，都要受司会的检查，可见司会的权力很大。而且还说："以参互考日成，以月要考月成，以岁会考岁成。"即司会每旬、每月、每年都要对下级送上来的报告加以考核，以判断每一个地方官吏每旬、每月和每年所编制的报告是否真实、可靠，再由周王据此决定赏罚。我国政府审计的起源，基于西周的宰夫。《周礼》云："宰夫岁终，则令群吏正岁会。月终，则令正月要。旬终，则令正日成，而以考其治。治不以时举者，以告而诛之。"即年终、月终、旬终的财计报告先由宰夫命令督促各部门官吏整理上报，宰夫就地稽核，发现违法乱纪者，可越级向天宦冢宰或周王报告，加以处罚。由此可见，宰夫是独立于财计部门之外的职官，标志着我国政府审计的产生。

秦汉时期是我国审计的确立阶段，主要表现在以下3个方面：一是初步形成了统一的审计模式。秦汉时期是我国封建社会的建立和成长时期，社会经济的发展，促进了秦汉时期逐渐形成全国审计机构与监察机构相结合、经济法制与审计监督制度相统一的审计模式。秦朝，中央设"三公""九卿"辅佐政务。御史大夫为"三公"之一，执掌弹劾、纠察之权，专司监察全国的民政、财政以及财物审计事项，并协助丞相处理政事。汉承秦制，西汉初中央仍设"三公""九卿"，仍由御史大夫领掌监督审计大权。二是"上计"制度日趋完善。所谓"上计"，就是皇帝亲自听取和审核各级地方官吏的财政会计报告，以决定赏罚的制度。这种制度始于周朝，至秦汉时期日趋完善。三是审计地位提高，职权扩大。御史制度是秦汉时代审计建制的重要组成部分。秦汉时代的御史大夫不仅行使政治、军事的监察之权，还行使经济的监督之权，控制和监督财政收支活动，勾稽总考财政收入情况。应该指出的是，秦汉时期审计制度虽已确立，但仍属初步发展时期。

隋唐时代是我国封建社会的鼎盛时期，宋代是我国封建社会经济的持续发展时期。隋唐至宋，中央集权不断加强，官僚系统进一步完善，审计在制度方面也日臻健全。隋开创一代新制，设置比部，隶属于都官或刑部，掌管国家财计监督，行使审计职权。唐改设三省六部，六部之中，刑部掌天下律令、刑法、徒隶等政令，比部仍隶属于刑部，凡国家财计，不论军政内外，无不加以勾稽，无不加以查核审理。比部审计之权通达国家财经各领域，而且一直下伸到州、县。由此可见，唐代的比部审查范围极广、项目众多，而且具有很强的独立性和较高的权威性。宋代审计一度并无发展。元丰改制后，财计官制复唐之旧，审计之权重归刑部之下的比部执掌，审计机构重获生机。此外，还专门设置审计司，隶属于太府寺。北宋时又曾将这个机构改称为审计院。南宋时，湖、广还设有审计院，四川也设有审计院。宋审计司

(院)的建立,是我国审计的正式命名,从此,"审计"一词便成为财政监督的专用名词,对后世中外审计建制具有深远的影响。

元明清各朝,君主专制日益强化,审计虽有发展,但总体上停滞不前。元代取消比部,户部兼管会计报告的审核,独立的审计机构即告消亡。明初设比部,不久即取消,洪武十五年设置都察院,以左右都御史为长官,审查中央财计。清承明制,设置都察院,职掌为"对君主进行规谏,对政务进行评价,对大小官吏进行纠弹",成为最高的监察、监督、弹劾和建议机关。虽然明清时期的都察院制度有所加强,但其行使审计职能,却具有一揽子性质。由于取消了比部这样的独立审计组织,其财计监督和政府审计职能严重削弱,与唐代行使司法审计监督职能的比部相比,后退了一大步。

辛亥革命结束了清王朝的封建统治,成立了中华民国。1912 年在国务院下设审计处,1914 年北洋政府将其改为审计院,同年颁布了《审计法》。国民党政府根据孙中山先生五权分立的理论,设立司法、立法、行政、考试、监察五院。在监察院下设审计部,各省(市)设审计处。不能按行政区域划分的单位,如国库、铁路局、税务机关等,则根据需要与可能设审计办事处,分别对中央和地方各级行政机关以及单位的财政和财务收支实行审计监督。国民党政府也于 1928 年颁布过《审计法》和实施细则,1929 年颁布了《审计组织法》,审计人员有审计、协审、稽察等职称。与此同时,我国资本主义工商业有所发展,民间审计应运而生。1929 年《公司法》的公布以及后来《税法》和《破产法》的施行,也对执业会计师事业的发展起了推动作用。20 世纪 30 年代以后,一些大城市相继成立了会计师事务所,接受委托人委托办理查账等业务。民间审计得到发展。这一时期,我国审计事业日益演进,有所发展,但由于政治不稳定,经济发展缓慢,一直没有长足的进展。

中华人民共和国成立伊始,国家没有设置独立的审计机构。对企业的财税监督和货币管理,是通过不定期的会计检查进行的。中共十一届三中全会以来,党和政府把工作重点转移到经济建设上来,并制定了一系列的方针政策。为了适应这种需要,我国在 1980 年恢复和重建了注册会计师制度,财政部颁布了《关于成立会计顾问处的暂行规定》,并且在改革开放中获得了迅速发展。1986 年 7 月,国务院发布了《中华人民共和国注册会计师条例》,标志着我国民间审计的发展进入了一个新阶段。1994 年 1 月 1 日《中华人民共和国注册会计师法》的实施,使民间审计步入了法制的轨道,并得到迅猛发展。与此同时,我国已把建立政府审计机构,实行审计监督,载入我国 1982 年修改后的《中华人民共和国宪法》,并于 1983 年 9 月成立了我国政府审计的最高机关——审计署,在县以上各级人民政府设置各级审计机关。1985 年 8 月发布了《国务院关于审计工作的暂行规定》;1988 年 11 月颁发了《中华人民共和国审计条例》;1995 年 1 月 1 日《中华人民共和国审计法》的实施,从法律上进一步确立了政府审计的地位,为其进一步发展奠定了良好基础。2006 年 2 月修改后的《中华人民共和国审计法》(2006 年修正),对原《中华人民共和国审计法》做了大量修订,自 2006 年 6 月 1 日起施行。为了全面开展审计工作,完善审计监督体系,加强部门、单位内部经济监督和管理,我国于 1984 年在部门、单位内部成立了审计机构,实行内部审计监督。1985 年 10 月发布了《审计署关于内部审计工作的若干规定》,在各级政府审计机关、各级主管部门的积极推动下,内部审计蓬勃发展。2003 年 5 月 1 日,审计署颁布施行了《审计署关于内部审计工作的规定》。至此,我国形成了政府审计、民间审计和内部审计三位一体的审计监督体系,审计制度和审计工作进入了振兴时期。

1.1.2 西方审计的起源与演进

在西方国家，随着生产力的发展和经济关系的变革，审计也经历了一个漫长的发展过程。在西方，政府审计的产生早于民间审计和内部审计。

据考证，早在奴隶制度下的古罗马、古埃及和古希腊时期，已有官厅审计机构。审计人员以"听证"(audit)方式，对掌管国家财物和赋税的官吏进行审查和考核，成为具有审计性质的经济监督工作。在历代封建王朝中，也设有审计机构和人员，对国家的财政收支进行监督。但当时的审计，不论从组织机构上还是方法上看，都还处于很不完善的阶段。

随着经济的发展和资本主义国家政权组织形式的完善，政府审计也有了进一步的发展。现代资本主义国家，大多实行立法、行政、司法三权分立，议会为国家的最高立法机关，并对政府行使包括财政监督在内的监督权。为了监督政府的财政收支，切实执行财政预算法案，以维护统治阶级的利益，西方国家大多在议会下设有专门的审计机构，由议会或国会授权，对政府及国有企业和非营利组织的财政财务收支进行独立的审计监督。美国于1921年成立的总审计局，就是隶属于国会的一个独立经济监督机构，它担负着为国会行使立法权和监督权提供审计信息和建议的重要职责。总审计长由国会提名，经参议院同意，由总统任命。总审计局和总审计长置于总统管辖以外，独立行使审计监督权。另外，加拿大的审计公署、西班牙的审计法院等，也都是隶属于国家立法部门的独立机构，其审计结果要向议会报告，享有独立的审计监督权限。这是世界上比较普遍的立法系统的政府审计机关。

应该看到，各国政府审计机关都是根据自己的国情来设置的。除立法系统的政府审计机关外，还有一些国家的审计机关隶属于政府领导，称为行政系统政府审计机关，如罗马尼亚由总统直接领导的高级监察院等；一些国家的审计机关由政府的财政部领导，称为次行政系统政府审计机关，如瑞典的政府审计局等。此外，实际上还存在一种既不属立法系统也不属行政系统的政府审计机关，如日本的会计检察院直接对天皇负责。总之，不管采取哪种类型，都应保证政府审计机关拥有独立性和权威性，以不受干扰，客观、公正地行使审计监督权。

在西方由执业会计师进行的民间审计，随着资本主义商品经济的兴起得到迅速发展。16世纪末期，地中海沿岸国家的商品贸易得到发展，出现了为筹集大量资金进行贸易活动的合伙经营方式，即由多人合伙筹资，委托给某些人去经营贸易。这样，财产的所有权和经营权分离，对经营管理者进行监督成为必要，所有者便聘请会计工作者来承担这项工作。17世纪初期，苏格兰也出现了一批从事此类工作的会计工作者，这是早期处于萌芽状态的民间审计。

现代意义上的民间审计是伴随18世纪初期到19世纪中叶产业革命的完成而开始的。产业革命的完成推动了资本主义商品经济的发展，在西方出现了以发行股票筹集资金为特征的股份有限责任公司。股份有限责任公司这一企业组织形式的出现，公司的所有权与经营权相分离，使得对经营管理人员的监督十分必要，现代民间审计制度应运而生。1844年，英国政府为了保护广大股票持有者的利益，颁布了《公司法》，规定股份有限责任公司必须设监察人，负责审查公司账目。因为当时的监察人一般由股东担任，大多并不熟悉会计业务和审查方法，难以有效监督，所以1845年修订《公司法》时规定，股份有限责任公司可以聘请执业会计师协助办理此项业务。这一规定无疑对民间审计发展起到了推动作用。1853年，在苏格兰的爱丁堡成立了爱丁堡会计师协会，这是世界上第一个执业会计师的专业团体；随后，英国有数家会计师协会相继成立，民间审计队伍迅速扩大。但此时的英国民间审计没有成套的方法和理论依据，只是出于查错揭弊的目的，对大量的账簿记录进行逐笔审查，即详细审计。由于详细审计产生于英国，且在英国盛行，故也称为英国式审计。

19世纪末、20世纪初，美国的民间审计得到了迅猛发展。美国南北战争结束后，英国巨额资本流入美国，起到了促进其经济发展的积极作用。为了保护广大投资者和债权人的利益，英国的执业会计师远涉重洋到美国开展民间审计业务；与此同时，美国也很快形成了自己的民间审计队伍。1887年美国会计师公会成立，1916年改组为美国会计师协会，后来发展为美国注册公共会计师协会（American Institute of Certified Public Accountants, AICPA），成为世界上最大的民间审计专业团体。初期的美国民间审计多采用英国式的详细审计。20世纪初期，美国的短期信用发达，企业多从银行举债。银行为了维护自身利益，要求对申请贷款企业的资产负债表进行审查、分析，判断企业的偿债能力，以决定是否给予贷款。因此，以证明企业偿债能力为主要目的的资产负债表审计，即信用审计，在美国风行一时。由于资产负债表审计是美国首先实施的，故又称美国式审计。20世纪20年代以后，随着资本市场的发育成熟，证券交易的业务量和规模都有了较大的发展。顺应证券市场发展和社会各方面的要求，资产负债表审计已无法满足需要，美国率先进入财务报表审计时代。美国1933年颁布的《证券法》规定，在证券交易所上市的所有企业的财务报表，都必须进行强制审计，其财务报表都须经注册会计师出具审计报告。由于美国以立法的形式推行企业会计信息公开制度，要求所公开的各种财务报表必须按一定的标准编制，客观上要求与之相适应的审计工作也必须步入规范化、标准化的轨道。为此，西方社会各阶层加速了对会计准则、审计准则的研究。许多国家的会计职业团体制定和实施了会计准则和审计准则。

第二次世界大战以后，各经济发达国家通过各种渠道推动本国的企业向海外拓展，跨国公司得到空前发展。跨国公司是由资本输出形成和发展起来的，开始是发达国家的公司向不发达国家投资；到后来，发达国家之间的公司相互渗透，一些不够发达的国家也向发达国家投资。这一方面是由各国经济发展不平衡造成的，另一方面是由于国际经济的发展和国际经济交流日益密切。跨国公司的日益增多，也带动了注册会计师的业务向世界范围扩展。为服务于分设在不同国家和地区的跨国公司，一些国家的会计师事务所组成大规模的国际会计师事务所，或者是跨国公司母国的会计师事务所在投资国分设机构，从而形成国际会计师事务所。这些国际会计师事务所典型的就是俗称“四大”的普华永道、德勤、安永、毕马威，其机构庞大，人员众多，有统一的工作程序和质量要求，能够适应不同国家和地区的业务环境。它们不但为跨国公司的各分支公司服务，也为当地的公司服务，其业务收入每年达数百亿美元。它们通过遍布世界各地的事务所，在国际经济活动中起着重要作用。与此同时，审计技术也在不断完善，抽样审计方法普遍运用，系统导向审计方法得到推广，审计准则逐步完善，审计理论体系开始建立，注册会计师业务扩大到代理纳税、代理记账等业务。

20世纪60年代以后，科学技术有了飞跃的进步，新兴产业部门不断涌现，新技术和新方法成功地运用于经济管理领域，如高等数学、电子计算机、系统科学用于经营管理。这些理论给企业管理的各个方面带来思想和观念的变革，促进了审计技术的进步和管理咨询业务的发展。系统导向审计技术不断完善，不太成熟的风险导向审计技术开始运用到审计工作中。对注册会计师来说，民间审计业务不仅包括传统的服务项目，而且包括许多管理范畴内的服务。当时美国的会计师事务所试行这种范围广大的服务方式。20世纪60年代以后，管理咨询服务在很多国家被广泛接受。注册会计师从适应公司管理手段的改变和改进经营管理的需要出发，开发了电子数据处理系统审计和计算机辅助审计技术，并把业务范围从主要执行审计职能迅速向管理咨询领域扩展。例如，提供经济和财务信息、电子数据处理、存货管理，直至人事管理和个人财务管理等，这些无疑增加了注册会计师在经济生活中的重要性。在一些西方国家，大多数投资者和企业经理在作出重大决策前，都要先听取注册会计师的意见。注册会计师在社会中的形象更加高大，被称为一种“强大的无形力量”。

21 世纪初，随着安然公司等一批美国公司财务丑闻的揭露及安达信国际会计师事务所的崩塌，美国实施了《萨班斯—奥克斯利法案》，强化了对公司内部控制的要求和对外部注册会计师的监管。为了适应这种形势，国际审计和保证委员会及美国等发达国家的职业会计师组织，修改相关的审计准则，推行适合于揭露财务报表重大错报的经营风险导向审计，审计技术和方法不断科学化。

1.1.3 审计产生和发展的客观依据

从上述中外审计产生和发展的历史可以看出，审计的产生和发展有其客观依据。

1) 维系受托经济责任关系是审计产生和发展的基础

在奴隶社会和封建社会，奴隶主和封建主阶级为了巩固其统治地位，必须设置军队、法庭和监狱等国家权力机关，并通过征税来维持这些权力机关的生存。而征收税赋都是由最高统治者的代理官员负责的，最高统治者是授权者，代理官员是代理者，两者之间便产生了一种受托经济责任关系。在民间，奴隶主或封建主将其剥削得来的财产也授权给代理人管理，奴隶主、封建主与代理人之间也产生了同样的受托经济责任关系。这时，无论是奴隶主、封建主由代理人所从事的财政经济活动，还是个别奴隶主、封建主私有财产由代理人所作记录及其所反映的收支活动，都有必要授权给独立于财税以外的官员来进行审查，对代理人所经手的钱、财、物、账予以勾稽核实，证明代理人是否诚实地承担了自己的受托经济责任。中外古代审计，都是在这样的客观条件下应运而生的。

随着社会的发展和生产规模的日益扩大，资本主义社会出现了以股份有限责任公司为主要形式的生产经营组织形式。股东对公司的财产拥有所有权但并不直接参与公司生产经营管理，而委托经理层行使管理的职能，财产的所有权与经营管理权日益分离。公司经理层对股东的委托经济责任大大加强了，经理层要以财务报表形式定期向股东汇报公司的经营情况和财务成果，这些财务报表是否真实、正确，能否证明经理层恪尽职守，切实地履行了其所承担的经济责任，需要作为第三者的审计人员进行审查，以保证股东和债权人的正当权益不受侵犯。这时，民间审计便应运而生。

特别提示 1-1

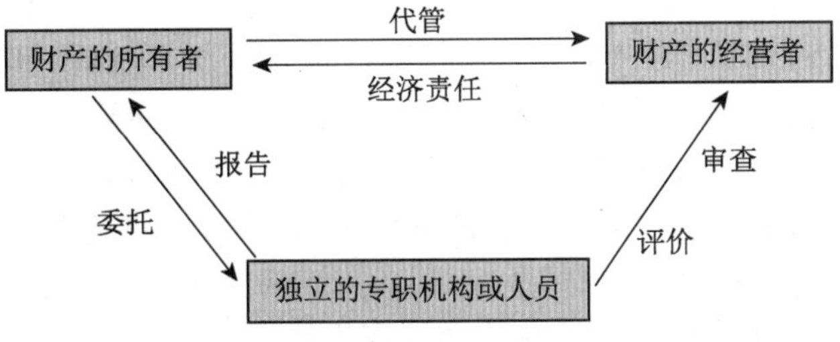

注册会计师审计起源于所有权与经营权的分离，是市场经济发展一定阶段的产物。

20世纪20年代以来，公司生产经营规模不断扩大，经济贸易活动日趋国际化，跨国公司不断增加。这时，总公司的经理层已不可能亲自收集各种经营管理所需信息，不可能对各级经理层进行监督，为审查各级经理层在所有权统一的前提下对总公司经理层所承担的受托经济责任，内部审计便产生和发展起来。

在社会主义市场经济体制下，国有企业对国家担负着及时、足额上缴利税，确保资产完好和增值等受托经济责任，国家为了保护全体人民利益，维护企业的合法权益，必须由独立的权威机构审查企业的财务收支情况，以保证会计信息的准确可靠和经济活动的合法合理，确定和解除有关责任人的受托经济责任。社会主义国家的政府、人民团体和事业单位虽然不是生产经营组织，但它们负有节约财政开支、减少经费支出和提高工作效率的受托经济责任，因此，国家也要审查其财政财务收支的合法性、合理性和真实性。

因此，从审计行为的萌芽状态到政府审计、民间审计和内部审计机构的形成，从奴隶社会、封建社会到资本主义社会和社会主义社会，都同财产所有权与经营管理权相分离而产生的受托经济责任关系有关。审计因受托经济责任而产生和发展，没有这种受托经济责任关系，就不可能产生审计行为。

2）提高经营效率和经济效果是审计发展的动力

人类社会在生产活动中，力求以较少的劳动消耗和劳动占用取得最大的劳动成果，以不断提高经营效率和经济效果，这是社会进步和发展的客观要求。要实现这一目标，就需要对生产过程和一切经济活动进行严格的管理和控制，对各种计划和方案进行评价，对计划和方案执行的效益性进行审查。而审计作为独立的经济监督活动，通过对企业内部控制系统和经济活动客观、公正的评价，可以为经营管理者提供正确有用的资料和审计结论。由于审计所处的独立的第三者地位，一般不带有任何偏见，审计结论容易被社会各阶层所接受，能作为评价一个部门或单位财务状况和经营成果的依据。

早期传统的审计，只局限于审查账目和财务报表，通常称为财务审计，其目的仅仅在于检查、揭露差错和弊端。但是，随着企业规模的扩大、生产的发展，管理方法和技术日趋复杂，对企业生产经营、管理和控制的审计也更加重要。审计的目的，不仅在于审查账目和财务报表，而且包括评价企业的生产经营管理，并及时提出积极、合理的建议，如哪些环节和步骤存在不合理的开支、哪些制度不适应生产的发展、增加企业收入的途径有哪些、怎样改善企业的经营管理等。事前审计、经营审计、管理审计、经济审计、效率审计和效果审计都是适应上述需要而发展起来的审计种类和方式。

3）现代科学技术为审计的发展提供了方法和手段

现代科学技术为现代审计的发展提供了方法和手段。这不但表现为审计领域的不断扩展，而且更重要的是审计方法的不断发展。如财务审计经常使用统计抽样法，经济效益审计广泛采用现代管理方法和数学方法及有关预测、决策及分析方法等。同时，在审计过程中，运用系统论、信息论、控制论等原理对审计事项进行总体的全面验证和综合分析，使审计结论朝着更加精确、可靠和卓有成效的方向发展。特别是计算机应用于管理和会计系统，使传统的手工数据处理系统转变为电算化数据处理系统后，审计的对象发生了重大变化，对电子数据处理系统的审计方法的研究，形成了一门与会计、审计和计算机交叉的边缘学科——电子数据处理系统审计。随着网络技术在社会经济生活中的广泛运用，网络审计和非现场审计也应运而生；随着云计算的发展，云审计的应用前景十分广阔。

1.2 审计的概念框架

1.2.1 审计的概念

审计是一项具有独立性的经济监督活动。它是由独立的专职机构或人员接受委托或授权，对被审计单位特定时期的财务报表及其他有关资料以及经济活动的真实性、合法性、合规性、公允性和效益性进行审查、监督、评价和鉴证的活动。其目的在于确定或解除被审计单位的受托经济责任。

根据审计的概念，可以概括出审计的两个基本特征：独立性和权威性。

1）独立性

独立性是保证审计工作顺利进行的必要条件。审计的原始意义就是查账，即由会计人员以外的第三者，对会计账目和财务报表进行审查，借以验证其公允性和合法性。现代审计理论中的3种审计关系人就是据此产生的。第一关系人，即审计主体（审计机构或人员），它们根据审计委托者的委托，就被审计单位的财务状况及有关人员履行受托经济责任情况进行验证、审查，并提出审计报告书或证明书；第二关系人，即审计客体（被审计单位），它们对审计委托者承担的委托经济责任，须经审计机构或人员审查验证后才能确定或解除；第三关系人，即审计委托者，被审计单位对它们承担某种受托经济责任，它们之间存在一定的权责关系。审计关系必须由委托审计者、审计者和被审计者三方构成，缺少任何一方，独立的、客观公正的审计将不复存在。这是由财产所有权与经营管理权相分离所产生的受托经济责任所决定的。财产所有者对企业拥有所有权但不亲自参加经营管理，为了保护自身的利益，财产所有者迫切希望了解与自己有经济关系的经济组织的财务收支和经济状况，这就需要对负有受托经济责任的经营管理者进行审查，而这种审查只有由独立于他们之外的第三者进行，才能得到正确、公允、可靠的结果。这就是审计机构或审计人员的所谓超然独立性。

2）权威性

审计机构的权威性是审计监督正常发挥作用的重要保证。审计机构的独立性，决定了它的权威性。审计机构或审计人员以独立于企业所有者和经营者的“第三者”身份进行工作，其对企业财务报表的经济鉴证，恪守独立、客观、公正的原则，按照有关法律、法规，根据一定的准则、原则、程序进行；加上取得审计人员资格必须通过国家统一规定的严格考试，因而他们具有较高的专业知识，这就保证了其所从事的审计工作具有准确性、科学性。正因为如此，审计人员的审计报告具有一定的社会权威性，并使经济利益不同的各方乐于接受。各国为了保障审计的这种权威性，分别通过公司法、商法、证券交易法、破产法等，从法律上赋予审计在整个市场经济中的经济监督、经济评价和经济鉴证的职能。一些国际组织为了提高审计的权威性，也通过协调各国的审计制度、准则、标准，使审计成为一项世界性的专业服务，增强各国会计信息的一致性和可比性，以加强国际经济贸易往来，促进国际经济的繁荣。

1.2.2 审计的特征

独立性是审计的重要特征。审计是具有独立性的经济监督活动。正因为审计具有独立性，才受到社会的信任，才能保证审计人员依法进行的经济监督活动客观公正，证实财务状况和经营成果的审计信息才更有价值，才能对被审计单位确定或解除受托经济责任提供依据，更好地发挥审计的监督作用。所以，独立性的经济监督活动是审计的属性。审计的属性，明确揭示了独立性是审计的特征，经济监督是审计的性质。为了充分体现审计的特征，在审计机构的设置和审计工作过程中，必须遵循独立性原则，具体包括以下几个方面。

1）机构独立

为确保审计机构独立地行使审计监督权，对审查的事项做出客观公正的评价和鉴证，充分发挥审计监督作用，审计机构应当独立于被审计单位，这样才能更有效地进行经济监督。民间审计既独立于审计委托者又独立于被审计者，因此被称为双向独立。政府审计与企业内部审计，仅独立于被审计者，因此被称为单向独立。

2）经济独立

审计机构或组织从事审计业务活动，必须要有一定的经济收入和经费来源，以保证其生存和发展的需要。经济独立指审计机构或组织的经济来源应有一定的法律、法规作保证，不受被审计单位的制约。即使是民间审计组织，也规定除了正常的业务收费外，不允许与被审计单位有其他经济依附关系。

3）精神独立

审计人员执行审计业务，必须按照审计范围、审计内容、审计程序独立进行审计，坚持客观公正、实事求是的精神，作出公允、合理的评价和结论，不受任何部门、单位和个人的干涉。

美国注册公共会计师协会指出体现审计特征的3个方面：一是审计人员的自主性，即不受委托人的任何影响；二是精神上的独立性，即审计人员必须公正无私，不带任何偏见；三是审计人员地位的独立性，这种独立性应受到公认，为社会所接受。

最高审计机关国际组织（International Organization of Supreme Audit Institutions，INTOSAI）在《利马宣言——审计规则指南》第一章中，就审计的特征，首先提到最高审计机关的独立性，强调最高审计机关必须独立于被审计单位，并不受外来影响，才能客观而有效地完成其工作任务；其次提到最高审计机关成员和官员的独立性，强调最高审计机关成员的独立性应由宪法予以保证；最后提到了最高审计机关财政上的独立性。

《中华人民共和国审计法》第五条规定："审计机关依照法律规定独立行使审计监督权，不受其他行政机关、社会团体和个人的干涉。"第十一条规定："审计机关履行职责所必需的经费，应当列入财政预算，由本级人民政府予以保证。"第十五条规定："审计人员依法执行职务，受法律保护。任何组织和个人不得拒绝、阻碍审计人员依法执行职务，不得打击报复审计人员。审计机关负责人依照法定程序任免。审计机关负责人没有违法失职或者其他不符合任职条件的情况，不得随意撤换。地方各级审计机关负责人的任免，应当事先征求上一级审计机关的意见。"由此可见，我国《审计法》也对审计机关、经费来源及审计人员三方面的独立性作了明确规定。

从上述情况来看，无论是我国还是外国都承认独立性是审计的特征。不具有独立性的经济监督活动，如财政、银行、税务、市场监督管理等部门所从事的经济监督活动，则不能称为审计。

知识拓展1-1

注册会计师将管理层（责任方）编制的财务报表（审计对象的载体）与财务报表编制基础（标准）进行比

较，判断其是否相符，据此获取证据（审计证据），形成审计意见（审计报告），供管理层、股东、债权人以及监管机构使用（预期使用者）。

注册会计师通过收集充分、适当的证据来评价财务报表是否在所有重大方面符合财务报告编制基础的规定，并出具审计报告，从而提高财务报表的可信性。

对于财务报表审计而言，审计业务要素包括审计业务的三方关系人、财务报表（审计对象的载体）、财务报表编制基础（标准）、审计证据和审计报告。

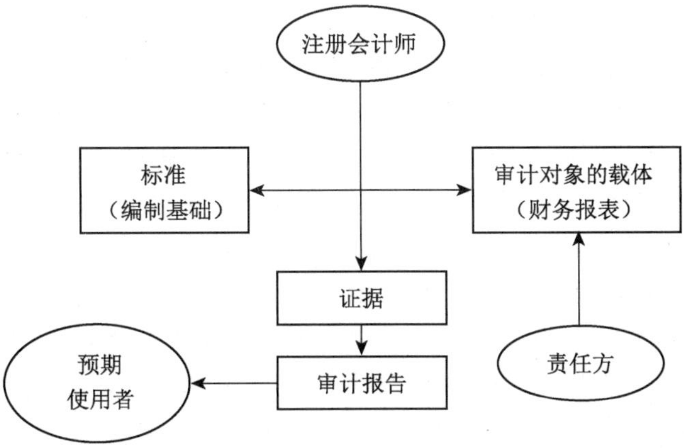

1.2.3 审计的职能与作用

1）审计的职能

审计职能是指审计本身所固有的内在功能。审计有什么职能，有多少职能，这些都不是由人的主观意愿决定的，而是由社会经济条件和经济发展的客观需要决定的。审计职能不是一成不变的，它是随着经济的发展而发展变化的。目前，对于审计职能的论述，见解各异。通过总结历史和现实的审计实践，我们认为，审计具有经济监督、经济评价和经济鉴证的基本职能。

（1）经济监督。监督是指监察和督促。经济监督是指监察和督促被审计单位的全部经济活动或其某一特定方面在规定的标准以内，在正常的轨道上进行。

综观审计产生和发展的历史，审计无不表现为经济监督的活动，履行着经济监督的职能。古代封建王朝的官厅审计，为维护王朝的统治和利益，代理皇室专司财经监督的职责，对侵犯皇室利益者予以惩处。资本主义政府审计为维护资产阶级的整体利益，代理政府专司经济监督的职责，对损害资本主义利益的行为进行严格的审查和处罚。而作为资本主义国家的民间审计组织，也是代理审计委托者（如股东等）通过对被审计单位财务收支的公允性和合法性的审查来实施经济监督。内部审计同样要对本部门、本单位的经济活动进行检查，依照法规依据或内部标准加以评价和衡量，明辨是非，揭发违法违纪和不经济行为，追究受托经济责任。这些都是其执行经济监督职能的具体体现。社会主义政府和人民通过审计监督，可以严肃财经纪律，维护国家、人民和股东的利益，可以保证政府机关企事业单位经济活动的合法性。可见，经济监督仍然是社会主义审计的基本职能。

（2）经济评价。经济评价就是通过审核检查，评定被审计单位的计划、预算、决策、方案是否先进可行，经济活动是否按照既定的决策和目标进行，经济效益的高低优劣，以及内部控制系统是否健全、有效等，从而有针对性地提出意见和建议，以促使其改善经营管理，提高经济效益。

审核检查被审计单位的经济资料及其经济活动，是进行经济评价的前提。只有查明了被审计单位的客观事实，才能按照一定的标准，进行对比分析，形成各种经济评价意见。这样，经济评价就建立在真实情况的基础之上，评价的结论也客观、公正，才能被社会各界所接受。经济评价的过程也是肯定成绩、发现问题的过程。所以，审计建议是紧接着经济评价而产生的，是经济评价职能的一部分。审计建议就是审计人员从经济评价出发，提出改进经济工作、提高效率的办法和途径。这是现代审计对传统审计在职能上的拓展。

(3) 经济鉴证。鉴证是指鉴定和证明。经济鉴证是指通过对被审计单位的财务报表及有关经济资料所反映的财务收支和有关经济活动的公允性、合法性的审核检查，确定其可信赖的程度，并作出书面报告，以取得审计委托人或其他有关方面的信任。

经济鉴证职能是随着现代审计的发展而出现的一项职能，它不断受到人们的重视而日益强化，并显示其重要作用。西方国家非常重视审计的经济鉴证职能，不少国家的法律明文规定，企业的财务报表必须经过审计人员鉴证之后，才能获得社会上的承认。我国各类企业财务报表必须经中国注册会计师鉴证后，才具有法律效力。因此，审计的经济鉴证职能将越来越发挥其在经济生活中的重要作用。

应该说，不同的审计组织形式在审计职能的体现上侧重点各有不同，政府审计侧重于经济监督，内部审计侧重于经济评价，民间审计则更侧重于经济鉴证。

特别提示 1-2

公司管理层编制的财务报表，一般可信度较低，必须通过注册会计师的审计，来增强预期使用者(除管理层之外的)对财务报表信赖的程度，有效满足财务报表预期使用者的需求。

财务报表的可信度变化：

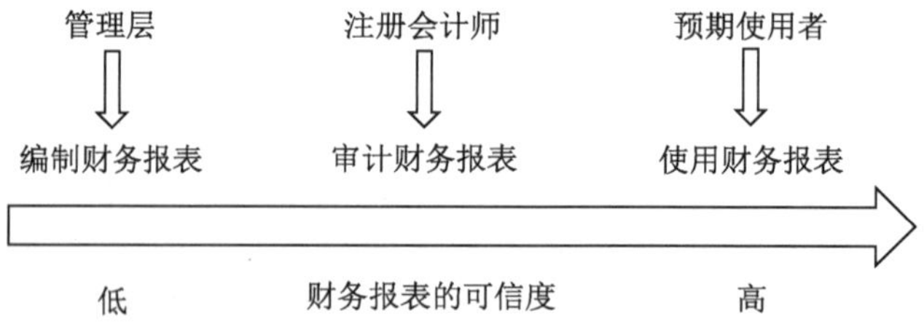

2）审计的作用

审计的作用是履行审计职能、实现审计目标过程中所产生的社会效果。总结古今中外的审计实践，审计具有制约性和促进性两大作用。

(1) 制约性作用。审计的制约性作用主要表现在：通过对被审计单位的财务收支及其有关经营管理活动审核检查，对被审计单位的财务收支及经营管理活动进行监督和鉴证，揭露贪污舞弊、弄虚作假等违法乱纪、严重损失浪费及不经济的行为，依法提请追究相关单位和人员的责任，从而纠错揭弊，保证国家的法律、法规、方针、政策、计划和预算的贯彻执行，维护财经纪律和各项规章制度，保证会计资料及其他资料的真实、可靠，保护国家财产的安全和完整，维护社会主义经济秩序，巩固社会主义法制。可以概括为：

① 揭示错误和舞弊。审计通过审查取证可以揭示错误和舞弊，不仅可以纠正核算错误，提高会计工作质量，还可以揭露舞弊，保护财产的安全，堵塞漏洞，防止损失。

② 维护财经法纪。在审查取证、揭示各种违规违法行为的基础上，通过对过失人或犯罪嫌疑人的查处，提交司法、监察部门进行处理，有助于纠正或防止违法行为，维护财经法纪。

(2) 促进性作用。审计通过审核检查，对于被审计单位的经营管理制度及经营管理活动进行评价，确认其合理方面，以便继续推广；指出其不合理方面，并提出建议，以便纠正改进，促进其加强经营管理。对于经济活动所实现的经济效益进行评价，指出潜力所在，促进其进一步挖掘潜力，不断提高经济效益和社会效益。可以概括为：

① 改善经营管理。通过审查取证、评价揭示经营管理中的问题和管理制度上的薄弱环节，提出改进建议，促进改善经营管理。

② 提高经济效益。通过对被审计单位财务收支及其有关经营管理活动效益性的审查，评价受托经济责任，总结经验，指出效益低下的环节，提出改进意见和建议，改进生产和经营管理工作，提高经济效益。

1.2.4 审计的种类

审计的发展史表明，古今中外，都有适合当时社会和时代特点的审计形式。由于社会制度和经济类型不同，各国审计工作的要求、范围、主体也不一样，从而形成了不同类型的审计。像任何其他复杂的事物一样，审计可以从不同的角度加以考察，从而作出不同的分类。研究审计种类的意义就在于从各个不同的角度加深对审计的认识，以便有效地组织和运用各种类型的审计，充分发挥审计的职能作用，并不断探索和开拓新的审计领域，建立和完善我国审计理论、组织和工作体系。

审计分类的标准很多，相应地，审计有许多不同的种类。参照国际审计分类的惯例，结合我国经济类型和审计监督的特点，我国审计划分为基本分类和其他分类两大类。

1) 审计的基本分类

说明审计本质的分类称为基本分类。审计按其主体分类和按其内容、目的分类，属于基本分类。基本分类中的审计类别，分别从不同角度说明审计的本质。

(1) 按审计主体分类。审计主体是指执行审计的一方。根据国内外审计的发展和现状，审计按其主体分类，可分为政府审计、民间审计和内部审计。

① 政府审计。政府审计是指由政府审计机关执行的审计。政府审计，在我国亦称国家审计。政府审计机关包括按我国宪法规定由国务院设置的审计署，由各省、自治区、直辖市、市、县等地方各级政府设置的审计局和政府在地方或中央各部委设置的派出审计机关。政府审计机关主要是依法对国务院各部门和地方各级人民政府及其各部门、国有的金融机构、国有企事业单位以及其他有国有资产的单位的财政财务收支及其经济效益进行审计监督。

② 民间审计。民间审计是指由经财政部门审核批准成立的民间审计组织所实施的审计，如经财政部门审核批准成立的会计师事务所实施的审计。民间审计的特点是受托审计。民间审计组织接受政府审计机关、国家行政机关、企事业单位和个人的委托，依法对被审计单位的财务收支及其经济效益承办审计、经济鉴证、注册资本验证和管理咨询服务等项业务。民间审计在我国亦称社会审计、注册会计师审计。

③ 内部审计。内部审计是指由本部门和本单位内部专职的审计机构或人员所实施的审计，包括部门内部审计和单位内部审计两大类。这种专职的审计机构或人员，独立于财会部门，直接接受本部门、本单位董事会下设的审计委员会或本部门、本单位主要负责人的领导，依法对本部门、本单位及其下属单位的财务收支、经营管理活动及其经济效益进行内部审计监督。内部审计的主要目的是纠错防弊，改善经济管理，提高经济效益。

(2) 按审计内容和目的分类。我国审计按内容和目的，可分为财政财务审计、财经法纪审计、经济效益审计和经济责任审计。

① 财政财务审计。财政财务审计是指审计机关对被审计单位的财务报表及其有关资料的公允性及其所反映的财政收支、财务收支的合法性所进行的审计。财政财务审计也称传统审计或常规审计。就其内容看，财政财务审计是对国务院各部门和地方各级政府及其各部门、国有金融机构、企事业单位的财政财务收支进行的审计监督，其目的是确定或解除被审计单位的受托经济责任。其主要特点是通过对被审计单位的财务报表及其有关资料的审查和验证，确定其可信赖的程度，并作出书面报告，确定或解除被审计单位的受托经济责任。因此，财政财务审计的主要内容包括两个方面：一是检查会计处理的合法性、公允性，这是形式上的审计；二是验证被审计单位受托经济责任的履行情况，这是实质性审计。

② 财经法纪审计。财经法纪审计是指审计机关对被审计单位和个人严重侵占国家财产、严重损失浪费以及其他严重损害国家经济利益等违反财经纪律行为所进行的专案审计。它是我国审计监督的一种重要形式，其目的是保护国家财产，维护党和国家的路线、方针和政策及法律规章。其主要特点是根据群众揭发和会计资料所反映出来的问题，对有关单位或当事人在经济活动中的不法行为立案审查，以查清事实并确定问题的性质。其主要内容包括审查严重侵占国家资财、严重损失浪费、在经济交易中行贿受贿、贪污以及其他严重损害国家和企业利益的重大经济案件等。

③ 经济效益审计。经济效益审计是指审计机关对被审计单位的财政财务收支及经营管理活动的经济性和效益性所实施的审计。经济效益审计的内容通常包括对各级政府及其各部门的财政收支及其管理活动，企业的财务收支及其经营管理活动，事业单位的资金使用及其管理活动，固定资产投资及其管理活动的经济效益情况及其影响因素、途径所进行的审计。其目的是促使被审计单位改善经营管理，提高经济效益和工作效率。其主要特点是通过对被审计单位工作和生产经营活动的分析评价，发现其在工作和经营管理上存在的薄弱环节，挖掘潜力，厉行节约，增收节支，寻求提高经济效益的正确途径。其审查重点包括两个方面：一是对被审计单位资金使用、投资项目、资源利用等方面的效益性进行审查和分析；二是对被审计单位经营管理活动的效益性进行审查和分析。

④ 经济责任审计。经济责任审计是指审计机关或审计人员接受有关部门的委托，依据国家法律、法规和有关政策，审计领导干部任职期间所在部门、单位财政财务收支的真实性、合法性和效益性，以及领导干部本人对有关经济活动应当负有的责任，包括主管责任和直接责任，借以评价领导干部履行经济责任情况的较高层次的经济监督活动。经济责任审计包括任期经济责任审计和离任经济责任审计。

2）审计的其他分类

除审计的基本分类外，还可以对审计进行其他分类。

(1) 按审计范围分类。审计按其范围，可以分为全部审计、局部审计和专项审计。

① 全部审计。全部审计又称全面审计，是指对被审计单位一定期间的财政财务收支及有关经济活动的各个方面及其资料进行全面的审计。这种审计的业务范围较广，涉及被审计单位的会计资料及其经济资料所反映的采购、生产、销售、各项财产物资、债权债务和资金以及利润分配、税款缴纳等经济业务活动。其优点是审查详细彻底，缺点是工作量太大、花费时间太多。全部审计一般适合规模较小、业务较简单、会计资料较少的行政机关和企事业单位，或适合被审计单位内部控制薄弱及会计核算工作质量差等情况。

② 局部审计。局部审计又称部分审计，是指对被审计单位一定期间的财务收支或经营管理活动的某些方面及其资料进行部分、有目的、重点的审计，如对被审计单位进行的现金审计、银行存款审计、存货审计等，都属于局部审计。另外，为了查清贪污盗窃案件而对部分经济业务进行的审查，也属于局部审计范围。这种审计时间较短，耗费较少，能及时发现和纠正问题，达到预定的审计目的和要求，但容易遗漏问题，所以有一定的局限性。

③ 专项审计。专项审计又称专题审计，是指对某一特定项目所进行的审计。该种审计的范围是特定业务，针对性较强，如基建资金审计、支农扶贫专项资金审计、世界银行贷款审计等。专项审计有利于及时围绕当前的中心工作和重点工作开展审计，有利于有针对性地提出意见和建议，为宏观经济控制和决策提供真实、可靠的信息。

(2) 按实施审计的时间分类。按照实施审计的时间进行分类，可以分为事前审计、事中审计和事后审计。另外，还可以分为定期审计和不定期审计。事前审计、事中审计和事后审计，是按照被审计单位经济业务发生的时间来划分的。

① 事前审计。事前审计是指在被审计单位经济业务发生以前所进行的审计。对预算或计划的编制和对经济事项的预测及决策进行的审计，均属于事前审计。其主要目的是加强预算、计划、预测和决策的准确性、合理性和可行性。事前审计的审计内容包括对财政预算、信贷计划、企业生产经营的计划和决策，诸如投资方案可行性、固定资产更新改造决策、产品生产或个别部件加工方案的选择以及行政事业单位经费预算等。这种审计对于预防错弊，防患于未然，保证经济活动的合理性、有效性和会计资料的正确性，提出建设性意见，形成最佳决策方案，严格执行财经纪律，都具有积极的作用，故也称为预防性审计。

② 事中审计。事中审计是指在被审计单位经济业务执行过程中进行的审计。通过对被审计单位的费用预算、费用开支标准、材料消耗定额等执行过程中的有关经济业务进行事中审计，便于及时发现并纠正偏差，保证经济活动的合法性、合理性和有效性。

③ 事后审计。事后审计是指在被审计单位经济业务完成以后所进行的审计。财务报表审计这类传统的审计均属事后审计。事后审计的适用范围十分广泛，主要是进行合法性、合规性、公允性和效益性审计。其主要目的是监督和评价被审计单位的财务收支及有关经济活动、会计资料和内部控制系统是否符合国家财经法规，是否符合会计准则和会计原理，是否具有良好的经济效益，从而确定或解除被审计单位的受托经济责任。政府审计、民间审计大多实施事后审计，内部审计也经常进行事后审计。

定期审计和不定期审计是按照审计是否定期进行来划分的。定期审计是按照预先规定的时间进行的审计，如民间审计对各类企业的年度财务报表审计。不定期审计是出于需要而临时安排进行的审计，如政府审计对被审计单位存在的贪污、受贿案件而进行的财经法纪审计等。

(3) 按审计执行地点分类。审计按其执行地点，可以分为报送审计和就地审计。

① 报送审计。报送审计又称送达审计，是指审计机构按照审计法规的规定，对被审计单位按期报送来的凭证、账簿和财务报表及有关账证等资料进行的审计。报送审计主要适用于政府审计机关对规模较小的单位执行财务审计。这种方式的优点是节省人力、物力，缺点是不能实地观察、了解被审计单位的实际情况，不易从财务报表及相关资料外发现被审计单位的实际问题。

② 实地审计。实地审计是指审计机构委派审计人员到被审计单位所在地进行的审计。实地审计可以深入实际，调查研究，易于全面了解和掌握被审计单位的实际情况，是我国审计监督中使用最广泛的一种方式。按照实地审计的具体方式不同，又可分为驻在审计、专程审计和巡回审计 3 种。驻在审计是审计机构委派审计人员长期驻在被审计单位所进行的就地审计。专程审计是审计机构为特定目的而委派有关人员专程到被审计单位进行的实地审计。巡回审计是审计机构委派审计人员轮流对若干被审计单位所进行的实地审计。

（4）按审计动机分类。审计按其动机，可以分为强制审计和任意审计。

① 强制审计。强制审计是指审计机构根据国家法律、法规规定对被审计单位行使审计监督权而进行的审计。这种审计是按照审计机关的审计计划进行的，不管被审计单位是否愿意接受审计，都应依法进行。我国政府审计机关根据法律赋予的权力，对国务院各部门和地方各级政府及其各部门的财政收支、国有金融机构和企事业单位的财务收支实行强制审计。我国各类企业按照《中华人民共和国公司法》的规定，年度财务报表须经中国注册会计师审计。

② 任意审计。任意审计是根据被审计单位自身的需要，要求审计组织对其进行的审计。一般民间审计接受委托人的委托，按照委托人的要求对其进行的审计，即属于这种审计。任意审计是相对于强制审计而言的。

（5）按审计是否通知被审计单位分类。审计按其在实施前是否预先告知被审计单位，可以分为预告审计和突击审计。

① 预告审计。预告审计是指在进行审计以前，把审计的目的、主要内容和日期预先通知被审计单位的审计方式。采用这种审计方式，可以使被审计单位有充分时间做好准备工作，以利于审计工作的顺利进行。一般进行财务审计和经济效益审计时，多采用这种方式，事前向被审计单位下达审计通知书或签订审计业务约定书。

② 突击审计。突击审计是指在对被审计单位实施审计之前，不预先把审计的目的、内容和日期通知被审计单位而进行的审计。其目的是使被审计单位或被审计者在事前不知情的情况下接受审查，没有时间去弄虚作假、掩盖事实真相，以利于取得较好的审计效果。这种审计方式主要用于对贪污盗窃和违法乱纪行为进行的财经法纪审计。

（6）按审计使用的技术和方法分类。审计按其所使用的技术和方法，可以分为账表导向审计、系统导向审计和风险导向审计。

① 账表导向审计。这种审计技术和方法是围绕会计凭证、会计账簿和财务报表的编制过程进行的，通过对账表上的数字进行审计来判断是否存在舞弊行为和技术性错误。账表导向审计技术和方法适合评价简单的受托经济责任，是审计技术和方法发展的第一阶段，在审计技术和方法史上占有十分重要的地位。

② 系统导向审计。这种审计技术和方法强调对内部控制系统的评价，当评价的结果证明内部控制系统可以信赖时，在实质性测试阶段只抽取少量样本就可以得出审计结论；当评

价结果认为内部控制系统不可靠时，才根据内部控制的具体情况扩大审计范围。系统导向审计是财务审计发展的高级阶段，但是，系统导向审计仍需运用账表导向审计的很多技术方法。

③ 风险导向审计。这种审计技术和方法要求审计人员从对企业环境和企业经营进行全面的风险分析出发，使用审计风险模型，积极采用分析程序，以制定与被审计单位状况相适应的多样化审计计划，以达到审计工作的效率性和效果性。风险导向审计是迎合高度风险社会的产物，是现代审计方法的最新发展。

1.3 审计准则

审计准则是审计理论的重要组成部分，它反映了审计工作的客观规律和基本要求，是人们在长期的审计实践中摸索、总结出来的，它既是一个经济范畴，又是一个历史范畴。它是从理论上对审计实践的总结，反过来又指导审计实践，服务于审计实践，成为指导审计工作的原则和规范。

1.3.1 审计准则的含义和作用

1) 审计准则的含义

审计准则又称审计标准，或称执业准则，是专业审计人员在实施审计工作时，必须恪守的最高行为准则，它是审计工作质量的权威性判断标准。

审计准则的概念包括如下含义：

(1) 审计准则是制约审计人员的行为准则。审计人员在工作过程中，围绕审计任务，在选择和确定工作时，应明确哪些是可以做的，哪些是不能做的；哪些是应该加强和深入去做的，哪些是可以只作了解的。审计准则正是起到衡量标准的作用。

(2) 审计准则既对审计人员的素质提出要求，同时也对社会提供审计工作质量保证。一般的审计准则无不对审计人员的业务技能和品德操行提出一个较高的标准，而且把独立性视为审计工作的灵魂。这对树立审计人员在社会上的公正、正直、客观形象有重要的作用。

(3) 审计准则是通过审计人员执行审计程序体现出来的。所以，一般的审计准则都对审计人员的素质、业务能力、工作行为和应该实施的审计程序提出严格要求。

(4) 审计准则是审计人员签署最终审计意见时的客观保证。一般来说，审计人员在形成审计意见之后，会主动地与被审计单位交换意见，然后才签发自己的审计报告，其目的是希望较快地解决问题。但是，如果双方发生意见分歧，审计准则就为审计人员坚持自己的意见提供了客观上的保证。

在西方国家，审计准则是20世纪40年代才开始出现的。那时，各个企业的会计处理方法不统一，所以在公司组织兴起之后，注册会计师进行审计工作，需要对企业会计处理方法有一个统一的标准，才能证明财务报表是否公允合法，这就是会计准则兴起的原因。注册会计师有了会计准则，对其审计工作提供了判断依据。但是，各个注册会计师对审计工作的进行，往往由于审计程序、审计方法、审计内容和审计报告的编写等方面存在不统一的情况，导致审计工作的质量难以衡量，于是在注册会计师之间就产生了对一个包含统一的审计工作程序、方法、要求等内容的审计准则的需要。美国在 1947 年就开始研究和制定审计准则；日本在 1964 年也制定了审计准则；国际会计师联合会的国际审计实务委员会于 1980 年颁布了《国际审计准则》；澳大利亚、加拿大、德国等国已经颁布和实施了审计准则；我国于 1996 年 1 月 1 日起实施《中国注册会计师独立审计准则》。

总之，审计准则的实质就是社会对审计工作所寄予的期望。一个国家的审计准则无疑反映出这个职业在该国的地位，在根本上制约着审计职能的发挥和这一职业的发展。

2）审计准则的作用

审计准则的实施使审计人员在从事审计工作时有了规范和指南，便于考核审计工作质量，推动了审计事业的发展。审计准则的主要作用有：

（1）实施审计准则可以赢得社会公众的信任。注册会计师在财务报表审计报告中，一般均要写明“我们的审计工作是根据审计准则的要求进行的”，这也就是向委托单位的股东、债权人、未来投资者以及银行等有关方面表明，审计工作已达到了规定的质量标准，审计结论是可以充分信赖的，以取信于社会。

（2）实施审计准则可以提高审计工作质量。审计准则中一般都规定有审计人员的任职条件及其在工作中应保持的态度、审计工作的基本程序和方法以及审计报告的撰写方式和要求等，这就可以促使审计人员谨慎工作，依准则办事，有助于提高审计工作质量。

（3）实施审计准则可以维护审计组织和审计人员的合法权益。审计准则中规定了审计人员的工作范围，审计人员只要能按照审计准则的要求办理，就算是尽到了职责。当审计委托人与审计人员对审计意见发生纠纷，审计人员受到不公正的指责和控告时，就可运用审计准则维护自己的合法权益。

（4）实施审计准则可以促进国际审计经验交流。审计准则是审计实践经验的总结和升华，已成为审计理论的一个重要部分。审计准则的实施和发展，促进了审计理论水平的提高。通过各国审计准则的协调，便于开展国际审计经验交流。特别是国际审计准则的制定和协调工作，对各国审计经验和学术交流都起到了重要的推动作用。

特别提示 1-3

注意区分：审计准则、会计准则

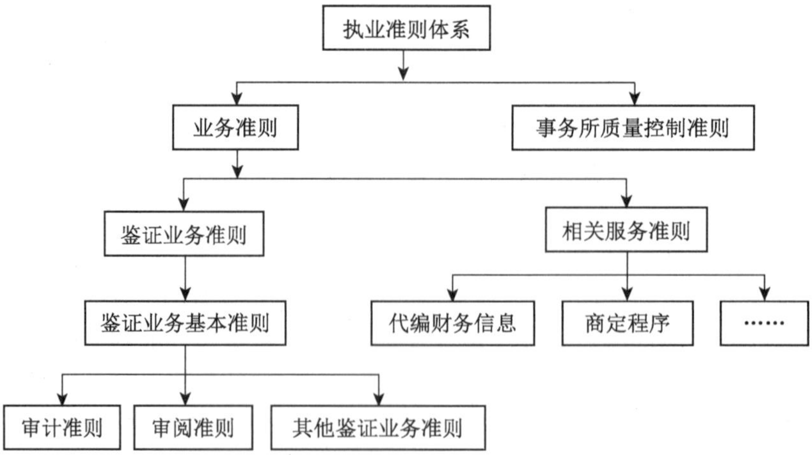

1.3.2 审计准则的结构内容

从现行的世界各国的审计准则来看，其内容大体上包括一般准则、工作准则和报告准则3个部分。有些国家和国际组织所制定的审计准则虽然章节和标题不一，但主要内容都不外乎上述三大部分。西方国家民间审计的审计准则大都是以美国的审计准则为蓝本加以补充、修正而成的；国际组织和地区组织制定的审计准则，以国际会计师联合会的国际审计实务委员会制定的《国际审计准则》最具代表性。所以，下面主要介绍美国的民间审计准则和国际审计准则。

1）美国的民间审计准则

美国的民间审计准则称为《一般公认审计准则》，从1947年就开始研究和制定，最终由美国注册会计师协会于1972年正式颁布。它主要适用于民间审计所从事的财务报表审计。这个准则除为美国民间审计所遵循外，对民间审计领域以外的各种审计，对其他国家乃至国际审计准则的建立，都产生了巨大的影响。

早在1947年10月，美国注册会计师协会就提出了《审计准则试行方案》。在该方案中明确指出审计准则与审计程序的区别。审计程序是必须执行的，即必须实施的行为，而审计准则仅是关于实施行为质量的衡量尺度，以及运用审计程序必须达到的目标。这一准则在1954年进行了修订补充，形成了3部分，共10条。这10条审计准则一直沿用至今。审计准则的第一部分为一般准则，共3条，主要对人提出要求；第二部分为工作准则，共3条，主要是指出实施审计行为的准则；第三部分为报告准则，共4条，主要是对审计报告提出要求。

《一般公认审计准则》的内容如下：

（1）一般准则。包括：

① 审计应由经过充分技术培训并精通审计实务的人员担任。

② 审计人员在执行工作时，必须保持独立的意志和态度。

③ 在执行审计工作和撰拟审计报告时，应保持职业人员应有的严谨态度。

（2）工作准则。包括：

① 审计工作必须妥善地进行计划安排，如有助理人员，必须加以监督和指导。

② 应适当地研究和评价现行的内部控制系统，以确定可资信赖的程度，并以此作为决定审计程序和测试范围的依据。

③ 运用检查、观察、查询、函证等方法，以获取充分而确切的证据，作为对所审计的财务报表发表意见的合理根据。

（3）报告准则。包括：

① 审计报告应说明财务报表是否按照一般公认的会计准则编制。

② 审计报告应说明本期所使用的会计政策是否与上期一致。

③ 除非报告中另有说明，财务报表中所提供的资料应被视为合理和充分。

④ 审计报告应就整个财务报表发表意见，或断然表明不能发表意见。如属后者，应说明理由。在任何情况下，财务报表一经审计人员签署，即应在报告中明确表示审计的性质与其所负责任的程度。

美国注册会计师协会根据《一般公认审计准则》的框架，至今已发布100多个具体审计准则。

2）国际审计准则

第二次世界大战以后，国际经济进入一个新的发展阶段。国际商品、资金、技术、知识、劳动力、信息的交流，达到了前所未有的规模。各国在经济上相互依存、相互促进的关系日益明显。经济关系的国际化使得民间审计走出国界，参与国际市场竞争。为了使审计报告和被审计的财务报表能够取得各有关国家社会公众的信任，需要协调审计准则和实务，消除各国审计准则和实务中的分歧，所以需要一套适用于各国的审计准则。为了适应这种新形势的需要，协调各国审计组织并组织处理国际审计问题，一些国际性组织开始着手研究制定国际审计准则，目前已取得的主要成果是《国际审计准则》。

《国际审计准则》为国际会计师联合会（IFAC）所颁布。国际会计师联合会是世界上的主要民间审计组织，成立于 1977 年 10 月 7 日，代表澳大利亚、加拿大、法国、日本、墨西哥、荷兰、菲律宾、爱尔兰等 49 个国家的 63 个职业审计团体。该协会下设国际审计实务委员会；现改为国际审计与鉴证准则理事会。代表联合会的理事会负责拟订并颁布《国际审计准则》。自 1980 年 6 月至今，已先后颁布了数十项《国际审计准则》文件。这些文件可分为一般准则、工作准则和报告准则 3 个部分。

（1）一般准则。一般准则是关于审计人员资格条件和执业行为的准则，主要包括以下几方面的内容：

① 对审计人员应具备的技术条件所作的规定。包括：专业知识——审计人员从事审计工作必须具备的学历和职业培训；实践经验——要求具有一定年限的工作经验并通过专门考试；工作能力——审计人员应具备的分析、判断和表述能力。

② 对审计人员应具备的身份条件所作的规定。主要是要求审计人员必须具备超然、独立的立场，在陈述与表达意见时持公正态度等。

③ 对审计人员应具备的职业道德条件所作的规定。

（2）工作准则。工作准则是审计人员在执行财务报表审计过程中应遵守的准则，主要包括以下几方面的内容：

① 对规划审计计划所作的规定。包括：审计计划的可行性研究；审计的工作程序；审计的人员与工作分工等。

② 对确立审计范围所作的规定。包括：审计财务报表；了解被审计单位的环境；了解、研究内部控制系统，确定扩大、深入检查或采用其他审计方法的时间和范围等。

③ 对获取审计证据所作的规定。包括：采用各种有效的方法以获取充分适当的证据；充分考虑审计对象的重要性、风险程度及其他影响因素，为审计财务报表和提出公正的审计意见提供合理的依据等。

④ 对实施审计行为所作的规定。包括执行审计的必要条件和手续；实际执行的审计业务等。

在《国际审计准则》中，有关工作准则的说明和解释占了相当大的比例。工作准则涉及面广，执行起来弹性较大，因而往往需要根据不同的情况加以判断。

（3）报告准则。报告准则是审计人员编制审计报告、选择表达方式和记载必要事项的准则，主要包括以下几方面的内容：

① 对审计报告应记载事项的规定。

② 对发表审计意见的规定。

③ 对补充记载事项的规定。

④ 对审计报告报送对象及报送时间的规定。

在IAASB发布最新国际审计准则的背景下，基于审计信息披露的视角对修订后准则的新增内容进行了深入解析。通过对现行准则下审计过程中部分信息不对称现象的归纳总结，就审计报告中的关键审计事项、企业持续经营信息披露以及其他信息的最新修订以上三部分所提供的审计信息含量和信息有效性进行了对比分析。分析发现，修订后的国际审计准则在信息披露方面对事务所和被审计单位均提出了更高的要求，这也给我国的审计工作带来了新的挑战。修订《国际审计准则第540号》的提议，将更有利于审计工作的开展，并有望更好地满足投资者的需求。

国际会计师联合会(IFAC)公布了《世界各国/地区采用国际审计准则情况的报告》(以下简称《IFAC报告》)。《IFAC报告》指出，目前世界各国/地区对国际审计准则的采用正在有条不紊地进行，已有128个国家或地区采用国际审计准则，或将其作为制定本国/地区准则的基础。

《IFAC报告》对世界各国/地区采用国际审计准则的情况分为以下4类：

第一类：本国法律法规要求使用国际审计准则(Required by Law or Regulation)。这类情况是指本国法律或法规要求在通用的财务报表审计中使用国际审计准则。属于这一类的国家或地区有11个，包括罗马尼亚、保加利亚、哥斯达黎加、马耳他等。

第二类：采用国际审计准则(ISA are Adopted)。这类情况是指本国准则制定机构采用国际审计准则作为本国的审计准则，不另制定本国审计准则。属于这一类的国家或地区有32个，包括英国、加拿大、南非、匈牙利等。

第三类：本国准则即为国际审计准则(National Standards are the ISAs)。这类情况是指本国准则制定机构采用国际审计准则作为本国的审计准则，并对其作出必要调整，但所作的调整符合国际审计与鉴证准则理事会(IAASB)公布的调整政策。属于这一类的国家或地区有28个。中国被认定属于第三类，另外还有澳大利亚、法国、德国等。

第四类：其他情况(others)。这类情况是指根据现有的信息无法评价准则采用的具体情况。例如，虽然某些国家/地区声称本国审计准则“基于”国际审计准则或与之类似，但基于目前的信息尚不清楚对国际审计准则作出的调整是否符合IAASB调整政策的规定；某些国家/地区将与国际审计准则趋同作为目标，但是至今尚未实现这一目标。属于这一类的国家或地区有57个，包括美国、意大利、日本、西班牙等。

《IFAC报告》对我国审计准则国际趋同的成果予以充分肯定。《IFAC报告》指出，“中国制定了明确的国际趋同战略，在制定本国审计准则时，充分考虑了国际审计准则的要求，并结合了中国自己的情况，将国际审计准则融入中国审计准则”。

知识拓展 1-2

国际审计准则的新体例

(1) 引言和定义(introduction material and definitions)

引言：准则的目的、适用范围、本准则与其他准则的关系、规范内容、对审计师和其他事项的特定要求、准则的特定背景以及生效日期等。

(2) 目标(objectives)

(3) 要求(requirements)

(4) 应用及其他解释性资料(application and other explanatory material)进一步说明和指引，不构成对审计师的要求。

3) 中国注册会计师执业准则

我国的注册会计师执业准则作为规范注册会计师执行业务的权威性标准，对提高注册会计师的执业质量，降低执业风险，维护社会公众利益具有重要的作用，其建设经历4个阶段。

(1) 制定执业规则阶段(1991年～1993年)。中国注册会计师协会成立后，非常重视执业规则的建设。1991年～1993年，先后发布了《注册会计师检查验证会计报表规则(试行)》等7个执业规则。这些执业规则对我国注册会计师行业走向正规化、法制化和专业化起到了积极作用。

(2) 建立审计准则体系阶段(1994年～2005年)。1993年10月31日，第八届全国人民代表大会常务委员会第四次会议通过《中华人民共和国注册会计师法》，规定中国注册会计师协会依法拟订执业准则、规则，报国务院财政部门批准后施行。经财政部批准同意，中国注册会计师协会自1994年5月开始起草独立审计准则。

到2005年，中国注册会计师协会先后制定了6批独立审计准则，包括1个准则序言、1个独立审计基本准则、28个独立审计具体准则和10个独立审计实务公告、5个执业规范指南，此外，还包括3个相关基本准则(职业道德基本准则、质量控制基本准则和后续教育基本准则)，共计48个项目。

(3) 与国际审计与鉴证准则趋同阶段(2006年～2010年)。为完善中国注册会计师执业准则体系，加速实现与国际审计与鉴证准则趋同，中国注册会计师协会遵循科学、民主、公开的准则制定程序，经过艰苦而卓有成效的工作，拟订了22项新准则，并对26项已颁布的准则进行了必要的修订和完善，已于2006年2月15日由财政部发布。这48个准则项目自2007年1月1日起在所有会计师事务所施行。这些准则的发布标志着我国已建立起一套适应社会主义市场经济发展要求，顺应国际趋同大势的中国注册会计师执业准则体系。

(4) 与国际审计与鉴证准则全面趋同阶段(2012年开始)。中国注册会计师审计准则体系自2007年正式实施以来，总体运行情况良好。但由于当前审计环境发生了重大变化，注册会计师审计实务面临一些新问题和新困难。同时，我国执业准则也需要和国际准则实行持续全面趋同。2019年4月10日，由财政部发布修订后的18项中国注册会计师执业准则，并自2019年7月1日起施行。2019年12月31日，中国注册会计师协会修订印发《中国注册会计师审计准则问题解答第1号——职业怀疑》等5项审计准则问题解答。

本批发布的18项审计准则和24项应用指南均为修订，涉及利用内部审计人员的工作、应对违反法律法规行为、财务报表披露审计等3个方面。本次修订，旨在满足资本市场改革与发展对高质量会计信息的需求，规范和指导注册会计师应对审计环境变化和审计实务的新发展，并保持中国审计准则与国际准则的持续全面趋同。

提供高质量的审计服务，是注册会计师行业的第一生命线，是会计师事务所生存发展和树立市场信誉的基础。为了回应包括审计行业监管机构在内的社会各界对审计质量的关切，顺应经济社会及信息技术发展对会计师事务所提出的新要求、新挑战，提高质量管理能力，中国注册会计师协会针对会计师事务所质量管理方面的突出问题，借鉴国际准则的最新成果，起草（修订）了会计师事务所质量管理相关准则，形成征求意见稿。

特别提示 1-4

执业准则体系的框架结构

鉴证业务基本准则

- 执业准则体系
  - 鉴证业务准则
    - 审计准则：历史财务信息审计　合理保证
    - 审阅准则：历史财务信息审阅　有限保证
    - 其他鉴证业务准则：有限或合理保证
  - 相关服务准则（不提供任何程度的保证）
    - 代编财务信息
    - 执行商定程序
    - 提供管理咨询
  - 质量控制准则：对事务所质量控制提出的制度要求

本次发布的征求意见稿包括 3 项准则，分别是《会计师事务所质量管理准则第 5101 号——业务质量管理（征求意见稿）》《会计师事务所质量管理准则第 5102 号——项目质量复核（征求意见稿）》以及《中国注册会计师审计准则第 1121 号——对财务报表审计实施的质量管理（征求意见稿）》。本次修订的主要内容如下：

《会计师事务所质量管理准则第 5101 号——业务质量管理》规范整个会计师事务所层面如何管理业务质量。征求意见稿要求事务所采用风险导向的质量管理新方法，运用内部控制理论，建立健全全事务所统一的质量管理体系并有效运行，同时详细规定了该体系的具体内容和事务所领导层等相关人员的具体职责。

由不参与项目执行的合伙人对重要项目进行独立复核，是事务所质量管理的一种强有力措施，这种独立复核被称为项目质量复核，《会计师事务所质量管理准则第 5102 号——项目质量复核》对其进行详细规范。征求意见稿明确了项目质量复核的目标和定位，针对项目质量复核人员的专业技能、权威性、客观性等方面提出了更高的要求，同时还对项目质量复核人员的具体复核工作和工作底稿要求作出了细化的规定。

《中国注册会计师审计准则第 1121 号——对财务报表审计实施的质量管理》规范了在项目组层面如何管理财务报表审计项目质量。征求意见稿着重强化和细化了项目合伙人在审计业务质量管理方面的责任，要求项目合伙人应当充分参与整个审计业务过程，并对其指导、监督和复核项目组成员的工作作出细化规定。

在审计与鉴证准则的内容上，我国审计与鉴证准则体系充分采用了国际审计与鉴证准则所有的基本原则和核心程序，在审计的目标与原则、风险的评估与应对、审计证据的获取和分析、审计结论的形成和报告，以及注册会计师执业责任的设定等所有重大方面，均与国际审计与鉴证准则保持一致。

1.4 注册会计师的职业道德

道德属于一种社会意识形态，是调整人与人之间、个人与社会之间的关系行为规范的总和，它以真诚与虚伪、善与恶、正义与非正义、公正与偏私等观念来衡量和评价人们的思想、行动。通过各种形式的教育和社会舆论力量，使人们逐渐形成一定的信念、习惯和传统。注册会计师行业需要更高的道德水准，其理由有三：其一，维护公众利益是行业的宗旨，这决定了行业的会员需要超越个人、客户或所在单位的利益和法律法规的低要求，恪守更高的职业道德要求，履行好对社会公众、客户、同行等所肩负的职责。其二，诚信是注册会计师行业核心价值之一，也是行业的立身之本，行业会员只有展现出较高的道德水准才能取信于社会公众。其三，注册会计师行业是专家行业，其工作的技术复杂性决定了社会公众很难判断其执业质量，制定并贯彻严格的职业道德规范有助社会公众增强对行业的信心。

2020 年 1 月 8 日，中国注册会计师协会发布《中国注册会计师职业道德守则》和《中国注册会计师协会非执业会员职业道德守则》修订文本的征求意见稿，公开征求意见。

为了顺应经济社会发展对注册会计师诚信和职业道德水平提出的更高要求，吸收借鉴国际职业道德守则的最新成果，保持与国际职业道德守则的持续动态趋同，中国注册会计师协会对《中国注册会计师职业道德守则》进行了全面修订，形成本征求意见稿。本次修订的主要内容如下：

（1）强化了职业道德概念框架。明确了注册会计师识别出的不利影响与可采取的防范措施之间的对应联系，使防范措施与不利影响能够更好地匹配起来；强调如果注册会计师不能消除不利影响，必须拒绝接受业务或终止特定业务；要求注册会计师应当就能否消除或降低不利影响形成总体结论，并且在形成总体结论时，应当冷静掂量所作出的重大判断或得出的结论。

特别提示 1-5

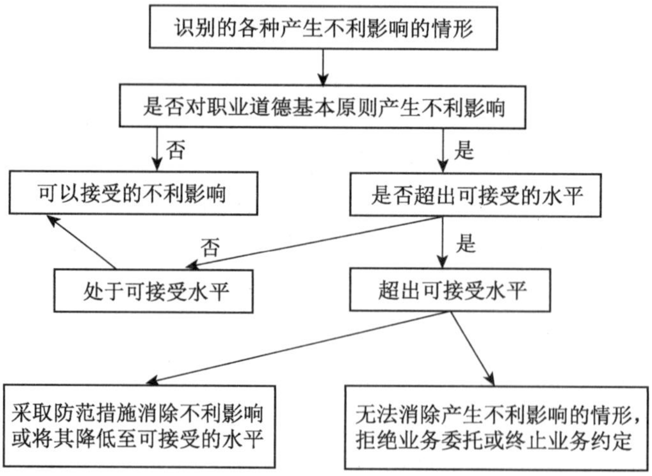

职业道德概念框架的工作思路

(2) 扩展了现行守则中与“礼品和款待”相关的规定。将现行守则中“礼品和款待”部分改为“利益诱惑”部分,将该部分守则的适用范围扩展到多种利益诱惑;阐明了应对利益诱惑的基本思路,同时对利益诱惑是否具有不当影响,接受方或其他人行为的意图提供了应对指引。

(3) 增加了与会计师应对违反法律法规行为相关的规定。阐明了本部分涉及的法律法规范围,并针对注册会计师如何应对与财务报表审计相关的违反法律法规行为提供了基本思路:首先,某些法律法规规定了向适当的机构报告违反法律法规行为或涉嫌违反法律法规行为的要求,注册会计师应当了解这些法律法规,并遵守这些要求;其次,如果注册会计师识别出或怀疑被审计单位已经发生或可能发生违反法律法规行为,应当与适当级别的管理层和治理层讨论,并评估管理层和治理层应对的适当性;第三,注册会计师应当根据管理层和治理层的应对,确定是否需要出于维护公众利益的目的而采取进一步行动,如向适当的机构报告或解除业务约定;第四,注册会计师在确定是否向适当的机构报告时,应当考虑多项因素,如相关事项可能对利益相关者、注册会计师或其他人员造成的危害、是否存在适当的机构、是否可以得到法律保护等。

(4) 增加了与会计师事务所长期审计某一客户相关的规定。要求会计师事务所制定政策和程序,对本事务所长期承接某一公众利益实体审计客户的情况实施监控;针对会计师事务所连续提供审计服务达到10年或以上的审计客户,要求在会计师事务所层面采取相应的防范措施;为了保证相关措施能够实施到位,要求会计师事务所主要负责人建立完善的内部质量管理体系和利益分配机制,保证事务所的人力资源和客户资源实现一体化统筹管理,并定期评价本事务所内部质量管理体系和利益分配机制的设计和执行情况。

(5) 修订了与关键审计合伙人轮换及“冷却期”相关的规定。将关键审计合伙人分为3类,分别规定了“冷却期”,并规定我国审计报告第二签字注册会计师的“冷却期”参照项目合伙人的规定;更加严格限制关键审计合伙人在冷却期内从事相关行为;针对关键审计合伙人轮换“流于形式”的问题,要求指定专门岗位或人员对关键审计合伙人的轮换情况进行实时监控,每年对轮换情况进行复核,并在全事务所范围内统一进行轮换,并将轮换实施情况作为内部质量管理制度执行情况检查的一部分。

(6) 细化了与为审计客户提供非鉴证服务相关的规定。进一步明确了非鉴证服务中涉及管理层职责的范围,同时为注册会计师如何避免承担管理层职责提供了更加详细的指引;增加了注册会计师提供行政事务性服务与独立性相关的规定;针对注册会计师为审计客户提供会计和记账服务、内部审计服务、信息技术系统服务等情形,增加了一些细化规定,以帮助注册会计师的理解和实务操作。

(7) 细化了非执业会员在编制和列报信息方面的规定。更全面地规定了非执业会员在编制和列报信息方面应当遵守的要求;规定非执业会员在运用职业判断以编制或列报信息时,可能需要运用自由裁量权,但自由裁量权的运用不得有意误导他人或者不当影响合同或监管结果。

(8) 增加了与非执业会员面临违反职业道德基本原则的压力相关的规定。明确非执业会员不得因面临其他人员施加的压力违反职业道德基本原则,也不得向其他人员施加压力使该人员违反职业道德基本原则。

1.4.1 注册会计师职业道德的基本要求

注册会计师的职业道德包含了丰富的内容，下面主要介绍注册会计师职业道德的基本要求、业务能力和技术守则、对委托单位的责任、对同业的责任、业务承接等。

注册会计师为实现执业目标，必须遵守一系列前提或一般原则。这些基本原则包括下列职业道德基本原则：诚信、独立、客观和公正、专业胜任能力和应有的关注、保密、良好的职业行为。

（1）诚信。诚信是指诚实、守信。也就是说，一个人言行与内心思想一致，不虚伪，能够履行与别人的约定而取得对方的信任。诚信原则要求注册会计师应当在所有的职业关系和商业关系中保持正直和诚实，秉公处事、实事求是。

注册会计师如果认为业务报告、申报资料或其他信息存在下列问题，则不得与这些有关问题的信息发生牵连：

① 含有严重虚假或误导性的陈述。

② 含有缺乏充分根据的陈述或信息。

③ 存在遗漏或含糊其辞的信息。

注册会计师如果注意到与已有问题的信息发生牵连，应当采取措施消除牵连。在鉴证业务中，如果注册会计师依据执业准则出具了恰当的非标准业务报告，不被视为违反上述要求。

（2）独立。独立是指不受外来力量控制、支配，按照一定的规则行事。独立原则通常是对注册会计师提出的明确要求。在执行鉴证业务时，注册会计师必须保持独立。如果注册会计师不能与客户保持独立，而是存在经济利益、关联关系，或屈从于外界压力，就很难取信于社会公众。

注册会计师执行审计和审阅业务以及其他鉴证业务时，应当从实质上和形式上保持独立性，不得因任何利害关系影响其客观性。

会计师事务所在承办审计和审阅业务以及其他鉴证业务时，应当从整体层面和具体业务层面采取措施，以保持会计师事务所和项目组的独立性。

（3）客观和公正。客观是指按照事物的本来面目去考察，不添加个人的偏见。公正是指公平、正直，不偏袒。客观和公正原则要求注册会计师应当公正处事、实事求是，不得由于偏见、利益冲突或他人的不当影响而损害自己的职业判断。如果存在导致职业判断出现偏差，或对职业判断产生不当影响的情形，注册会计师不得提供相关专业服务。

（4）专业胜任能力和应有的关注。专业胜任能力和应有的关注原则要求注册会计师通过教育、培训和执业实践获取和保持专业胜任能力。注册会计师应当持续了解并掌握当前法律、技术和实务的发展变化，将专业知识和技能始终保持在应有的水平，确保为客户提供具有专业水准的服务。

注册会计师作为专业人士，在许多方面都要履行相应的责任，保持和提高专业胜任能力就是其中的重要内容。专业胜任能力是指注册会计师具有专业知识、技能和经验，能够经济、有效地完成客户委托的业务。注册会计师如果不能保持和提高专业胜任能力，就难以完成客户委托的业务。事实上，如果注册会计师在缺乏足够的知识、技能和经验的情况下提供专业服务，就构成了一种欺诈。一个合格的注册会计师，不仅要充分认识自己的能力，对自己充满信心，更重要的是，必须清醒地认识到自己在专业胜任能力方面存在的不足。如果注册会计师不能认识到这一点，承接了难以胜任的业务，就可能给客户乃至社会公众带来危害。

专业服务要求注册会计师在应用专业知识和技能时，应当合理运用职业判断。专业胜任能力可分为两个独立阶段：①专业胜任能力的获取；②专业胜任能力的保持。注册会计师应当持续了解和掌握相关的专业技术和业务的发展，以保持专业胜任能力。持续职业发展能够使注册会计师发展和保持专业胜任能力，使其能够胜任特定业务环境中的工作。

应有的关注要求注册会计师勤勉尽责，保持应有的关注，遵守执业准则和职业道德规范的要求，勤勉尽责，认真、全面、及时地完成工作任务。在审计过程中，注册会计师应当保持职业怀疑态度，运用专业知识、技能和经验，获取和评价审计证据。同时，注册会计师应当采取措施以确保在其授权下工作的人员得到适当的培训和督导。在适当情况下，注册会计师应当使客户、工作单位和专业服务的其他使用者了解专业服务的固有局限性。

(5) 保密。注册会计师能否与客户维持正常的关系，有赖于双方能否自愿而又充分地进行沟通和交流，不掩盖任何重要的事实和情况。只有这样，注册会计师才能有效地完成工作。但是，注册会计师与客户的沟通，必须建立在为客户信息保密的基础上。这里所说的客户信息，通常是指涉密信息。一旦涉密信息被泄露或被利用，往往会给客户造成损失。因此，许多国家规定，在公众领域执业的注册会计师，在没有取得客户同意的情况下，不能泄露任何客户的涉密信息。

保密原则要求注册会计师应当对因职业关系和商业关系而获知的信息予以保密，不得有下列行为：

① 未经客户授权或法律法规允许，向会计师事务所以外的第三方披露其所获知的涉密信息。

② 利用所获知的涉密信息为自己或第三方谋取利益。

注册会计师在社会交往中应当遵循保密原则。注册会计师应当警惕无意泄密的可能性，特别是向主要近亲属和其他近亲属以及关系密切的商业伙伴无意泄密的可能性。主要近亲属是指配偶、父母或子女。其他近亲属是指兄弟姐妹、祖父母、外祖父母、孙子女、外孙子女。

注册会计师还应当对拟接受的客户或拟受雇的工作单位向其披露的涉密信件保密，在终止与客户或工作单位的关系之后，注册会计师仍然应当对在职业关系和商业关系中获知的信息保密。如果变更工作单位或获得新客户，注册会计师可以拥有以前的经验，但不应利用或披露任何由于职业关系和商业关系获得的涉密信息。注册会计师应当明确在会计师事务所内部或工作单位内部保密的必要性，采取有效措施，确保其下级员工以及为其提供建议和帮助的人员遵循保密原则。

注册会计师在下列情况下可以披露客户的涉密信息：

① 法律、法规允许披露，并且取得客户或工作单位的授权。

② 根据法律法规的要求，为法律诉讼、仲裁准备文件或提供证据，以及向有关监管机构报告发现的违法行为。

③ 法律法规允许的情况下，在法律诉讼、仲裁中维护自己的合法权益。

④ 接受注册会计师协会或监管机构的执业质量检查，答复其询问和调查。

⑤ 法律法规、执业准则和职业道德规范规定的其他情形。

在决定是否披露涉密信息时，注册会计师应当考虑下列因素：

① 如果客户或工作单位同意注册会计师披露涉密信息，是否为法律法规所禁止。

② 如果客户或工作单位同意注册会计师披露涉密信息，是否会损害利害关系人的利益。

③ 是否已了解和证实所有相关信息。

④ 信息披露的方式和对象。

⑤ 可能承担的法律责任和后果。

案例讨论 1-1

丙公司是ABC会计师事务所的常年审计客户，A注册会计师担任丙公司2016年度财务报表审计项目合伙人。

(1) ABC会计师事务所的网络事务所受聘对丙公司财务信息进行尽职调查，经A注册会计师批准，借阅了过去3年审计工作底稿中与丙公司相关的部分。

(2) 审计项目组的部分成员首次参与丙公司所在行业的审计项目，因该行业比较特殊，A注册会计师向这些成员提供了有关所在行业其他公司审计项目的工作底稿作参考。

(3) 丙公司财务总监向A注册会计师私下透露，某电商公司正与丙公司秘密协商参股丙公司。A注册会计师就此事询问了其在该电商公司工作的朋友，并与朋友们讨论了该投资的可能性。

要求：针对上述事项，指出是否恰当。如不恰当，简要说明理由。

(6) 良好的职业行为。职业行为原则要求注册会计师应当遵守相关法规，避免发生任何损害职业声誉的行为。

在推介自身和工作时，注册会计师应当客观、真实、得体，不得损害职业形象。注册会计师应当诚实、实事求是，不得有下列行为：

① 夸大宣传提供的服务、拥有的资质或获得的经验。

② 贬低或无根据地比较其他注册会计师的工作。

1.4.2 注册会计师的业务能力和技术守则

注册会计师要向社会公众提供高质量的专业服务，除了必须具备良好的职业品质外，还应具备较强的业务能力，遵守一定的技术守则。业务能力和技术守则要求是注册会计师职业道德中的另一项重要内容。

注册会计师业务能力要求包括：

(1) 注册会计师必须具备有关法规规定的专业教育水平和专业工作经历。

(2) 注册会计师应按照注册会计师教育要求和培训制度的规定，不断接受继续教育，保持和更新专业知识，充实和发展专业技能。

(3) 注册会计师应避免承担和从事不能胜任或不能按时完成的业务。对于需要其他专业人员协助才能胜任的业务，注册会计师应考虑所委派专业人员的业务能力。

(4) 注册会计师的助理人员在执行业务之前，须经过专门培训。注册会计师对于委派给助理人员的工作，必须切实予以指导、监督和检查，并对其工作的结果负责。

注册会计师技术守则包括：

(1) 注册会计师执行业务时,必须依据我国有关的法律、法规和会计准则,遵循中国注册会计师执业准则。对于我国法律、法规、制度和执业准则中未作规定的重要事项,应根据国际惯例处理。

(2) 注册会计师在执行审计业务过程中,发现虚假、舞弊、不实等情况,应当向委托单位明确指出,并在出具的报告中予以揭示。

(3) 注册会计师在执行审计业务中,发现委托单位会计账目和财务报表的数据、内容或处理方法有错误,应当提请调整或改正;对于未作调整或改正的,应在审计报告中予以说明。

(4) 注册会计师在执行审计业务时,遇到委托单位示意作不实或不当证明、对需要检查的事项不提供必要的文件和资料或有意提供伪证的、有意阻挠查验工作正常进行等情况,应当予以拒绝或中止审计工作,并说明理由。

(5) 注册会计师应当在完成审计程序,认真研究审计记录和证据的基础上,形成审计报告,并以恰当的、不致使人误解的方式陈述报告意见。未经规定的审计程序,未取得必要的审计证据,不得为财务报表和其他会计资料签发报告或出具其他证明性文件。注册会计师应对其出具审计报告内容的真实性、合法性负责。

(6) 对于委托单位的预测、计划等含有不确定因素的未来事项,注册会计师不得就其可实现程度作出保证。但不限制注册会计师以咨询的方式协助或代替委托单位从事预测、计划或可行性研究工作。

(7) 注册会计师在提供专业服务时,不得代行委托单位管理职能,应避免承担管理决策的责任。

特别提示 1-6

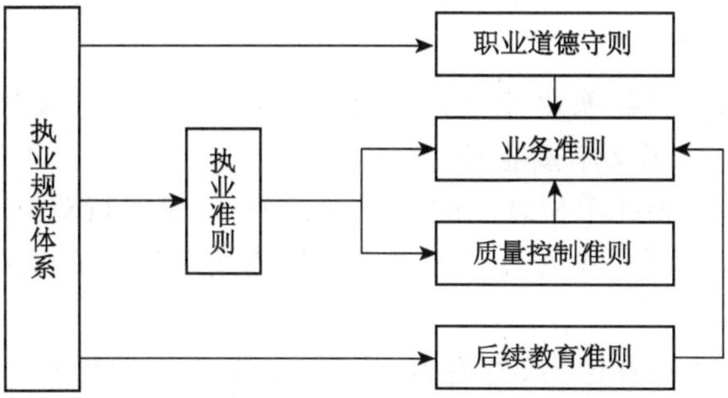

中国注册会计师执业规范体系中的"质量控制"

1.4.3 注册会计师对委托单位的责任

注册会计师职业道德在强调注册会计师对社会公众负责的同时,也规定了其对委托单位所负的特殊责任。

(1) 按时按质完成委托业务的责任。会计师事务所承接业务时,应与委托单位签订业务约定书,明确业务的范围、要求以及双方各自的责任。注册会计师应恪守各项约定,按时按质完成所委托的各项业务。

(2) 保密的责任。注册会计师(包括已脱离会计师事务所的原注册会计师)对于执业过程中得到的资料和情况，应当严格保守秘密。除得到委托单位的书面允许或法律、法规要求公布者外，不得将任何资料和情况提供或泄露给外人。

(3) 按标准收费的责任。会计师事务所提供审计业务时，应以工作量大小和专业要求高低为主要依据，按规定的标准收费，不得以服务成果的大小决定收取费用的高低，另有规定者除外。

1.4.4 对同业的责任

同业之间能否保持一种良好的关系，关系到整个职业界在公众中的形象和信誉。各会计师事务所之间应当以大局为重，相互尊重，团结协作，共同维护和增进本行业的职业信誉。会计师事务所对同业的责任，具体包括：

(1) 各会计师事务所应树立"以质量求信誉，以信誉求发展"的宗旨，相互尊重，团结协作，共同维护和增进本行业的职业道德和职业信誉。

(2) 会计师事务所可以跨地区承接和执行业务，所跨地区的同业不得以任何方式进行阻挠或排斥。

(3) 委托单位变更委托的会计师事务所时，后任注册会计师在接受委托之前，应与前任注册会计师联系，相互了解和介绍变更的情况和原因。

(4) 委托单位变更委托后，前任注册会计师应对后任注册会计师的工作予以支持和帮助，包括需要时提供以前年度的审计工作底稿等资料。

1.4.5 业务承接中的职业道德

能否争取到业务、拥有较多的委托单位，关系到会计师事务所的生存和发展，因而在业务承接环节也最易发生败坏职业声誉的行为。因此，各会计师事务所在业务承接过程中应遵循职业道德。具体包括：

(1) 注册会计师执行的各项业务，均应由会计师事务所统一接受委托。注册会计师及其他有关人员不得以个人名义承接业务。

(2) 会计师事务所与委托单位之间的业务委托关系，应实行双向自愿选择的原则，不得以任何方式限定或干预委托单位对会计师事务所的选择或会计师事务所在业务承接上的自主权。

(3) 会计师事务所不得在电台、电视台、报纸、杂志等新闻媒介上直接或间接地作诋毁同业或自我夸张、内容虚假、容易引起误解的广告，也不能向委托单位或其他组织散发具有上述倾向的函件。但会计师事务所与注册会计师的名称、姓名、地址、电话、业务范围、开业声明、迁址之类的公告不在此限。

(4) 会计师事务所不得以任何名义向帮助取得委托业务的其他单位或个人支付介绍费、佣金、手续费或回扣等，也不得向得到本会计师事务所帮助取得委托业务的其他会计师事务所收取介绍费、佣金、手续费或回扣等。

(5) 会计师事务所不得以降低收费的方式招揽业务。

(6) 对应由会计师事务所从事的法定审计业务，会计师事务所不得与其他机构进行收益分成式的业务合作，但会计师事务所聘请其他机构有关专业人员协助工作以及各会计师事务所之间的业务合作不在此限。

(7) 注册会计师和所在的会计师事务所不得允许其他单位和个人借用本人或本组织的名义承接、执行业务。

相关思考 1-1

(1) 签订审计业务约定书后，ABC 会计师事务所发现甲公司与本事务所另一常年审计客户乙公司存在直接竞争关系。ABC 会计师事务所未将这一情况告知甲公司和乙公司。

(2) 签订审计业务约定书时，ABC 会计师事务所根据有关部门的要求，与甲公司商定按六折收取审计费用。据此，审计项目组计划相应缩小审计范围，并就此事与甲公司治理层达成一致意见。

(3) 甲公司与 ABC 会计师事务所签订协议，由甲公司向其客户推荐 ABC 会计师事务所的服务。每次推荐成功后，由 ABC 会计师事务所向甲公司支付少量的业务介绍费。

(4) 甲公司是 F1 赛事中国站的赞助商，送给 A 注册会计师 5 张中国站的贵宾票。A 注册会计师将票分给了审计项目组成员。

(5) 会计师事务所的合伙人 B 于 2015 年 1 月 1 日退休后，根据政策继续享受两年分红。B 自 2016 年 7 月 1 日起担任甲公司独立董事。

(6) 甲公司接受某银行委托，对其内审部完成的某项内审工作进行复核，并负责向治理层汇报内审工作结果。该项内审工作与财务会计系统、财务报表以及相关的内部控制均无关。

上述情形是否违反注册会计师职业道德，如何处理？

注册会计师非执业会员在提供专业服务时，应当遵守《中国注册会计师协会非执业会员道德守则》《中华人民共和国会计法》以及其他相关法律、法规的有关规定。投资者、债权人、工作单位、政府部门和社会公众等都可能依赖非执业会员的工作。非执业会员可能单独或与其他人员一起负责编报财务信息及其他信息(这些信息可能为工作单位和第三方利用)，也可能负责从事财务管理工作或提供各种与企业经营有关的建议。

注册会计师非执业会员，可能是领取报酬的雇员，也可能是合伙人、执行董事或非执行董事、业主(经理)、志愿者，或者为一家或多家组织服务的人员。他们与工作单位之间关系的法律形式不影响其应承担的道德责任。

特别提示 1-7

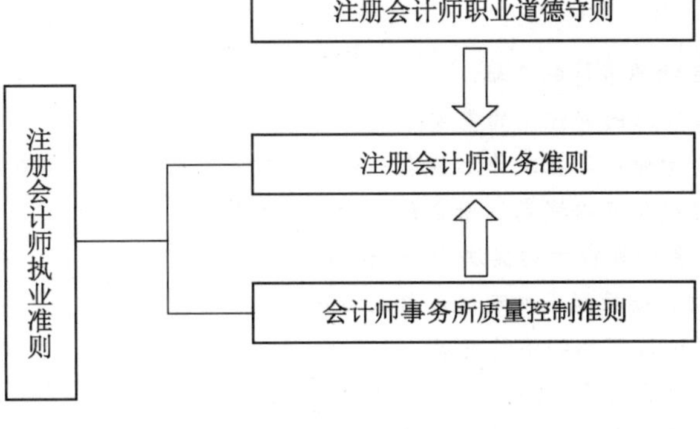

职业道德守则和质量控制准则的共同目的是保证业务准则得到执行。

注册会计师非执业会员有责任促进工作单位实现其合法的目标。职业道德守则并不妨碍非执业会员恰当履行上述职责，但注册会计师非执业会员应当避免在履行上述职责时可能损害职业道德基本原则的情形。注册会计师非执业会员可能在组织中处于高级职位，职位越高就越有影响力。因此，注册会计师非执业会员应当在工作单位中倡导以道德为基础的文化，以促使高级管理层重视道德行为。

重要概念

审计　财务报表审计　审计准则　应有的关注

本章练习

简答题

1. 如何理解审计的定义？如何评价这些定义？
2. 审计原则与会计原则有何区别和联系？区分会计原则和审计原则有何重要意义？
3. 如何区分财务报表审计、合规性审计和经营审计？
4. 如何理解审计的独立性？
5. 什么是审计职业道德？注册会计师为什么要遵守职业道德？
6. 职业道德基本准则有哪些？

选择题

1. 注册会计师审计产生的直接原因是（　　）。

A. 合伙企业制度的产生　　B. 股份制企业制度的形成

C. 资本市场的发展　　D. 所有权和经营权的分离

2. 下列关于"注册会计师审计"的陈述中，恰当的有（　　）。

A. 注册会计师在年报审计中应根据被审计单位所采用的适用的企业会计准则和相关的企业会计制度来判断其年报的编制是否合法，年报反映的内容是否公允

B. 注册会计师在年报审计中必须查出财务报表中所有重大舞弊

C. 注册会计师年报审计的核心环节是对财务报表重大错报风险的"识别、评估和应对"

D. 注册会计师必须获取基于认定的充分适当的审计证据才能对财务报表发表审计意见

3. 注册会计师进行年度财务报表审计时，应对被审计单位的内部审计进行了解，并可以利用内部审计的工作成果，这是因为（　　）。

A. 内部审计是注册会计师审计的基础

B. 内部审计是被审计单位内部控制的重要组成部分

C. 内部审计和注册会计师审计在工作上具有一定程度的一致性

D. 利用内部审计工作成果可以提高注册会计师的工作效率

4. 下列各项有关注册会计师审计的提法中，正确的有（　　）。

A. 注册会计师产生的直接原因是所有权和经营权的分离

B. 注册会计师审计要适应商品经济的发展

C. 注册会计师审计要具有独立、客观、公正的特性

D. 注册会计师审计随企业管理的发展而发展

5. 下列选项中，会计师事务所违反保密义务的是（　　）。

A. 接受委托后，后任注册会计师在取得了被审计单位口头授权后向前任注册会计师请求查阅审计工作底稿，前任注册会计师向后任注册会计师提供了支持

B. 某利害关系人向法院起诉会计师事务所，要求会计师事务所承担民事赔偿责任，会计师事务所未经被审计单位授权，向法院提交相关工作底稿作为抗辩的证据

C. 未经被审计单位授权，向监管机构报告发现的违反法规行为

D. 接受注册会计师协会依法进行的质量检查，并提供所要求的工作底稿，但未取得客户授权

6. 职业道德基本原则包括(　　)。

A. 诚信　　B. 客观和公正

C. 执业谨慎　　D. 良好职业行为

7. 注册会计师在执行审计业务时，如果未能采取有效的防范措施降低不利影响至可接受水平，则应当采取(　　)应对办法。

A. 消除产生的不利影响

B. 拒绝接受委托或解除业务约定

C. 与审计客户管理层沟通不利影响的可能影响

D. 与审计客户治理层讨论独立性不利影响

8. 下列情况中，不影响会计师事务所独立性的是(　　)。

A. 会计师事务所的办公用房系从某被审计单位优惠租用的

B. 审计客户要求会计师事务所提供评估服务，以帮助其履行税务报告义务或满足税务筹划目的，评估结果不对财务报表产生直接影响

C. 会计师事务所的一名注册会计师是某鉴证客户的独立董事

D. 会计师事务所为某上市公司提供财务报表审计服务的同时，还为其编制财务报表

9. XYZ会计师事务所为审计客户A电信公司提供税务服务，以下说法中，正确的有(　　)。

A. 在提供税务筹划和其他税务咨询服务时，如果此类服务具有法律依据，或得到税务机关的明确认可，通常不对独立性产生不利影响

B. 如果管理层对纳税申报表承担责任，会计师事务所提供此类服务通常不对独立性产生不利影响

C. 在审计客户属于公众利益实体的情况下，除非出现紧急或极其特殊的情况，并征得相关监管机构的同意，会计师事务所不得计算当期所得税或递延所得税负债(或资产)，以用于编制对被审计财务报表具有重大影响的会计分录

D. 如果评估服务并未经税务机关或类似监管机构的审核，并且其影响对财务报表来说是重大的，则通常不对独立性产生不利影响

案例分析题

小王2019年夏天毕业于上海一所著名大学会计系，2019年6月，小王去一些公司和几家会计师事务所面试，其中有6家愿意为其提供工作机会。在仔细衡量了这些机会之后，小王最终接受了作为某国际会计师事务所审计部的一个初级实习生的职位。

小王开始工作的前2个星期是在事务所培训中心度过的。2019年10月上旬，她回到事务所之后，被分配去从事某公司的审计任务。这是一家很大的上市公司，它的中期财务报表于6月30日审报结束。在这项业务中，小王上一级的项目主管是老李，老李作为一名项目部经理已有多年的资历了。在小王去公司进行审计的第一天，老李告诉她，她的任务不仅包括帮助审计应收账款，还要对现金账户的审计负责。小王对她的第一个委托项目感到很兴奋，并且觉得能和老李这样有经验的老师一起工作感到特别高兴。在这家事务所中，老李作为项目部经理，一直以要求非常严格而著称，他特别要求小王按照计划与规定的程序来完成任务，同时他也是一个非常公正、知识渊博并且和客户关系很融洽的项目经理。

老李有一次与小王共进工作午餐时，问她有没有报名参加今年的CPA考试。经过短暂的停顿，小王回答说她没有报名，但她计划在明年参加考试。老李说这样做不错，并愿意借给她一套CPA考试复习指南的参考图书。事实上，小王已在毕业时回到她的家乡报名并参加了当年CPA的考试。因为她担心考得不好，

可能通不过，所以她决定不告诉她的同事，为避免在以后的职业生涯里，因不是第一次就全部通过而难为情。

在接近年末的几个月里，小王继续从事该项目的审计工作。她在计划时间内完成了现金项目的审计，工作底稿也做得非常好。老李对小王的工作十分满意。12月上旬，当这一项目快要结束的时候，小王收到邮寄来的CPA考试成绩。令她吃惊的是，考试的5门课程她全通过了。她立即打电话告诉老李这一好消息，但老李反应很冷淡，她十分失望。这时，小王回忆起早先她告诉过老李，她没有参加今年考试。她马上向老李道歉，并解释了未透露已参加了今年的考试的原因。老李还是有些不高兴。小王决定放下这一话题，以后再和老李解释这件事。

随后的1个星期，老李从星期一到星期三都到另外一个客户那里去了，而小王和其他职员则继续在某公司完成最后的审计工作。星期五的早晨小王接到张先生打来的一个电话。张先生是该事务所主管人事的合伙人，他让小王当天下午晚些时候去他的办公室见他。小王猜想张先生可能会祝贺她通过了CPA考试，而且，还有可能增加她的实习工资。那天下午小王走进张先生的办公室时，生性开朗的他却是一脸阴郁。她坐下之后，张先生告诉她，过去几天他已和老李谈过几次话，并且和事务所其他3个审计合伙人讨论了有关小王的情况。接着，张先生解释说，老李对于小王在考CPA这件事上对他撒谎觉得非常忧虑。老李已经告诉张先生，他不想让小王参与他未来的任何业务，因为他认为小王不值得信赖。老李还建议将小王从事务所解雇出去，因为她的行为已表明她不够诚实，不符合注册会计师应有的职业道德。然后，张先生通知小王，其他审计合伙人也同意老李的意见。他们会给她60天的时间去另找一份工作，并将档案退回原来学校，以便小王重新找工作。而且，他们也不会向学校透露该事的详细原因。最后，小王伤心地离开了这一著名的国际会计师事务所。

要求：

(1) 依你的意见，你认为老李对于小王承认其在注册会计师考试这一事上不够诚实所采取的措施，是否有些过分？如果是，那么假如你处在老李的位置上，你将如何处理这件事呢？假如你是处在小王的位置上，你该怎么处理这件事呢？

(2) 老李显然是怀疑小王的个人诚实品质。一个人在缺乏诚实品质的情况下，你认为他能履行其职业角色的责任吗？为什么？

(3) 这个案例对我国注册会计师行业发展有哪些启示？谈谈你的看法。

第 2 章　审计目标、风险与过程

内容提要

本章主要讲解审计目标、审计风险、审计过程。

重点难点

本章的重难点为审计的具体目标与审计风险，理解并掌握认定、审计目标和审计程序之间的关系，掌握审计风险的各个组成要素。

学习目标

通过本章教学，使学生了解和掌握审计的总体目标和具体目标，为后面学习业务循环审计奠定一定的基础。学生从理论和实践相结合的高度掌握审计风险的构成要素及其关系，并能够理解检查风险为什么不能降低为零的原因。

知识框架

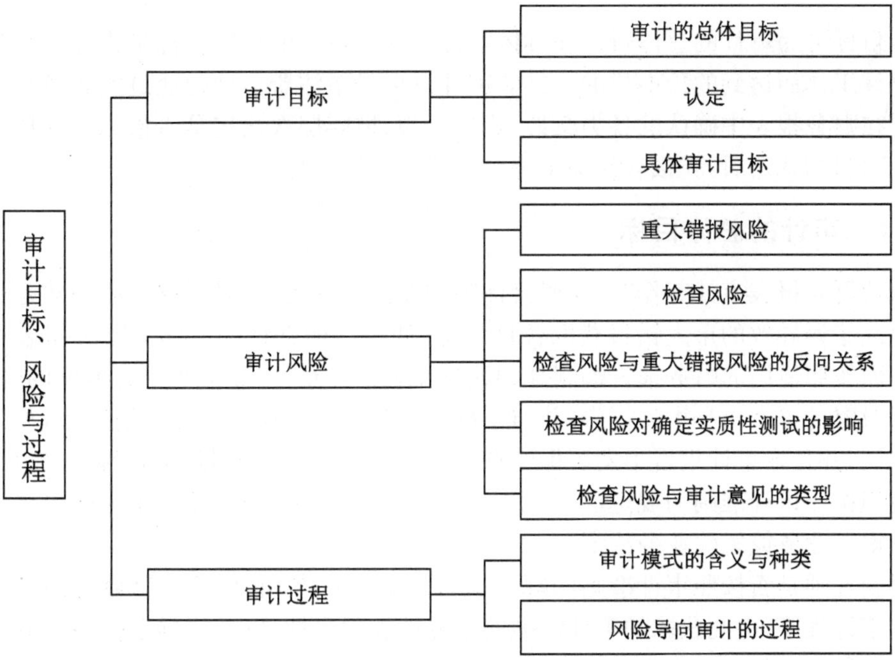

引入案例

蓝田股份财务舞弊案

与银广夏"异曲同工"的是,曾以"老牌绩优股"著称的蓝田股份玩的同样是编造业绩神话的伎俩。银广夏所鼓吹的生物萃取不过是画饼充饥,而蓝田股份的鱼塘奇迹无异于痴人说梦。

1996年6月18日,蓝田公司在上海证券交易所上市;1999年10月,证监会处罚该公司数项上市违规行为。2001年10月26日,中央财大教授刘姝威在《金融内参》发表600字短文揭露了蓝田的造假丑闻,此后蓝田贷款资金链条断裂。2002年1月,因涉嫌提供虚假财务信息,董事长保田等10名中高层管理人员被拘传接受调查;同年3月,公司被实行特别处理,股票变更为"ST生态";同年5月13日,因连续3年亏损,暂停上市。2003年1月8日,"ST生态"复牌上市。

蓝田已无力还债。12.7亿元农副水产品收入有造假嫌疑;蓝田的资产结构是虚假的。蓝田造假奇闻主要有:"金鸭子"的童话、"野莲汁、野藕汁"的传说、"无氧鱼"的故事。

审计主体方面的原因;审计人员的过失行为;审计对象、范围的拓展,致使审计风险增大,审计失败的概率增加;被审计单位会计报表表述不实,增大了审计风险,审计失败的概率增加。

要审计人员提升自身的业务能力,尤其是具备现代化的审计业务能力是规避审计失败的基本前提。要完善公司治理结构,尤其是创造良好的审计人员执业环境是规避审计失败的基本条件。要加强行业监督与指导力度,尤其是加大对审计人员败德行为的惩罚力度是规避审计失败的重要措施。要谨慎选择被审计单位,尤其不要承接审计部门力所不能的审计事项是规避审计失败的重要步骤。

那么审计的过程到底是如何呢?让我们一起开始这章的学习吧!

参考来源:中国证券监督管理委员会 http://www.csrc.gov.cn/pub/newsite/

2.1 审计目标

审计目标分为审计的总体目标和具体审计目标。审计的总体目标是指注册会计师为完成整体审计工作而达到的预期目的。具体审计目标是指注册会计师通过实施审计程序以确定管理层在财务报表中确认的各类交易、账户余额、披露层次认定是否恰当。注册会计师在了解每个项目的认定后,就很容易确定每个项目的具体目标。

2.1.1 审计的总体目标

在执行财务报表审计工作时,注册会计师的总体目标是:①对财务报表整体是否不存在由于舞弊或错误导致的重大错报获取合理保证,使得注册会计师能够对财务报表是否在所有重大方面按照适用的财务报告编制基础编制发表审计意见;②按照审计准则的规定,根据审计结果对财务报表出具审计报告,并与管理层和治理层沟通。在任何情况下,如果不能获取合理保证,并且在审计报告中发表保留意见也不足以实现向预期使用者报告的目的,注册会计师应当按照审计准则的规定出具无法表示意见的审计报告,或者在法律法规允许的情况下终止审计业务或解除业务约定。

注册会计师是否按照审计准则的规定执行了审计工作,取决于注册会计师在具体情况下实施的审计程序,由此获取的审计证据的充分性和适当性,以及根据总体目标和对审计证据的评价结果而出具审计报告的恰当性。

审计准则作为一个整体，为注册会计师执行审计工作以实现总体目标提供了标准。审计准则规范了注册会计师的一般责任以及在具体方面履行这些责任时的进一步考虑。每项审计准则都明确了规范的内容、适用的范围和生效的日期。在执行审计工作时，除遵守审计准则外，注册会计师可能还需要遵守法律法规的规定。

每项审计准则通常包括总则、定义、目标、要求(在审计准则中，对注册会计师提出的要求以"应当"来表述)和附则。总则提供了与理解审计准则相关的背景资料。每项审计准则还配有应用指南。每项审计准则及应用指南中的所有内容都与理解该项准则中表述的目标和恰当应用该准则的要求相关。应用指南对审计准则的要求提供了进一步解释，并为如何执行这些要求提供了指引。应用指南提供了审计准则所涉及事项的背景资料，更为清楚地解释审计准则要求的确切含义或所针对的情形，并举例说明适合具体情况的程序。应用指南本身并不对注册会计师提出额外要求，但与恰当执行审计准则对注册会计师提出的要求是相关的。

审计准则的总则可能对下列事项进行说明：①审计准则的目的和范围，包括与其他审计准则的关系；②审计准则涉及的审计事项；③就审计准则涉及的审计事项，注册会计师和其他人员各自的责任；④审计准则的制定背景。

审计准则以"定义"为标题单设一节，用来说明审计准则中某些术语的含义。提供这些定义有助于保持审计准则应用和理解的一致性，而非旨在超越法律法规为其他目的对相关术语给出定义。

每项审计准则均包含一个或多个目标，这些目标将审计准则的要求与注册会计师的总体目标联系起来。每项审计准则规定目标的作用在于，使注册会计师关注每项审计准则预期实现的结果。这些目标足够具体，可以帮助注册会计师：①理解需完成的工作，以及在必要时为完成这些工作使用的恰当手段；②确定审计业务的具体情况下是否需要完成更多工作以实现目标。注册会计师需要将每项审计准则规定的目标与总体目标联系起来进行理解。

注册会计师需要考虑运用"目标"决定是否需要实施追加的审计程序。审计准则的要求，旨在使注册会计师能够实现审计准则规定的目标，进而实现注册会计师的总体目标。因此，注册会计师恰当执行审计准则的要求，预期能为其实现目标提供充分的基础。然而，由于各项审计业务的具体情况存在很大差异，并且审计准则不可能预想到所有的情况，注册会计师有责任确定必要的审计程序，以满足准则的要求和实现目标。针对某项业务的具体情况，可能存在一些特定事项，需要注册会计师实施审计准则要求之外的审计程序，以实现审计准则规定的目标。

在注册会计师的总体目标下，注册会计师需要运用审计准则规定的目标以评价是否已获取充分、适当的审计证据。如果根据评价的结果认为没有获取充分、适当的审计证据，那么注册会计师可以采取下列一项或多项措施：①评价通过遵守其他审计准则是否已经获取或将会获取进一步的相关审计证据；②在执行一项或多项审计准则的要求时，扩大审计工作的范围；③实施注册会计师根据具体情况认为必要的其他程序。如果上述措施在具体情况下均不可行或无法实施，注册会计师将无法获取充分、适当的审计证据。在这种情况下，审计准则要求注册会计师确定其对审计报告或完成该项业务的能力的影响。

特别提示 2-1

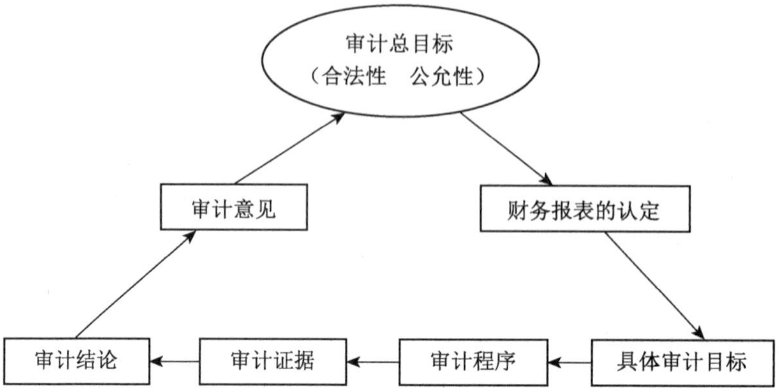

审计目标循环示意图

2.1.2　认定

认定与具体审计目标密切相关，注册会计师的基本职责就是确定被审计单位管理层对财务报表的认定是否恰当。注册会计师了解认定，就是要确定每个项目的具体审计目标。

1）认定的含义

认定，是指管理层在财务报表中作出的明确或隐含的表达，注册会计师将其用于考虑可能发生的不同类型的潜在错报。通过考虑可能发生的不同类型的潜在错报，注册会计师运用认定评估风险，并据此设计审计程序以应对评估的风险。

当管理层声明财务报表已按照适用的财务报告编制基础编制，在所有重大方面作出公允反映时，就意味着管理层对各类交易和事项、账户余额以及披露的确认、计量和列报作出了认定。管理层在财务报表上的认定有些是明确表达的，有些则是隐含表达的。例如，管理层在资产负债表中列报存货及其金额，意味着作出下列明确的认定：①记录的存货是存在的；②存货以恰当的金额包括在财务报表中，与之相关的计价或分摊调整已恰当记录。同时，管理层也作出下列隐含的认定：①所有应当记录的存货均已记录；②记录的存货都由被审计单位所有。

对于管理层对财务报表各组成要素作出的认定，注册会计师的审计工作就是要确定管理层的认定是否恰当。

2）关于所审计期间各类交易、事项及相关披露的认定

关于所审计期间各类交易、事项及相关披露的认定通常分为下列类别：

（1）发生：记录或披露的交易和事项已发生，且这些交易和事项与被审计单位有关。

（2）完整性：所有应当记录的交易和事项均已记录，所有应当包括在财务报表中的相关披露均已包括。

（3）准确性：与交易和事项有关的金额及其他数据已恰当记录，相关披露已得到恰当计量和描述。

（4）截止：交易和事项已记录于正确的会计期间。

（5）分类：交易和事项已记录于恰当的账户。

(6) 列报:交易和事项已被恰当地汇总或分解且表述清楚,相关披露在适用的财务报告编制基础下是相关的、可理解的。

3) 关于期末账户余额及相关披露的认定

关于期末账户余额及相关披露的认定通常分为下列类别:

(1) 存在:记录的资产、负债和所有者权益是存在的。

(2) 权利和义务:记录的资产由被审计单位拥有或控制,记录的负债是被审计单位应当履行的偿还义务。

(3) 完整性:所有应当记录的资产、负债和所有者权益均已记录,所有应当包括在财务报表中的相关披露均已包括。

(4) 准确性、计价和分摊:资产、负债和所有者权益以恰当的金额包括在财务报表中,与之相关的计价或分摊调整已恰当记录,相关披露已得到恰当计量和描述。

(5) 分类:资产、负债和所有者权益已记录于恰当的账户。

(6) 列报:资产、负债和所有者权益已被恰当地汇总或分解且表述清楚,相关披露在适用的财务报告编制基础下是相关的、可理解的。

注册会计师可以按照上述分类运用认定,也可按其他方式表述认定,但应涵盖上述所有方面。例如,注册会计师可以选择将关于各类交易、事项及相关披露的认定与关于账户余额及相关披露的认定综合运用。又如,当发生和完整性认定包含了对交易是否记录于正确会计期间的恰当考虑时,就可能不存在与交易和事项截止相关的单独认定。

2.1.3 具体审计目标

注册会计师了解认定后,就很容易确定每个项目的具体审计目标,并以此作为评估重大错报风险以及设计和实施进一步审计程序的基础。

1) 与所审计期间各类交易、事项及相关披露相关的审计目标

(1) 发生:由发生认定推导的审计目标是确认已记录的交易是真实的。例如,如果没有发生销售交易,但在销售日记账中记录了一笔销售,则违反了该目标。

发生认定所要解决的问题是管理层是否把那些不曾发生的项目列入财务报表,它主要与财务报表组成要素的高估有关。

(2) 完整性:由完整性认定推导的审计目标是确认已发生的交易确实已经记录,所有应包括在财务报表中的相关披露均已包括。例如,如果发生了销售交易,但没有在销售明细账和总账中记录,则违反了该目标。

发生和完整性两者强调的是相反的关注点。发生目标针对多记、虚构交易(高估),而完整性目标则针对漏记交易(低估)。

(3) 准确性:由准确性认定推导出的审计目标是确认已记录的交易是按正确金额反映的,相关披露已得到恰当计量和描述。例如,如果在销售交易中,发出商品的数量与账单上的数量不符,或是开账单时使用了错误的销售价格,或是账单中的乘积或加总有误,或是在销售明细账中记录了错误的金额,则违反了该目标。

准确性与发生、完整性之间存在区别。例如,若已记录的销售交易是不应当记录的(如发出的商品是寄销商品),则即使发票金额是准确计算的,仍违反了发生目标。再如,若已入账的销售交易是对正确发出商品的记录,但金额计算错误,则违反了准确性目标,没有违反发生目标。在完整性与准确性之间也存在同样的关系。

(4) 截止:由截止认定推导出的审计目标是确认接近于资产负债表日的交易记录于恰当的期间。例如,如果本期交易推到下期,或下期交易提到本期,均违反了截止目标。

(5) 分类:由分类认定推导出的审计目标是确认被审计单位记录的交易经过适当分类。例如,如果将出售经营性固定资产所得的收入记录为营业收入,则导致交易分类的错误,违反了分类的目标。

(6) 列报:由列报认定推导出的审计目标是确认被审计单位的交易和事项已被恰当地汇总或分解且表述清楚,相关披露在适用的财务报告编制基础下是相关的、可理解的。

2) 与期末账户余额及相关披露相关的审计目标

(1) 存在:由存在认定推异的审计目标是确认记录的金额确实存在。例如,如果不存在某顾客的应收账款,在应收账款明细表中却列入了对该顾客的应收账款,则违反了存在目标。

(2) 权利和义务:由权利和义务认定推导的审计目标是确认资产归属于被审计单位,负债属于被审计单位的义务。例如,将他人寄售商品列入被审计单位的存货中,违反了权利目标;将不属于被审计单位的债务记入账内,违反了义务目标。

(3) 完整性:由完整性认定推导的审计目标是确认已存在的金额均已记录,所有应包括在财务报表中的相关披露均已包括。例如,如果存在某顾客的应收账款,而应收账款明细表中却没有列入,则违反了完整性目标。

(4) 准确性、计价和分摊:资产、负债和所有者权益以恰当的金额包括在财务报表中,与之相关的计价或分摊调整已恰当记录,相关披露已得到恰当计量和描述。

(5) 分类:资产、负债和所有者权益已记录于恰当的账户。

(6) 列报:资产、负债和所有者权益已被恰当地汇总或分解且表述清楚,相关披露在适用的财务报告编制基础下是相关的、可理解的。

通过上面介绍可知,认定是确定具体审计目标的基础。注册会计师通常将认定转化为能够通过审计程序予以实现的审计目标。针对财务报表每一项目所表现出的各项认定,注册会计师相应地确定一项或多项审计目标,然后通过执行一系列审计程序获取充分、适当的审计证据以实现审计目标。

相关思考 2-1

认定、审计目标和审计程序之间的关系

认定	审计目标	审计程序
存在	资产负债表列示的存货存在	实施存货监盘程序
完整性	销售收入包括了所有已发货的交易	检查发货单和销售发票的编号以及销售明细账
准确性	应收账款反映的销售业务是否基于正确的价格和数量,计算是否准确	比较价格清单与发票上的价格、发货单与销售订购单上的数量是否一致,重新计算发票上的金额
截止	销售业务记录在恰当的期间	比较上一年度最后几天和下一年度最初几天的发货单日期与记账日期
权利和义务	资产负债表中的固定资产确实为公司所有	查阅所有权证书、购货合同、结算单和保险单
计价和分摊	以净值记录应收款项	检查应收账款账龄分析表、评估计提的坏账准备是否充足

2.2 审计风险

审计风险，是指当财务报表存在重大错报时，注册会计师发表不恰当审计意见的可能性。审计风险是一个与审计过程相关的技术术语，并不是指注册会计师执行业务的法律后果，如因诉讼、负面宣传或其他与财务报表审计相关的事项而导致损失的可能性。

审计风险取决于重大错报风险和检查风险。

2.2.1 重大错报风险

重大错报风险是指财务报表在审计前存在重大错报的可能性。重大错报风险与被审计单位的风险相关，且独立于财务报表审计而存在。在设计审计程序以确定财务报表整体是否存在重大错报时，注册会计师应当从财务报表层次和各类交易、账户余额和披露认定层次方面考虑重大错报风险。《中国注册会计师审计准则第 1211 号——通过了解被审计单位及其环境识别和评估重大错报风险》对注册会计师如何评估财务报表层次和认定层次的重大错报风险提出了详细的要求。

1）两个层次的重大错报风险

财务报表层次重大错报风险与财务报表整体存在广泛联系，可能影响多项认定。此类风险通常与控制环境有关，但也可能与其他因素有关，如经济萧条。此类风险难以界定于某类交易、账户余额和披露的具体认定；相反，此类风险增大了认定层次发生重大错报的可能性，与注册会计师考虑由舞弊引起的风险尤其相关。

注册会计师同时考虑各类交易、账户余额和披露认定层次的重大错报风险，考虑的结果直接有助于注册会计师确定认定层次上实施的进一步审计程序的性质、时间安排和范围。注册会计师在各类交易、账户余额和披露认定层次获取审计证据，以便能够在审计工作完成时，以可接受的低审计风险水平对财务报表整体发表审计意见。《中国注册会计师审计准则第 1231 号——针对评估的重大错报风险采取的应对措施》对注册会计师如何应对评估的两个层次重大错报风险，提出了详细的要求。

知识拓展 2-1

审计风险的形成过程

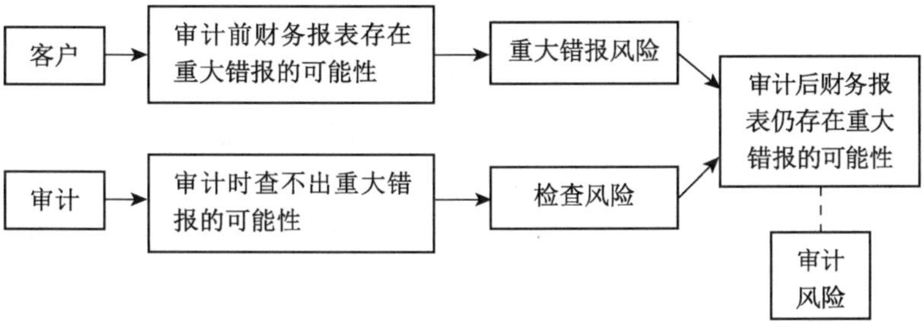

2）固有风险和控制风险

认定层次的重大错报风险又可以进一步细分为固有风险和控制风险。

固有风险是指在考虑相关的内部控制之前，某类交易、账户余额或披露的某一认定易于发生错报(该错报单独或连同其他错报可能是重大的)的可能性。

某些类别的交易、账户余额和披露及其认定，固有风险较高。例如，复杂的计算比简单计算更可能出错；受重大计量不确定性影响的会计估计发生错报的可能性较大。产生经营风险的外部因素也可能影响固有风险。再如，技术进步可能导致某项产品陈旧，进而导致存货易于发生高估错报(计价认定)。被审计单位及其环境中的某些因素还可能与多个甚至所有类别的交易、账户余额和披露有关，进而影响多个认定的固有风险。这些因素包括维持经营的流动资金匮乏、被审计单位处于夕阳行业等。

控制风险是指某类交易、账户余额或披露的某一认定发生错报，该错报单独或连同其他错报是重大的，但没有被内部控制及时防止或发现并纠正的可能性控制风险。该风险取决于与财务报表编制有关的内部控制的设计和运行的有效性。由于控制的固有局限性，某种程度的控制风险始终存在。

需要特别说明的是，由于固有风险和控制风险不可分割地交织在一起，有时无法单独进行评估，本教材通常不再单独提到固有风险和控制风险，而只是将这两者合并称为“重大错报风险”。但这并不意味着，注册会计师不可以单独对固有风险和控制风险进行评估。相反，注册会计师既可以对两者进行单独评估，也可以对两者进行合并评估。具体采用的评估方法取决于会计师事务所偏好的审计技术和方法及实务上的考虑。

2.2.2 检查风险

检查风险是指如果存在某一错报，该错报单独或连同其他错报可能是重大的，注册会计师为将审计风险降至可接受的低水平而实施程序后没有发现这种错报的风险。检查风险取决于审计程序设计的合理性和执行的有效性。由于注册会计师通常并不对所有的交易、账户余额和披露进行检查以及其他原因，检查风险不可能降低为零。其他原因包括注册会计师可能选择了不恰当的审计程序、审计过程执行不当，或者错误解读了审计结论。这些因素可以通过适当计划、在项目组成员之间进行恰当的职责分配、保持职业怀疑态度以及监督、指导和复核项目组成员执行的审计工作得以解决。

案例讨论 2-1

ABC 会计师事务所承接了甲公司 2019 年度财务报表的审计业务，在进行项目组讨论考虑审计风险时，项目组成员有不同的观点，具体情况如下：

(1) 项目组成员 A 认为审计风险取决于重大错报风险和检查风险。

(2) 项目组成员 B 认为认定层次的重大错报风险可分为固有风险和控制风险，两者不可分割的交织在一起，所以不能对固有风险和控制风险单独进行评估。

(3) 项目组成员 C 认为，为将审计风险模型中的审计风险控制在一定的低水平，需要降低检查风险，同时需要降低重大错报风险。

(4) 项目组成员 D 认为重大错报风险取决于审计程序设计的合理性和执行的有效性。

(5) 项目组成员 E 认为检查风险可以降低为零。

要求：逐一判断各个项目组成员的观点是否恰当。如果不恰当，简要说明理由。

2.2.3 检查风险与重大错报风险的反向关系

在既定的审计风险水平下，可接受的检查风险水平与认定层次重大错报风险的评估结果呈反向关系。评估的重大错报风险越高，可接受的检查风险越低；评估的重大错报风险越低，可接受的检查风险就越高。检查风险与重大错报风险的反向关系用数学模型表示如下：

审计风险 = 重大错报风险 × 检查风险

这个模型也就是审计风险模型。假设针对某一认定，注册会计师将可接受的审计风险水平设定为 5%，注册会计师实施风险评估程序后将重大错报风险评估为 25%，则根据这模型，可接受的检查风险为 20%。当然，在实务中，注册会计师不一定用绝对数量表达这些风险水平，而是选用“高”“中”“低”等文字进行定性描述。

注册会计师应当合理设计审计程序的性质、时间安排和范围，并有效执行审计程序，以控制检查风险。上例中，注册会计师根据确定的可接受检查风险（20%），设计审计程序的性质、时间安排和范围。审计计划在很大程度上围绕确定审计程序的性质、时间安排和范围而展开。

特别提示 2-2

检查风险确定的步骤

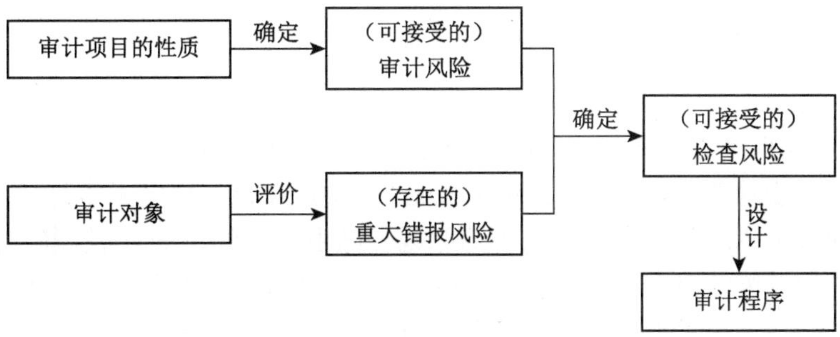

2.2.4 检查风险对确定实质性程序性质、时间和范围的影响

不论重大错报风险的评估结果如何，审计人员都应当对各重要账户或交易类别进行实质性程序。然而，审计人员实施的实质性程序，其性质、时间和范围的决定，最终取决于根据重大错报风险水平所确定的可接受的检查风险。可接受的检查风险水平与实质性程序的性质、时间和范围的关系如表 2-1 所示。

表 2-1　检查风险与实质性程序的性质、时间和范围的关系

实质性程序可接受的检查风险	性质	时间	范围
高	分析程序和交易测试为主	期中审计为主	较小样本 较少证据

（续表）

实质性程序可接受的检查风险	性质	时间	范围
中	分析程序、交易测试以及余额测试结合运用	期中审计、期末审计和期后审计结合运用	适中样本 适量证据
低	余额测试为主	期末审计和期后审计为主	较大样本 较多证据

2.2.5 检查风险与审计意见的类型

检查风险不仅影响审计人员所实施的实质性程序的性质、时间和范围，而且影响审计人员所发表审计意见的类型。如果经过实施有关实质性程序后，审计人员仍认为与某一重要账户或交易类别的认定有关的检查风险不能降至可接受的水平，那么，审计人员就应当发表保留意见或无法表示意见。这是因为如果不能将重要账户或交易类别的检查风险降至可接受的水平，审计人员将难以确定有多少重大错报无法通过实质性程序予以发现，财务报表的部分或全部认定是否合法、公允也难以确定。在这种情况下，最明智的做法是发表保留意见或无法表示意见。

2.3 审 计 过 程

2.3.1 审计模式的含义和种类

1）审计模式

审计模式又称审计方式模式、审计取证模式，是指为了实现特定的审计目标所采取的审计策略、方式和方法的总称，它规定了审计取证工作的切入点，规定了审计人员在实施审计工作时，从何处入手、如何入手、何时入手等问题。随着社会经济的发展，审计目的在不断变化，被审计单位的具体情况在不断变化，因而审计模式也在不断发展。审计模式通常可归集为详细审计模式、会计报表审计模式、制度基础审计模式和风险导向审计模式 4 类。从某种意义上说，审计模式的发展是使审计成本不断降低的审计技术方法的发展。

2）审计模式的演变阶段

审计取证模式的演变大致可分为 3 个阶段：账项基础审计模式阶段，制度基础审计阶段和风险基础审计阶段。详细审计模式是最早出现的审计方法模式。在审计发展初期，审计业务量不多，被审计单位受社会生产力发展水平的制约，经营规模较小，经济业务比较简单，更重要的是其财产所有权与经营权尚未彻底分离，财产所有者能够直接监督和控制受托经营管理者。

（1）账项基础审计。账项基础审计模式审计是指以经济业务、会计事项和账目记录为基础，直接从会计资料的审查入手收集有关审计证据，从而形成审计意见和结论的一种审计取证模式。

审计目标：查错防弊。

审计方法：运用详细审计方法，对大量的凭证、账目、财务报表等进行逐项审查。

优点：这种取证方式可以直接取得具有实质性意义的审计证据，审计质量较高。

缺点：在审计环境和审计目标发生巨大变化的条件下，账目基础审计已无法兼顾审计质量和审计效率两方面的要求。

（2）制度基础审计。制度基础审计是指从检查被审计单位内部控制入手，根据对内部控制评审的结果，确定实质性程序的审查范围、数量和重点，根据检查结果形成审计意见和结论。

制度基础审计产生的理论根据是：如果产生财务信息的各种技术和方法，以及为防止与揭示差错或不法行为而采取的各种措施是可以依赖的，则由这个系统所产生的结果其可信性水平也就会比较高。

审计目标：财务报表的真实性、合法性。

审计方法：运用制度基础审计模式需要大量采用抽查方法。抽查测试中工作量的大小、样本容量的确定以及抽样方法的选择等是以内部控制系统的强弱以及对内部控制系统的检查和评价为基础的。

优点：根据内部控制的测评结果确定实质性测试的范围和深度，这种取证模式较好地适应了审计环境和审计目标的变化，提高了审计质量和效率，同时也减少了审计取证的盲目性，降低了审计风险。

缺点：工作效率的改进不明显；由于不同被审计单位的差异，内部控制有效性的整体评价缺少统一的标准；内部控制的可依赖程度与实质性程序所需要的检查工作之间缺乏量化关系；被审计单位虽然建立了较为完善的内部控制，如果其管理人员由于种种原因有意不予执行，内部控制的有效性也难以保障；不能直接解决全部审计风险问题。

（3）风险导向审计。风险导向审计是指审计人员在对审计全过程中各种风险因素进行充分评估分析的基础上，将风险控制方法融入传统审计方法中，进而获取审计证据，形成审计结论的一种审计取证模式。

审计目标：财务报表的真实性、合法性。

审计方法：风险导向审计立足于对审计风险进行系统的分析和评价。在审计过程中，审计人员不仅要对控制风险进行评价，而且要对审计各个环节的各种风险进行评价，并在评价的基础上运用相应的方法进行实质性程序。

2.3.2 风险导向审计的过程

风险导向审计模式要求注册会计师在审计过程中，以重大错报风险的识别、评估和应对作为工作主线。相应地，审计过程大致可分为以下几个阶段。

1）接受业务委托

会计师事务所应当按照执业准则的规定，谨慎决策是否接受或保持某客户关系和具体审计业务。在接受新客户的业务前，或决定是否保持现有业务或考虑接受现有客户的新业务时，会计师事务所应当执行有关客户接受与保持的程序，需获取如下信息：①考虑客户的诚信，是否有信息表明客户诚信；②具有执行业务必要的素质、专业胜任能力、时间和资源；③能够遵守相关职业道德要求。

会计师事务所执行客户接受与保持的程序的目的，旨在识别和评估会计师事务所面临的风险。例如，如果注册会计师发现潜在客户正面临财务困难，或者发现现有客户曾作出虚假陈述，那么可以认为接受或保持该客户的风险非常高，甚至是不可接受的。会计师事务所除考虑客户的风险外，还需要考虑自身执行业务的能力，如当工作需要时能否获得合适的具有相应资格的员工；能否获得专业化协助；是否存在任何利益冲突；能否对客户保持独立性等。

注册会计师需要作出的最重要的决策之一就是是否接受和保持客户。一项低质量的决策会导致不能准确确定计酬的时间或未被支付的费用，增加项目合伙人和员工的额外压力，使会计师事务所声誉遭受损失，或者涉及潜在的诉讼。

一旦决定接受业务委托，注册会计师应当与客户就审计约定条款达成一致意见。对于连续审计，注册会计师应当根据具体情况确定是否需要修改业务约定条款，以及是否需要提醒客户注意现有的业务约定书。审计流程之接受业务委托如图2-1所示。

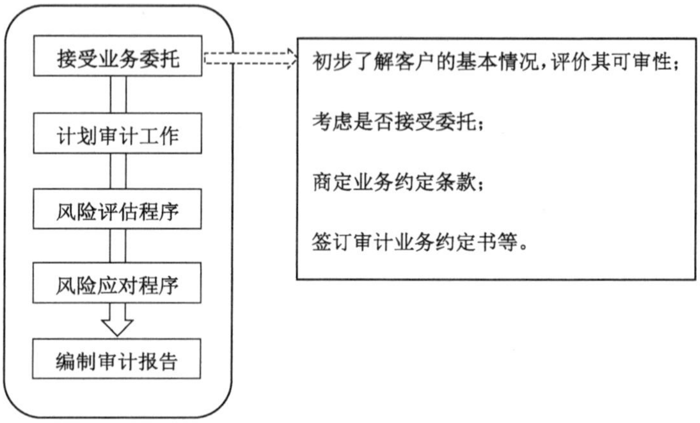

图 2-1　审计流程之接受业务委托流程图

审计业务约定书的详细内容，将在第 3 章介绍。

2）计划审计工作

计划审计工作十分重要。如果没有恰当的审计计划，不仅无法获取充分、适当的审计证据，影响审计目标的实现，而且还会浪费有限的审计资源，影响审计工作的效率。因此，对于任何一项审计业务，注册会计师在执行具体审计程序之前，都必须根据具体情况制定科学、合理的计划，使审计业务以有效的方式得到执行。一般来说，计划审计工作主要包括：在本期审计业务开始时开展的初步业务活动；制定总体审计策略；制定具体审计计划等。需要指出的是，计划审计工作不是审计业务的一个孤立阶段，而是一个持续的、不断修正的过程，贯穿于整个审计过程的始终。审计流程之计划审计工作如图 2-2 所示。

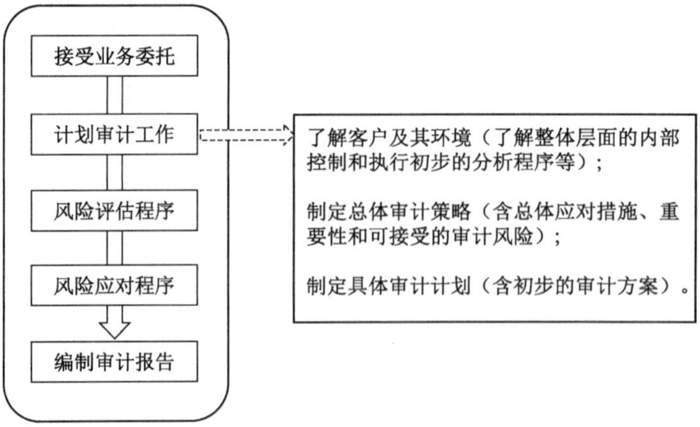

图 2-2　审计流程之计划审计工作流程图

计划审计工作的详细内容，将在第3章介绍。

3) 识别和评估重大错报风险

审计准则规定，注册会计师必须实施风险评估程序，以此作为评估财务报表层次和认定层次重大错报风险的基础。风险评估程序是指注册会计师为了解被审计单位及其环境，以识别和评估财务报表层次和认定层次的重大错报风险（无论该错报是由于舞弊或错误导致）而实施的审计程序。风险评估程序是必要程序，了解被审计单位及其环境为注册会计师在许多关键环节作出职业判断提供了重要基础。了解被审计单位及其环境实际上是一个连续和动态地收集、更新与分析信息的过程，贯穿于整个审计过程的始终。一般来说，实施风险评估程序的主要工作包括：了解被审计单位及其环境；识别和评估财务报表层次以及各类交易、账户余额和披露认定层次的重大错报风险，包括确定需要特别考虑的重大错报风险（即特别风险）以及仅通过实施实质性程序无法应对的重大错报风险等。审计流程之风险评估程序如图2-3所示。

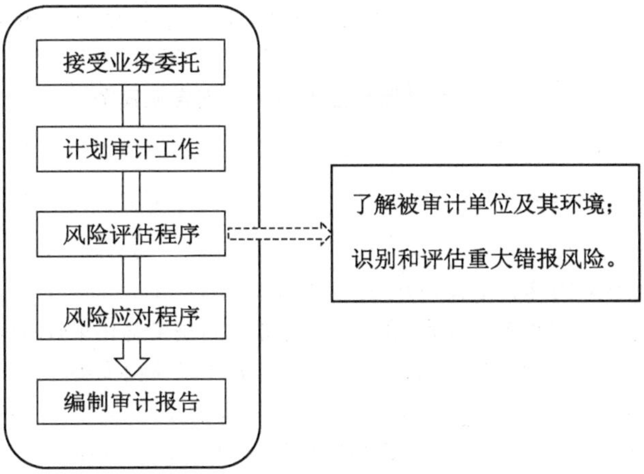

图2-3 审计流程之风险评估程序流程图

4) 应对重大错报风险

注册会计师实施风险评估程序本身并不足以为发表审计意见提供充分、适当的审计证据，还应当实施进一步审计程序，包括实施控制测试（必要时或决定测试时）和实质性程序。因此，注册会计师在评估财务报表重大错报风险后，应当运用职业判断，针对评估的财务报表层次重大错报风险确定总体应对措施，并针对评估的认定层次重大错报风险设计和实施进一步审计程序，以将审计风险降至可接受的低水平。审计流程之风险应对程序如图2-4所示。

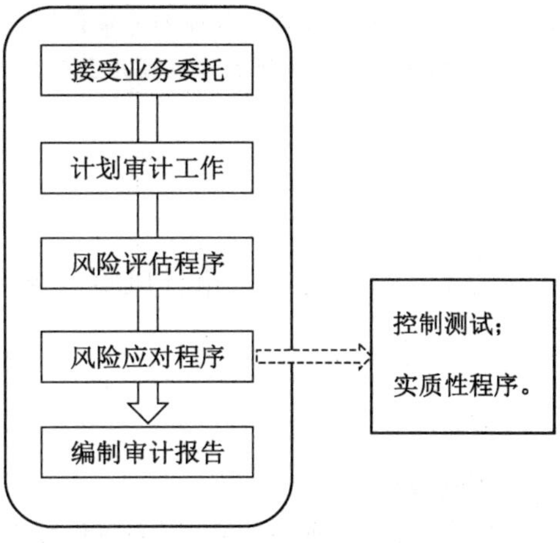

图2-4 审计流程之风险应对程序流程图

5) 编制审计报告

注册会计师在完成进一步审计程序后，还应当按照有关审计准则的规定做好审计完成阶段的工作，并根据所获取的审计证据，合理运用职业判断，形成适当的审计意见。审计流程之编制审计报告如图 2-5 所示。

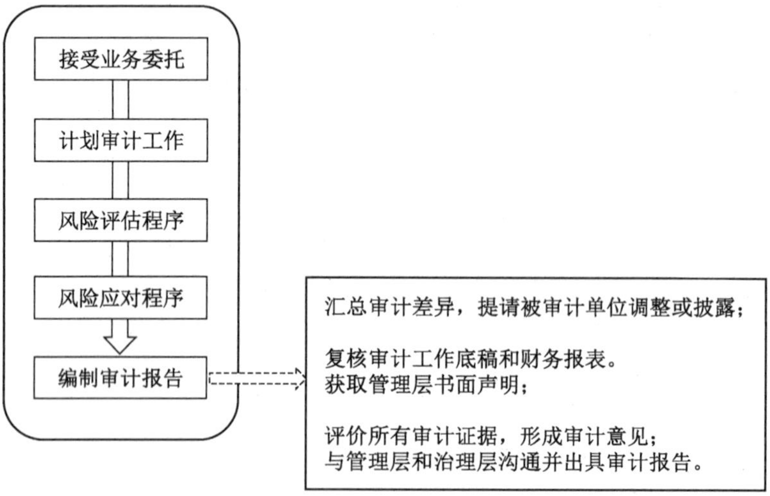

图 2-5　审计流程之编制审计报告流程图

知识拓展 2-2

审计业务一般流程：

1. 主管合伙人或高级经理与客户洽谈(初步业务活动)，签约。
2. 审计经理及高级审计员初步了解客户(含分析财务报表)，制定总体审计策略。
3. 审计小组进驻，审计经理介绍审计概况、重点关注领域、审计主要安排等。
4. 高级审计员，制定具体审计计划，安排审计助理需要从事的审计工作。
5. 高级审计员与审计助理实施审计程序、获取审计证据，并记录于工作底稿。高级审计员复核审计助理的底稿。
6. 审计经理和高级审计员根据发现的错报及客户更正后的结果，拟定审计报告。
7. 项目合伙人复核工作底稿，与客户沟通拟的审计报告。
8. 客户签署财务报表，事务所的质量标准部门对项目质量做最后的总体复核。
9. 项目合伙人及审计经理签署审计报告。
10. 项目组整理审计工作底稿并上交会计师事务所归档保存。

重要概念

认定　审计目标　审计风险　重大错报风险　检查风险

本章练习

简答题

1. 什么是审计的总目标？它与审计的具体目标有何关系？
2. 什么是审计风险？审计风险包括哪两个组成部分？

3. 简述审计流程?

选择题

1. 在撰写审计计划的时候,注册会计师应该确定的具体审计目标主要和下列因素中(　　)相关。

A. 审计程序的进度　　B. 审计证据收集过程中的成本效益原则

C. 选择审计技术　　D. 财务报表认定

2. 在注册会计师所关心的下列各种问题中,能够实现截止目标的是(　　)。

A. 应收账款是否已经按照规定计提坏账准备

B. 年后开出的支票是否未计入报告期报表中

C. 存货的跌价损失是否已抵减

D. 固定资产是否有用作抵押的

3. 在注册会计师针对下列各项目分别提出的具体目标中,属于完整性目标的是(　　)。

A. 实现的销售是否均已登记入账

B. 关联交易类型、金额是否在附注中恰当披露

C. 将下期交易提前到本期入账

D. 有价证券的金额是否予以适当列示

4. 风险评估程序包括的主要内容有(　　)。

A. 了解被审计单位及其环境

B. 识别和评估财务报表层次以及各类交易、账户余额、列报认定层次的重大错报风险

C. 对内控有效性进行检查

D. 检查与交易和事项有关的金额及其他数据是否已恰当记录

5. 下列与重大错报风险相关的表述中,正确的是(　　)。

A. 重大错报风险是因错误使用审计程序产生的

B. 重大错报风险是假定不存在相关内部控制,某一认定发生重大错报的可能性

C. 重大错报风险独立于财务报表审计而存在

D. 重大错报风险可以通过合理实施审计程序予以控制

6. 关于审计风险模型中其各要素的下列说法中,不正确的是(　　)。

A. 审计风险是预先设定的

B. 重大错报风险是评估的

C. 审计风险是注册会计师审计前面临的

D. 检查风险是注册会计师通过实施实质性程序控制的

7. 下列有关检查风险的观点中,不能认同的是(　　)。

A. 检查风险的控制效果取决于审计程序设计的合理性和执行的有效性

B. 在既定的审计风险水平下,可接受的检查风险水平与认定层次重大错报风险的评估结果呈反向关系

C. 注册会计师应当合理设计审计程序的性质、时间和范围,并有效执行审计程序,以控制检查风险

D. 在既定审计风险水平下,检查风险与注册会计师所需的审计证据成同向关系

8. 下列事项中,(　　)影响认定层次的重大错报风险。

A. 被审计单位存在复杂的联营或合资

B. 在经济不稳定的国家和地区开展业务

C. 资产的流动性出现问题

D. 管理层缺乏诚信或承受异常的压力可能引发舞弊风险

案例分析题

A注册会计师负责对常年审计客户甲公司20××年度财务报表进行审计，撰写了总体审计策略和具体审计计划，部分内容摘录如下：

(1) 初步了解20××年度甲公司及其环境未发生重大变化，拟信赖以往审计中对管理层、治理层诚信形成的判断。

(2) 因对甲公司内部注册会计师的客观性和专业胜任能力存有疑虑，拟不利用内部审计的工作。

(3) 如对计划的重要性水平作出修正，拟通过修改计划实施的实质性程序的性质、时间和范围降低重大错报风险。

(4) 假定甲公司在收入确认方面存在舞弊风险，拟将销售交易及其认定的重大错报风险评估为高水平，不再了解和评估相关控制设计的合理性并确定其是否已得到执行，直接实施细节测试。

(5) 因甲公司于20××年9月关闭某地办事处并注销其银行账户，拟不再函证该银行账户。

(6) 因审计工作时间安排紧张，拟不函证应收账款，直接实施替代审计程序。

(7) 20××年度甲公司购入股票作为可供出售的金融资产核算。除实施询问程序外，预期无法获取有关管理层持有意图的其他充分、适当的审计证据，拟就询问结果获取管理层书面声明。

要求：针对上述事项(1)至(7)，逐项指出A注册会计师拟订的计划是否存在不当之处。如有不当之处，简要说明理由。

第 3 章　审计计划

内容提要

对任何审计项目,对任何审计组织而言,不论其业务繁简,也不论其规模大小,审计计划都是至关重要的,只不过审计计划在不同情况下的繁简、粗细程度有所不同罢了。本章将围绕初步业务活动、总体审计策略和具体审计、重要性等内容,展开阐述。

重点难点

本章重难点为重要性,特别是重要性水平的确定,这是理解审计的关键之一。

学习目标

通过本章教学,使学生了解和掌握审计计划的内涵、特点及重要性,特别是重要性的理解和确定,为进一步学习循环审计奠定基础。为此,要求学生必须掌握审计重要性的组成部分,并能够熟练地加以运用。

知识框架

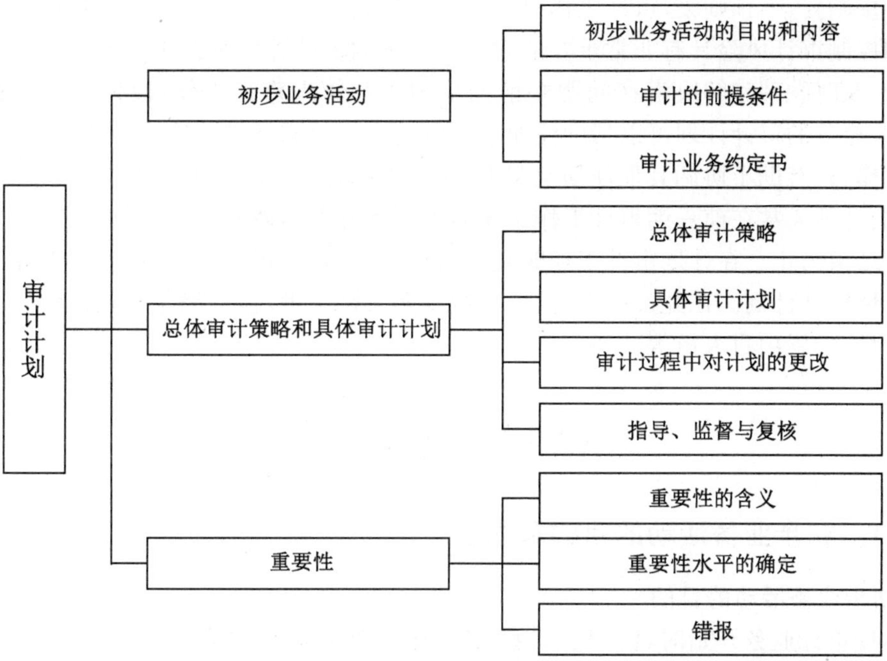

引入案例

世 通 事 件

世界通信公司是美国第二大长途电话公司，名列世界50大企业，拥有8.5万名员工，业务遍及65个国家和地区。

2002年4月，世通曝出特大财务丑闻，涉及金额达110亿美元。7月，纽约地方法院宣布，美国第二大长途电话公司世界通信公司正式向法院申请破产保护，以1 070多亿美元的资产、410亿美元的债务创下了美国破产案的历史新纪录。该事件造成2万名世通员工失业，并失去所有保险及养老金保障。

如何造假的？

美国证券交易委员会公布的最终调查资料显示，在1999年到2001年的两年间，世通公司虚构销售收入90多亿美元；通过滥用准备金科目，利用以前年度计提的各种准备金冲销成本，以夸大对外报告的利润，所涉及的金额达到16.35亿美元；又将38.52亿美元的经营费用单列于资本支出中；加上其他一些类似手法，使得世通公司2000年的财务报表有了营收增加239亿美元的亮点。

审计扮演了什么角色？

缺乏形式上的独立性，未能保持应有的职业审慎和职业怀疑，编制审计计划前没有对世界通信的会计程序进行充分了解，没有获取足以支持其审计意见的直接审计证据。

启示：

重大审计失败的常见原因包括被审计单位内部控制失效或高管人员逾越内部控制；注册会计师与被审计单位通同舞弊，缺乏独立性，没有保持应有的职业审慎和职业怀疑。尽管世界通信公司存在前所未有的财务舞弊，其财务报表严重歪曲失实，但安达信会计公司至少从1999年起一直为世界通信出具无保留意见的审计报告。就目前已经披露的资料看，安达信对世界通信的财务舞弊负有不可推卸的重大过失审计责任。安达信对世界通信的审计，将是一项可载入史册的典型的重大审计失败案例。

在该案例中，何为审计计划？如何开展审计计划呢？

参考来源：原人大经济论坛 https://bbs.pinggu.org/thread-2582932-1-1.html

凡事预则立、不预则废，审计工作也不例外。计划审计工作对于注册会计师顺利完成审计工作和控制审计风险具有非常重要的意义。合理的审计计划有助于注册会计师关注重点审计领域、及时发现和解决潜在问题并恰当地组织和管理审计工作，以使审计工作更加有效。同时，充分的审计计划可以帮助注册会计师对项目组成员进行恰当分工和指导监督，并复核其工作，还有助于协调其他注册会计师和专家的工作。计划审计工作是一项持续的过程，注册会计师通常在前一期审计工作结束后即开始开展本期的审计计划工作，并直到本期审计工作结束为止。在计划审计工作时，注册会计师需要进行初步业务活动、制定总体审计策略和具体审计计划。在此过程中，需要作出很多关键决策，包括确定可接受的审计风险水平和重要性、配置项目人员等。

3.1 初步业务活动

3.1.1 初步业务活动的目的和内容

1）初步业务活动的目的

在本期审计业务开始时，注册会计师需要开展初步业务活动，以实现以下3个主要目的：①具备执行业务所需的独立性和能力；②不存在因管理层诚信问题而可能影响注册会计师保持该项业务的意愿的事项；③与被审计单位之间不存在对业务约定条款的误解。

2）初步业务活动的内容

注册会计师应当开展下列初步业务活动：①针对保持客户关系和具体审计业务实施相应的质量控制程序；②评价遵守相关职业道德要求的情况；③就审计业务约定条款达成一致意见。

针对保持客户关系和具体审计业务实施质量控制程序，并且根据实施相应程序的结果作出适当的决策是注册会计师控制审计风险的重要环节。《中国注册会计师审计准则第1121号——对财务报表审计实施的质量控制》及《质量控制准则第5101号——会计师事务所对执行财务报表审计和审阅、其他鉴证和相关服务业务实施的质量控制》含有与客户关系和具体业务的接受与保持相关的要求，注册会计师应当按照其规定开展初步业务活动。

评价遵守相关职业道德要求的情况也是一项非常重要的初步业务活动。质量控制准则含有包括独立性在内的有关职业道德要求，注册会计师应当按照其规定执行。虽然保持客户关系及具体审计业务和评价职业道德的工作贯穿审计业务的全过程，但是这两项活动需要安排在其他审计工作之前，以确保注册会计师已具备执行业务所需要的独立性和专业胜任能力，且不存在因管理层诚信问题而影响注册会计师保持该项业务的意愿等情况。在连续审计的业务中，这些初步业务活动通常是在上期审计工作结束后不久或将要结束时就已经开始了。

在作出接受或保持客户关系及具体审计业务的决策后，注册会计师应当按照《中国注册会计师审计准则第1111号——就审计业务约定条款达成一致意见》的规定，在审计业务开始前，与被审计单位就审计业务约定条款达成一致意见，签订或修改审计业务约定书，以避免双方对审计业务的理解产生分歧。

特别提示3-1

初步业务活动工作底稿——业务承接评价表

业务承接评价表

被审计单位：________	索引号：____AA________
项目：________	财务报表截止日/期间：________
编制：________	复核：________
日期：________	日期：________

1. 客户法定名称（中/英文）：
2. 客户地址：
3. 客户性质（国有/外商投资/民营/其他）：
4. 客户所属行业、业务性质与主要业务：
5. 最初接触途径（详细说明）

（1）本所职工引荐________

（2）外部人员引荐________

（3）其他（详细说明）________

6. 客户要求我们提供审计服务的目的以及出具审计报告的日期：

7. 治理层及管理层关键人员(姓名与职位)：

姓　　名	职　　位

8. 主要财务人员(姓名与职位)：

姓　　名	职　　位

9. 直接控股母公司、间接控股母公司、最终控股母公司的名称、地址、相互关系、主营业务及持股比例：

10. 子公司的名称、地址、相互关系、主营业务及持股比例：

11. 合营企业的名称、地址、相互关系、主营业务及持股比例：

12. 联营企业的名称、地址、相互关系、主营业务及持股比例：

13. 分公司名称、地址、相互关系、主营业务：

14. 客户主管税务机关：

15. 客户法律顾问或委托律师(机构、经办人、联系方式)：

16. 客户常年会计顾问(机构、经办人、联系方式)：

17. 前任注册会计师(机构、经办人、联系方式)，变更会计师事务所的原因，以及最近3年变更会计师事务所的频率。

18. 根据对客户及其环境的了解，记录下列事项：

客户的诚信
信息来源： 例如： • 与为客户提供专业会计服务的现任或前任人员进行沟通，并与其讨论； • 向会计师事务所其他人员、监管机构、金融机构、法律顾问和客户的同行等第三方询问； • 从相关数据库中搜索客户的背景信息。
考虑因素： • 客户主要股东、关键管理人员、关联方及治理层的身份和商业信誉 • 客户的经营性质 • 客户主要股东、关键管理人员及治理层对内部控制环境和会计准则等的态度 • 客户是否过分考虑将会计师事务所的收费维持在尽可能低的水平 • 工作范围受到不适当限制的迹象 • 客户可能涉嫌洗钱或其他刑事犯罪行为的迹象 • 变更会计师事务所的原因 • 关键管理人员是否更换频繁 ……
经营风险
信息来源： 例如：从相关数据库中搜索客户的背景信息。

（续表）

考虑因素： • 行业内类似企业的经营业绩 • 法律环境 • 监管环境 • 受国家宏观调控政策的影响程度 • 是否涉及重大法律诉讼或调查 • 是否计划或有可能进行合并或处置资产 • 客户是否依赖主要客户(来自该客户的收入占全部收入的大部分)或主要供应商(来自该供应商的采购占全部采购的大部分) • 管理层是否倾向于异常或不必要的风险 • 关键管理人员的薪酬是否基于客户的经营状况确定 • 管理层是否在达到财务目标或降低所得税方面承受不恰当的压力 ……
财务状况
信息来源： 例如：近3年财务报表
考虑因素： • 现金流量或营运资金是否能够满足经营、债务偿付以及分发股利的需要 • 是否存在对发行新债务和权益的重大需求 • 贷款是否延期未清偿，或存在违反贷款协议条款的情况 • 最近几年销售、毛利率或收入是否存在恶化的趋势 • 是否涉及重大关联方交易 • 是否存在复杂的会计处理问题 • 客户融资后，其财务比率是否恰好达到发行新债务或权益的最低要求 • 是否使用衍生金融工具 • 是否经常在年末或临近年末发生重大异常交易 • 是否对持续经营能力产生怀疑 ……

客户的风险级别(高/中/低)：____________

19. 根据本所目前的情况，考虑下列事项：

项目组的时间和资源
考虑因素： • 根据本所目前的人力资源情况，是否拥有足够的具有必要素质和专业胜任能力的人员组建项目组 • 是否能够在提交报告的最后期限内完成业务
项目组的专业胜任能力
考虑因素： • 初步确定的项目组关键人员是否熟悉相关行业或业务对象 • 初步确定的项目组关键人员是否具有执行类似业务的经验，或是否具备有效获取必要技能和知识的能力 • 在需要时，是否能够得到专家的帮助 • 如果需要项目质量控制复核，是否具备符合标准和资格要求的项目质量控制复核人员
独立性
经济利益

（续表）

考虑因素： 本所或项目组成员是否存在经济利益对独立性的损害： • 与客户存在专业服务收费以外的直接经济利益或重大的间接经济利益 • 过分依赖向客户收取的全部费用 • 与客户存在密切的经营关系 • 过分担心可能失去业务 • 可能与客户发生雇佣关系 • 存在与该项审计业务有关的或有收费
自我评价
考虑因素： 本所或项目组成员是否存在自我评价对独立性的损害： • 项目组成员曾是客户的董事、经理、其他关键管理人员或能够对本业务产生直接重大影响的员工 • 为客户提供直接影响财务报表的其他服务 • 为客户编制用于生成财务报表的原始资料或其他记录
关联关系
考虑因素： 本所或项目组成员是否存在关联关系对独立性的损害： • 与项目组成员关系密切的家庭成员是客户的董事、经理、其他关键管理人员或能够对本业务产生直接重大影响的员工 • 客户的董事、经理、其他关键管理人员或能够对本业务产生直接重大影响的员工是本所的前高级管理人员 • 本所的高级管理人员或签字注册会计师与客户长期交往 • 接受客户或其董事、经理、其他关键管理人员或能够对本业务产生直接重大影响的员工的贵重礼品或超出社会礼仪的款待
外界压力
考虑因素： 本所或项目组成员是否存在外界压力对独立性的损害： • 在重大会计、审计等问题上与客户存在意见分歧而受到解聘威胁 • 受到有关单位或个人不恰当的干预 • 受到客户降低收费的压力而不恰当地缩小工作范围
预计收取的费用及可回收比率
预计审计收费： 预计成本（计算过程）： 可回收比率：

项目负责人：	风险管理负责人（必要时）：
基于上述方面，我们______	基于上述方面，我们______
（接受或不接受）此项业务。	（接受或不接受）此项业务。
签名__________	签名__________
日期__________	日期__________

最终结论： 签名：　　　　　日期：

3.1.2 审计的前提条件

1) 财务报告编制基础

承接鉴证业务的条件之一是《中国注册会计师鉴证业务基本准则》中提及的标准适当，且能够为预期使用者获取。标准是指用于评价或计量鉴证对象的基准，当涉及列报时，还包括列报与披露的基准。适当的标准使注册会计师能够运用职业判断对鉴证对象作出合理一致的评价或计量。就审计准则而言，适用的财务报告编制基础为注册会计师提供了用于审计的财务报表(包括公允反映，如相关的标准)。如果不存在可接受的财务报告编制基础，管理层就不具有编制财务报表的恰当基础，注册会计师也不具有对财务报表进行审计的适当标准。

(1) 确定财务报告编制基础的可接受性。在确定编制财务报表所采用的财务报告编制基础的可接受性时，注册会计师需要考虑下列相关因素：第一，被审计单位的性质(例如，被审计单位是商业企业、公共部门实体还是非营利组织)；第二，财务报表的目的(例如，编制财务报表是用于满足广大财务报表使用者共同的财务信息需求，还是用于满足财务报表特定使用者的财务信息需求)；第三，财务报表的性质(例如，财务报表是整套财务报表还是单一财务报表)；第四，法律法规是否规定了适用的财务报告编制基础。

按照某一财务报告编制基础编制，旨在满足广大财务报表使用者共同的财务信息需求的财务报表，称为通用目的的财务报表。按照特殊目的的编制基础编制的财务报表，成为特殊目的财务报表，旨在满足财务报表特定使用者的财务信息需求。对于特殊目的的财务报表，预期使用者对财务信息的需求，决定适用的财务报告编制基础。《中国注册会计师审计准则第1601号——对按照特殊目的的编制基础编制的财务报表审计的特殊考虑》规范了如何确定旨在满足财务报表特定使用者财务信息需求的财务报告编制基础的可接受性。

(2) 通用目的的编制基础。如果财务报告准则由经授权或获得认可的准则制定机构制定和发布，供某类实体使用，只要这些机构遵循一套既定和透明的程序(包括认真研究和仔细考虑广大利益相关者的观点)，则认为财务报告准则对于这类实体编制通用目的财务报表是可接受的。这些财务报告准则主要有：国际会计准则理事会发布的国际财务报告准则、国际公共部门会计准则理事会发布的国际公共部门会计准则和某一国家或地区经授权或获得认可的准则制定机构，在遵循一套既定和透明的程序(包括认真研究和仔细考虑广大利益相关者的观点)的基础上发布的会计准则。

在规范通用目的财务报表编制的法律法规中，这些财务报告准则通常被界定为适用的财务报告编制基础。

2) 就管理层的责任达成一致意见

按照审计准则的规定执行审计工作的前提是管理层已认可并理解其承担的责任。审计准则并不超越法律法规对这些责任的规定。然而，独立审计的理念要求注册会计师不对财务报表的编制或被审计单位的相关内部控制承担责任，并要求注册会计师合理预期能够获取审计所需要的信息(在管理层能够提供或获取的信息范围内，包括总账和明细账之外的其他途径获取的信息)。因此，管理层认可并理解其责任，这一前提对执行独立审计工作是至关重要的。

(1) 按照适用的财务报告编制基础编制财务报表，并使其实现公允反映(如适用)。大多数财务报告编制基础包括与财务报表列报相关的要求。实现公允列报的报告目标非常重要，因而在与管理层达成一致意见的执行审计工作的前提中需要特别提及公允列报，或需要特别提及管理层负有确保财务报表根据财务报告编制基础编制并使其实现公允反映的责任。

（2）设计、执行和维护必要的内部控制，以使财务报表不存在由于舞弊或错误导致的重大错报。由于内部控制的固有限制，无论其如何有效，也只能合理保证被审计单位实现其财务报告目标。注册会计师按照审计准则的规定执行的独立审计工作，不能代替管理层维护编制财务报表所需要的内部控制。因此，注册会计师需要就管理层认可并理解其与内部控制有关的责任与管理层达成共识。

（3）向注册会计师提供必要的工作条件，包括允许注册会计师接触与编制财务报表相关的所有信息（如记录、文件和其他事项），向注册会计师提供审计所需要的其他信息，允许注册会计师在获取审计证据时不受限制地接触其认为必要的内部人员和其他相关人员。

3）确认的形式

按照《中国注册会计师审计准则第 1341 号——书面声明》的规定，注册会计师应当要求管理层就其已履行的某些责任提供书面声明。因此，注册会计师需要获取针对管理层责任的书面声明、其他审计准则要求的书面声明，以及在必要时需要获取用于支持其他审计证据（用以支持财务报表或者一项或多项具体认定）的书面声明。注册会计师需要使管理层意识到这一点。

如果管理层不认可其责任，或不同意提供书面声明，注册会计师将不能获取充分、适当的审计证据。在这种情况下，注册会计师承接此类审计业务是不恰当的，除非法律法规另有规定。如果法律法规要求承接此类审计业务，注册会计师可能需要向管理层解释这种情况的重要性及其对审计报告的影响。

3.1.3 审计业务约定书

审计业务约定书是指会计师事务所与被审计单位签订的，用以记录和确认审计业务的委托与受托关系、审计目标和范围、双方的责任以及报告的格式等事项的书面协议。会计师事务所承接任何审计业务，都应与被审计单位签订审计业务约定书。

1）审计业务约定书的基本内容

审计业务约定书的具体内容和格式可能因被审计单位的不同而不同，但应当包括以下主要内容：

（1）财务报表审计的目标与范围。

（2）注册会计师的责任。

（3）管理层的责任。

（4）指出用于编制财务报表所适用的财务报告编制基础。

（5）提及注册会计师拟出具的审计报告的预期形式和内容，以及对在特定情况下出具的审计报告可能不同于预期形式和内容的说明。

2）审计业务约定书的特殊考虑

（1）考虑特定需要。如果情况需要，注册会计师还可能考虑在审计业务约定书中列明下列内容：

① 详细说明审计工作的范围，包括提及适用的法律、法规，审计准则，以及注册会计师协会发布的职业道德守则和其他公告。

② 对审计业务结果的其他沟通形式。

③ 关于注册会计师按照《中国注册会计师审计准则第 1504 号——在审计报告中沟通关键审计事项》的规定，在审计报告中沟通关键审计事项的要求。

④ 说明由于审计和内部控制的固有限制，即使审计工作按照审计准则的规定得到恰当的计划和执行，仍不可避免地存在某些重大错报未被发现的风险。

⑤ 计划和执行审计工作的安排，包括审计项目组的构成。

⑥ 预期管理层将提供书面声明。

⑦ 预期管理层将允许注册会计师接触管理层知悉的与财务报表编制相关的所有信息（包括与披露相关的所有信息）。

⑧ 管理层同意向注册会计师及时提供财务报表草稿（包括与财务报表及披露的编制相关的所有信息）和其他所有附带信息（如有），以使注册会计师能够按照预定的时间表完成审计工作。

⑨ 管理层同意告知注册会计师在审计报告日至财务报表报出日之间注意到的可能影响财务报表的事实。

⑩ 收费的计算基础和收费安排。

⑪ 管理层确认收到审计业务约定书并同意其中的条款。

⑫在某些方面对利用其他注册会计师和专家工作的安排。

⑬对审计涉及的内部审计人员和被审计单位其他员工工作的安排。

⑭在首次审计的情况下，与前任注册会计师（如存在）沟通的安排。

⑮说明对注册会计师责任可能存在的限制。

⑯注册会计师与被审计单位之间需要达成进一步协议的事项。

⑰向其他机构或人员提供审计工作底稿的义务。

(2) 组成部分的审计。如果母公司的注册会计师同时也是组成部分注册会计师，需要考虑下列因素，决定是否向组成部分单独致送审计业务约定书：

① 组成部分注册会计师的委托人。

② 是否对组成部分单独出具审计报告。

③ 与审计委托相关的法律法规的规定。

④ 母公司占组成部分的所有权份额。

⑤ 组成部分管理层相对于母公司的独立程度。

(3) 连续审计。对于连续审计，注册会计师应当根据具体情况评估是否需要对审计业务约定条款作出修改，以及是否需要提醒被审计单位注意现有的条款。

注册会计师可以决定不在每期都送新的审计业务约定书或其他书面协议。然而，下列因素可能导致注册会计师修改审计业务约定条款或提醒被审计单位注意现有的业务约定条款：

① 有迹象表明被审计单位误解审计目标和范围。

② 需要修改约定条款或增加特别条款。

③ 被审计单位高级管理人员近期发生变动。

④ 被审计单位所有权发生重大变动。

⑤ 被审计单位业务的性质或规模发生重大变化。

⑥ 法律法规的规定发生变化。

⑦ 编制财务报表采用的财务报告编制基础发生变更。

⑧ 其他报告要求发生变化。

3）审计业务约定书条款的变更

（1）变更审计业务约定条款的要求。在完成审计业务前，如果被审计单位或委托人要求将审计业务变更为保证程度较低的业务，注册会计师应当确定是否存在合理理由予以变更。

下列原因可能导致被审计单位要求变更业务：①环境变化对审计服务的需求产生影响；②对原来要求的审计业务的性质存在误解；③无论是管理层施加的还是其他情况引起的审计范围受到限制。上述第①和第②项通常被认为是变更业务的合理理由，但如果有迹象表明该变更要求与错误的、不完整的或者不能令人满意的信息有关，注册会计师不应认为该变更是合理的。

如果没有合理的理由，注册会计师不应同意变更业务。如果注册会计师不同意变更审计业务约定条款，而管理层又不允许继续执行原审计业务，注册会计师应当：①在适用的法律法规允许的情况下，解除审计业务约定；②确定是否有约定义务或其他义务向治理层、所有者或监管机构等报告该事项。

（2）变更为审阅业务或相关服务业务的要求。在同意将审计业务变更为审阅业务或相关服务业务前，接受委托按照审计准则执行审计工作的注册会计师，除考虑上述(1)中提及的事项外，还需要评估变更业务对法律责任或业务约定的影响。

如果注册会计师认为将审计业务变更为审阅业务或相关服务业务具有合理理由，截至变更日已执行的审计工作可能与变更后的业务相关，相应地，注册会计师需要执行的工作和出具的报告会适用于变更后的业务。为避免引起报告使用者的误解，对相关服务业务出具的报告不应提及原审计业务和在原审计业务中已执行的程序。只有将审计业务变更为执行商定程序业务，注册会计师才可在报告中提及已执行的程序。

3.2 总体审计策略和具体审计计划

审计计划分为总体审计策略和具体审计计划两个层次。图 3-1 列示了计划审计工作的两个层次。注册会计师应当针对总体审计策略中所识别的不同事项，制订具体审计计划，并考虑通过有效利用审计资源以实现审计目标。值得注意的是，虽然制定总体审计策略的过程通常在具体审计计划之前，但是两项计划具有内在紧密联系，对其中一项的决定可能会影响甚至改变对另外一项的决定。例如，注册会计师在了解被审计单位及其环境的过程中，注意到被审计单位对主要业务的处理依赖复杂的自动化信息系统，因此计算机信息系统的可靠性及有效性对其经营、管理、决策以及编制可靠的财务报告具有重大影响。对此，注册会计师可能会在具体审计计划中制定相应的审计程序，并相应调整总体审计策略的内容，作出利用信息风险管理专家的工作的决定。

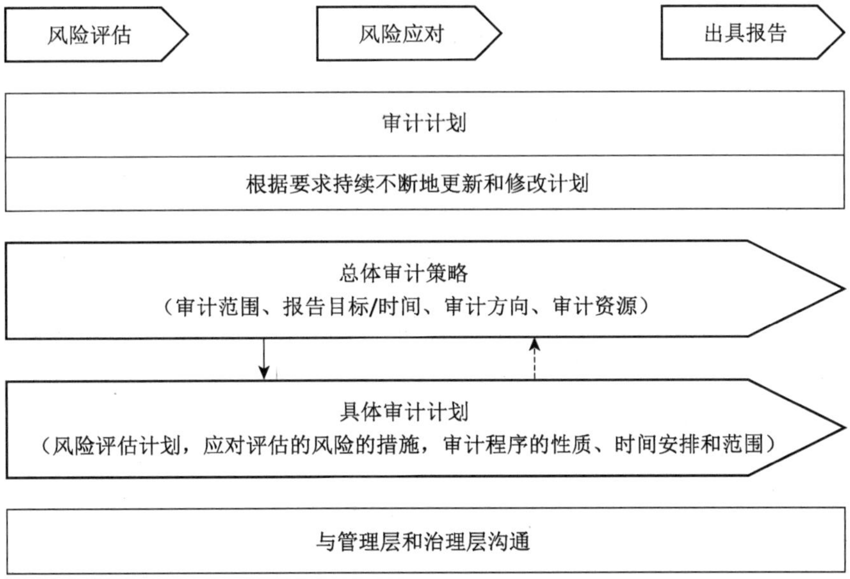

图 3-1　审计计划的两个层次

3.2.1　总体审计策略

1）审计范围

在确定审计范围时，需要考虑下列具体事项：

（1）编制拟审计的财务信息所依据的财务报告编制基础，包括是否需要将财务信息调整至按照其他财务报告编制基础编制。

（2）特定行业的报告要求，如某些行业监管机构要求提交的报告。

（3）预期审计工作涵盖的范围，包括应涵盖的组成部分的数量及所在地点。

（4）母公司和集团组成部分之间存在的控制关系的性质，以确定如何编制合并财务报表。

（5）由组成部分注册会计师审计组成部分的范围。

（6）拟审计的经营分部的性质，包括是否需要具备专门知识。

（7）外币折算，包括外币交易的会计处理、外币财务报表的折算和相关信息的披露。

（8）除为合并目的执行的审计工作之外，对个别财务报表进行法定审计的需求。

（9）内部审计工作的可获得性及注册会计师拟信赖内部审计工作的程度。

（10）被审计单位使用服务机构的情况，以及注册会计师如何取得有关服务机构内部控制设计和运行有效性的证据。

（11）对利用在以前审计工作中获取的审计证据（如获取的与风险评估程序和控制测试相关的审计证据）的预期。

（12）信息技术对审计程序的影响，包括数据的可获得性和对使用计算机辅助审计技术的预期。

（13）协调审计工作与中期财务信息审阅的预期涵盖范围和时间安排，以及中期审阅所获取的信息对审计工作的影响。

(14) 与被审计单位人员的时间协调和相关数据的可获得性。

2) 报告目标、时间安排及所需沟通的性质

为计划报告目标、时间安排和所需沟通，需要考虑下列事项：

(1) 被审计单位对外报告的时间表，包括中间阶段和最终阶段。

(2) 与管理层和治理层举行会谈，讨论审计工作的性质、时间安排和范围。

(3) 与管理层和治理层讨论注册会计师拟出具的报告的类型和时间安排以及沟通的其他事项(口头或书面沟通)，包括审计报告、管理建议书和向治理层通报的其他事项。

(4) 与管理层讨论预期就整个审计业务中审计工作的进展进行的沟通。

(5) 与组成部分注册会计师沟通拟出具的报告的类型和时间安排，以及与组成部分审计相关的其他事项。

(6) 项目组成员之间沟通的预期性质和时间安排，包括项目组会议的性质和时间安排，以及复核已执行工作的时间安排。

(7) 预期是否需要和第三方进行其他沟通，包括与审计相关的法定或约定的报告责任。

3) 审计方向

总体审计策略的制定应当包括考虑影响审计业务的重要因素，以确定项目组工作方向，包括确定适当的重要性水平，初步识别可能存在较高的重大错报风险的领域，初步识别重要的组成部分和账户余额，评价是否需要针对内部控制的有效性获取审计证据，识别被审计单位、所处行业、财务报告要求及其他相关方面最近发生的重大变化等。

在确定审计方向时，注册会计师需要考虑下列事项：

(1) 重要性方面。具体包括：

① 为计划目的确定重要性。

② 为组成部分确定重要性且与组成部分的注册会计师沟通。

③ 在审计过程中重新考虑重要性。

④ 识别重要的组成部分和账户余额。

(2) 重大错报风险较高的审计领域。

(3) 评估的财务报表层次的重大错报风险对指导、监督及复核的影响。

(4) 项目组人员的选择(在必要时对包括项目质量控制复核人员)和工作分工，包括向重大错报风险较高的审计领域分派具备适当经验的人员。

(5) 项目预算，包括考虑为重大错报风险可能较高的审计领域分配适当的工作时间。

(6) 如何向项目组成员强调在收集和评价审计证据过程中保持职业怀疑的必要性。

(7) 以往审计中对内部控制运行有效性进行评价的结果，包括所识别的控制缺陷的性质及应对措施。

(8) 管理层重视设计和实施健全的内部控制的相关证据，包括这些内部控制得以适当记录的证据。

(9) 业务交易规模，以基于审计效率的考虑确定是否依赖内部控制。

(10) 对内部控制重要性的重视程度。

(11) 管理层用于识别和编制适用的财务报告编制基础所要求的披露(包括从总账和明细账之外的其他途径获取的信息)的流程。

(12) 影响被审计单位经营的重大发展变化，包括信息技术和业务流程的变化，关键管理人员变化，以及收购、兼并和分立。

（13）重大的行业发展情况，如行业法规变化和新的报告规定。

（14）会计准则及会计制度的变化，该变化可能涉及作出重大的新披露或对现有披露作出重大修改。

（15）其他重大变化，如影响被审计单位的法律环境的变化。

4）审计资源

注册会计师应当在总体审计策略中清楚地说明审计资源的规划和调配，包括确定执行审计业务所必需的审计资源的性质、时间安排和范围。

（1）向具体审计领域调配的资源，包括向高风险领域分派有适当经验的项目组成员，就复杂的问题利用专家工作等。

（2）向具体审计领域分配资源的多少，包括分派到重要地点进行存货监盘的项目组成员的人数，在集团审计中复核组成部分注册会计师工作的范围，向高风险领域分配的审计时间预算等。

（3）何时调配这些资源，包括是在期中审计阶段还是在关键的截止日期调配资源等。

（4）如何管理、指导、监督这些资源，包括预期何时召开项目组预备会和总结会，预期项目合伙人和经理如何进行复核，是否需要实施项目质量控制复核等。

特别提示3-2

总体审计策略参考格式

被审计单位：________ 索引号：________

项目：总体审计策略 财务报表截止日/时间________

编制：________ 复核：________

日期：________ 日期：________

一、审计范围

报告要求	
适用的会计准则或制度	
适用的审计准则	
与财务报告相关的行业特别规定	例如：监管机构发布有关信息披露法规、特定行业主管部门发布的与财务报告相关的法规等。
需审计的集团内组成部分的数量及所在地点	
需要阅读的含有已审计财务报表的文件中的其他信息	例如：上市公司年报
制定审计策略需考虑的其他事项	例如：单独出具报告的子公司范围等

二、审计业务时间安排

（一）对外报告时间安排：________

（二）执行审计时间安排：________

……

三、影响审计业务的重要因素

（一）重要性

确定的重要性水平	索引号

（二）可能存在较高重大错报风险的领域

可能存在较高重大错报风险的领域	索引号
……	

四、人员安排

项目组主要成员的责任

职位	姓名	主要职责
……		

注：在分配职责时可以根据被审计单位的不同情况按会计科目划分，或按交易类别划分。

五、对专家或有关人士工作的利用（如适用）

注：如果项目组计划利用专家或有关人士的工作，需要记录其他工作的范围和涉及的主要会计科目等。另外，项目组还应按照相关审计准则的要求对专家或有关人士的能力、客观性及其工作等进行考虑及评估。

对内部审计工作的利用

主要报表项目	拟利用的内部审计工作	索引号
存货	内部审计部门对各仓库的存货每半年至少盘点一次，在中期审计时，项目组已经对内部审计部门盘点步骤进行观察，对其结果满意，因此项目组将审阅其年底的盘点结果，并缩小存货监盘的范围	
……		

3.2.2 具体审计计划

注册会计师应当为审计工作制定具体审计计划。具体审计计划比总体审计策略更加详细，其内容包括为获取充分、适当的审计证据以将审计风险降至可接受的低水平，项目组成员拟实施的审计程序的性质、时间安排和范围可以说，为获取充分、适当的审计证据，而确定审计程序的性质、时间安排和范围是具体审计计划的核心。具体审计计划应当包括风险评估程序、计划实施的进一步审计程序和其他审计程序。

1）风险评估程序

具体审计计划应当包括按照《中国注册会计师审计准则第1211号——通过了解被审计单位及其环境识别和评估重大错报风险》的规定，为了充分识别和评估财务报表重大错报风险，注册会计师计划实施的风险评估程序的性质、时间安排和范围。

2) 计划实施的进一步审计程序

具体审计计划应当包括按照《中国注册会计师审计准则第 1231 号——针对评估的重大错报风险采取的应对措施》的规定，针对评估的认定层次的重大错报风险，注册会计师计划实施的进一步审计程序的性质、时间安排和范围。进一步审计程序包括控制测试和实质性程序。

需要强调的是，随着审计工作的推进，对审计程序的计划会一步步深入，并贯穿于整个审计过程。例如，计划风险评估程序通常在审计开始阶段进行，计划进一步审计程序则需要依据风险评估程序的结果进行。因此，为达到制定具体审计计划的要求，注册会计师需要完成风险评估程序，识别和评估重大错报风险，并针对评估的认定层次的重大错报风险，计划实施进一步审计程序的性质、时间安排和范围。

鉴于披露中包含的信息涉及范围较广、细节较多，当计划的风险评估程序和进一步审计程序与披露相关时，确定这些程序的性质、时间安排和范围十分重要。进一步来说，某些披露可能包含从总账和明细账之外的其他途径获取的信息，这也可能影响风险评估的结果以及为应对该风险实施的审计程序的性质、时间安排和范围。

通常，注册会计师计划的进一步审计程序可以分为进一步审计程序的总体方案和拟实施的具体审计程序（包括进一步审计程序的具体性质、时间安排和范围）两个层次。进一步审计程序的总体方案主要是指注册会计师针对各类交易、账户余额和披露决定采用的总体方案（包括实质性方案和综合性方案）。具体审计程序则是对进一步审计程序的总体方案的延伸和细化，它通常包括控制测试和实质性程序的性质、时间安排和范围。在实务中，注册会计师通常单独制定一套包括这些具体程序的“进一步审计程序表”，待具体实施审计程序时，注册会计师将基于所计划的具体审计程序，进一步记录所实施的审计程序及结果，并最终形成有关进一步审计程序的审计工作底稿。

另外，完整、详细的进一步审计程序的计划包括对各类交易、账户余额和披露实施的具体审计程序的性质、时间安排和范围，包括抽取的样本量等。在实务中，注册会计师可以统筹安排进一步审计程序的先后顺序，如果对某类交易、账户余额或披露已经作出计划，则可以安排先行开展工作，与此同时再制定其他交易、账户余额和披露的进一步审计程序。

3) 计划其他审计程序

具体审计计划应当包括根据审计准则的规定，注册会计师针对审计业务需要实施的其他审计程序。计划的其他审计程序可以包括上述进一步程序的计划中没有涵盖的、根据其他审计准则的要求注册会计师应当执行的既定程序。

在审计计划阶段，除了按照《中国注册会计师审计准则第 1211 号——通过了解被审计单位及其环境识别和评估重大错报风险》进行计划工作，注册会计师还需要兼顾其他准则中规定的、针对特定项目在审计计划阶段应执行的程序及记录要求。例如，《中国注册会计师审计准则第 1141 号——财务报表审计中与舞弊相关的责任》《中国注册会计师审计准则第 1324 号——持续经营》《中国注册会计师审计准则第 1142 号——财务报表审计中对法律法规的考虑》及《中国注册会计师审计准则第 1323 号——关联方》等准则中对注册会计师针对这些特定项目在审计计划阶段应当执行的程序及其记录作出了规定。当然，由于被审计单位所处行业、环境各不相同，特别项目可能也有所不同。例如，有些企业可能涉及环境事项、电子商务等，在实务中注册会计师应根据被审计单位的具体情况确定特定项目并执行相应的审计程序。

3.2.3 审计过程中对计划的更改

计划审计工作并非审计业务的一个孤立阶段，而是一个持续的、不断修正的过程，贯穿于整个审计业务的始终。由于未预期事项、条件的变化或在实施审计程序中获取的审计证据等原因，在审计过程中，注册会计师应当在必要时对总体审计策略和具体审计计划作出更新和修改。

审计过程可以分为不同阶段，通常前面阶段的工作结果会对后面阶段的工作计划产生一定的影响，而后面阶段的工作过程中又可能发现需要对已制定的相关计划进行相应的更新和修改。通常来讲，这些更新和修改可能涉及比较重要的事项。例如，对重要性水平的修改，对某类交易、账户余额和披露的重大错报风险的评估和进一步审计程序（包括总体方案和拟实施的具体审计程序）的更新和修改等。一旦计划被更新和修改，审计工作也就应当进行相应的修正。

例如，如果在制定审计计划时，注册会计师基于对材料采购交易的相关控制的设计和执行获取的审计证据，认为相关控制设计合理并得以执行，因此未将其评价为高风险领域并且计划执行控制测试。但是在执行控制测试时获得的审计证据与审计计划阶段获得的审计证据相矛盾，注册会计师认为该类交易的控制没有得到有效执行，此时，注册会计师可能需要修正对该类交易的风险评估，并基于修正的评估风险修改计划的审计方案，如采用实质性方案。

如果注册会计师在审计过程中对总体审计策略或具体审计计划作出重大修改，应当在审计工作底稿中记录作出的重大修改及其理由。

案例讨论 3-1

ABC 会计师事务所接受委托，负责审计上市公司甲公司 2019 年度财务报表，并委派 A 注册会计师担任审计项目合伙人。在执行审计工作时，A 注册会计师对计划审计工作有以下考虑：

（1）注册会计师应根据被审计单位的具体情况确定特定项目并执行相应的审计程序。

（2）计划风险评估程序和计划进一步审计程序应当同时进行，然后再实施相应的风险评估程序和进一步审计程序。

（3）完整、详细的进一步审计程序的计划包括对各类交易、账户余额和披露实施的具体审计程序的性质、时间安排和范围，但不应包括抽取的样本量。

（4）在计划实施的进一步审计程序过程中，应当在所有交易、账户余额和披露作出计划之后，再实施相应的进一步审计程序，而不能先做计划的先实施程序，后做计划的后实施程序。

（5）具体审计计划的核心是确定审计程序的性质、时间安排和范围。

（6）如果在审计工作中对总体审计策略或具体审计计划作出了重大修改，注册会计师应当在审计工作底稿中记录作出的重大修改，但不必说明修改原因。

要求：针对上述第（1）至（6）项，逐项指出 A 注册会计师的考虑是否恰当。如不恰当，简要说明理由。

3.2.4 指导、监督与复核

注册会计师应当制定计划，确定对项目组成员的指导、监督以及对其工作进行复核的性质、时间安排和范围。项目组成员的指导、监督以及对其工作进行复核的性质、时间安排和范围主要取决于下列因素：

(1) 被审计单位的规模和复杂程度。

(2) 审计领域。

(3) 评估的重大错报风险。

(4) 执行审计工作的项目组成员的专业素质和胜任能力。

注册会计师应在评估重大错报风险的基础上，计划对项目组成员工作的指导、监督与复核的性质、时间安排和范围。当评估的重大错报风险增加时，注册会计师通常会扩大指导与监督的范围，增强指导与监督的及时性，执行更详细的复核工作。在计划复核的性质、时间安排和范围时，注册会计师还应考虑单个项目组成员的专业素质和胜任能力。

3.3 重要性

3.3.1 重要性的含义

财务报告编制基础通常从编制和列报财务报表的角度阐释重要性概念。财务报告编制基础可能以不同的术语解释重要性，但通常而言，重要性概念可从下列方面进行理解：

(1) 如果合理预期错报(包括漏报)单独或汇总起来可能影响财务报表使用者依据财务报表作出的经济决策，则通常认为错报是重大的。

(2) 对重要性的判断是根据具体环境作出的，并受错报的金额或性质的影响，或受两者共同作用的影响。

(3) 判断某事项对财务报表使用者是否重大，是在考虑财务报表使用者整体的财务信息需求的基础上作出的。由于不同财务报表使用者对财务信息的需求可能差异很大，因此不考虑错报对个别财务报表使用者可能产生的影响。

在实施审计前，就必须对重大错报的规模和性质作出一个判断，包括确定财务报表整体的重要性和特定类别交易、账户余额和披露认定层次的重要性水平。当错报金额高于整体重要性水平时，就很可能被合理预期将对使用者根据财务报表作出的经济决策产生影响。

注册会计师使用整体重要性水平(将财务报表作为整体)的目的有：①决定风险评估程序的性质、时间安排和范围；②识别和评估重大错报风险；③确定进一步审计程序的性质、时间安排和范围。在整个业务过程中，随着审计工作的进展，注册会计师应当根据所获得的新信息更新重要性。在形成审计结论阶段，要使用整体重要性水平和为了特定类别交易、账户余额和披露而确定的较低金额的重要性水平来评价已识别的错报对财务报表的影响和对审计报告中审计意见的影响。

3.3.2 重要性水平的确定

在计划审计工作时，注册会计师应当确定一个合理的重要性水平，以发现在金额上重大的错报。注册会计师在确定计划的重要性水平时，需要考虑对被审计单位及其环境的了解、审计的目标、财务报表各项目的性质及其相互关系、财务报表项目的金额及其波动幅度。

1）财务报表整体的重要性

由于财务报表审计的目标是注册会计师通过执行审计工作对财务报表发表审计意见，因此，注册会计师应当考虑财务报表整体的重要性。只有这样，才能得出财务报表是否公允反映的结论。注册会计师在制定总体审计策略时，应当确定财务报表整体的重要性。

确定多大错报会影响到财务报表使用者所做决策，是注册会计师运用职业判断的结果。很多注册会计师根据所在会计师事务所的惯例及自己的经验，考虑重要性。

确定重要性需要运用职业判断。通常先选定一个基准，再乘以某一百分比作为财务报表整体的重要性。在选择基准时，需要考虑的因素包括：

（1）财务报表要素（如资产、负债、所有者权益、收入和费用）。

（2）是否存在特定会计主体的财务报表使用者特别关注的项目（如为了评价财务业绩，使用者可能更关注利润、收入或净资产）。

（3）被审计单位的性质、所处的生命周期阶段以及所处行业和经济环境。

（4）被审计单位的所有权结构和融资方式（例如，如果被审计单位仅通过债务而非权益进行融资，财务报表使用者可能更关注资产及资产的索偿权，而非被审计单位的收益）。

（5）基准的相对波动性。

适当的基准取决于被审计单位的具体情况，包括各类报告收益（如税前利润、营业收入、毛利和费用总额），以及所有者权益或净资产。对于以营利为目的的实体，通常以经常性业务的税前利润作为基准。如果经常性业务的税前利润不稳定，选用其他基准可能更加合适，如毛利或营业收入。就选定的基准而言，相关的财务数据通常包括前期财务成果和财务状况、本期最新的财务成果和财务状况、本期的预算和预测结果。当然，本期最新的财务成果和财务状况、本期的预算和预测结果需要根据被审计单位情况的重大变化（如重大的企业并购）和被审计单位所处行业和经济环境情况的相关变化等作出调整。例如，按照经常性业务的税前利润的一定百分比确定被审计单位财务报表整体的重要性时，如果被审计单位本年度税前利润因情况变化出现意外增加或减少，注册会计师可能认为按照近几年经常性业务的平均税前利润确定财务报表整体的重要性更加合适。

知识拓展 3-1

举例说明了一些实务中较为常用的基准。

被审计单位的情况	可能选择的基准
1. 企业的盈利水平保持稳定	经常业务的税前利润
2. 企业近年来经营状况大幅度波动，盈利和亏损交替发生，或者由正常盈利变为微利或微亏，或者本年度税前利润因情况变化而出现意外增加或减少	过去3至5年经常性业务的平均税前利润或亏损（取绝对值），或其他基准，例如营业收入
3. 企业为新设企业，处于开办期，尚未开始经营，目前正在建造厂房及购买机器设备	总资产
4. 企业处于新兴行业，目前侧重于抢占市场份额、扩大企业知名度和影响力	营业收入
5. 开放式基金，致力于优化投资组合、提高基金净值、为基金持有人创造投资价值	净资产

（续表）

被审计单位的情况	可能选择的基准
6. 国际企业集团设立的研发中心，主要为集团下属企业提供研发服务，并以成本加成方式向相关企业收取费用	成本与营业费用总额
7. 公益性质的基金会	捐赠收入或捐赠支出总额

在通常情况下，对于以营利为目的的企业，利润可能是大多数财务报表使用者最为关注的财务指标，因此，注册会计师可能考虑选取经常性业务的税前利润作为基准。但是在某些情况下，例如企业处于微利或微亏状态时，采用经常性业务的税前利润为基准确定重要性可能影响审计的效率和效果。注册会计师可以考虑采用以下方法确定基准：

① 如果微利或微亏状态是由宏观经济环境的波动或企业自身经营的周期性所导致，可以考虑采用过去3年～5年经常性业务的平均税前利润作为基准。

② 采用财务报表使用者关注的其他财务指标作为基准，如营业收入、总资产等。

注册会计师要注意的是，如果被审计单位的经营规模较上年度没有重大变化，通常使用替代性基准确定的重要性不宜超过上年度的重要性。

注册会计师为被审计单位选择的基准在各年度中通常会保持稳定，但是并非必须保持一贯不变。注册会计师可以根据经济形势、行业状况和被审计单位具体情况的变化对采用的基准作出调整。例如，被审计单位处在新设立阶段时注册会计师可能采用总资产作为基准，被审计单位处在成长期时注册会计师可能采用营业收入作为基准，被审计单位进入经营成熟期后注册会计师可能采用经常性业务的税前利润作为基准。

为选定的基准确定百分比需要运用职业判断。百分比和选定的基准之间存在一定的联系，如经常性业务的税前利润对应的百分比通常比营业收入对应的百分比要高。例如，对以营利为目的的制造行业实体，注册会计师可能认为经常性业务的税前利润的5%是适当的；而对非营利组织，注册会计师可能认为总收入或费用总额的1%是适当的。百分比无论是高一些还是低一些，只要符合具体情况，都是适当的。

在确定百分比时，除了考虑被审计单位是否为上市公司或公众利益实体外，其他因素也会影响注册会计师对百分比的选择，这些因素包括但不限于：

① 财务报表使用者的范围。

② 被审计单位是否由集团内部关联方提供融资或是否有大额对外融资（如债券或银行贷款）。

③ 财务报表使用者是否对基准数据特别敏感（如具有特殊目的财务报表的使用者）。

注册会计师在确定重要性水平时，不需考虑与具体项目计量相关的固有不确定性。例如，财务报表含有高度不确定性的大额估计，注册会计师并不会因此而确定一个比不含有该估计的财务报表更高或更低的财务报表整体重要性。

2）特定类别交易、账户余额或披露的重要性水平

根据被审计单位的特定情况，下列因素可能表明存在一个或多个特定类别的交易、账户余额或披露，其发生的错报金额虽然低于财务报表整体的重要性，但合理预期将影响财务报表使用者依据财务报表作出的经济决策：

（1）法律法规或适用的财务报告编制基础是否影响财务报表使用者对特定项目（如关

联方交易、管理层和治理层的薪酬及对具有较高估计不确定性的公允价值会计估计的敏感性分析)计量或披露的预期。

(2) 与被审计单位所处行业相关的关键性披露(如制药企业的研究与开发成本)。

(3) 财务报表使用者是否特别关注财务报表中单独披露的业务的特定方面(如关于分部或重大企业合并的披露)。

在根据被审计单位的特定情况考虑是否存在上述交易、账户余额或披露时,了解治理层和管理层的看法和预期通常是有用的。

3) 实际执行的重要性

实际执行的重要性,是指注册会计师确定的低于财务报表整体重要性的一个或多个金额,旨在将未更正和未发现错报的汇总数超过财务报表整体的重要性的可能性降至适当的低水平。如果适用,实际执行的重要性还指注册会计师确定的低于特定类别的交易、账户余额或披露的重要性水平的一个或多个金额。

仅为发现单项重大的错报而计划审计工作将忽视这样一个事实,即单项非重大错报的汇总数可能导致财务报表出现重大错报,更不用说还没有考虑可能存在的未发现错报。确定财务报表整体的实际执行的重要性(根据定义可能是一个或多个金额),旨在将财务报表中未更正和未发现错报的汇总数超过财务报表整体的重要性的可能性降至适当的低水平。

与确定特定类别的交易、账户余额或披露的重要性水平相关的实际执行的重要性,旨在将这些交易、账户余额或披露中未更正与未发现错报的汇总数超过这些交易、账户余额或披露的重要性水平的可能性降至适当的低水平。

确定实际执行的重要性并非简单机械的计算,需要注册会计师运用职业判断,并考虑下列因素的影响:①对被审计单位的了解(这些了解在实施风险评估程序的过程中得到更新);②前期审计工作中识别出的错报的性质和范围;③根据前期识别出的错报对本期错报作出的预期。

通常而言,实际执行的重要性为财务报表整体重要性的50%~75%。

如果存在下列情况,注册会计师可能考虑选择较低的百分比来确定实际执行的重要性:

(1) 首次接受委托的审计项目。

(2) 连续审计项目,以前年度审计调整较多。

(3) 项目总体风险较高,例如处于高风险行业、管理层能力欠缺、面临较大市场竞争压力或业绩压力等的被审计单位。

(4) 存在或预期存在值得关注的内部控制缺陷。

如果存在下列情况,注册会计师可能考虑选择较高的百分比来确定实际执行的重要性:

(1) 连续审计项目,以前年度审计调整较少。

(2) 项目总体风险为低到中等,例如处于非高风险行业、管理层有足够能力、面临较低的市场竞争压力和业绩压力等的被审计单位。

(3) 以前期间的审计经验表明内部控制运行有效。

审计准则要求注册会计师确定低于财务报表整体重要性的一个或多个金额作为实际执行的重要性,注册会计师无须通过将财务报表整体的重要性平均分配或按比例分配至各个报表项目的方法来确定实际执行的重要性,而是根据对报表项目的风险评估结果,确定一个或多个实际执行的重要性。例如,根据以前期间的审计经验和本期审计计划阶段的风险评估结果，注册会计师认为可以以财务报表整体重要性的75%作为大多数报表项目的实际执行的重要性；与营业收入项目相关的内部控制存在控制缺陷，而且以前年度审计中存在审计调整，因此考虑以财务报表整体重要性的50%作为营业收入项目的实际执行的重要性，从而有针对性地对高风险领域执行更多的审计工作。

4）审计过程中修改重要性

由于存在下列原因，注册会计师可能需要修改财务报表整体的重要性和特定类别的交易、账户余额或披露的重要性水平（如适用）：①审计过程中情况发生重大变化（如决定处置被审计单位的一个重要组成部分）；②获取到新信息；③通过实施进一步审计程序，注册会计师对被审计单位及其经营所了解的情况发生变化。例如，注册会计师在审计过程中发现，实际财务成果与最初确定财务报表整体的重要性时使用的预期财务成果相比存在着很大差异，则需要修改重要性。

5）在审计中运用实际执行的重要性

实际执行的重要性在审计中的作用主要体现在以下几个方面：

（1）注册会计师在计划审计工作时可以根据实际执行的重要性确定需要对哪些类型的交易、账户余额和披露实施进一步审计程序，通常选取金额超过实际执行的重要性的财务报表项目，因为这些财务报表项目有可能导致财务报表出现重大错报。但是，这不代表注册会计师可以对所有金额低于实际执行的重要性的财务报表项目不实施进一步审计程序，这主要出于以下考虑：

① 单个金额低于实际执行的重要性的财务报表项目汇总起来可能金额重大（可能远远超过财务报表整体的重要性），注册会计师需要考虑汇总后的潜在错报风险。

② 对于存在低估风险的财务报表项目，不能仅仅因为其余额低于实际执行的重要性而不实施进一步审计程序。

③ 对于识别出存在舞弊风险的财务报表项目，不能因为其金额低于实际执行的重要性而不实施进一步审计程序。

（2）运用实际执行的重要性确定进一步审计程序的性质、时间安排和范围。例如，在实施实质性分析程序时，注册会计师确定的已记录金额与预期值之间的可接受差异额通常不超过实际执行的重要性；在运用审计抽样实施细节测试时，注册会计师可以将可容忍错报的金额设定为等于或低于实际执行的重要性。

3.3.3 错报

1）错报的定义

错报，是指某一财务报表项目的金额、分类、列报或披露，与按照适用的财务报告编制基础应当列示的金额、分类、列报或披露之间存在的差异；或根据审计人员的判断，为使财务报表在所有重大方面实现公允反映，需要对金额、分类、列报或披露作出的必要调整。错报可能是由于错误或舞弊导致的，具体原因包括：

（1）收集或处理用以编制财务报表的数据时出现错误。

（2）遗漏某项金额或披露。

（3）由于疏忽或明显误解有关事实导致作出不正确的会计估计。

（4）审计人员认为管理层对会计估计作出不合理的判断或对会计政策作出不恰当的选

择和运用。

(5) 信息的分类、汇总或分解不恰当。

2) 累积识别出的错报

审计人员可能将低于某一金额的错报界定为明显微小的错报,对这类错报不需要累积,因为审计人员认为这些错报的汇总数明显不会对财务报表产生重大影响。这些明显微小错报,无论单独或者汇总起来,从规模、性质或其发生的环境来看都是明显微不足道的。"明显微小"不等同于"不重大"。如果不确定一个或多个错报是否明显微小,就不能认为这些错报是明显微小的。

为了帮助审计人员评价审计过程中累积的错报的影响以及与管理层和治理层沟通错报事项,可将错报分为事实错报、判断错报和推断错报。

(1) 事实错报。事实错报是毋庸置疑的错报。这类错报产生于被审计单位收集和处理数据的错误,对事实的忽略或误解,或故意舞弊行为。例如,审计人员在审计测试中发现购入存货的实际价值为 50 000 元,但账面记录的金额却为 40 000 元。因此,存货和应付账款分别被低估了 10 000 元,这里被低估的 10 000 元就是已识别的对事实的具体错报。

(2) 判断错报。审计人员认为管理层会对会计估计作出不合理的判断或不恰当地选择和运用会计政策而导致的差异。判断错报产生于两种情况:一是管理层和审计人员对会计估计值的判断差异,例如,由于包含在财务报表中的管理层作出的估计值超出了审计人员确定的一个合理范围,导致出现判断差异;二是管理层和审计人员对选择和运用会计政策的判断差异。审计人员认为管理层选用会计政策造成错报,管理层却认为选用会计政策适当,导致出现判断差异。

(3) 推断错报。审计人员对总体存在的错报作出的最佳估计数,涉及根据在审计样本中识别出的错报来推断总体的错报。推断错报通常包括:

① 通过测试样本估计出的总体的错报减去在测试中发现的已经识别的具体错报。例如,应收账款年末余额为 4 000 万元,审计人员测试样本发现样本金额有 200 万元的高估,高估部分为样本账面金额的 20%,据此审计人员推断总体的错报金额为 800 万元(4 000×20%),那么上述 200 万元就是已识别的具体错报,其余 600 万元即推断误差。

② 通过分析程序推断出的估计错报。例如,审计人员根据客户的预算资料及行业趋势等要素,对客户年度销售费用独立作出估计,并与客户账面金额比较,发现两者间有 50%的差异;考虑到估计的精确性有限,审计人员根据经验认为 15%的差异通常是可接受的,而剩余 35%的差异需要有合理解释并取得佐证性证据;假定审计人员对其中 15%的差异无法得到合理解释或不能取得佐证,则该部分差异金额即为推断误差。

相关思考 3-1

ABC 会计师事务所的 A 注册会计师担任上市公司甲集团公司 2019 年度财务报表的审计项目合伙人。审计工作底稿中记载的与重要性相关的部分情况摘录如下:

(1) [确定百分比]因预期甲公司 2019 年度财务报表使用者的范围显著增加,A 注册会计师拟相应扩大与确定重要性的基准对应的百分比。

(2) [确定明显错报临界值]A 注册会计师将财务报表层次实际执行重要性的 5%确定为明显微小错报临界值,要求项目组成员汇总所有金额达到该临界值的错报。

(3)［实际执行重要性的应用］拟实施的进一步审计程序的范围是:金额高于实际执行的重要性的财务报表项目;金额低于实际执行的重要性但存在舞弊风险的财务报表项目。

(4)［实际执行重要性的应用］在运用审计抽样实施细节测试时,考虑到评估的重大错报风险水平为低,审计项目组将可容忍错报的金额设定为实际执行的重要性的120%。

(5)［明显微小错报临界值的应用］A注册会计师在测试管理费用及研发费用时发现两笔错报,分别为少计会议费40万元和多计研发支出50万元,因合计金额小于30万元的明显微小错报的临界值,未予累积。

要求:假定情况(1)至(5)均为独立事项,指出A注册会计师的处理是否恰当。如不恰当,请简要说明理由。

3) 对审计过程识别出的错报的考虑

错报可能不会孤立发生,一项错报的发现还可能表明存在其他错报。例如,审计人员识别出由于内部控制失效而导致的错报,或被审计单位广泛运用不恰当的假设或评估方法而导致的错报,均表明还存在其他错报。

抽样风险和非抽样风险可能导致某些错报未被发现。审计过程中累积错报的汇总数接近确定的重要性水平,则表明存在比可接受的低风险水平更大的风险,即可能未被发现的错报连同审计过程中累积错报的汇总数,可能超过重要性水平。

审计人员可能要求管理层检查某类交易、账户余额或披露,以使管理层了解审计人员识别出的产生原因,并要求管理层采取措施以确定这些交易、账户余额或披露实际发生错报的金额,以及对财务报表作出适当的调整。例如,在从审计样本中识别出的错报推断总体错报时,审计人员可能提出这些要求。

重要概念

初步业务活动　总体审计策略　具体审计计划　审计重要性

本章练习

简答题

1. 什么是审计计划?它有何作用?
2. 在制定审计总体策略时,应考虑重要性的哪些方面?
3. 什么是实际执行的重要性?在确定实际执行的重要性时应考虑的因素有哪些?

选择题

1. 注册会计师在制定总体审计策略时,对审计范围的考虑事项不包括(　　)。

A. 编制财务报表适用的会计准则和相关会计制度

B. 其他注册会计师参与审计集团内组成部分的范围

C. 评估的财务报表层次的重大错报风险对指导、监督及复核的影响

D. 需审计的业务分部性质,包括是否需要具备专门知识

2. 在注册会计师编制的×公司年度财务报表的总体审计策略中,应当包含下列(　　)内容。

A. 对项目组成员的指导、监督、复核

B. 拟实施审计程序的性质、时间、范围

C. 拟实施的项目质量控制复核的时间

D. 与×公司治理层整体直接沟通的时间

3. 具体审计计划是对总体审计策略的进一步具体化。以下关于具体审计计划的各种说法中，不正确的是(　　)。

A. 制订具体审计计划的主要目的是为了获取充分、适当的审计证据以将检查风险降至可接受的低水平

B. 具体审计计划的核心内容是审计项目组成员拟实施的审计程序的性质、时间和范围

C. 具体审计计划的内容包括何时召开项目组预备会和总结会，预期项目负责人和经理如何对审计工作底稿进行复核

D. 具体审计计划可以因为非预期事项、条件的变化或在实施审计程序中获取的审计证据等原因进行必要的更新和修改

4. 下列内容中，不属于具体审计计划的是(　　)。

A. 对高风险领域安排的审计时间预算，对专家工作的利用和对其他注册会计师工作的复核范围

B. 为识别和评估财务报表重大错报风险，计划实施的风险评估程序的性质、时间和范围

C. 针对所有重大交易、账户余额、列报认定的重大错报风险计划实施的进一步审计程序的性质、时间和范围

D. 注册会计师针对审计业务需要实施的其他审计程序

5. 下列各项中，不属于注册会计师在财务报表审计中之具体审计计划所包括的内容是(　　)。

A. 风险评估程序

B. 计划实施之进一步审计程序

C. 确定财务报表层次之重要性水平

D. 计划实施之其他审计程序

案例分析题

继2013年度后，ABC会计师事务所再次承接了甲公司2014年度财务报表审计业务，ABC会计师事务所在确定重要性和实际执行的重要性时，作出下列判断：

(1) 判断某事项是否重大，不但需要考虑财务报表使用者整体共同的财务信息需求，而且需要考虑个别财务报表使用者对财务信息的需求。

(2) 特定交易类别、账户余额和披露的重要性水平是在决定对特定交易类别、账户余额和披露实施审计程序时确定的。

(3) 财务报表整体的重要性将决定风险评估程序的性质、时间安排和范围，因此一经确定不可调整。

(4) 经初步了解，甲公司目前处于微利的状态，因此注册会计师决定采用业务的税前利润为基准确定重要性。

(5) 经初步了解，甲公司的经营规模较上年度没有发生重大变化，注册会计师使用了替代基准确定了2014年的重要性水平为350万元，2013年确定的重要性水平为300万元。

(6) 经过在2013年财务报表审计过程中对甲公司的了解，其内部控制运行有效，因此在确定2014年财务报表审计的实际执行的重要性时，注册会计师可以考虑选择较高的百分比。

要求：分别单独考虑上述(1)至(6)，逐项指出上述判断是否存在不恰当之处，并简要说明理由。

第 4 章　审计证据和审计工作底稿

内容提要

审计的整个工作过程，就是收集审计证据，并根据审计证据形成审计结论和审计意见的过程。因此，收集、鉴定和综合审计证据，是审计工作的核心。审计工作底稿则是审计过程和结果的书面证明，也是审计证据的汇集和编写审计报告的依据。

重点难点

本章重点为审计证据的特征，能够判断出证据的可靠性；难点为审计证据的获取方式。

学习目标

通过本章教学，使学生了解和掌握审计证据的内涵、特征及审计工作底稿，特别是对审计证据充分性和适当性的理解，为进一步学习循环审计奠定基础。为此，要求学生必须掌握审计证据的获取方式，并能够熟练地加以运用。

知识框架

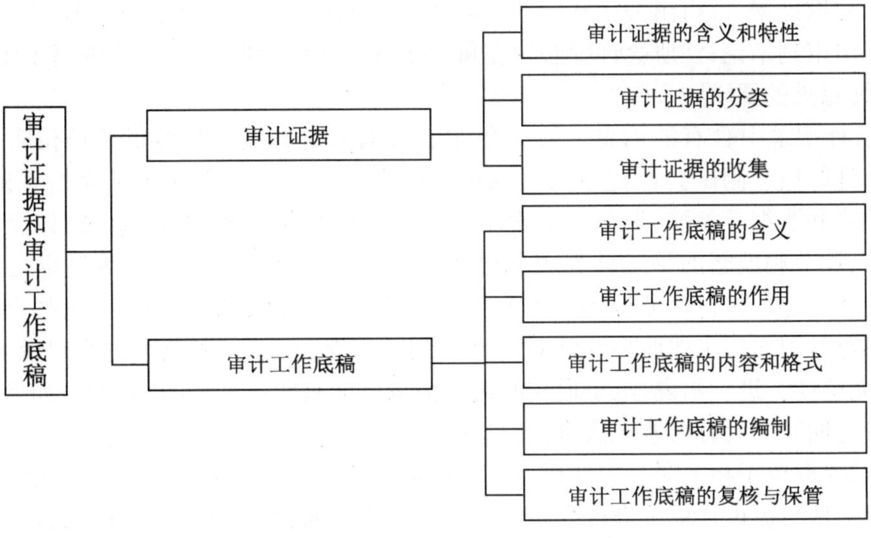

引入案例

审计工作底稿的错误

宏大会计师事务所接受万通股份有限公司2013年度财务报表审计的委托，组成了以黄明为组长的6人审计项目小组。审计项目小组除黄明外，还有签字注册会计师陈涛、高级审计员刘海和3名实习大学生。2014年2月12日，该审计项目小组实地开展对万通股份有限公司2013年度财务报表的审计。

在审计实施阶段，陈涛负责大多数主要的审计工作；刘海负责设计并实施对应收账款和银行存款的函证。3名实习大学生作为辅助审计人员，协助陈涛、刘海工作。

进入审计完成阶段后，黄明安排刘海收集审计项目小组各成员编制的审计工作底稿，由刘海就审计定性和审计意见是否适当进行复核，并由陈涛签署复核意见和起草审计报告。陈涛撰写完审计报告后，由于万通股份有限公司急需审计报告召开董事会，黄明吩咐陈涛直接将审计报告传达给万通公司，审计工作圆满结束。

要求：请分析说明宏大会计师事务所审计工作底稿复核中存在的问题，并提出改正意见。

审计的整个工作过程，就是收集审计证据，并根据审计证据形成审计结论和审计意见的过程。因此，收集、鉴定和综合审计证据，是审计工作的核心。审计工作底稿则是审计过程和结果的书面证明，也是审计证据的汇集和编写审计报告的依据。

4.1 审计证据

4.1.1 审计证据的含义和特性

1) 审计证据的含义

审计证据是指注册会计师为了得出审计结论、形成审计意见而使用的所有信息。审计证据包括构成财务报表基础的会计记录所含有的信息和其他的信息。证据是一个适用性较广的概念，不仅注册会计师执行审计工作需要证据，科学家和律师也需要证据。在科学实验中，科学家获取证据，以得出关于某项理论的结论；在法律案件中，法官需要根据严密确凿的证据，以提出审判结论；注册会计师必须在每项审计工作中获取充分、适当的审计证据，以满足发表审计意见的要求。

(1) 会计记录中含有的信息。依据会计记录编制财务报表是被审计单位管理层的责任，注册会计师应当测试会计记录以获取审计证据。会计记录主要包括原始凭证、记账凭证、总分类账和明细分类账、未在记账凭证中反映的对财务报表的其他调整，以及支持成本分配、计算、调节和披露的手工计算表和电子数据表。上述会计记录是编制财务报表的基础，构成注册会计师执行财务报表审计业务所需获取的数据的重要部分。这些会计记录通常是电子数据，因而要求注册会计师对内部控制予以充分关注，以获取这些记录的真实性、准确性和完整性。进一步说，电子形式的会计记录可能只能在特定时间获取，如果不存在备份文件，特定期间之后有可能无法再获取这些记录。

会计记录取决于相关交易的性质，它既包括被审计单位内部生成的手工或电子形式的凭证，也包括从与被审计单位进行交易的其他企业收到的凭证。除此之外，会计记录还可能包括：

① 销售发运单和发票、顾客对账单以及顾客的汇款通知单。

② 附有验货单的订购单、购货发票和对账单。

③ 考勤卡和其他工时记录、工薪单、个别支付记录和人事档案。

④ 支票存根、电子转移支付记录(EFTs)、银行存款单和银行对账单。

⑤ 合同记录。例如,租赁合同和分期付款销售协议。

⑥ 记账凭证。

⑦ 分类账账户调节表。

将这些会计记录作为审计证据时,其来源和被审计单位内部控制的相关强度(对内部生成的证据而言)都会影响注册会计师对这些原始凭证的信赖程度。

(2) 其他的信息。会计记录中含有的信息本身并不足以提供充分的审计证据作为对财务报表发表审计意见的基础时,注册会计师还应当获取用作审计证据的其他的信息。可用作审计证据的其他的信息包括注册会计师从被审计单位内部或外部获取的会计记录以外的信息,如被审计单位会议记录、内部控制手册、询证函的回函、分析师的报告、与竞争者的比较数据等;通过询问、观察和检查等审计程序获取的信息,如通过检查存货获取存货存在的证据等;以及自身编制或获取的可以通过合理推断得出结论的信息,如注册会计师编制的各种计算表、分析表等。

财务报表依据的会计记录中包含的信息和其他的信息共同构成了审计证据,两者缺一不可。如果没有前者,审计工作将无法进行;如果没有后者,可能无法识别重大错报风险。只有将两者结合在一起,才能将审计风险降至可接受的最低水平,为注册会计师发表审计意见提供合理基础。

注册会计师要获取不同来源和不同性质的审计证据,不过,审计证据很少是绝对的,从性质上来看反而是有说服性的,并能伪证会计记录中所记录信息的合理性,因此,在确定财务报表公允反映时,注册会计师最终评价的正是这种累计的审计证据。注册会计师将不同来源和不同性质的审计证据综合起来考虑,这样能够反映出结果的一致性,从而佐证会计记录中记录的信息。如果审计证据不一致,而且这种不一致可能是重大的,注册会计师应当扩大审计程序的范围,直到不一致得到解决,并针对账户余额或各类交易获得必要保证。

值得注意的是,用作审计证据的其他的信息,与注册会计师执行财务报表审计时应当阅读被审计单位年度报告中除财务报表和审计报告外的其他信息是两个不同的概念。

2) 审计证据的特性

注会计师应当保持职业怀疑态度,运用职业判断,评价审计证据的充分性和适当性。

(1) 审计证据的充分性。审计证据的充分性,是对审计证据数量的衡量,主要与注册会计师确定的样本量有关。例如,对某个审计项目实施某一选定的审计程序,从200个样本项目中获得的证据要比从100个样本项目中获得的证据更充分。获取的审计证据应当充分,足以将与每个重要认定相关的审计风险限制在可接受的水平。

注册会计师需要获取的审计证据的数量受其对重大错报风险评估的影响(评估的重大错报风险越高,需要的审计证据可能越多),并受审计证据质量的影响(审计证据质量越高,需要的审计证据可能越少)。然而,注册会计师仅靠获取更多的审计证据可能无法弥补其质量上的缺陷。

(2) 审计证据的适当性。审计证据的适当性，是对审计证据质量的衡量，即审计证据在支持审计意见所依据的结论方面具有的相关性和可靠性。相关性和可靠性是审计证据适当性的核心内容，只有相关且可靠的审计证据才是高质量的。

① 审计证据的相关性。相关性，是指用作审计证据的信息与审计程序的目的和所考虑的相关认定之间的逻辑联系。用作审计证据的信息的相关性可能受测试方向的影响。例如，如果某审计程序的目的是测试应付账款的多计错报，则测试已记录的应付账款可能是相关的审计程序。如果某审计程序的目的是测试应付账款的漏记错报，则测试已记录的应付账款很可能不是相关的审计程序，相关的审计程序可能是测试期后支出、未支付发票、供应商结算单以及发票未到的收货报告单等。

特定的审计程序可能只为某些认定提供相关的审计证据，而与其他认定无关。例如，检查期后应收账款收回的记录和文件可以提供有关存在和计价的审计证据，但未必提供与截止测试相关的审计证据。类似地，有关某一特定认定（如存货的存在认定）的审计证据，不能替代与其他认定（如该存货的计价认定）相关的审计证据。但另一方面，不同来源或不同性质的审计证据可能与同一认定相关。

特别提示 4-1

测试方向	目的	举例
逆向追查	由账到证，查高估，涉及存在或发生认定	应收账款存在认定，可以从账簿记录中选取应收账款追查到发运凭证
正向追查	由证到账，查低估，涉及完整性认定	应付账款的完整性认定，可以从供应商对账单追查到应付账款明细账

控制测试旨在评价内部控制在防止或发现并纠正认定层次重大错报方面的运行有效性。设计控制测试以获取相关审计证据，包括识别一些显示控制运行的情况（特征或属性），以及显示控制未恰当运行的偏差情况。然后，注册会计师可以测试这些情况是否存在。

实质性程序旨在发现认定层次重大错报，包括细节测试和实质性分析程序。设计实质性程序包括识别与测试目的相关的情况，这些情况构成相关认定的错报。

② 审计证据的可靠性。可靠性，是指证据的可信程度。例如，注册会计师亲自检查存货所获得的证据，就比被审计单位管理层提供给注册会计师的存货数据更可靠。

审计证据的可靠性受其来源和性质的影响，并取决于获取审计证据的具体环境。注册会计师在判断审计证据的可靠性时，通常会考虑下列原则：

a. 从外部独立来源获取的审计证据比从其他来源获取的审计证据更可靠。从外部独立来源获取的审计证据未经被审计单位有关职员之手，从而减少了伪造、更改凭证或业务记录的可能性，因而其证明力最强。此类证据如银行询证函回函、应收账款询证函回函、保险公司等机构出具的证明等。相反，从其他来源获取的审计证据，由于证据提供者与被审计单位存在经济或行政关系等原因，其可靠性应受到质疑。例如：被审计单位内部的会计记录、会议记录等。

b. 内部控制有效时内部生成的审计证据比内部控制薄弱时内部生成的审计证据更

可靠。如果被审计单位有着健全的内部控制且在日常管理中得到一贯的执行，会计记录的可信赖程度将会增加。如果被审计单位的内部控制薄弱，甚至不存在任何内部控制，被审计单位内部凭证记录的可靠性就大为降低。例如，如果与销售业务相关的内部控制有效，注册会计师就能从销售发票和发货单中取得比内部控制不健全时更加可靠的审计证据。

c. 直接获取的审计证据比间接获取或推论得出的审计证据更可靠。例如，注册会计师观察某项内部控制的运行得到的证据比询问被审计单位某项内部控制的运行得到的证据更可靠。间接获取的证据有被涂改及伪造的可能性，降低了可信赖程度。推论得出的审计证据，其主观性较强，人为因素较多，可信赖程度也受到影响。

d. 以文件、记录形式（无论是纸质、电子或其他介质）存在的审计证据比口头形式的审计证据更可靠。例如，会议的同步书面记录比对讨论事项事后的口头表述更可靠。口头证据本身并不足以证明事实的真相，仅仅提供了一些重要线索，为进一步调查确认所用。如注册会计师在对应收账款进行账龄分析后，可以向应收账款负责人询问逾期应收账款收回的可能性。如果该负责人的意见与注册会计师自行估计的坏账损失基本一致，则这一口头证据就可成为证实注册会计师对有关坏账损失判断的重要证据。在一般情况下，口头证据往往需要得到其他相应证据的支持。

e. 从原件获取的审计证据比从传真件或复印件获取的审计证据更可靠。注册会计师可审查原件是否有被涂改或伪造的迹象，排除伪证，提高证据的可信赖程度。而传真件或复印件容易是篡改或伪造的结果，可靠性较低。

注册会计师在按照上述原则评价审计证据的可靠性时，还应当注意可能出现的重要例外情况。例如，审计证据虽然是从独立的外部来源获得，但如果该证据是由不知情者或不具备资格者提供，审计证据也可能是不可靠的。同样，如果注册会计师不具备评价证据的专业能力，那么即使是直接获取的证据，也可能不可靠。

知识拓展 4-1

劳务费单据背后的故事

真实，是财务资料记录的根本基石，若失去了真实性，一切记录的核算都是雾里看花；真实，也是审计人员关注的第一要务，若面对这虚假的账目，任何审计评价都是水中望月。

一张凭证露马脚　细微线索不放过

一张普普通通的农民工劳务费签收单引起了审计人员的警觉：签字工工整整，似乎为一人所为。

审计人员找出其他凭证中同一姓名的签字进行比对，发现出入太大。

要求提供农民工身份证号码等信息时，被审计单位支支吾吾地表示没有保留相关信息。

审计人员提出当面询问部分农民工，对方叫来了参与劳动的负责人与几名农民工，一达到审计办公室就纷纷主动表示收到过相关钱款，但是单独询问细节的时候，几个证人的证词开始互相矛盾。

审计人员要求扩大农民工范围，被审计单位推脱称大多数是外来务工人员，已经无法取得联系。

开动脑筋勤思考　电脑审计显身手

如何在茫茫人海中寻找到签收单上的农民工、如何当面印证钱是否发到每个人手中，成为揭开谜底的关键。

审计人员将农民工名字与之前开展医疗保险审计积累的业务数据库用 SQL 语句编写程序进行比对发现：这些人员就是本市 H 村参加社会保险的农民，被审计单位说是外来务工人员的说辞根本就是在撒谎。

田间地头找证据 剥茧抽丝现真相

审计人员来到H村先来到村委会，说明来意后，没想到居然又碰到上次已接受审计询问的劳动负责人，如法炮制，又找来部分农民工提供虚假证词，再次对审计取证工作进行了干扰。

面对不利局面，审计人员在农田里、水渠旁、农家户里陆续寻到了9名名单上的当地农民。

通过攀谈、询问，受访者均表示没有收到相关劳务费，签字确认的时候，该签名与签收单上的笔迹大相径庭。

在铁一般的事实面前，被审计单位的领导和财务终于承认通过编造虚假的农民工签收单套取现金，用于发放年终奖。金额合计4.65万元。

相关人员分别受到诫勉谈话、党内严重警告等处分。

参考来源：原人大经济论坛 https://bbs.pinggu.org/thread-6770139-1-1.html

(3) 充分性和适当性之间的关系。充分性和适当性是审计证据的两个重要特征，两者缺一不可，只有充分且适当的审计证据才是有证明力的。

注册会计师需要获取的审计证据的数量也受审计证据质量的影响。审计证据质量越高，需要的审计证据数量可能越少。也就是说，审计证据的适当性会影响审计证据的充分性。例如，被审计单位内部控制健全时生成的审计证据更可靠，注册会计师只需获取适量的审计证据，就可以为发表审计意见提供合理的基础。

需要注意的是，尽管审计证据的充分性和适当性相关，但如果审计证据的质量存在缺陷，那么注册会计师仅靠获取更多的审计证据可能无法弥补其质量上的缺陷。例如，注册会计师应当获取与销售收入完整性相关的证据，实际获取到的却是有关销售收入真实性的证据，审计证据与完整性目标不相关，即使获取的证据再多，也证明不了收入的完整性。同样的，如果注册会计师获取的证据不可靠，那么证据数量再多也难以起到证明作用。

(4) 评价充分性和适当性时的特殊考虑。

① 对文件记录可靠性的考虑。审计工作通常不涉及鉴定文件记录的真伪，注册会计师也不是鉴定文件记录真伪的专家，但应当考虑用作审计证据的信息的可靠性，并考虑与这些信息生成和维护相关控制的有效性。

如果在审计过程中识别出的情况使其认为文件记录可能是伪造的，或文件记录中的某些条款已发生变动，注册会计师应当作出进一步调查，包括直接向第三方询证，或考虑利用专家的工作以评价文件记录的真伪。例如，如发现某银行询证函回函有伪造或篡改的迹象，注册会计师应当作进一步的调查，并考虑是否存在舞弊的可能性。必要时，应当通过适当方式聘请专家予以鉴定。

② 使用被审计单位生成信息时的考虑。注册会计师为获取可靠的审计证据，实施审计程序时使用的被审计单位生成的信息需要足够完整和准确。例如，通过用标准价格乘以销售量来对收入进行审计时，其有效性受到价格信息准确性与销售量数据完整性和准确性的影响。类似地，如果注册会计师打算测试总体（如付款）是否具备某一特性（如授权），若选取测试项目的总体不完整，则测试结果可能不太可靠。

如果针对这类信息的完整性和准确性获取审计证据是所实施审计程序本身不可分割的组成部分，则可以与对这些信息实施的审计程序同时进行。在其他情况下，通过测试针对生成和维护这些信息的控制，注册会计师也可以获得关于这些信息准确性和完整性的审计证据。然而，在某些情况下，注册会计师可能确定有必要实施追加的审计程序。

在某些情况下，注册会计师可能打算将被审计单位生成的信息用于其他审计目的。例如，注册会计师可能打算将被审计单位的业绩评价用于分析程序，或利用被审计单位用于监控活动的信息，如内部审计报告等。在这种情况下，获取的审计证据的适当性受到该信息对于审计目的而言是否足够精确和详细的影响。例如，管理层的业绩评价对于发现重大错报可能不够精确。

③ 证据相互矛盾时的考虑。如果针对某项认定从不同来源获取的审计证据或获取的不同性质的审计证据能够相互印证，与该项认定相关的审计证据则具有更强的说服力。例如，注册会计师通过检查委托加工协议发现被审计单位有委托加工材料，且委托加工材料占存货比重较大，经发函询证后证实委托加工材料确实存在。委托加工协议和询证函回函这两个不同来源的审计证据互相印证，证明委托加工材料真实存在。

如果从不同来源获取的审计证据或获取的不同性质的审计证据不一致，表明某项审计证据可能不可靠，注册会计师应当追加必要的审计程序。上例中，如果注册会计师发函询证后证实委托加工材料已加工完成并返回被审计单位，委托加工协议和询证函回函这两个不同来源的证据不一致，委托加工材料是否真实存在受到质疑。这时，注册会计师应追加审计程序，确认委托加工材料收回后是否未入库或被审计单位收回后予以销售而未入账。

④ 获取审计证据时对成本的考虑。注册会计师可以考虑获取审计证据的成本与所获取信息的有用性之间的关系，但不应以获取审计证据的困难和成本为由减少不可替代的审计程序。

在保证获取充分、适当的审计证据的前提下，控制审计成本也是会计师事务所增强竞争能力和获利能力所必需的。但为了保证得出的审计结论、形成的审计意见是恰当的，注册会计师不应将获取审计证据的成本高低和难易程度作为减少不可替代的审计程序的理由。例如，在某些情况下，存货监盘是证实存货存在认定的不可替代的审计程序，注册会计师在审计中不得以检查成本高和难以实施为由而不执行该程序。

4.1.2 审计证据的分类

审计证据分类的目的，在于找出更合理、更有效、更具有证明力的证据，以达到较好的证明效果，从而有利于审计工作的顺利完成。审计证据按照不同的标准，可以进行多种分类。

1) 按审计证据的表现形态分类

按审计证据的表现形态分类，可以分为实物证据、书面证据、口头证据和环境证据。

(1) 实物证据。实物证据是指以实物的外部特征和内含性能来证明事物真相的各种财产物资。实物证据主要用以查明实物存在的实在性、数量和计价的正确性，如现金、存货、固定资产、在建工程等。实物证据的存在本身就具有很大的可靠性，所以实物证据具有较强的证明力。但应防止伪造和混淆实物证据，如核实物资的所有权是否转移，有无外单位寄存的材料、产品等物资，以及有无经营租入的固定资产等情况。

(2) 书面证据。书面证据是以文字记载的内容来证明被审计事项的各种书面资料。如有关被审计事项的会计凭证、会计账簿和财务报表以及各种会议记录和合同，等等。审计工作过程中，收集得最多的就是书面证据。书面证据的来源比较广泛，有由被审计单位以外的单位所提供，且直接送交审计人员的书面证据，如询证函等；由被审计单位以外的单位提供，但为被审计单位所持有的书面证据，如银行对账单、各种发票等；被审计单位自行编制并持有的书面证据，如工资发放表、会计记录、被审计单位声明书等。对这些书面证据，需要进行整理归类，其效用也需要进一步证实。

(3) 口头证据。口头证据是指以视听资料，证人证词，有关人员的陈述、意见、说明和答复等形式存在的审计证据。它是以知情人陈述的事实来证明审计事项的真相。一般情况下，口头证据本身并不足以证明事物的真相，但审计人员往往通过口头证据发掘出一些重要线索，从而有利于对某些稽核的情况作进一步的调查，以收集到其他更为可靠的审计证据。

(4) 环境证据。环境证据是指对审计事项产生影响的各种环境事实。如当审计人员获知被审计单位有着良好的内部控制系统，并且日常经营管理又一贯严格遵守各项规定时，就可认为被审计单位现行的内部控制系统为财务报表项目的合法性、公允性提供了强有力的环境证据。环境证据一般不属于主要的审计证据，但它有助于审计人员了解被审计单位、被审计事项所处的环境，是进行判断所必须掌握的资料。

2) 按审计证据的相关程度分类

按审计证据的相关程度分类，可以分为直接证据和间接证据。

(1) 直接证据。直接证据是指对审计事项具有直接证明力，能单独、直接地证明审计事项真相的资料和事实。如在审计人员亲自监督实物和现金盘点情况下的盘点实物和现金的记录，就是证明实物和现金实存数的直接证据。审计人员有了直接证据，无须再收集其他证据，就能根据直接证据得出审计事项的结论。

(2) 间接证据。间接证据又称旁证，是指对审计事项只起间接证明作用，需要与其他证据结合起来，经过分析、判断、核实才能证明审计事项真相的资料和事实。如应证事项是销售收入的公允性，就应收账款而言，虽然应收账款是与销售收入相关的资料，但仅凭应收账款还不能证明销售收入的公允性，还需结合销售合同、产成品出库单和运输单据等证据，所以应收账款是对销售收入公允性证明的间接证据。

在审计工作中，单凭直接证据就能直接影响审计人员的意见和结论的情况并不多见。一般情况下，在直接证据以外，往往需要一系列的间接证据才能对审计事项作出完整的结论。当然，直接和间接是相对的，仍以凭证为例，凭证对于财务报表是间接证据，而对于会计账簿则是直接证据。

3) 按获取审计证据的来源分类

按获取审计证据的来源分类，可以分为自然证据和加工证据。

(1) 自然证据。自然证据是指审计人员在其审计过程中获得的不需要加工的资料和事实。自然证据既可以从被审计单位内部获得，如被审计单位的会计凭证、会计账簿、财务报表和记录等，又可以从被审计单位以外的单位或个人获得，如向外询证的答复资料和购货发票等。

(2) 加工证据。加工证据是指审计人员在审计过程中亲自对书面证据、实物证据等进行分析、整理、归类和制作所形成的较系统和明晰的资料，如应收账款函证回函表、审计差异调整表等。加工证据的可靠性和证明力比较强，也无须再作过多的检查和验证。但是，加工证据也不可避免地存在着人为的不确定性，审计证据的质量主要取决于审计人员的业务水平和判断能力。

审计人员在审计过程中可以得到许多自然证据，但往往不足以使其对一定的审计事项作出判断并提出意见。在这种情况下，审计人员设法形成更多的加工证据，以对审计事项作出判断，避免使审计意见由于缺乏足够的证据而失去公允性。

4）按审计证据的重要性分类

按审计证据的重要性进行分类，可以分为基本证据、辅助证据和矛盾证据。

（1）基本证据。基本证据是指对审计人员形成审计意见、作出审计结论具有直接影响的审计证据。如证明被审计单位财务状况好坏时，被审计单位的财务报表、会计账簿等就是基本证据。审计人员如果离开了基本证据，就无法提出审计意见和作出审计结论。

（2）辅助证据。辅助证据是作为基本证据的一种必要补充，补充说明基本证据的证据。例如，要证明账簿记录的真实性，各种记账凭证是基本证据。而附在记账凭证后面的各种原始凭证，是编制记账凭证的依据，它们补充说明记账凭证来证明账簿的真实性，因而它们是辅助证据。

（3）矛盾证据。矛盾证据是指证明的方向与基本证据相反，或证明的内容与基本证据不一致的证据。如被审计单位财务报表上的“固定资产”是10亿元，而会计账簿上的“固定资产”只有9亿元，那么“固定资产”会计账簿就是财务报表的矛盾证据。遇有矛盾证据，审计人员必须进一步收集审计证据，并加以深入分析和鉴定，以肯定或否定审计证据间的矛盾。

4.1.3 审计证据的收集

审计的主要工作是通过实地测试来收集和整理审计证据，以此作为审计人员对被审计单位财务报表发表审计意见的基础。因此，收集审计证据是审计工作的核心，也是考核审计工作质量的重要环节，关系到审计工作的成败。审计证据与审计目标，获取审计证据的方法之间的关系如图4-1所示。

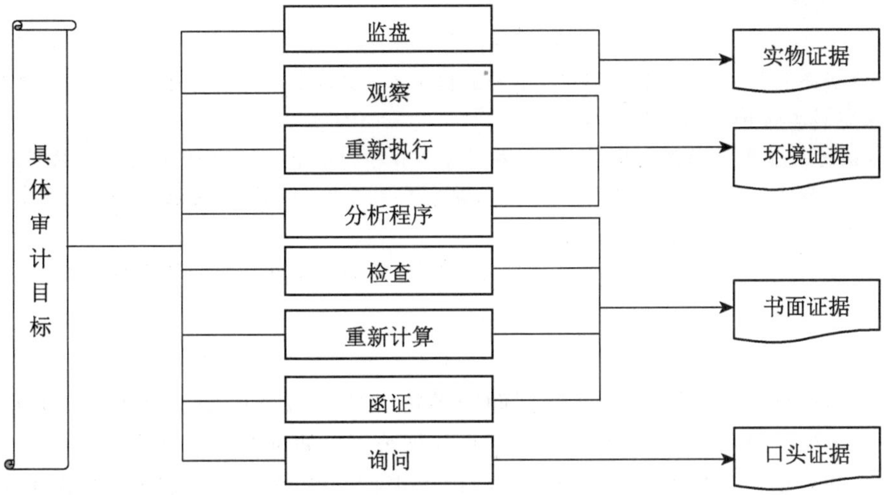

图4-1　审计证据与审计目标、获取审计证据的方法之间的关系

收集审计证据的途径很多，常见的有以下几种。

1）监盘

监盘是指审计人员通过实地监督盘点取得审计证据。如审计人员对库存现金、材料、固定资产等实物的监盘，确定其实有额，证明账实相符的情况。这是取得实物证据最有效的途径。

监盘是收集审计证据的重要途径，但也有其局限性，它只能对实物资产是否确实存在提供有力的审计证据，并不能保证被审计单位对该资产拥有所有权，也不能对该资产的价值和完整性提供审计证据。

2）观察

观察是指审计人员亲赴现场，对被审计单位的环境状况和实施状况进行实地观察，从而取得审计证据。常用于对生产经营管理、财产物资保管、内部控制系统的遵守执行、资源的利用、劳动效率和工作纪律等情况的观察。审计人员通过亲眼目睹的事实，可以获得较为可信的审计证据。

3）询问

询问是指审计人员以书面或口头方式，向被审计单位内部或外部的知情人员获取财务信息和非财务信息，并对答复进行评价的过程。口头询问时，审计人员应作书面记录，并要求被询问人员签字作证。

相关思考4-1

ABC事务所审计上市的甲公司2019年度财务报表，委派A注册会计师担任项目合伙人。

(1)［证据可靠性］2019年底，甲公司存在重大未决诉讼，内部法律顾问和外聘律师均认为败诉可能性较低，因此，管理层没有确认预计负债。A注册会计师认为该事项存在重大错报风险，检查了相关文件，并获取了管理层和内部法律顾问的书面声明，据此认可管理层的判断。

(2)［口头回函］因仅实施替代程序无法获取充分、适当的审计证据，A注册会计师就一份重要的询证函通过电话与被询证方确认了函证信息并被告知回函已寄出，于当日出具了审计报告。A注册会计师于次日收到回函，结果满意。

(3)［函证不符事项］A注册会计师收到的一份应收账款回函显示存在2万元差异，甲公司管理层解释系销售返利金额尚未商定所致，因差异较小［背后的错报不一定小］，A注册会计师将询问结果记录于审计工作底稿，未实施其他审计程序。

(4)［可接受差异额］A注册会计师采用实质性分析程序测试甲公司2019年度的借款利息支出，发现已记录金额与预期值之间存在600万元差异，因可接受差异额为500万元，A注册会计师要求管理层更正了100万元的错报。

要求：针对上述资料(1)至(4)，假定不考虑其他条件，分别指出A注册会计师的做法是否恰当。如不恰当，简要说明理由。

4）函证

函证是指审计人员为获取审计证据而向被审计单位以外的第三者发函，要求对方回函确认被审计单位的某一账户金额或某一笔业务是否正确真实的一种取证途径。

采用函证收集审计证据时，审计人员应事先考虑一个详尽的函证提纲，做好充分准备。对于函证，应要求对方将书面答复签章后直接寄给审计人员。

5）检查

检查是指审计人员通过对被审计单位的书面资料和有形资产的审阅和复核，而获得审计证据的途径。在实际工作中,检查包括检查记录或文件和检查有形资产。

检查记录或文件是指审计人员对被审计单位内部或外部生成的,以纸质、电子或其他介质形式存在的记录或文件进行检查。检查记录或文件可提供可靠程度不同的审计证据,审计证据的可靠性取决于记录或文件的来源和性质。

检查有形资产是指审计人员对资产实物进行检查。检查有形资产可为其存在性提供可靠的审计证据,但不一定能够为权利和义务或计价认定提供可靠的审计证据。

6) 重新计算

重新计算是指审计人员对被审计单位的原始凭证及会计记录中的数据进行的验算或另行计算。一般而言,重新计算不仅包括对被审计的会计凭证、会计账簿和财务报表中有关数字的验算,而且包括对会计资料中有关项目的加总或其他运算。

7) 重新执行

重新执行是指审计人员以人工方式或使用计算机辅助审计技术,重新独立执行作为被审计单位内部控制组成部分的控制程序或控制流程。

8) 分析程序

分析程序是指审计人员对财务报表和其他会计资料中的重要比率或金额及其变动趋势进行分析、研究,并对发现的异常项目及异常变动进行调查,以获取审计证据。分析的内容主要包括:将本期与上期或前期的会计数据进行比较;将实际数与计划数或同行业平均数进行比较;对财务报表各重要项目间的关系进行分析,等等。分析程序贯穿于审计人员收集审计证据的整个过程。

审计证据是用来对审计事项作出审计结论的事实和资料。这些事实和资料必须在作出审计结论之前收集齐全。此外,收集审计证据时必须注意审计证据的目的性。

4.2 审计工作底稿

4.2.1 审计工作底稿的含义

审计工作底稿,是指审计人员对制定的审计计划、实施的审计程序、获取的相关审计证据,以及得出的审计结论作出的记录。审计工作底稿是审计人员将在审计工作过程中所采用的方法、步骤和收集的用来证明审计事项真实情况的经济事实和资料,按照一定的格式编制的档案性原始文件。审计工作底稿是审计证据的汇集,可作为审计过程和结果的书面证明,也是形成审计结论的依据。

审计人员从接受审计任务,确立审计对象,到提出审计报告,要经历一个较长的过程。这一过程实际上就是收集审计证据,编制审计工作底稿,进而作出审计结论的过程。审计人员在审计过程中,都需要依照审计准则和法规规定的程序收集审计证据,审计证据的收集过程同时又是审计工作底稿的编制和整理过程。通过审计工作底稿的编制,把业已收集到手的数量众多但不系统、没有重点的各种审计证据资料,完整无缺地、系统地和有重点地加以归类整理,经过审计人员适当的判断和推理,逐项验证审计结果,从而使审计结论建立在充分和适当的审计证据的基础之上。因此,开展审计工作都应该正确地编制审计工作底稿,这是高效率、高质量地完成审计任务的重要条件,也是审计人员业务素质和知识水平的具体体现。

4.2.2　审计工作底稿的作用

编制审计工作底稿，对审计人员执行审计任务，明确审计人员的责任，保证审计报告的质量都具有十分重要的作用。

1）有利于组织协调审计工作

审计人员在执行具体的审计业务时，审计工作小组内部均有明确的分工。如何在分工的基础上协调统一，提高审计工作小组的效率，圆满完成审计任务，关键在于编好审计工作底稿。审计工作小组的人员借助审计工作底稿，如实记录审查过程中出现的问题，可以提醒审计工作小组中其他成员的注意；审计工作小组负责人借助审计工作底稿，可以掌握全组情况，协调小组的工作，使之顺利进行；审计组织的负责人借助审计工作底稿，可以了解各审计工作小组的工作进展情况，有利于全面工作的安排。编制审计工作底稿还有利于工作衔接。在执行审计业务过程中，有的审计人员由于特殊原因不得不中途停止工作，借助审计工作底稿，接替这一工作的审计人员就能较快地熟悉情况，避免因人员变动影响整个审计工作计划的及时完成。

2）有利于审计工作质量控制

审计人员执行审计业务，必须拟订审计计划，并根据审计计划调查和评价内部控制系统，有秩序地办理审计手续并充分地指导和监督助理人员。但是，这一切只有在正确地编制审计工作底稿基础上才能完成。审计业务是否一开始就能按照审计计划执行，对审计人员的意见能否取得必要、充分的证据，助理人员能否得到所指定的负责人的有效指导和监督来正确地执行其承担的业务等有关审计业务的所有问题，在审计工作底稿中都有明确的记载。所以，审计人员可以根据审计工作底稿采取适当的措施控制审计工作质量，审计组织也可以根据审计工作底稿来检查审计工作质量，便于进一步提高审计工作质量。

3）有利于考核审计人员工作业绩

审计工作底稿是审计工作情况的真实写照，通过对审计工作底稿的复核和检查，可以考核审计人员的工作业绩。对审计人员工作的评价，如果没有审计工作底稿，仅凭日常观察，甚至只凭印象，难免以偏概全，以致影响审计人员的积极性。编制审计工作底稿，审计组织的负责人就能据以对审计人员的工作业绩作出比较客观的评价。例如，考核审计人员的技术水平，审计组织负责人根据审计工作底稿，查阅其所使用的审计方法与采取的步骤、所发现的问题以及对问题的看法与建议等方面的记录，才有可能对他的工作和能力作出比较客观的评价。如果审计人员在工作底稿中记载的问题不实，在追究责任时，也有一个客观依据。所有这些，审计工作底稿均有利于对审计人员工作业绩的考核，促使审计人员提高审计工作质量。

4）便于编制、佐证和解释审计报告

审计人员提供的审计报告中所记载的任何事项都必须有审计工作底稿上所包含的资料予以支持。审计工作底稿既是将审计人员的工作过程和审计报告联系起来的纽带，又是被审计单位的会计记录和审计报告之间的桥梁。审计报告记载着审计人员对被审计单位的财务报表及其反映的财务状况所作的审计结论和审计意见，不管是审计结论还是审计意见，都必须以充分和适当的审计证据作为根据，而这些审计证据均必须由审计工作底稿来提供。另外，由于审计报告的综合性和概括性的特征，决定了在审计报告中所揭示问题的陈述意见不可能非常详细具体，这就有必要借助审计工作底稿加以补充说明。审计工作底稿不仅可以佐证和解释审计报告所记载的事项，而且有利于审计人员编制审计报告。审计报告中所需的资料全部来自审计工作底稿，如果没有审计工作底稿，就很难编制出审计报告。

5）便于制定以后各期的审计计划

审计工作底稿能提供永久性的历史记录以及采用过的审计程序和方法。在审计工作底稿中，既记录着审计人员所采用的具体方法与步骤，也收集了被审计单位的一些重要资料，如股权结构、职工编制、内部控制系统状况等。这些信息不仅对于同一性质的审计事项具有参考价值，而且可对该具体审计事项进行再次审计时提供指南，便于掌握审计重点，提高审计工作效率。通常，被审计单位对审计组织审计业务的委托具有一定的连续性。因此，对某一被审计单位某一年度财务报表的审计所形成的审计工作底稿，能够为以后各期审计提供丰富的、具有重要参考价值的资料，作为制定以后各期审计计划的参考。

4.2.3 审计工作底稿的内容和格式

1）审计工作底稿的内容

审计工作底稿可以以纸质、电子或其他介质形式存在。审计工作底稿通常包括总体审计策略、具体审计计划、分析表、问题备忘录、重大事项概要、询证函回函、管理层声明书、核对表、有关重大事项的往来信件（包括电子邮件），以及对被审计单位文件记录的摘要或复印件等。审计工作底稿通常不包括已被取代的审计工作底稿的草稿或财务报表的草稿、对不全面或初步思考的记录、存在印刷错误或其他错误而作废的文本，以及重复的文件记录等。

审计工作底稿包括审计人员记录、编制和收集的与审计事项相关的资料和文件等。对于具体的审计事项，由于性质、目的、要求以及采取的方法不同，与之相应的审计工作底稿也不尽相同。具体每一审计工作底稿的内容与审计工作底稿的不同种类有着密切关系。审计工作底稿按其内容的稳定性和使用期限划分，可以分为当期档案和永久性档案。

审计工作底稿的基本内容经常变动，只供当期审计使用和下期审计参考的资料，列入当期档案。审计工作底稿的当期档案包括：组织管理、试算编报、金额验证、内部管理制度考核和综合分析等。

审计工作底稿的内容较少变动，具有长期使用价值，对以后审计具有重要参考价值的审计工作底稿应列入永久性档案。审计工作底稿的永久性档案应当包括：被审计单位基本情况、章程、重要合同与协议副本、有关的内部控制系统副本等。

此外，审计工作底稿按其类型划分，可以分为工作事项表、内部控制测试表、试算工作底稿、调整底稿、分析、计算表和备忘录等。这些审计工作底稿所包含的内容，都各有侧重，很难相同。

2）审计工作底稿的格式

通常，审计工作底稿应包括下列全部或部分要素：

（1）被审计单位名称。

（2）审计项目名称。

（3）审计项目时点或期间。

（4）审计过程记录。

(5) 审计标识及其说明。

(6) 审计结论。

(7) 索引号及页次。

(8) 编制者姓名及编制日期。

(9) 复核者姓名及复核日期。

(10) 其他应说明事项。

审计工作底稿的格式和繁简程度是审计工作详简程度的具体表现,合理确定其格式和繁简程度是保证审计工作质量不可忽视的方面。在确定审计工作底稿格式以及内容的繁简程度时,应根据实际工作需要,针对不同情况,采用多种格式。下面就各种主要审计工作底稿的常见格式介绍如下:

(1) 工作事项表。工作事项表是以笔记方式记载审计过程中所发现的问题及疑点、线索、尚未查证事项的评语等。这些都必须在审计工作完成前予以澄清,并将处理经过或参考其他审计工作底稿的详情,在工作事项表中作充分说明。

(2) 内部控制测试表。内部控制测试表是主要就被审计单位内部控制的实施情况逐一列出,通过"是"或"否"的回答来评价被审计单位内部控制的完善程度和有效程度。测试题的设计往往是分门别类的,如以现金支出为标题设计一张测试表,这张表包括该项制度的控制目标、控制范围、由谁来控制、怎样控制以及这项控制制度在整个制度中的重要程度等。

(3) 试算表工作底稿。试算表工作底稿是一张列有各分类账科目的金额、应调整的科目、调整的金额等的表格。其格式详见表 4-1。

表 4-1　　审计工作底稿—试算平衡表

项目	索引	××公司	未审数	汇总抵销调整		审定数
				借方金额	贷方金额	

(4) 调整工作底稿。审计人员在审计过程中发现的被审计单位的重大会计处理错误都必须加以调整。会计分录编错应调整,成本计算不正确应调整。这类调整有的可以在试算表工作底稿中得到反映,有的则不能。所以,审计人员除了编制试算表工作底稿外,还需编制调整工作底稿,这既是审计证据,又是被审计单位据以改正的依据。其格式常采用一般分类账登记方式,需调整的事项,逐笔记录并加以说明。

(5) 分析表、计算表。分析表和计算表是重要的审计工作底稿,涉及的内容主要是对异常事项的分析及重要数据的复算。例如,对账户的分析使审计人员确定账户的性质及内容是否正常,诸如债权类账户出现贷差、债务类账户出现借差等,审计人员对此类情况应详细分析发生差错的原因,并作出判断和评价。

(6) 盘点表。盘点表主要用于对财产物资的清查盘点,检查其账存数和实存数是否一致,并说明原因和理由。常用的核对盘点表有现金盘点表、材料盘点表和固定资产盘点表等。其格式详见表 4-2。

表 4-2　　　　审计工作底稿—现金盘点表

被审计单位：　　　　索引号：　4100-2　页次：
项目：现金盘点表　　　　编制人：　　　日期：
财务报表截止日/期间：　　　　复核人：　　　日期：

库存现金盘点记录							核对账目				
面额(元)	人民币		美元		×外币		项目		人民币	美元	×外币
	张	金额	张	金额	张	金额					
1 000							盘点日账面库存余额	(1)			
500							加：盘点日未记账传票收入金额	(2)			
100							减：盘点日未记账传票支出金额	(3)			
50							盘点日账面应有余额	(4)=(1)+(2)-(3)			
20							盘点日实有库存现金数额	(5)			
10							盘点日应有与实有差异	(6)=(4)-(5)			
5							差异原因分析	白条抵库(张)			
2											
1							现金盘点日调整后余额	(7)			
0.5							报表日至审计日库存现金付出总额	(8)			
0.2							报表日至审计日库存现金收入总额	(9)			
0.1							报表日库存现金应有余额	(10)=(7)+(8)-(9)			
0.05							报表日账面汇率	(11)			
0.02							报表日余额折合本位币金额	(12)=(11)*(10)			
0.01							报表日账面余额	(13)			
合计							3. 差异	(14)=(13)-(12)			

出纳：　会计主管人员：　监盘人：　　　　检查日期：
审计说明：

审计结论：

(7) 备忘录。审计过程中常遇到一些不能立即确定问题的性质或不能立即查明真相的情况，此时必须将问题先摘录下来，待以后查证，以便在审计工作结束前加以处理。

4.2.4　审计工作底稿的编制

在中国，编制审计工作底稿的文字应当使用中文。少数民族自治地区可以同时使用少数民族文字。中国境内的中外合作会计师事务所、国际会计师事务所的成员所和联系所可以同时使用某种外国文字。会计师事务所执行涉外业务时可以同时使用某种外国文字。

1）审计工作底稿编制的原则

根据审计业务编制符合需要的审计工作底稿，这是审计人员执行审计业务的一项重要内容。为了保证审计人员编制的工作底稿符合审计业务要求，在编制审计工作底稿时应遵循如下原则：

（1）完整性原则。审计人员对已经收集的被审计单位概况资料、经济业务情况、内部控制系统及会计记录等，连同自己制定的审计计划、审计程序、审计日程表以及所采用的审计步骤、审计方法，都必须逐项编入审计工作底稿。每份审计工作底稿的内容也必须完整，如适当的标题、编制的日期、资料的来源及资料的性质等基本要素都不得遗漏。

（2）重要性原则。完整性原则规定的目的在于保证审计资料的完整无缺。然而，并非所有资料对于审计报告都具有重要的意义。因此，必须根据审计资料的性质去芜存菁，并在审计工作底稿中明确注明资料的性质及其与审计报告之间的关系，使一些重要事实在审计工作底稿中处于突出的地位，便于编制审计报告和提出审计意见时加以运用。审计人员在编制审计工作底稿时，应首先注重所有的重要资料，对于可以用来证实会计记录的合法性、公允性，支持审计报告所载事项的各项资料也都必须列入审计工作底稿，而对不重要的以及与审计事项没有必然联系的各种资料则可舍弃。

（3）真实性与相关性原则。审计工作底稿是支持审计结论和审计意见的支柱。因此，审计工作底稿的真实性与相关性直接影响审计结论的可信性和审计工作的成败。为此，审计人员在编制审计工作底稿时，必须将已确认为真实、客观的审计工作底稿，根据与审计结论和意见相关联的原则，作为支持审计结论和发表审计意见的主要依据。

（4）明确责任原则。审计工作底稿必须由审计人员、制表人签名盖章，并由审计项目负责人审批核实，以明确各自的责任。审计工作底稿是审计组织的内部工作资料，审计人员负有不向被审计单位和外单位泄露的责任。

2）审计工作底稿编制的要求

一份较完整的审计工作底稿应该内容清楚、标题完整、一切资料来源均有说明；所列事项都应经过复核，而且有条理、有顺序、注意细节；重要事项和非重要事项有明确的区分。为提高审计工作底稿的质量，审计人员在编制审计工作底稿时，应注意以下问题：

（1）每一具体审计事项均应单独编制一份审计工作底稿，并在表头标明被审计单位的全称。

（2）所有审计过程中取得的审计证据，面谈询问过的人员，观察过的场所等，均应一一明确列示。编制人和复核者均应在审计工作底稿上签字，并注明日期。

（3）应编制一份工作备忘录，列明尚待解决的问题。因为在审计过程中，很可能会在追踪某一问题时发现其他问题，为使正在追踪的问题不被中断又不遗忘新发现的问题，审计人员有必要填制一份工作备忘录，将新发现的问题先记录下来，再统筹安排适时进行查处，使每个问题均无遗漏。

（4）为了便于查阅，审计工作底稿应编制索引。编制索引的方法因不同的会计师事务所而异，并无定式。在实务中，注册会计师可以按照所记录的审计工作的内容层次进行编号。例如，固定资产汇总表的编号为C1，按类别列示的固定资产明细表的编号为C1-1，房屋建筑物的编号为C1-1-1，机器设备的编号为C1-1-2，运输工具的编号为C1-1-3，其他设备的编号为C1-1-4。相互引用时，需要在审计工作底稿中交叉注明索引号。各类审计工作底稿索引号如表4-3所示。

表4-3　各类审计工作底稿索引号

索引号	底稿类别	索引号	底稿类别
A	综合类审计审计工作底稿	E	权益类审计审计工作底稿
B	管理类审计审计工作底稿	F	损益类审计审计工作底稿
C	资产类审计审计工作底稿	J	重要事项类审计审计工作底稿
D	负债类审计审计工作底稿	H	备查类审计审计工作底稿

(5) 审计人员在编制审计工作底稿时,对其中的问题要中肯地表述自己的意见。

(6) 审计人员在提出审计报告后,审计工作底稿应归入审计档案,并妥善保管。

4.2.5 审计工作底稿的复核与保管

审计工作底稿由执行审计工作的人员填制后,负责人员必须进行复核。虽然审计工作底稿是审计报告的依据,审计人员可据此作为为审计结论和意见辩护的根据。但是,审计工作底稿如有错误,会导致审计结论和意见不正确、不合理。所以,审计工作小组对于审计工作底稿务必十分重视,进行层层复核,通过对审计工作底稿的复核,考核具体审计工作的质量。

会计师事务所对审计工作底稿的复核,可以分为会计师事务所的主任会计师或主管合伙人、项目负责人和注册会计师三个层次的复核。注册会计师对审计工作底稿的复核属于技术性的复核,通常在每一份审计工作底稿完成后进行。复核的内容包括核实每一重要程序、步骤、数字,了解助理人员是否按规定的程序、步骤进行审计,审计的方法是否正确,作出的判断是否正确,结论表达是否清楚等。项目负责人的复核一般在审计业务接近尾声时实施。复核的内容不仅包括对各个审计人员编制的审计工作底稿进行综合分析,还要对审计人员在审计中是否遵守了国家有关规定进行检查。会计师事务所的主任会计师或主管合伙人应对审计工作底稿进行最终复核。复核的内容主要是检查审计人员是否遵循了会计师事务所的内部管理制度,审计过程中是否存在重大遗漏,审计证据与审计结论是否存在不一致等。

审计工作底稿收集有被审计单位一些尚不宜公之于众的信息和机密,这就要求审计组织和审计人员必须妥善保管审计工作底稿,防止泄密。注册会计师应当按照会计师事务所质量控制政策和程序的规定,及时将审计工作底稿归整为审计档案。审计工作底稿的归档期限为审计报告日后60天内。如果注册会计师未能完成审计业务,审计工作底稿的归档期限为审计业务中止后的60天内。

案例讨论4-1

A注册会计师负责对甲公司2019年度财务报表进行审计。与审计工作底稿相关的部分事项如下:

(1) [工作底稿的记录要求]A注册会计师对甲公司某张大额采购发票的真实性产生怀疑,通过税务机关的发票查询系统进行了验证,因未发现异常,未在审计工作底稿中记录查询过程。

(2) [记录职业判断的理由]A注册会计师拟利用甲公司2018年度审计中获取的有关存货和成本循环的控制运行有效性的审计证据,将信赖这些控制的理由和结论记录于审计工作底稿。

(3)[事务性变动]审计报告日后,A注册会计师对在审计报告日前收到的应付账款询证函回函中存在的差异进行调查[应当在报告日前调查。不调查意味着审计工作未完成,不能确定报告日],确认其金额和性质均不重大[这是报告日后形成的新的审计结论],并记录于审计工作底稿。

(4)[事务性变动]A注册会计师在出具甲公司2019年度审计报告日次日收到一份应收账款询证函回函,确认金额无误后将其归入审计工作底稿,未删除记录替代程序的原审计工作底稿。

(5)[工作底稿归档期限]审计报告日期为2020年4月18日。A注册会计师于2020年4月20日将审计报告提交给甲公司管理层,并于2020年6月19日完成审计工作底稿的归档工作。

(6)[保存期限]在完成审计档案归整工作后,A注册会计师收到一份应收账款询证函回函,其结果显示无差异。A注册会计师将其归入审计档案,并删除了在审计过程中实施的相关替代程序的审计工作底稿。

要求:分别针对上述(1)至(6)项,逐项指出A注册会计师的做法是否恰当。如不恰当,简要说明理由。

在审计报告日后将审计工作底稿归整为审计档案是一项事务性的工作,不涉及实施新的审计程序或得出新的结论。会计师事务所应当自审计报告日起,对审计工作底稿至少保存10年。如果注册会计师未能完成审计业务,会计师事务所应当自审计业务中止日起,对审计工作底稿至少保存10年。

审计工作底稿的所有权属于接受委托或委派进行审计的会计师事务所。对于保管期限届满的审计档案,审计组织可以决定将其销毁。销毁时,应履行必要的手续。

重要概念

审计证据　函证　分析性程序　审计工作底稿

本章练习

简答题

1. 简述审计证据的含义及特征。
2. 审计证据应如何进行分类?
3. 如何判断审计证据的可靠性?
4. 审计证据的获取方法有哪几种?
5. 简述审计工作底稿的作用及要素。
6. 为什么要进行审计工作底稿复核?
7. 审计档案的所有权归谁?何种情况下其他人可以调阅审计档案?

选择题

1.(　　)是审计证据适当性的核心内容。

A. 相关性和可靠性　　B. 审计证据的数量

C. 审计证据的质量　　D. 审计证据的来源

2. 将销售发运单和发票、顾客对账单以及顾客的汇款通知单等会计记录作为审计证据时,其(　　)都会影响注册会计师对这些原始凭证的信赖程度。

A. 来源和被审计单位内部控制有效性　　B. 充分性

C. 相关性　　D. 适当性

3. 评估的认定层次重大错报风险与从实质性程序中获取的审计证据的充分性、相关性和可靠性的关系是(　　)。

A. 正向关系　　B. 反向关系

C. 没有关系　　D. 比例关系

4. 下列关于对审计证据可靠性的比较中不恰当的是(　　)。

A. 已结转存货明细表比询问企业仓库管理员关于已销售存货的口头表述可靠

B. 银行对账单比银行询证函回函可靠

C. 应收账款询证函原件比从传真件获取的可靠

D. 口头证据在得到不同人和不同信息的证实后其可靠性大大提高

5. 为证实W公司所记录的资产是否均由W公司拥有或控制,记录的负债是否均为W公司应当履行的偿还义务,注册会计师采用下列(　　)程序能够获取充分、适当的审计证据。

A. 检查有形资产　　B. 检查文件或记录

C. 重新执行　　D. 询问

6. 下列关于注册会计师评价审计证据的充分性和适当性的说法中,不正确的是(　　)。

A. 审计工作通常不涉及鉴定文件记录的真伪,注册会计师也不是鉴定文件记录真伪的专家,但应当考虑用作审计证据的信息的可靠性,并考虑与这些信息生成与维护相关的控制的有效性

B. 如果在实施审计程序时使用被审计单位生成的信息,注册会计师应当就这些信息的准确性和完整性获取审计证据

C. 如果从不同来源获取的审计证据或获取的不同性质的审计证据不一致,表明某项审计证据不可靠,注册会计师应当追加必要的审计程序

D. 注册会计师可以考虑获取审计证据的成本与所获取信息的有用性之间的关系,因此可以减少某些不可替代的审计程序

7. 注册会计师执行财务报表审计业务获取的下列审计证据中,可靠性最弱的是(　　)。

A. 购货发票　　B. 销货发票

C. 采购订货单副本　　D. 应收账款函证回函

8. 下列各项中,属于会计师事务所泄露被审计单位商业秘密的是(　　)。

A. 未经客户同意,允许法院查阅有关审计工作底稿

B. 未经客户同意,允许政府审计部门派出的检查组查阅审计工作底稿

C. 未经客户同意,允许注册会计师协会执业检查组查阅审计工作底稿

D. 未经客户同意,允许审计其母公司的注册会计师调阅审计工作底稿

9. 工作底稿均应做到格式规范、内容完整、范围适当,以便使(　　)的注册会计师通过工作底稿清楚了解实施的审计程序、获取的审计证据和形成的审计结论。

A. 未学过审计准则和相关要求

B. 不了解通达公司所处的具体经营环境

C. 未曾接触过通达公司审计工作

D. 不了解通达公司所属行业的会计问题

10. 如果不存在未能完成审计业务的情况,则审计工作底稿的归档期限应为审计报告日后的(　　)天内。

A. 30　　B. 60　　C. 90　　D. 180

案例分析题

1. 注册会计师在对某客户审计的过程中,收集到下列4组审计证据:

(1) 销货发票副本与购货发票。

(2) 审计助理人员监盘存货的记录与客户自编的存货盘点表。

(3) 审计人员收回的应收账款回函与询问客户应收账款负责人的记录。

(4) 银行存款余额调节表与银行询证函的回函。

要求：请分别说明上述每组审计证据中的哪项审计证据更为可靠？为什么？

2. 河北省华安会计师事务所(以下简称华安所)负责华夏建通科技开发股份有限公司(以下简称华夏建通)2003年至2006年年度报告的审计工作，均出具了无保留意见的审计报告。但经中国证监会查明，华夏建通在2003年至2005年年度报告中，存在虚假记载、重大遗漏等违反证券法律法规的行为。

在中国证监会调查中，因光华所无法查找并提供华安所对华夏建通北京分公司2004年度、2005年度短期投资科目及预付账款科目的审计工作底稿、对世信科技发展有限公司2005年度其他应收款科目及预付账款科目的审计工作底稿，导致中国证监会调查人员无法了解注册会计师相关年度相关科目的审计工作过程，也无法判断注册会计师尽职情况。光华所对华安所审计华夏建通2004年年度报告和2005年年度报告的业务工作底稿的保存和借阅管理工作存在疏漏，因此，中国证监会决定：对光华所给予警告，并处以10万元罚款。

注：光华所的全称为"中兴财光华会计及事务所有限责任公司"，系由多家会计师事务所在2008年12月重组而成，华安所是其中之一，华安所的审计工作底稿由光华所负责保管。

请回答：

(1) 审计工作底稿的保管期限是多少年？相关保管规定有哪些？

(2) 本案例揭示了审计工作底稿有何作用？注册会计师应当如何编制工作底稿？

第 5 章　风险评估

内容提要

本章主要讲解风险评估的总体要求和风险评估程序;注册会计师对被审计单位及其环境应该进行的了解和了解的内容;内部控制五要素以及内部控制的局限性;对内部控制的了解和评价,包括从整体层面了解和从业务流程层面了解;评估重大错报风险的步骤和对风险评估的修正。

重点难点

本章重点为风险评估程序、对被审计单位及其环境了解的内容、内部控制五要素、评估重大错报风险;难点为对被审计单位及其环境的了解、对内部控制的了解和评价、对重大错报风险的评估。

学习目标

通过本章学习,学生应掌握风险评估程序、注册会计师对被审计单位及其环境应予了解的主要内容、内部控制的含义及其构成要素和局限性,掌握了解内部控制通常采取的重要步骤以及在评估重大错报风险时,注册会计师应当实施的审计程序;了解风险评估的总体要求。

知识框架

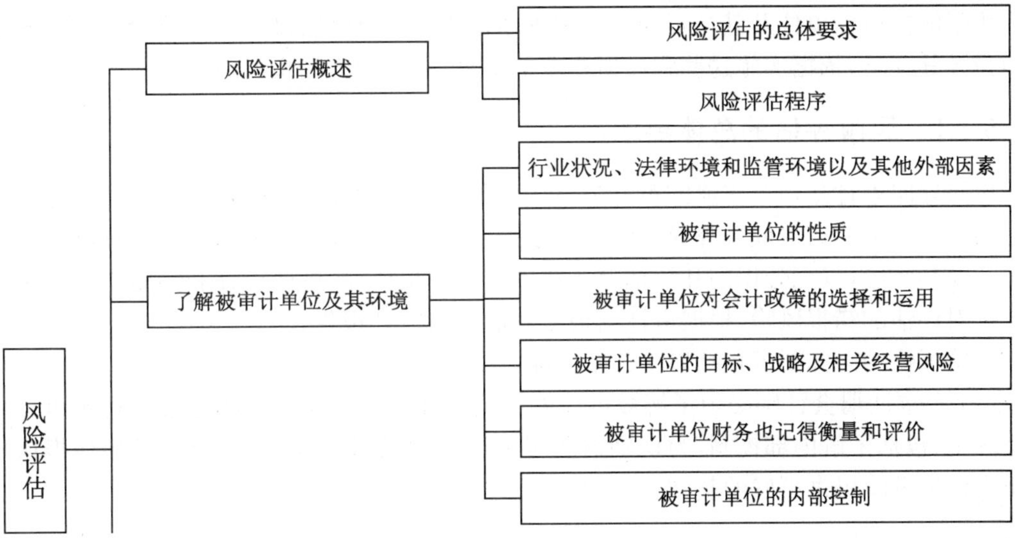

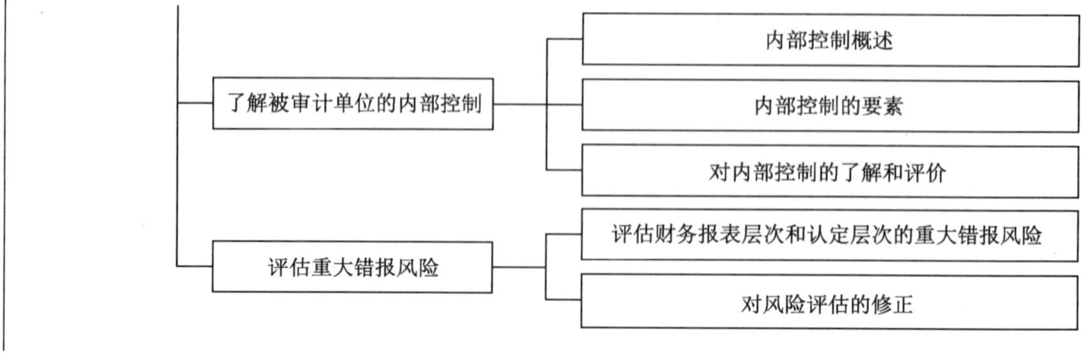

引入案例

银广夏陷阱

广夏(银川)实业股份有限公司(简称ST银广夏)1994年6月上市,曾因骄人的业绩和诱人的前景被称为“中国第一蓝筹股”。2001年8月,《财经》杂志发表《银广夏陷阱》一文,曝光了其虚构财务报表事件。专家意见认为,天津银广夏出口德国诚信贸易公司的为“不可能的产量,不可能的价格,不可能的产品”。天津银广夏以其萃取设备的产能,即使通宵达旦运作,也生产不出所宣称的数量;天津银广夏萃取产品出口价格高到近乎荒谬;对德出口合同中的某些产品,根本不可能用二氧化碳超临界萃取设备提取。

银广夏审计失败的原因很多,其中一个重要的原因是注册会计师对银广夏公司的经营性质、经营状况、公司的治理和管理现状了解不够,没有评估和控制审计风险。例如,对于银广夏2000年度主营业务收入大幅增长的同时生产用电的电费反而降低的情况没有发现和报告等。

如果中天勤会计师事务所及注册会计师能以风险导向理论为指导,通过对银广夏经营环境、生产能力和经营状况进行了解和评估,就可以发现银广夏的虚假业务和虚构事项。

如何进行风险评估?风险评估需要了解哪些信息?带着问题,我们开始这一章的学习。

参考来源:http://wenku.baidu.com/view/f347beeaeaadlf346933f91.html

5.1 风险评估概述

为了解被审计单位及其环境而实施的程序称为“风险评估程序”。注册会计师了解被审计单位及其环境,依据实施这些程序所获取的信息,评估重大错报风险。

5.1.1 风险评估的总体要求

风险导向审计是当今主流的审计方法。注册会计师实施风险导向审计,其目标是对财务报表不存在由于错误或舞弊导致的重大错报获取合理保证。它要求注册会计师了解被审计单位及其环境,以充分识别和评估财务报表重大错报风险,进而设计和实施进一步审计程序以应对评估的错报风险,根据审计结果出具恰当的审计报告。

风险评估的总体要求包括以下几个方面:

(1) 要求注册会计师必须了解被审计单位及其环境。注册会计师通过了解被审计单位及其环境,包括了解内部控制,为识别财务报表层次以及各类交易、账户余额和列报认定层次重大错报风险提供更好的基础。

（2）要求注册会计师在审计的所有阶段都要实施风险评估程序。注册会计师应当将识别的风险与认定层次可能发生错报的领域相联系，实施更为严格的风险评估程序，不得未经风险评估直接将风险设定为高水平。

（3）要求注册会计师将识别和评估的风险与实施的审计程序挂钩。在设计和实施进一步审计程序（控制测试和实质性程序）时，注册会计师应当将审计程序的性质、时间和范围与识别、评估的风险相联系，以防止机械地利用程序表从形式上迎合审计准则对程序的要求。

（4）要求注册会计师针对重大的各类交易，账户余额和列报实施实质性程序。注册会计师对重大错报风险的评估是一种判断，被审计单位内部控制存在固有限制，无论评估的重大错报风险结果如何，注册会计师都应当针对重大的各类交易、账户余额和列报实施实质性程序，不得将实质性程序只集中在例外事项上。

（5）要求注册会计师将识别、评估和应对风险的关键程序形成审计工作记录，以保证执业质量，明确执业责任。

了解被审计单位及其环境是一个连续和动态地收集、更新与分析信息的过程，贯穿于整个审计过程的始终。注册会计师应当运用职业判断确定需要了解被审计单位及其环境的程度。

评价对被审计单位及其环境了解的程度是否恰当，关键是看注册会计师对被审计单位及其环境的了解是否足以识别和评估财务报表的重大错报风险。如果了解被审计单位及其环境获得的信息足以识别和评估财务报表的重大错报风险，设计和实施进一步审计程序，那么，了解的程度就是恰当的。

5.1.2 风险评估程序

风险评估程序，是指注册会计师为了解被审计单位及其环境（包括内部控制），以识别和评估财务报表层次和认定层次的重大错报风险（无论该风险由于舞弊或错误导致）而实施的审计程序。

注册会计师应当实施下列风险评估程序，以了解被审计单位及其环境：①询问被审计单位管理层和内部其他相关人员；②分析程序；③观察和检查。注册会计师在审计过程中应当实施上述审计程序，但是在了解被审计单位及其环境的每一方面时无须实施上述所有程序。

1）询问被审计单位管理层和内部其他相关人员

询问被审计单位管理层和内部其他相关人员是注册会计师了解被审计单位及其环境的一个重要信息来源。注册会计师可以考虑向管理层和财务负责人询问下列事项：

（1）管理层所关注的主要问题。如新的竞争对手、主要客户和供应商的流失、新的税收法规的实施以及经营目标或战略的变化等。

（2）被审计单位最近的财务状况、经营成果和现金流量。

（3）可能影响财务报告的交易和事项，或者目前发生的重大会计处理问题，如重大的购并事宜等。

（4）被审计单位发生的其他重要变化。如所有权结构、组织结构的变化，以及内部控制的变化等。

注册会计师除了询问管理层和对财务报告负有责任的人员外，还应当考虑询问内部审计人员、采购人员、生产人员、销售人员等其他相关人员，并考虑询问不同级别的员工，以获取对识别重大错报风险有用的信息。在确定向被审计单位的哪些人员进行询问以及询问哪些问题时，注册会计师应当考虑何种信息有助于其识别和评估重大错报风险。询问对象和询问内容示例如表 5-1 所示。

表 5-1　　询问对象和询问内容示例

类别	询问对象	询问内容
1	管理层和财务负责人	① 管理层所关注的主要问题。如新的竞争对手、主要客户和供应商的流失、新的税收法规的实施以及经营目标或战略的变化等 ② 被审计单位最近的财务状况、经营成果和现金流量 ③ 可能影响财务报告的交易和事项，或者目前发生的重大会计处理问题。如重大的购并事宜等 ④ 被审计单位发生的其他重要变化。如所有权结构、组织结构的变化，以及内部控制的变化等
2	治理层	了解编制财务报表的环境
3	内部审计人员	了解本年度针对被审计单位内部控制设计和运行有效性而实施的内部审计程序，以及管理层是否根据实施这些程序的结果采取了适当的应对措施
4	参与生成、处理或记录复杂或异常交易的员工	评价被审计单位选择和运用某项会计政策的恰当性
5	内部法律顾问	了解有关信息，如诉讼、遵守法律、法规的情况，影响被审计单位的舞弊或舞弊嫌疑，产品保证，售后责任，与业务合作伙伴的安排（如合营企业）和合同条款的含义等
6	营销或销售人员	了解被审计单位营销策略的变化、销售趋势或与客户的合同安排

2）实施分析程序

分析程序既可用作风险评估程序和实质性程序，也可用于对财务报表的总体复核。注册会计师实施分析程序有助于识别异常的交易或事项，以及对财务报表审计产生影响的金额、比率和趋势。在实施分析程序时，注册会计师应当预期可能存在的合理关系，并与被审计单位记录的金额、依据记录金额计算的比率或趋势相比较；如果发现异常或未预期到的关系，注册会计师应当在识别重大错报风险时考虑这些比较结果。

如果使用了高度汇总的数据，实施分析程序的结果仅可能初步显示财务报表存在重大错报风险，注册会计师应当将分析结果连同识别重大错报风险时获取的其他信息一并考虑。

3）观察和检查程序

观察和检查程序可以印证对管理层和其他相关人员询问的结果，并可提供有关被审计单位及其环境的信息，注册会计师应当实施下列观察和检查程序：

（1）观察被审计单位的生产经营活动。例如，观察被审计单位人员正在从事的生产活动和内部控制活动，增加注册会计师对被审计单位人员如何进行生产经营活动及实施内部控制的了解。

（2）检查文件、记录和内部控制手册。例如，检查被审计单位的章程，与其他单位签订的合同、协议，各业务流程操作指引和内部控制手册等；了解被审计单位组织结构和内部控制制度的建立健全情况。

（3）阅读由管理层和治理层编制的报告。例如，阅读被审计单位股东大会、董事会会议、高级管理层会议的会议记录或纪要等；了解自上一期审计结束至本期审计期间被审计单位发生的重大事项。

（4）实地察看被审计单位的生产经营场所和设备。通过现场访问和实地察看被审计单位的生产经营场所和设备，可以帮助注册会计师了解被审计单位的性质及其经营活动。同时，注册会计师有机会与被审计单位管理层和担任不同职责的员工进行交流，可以增强注册会计师对被审计单位的经营活动及其重大影响因素的了解。

（5）追踪交易在财务报告信息系统中的处理过程（穿行测试）。通过追踪某笔或某几笔交易在业务流程中如何生成、记录、处理和报告，以及相关控制如何执行，注册会计师可以确定被审计单位的交易流程和相关控制是否与之前通过其他程序所获得的了解一致，并确定相关控制是否得到执行。

除了采用上述程序从被审计单位内部获取信息以外，如果根据职业判断认为从被审计单位外部获取的信息有助于识别重大错报风险，注册会计师应当实施其他审计程序以获取这些信息。例如，询问被审计单位聘请的外部法律顾问等。

阅读外部信息也可能有助于注册会计师了解被审计单位及其环境。外部信息包括证券分析师、银行、评级机构出具的有关被审计单位及其所处行业的经济或市场环境等状况的报告，贸易与经济方面的报刊，法规或金融出版物，以及政府部门或民间组织发布的行业报告和统计数据等。

知识拓展5-1

穿行测试实务案例

一、企业基本情况简介

某企业是一家以生产出口手工艺品为主的校办企业，拥有2个子公司，在职职工300余人，社会加工人员6 000余人，资产总额近1亿元，全年生产加工出口收入4亿元。该企业委托注册会计师对其年度会计报表进行审计。

二、审计过程

接受委托前，审计人员对该企业的资金循环过程进行了了解。该企业产品98%以上出口，其生产经营过程为：销售部门承接国外订单，由设计部门设计好样品，并进行试生产，同时核定好各委托加工环节的加工费标准，按出口订单数量由生产部门下达生产通知单，由供应部门组织原材料的采购供应；生产部门按设计产品式样，组织向个体加工户发出生产加工通知单，发出待加工原材料，初步加工完成后，由生产部门组织验货入库，进一步整理加工包装；销售部门组织出口，完成订单，一个销售和生产循环完成。

资金循环过程如下：合同订单——设计产品试样，试生产——组织原材料采购——生产通知单——委托个体户加工——收（验）货单——整理入库——现金付款（加工费）——自行整理加工——组织出口——完成订单

审计人员在执行分析性复核程序时发现，该企业产品成本中的委托加工费用约占成本的40%，且加工费的支出均为现金支出，收款人为个人。在对内部控制制度作进一步调查时发现，尽管现金支出在其成本支出构成中占有较大比重，但与现金支出有关的内部控制却较为薄弱。一是如此大量的现金支出，其凭证上无相关领导及经办人的批准手续，在自制的付款单据上仅有收款人签名；二是付款依据为企业自制委托加工收发货记录，付款金额按照收回加工产品的加工量计算得出，但其相应的存货明细账上出入库记录不完善，无数量，仅作总账核算，对发生额的真实性无法认定。

针对以上问题，审计人员计划采取穿行测试程序。由于该企业是以订单出口为主的企业，按照上面所

示的生产经营流程，首先按照财务记录随机抽取几笔大额加工费付款单据，据此追查相应的出口订单，按照出口订单核对生产通知单上的数量，检查两者是否相符，进而追查委托加工清单，对其加工数量汇总核对，检查是否与生产通知单相符。

产品委托个体加工户加工完毕后，由生产部门组织验收，并制成委托加工半成品盘点验收清单，同时按验收入库的数量，按照设计部门核定的加工费标准计算加工费，该验收清单一式三联，由仓库验收部门存一联作为入库凭证，个体加工户存一联作为结算凭证，财务部门一联作为支付凭证。在核对验收单时，审计人员发现部分批次的验收单加工数量远远大于合同订单订货数量，引起了审计人员的怀疑，因为该企业系按订单加工生产，产成品在一般情况下无库存，如果验收数量大于订单，意味着该企业的产成品将有一部分造成积压，同时审计人员检查该企业的产成品库存也几乎为零，那么这部分产成品到哪儿去了呢？

审计人员进一步检查发现，该企业成本核算采用分批法，按订单批次结转成本，成本结转计算单只有总金额，无数量明细，因此许多验收入库的产成品都被结转入相应订单批次的销售成本。审计人员转而再次核对出口订单，进一步核实实际出口数量与结转销售成本数量确实存在差异。审计人员由此推测：一是该企业可能存在账外经营情况，部分出口收入没有入账；二是该企业可能存在虚构加工数量套取加工费的问题。

对此审计人员提出如下审计方案：一是询证购货方，对出口数量及金额进行函证；二是向受托加工单位（个人）进行函证，证实加工费的支付情况。面对审计人员的审计计划，最后该企业人员道出实情：为了向出口单位支付返利及用于其他不好处理的支出，采取虚构加工数量、提高单项加工工序的加工费，甚至虚列加工工序等措施，虚列加工费用来加大出口批次的成本，套取现金，总公司及各子公司累计套取现金达2 000余万元。

5.2 了解被审计单位及其环境

审计过程的起点就是获得对被审计单位及其环境的了解，包括对其内部控制的了解。了解被审计单位及其环境是必要程序。对被审计单位及其环境的了解需单独或者综合运用风险评估程序，是一个连续动态收集、更新、分析信息的过程，贯穿于整个审计过程的始终。

通过对被审计单位及其环境的了解，为识别和评估财务报表重大错报风险、设计和实施进一步审计程序，以将审计风险降至可接受的低水平提供了重要的判断基础。如果了解被审计单位及其环境获得的信息足以识别和评估财务报表重大错报风险，设计和实施进一步审计程序，那么了解的程度就是恰当的。

注册会计师对被审计单位及其环境的了解应包括以下几个方面：①相关行业状况、法律环境和监管环境以及其他外部因素；②被审计单位的性质；③被审计单位对会计政策的选择和运用；④被审计单位的目标、战略以及可能导致重大错报风险的相关经营风险；⑤被审计单位财务业绩的衡量和评价；⑥被审计单位的内部控制。此外，根据《中国注册会计师审计准则第1324号——持续经营》的规定，注册会计师在实施风险评估程序时，还应当考虑是否存在可能导致被审计单位持续经营能力产生重大疑虑的事项或情况。在进行考虑时，注册会计师应当确定管理层是否已对被审计单位持续经营能力作出初步评估。

5.2.1 行业状况、法律环境和监管环境以及其他外部因素

1) 行业状况

多数企业的行业状况，都会与本行业总体发展趋势密切相关，行业整体的繁荣发展，会

给企业的发展带来更多的机遇；相反，则会给企业经营带来更多的困难和风险。因此，了解行业状况有助于注册会计师识别与客户所处行业有关的重大错报风险。

注册会计师一般从以下5个方面了解客户的行业状况：所在行业的市场供应与竞争；生产经营的季节性和周期性；产品生产技术的变化；能源供应与成本；行业的关键指标和统计数据。

相关思考5-1

关于企业所处行业的市场

A注册会计师审计甲公司，A在了解甲公司市场需求时，发现甲公司生产的某种产品在市场上需求大幅下降(比如是按键手机被触摸屏智能手机所取代的趋势)。请分析被审计单位会存在什么重大错报风险?

2）法律环境与监管环境

任何一个企业都必须依法经营，如果违反了法律就要承担一定的法律责任，很多法律要求可能对客户的经营活动产生重大影响，甚至会影响到企业能否持续经营。通过对被审计单位法律与监管环境的了解有助于注册会计师识别与客户相关的法律与监管环境方面的重大错报风险。

一般应了解以下6个方面：①会计原则和行业特定惯例；②受管制行业的法规框架；③对经营活动产生重大影响的法律、法规及监管活动；④税收政策；⑤对开展业务产生重大影响的政府政策，包括货币、财政、税收和贸易政策；⑥与客户所处行业和所从事经营活动相关的环保要求。例如，被审计单位是高能耗企业，那么就应更多地了解政府政策和环保要求对开展业务产生重大的影响。

3）其他外部因素

除此之外，注册会计师还应当了解：总体经济情况、利率、融资的可获得性、通货膨胀水平及币值变动等。

5.2.2 被审计单位的性质

了解被审计单位的性质有助于注册会计师理解预期在财务报表中反映的各类交易、账户余额和披露。注册会计师应当主要从以下7个方面了解被审计单位的性质。

1）所有权结构

现代企业复杂的所有权关系为企业之间进行非公平基础的关联方交易提供了基础，关联方交易往往成为企业提供虚假信息、粉饰财务状况的工具。因此，注册会计师应对了解被审计单位的所有权结构以及所有者与其他人员或单位之间的关系，考虑关联方关系是否已经得到了识别。

特别提示5-1

了解被审计单位的所有权结构

了解被审计单位所有权结构，即了解被审计单位：

(1) 属于国有企业、外商投资企业、民营企业还是其他类型；

(2) 所有者和其他人员或单位的名称以及与被审计单位之间的关系，即关联方关系；

(3) 控股母公司。

2）治理结构

公司的治理结构是这样一套必需的制衡机制——它是一套明确公司内部不同权利主体，包括股东、董事、经理之间权力和利益、责任关系的制度安排。良好的治理结构可以对客户的经营活动实施有效的监督，从而降低财务报表发生重大错报的风险。

注册会计师应当了解客户的治理机构，例如，董事会的构成、是否设有独立董事、是否设有审计委员会及监事会，它们是否正常、有效地运作；注册会计师应当考虑治理层是否独立于管理层，管理层有无直接或间接地干涉或影响治理层的判断决策。

3）组织结构

复杂的组织结构有可能导致某些特定的重大错报风险。注册会计师应当了解客户的组织结构，考虑复杂组织机构可能导致的重大错报风险，包括财务报表合并、商誉摊销和减值、长期股权投资核算以及特殊目的实体核算等问题。

4）经营活动

企业财务报表是对企业经营活动的综合财务反映，很多审计失败案例是由于注册会计师对客户经营活动的不熟悉所致，了解客户经营活动有助于注册会计师识别预期会在财务报表中反映的主要交易类别、重要账户余额和列报。

注册会计师要了解的客户经营活动包括：主营业务的性质；业务的开展情况，联营、合营与外包情况；从事电子商务的情况；地区与行业分布；生产设施、仓库的地理位置及办公地点；关键客户；重要供应商；劳动用工情况；研究与开发活动及其支出。

5）投资活动

投资活动主要包括企业构建长期资产、股权投资、债券投资及其处置活动，多数投资活动涉及的金额大，对企业影响周期长。

注册会计师应当了解客户的投资活动，主要包括：近期拟实施或已实施的并购活动与资产处置情况；证券投资、委托贷款的发生与处置；资本性投资活动，包括固定资产和无形资产投资；不纳入合并范围的投资，如联营、合营或其他投资包括近期计划的投资项目。

6）筹资活动

筹资活动是指导致企业资本及债务规模和构成发生变化的活动。了解客户的筹资活动有助于注册会计师评估客户在融资方面的压力，并进一步考虑客户在可预见未来的持续经营能力。

注册会计师应该了解客户的筹资活动主要包括：债务结构和相关条款，包括资产负债表表外融资和租赁安排；主要子公司和联营企业的重要融资安排；实际受益方及关联方；衍生金融工具的运用。

7）财务报告

注册会计师需要了解影响财务报告的重要政策、交易或事项，例如：会计政策和行业特定惯例，包括特定行业各类重要的交易、账户余额及财务报表相关披露（如银行业的贷款和投资、医药行业的研究与开发活动）；收入确认惯例；公允价值会计核算；外币资产、负债与交易；异常或复杂交易（包括在有争议的或新兴领域的交易）的会计处理（如对股份支付的会计处理）。

5.2.3 被审计单位对会计政策的选择和运用

注册会计师应当了解被审计单位对会计政策的选择和运用，是否符合适用的会计准则和相关会计制度，是否符合被审计单位的具体情况。在进行了解时，注册会计师重点关注的事项主要包括：重要项目的会计政策和行业惯例、重大和异常交易的会计处理方法、在新领域和缺乏权威性标准或共识的领域采用重要会计政策产生的影响、会计政策的变更、被审计单位何时采用以及如何采用新颁布的会计准则和相关会计制度等。

在了解被审计单位对会计政策的选择和运用时，注册会计师可以实施的风险评估程序包括：查阅以前年度的审计工作底稿，询问被审计单位管理层和员工，查阅被审计单位的财务资料和内部报告（如会计工作手册和操作指引）等。注册会计师还可结合对被审计单位及其环境其他方面的了解，考虑被审计单位选用的会计政策是否符合其具体情况。

需要强调的是，注册会计师应当关注被审计单位本期会计政策的选用与前期相比发生的重大变化，包括对本期新发生的交易或事项选用的会计政策，对前期不重大而本期重大的交易或事项选用的会计政策，重要会计政策的变更以及新会计准则发布施行的影响等。

5.2.4 被审计单位的目标、战略及相关经营风险

目标是企业经营活动的指针。战略是企业管理层为实现经营目标采用的总体层面的策略和方法。经营风险源于对被审计单位实现目标和战略产生不利影响的重大情况、事项、环境和行动、或源于不恰当的目标和战略。

注册会计师应当了解被审计单位是否存在与下列7个方面有关的目标和战略，并考虑相应的经营风险：①行业发展，及其可能导致的被审计单位不具备足以应对行业变化的人力资源和业务专长等风险；②开发新产品或提供新服务，及其可能导致的被审计单位产品责任增加等风险；③业务扩张，及其可能导致的被审计单位对市场需求的估计不准确等风险；④新颁布的会计法规，及其可能导致的被审计单位执行法规不当或不完整，或会计处理成本增加等风险；⑤监管要求，及其可能导致的被审计单位法律责任增加等风险；⑥本期及未来的融资条件及其可能导致的被审计单位由于无法满足融资条件而失去融资机会等风险；⑦信息技术的运用，及其可能导致的被审计单位信息系统与业务流程难以融合等风险。

多数经营风险最终都会产生财务后果，经营风险可能对各类交易、账户余额以及列报认定层次或财务报表层次产生直接影响，但并非所有经营风险都会导致重大错报风险。注册会计师没有责任识别或评估对财务报表没有影响的经营风险。注册会计师应当了解被审计单位的风险评估过程。此类风险评估过程是被审计单位内部控制的组成部分。

5.2.5 被审计单位财务业绩的衡量和评价

被审计单位管理层经常会衡量和评价关键业绩指标（包括财务和非财务的），如预算及差异分析、分部信息和分支机构、部门或其他层次的业绩报告以及与竞争对手的业绩比较。此外，外部机构也会衡量和评价被审计单位的财务业绩，如分析师的报告和信用评级机构的报告。因此，注册会计师应当了解被审计单位财务业绩衡量和评价情况。

1）了解的主要方面

在了解被审计单位财务业绩衡量和评价情况时，注册会计师应当关注下列信息：关键业绩指标；业绩趋势；预测、预算和差异分析；管理层和员工业绩考核与激励性报酬政策；分部信息与不同层次部门的业绩报告；与竞争对手的业绩比较；外部机构提出的报告。

2）关注内部财务业绩衡量的结果

内部财务业绩衡量可能显示未预期到的结果或趋势。在这种情况下，管理层通常会进行调查并采取纠正措施，与内部财务业绩衡量相关的信息可能显示财务报表存在错报风险。因此，注册会计师应当关注被审计单位内部财务业绩衡量所显示的未预期到的结果或趋势、管理层的调查结果和纠正措施，以及相关信息是否显示财务报表可能存在重大错报。

3）考虑财务业绩衡量指标的可靠性

如果拟利用被审计单位内部信息系统生成的财务业绩衡量指标，注册会计师应当考虑相关信息是否可靠，以及利用这些信息是否足以实现审计目标。

需要强调的是，注册会计师了解被审计单位财务业绩的衡量与评价，是为了考虑管理层是否面临实现某些关键财务业绩指标的压力。管理层在面临重大压力时可能粉饰财务业绩，发生舞弊风险。此外，了解管理层认为重要的关键业绩指标，有助于注册会计师深入了解被审计单位的目标和战略。

5.2.6 被审计单位的内部控制

注册会计师应当了解与审计相关的内部控制以识别潜在错报的类型，考虑导致重大错报风险的因素，这部分内容将在本章5.3节予以详细介绍。

被审计单位及其环境的各个方面可能会互相影响。例如，被审计单位的行业状况、法律环境与监管环境以及其他外部因素可能影响到被审计单位的目标、战略以及相关经营风险，而被审计单位的性质、目标、战略以及相关经营风险可能影响到被审计单位对会计政策的选择和运用，以及内部控制的设计和执行。因此，注册会计师在对被审计单位及其环境的各个方面进行了解和评估时，应当考虑各因素之间的相互关系。

注册会计师针对上述6个方面，实施的审计程序（也就是风险评估程序）的性质、时间和范围取决于审计业务的具体情况，如被审计单位的规模和复杂程度，以及注册会计师的相关审计经验，包括以前对被审计单位提供审计和相关服务的经验和对类似行业、类似企业的审计经验。此外，识别被审计单位及其环境在上述各方面与以前期间相比发生的重大变化，对于充分了解被审计单位及其环境、识别和评估重大错报风险尤为重要。

案例讨论5-1

W公司审计风险评估

W公司主要从事小型电子消费品的生产和销售，产品销售以W公司仓库为交货地点。W公司日常交易采用自动化信息系统（以下简称系统）和手工控制相结合的方式进行。系统自20×1年以来没有发生变化。W公司产品主要销售给国内各主要城市的电子消费品经销商。A和B注册会计师负责审计W公司20×2年度财务报表。

资料一：A和B注册会计师在审计工作底稿中记录了所了解的W公司及其环境的情况，部分内容摘录如下：

(1) 在20×1年度实现销售收入增长10%的基础上，W公司董事会确定20×2年销售收入增长目标为20%。W公司管理层实行年薪制，总体薪酬水平根据上述目标的完成情况上下浮动。W公司所处行业20×2年的平均销售增长率是12%。

(2) W公司财务总监已为W公司工作超过6年，于20×2年7月劳动合同到期后被W公司的竞争对手高薪聘请。由于工作压力大，W公司会计部门人员流动频繁，除会计主管服务期超过4年外，其余人员的平均服务期少于2年。

(3) W公司的产品面临快速更新换代的压力，市场竞争激烈。为巩固市场占有率，W公司于20×2年4月将主要产品(C产品)的销售价格下调了8%至10%。另外，W公司在20×2年8月推出了D产品(C产品的改良型号)，市场表现良好，计划在20×3年全面扩大产量，并在20×3年1月停止C产品的生产。

(4) W公司销售的产品均由经客户认可的外部运输公司实施运输，运输费由W公司承担，但运输途中风险仍由客户自行承担。由于受能源价格上涨影响，20×2年的运输单价比上年平均上升了15%，但运输商同意将运费结算周期从原来的30天延长至60天。

(5) 20×2年度W公司主要原料的价格与上年基本持平，供应商也没有大的变化，但由于技术要求发生变化，D产品所耗高档金属材料比C产品略有上升，使得D产品的原材料成本比C产品上升了3%。

(6) 除了于20×1年12月借入的2年期、年利率6%的银行借款5 000万元外，W公司没有其他借款。上述长期借款专门用于扩建现有的一条生产线，以满足D产品的生产需要。该生产线总投资6 500万元，20×1年12月开工，20×2年7月完工投入使用。(假设不考虑利息收入)

资料二：A和B注册会计师在审计工作底稿中记录了所获取的W公司财务数据，部分内容摘录如下：

金额单位：万元

项目	年份	20×2		20×1	
	产品	C产品	D产品	C产品	D产品
产成品		2 000	1 800	2 500	0
存货跌价准备		0		0	
主营业务收入		18 500	8 000	20 000	0
主营业务成本		17 000	5 600	16 800	0
销售费用-运输费		1 200		1 150	
利息支出		300		25	
减：利息资本化		250		25	
净利息支出		50		0	

要求：针对资料一(1)至(6)项，结合资料二，假定不考虑其他条件，请逐项指出资料一所列事项是否可能表明存在重大错报风险。如果认为存在，请简要说明理由。

5.3 了解被审计单位的内部控制

5.3.1 内部控制概述

1) 内部控制的含义

《企业内部控制基本规范》中指出，内部控制是由企业董事会、监事会、经理层和全体员工实施的、旨在实现控制目标的过程。内部控制的目标是合理保证企业经营管理合法合规、资产安全、财务报告及相关信息真实完整，提高经营效率和效果，促进企业实现发展战略。本节随后的介绍主要依据《企业内部控制基本规范》及相关配套指引展开。

2) 管理层和注册会计师对内部控制的不同关注

内部控制由一系列政策和程序组成。一方面，这些政策和程序为被审计单位管理层实现企业目标提供了合理保证;另一方面,对内部控制的了解,尤其是对与财务报告可靠性相关的内部控制的了解,对注册会计师开展审计工作至关重要。因此,内部控制受到了来自上述两方面的共同关注。但由于管理层和注册会计师各自扮演的角色不同,因此,他们对内部控制的关注重点也有所不同。

(1) 管理层的关注。设计和实施内部控制是被审计单位的责任。管理层在设计有效的内部控制时,通常考虑以下 3 个目标。

① 经营的效率和效果。内部控制的存在,应当促进企业内部资源的优化配置和有效利用。一方面,企业采用的控制措施应该为内部的经济决策提供准确信息。例如,财务会计信息系统提供的成本资料,可以用于生产经营控制,并帮助企业制定恰当的产品销售价格。另一方面,企业的内部控制应该保证资产的安全和记录的完整。实物资产如果没有完善的控制加以保护,就可能被盗窃、滥用或意外损坏;非实物资产(如应收账款)、重要文件(如购销合同)、会计记录(如总账、明细账)等也是如此。另外,在信息时代,计算机在企业的经营管理中得到了广泛的应用,大量的信息存储在电子媒质上,其中有的信息可能涉及商业机密(如投资计划),有的在企业的日常管理中不可或缺(如会计资料),有的涉及资金的管理(如资金的调拨),在这种环境下,保护资产和记录的安全完整显得更加重要。

② 财务报告的可靠性。管理层有责任向政府主管部门、税务机关、投资者、债权人和其他利益相关者提供财务报告,因此,企业的内部控制应当确保所有的交易和事项都以正确的金额、在恰当的会计期间及时记录于适当的账户,并保证财务报告的编制遵循企业会计准则和其他信息披露要求,公允地表达企业的财务状况和经营成果。

③ 遵守现行法律和法规。企业经营活动的开展不能逾越法律法规的界限。内部控制的存在应当规范企业的经营行为,促使企业遵循相关法律、法规,从而避免承担违规损失或遭受其他不利后果。

④ 实现企业总体战略。企业管理层和治理层需要为实现公司总体战略目标寻求风险优化措施。企业需制定措施,确保将风险控制在与公司总体目标相适应并可承受的范围内;确保内外部,尤其是企业与股东之间实现真实、可靠的信息沟通,包括编制和提供真实、可靠的财务报告;确保遵守有关法律法规;确保企业相关规章制度和为实现经营目标而采取的重大措施贯彻执行,保障经营管理的有效性,提高经营活动的效率和效果,降低实现经营目标的不确定性;确保企业建立针对各项重大风险发生后的危机处理计划,保护企业不因灾害性风险或人为失误而遭受重大损失。

(2) 注册会计师的关注。审计的目标是对财务报表是否存在重大错报发表审计意见。为了实现这一目标,注册会计师需要了解和评价与财务报表审计相关的内部控制,但目的并非对被审计单位内部控制的有效性发表意见,而是要设计适合具体情况的审计程序。因此,注册会计师需要了解和评价的内部控制只是与财务报表审计相关的内部控制,并非被审计单位所有的内部控制。具体包括:

① 为实现财务报告可靠性目标设计和实施的控制。与审计相关的控制包括被审计单位为实现财务报告可靠性目标设计和实施的控制。注册会计师应当运用职业判断,考虑一项控制单独或连同其他控制是否与评估重大错报风险以及针对评估的风险设计和实施进一步审计程序有关。

② 其他与审计相关的控制。如果在设计和实施进一步审计程序时拟利用被审计单位

内部生成的信息，注册会计师应当考虑用以保证该信息完整性和准确性的控制可能与审计相关。注册会计师以前的经验以及在了解被审计单位及其环境过程中获得的信息，可以帮助其识别与审计相关的控制。

如果用以保证经营效率、效果的控制以及对法律法规遵守的控制与实施审计程序时评价或使用的数据相关，注册会计师应当考虑这些控制可能与审计相关。例如，对于某些非财务数据（如生产统计数据）的控制，如果注册会计师在实施分析程序时使用这些数据，这些控制就可能与审计相关。又如，某些法规（如税法）对财务报表存在直接和重大的影响（影响应交税金和所得税费用），为了遵守这些法规，被审计单位可能设计和执行相应的控制，这些控制也与审计相关。

3）内部控制的局限性

内部控制存在固有局限性，无论如何设计和执行，只能对财务报告的可靠性提供合理的保证。内部控制存在的固有局限性包括：

（1）在决策时人为判断可能出现错误和由于人为失误而导致内部控制失效。

（2）可能由于两个或更多的人员进行串通或管理层凌驾于内部控制之上而被规避。

（3）被审计单位内部行使控制职能的人员素质可能不适应岗位要求。

（4）被审计单位实施内部控制的成本效益问题也会影响其效能。

（5）内部控制一般仅针对经常而重复发生的业务而设置，如果出现不经常发生或未预计到的业务，原有控制就可能不适用。

此外，小型被审计单位拥有的员工通常较少，限制了其职责分离的程度。业主凌驾于内部控制之上的可能性较大。注册会计师应当考虑一些关键领域是否存在有效的内部控制。

5.3.2 内部控制的要素

《企业内部控制基本规范》中指出，企业建立与实施有效的内部控制，应当包括下列要素：①内部环境；②风险评估；③控制活动；④信息与沟通；⑤内部监督。从图5-1可以看出，内部环境是其他4个要素的基础，如果没有一个有效的内部环境，其他4个要素不论其质量如何，都不可能形成有效的内部控制。另外，上述每一类要素中又包括许多控制。

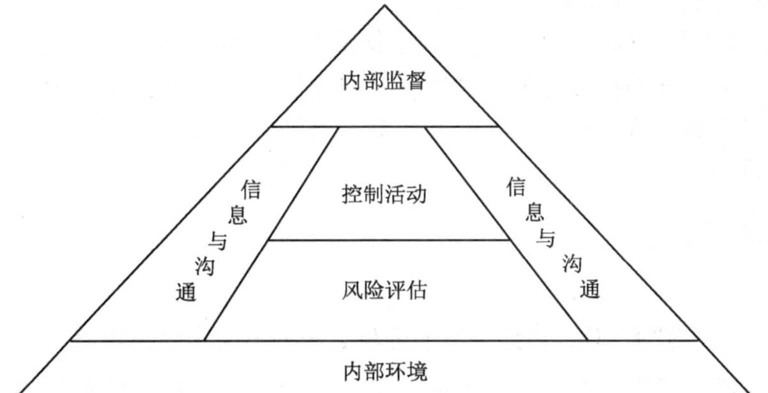

图5-1 内部控制五要素

1）内部环境

内部环境是企业实施内部控制的基础，一般包括组织架构、人力资源、发展战略、社会责任和企业文化等。内部环境设定了被审计单位的内部控制基调，影响员工对内部控制的认识和态度。良好的内部环境是实施有效内部控制的基础。在了解内部环境时，注册会计师需要从以下几个方面着手：

（1）对诚信和道德价值观念的沟通与落实。诚信和道德价值观念是控制环境的重要组成部分，影响到重要业务流程的设计和运行。内部控制的有效性直接依赖于负责创建、管理和监控内部控制的人员的诚信和道德价值观念。被审计单位是否存在道德行为规范，以及这些规范如何在被审计单位内部得到沟通和落实，决定了是否能产生诚信和道德的行为。

（2）对胜任能力的重视。胜任能力是指具备完成某一职位的工作所应有的知识和能力。管理层对胜任能力的重视包括对于特定工作所需的胜任能力水平的设定，以及对达到该水平所必需的知识和能力的要求。

（3）治理层的参与程度。被审计单位的控制环境在很大程度上受治理层的影响。治理层的职责应在被审计单位的章程和政策中予以规定。治理层（董事会）通常通过其自身的活动，并在审计委员会或类似机构的支持下，监督被审计单位的财务报告政策和程序。

（4）管理层的理念和经营风格。管理层负责企业的运作以及经营策略和程序的制定、执行与监督。控制环境的每个方面在很大程度上都受到管理层采取的措施和作出决策的影响，或在某些情况下受到管理层不采取某些措施或不作出某种决策的影响。

管理层的理念包括管理层对内部控制的理念，即管理层对内部控制以及对具体控制实施环境的重视程度。管理层的经营风格可以表明管理层所能接受的业务风险的性质。例如，管理层是否经常投资于风险特别高的领域，或者在接受风险方面极为保守。

（5）组织结构及职权与责任的分配。被审计单位的组织结构为计划、运作、控制及监督经营活动提供了一个整体框架。通过集权或分权决策，可在不同部门间进行适当的职责划分，建立适当层次的报告体系。组织结构将影响权利、责任和工作任务在组织成员中的分配。

（6）人力资源政策与实务。政策与程序（包括内部控制）的有效性，通常取决于执行人。因此，被审计单位员工的能力与诚信是控制环境中不可缺少的因素。人力资源政策与实务涉及雇佣、培训、考核、晋升和工薪等方面。

综上所述，注册会计师应当对控制环境的构成要素获取足够的了解，并考虑内部控制的实质及其综合效果。内部环境对重大错报风险的评估具有广泛影响，注册会计师应当考虑内部环境的总体优势是否为内部控制的其他要素提供了适当的基础，并且未被内部环境中存在的缺陷所削弱。

知识拓展 5-2

对“亚细亚”内控失败的分析之一——关于内部环境

郑州亚细亚集团（以下简称“亚细亚”）曾取得过几个“全国第一”，以其在经营和管理上的创新创造了一个平凡而奇特的“亚细亚现象”。然而，1998 年 8 月 15 日，亚细亚悄然关门！面对这残酷的事实，人们众说纷纭。有关专家认为，导致亚细亚倒闭的原因是多方面的，而其内部控制的极端薄弱是促成其倒闭的主要原因之一。

首先，我们来了解一下亚细亚的内部环境：

(1) 经营者品行、操守、价值观。有一些例子很能说明问题：南阳亚细亚商场借到贷款2 000万元，股东高××却要了600万元，调拨到成都给其一位朋友做房地产生意，结果全亏，以两栋楼房抵债。抵债手续尚未办妥，高××却对欠债人说，“你不要向南阳还债了，你把两栋楼房给我，南阳的钱由我还”。最终，南阳亚细亚分文未得。

上述事实只是亚细亚暴露出来的冰山一角，但已能说明亚细亚经营者的品行与操守状况。

(2) 董事会。亚细亚的注册日期是1993年10月，但直到1995年6月才确立董事会组成。在近两年的时间里，集团公司决策层一直处于不断演变的状态之中，没有按章程规范化运作，董事会从未召集董事们就重大决策进行过表决，凡事都由总经理王××一人拍板。1995年年初，亚细亚的主要股东中原不动产公司董事长易人，新任董事长认为前任批准的股权转让造成公司资产流失，不予承认，表示股权纠纷问题不解决就不参加董事会。从此，亚细亚最高决策机构、监督机构陷于瘫痪。另外，冠名权属于无形资产，其转让照理应该经董事会讨论通过，但实际上是王××一个人说了算，只要他签字同意，别人就可建个“亚细亚”，如许昌、安阳、洛阳、商丘的亚细亚都是他签字同意的。在亚细亚，总经理成了国王，董事会如同虚设。

(3) 人事政策与员工素质。亚细亚实际表现出来的人事政策可以归纳为四条：以貌取人、随意用人、任人唯亲、排斥异己。在这样的人事政策下，员工素质状况可想而知。

(4) 企业产权关系及组织结构。亚细亚是由河南省建行租赁公司和中原不动产公司共同出资200万元设立的股份制企业，其中，租赁公司102万元，占51%的股份，中原不动产公司98万元，占49%的股份。由于亚细亚计划在1992年改组成股份有限公司，面向社会公众发行股票。按照有关规定，上市公司的股东必须在5家以上才具备上市资格。由于种种原因，改建的郑州亚细亚股份有限公司上市未获成功。1993年9月，经河南省体改委批准，仅仅有过渡意义的郑州亚细亚股份有限公司正式更名为郑州亚细亚集团股份有限公司。于是，亚细亚上市未能做成，但虚拟的股权转让已被河南省体改委等政府职能部门认定，即河南建行租赁公司51%的股权转让给海南大昌实业发展公司18%，转让给广西北海巨龙房地产公司10%；中原不动产公司49%的股权转让给海南三联企业发展公司18%，转让给海南汇通信托投资公司18%。由于股权受让方未按协议及时把购股资金兑付，从此埋下了一个巨大的资金隐患。特别是后来中原不动产公司新任董事长认为前任批准的股权转让造成公司资产流失，不予承认。亚细亚产权关系混乱局面就此形成。

上述4个方面较清楚地说明了亚细亚的内部环境情况。其内部环境如此，其最终结局亦在意料之内。

参考来源：吴水澎、陈汉文、邵贤弟.论改进我国企业内部控制——由“亚细亚”失败引发的思考[J].会计研究，2000(09).

2) 风险评估

任何经济组织在经营活动中都会面临各种各样的风险，风险对其生存和竞争能力产生影响。很多风险并不为经济组织所控制，但管理层应当确定可以承受的风险水平，识别、评估这些风险并采取一定的应对措施。具体来说，企业风险评估过程大致包括风险识别、风险分析和风险应对这3个步骤。此外，还应当理解管理层的风险评估与注册会计师的风险评估的区别与联系。

(1) 风险识别。企业开展风险评估，应当准确识别与实现控制目标相关的内部风险和外部风险，确定相应的风险承受度。风险承受度是企业能够承担的风险限度，包括整体风险承受能力和业务层面的可接受风险水平。

企业识别内部风险，应当关注下列因素：董事、监事、经理及其他高级管理人员的职业操守、员工专业胜任能力等人力资源因素；组织机构、经营方式、资产管理、业务流程等管理因素；研究开发、技术投入、信息技术运用等自主创新因素；财务状况、经营成果、现金流量等财务因素；营运安全、员工健康、环境保护等安全环保因素；其他有关内部风险因素。

企业识别外部风险，应当关注下列因素：经济形势、产业政策、融资环境、市场竞争、资源供给等经济因素；法律法规、监管要求等法律因素；安全稳定、文化传统、社会信用、教育水平、消费者行为等社会因素；技术进步、工艺改进等科学技术因素；自然灾害，环境状况等自然环境因素；其他有关外部风险因素。

(2) 风险分析。企业应当采用定性与定量相结合的方法，按照风险发生的可能性及其影响程度等，对识别的风险进行分析和排序，确定关注重点和优先控制的风险。企业进行风险分析，应当充分吸收专业人员，组建风险分析团队，按照严格规范的程序开展工作，确保风险分析结果的准确性。

(3) 风险应对。企业应当根据风险分析的结果，结合风险承受度，权衡风险与收益，确定风险应对策略。企业应当合理分析、准确掌握董事、经理及其他高级管理人员、关键岗位员工的风险偏好，采取适当的控制措施，避免因个人风险偏好给企业经营带来重大损失。

企业应当综合运用风险规避、风险降低、风险分担和风险承受等风险应对策略，实现对风险的有效控制。风险规避是企业对超出风险承受度的风险，通过放弃或者停止与该风险相关的业务活动以避免和减轻损失的策略。风险降低是企业在权衡成本效益之后，准备采取适当的控制措施降低风险或者减轻损失，将风险控制在风险承受度之内的策略。风险分担是企业准备借助他人力量，采取业务分包、购买保险等方式和适当的控制措施，将风险控制在风险承受度之内的策略。风险承受是企业对风险承受度之内的风险，在权衡成本效益之后，不准备采取控制措施降低风险或者减轻损失的策略。

(4) 管理层的风险评估与注册会计师的风险评估的区别与联系。管理层的风险评价与注册会计师的风险评价有所不同，但又紧密相关。管理层的风险评价是作为制定和执行内部控制的组成部分，旨在减少错误和舞弊。注册会计师评价风险的目的则在于确定审计所需要的证据。如果管理层能有效地评价风险并采取相应措施，则注册会计师应搜集的审计证据一般要比管理层没有识别和应对重要风险时所搜集的证据少。

注册会计师一般通过调查管理层如何识别与财务报告相关的风险、评价风险的重要性及发生的可能性，以及为规避风险而采取的措施等方面了解其风险评估过程。

知识拓展 5-3

对“亚细亚”内控失败的分析之二——关于风险评估

亚细亚如何进行环境控制和风险评估呢？原亚细亚总经理王××，对以往的经营失误总结了六大教训，其中有4条涉及对风险的认识和把握问题。

第一是“对市场认识不足，对形势认识不足”。“在我们前进的过程中，不但遇到了国内商业同行的压力，而且国外零售业的大举进入也给我们造成了很大的冲击，导致我们认为较先进的经营模式一下子就被冲得体无完肤。”

第二是“过于自信、乐观、想当然，其结果是骄兵必败”。

第三是“面对零售业艰难的状况，我们的应变能力差，整个经营进入死胡同，最后到了山穷水尽的地步。”

第四是“抗风险能力差，一遇事阵脚就乱了。”

这几个教训说明，在亚细亚管理层的思想中缺乏风险概念，没有设置风险管理机制，因此抗险能力极低。

参考来源：吴水澎、陈汉文、邵贤弟.论改进我国企业内部控制——由“亚细亚”失败引发的思考[J].会计研究，2000(09).

3）控制活动

控制活动是指有助于确保管理层的指令得以执行的政策和程序。企业应当结合风险评估结果，通过手工控制与自动控制、预防性控制与发现性控制相结合的方法，运用相应的控制措施，将风险控制在可承受度之内。控制措施一般包括：不相容职务分离控制、授权审批控制、会计系统控制、财产保护控制、预算控制、运营分析控制和绩效考评控制等。

（1）不相容职务分离控制。不相容职务分离控制要求企业全面系统地分析、梳理业务流程中所涉及的不相容职务，实施相应的分离措施，形成各司其职、各负其责、相互制约的工作机制。

（2）授权审批控制。授权审批控制要求企业根据常规授权和特别授权的规定，明确各岗位办理业务和事项的权限范围、审批程序和相应责任。企业应当编制常规授权的权限指引，规范特别授权的范围、权限、程序和责任，严格控制特别授权。常规授权是指企业在日常经营管理活动中按照既定的职责和程序进行的授权。特别授权是指企业在特殊情况、特定条件下进行的授权。企业各级管理人员应当在授权范围内行使职权和承担责任。企业对于重大的业务和事项，应当实行集体决策审批或者联签制度，任何个人不得单独进行决策或者擅自改变集体决策。

（3）会计系统控制。会计系统控制要求企业严格执行国家统一的会计准则制度，加强会计基础工作，明确会计凭证、会计账簿和财务会计报告的处理程序，保证会计资料真实完整。企业应当依法设置会计机构，配备会计从业人员。从事会计工作的人员，必须取得会计从业资格证书。会计机构负责人应当具备会计师以上专业技术职务资格。

（4）财产保护控制。财产保护控制要求企业建立财产日常管理制度和定期清查制度，采取财产记录、实物保管、定期盘点、账实核对等措施，确保财产安全。企业应当严格限制未经授权的人员接触和处置财产。

（5）预算控制。预算控制要求企业实施全面预算管理制度，明确各责任单位在预算管理中的职责权限，规范预算的编制、审定、下达和执行程序，强化预算约束。

（6）运营分析控制。运营分析控制要求企业建立运营情况分析制度，经理层应当综合运用生产、购销、投资、筹资、财务等方面的信息，通过因素分析、对比分析、趋势分析等方法，定期开展运营情况分析，发现存在的问题，及时查明原因并加以改进。

（7）绩效考评控制。绩效考评控制要求企业建立和实施绩效考评制度，科学设置考核指标体系，对企业内部各责任单位和全体员工的业绩进行定期考核和客观评价，将考评结果作为确定员工薪酬以及职务晋升、评优、降级、调岗、辞退等的依据。

企业应当根据内部控制目标，结合风险应对策略，综合运用控制措施，对各种业务和事项实施有效控制。此外，企业应当建立重大风险预警机制和突发事件应急处理机制，明确风险预警标准，对可能发生的重大风险或突发事件，制定应急预案、明确责任人员、规范处置程序，确保突发事件得到及时妥善处理。

相关思考5-2

对“亚细亚”内控失败的分析之三——关于控制活动

根据了解，亚细亚运作中几乎不存在控制活动，或者即使存在所谓的政策和程序，也是名存实亡，未实际发生作用。

且看一组数据：亚细亚一年一度的场庆花费都超过70万元；集团某股东从郑亚商场借出800万元，连借条也没有，后来归还300万元，剩余500万元商场账面和收据显示是“工程款”；集团另一个股东1993年借走商场57万元，也无人催要；1997年，郑亚商场管理费用就高达18.6亿元。

亚细亚的控制活动若此，何以确保管理层的指令得以实现？

参考来源：吴水澎、陈汉文、邵贤弟.论改进我国企业内部控制——由“亚细亚”失败引发的思考[J].会计研究，2000(09).

4）信息与沟通

信息与沟通是企业及时、准确地收集、传递与内部控制相关的信息，确保信息在企业内部、企业与外部之间进行有效控制。信息与沟通连接了内部控制体系整体框架的其他要素，是有效实施内部控制的保障，直接影响着企业内部控制的贯彻执行、企业经营目标及整体战略目标的实现。信息与沟通要素具体应当包括内、外部信息的获取，有效的沟通，信息技术的应用以及反舞弊机制等内容。

(1) 内、外部信息的获取。信息系统生成含有与经营、财务和合规性有关信息的报告，从而使管理运作和控制企业成为可能。信息系统不仅处理内部生成的数据，也处理有关外部事件、活动和条件状况的信息，这些信息对有资料依据的企业的决策和外部报告都是必需的。

企业可以通过财务会计资料、经营管理资料、调研报告、专项信息、内部刊物、办公网络等渠道，获取内部信息。

企业可以通过行业协会组织、社会中介机构、业务往来单位、市场调查、来信来访、网络媒体以及有关监管部门等渠道，获取外部信息。

(2) 有效的沟通。有效的沟通也必须广泛地进行，自上而下、自下而上地贯穿整个企业。所有人员都要从高级管理层获得明确的信息：必须认真对待控制责任。他们必须了解各自在内部控制体系中担任的角色，以及个人参与的控制活动与他人工作是如何相互关联的。他们必须有自下而上传递重要信息的渠道和方法。同时，也需要与外部各方建立有效的沟通。

企业应当将内部控制相关信息在企业内部各管理级次、责任单位、业务环节之间，以及企业与外部投资者、债权人、客户、供应商、中介机构和监管部门等有关方面之间进行沟通和反馈，信息沟通过程中发现的问题，应当及时报告并加以解决。重要信息应当及时传递给董事会、监事会和经理层。

(3) 信息技术的应用。企业应当利用信息技术促进信息的集成与共享，充分发挥信息技术在信息与沟通中的作用。企业应当加强对信息系统开发与维护、访问与变更、数据输入与输出、文件储存与保管、网络安全等方面的控制，保证信息系统安全稳定运行。

(4) 反舞弊机制。企业应当建立反舞弊机制，坚持惩防并举、重在预防的原则，明确反舞弊工作的重点领域、关键环节和有关机构在反舞弊工作中的职责权限，规范舞弊案件的举报、调查、处理、报告和补救程序。

企业至少应当将下列情形作为反舞弊工作的重点：未经授权或者采取其他不法方式侵占、挪用企业资产，牟取不当利益；在财务会计报告和信息披露等方面存在的虚假记载、误导性陈述或者重大遗漏等；董事、监事、经理及其他高级管理人员滥用职权；相关机构或人员串通舞弊。

知识拓展5-4

对“亚细亚”内控失败的分析之四——关于信息与沟通

在亚细亚内部，信息沟通系统几乎不存在。据称，集团内部一不需要成本信息，二不计算投资回收期及投资回报率，三不收集市场方面的信息。会计信息系统由管理层随意控制(例如，亚细亚初期的年利润最高不到1 200万元，却虚报为1 500万元甚至更多)，资金被大量挪用，却不知去向何方。

在亚细亚，信息系统已经不再是一个管理和控制的工具，而是上层管理人员的话筒，信息随其意愿而变。

参考来源：吴水澎、陈汉文、邵贤弟.论改进我国企业内部控制——由“亚细亚”失败引发的思考[J].会计研究，2000(09).

案例讨论5-2

十分钟悲剧的内控启示

2008年9月15日上午10点，拥有158年历史的美国第四大投资银行——雷曼兄弟公司向法院申请破产保护，消息转瞬间通过电视、广播和网络传遍地球的各个角落。令人匪夷所思的是，在如此明朗的情况下，德国国家发展银行10点10分，居然按照外汇掉期协议的交易，通过计算机自动付款系统，向雷曼兄弟公司即将冻结的银行账户转入了3亿欧元。毫无疑问，3亿欧元将是“肉包子打狗有去无回”。

转账风波曝光后，德国社会各界大为震惊，舆论哗然，普遍认为，这笔损失本不应该发生，因为此前一天，有关雷曼兄弟公司破产的消息已经满天飞，德国国家发展银行应该知道交易的巨大风险的存在，并事先做好防范措施才对。此事惊动了德国财政部，财政部长佩尔·施泰因布吕克发誓，一定要查个水落石出并严厉惩罚相关责任人。

人们不禁要问，短短10分钟里，德国国家发展银行内部到底发生了什么事情，从而导致如此愚蠢的低级错误。一家法律事务所受财政部的委托，带着这个问题进驻银行进行全面调查。

法律事务所的调查员先后询问了银行各个部门的数十名职员，几天后，他们向国会和财政部递交了一份调查报告，调查报告并不复杂深奥，只是一一记载了被询问人员在这10分钟内忙了些什么。然则，答案就在这里面。看看他们忙了些什么：

首席执行官乌尔里奇·施罗德：我知道今天要按照协议约定的预先转账，至于是否撤销这笔巨额交易，应该让董事会开会讨论决定。

董事长保卢斯：我们还没有得到风险评估报告，无法及时作出正确的决策。

董事会秘书史里芬：我打电话给国际业务部催要风险评估报告，可那里总是占线，我想还是隔一会儿再打吧。

国际业务部经理克鲁克：星期五晚上准备带上全家人去听音乐会，我得提前打电话预订门票。

国际业务部副经理伊梅尔曼：忙于其他事情，没有时间去关心雷曼兄弟公司的消息。

负责处理与雷曼兄弟公司业务的高级经理希特霍芬：我让文员上网浏览新闻，一旦有雷曼兄弟公司的消息就立即报告，现在我要去休息室喝杯咖啡了。

文员施特鲁克：10点03分，我在网上看到了雷曼兄弟公司向法院申请破产保护的新闻，马上就跑到希特霍芬的办公室，可是他不在，我就写了张便条放在办公桌上，他回来后会看到的。

结算部经理德尔布吕克：今天是协议规定的交易日子，我没有接到停止交易的指令，那就按照原计划转账吧。

结算部自动付款系统操作员曼斯坦因：德尔布吕克让我执行转账操作，我什么也没问就做了。

信贷部经理莫德尔：我在走廊里碰到了施特鲁克，他告诉我雷曼兄弟公司的破产消息，但是我相信希特霍芬和其他职员的专业素养,一定不会犯低级错误,因此也没必要提醒他们。

公关部经理贝克:雷曼兄弟公司破产是板上钉钉的事,我想跟乌尔里奇·施罗德谈谈这件事,但上午要会见几个克罗地亚客人,等下午再找他也不迟,反正不差这几个小时。

有德国经济评论家说,在这家银行,上到董事长,下到操作员,没有一个人是愚蠢的,可悲的是,几乎在同一时间,每个人都开了点小差,加在一起就创造出了"德国最愚蠢的银行"。实际上,只要当中有一个人认真负责一点,那么这场悲剧就不会发生。演绎一场悲剧,短短10分钟就已足够。

从内部控制角度来说,案例中的德国国家发展银行是意识到该业务风险,并且也有相应的控制措施,但最后悲剧却发生了,并给企业带来巨大损失。现实中,类似的案例并不鲜见,例如,2007年9月曝光的上电转债事件,3家基金公司旗下的5只基金因未能及时转股或卖出所持有的上电转债而被上市公司强制赎回,直接造成2 200万元的损失。近年来市场多次发生过基金公司因未及时划款导致新股申购无效、权证未及时行权等低级错误,使得市场质疑基金公司的投资管理制度和风险控制制度为何没有起到任何作用。

这些案例的发生,除了操作人员责任心因素外,非常重要的原因就是企业内部信息沟通和传递环节存在问题,导致内控失效。3亿欧元转账操作是否执行,取决于雷曼兄弟公司是否要申请破产,而如此重要的信息,在德国国家发展银行内部却未能有效加以传递,使得悲剧发生。

参考来源:《中国会计报》

5) 内部监督

内部监督是企业对内部控制建立与实施情况进行监督检查,评价内部控制的有效性,发现内部控制缺陷,应当及时加以改进。它是指被审计单位评价内部控制在一段时间内运行有效性的过程。该过程包括及时评价控制的设计和运行,以及根据情况的变化采取必要的纠正措施。例如,管理层对是否定期编制银行存款余额调节表进行复核,内部审计师评价销售人员是否遵守公司关于销售合同条款的政策,法律部门定期监控公司的道德规范和商务行为准则是否得以遵循等。内部监督对控制的持续有效运行十分重要。例如,假如没有对银行存款余额调节表是否得到及时和准确的编制进行监督,该项控制可能无法得到持续的执行。

(1) 内部控制缺陷认定。企业应当制定内部控制缺陷认定标准,对监督过程中发现的内部控制缺陷,应当分析缺陷的性质和产生的原因,提出整改方案,采取适当的形式及时向董事会、监事会或者经理层报告。内部控制缺陷包括设计缺陷和运行缺陷。企业应当跟踪内部控制缺陷整改情况,并就内部监督中发现的重大缺陷,追究相关责任单位或者责任人的责任。

(2) 内部监督的形式。内部监督分为日常监督和专项监督。日常监督是指企业对建立与实施内部控制的情况进行常规、持续的监督检查;专项监督是指在企业发展战略、组织结构、经营活动、业务流程,关键岗位员工等发生较大调整或变化的情况下,对内部控制的某一或者某些方面进行有针对性的监督检查。例如,管理层在履行其日常管理活动时,取得内部控制持续发挥功能的信息。当业务报告、财务报告与他们获取的信息有较大差异时,会对有重大差异的报告提出疑问,并作必要的追踪调查和处理。

企业应当结合内部监督情况,定期对内部控制的有效性进行自我评价,出具内部控制自我评价报告。内部控制自我评价的方式、范围、程序和频率,由企业根据经营业务调整、经营环境变化、业务发展状况,实际风险水平等自行确定。

(3) 内部监督的信息来源。被审计单位可能使用内部审计师或具有类似职能的人员对内部控制的设计和执行进行专门的评价,以找出内部控制的优点和不足,并提出改进建议。被审计单位也可能利用与外部有关各方沟通或交流所获取的信息监督相关的控制活动。在某些情况下，外部信息可能显示内部控制存在的问题和需要改进之处。例如，客户通过付款来表示其同意发票金额，或者认为发票金额有误而不付款。监管机构（如银行监管机构）可能会对影响内部控制运行的问题与被审计单位沟通。管理层可能也会考虑与外部注册会计师就内部控制问题进行沟通，通过与外部信息的沟通，可以发现内部控制存在的问题，以便采取纠正措施。

值得注意的是，上述用于监督活动的很多信息都由被审计单位的信息系统产生，这些信息可能会存在错报，从而导致管理层从监督活动中得出错误的结论。因此，注册会计师应当了解与被审计单位监督活动相关的信息来源，以及管理层认为信息具有可靠性的依据。如果拟利用被审计单位监督活动使用的信息（包括内部审计报告），注册会计师应当考虑该信息是否具有可靠的基础，是否足以实现审计目标。

知识拓展 5-5

对“亚细亚”内控失败的分析之五——关于对控制的监督

在亚细亚，自开业以来，没有进行过一次全面彻底的审计。偶尔在局部的内部审计中曾发现几笔几百万元资金被转移出去的事，后来也不了了之。

任何事情都是总经理说了算，属下当然包括内部审计师在内，全无发言权，可见内部监督极度缺乏是既成事实。

参考来源：吴水澎、陈汉文、邵贤弟.论改进我国企业内部控制——由“亚细亚”失败引发的思考[J].会计研究，2000(09).

5.3.3 对内部控制的了解和评价

1) 对内部控制了解的深度

对内部控制了解的深度，是指在了解被审计单位及其环境时对内部控制了解的程度。包括评价控制的设计，并确定其是否得到执行，但不包括对控制是否得到一贯执行的测试。内部控制评价过程如图 5-2 所示。

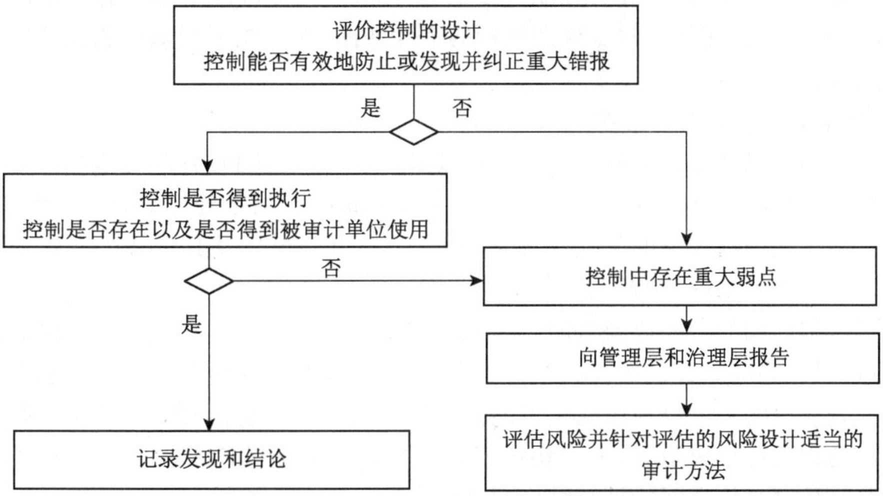

图 5-2 内部控制评价过程

（1）评价控制的设计。注册会计师在了解内部控制时，应当评价控制的设计，并确定其是否得到执行。评价控制的设计是指考虑一项控制单独或连同其他控制是否能够有效防止或发现并纠正重大错报。控制得到执行是指某项控制存在且被审计单位正在使用。设计不当的控制可能表明内部控制存在重大缺陷，注册会计师在确定是否考虑控制得到执行时，应当首先考虑控制的设计。如果控制设计不当，不需要再考虑控制是否得到执行。

（2）获取控制设计和执行的审计证据。注册会计师通常实施下列风险评估程序，以获取有关控制设计和执行的审计证据：

① 询问被审计单位的相关人员。

② 观察特定控制的运用。

③ 检查文件和记录。

④ 追踪交易在财务报告信息系统中的处理过程(穿行测试)。

这些程序是风险评估程序在了解被审计单位内部控制方面的具体运用。询问本身并不足以评价控制的设计以及确定其是否得到执行，注册会计师应当将询问与其他风险评估程序结合使用。

（3）了解内部控制的步骤。了解内部控制包括 4 个重要的步骤：

第一步，识别需要降低哪些风险以预防财务报表中发生重大错报。如果某内部控制目标没有实现，风险因素通常被描述为“可能的错误”。

第二步，记录相关的内部控制。目的是识别是否存在内部控制降低第一步所列出的风险因素，但没有必要记录和评价与审计无关的内部控制。

第三步，评估控制的执行。主要是实施穿行测试，以确信识别的内部控制实际上确实存在。如果存在，注册会计师就可完成对控制设计和执行的评价。

第四步，评估内部控制的设计。汇总获得的所有信息，并根据风险因素描绘识别出的(或执行的)控制。

完成上述 4 个步骤之后，注册会计师应当确定内部控制是否存在重大弱点。

（4）了解内部控制与测试控制运行有效性的关系。除非存在某些可以使控制得到一贯运行的自动化控制，注册会计师对控制的了解并不能够代替对控制运行有效性的测试。例如，获取某一人工控制在某一时点得到执行的审计证据，并不能证明该控制在所审计期间内的其他时点也有效运行。

2）在整体层面了解内部控制

注册会计师可以考虑将询问被审计单位人员、观察特定控制的应用、检查文件和记录以及执行穿行测试等风险评估程序相结合，以获取审计证据。对于连续审计，注册会计师可以重点关注整体层面内部控制的变化情况，包括由于被审计单位及其环境的变化而导致内部控制发生的变化以及采取的对策。

在了解内部控制的各构成要素时，注册会计师应当对被审计单位整体层面的内部控制的设计进行评价，并确定其是否得到执行。实际上，这一评价过程需要大量的职业判断。

财务报表层次的重大错报风险很可能源于薄弱的控制环境，因此，注册会计师在评估财务报表层次的重大错报风险时，应当将被审计单位整体层面的内部控制状况和了解到的被审计单位及其环境其他方面的情况结合起来考虑。

被审计单位整体层面的内部控制是否有效将直接影响到重要业务流程层面控制的有效

性，进而影响注册会计师拟实施的进一步审计程序的性质、时间和范围。

在整体层面对被审计单位内部控制的了解和评估，通常由项目组中对被审计单位情况比较了解且较有经验的成员负责，同时需要项目组其他成员的参与和配合。

3）在业务流程层面了解内部控制

由于内部控制的各个要素，尤其是信息系统和控制活动更多地体现在业务流程层面，因此，注册会计师应当从被审计单位重要业务流程层面了解内部控制，并据此评估认定层次的重大错报风险，进而针对评估的风险设计和实施进一步审计程序。

（1）在业务流程层面了解和评估内部控制的一般步骤。注册会计师在业务流程层面了解和评估内部控制的一般步骤包括：

① 确定重要业务流程和重要交易类别。为了使注册会计师更有效地了解和评估重要业务流程及相关控制，在实务中可以将被审计单位的整个经营活动划分为几个重要的业务循环。例如，通常对制造业企业可以划分为销售与收款循环、采购与付款循环、存货与仓储循环、筹资与投资循环等。当然，被审计单位经营活动的性质不同，所划分的业务循环也不同。例如，对于银行，就没有存货与仓储循环，而有发放贷款循环和吸收存款循环。

重要交易类别是指可能对被审计单位财务报表产生重大影响的各类交易。重要交易类别应与相关账户及其认定相联系。例如，对于一般制造业企业，销售收入和应收账款通常是重大账户，销售和收款都是重要交易类别。除了一般所理解的交易以外，对财务报表具有重大影响的事项和情况也应包括在内，如计提资产减值准备等。

② 了解重要交易流程，并记录获得的了解。在确定重要的业务流程和交易类别后，注册会计师便可着手了解每一类重要交易在信息技术或人工系统中生成、记录、处理及在财务报表中报告的程序，即重要交易流程。这是确定在哪个环节或哪些环节可能发生错报的基础。

案例讨论 5-3

销售与收款循环重要的交易流程

销售和收款循环在制造企业通常属于重要业务流程，销售收入、应收账款等一般也被确定为存在较高重大错报风险的重大账户，销售和收款通常都是重要交易类别。对某些企业来说，销售退回的处理可能也是重要的交易类别。

销售的交易流程通常可能包括下列主要步骤：①客户下订单及将订单输入系统；②核准信用状况及赊销条款；③填写订单并准备发货；④编制货运单据；⑤订单运送/递送至客户处或由客户提货；⑥开具销售发票；⑦复核发票的准确性并邮寄/送至客户处；⑧生成销售日记账；⑨汇总销售日记账并过账至总账和应收账款明细账。

收款的交易流程通常可能包括下列主要步骤：①对方以现金、支票或银行转账方式结算；②记录所收款项；③将收款存入银行；④更新应收账款账户。

销售退回的交易流程通常可能包括下列主要步骤：①处理销售退回的请求；②批准请求；③收到退货；④编制贷项通知单，即销售方同意贷记购买方应收账款的凭证；⑤记录销售退回；⑥更新应收账款账户。

注册会计师应当对上述销售、收款和销售退回的交易流程进行了解。例如，注册会计师可能询问销售部门的人员，了解订单处理和开票的流程；也可能询问仓库人员，了解发货的流程；还可能询问会计部门的人员，了解有关账务处理的流程。询问对象包括具体业务人员和主管人员。注册会计师可能考虑流程在各部门之间如何衔接，如单据的流转和核对，以及各部门人员的职责分工等。在了解的过程中，注册会计师可以通过文字叙述、流程图等方式记录上述交易流程。

③ 确定可能发生错报的环节。注册会计师需要确认和了解被审计单位应在哪些环节设置控制,以防止或发现并纠正各重要业务流程可能发生的错报。注册会计师所关注的控制,是那些能通过防止错报的发生,或者通过发现和纠正已有错报,从而确保每个流程中业务活动具体过程(从交易的发生到记录于账目)能够顺利运转的人工或自动化控制程序。

尽管不同的被审计单位为确保会计信息的可靠性而对业务流程设计和实施不同的控制,但设计控制的目的都是为了实现完整性、存在或发生、计价和分摊、截止、分类等控制目标,而这些控制目标又与财务报表重大账户的相关认定相联系。对于每个重要交易流程,注册会计师都会考虑这些控制目标,并通过设计一系列关于控制目标是否实现的问题,来确认某项业务流程中需要加以控制的环节。仍然以上面提到的销售与收款循环为例,注册会计师应当结合对上述销售、收款和销售退回的交易流程的了解,确定错报可能在什么环节发生。表 5-2 列示的是销售、收款以及销售退回的交易流程中针对"错报在什么环节发生"所设计的部分问题。

表 5-2　　"错报在什么环节发生"的问题示例表

"错报在什么环节发生"的问题	有关重大账户的认定（账户：应收账款/销售收入）
怎样确保所有的销售均已入账?	完整性
怎样避免记录虚假或重复的销售?	存在/发生
怎样确保发票正确反映发货数量?	计价/准确性
怎样确保在销售货物或提供服务时及时开具发票?	完整性/截止
怎样确保款项在收到时予以记录?	完整性、存在/发生

④ 识别和了解相关控制。注册会计师通过对被审计单位的了解,包括在被审计单位整体层面对内部控制各要素的了解,以及在上述程序中对重要业务流程的了解,可以确定是否有必要进一步了解在业务流程层面的控制。在某些情况下,注册会计师之前的了解可能表明被审计单位在业务流程层面针对某些重要交易流程所设计的控制是无效的,或者注册会计师并不打算依赖控制,这时注册会计师没有必要进一步了解在业务流程层面的控制。需要注意的是,如果认为仅通过实质性程序无法将认定层次的检查风险降至可接受的水平,或者针对特别风险,注册会计师应当了解和评估相关的控制活动。

如果注册会计师计划对业务流程层面的有关控制进行进一步的了解和评价,那么针对业务流程中容易发生错报的环节,注册会计师应当确定:被审计单位是否建立了有效的控制,防止或发现并纠正这些错报;被审计单位是否遗漏了必要的控制;是否识别了可以最有效测试的控制。

控制包括被审计单位使用并依赖的、用于在交易流程中防止错报的发生或在发生错报后发现与纠正错报的所有政策和程序。有效的控制应与错报发生的环节相关,并能降低错报风险。通常将业务流程中的控制划分为预防性控制和检查性控制。预防性控制通常用于正常业务流程的每一项交易中,以防止错报的发生。它可能是人工的,也可能是自动化的。建立检查性控制的目的则是发现流程中可能发生的错报(尽管有预防性控制还是会发生的错报)。它可以由人工执行也可以由信息系统自动执行。检查性控制通常并不适用于业务流程中的所有交易,而适用于一般业务流程以外的已经处理或部分处理的某类交易,可能一年只运行几次，如每月将应收账款明细账与总账比较；也可能每周运行，甚至一天运行几次。

类似地，注册会计师还可以通过询问、观察等审计程序，了解和识别涉及“错报在什么环节发生”的相关控制，并对其结果形成审计工作记录，包括记录控制由谁执行以及如何执行。

⑤ 执行穿行测试，证实对交易流程和相关控制的了解。注册会计师通常会每年执行穿行测试，以了解各类重要交易在业务流程中发生、处理和记录的过程。执行穿行测试可以使注册会计师确认对业务流程的了解；确认对重要交易的了解是完整的，即在交易流程中所有与财务报表认定相关的可能发生错报的环节都已识别；确认所获取的有关流程中的预防性控制和检查性控制信息的准确性；评估控制设计的有效性；确认控制是否得到执行；确认之前所作的书面记录的准确性。即使不打算信赖控制，注册会计师仍需要执行穿行测试以确认以前对业务流程及可能发生错报环节的了解的准确性和完整性。

对于重要的业务流程，不管是人工控制还是自动化控制，注册会计师都要对整个流程执行穿行测试，涵盖交易从发生到记账的过程。当某重要业务流程有显著变化时，注册会计师应当根据变化的性质，及其对相关账户发生重大错报的影响程度，考虑是否需要对变化前后的业务都执行穿行测试。

例如，注册会计师针对销售交易，追踪从订单处理→核准信用状况及赊销条款→填写订单并准备发货→编制货运单据→订单运送/递送至客户或由客户提货→开具销售发票→复核发票的准确性并邮寄/送至客户→生成销售日记账→汇总销售日记账，并过账至总账和应收账款明细账等交易的整个流程，考虑之前对相关控制的了解是否正确和完整，并确定相关控制是否得到执行。

在执行穿行测试时，注册会计师应当询问执行交易流程和控制的相关人员，并根据需要检查有关单据和文件，询问其对已发现的错报的处理。

⑥ 进行初步评价和风险评估。注册会计师在识别和了解控制后，根据执行上述程序并获取的审计证据，需要评价控制设计的合理性并确定其是否得到执行。由于对控制的了解和评价是在穿行测试完成后，但又在测试控制运行有效性之前进行的，因此，上述评价结论只是初步结论，仍可能随控制测试后实施实质性程序的结果而发生变化。

在对控制进行初步评价及风险评估后，注册会计师需要利用实施上述程序获得的信息，回答以下问题：

第一，控制本身的设计是否合理。注册会计师需要根据上述的考虑因素判断，如果识别的控制设计合理，该控制在重要业务流程中单独或连同其他控制能否有效地实现特定控制目标。

第二，控制是否得到执行。如果设计合理的控制没有得到执行，该控制也不会发挥应有的作用。因此，注册会计师需要获取审计证据，评价这类控制是否确实存在，且正在被使用。

第三，是否更多地信赖控制并拟实施控制测试。如果认为被审计单位控制设计合理并得到执行，能够有效防止或发现并纠正重大错报，那么，注册会计师可以进行控制测试，进一步获取控制运行有效性的证据，从而减少拟实施的实质性程序。

⑦ 对财务报告流程的了解和评估。在实务工作中，注册会计师除了需要在重要业务流程层面了解重大交易生成、处理和记录的流程，并评估在可能发生错报的环节控制的设计和是否得到执行，还需要进一步了解有关信息从具体交易的业务流程过入总账、财务报表以及相关列报的流程，即财务报告流程及其控制。

财务报告流程包括：将业务数据汇总记入总账的程序，即如何将重要业务流程的信息与总账和财务报告系统相连接；在总账中生成、记录和处理会计分录的程序；记录对财务报表常规和非常规调整的程序，如合并调整、重分类等；草拟财务报表和相关披露的程序。

因此，财务报告流程可能包括若干个子流程。例如，编制试算平衡表，汇总、编制、复核和过入会计分录；草拟财务报表和相关披露；编制管理层对财务报表的内部分析等。

被审计单位的财务报告流程也应包括相关的控制程序，以确保按照适用的会计准则和相关会计制度的规定收集、记录、处理、汇总所需要的信息，并在财务报告中予以充分披露。例如，关联方交易、分部报告等。

了解和评估财务报告流程的控制采取的步骤与重要业务流程类似，也包括了解流程(包括上述的子流程，并考虑各个子流程之间如何链接)，确定可能发生错报的环节，识别和了解用于防止或发现并纠正错报的控制，执行穿行测试，对控制的设计及是否得到执行进行评估等，这里不再赘述。

5.4 评估重大错报风险

评估重大错报风险是风险评估的最后一个步骤。获取的关于风险因素和抵消控制风险的信息(通过实施风险评估程序)，将全部用于对财务报表层次以及各类交易、账户余额和披露认定层次的评估重大错报风险。评估将作为确定进一步审计程序的性质、范围和时间的基础，以应对识别风险。

5.4.1 评估财务报表层次和认定层次的重大错报风险

1) 评估重大错报风险时考虑的因素

表 5-3 列示了风险评估时考虑的部分风险因素。

表 5-3　　风险评估时考虑的部分风险因素

1. 已识别的风险是什么？	
财务报表层次	1. 源于薄弱的被审计单位层次内部控制或信息技术一般控制 2. 特别风险 3. 与管理层凌驾和舞弊相关的风险因素 4. 管理层愿意接受的风险，如小企业因缺乏职责分工导致的风险
认定层次	1. 与完整性、准确性、存在或计价相关的特定风险 (1) 收入、费用和其他交易 (2) 账户余额 (3) 财务报表披露 2. 可能产生多重错报的风险
相关内部控制程序	1. 特别风险 2. 用于预防、发现或减轻已识别风险的恰当设计并执行的内部控制程序 3. 仅通过执行控制测试应对的风险
2. 错报(金额影响)可能发生的规模有多大？	
财务报表层次	什么事项可能导致财务报表重大错报？考虑管理层凌驾、舞弊、未预期事件和以往经验
认定层次	考虑： (1) 交易、账户余额或披露的固有性质 (2) 日常和例外事件 (3) 以往经验

（续表）

3. 事件(风险)发生的可能性有多大?	
财务报表层次	考虑： (1) 来自高层的基调 (2) 管理层风险管理的方法 (3) 采用的政策和程序 (4) 以往经验
认定层次	考虑： (1) 相关的内部控制活动 (2) 以往经验
相关内部控制程序	识别对于降低事件发生可能性非常关键的管理层风险应对要素

2）评估重大错报风险的审计程序

在评估重大错报风险时，注册会计师应当实施下列审计程序。

(1) 运用各项风险评估程序，在了解被审计单位及其环境的整个过程中识别风险，并将识别的风险与各类交易、账户余额相联系。例如，宏观经济的低迷可能预示应收账款的回收存在问题；竞争者开发的新产品上市，可能导致被审计单位的主要产品在短期内过时，预示将出现存货跌价和长期资产(如固定资产等)的减值。

(2) 将识别的风险与认定层次可能发生错报的领域相联系。注册会计师应当将识别的风险与认定层次可能发生错报的领域相联系。例如，销售困难使产品的市场价格下降，可能导致年末存货成本高于其可变现净值而需要计提存货跌价准备，这显示存货的计价认定可能发生错报。

(3) 考虑识别的风险是否重大。风险是否重大是指风险造成后果的严重程度。上例中，除考虑产品市场价格下降因素外，注册会计师还应当考虑产品市场价格下降的幅度、该产品在被审计单位产品中的比重等，以确定识别的风险对财务报表的影响是否重大。假如产品市场价格大幅下降，导致产品销售收入不能补偿成本，毛利率为负，那么，年末存货跌价问题严重，存货计价认定发生错报的风险重大。

(4) 考虑识别的风险导致财务报表发生重大错报的可能性。在上例中，考虑存货的账面余额是否重大，是否已适当计提存货跌价准备等。在某些情况下，尽管识别的风险重大，但仍不至于导致财务报表发生重大错报。例如，被审计单位对于存货跌价准备的计提实施了比较有效的内部控制，管理层已根据存货的可变现净值，计提了相应的跌价准备。在这种情况下，财务报表发生重大错报的可能性将相应降低。

注册会计师应当利用实施风险评估程序获取的信息，包括在评价控制设计和确定其是否得到执行时获取的审计证据，作为支持风险评估结果的审计证据。注册会计师应当根据风险评估结果，确定实施进一步审计程序的性质、时间和范围。

3）识别两个层次的重大错报风险

在对重大错报风险进行识别和评估后，注册会计师应当确定，识别的重大错报风险是否与特定的某类交易、账户余额和披露的认定相关，还是与财务报表整体广泛相关，进而影响多项认定。

某些重大错报风险可能与特定的某类交易、账户余额和披露的认定相关。例如，被审计单位存在复杂的联营或合资，这一事项表明，长期股权投资账户的认定可能存在重大错报风险。

某些重大错报风险可能与财务报表整体广泛相关，进而影响多项认定。例如，管理层缺乏诚信或承受异常的压力可能引发舞弊风险，这些风险与财务报表整体相关。

4) 控制环境对评估财务根表层次重大错报风险的影响

财务报表层次的重大错报风险很可能源于薄弱的控制环境。薄弱的控制环境带来的风险可能对财务报表产生广泛影响，难以限于某类交易、账户余额和披露的认定，注册会计师应当采取总体应对措施。

例如，被审计单位治理层、管理层对内部控制的重要性缺乏认识，没有建立必要的制度和程序；或管理层经营理念偏于激进，又缺乏实现激进目标的人力资源等。这些缺陷源于薄弱的控制环境，可能对财务报表产生广泛影响，需要注册会计师采取总体应对措施。

5) 控制对评估认定层次重大错报风险的影响

在评估重大错报风险时，注册会计师应当将所了解的控制与特定认定相联系。这是由于控制有助于防止或发现并纠正认定层次的重大错报。有效的控制会减少错报发生的可能性，而控制不当或缺乏控制，错报就会由可能变成现实。

控制可能与某一认定直接相关，也可能与某一认定间接相关。关系越间接，控制在防止或发现并纠正认定中错报的作用越小。例如，销售经理对分地区的销售网点的销售情况进行复核，与销售收入完整性的认定只是间接相关。相应地，该项控制在降低销售收入完整性认定中的错报风险方面的效果，要比与该认定直接相关的控制(例如，将发货单与开具的销售发票相核对)的效果差。

注册会计师可能识别出有助于防止或发现并纠正特定认定发生重大错报的控制。在确定这些控制是否能够实现上述目标时，注册会计师应当将控制活动和其他要素综合考虑。如将销售和收款的控制置于其所在的流程和系统中考虑，以确定其能否实现控制目标。因为单个的控制活动(如将发货单与销售发票相核对)本身并不足以控制重大错报风险，只有多种控制活动和内部控制的其他要素综合作用才足以控制重大错报风险。

当然，也有某些控制活动可能专门针对某类交易、账户余额或披露的个别认定。例如，被审计单位建立的、以确保盘点工作人员能够正确地盘点和记录存货的控制活动，直接与存货账户余额的存在性和完整性认定相关。注册会计师只需要对盘点过程和程序进行了解，就可以确定控制是否能够实现目标。

注册会计师应当考虑对识别的各类交易、账户余额和披露认定层次的重大错报风险予以汇总和评估，以确定进一步审计程序的性质、时间和范围。

6) 考虑财务报表的可审计性

注册会计师在了解被审计单位内部控制后，可能对被审计单位财务报表的可审计性产生怀疑。例如，对被审计单位会计记录的可靠性和状况的担心可能会使注册会计师认为可能很难获取充分、适当的审计证据，以支持对财务报表发表意见。如果了解的内部控制情况引起对财务报表局部或整体的可审计性产生疑问，注册会计师应当考虑出具保留意见或无法表示意见的审计报告。必要时，注册会计师应当考虑解除业务约定。

案例讨论 5-4

识别风险并确定应对的审计程序

资料一：

A公司销售量、主要业务收入和净利润与20×8年相比增长比率为25%，在行业中居中，但同行业

20×9年的平均销售增值率只有12%,而A公司比同行业其他公司偏高;由于管理层的薪酬与销售增长指标挂钩,因此管理层多计主营业务收入的错报风险很大,营业收入的发生认定和应收账款的存在认定应作为重要的审计领域,设计有效的审计程序。

资料二:

A公司所处行业20×9年价格竞争激烈,近年原材料价格有较大幅度上升,水电煤等基础材料及人工成本处于较快的上升通道,涨价因素大大提高了企业的生产成本,A公司期末存货占资产的比例较大。

资料三:

A公司当年基本建设项目完工结转固定资产的40%;由于统一管理的需要更换了财务软件。

根据以上资料审计人员实施以下审计程序:

(一)实施风险评估程序以了解被审计单位及其环境

1. 询问被审计单位和内部其他相关人员以下事项:管理层所关注的新竞争对手、主要客户和供应商的流失、新的税收法规的实施以及经营目标或战略的变化等主要问题;可能影响财务报告的交易和事项,目前发生的重大会计处理问题;被审计单位发生的所有权结构、组织机构的变化以及内部控制的变化等。

2. 评价财务报表发生重大错报的可能性:执行内部控制符合性测试确定评价内控的有效性,评价财务报表发生重大错报的可能性。

3. 确定对财务报告可能产生错误的项目:评估内部控制缺陷,根据缺陷的重大性和重要性确定对财务报告可能产生错报的项目。

(二)执行分析性程序,确定财务报表项目的关键环节

根据资料一,可以确定A公司销售量、主营业务收入和净利润与20×8年相比增长率均为25%,在行业中居中。但同行业20×9年的平均销售增值率只有12%,因此A公司比同行业其他公司偏高;由于管理层的薪酬与销售增长指标挂钩,因此管理层多计主营业务收入的错报风险很大,营业收入的发生认定和应收账款的存在认定应作为重要的审计领域,设计有效的审计程序。

审计人员可以通过编制收入明细表,确定收入确认的时间分布、业务种类及重要客户等基本情况,同时根据抽取大额销售资料,逆测到销售合同、存货出库及应收账款,如果收入的确认集中在年末还需执行销售截止测试程序。

销售截止期测试可以设计3条截止测试程序:

1. 以账簿记录为起点:从资产负债表前后若干天的账簿记录查至记账凭证,检查发票存根与发运凭证,以证实已入账收入是否在同一期间已开具发票并发货,有无多计收入。

2. 以销售发票为起点:从资产负债表日前后若干天的发票存根查至发运凭证与账簿记录,确定已开具发票的货物是否已发货并于同一会计期间确认收入,查明有无漏计收入的现象。

3. 以发运凭证为起点:从资产负债表日前后若干天的发运凭证查至发票开具情况与账簿记录,确定收入是否完整确认。

根据资料二,可以判定:

1. A公司期末存货的计价和分摊认定有较大风险;特别注意存货的质量,注意观察存货余额常年不动的账户,关注是否存在冷背残次的积压存货。

2. 成本控制有风险,A公司面临原材料价格、人工成本上涨、竞争强度加大等困难,以上因素的影响导致成本上升,面临极大的成本控制风险。

基于资料三,可以判定:A公司面临主要的潜在错报风险:新增固定资产计价、折旧足额计提的风险;由于工作人员对新软件运用不熟悉发生错报的风险。

5.4.2 对风险评估的修正

注册会计师对认定层次重大错报风险的评估应以获取的审计证据为基础,并可能随着

不断获取审计证据而作出相应的变化。

例如，注册会计师对重大错报风险的评估可能基于预期控制运行有效这一判断，即相关控制可以防止或发现并纠正认定层次的重大错报。但在测试控制运行的有效性时，注册会计师获取的证据可能表明相关控制在被审计期间并未有效运行。同样，在实施实质性程序后，注册会计师可能发现错报的金额和频率比在风险评估时预计的金额和频率要高。因此，如果通过实施进一步审计程序获取的审计证据与初始评估获取的审计证据相矛盾，注册会计师应当修正风险评估结果，并相应修改原计划实施的进一步审计程序。

因此，评估重大错报风险与了解被审计单位及其环境一样，也是一个连续和动态地收集、更新与分析信息的过程，贯穿于整个审计过程的始终。

重要概念

风险评估　风险评估程序　内部控制　控制环境　风险评估过程　信息系统与沟通　控制活动

本章练习

简答题

1. 应当从哪些方面了解被审计单位及其环境？
2. 内部控制的目的与控制测试的目的有什么区别？
3. 怎样初步评价内部控制？
4. 重大错报风险的评估分为哪几个层次？它分哪几个步骤？

选择题

1. 注册会计师了解被审计单位及其环境的目的是（　　）。

A. 为了进行风险评估程序

B. 收集充分适当的审计证据

C. 为了识别和评估财务报表的重大错报风险

D. 控制检查风险

2. A 注册会计师针对销售交易，从订单处理——核准信用状况及赊销条款——填写订单并准备发货——编制货运单据——订单运送/递送追踪至客户或由客户提货——开具销售发票——复核发票的准确性并邮寄/送至客户——生成销售明细账——汇总销售明细账，并过账之总账和应收账款明细账等交易的整个流程，考虑之前对相关控制的了解是否正确和完善，并确定相关控制是否得到执行，这是（　　）。

A. 重新执行　　B. 抽样测试　　C. 实质性程序　　D. 穿行测试

3. 在进行风险评估时注册会计师通常采用的审计程序是（　　）。

A. 将财务报表与其所依据的会计记录相核对

B. 实施分析程序以识别异常的交易或事项，以及对财务报表和审计产生影响的金额、比率和趋势

C. 对应收账款进行函证

D. 以人工方式或使用计算机辅助审计技术，对记录或文件中的数据计算准确性进行核对

4. 注册会计师实施的下列审计程序中，不属于风险评估程序的是（　　）。

A. 询问被审计单位管理层和治理层　　B. 分析程序

C. 观察和检查　　　　　　　　　　　D. 重新执行

5. 下列关于财务报表层次重大错报风险的说法不正确的是(　　)。

A. 通常与控制环境有关

B. 与财务报表整体存在广泛联系

C. 可能影响多项认定

D. 可以界定于某类交易、账户余额的具体认定

案例分析题

ABC会计师事务所正在准备接受正大公司的委托审计其2018年的财务报表。正大公司以前年度是由K事务所审计的,并对2017年的财务报表出具了带强调事项段的保留意见。在接受委托之前,主管此项业务的ABC会计师事务所合伙人A注册会计师经正大公司的允许与K事务所进行了沟通,了解到正大公司的一些信息。以下为A注册会计师了解的部分信息:

(1) 正大公司是一家高新技术企业,拥有多项高新技术,在高新行业内属于佼佼者。

(2) 日益激烈的市场竞争与国际高新技术企业的加入使公司变现能力和盈利能力恶化。

(3) 公司的管理层最大限度的“挤压利润”,竭尽全力地使报告的收入和每股收益最大化。在2017年度,正大公司的收入被K事务所的注册会计师调减了1 000万元,占原报告收入的25%,同时调减利润300万元,占原报告收入的50%。

(4) 正大公司管理层不愿意接受审计调整;董事会中无审计委员会,内部审计部门形同虚设。

(5) 正大公司大多数交易采用计算机管理系统进行核算,核算系统内部控制政策和程序比较健全,但对资产的控制很差;最近实现的电算化系统中的固定资产记录并不是很准确。而且,该公司银行账户也安排银行出纳人员全权负责。

(6) 正大公司2007年财务报表附注中提到了一起由该公司竞争对手所提起的诉讼,称正大公司某项高新技术的知识产权存在侵权问题。K会计师事务所在2017年度审计报告中增加了一个强调说明段,表示了对正大公司持续经营能力的怀疑。

(7) 正大公司2015年～2017年3月的总收益水平持续下降,但是非经营活动收益率呈上升趋势,2018年度未经审计的净收益比2015年有大幅上升,同时增长幅度最大的是经营活动收益率。

请结合上述材料回答以下问题:

(1) 根据所了解的情况,正大公司的重大错报风险水平是高、中还是低?为什么?

(2) 根据题目所给的信息,正大公司认定层次的重大错报风险集中的领域是哪些?

第 6 章　风险应对

内容提要

本章主要讲解针对财务报表层次重大错报风险的总体应对措施，总体应对措施对进一步审计程序的总体方案的影响；针对认定层次重大错报风险的进步审计程序的含义、要求、性质、时间和范围；控制测试的含义、要求、性质、时间和范围；实质性程序的含义、要求、性质时间和范围。

重点难点

本章重点为针对财务报表层次重大错报风险的总体应对措施，进一步审计程序的性质、时间和范围；难点为控制测试的性质、时间和范围，实质性程序的性质、时间和范围。

学习目标

通过本章学习，学生应掌握注册会计师针对评估的财务报表层次重大错报风险的总体应对措施；认识了解进一步审计程序的含义和要求；掌握控制测试的含义和测试要点；掌握实质性程序的含义和测试要点。

知识框架

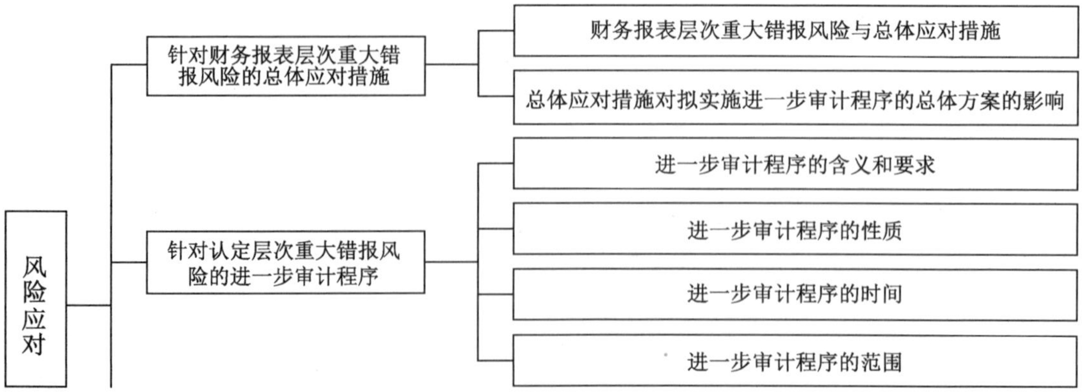

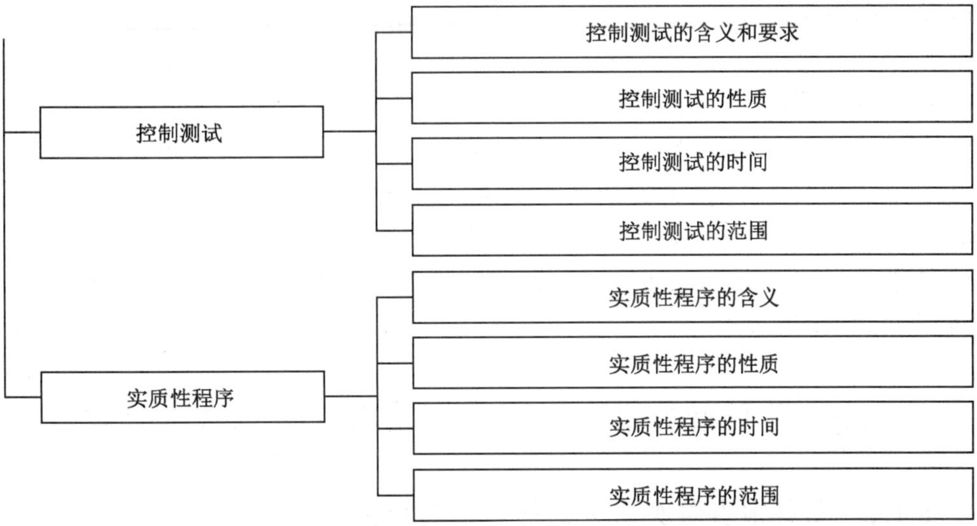

引入案例

打破审计程序的“教条”——一个注册会计师讲出来的故事

2018年我所在的会计师事务所在对Y公司已进场实施审计程序之后解除了与Y公司的审计合约。

当年做这个审计项目的时候，我们项目组进场后就开始按照审计计划对Y公司的财务报表、账簿记录包括会计凭证进行了核查。经过了两天工作之后，我们从Y公司的账簿记录上没有发现这家公司有什么大的问题。晚上，我们项目组几个人吃完晚饭后在客户厂区里散步，突然有人发出感慨：怎么这么安静啊！我们继续往前走，但我们的项目负责人似乎想到了什么，建议大家进生产车间看一看。走进车间，我们发现生产线是停着的，没有工人在干活，怪不得这么安静！又进了下一个车间，依然没有工人干活，而且厂房里没有几台机器。看到这种情况，项目负责人马上提出：审计程序需要重新考虑了。

第三天审计工作一开始，项目负责人要求项目组成员重新分析审计重点和疑点。经过大家的工作，有人发现该公司产品品种单一、价格低廉，与该公司的大公司、高收益市场形象不符，还有人发现银行、现金和预付账款账户有异动。基于以上种种疑点，项目负责人马上与我们事务所所长联系，在征得所长同意后，我们开始脱离原来计划好的审计程序，而决定基于各个疑点，进行“偏门”审计。

首先，我们要求客户提供了2016年、2017年、2018年所有银行、现金日记账。然后项目负责人要求我们100%的翻阅凭证，并且要以怀疑的态度审查每一张凭证。

一个星期下来，我们有了惊人的发现：首先，Y公司的美国客户竟然是在公司当地信用社向Y公司支付货款；Y公司不少海内外客户均有在当地信用社开户，而且账号连续，Y公司四大海外客户中有两个的工商登记地址竟然一模一样。其次，Y公司竟然预付上千万货款给当地的个体工商户采购原材料；预付几千万设备款给一家上海公司，1年后原数转回。再次，Y公司在12月底大规模的集中收付款，大部分转入转出均在当地信用社完成，部分银行转账凭证没有银行印鉴，2018年1月至2月未记现金日记账；Y公司拒绝我们提出的现金盘点要求。最后，我们对固定资产和存货进行了全面监盘，发现大量固定资产缺失，大量存货属于残次冷背——Y公司管理层解释是委托加工导致固定资产外借，未对残次冷背存货做出解释。

总之，这家公司的问题很大，情况很复杂，于是我们打电话给所长，让他亲自来处理。所长也感到事态严重，第二天一早就过来了。然后经过与Y公司协商，让我们撤离了审计现场。过了半个月，我们会计师事务所与该公司正式解除了审计合约。

其实，我们的审计项目负责人在Y公司申请上市的时候参与了对这家公司财务报表的审计，不过当时是别人负责，审计报表的时候就是走规定的审计程序，简单的抽样测试根本没有发现什么问题。所以，我觉得对于可疑类的客户，根本不可以采用正常的审计程序和测试方法，一定要走"偏门"！

为什么要走"偏门"？如何结合被审计单位的实际情况来确定审计程序降低审计风险？带着问题，我们开始这一章知识的学习。

在注册会计师实施风险评估程序，完成了对财务报表层次以及各类交易、账户余额认定层次的重大错报风险识别和评估之后，注册会计师需要针对已评估的重大错报风险确定总体应对措施，设计和实施进一步审计程序，即针对评估的财务报表层次重大错报风险确定总体应对措施，并针对评估的认定层次重大错报风险设计和实施进一步审计程序，以将审计风险降至可接受的低水平。

6.1 针对财务报表层次重大错报风险的总体应对措施

6.1.1 财务报表层次重大错报风险与总体应对措施

注册会计师应当针对评估的财务报表层次重大错报风险确定下列总体应对措施：

(1) 向审计项目组强调在收集和评价审计证据过程中保持职业怀疑态度的必要性。

(2) 分派更有经验或具有特殊技能的注册会计师，或利用专家工作。由于各行业在经营业务、经营风险、财务报告、法规要求等方面具有特殊性，审计项目组成员中应有一定比例的人员曾经参与过被审计单位以前年度的审计，或具有被审计单位所处特定行业的相关审计经验。必要时，要考虑利用信息技术、税务等方面的专家工作。

(3) 提供更多的督导。对于财务报表层次重大错报风险较高的审计项目，审计项目组的高级别成员，如项目负责人、项目经理等经验较丰富的人员，要对其他成员提供更详细、更经常、更及时的指导和监督，并加强项目质量复核。

(4) 提高审计程序的不可预见性。在选择进一步审计程序时，应当注意使某些程序不被管理层预见或事先了解。被审计单位人员，尤其是管理层，如果熟悉注册会计师的审计套路，就可能采取种种规避手段，掩盖财务报告中的舞弊行为。因此，在设计拟实施审计程序的性质、时间和范围时，为了避免既定思维对审计方案的限制，避免对审计效果的人为干涉，从而使得针对重大错报风险的进一步审计程序更加有效，注册会计师要考虑使某些程序不被被审计单位管理层预见或事先了解。

在实务中，注册会计师可以通过以下方式提高审计程序的不可预见性：

① 对某些未测试过的低于设定的重要性水平或风险较小的账户余额和认定实施实质性程序。

② 调整实施审计程序的时间，使被审计单位不可预期。

③ 采取不同的审计抽样方法，使当期抽取的测试样本与以前有所不同。

④ 选取不同的地点实施审计程序，或预先不告知被审计单位所选定的测试地点。

(5) 对拟实施审计程序的性质、时间和范围做出总体修改。财务报表层次的重大错报风险很可能源于薄弱的控制环境。薄弱的控制环境带来的风险可能对财务报表产生广泛影响，注册会计师应当采取总体应对措施。如果控制环境存在缺陷，注册会计师在对拟实施审计程序的性质、时间和范围做出总体修改时应当考虑：

① 在期末而非期中实施更多的审计程序。

② 主要依赖实质性程序获取审计证据。

③ 修改审计程序的性质,获取更具说服力的审计证据。

④ 扩大审计程序的范围。

表 6-1 以存货、销售与应收账款举例说明了一些具有不可预见性的审计程序。

表 6-1　　审计程序的不可预见性示例

审计领域	一些可能适用的具有不可预见性的审计程序
存货	向以前审计过程中接触不多的被审计单位员工询问,例如采购、销售、生产人员等
	在不事先通知被审计单位的情况下,选择一些以前未曾访问过的盘点地点进行存货监盘
销售和应收账款	实施以前未实施过的审计程序,如: ① 函证确认销售条款或者选定销售额较不重要,以前未曾关注的销售交易,如对出口销售实施实质性程序 ② 实施更细致的分析程序,如使用计算机辅助审计技术审阅销售及客户账户 ③ 测试以前未曾函证过的账户余额,如,金额为负或是零的账户,或者余额低于以前设定的重要性水平的账户

6.1.2　总体应对措施对拟实施进一步审计程序的总体方案的影响

财务报表层次重大错报风险难以限于某类交易、账户余额和披露的特点,意味着此类风险可能对财务报表的多项认定产生广泛影响,并相应增加注册会计师对认定层次重大错报风险的评估难度。因此,注册会计师评估的财务报表层次重大错报风险以及采取的总体应对措施,对拟实施进一步审计程序的总体方案具有重大影响。

拟实施进一步审计程序的总体方案包括实质性方案和综合性方案。其中,实质性方案是指注册会计师实施的进一步审计程序以实质性程序为主;综合性方案是指注册会计师在实施进一步审计程序时,将控制测试与实质性程序结合使用。当评估的财务报表层次重大错报风险属于高风险水平(并相应采取更强调审计程序不可预见性以及重视调整审计程序的性质时间和范围等总体应对措施)时,拟实施进一步审计程序的总体方案往往更倾向于实质性方案。

6.2 针对认定层次重大错报风险的进一步审计程序

6.2.1　进一步审计程序的含义和要求

1) 进一步审计程序的含义

进一步审计程序相对于风险评估程序而言,是指注册会计师针对评估的各类交易、账户余额和披露认定层次重大错报风险实施的审计程序,包括控制测试和实质性程序。

注册会计师应当针对评估的认定层次重大错报风险设计和实施进一步审计程序,包括审计程序的性质、时间和范围。进一步审计程序的性质、时间和范围,应当与评估的认定层次重大错报风险具备明确的对应关系。注册会计师实施的审计程序应具有目的性和针对性有的放矢地配置审计资源,有利于提高审计效率和效果。

2) 设计进一步审计程序时考虑的因素

在设计进一步审计程序时，注册会计师应当考虑下列因素：

(1) 风险的重要性。风险的重要性是指风险造成的后果的严重程度。风险的后果越严重，就越需要注册会计师关注和重视，越需要精心设计有针对性的进一步审计程序。

(2) 重大错报发生的可能性。重大错报发生的可能性越大，同样越需要注册会计师精心设计进一步审计程序。

(3) 涉及的各类交易、账户余额的特征。不同的交易、账户余额和列报，产生的认定层次的重大错报风险也会存在差异，适用的审计程序也有差别，需要注册会计师区别对待，并设计有针对性的进一步审计程序予以应对。

(4) 被审计单位采用的特定控制的性质。不同性质的控制(尤其是人工控制还是自动化控制)对注册会计师设计进一步审计程序具有重要影响。

(5) 注册会计师是否拟获取审计证据，以确定内部控制在防止或发现并纠正重大错报方面的有效性。如果注册会计师在风险评估时预期内部控制运行有效，随后拟实施的进一步审计程序就必须包括控制测试，且实质性程序自然会受到之前控制测试结果的影响。

综合上述几方面因素，注册会计师对认定层次重大错报风险的评估为确定进一步审计程序的总体方案奠定了基础，因此，注册会计师应当根据对认定层次重大错报风险的评估结果，恰当选用实质性方案或综合性方案。通常情况下，注册会计师出于成本效益的考虑可以采用综合性方案设计进一步审计程序，即将测试控制运行的有效性与实质性程序结合使用。但在某些情况下(如仅通过实质性程序无法应对重大错报风险)，注册会计师必须通过实施控制测试，才可能有效应对评估出的某一认定的重大错报风险；而在另一些情况下(如注册会计师的风险评估程序未能识别出与认定相关的任何控制，或注册会计师认为控制测试很可能不符合成本效益原则)，注册会计师可能认为仅实施实质性程序就是适当的。

需要特别说明的是，注册会计师对重大错报风险的评估毕竟是一种主观判断，可能无法充分识别所有的重大错报风险，同时内部控制存在固有局限性(特别是存在管理层凌驾于内部控制之上的可能性)。因此，无论选择何种方案，注册会计师都应当对所有重大的各类交易、账户余额、列报设计和实施实质性程序。

特别提示 6-1

在被审计单位对日常交易或与财务报表相关的其他数据(包括信息的生成、记录、处理、报告)采用高度自动化处理的情况下，审计证据可能仅以电子形式存在。此时审计证据是否充分和适当通常取决于自动化信息系统相关控制的有效性。在这个时候，注册会计师必须针对自动化控制系统实施控制测试。

6.2.2 进一步审计程序的性质

1) 进一步审计程序的性质的含义

进一步审计程序的性质是指进一步审计程序的目的和类型。其中，进一步审计程序的目的包括通过实施控制测试以确定内部控制运行的有效性，通过实施实质性程序以发现认定层次的重大错报；进一步审计程序的类型包括检查、观察、询问、函证、重新计算、重新执行和分析程序。

在应对评估的风险时，合理确定审计程序的性质是最重要的。这是因为不同的审计程序应对特定认定错报风险的效力不同。例如，对于与收入完整性认定相关的重大错报风险，控制测试通常更能有效应对；对于与收入发生认定相关的重大错报风险，实质性程序通常更能有效应对。

2）进一步审计程序的性质的选择

在确定进一步审计程序的性质时，注册会计师首先需要考虑的是认定层次重大错报风险的评估结果。因此，注册会计师应当根据认定层次重大错报风险的评估结果选择审计程序。评估的认定层次重大错报风险越高，对通过实质性程序获取的审计证据的相关性和可靠性的要求就越高，从而可能影响进一步审计程序的类型及其综合运用。例如，当注册会计师判断某类交易协议的完整性存在更高的重大错报风险时，除了检查文件以外，注册会计师还可能决定向第三方询问或函证协议条款的完整性。

除了从总体上把握认定层次重大错报风险的评估结果对选择进一步审计程序的影响外，在确定拟实施的审计程序时，注册会计师接下来应当考虑评估的认定层次重大错报风险产生的原因，包括考虑各类交易、账户余额和披露的具体特征以及内部控制。例如，注册会计师可能判断某特定类别的交易即使在不存在相关控制的情况下发生重大错报的风险仍较低，此时可能认为仅实施实质性程序就可以获取充分、适当的审计证据。

需要说明的是，如果在实施进一步审计程序时拟利用被审计单位信息系统生成的信息，注册会计师应当就信息的准确性和完整性获取审计证据。例如，注册会计师在实施实质性分析程序时，使用了被审计单位生成的非财务信息或预算数据。注册会计师应当获取关于这些信息的准确性和完整性的审计证据。

6.2.3 进一步审计程序的时间

1）进一步审计程序的时间的含义

进一步审计程序的时间是指注册会计师何时实施进一步审计程序，或审计证据适用的期间或时点。因此，当提及进一步审计程序的时间时，在某些情况下指的是审计程序的实施时间，在另一些情况下是指需要获取的审计证据适用的期间或时点。

2）进一步审计程序的时间的选择

有关进一步审计程序的时间的选择问题，第一个层面是注册会计师选择在何时实施进一步审计程序的问题，问题主要集中在如何权衡期中与期末实施审计程序的关系；第二个层面是选择获取什么期间或时点的审计证据的问题，问题分别集中在如何权衡期中审计证据与期末审计证据的关系、如何权衡以前审计获取的审计证据与本期审计获取的审计证据的关系。这两个层面的最终落脚点都是如何确保获取审计证据的效率和效果。

注册会计师选择实施审计程序的时间要考虑的一项基本因素是注册会计师评估的重大错报风险。当重大错报风险较高时，注册会计师应当考虑在期末或接近期末实施实质性程序；或采用不通知的方式，或在管理层不能预见的时间实施审计程序。

注册会计师也可以选择在期中实施审计程序。在期中实施进一步审计程序，可能有助于注册会计师在审计工作初期识别重大事项，并在管理层的协助下及时解决这些事项；或针对这些事项制定有效的实质性方案或综合性方案。

需要说明的是，虽然注册会计师在很多情况下可以根据具体情况选择实施进一步审计程序的时间，但也存在着一些限制选择的情况。某些审计程序只能在期末或期末以后实施，包括将财务报表与会计记录相核对、检查财务报表编制过程中所作的会计调整等。

6.2.4 进一步审计程序的范围

1) 进一步审计程序的范围的含义

进一步审计程序的范围是指实施进一步审计程序的数量，包括抽取的样本量、对某项控制活动的观察次数等。

2) 确定进一步审计程序的范围时考虑的因素

在确定进一步审计程序的范围时，注册会计师应当考虑下列因素：

(1) 确定的重要性水平。确定的重要性水平越低，注册会计师实施进一步审计程序的范围越广。

(2) 评估的重大错报风险。评估的重大错报风险越高，对拟获取审计证据的相关性、可靠性的要求越高，因此，注册会计师实施的进一步审计程序的范围也越广。

(3) 计划获取的保证程度。计划获取的保证程度越高，对测试结果可靠性要求越高，注册会计师实施的进一步审计程序的范围越广。

需要说明的是，随着重大错报风险的增加，注册会计师应当考虑扩大审计程序的范围。但是，只有当审计程序本身与特定风险相关时，扩大审计程序的范围才是有效的。

6.3 控制测试

控制测试是为了获取关于内部控制在防止或发现并纠正认定层次重大错报的有效性而实施的测试。注册会计师应当选择为相关认定提供证据的控制进行测试。

6.3.1 控制测试的含义和要求

1) 控制测试的含义

控制测试指的是测试内部控制运行的有效性。这一概念需要与“了解内部控制”进行区分。“了解内部控制”包含两层含义：一是评价控制的设计：二是确定控制是否得到执行。测试控制运行的有效性与确定控制是否得到执行所需获取的审计证据是不同的。

在实施风险评估程序以获取控制是否得到执行的审计证据时，注册会计师应当确定某项控制是否存在，被审计单位是否正在使用。

在测试控制运行的有效性时，注册会计师应当从下列 4 个方面获取关于控制是否有效运行的审计证据：

① 控制在所审计期间的不同时点是如何运行的。

② 控制是否得到一贯执行。

③ 控制由谁执行。

④ 控制以何种方式运行(如人工控制或自动化控制)。

控制运行的有效性强调的是控制能够在各个不同时点按照既定设计得以一贯执行。因此，在了解控制是否得到执行时，注册会计师只需抽取少量的交易进行检查或观察某几个时点。但在测试控制运行的有效性时，注册会计师需要抽取足够数量的交易进行检查或对多个不同时点进行观察。

测试控制运行的有效性与确定控制是否得到执行所需获取的审计证据虽然存在差异，但两者也有联系。为评价控制设计和确定控制是否得到执行而实施的某些风险评估程序并非专为控制测试面设计，但可能提供有关控制运行有效性的审计证据，注册会计师可以考虑在评价控制设计和获取其得到执行的审计证据的同时测试控制运行的有效性，以提高审计效率；同时注册会计师应当考虑这些审计证据是否足以实现控制测试的目的。

知识拓展6-1

"了解内部控制"与"控制测试"示例

某单位针对销售收入和销售费用的业绩评价控制如下：

1. 财务经理每月审核实际销售收入(按产品细分)和销售费用(按费用项目细分)，并与预算数和上年同期数比较，对于差异金额超过5%的项目进行分析并编制分析报告。

2. 销售经理审阅该报告并采取适当跟进措施。

了解内控：注册会计师抽查了最近3个月的分析报告，并看到上述管理人员在报告上签字确认，证明该控制已经得到执行。

控制测试：注册会计师在与销售经理的讨论中，发现他对分析报告中明显异常的数据并不了解其原因，也无法做出合理解释，从而显示该控制并未得到有效的运行。

控制运行有效性强调的是控制能够在各个不同时点按照既定设计得以一贯执行。

2) 控制测试的要求

作为进一步审计程序的类型之一，控制测试并非在任何情况下都需要实施。当存在下列情形之一时，注册会计师应当实施控制测试：①在评估认定层次重大错报风险时，预期控制的运行是有效的；②仅实施实质性程序不足以提供认定层次充分、适当的审计证据。

出于成本效益的考虑，注册会计师只有认为控制设计合理、能够防止或发现和纠正认定层次的重大错报，因而可以适当减少实质性程序，注册会计师才有必要对控制运行的有效性实施测试。

有时，对有些重大错报风险，注册会计师仅通过实质性程序不能获取充分、适当的审计证据的情况，此时注册会计师必须实施控制测试。这种测试已经不再是单纯出于成本效益的考虑，而是必须获取的一类审计证据。

案例讨论6-1

审计人员做法是否恰当

1. 甲公司是会计师事务所的常年审计客户，主要从事肉制品的加工和销售。A注册会计师负责审计甲公司2015年度财务报表。

资料：甲公司部分原材料系向农户采购。财务人员办理结算时应当查验农户身份证，并将身份证复印件及农户签字的收据作为付款凭证附件。2 000元以上的付款应当通过银行转账。

A注册会计师在审计工作底稿中记录了与采购与付款交易相关的审计工作，部分内容摘录如下：注册会计师在实施控制测试时，发现一笔8 000元的采购交易被拆分成8笔，以现金支付。财务经理解释该农户无银行卡。A注册会计师询问了该农户，对控制测试结果满意。

要求：指出A注册会计师的做法是否恰当。如不恰当，简要说明理由。

2. 甲公司内部控制制度规定，财务经理每月应复核销售返利计算表，检查销售收入金额和返利比例是否准确，如有异常进行调查并处理，复核完成后签字存档，审计项目组选取了3个月的销售返利计算表，检查了财务经理的签字，认为该控制运行有效。

要求：指出审计项目组的做法是否恰当。如果不恰当，简要说明理由。

6.3.2 控制测试的性质

1) 控制测试的性质的含义

控制测试的性质是指控制测试所使用的审计程序的类型及其组合。

计划从控制测试中获取的保证水平是决定控制测试性质的主要因素之一。计划的保证水平越高，对有关控制运行有效性的审计证据的可靠性要求越高。当拟实施的进一步审计程序主要以控制测试为主，尤其是仅实施实质性程序获取的审计证据无法将认定层次重大错报风险降至可接受的低水平时，注册会计师应当获取有关控制运行有效性的更高的保证水平。

虽然控制测试与了解内部控制的目的不同，但两者采用审计程序的类型通常相同，包括询问、观察、检查和重新执行。

(1) 询问。注册会计师可以向被审计单位适当员工询问，获取与内部控制运行情况相关的信息。但仅仅通过询问不能为控制运行的有效性提供充分的证据，注册会计师通常需要印证被询问者的答复，如向其他人员询问和检查执行控制时所使用的报告、手册或其他文件等。在询问过程中，注册会计师应当保持职业怀疑态度。

(2) 观察。观察是测试不留下书面记录的控制的运行情况的有效方法。例如，观察存货盘点控制的执行情况。观察也可运用于实物控制，如查看仓库门是否完好。通常情况下，注册会计师通过观察直接获取的证据比间接获取的证据更可靠。

(3) 检查。对运行情况留有书面证据的控制，检查非常适用。书面说明、复核时留下的记号，或其他记录在偏差报告中的标志，都可以被当作控制运行情况的证据。例如，检查销售发票是否有复核人员签字，检查销售发票是否附有客户订购单和出库单等。

(4) 重新执行。通常只有当询问、观察和检查程序结合在一起仍无法获得充分的证据时，注册会计师才考虑通过重新执行来证实控制是否有效运行。例如，为了合理保证计价认定的准确性，被审计单位的一项控制是由复核人员核对销售发票上的价格与统一价格单上的价格是否一致。但是，要检查复核人员有没有认真执行核对，仅仅检查复核人员是否在相关文件上签字是不够的，注册会计师还需要自己选取一部分销售发票进行核对，这就是重新执行程序。

询问本身并不足以测试控制运行的有效性，注册会计师应当将询问与其他审计程序结合使用，以获取有关控制运行有效性的审计证据。观察提供的证据仅限于观察发生的时点，本身也不足以测试控制运行的有效性。将询问与检查或重新执行结合使用，通常能够比仅实施询问和观察获取更高的保证。

2) 确定控制测试的性质时的要求

(1) 考虑特定控制的性质。注册会计师应当根据特定控制的性质选择所需实施审计程序的类型。例如，某些控制可能存在反映控制运行有效性的文件记录，在这种情况下，注册会计师可以检查这些文件记录以获取控制运行有效的审计证据。

(2) 考虑测试与认定直接相关和间接相关的控制。在设计控制测试时，注册会计师不仅应当考虑与认定直接相关的控制，还应当考虑这些控制所依赖的与认定间接相关的控制，以获取支持控制运行有效性的审计证据。

(3) 如何对一项自动化的应用控制实施控制测试。对于一项自动化的应用控制，由于信息技术处理过程的内在一贯性，注册会计师可以利用该项控制得以执行的审计证据和信息技术一般控制(特别是对系统变动的控制)运行有效性的审计证据，作为支持该项控制在相关期间运行有效性的重要审计证据。

3) 实施控制测试时对双重目的的实现

控制测试的目的是评价控制是否有效运行；细节测试的目的是发现认定层次的重大错报。尽管两者目的不同，但注册会计师可以考虑针对同一交易同时实施控制测试和细节测试以实现双重目的。例如，注册会计师通过检查某笔交易的发票可以确定其是否经过适当的授权，也可以获取关于该交易的金额、发生时间等细节证据。当然，如果拟实施双重目的的测试，注册会计师应当仔细设计和评价测试程序。

4) 实施实质性程序的结果对控制测试结果的影响

如果通过实施实质性程序未发现某项认定存在错报，这本身并不能说明与该认定有关的控制是有效运行的；但如果通过实施实质性程序发现某项认定存在错报，注册会计师应当在评价相关控制的运行有效性时予以考虑。因此，注册会计师应当考虑实施实质性程序发现的错报对评价相关控制运行有效性的影响(如降低对相关控制的信赖程度、调整实质性程序的性质、扩大实质性程序的范围等)。如果实施实质性程序发现被审计单位没有识别出的重大错报，通常表明内部控制存在重大缺陷，注册会计师应当就这些缺陷与管理层和治理层进行沟通。

相关思考 6-1

审计项目组做法是否恰当

审计工作底稿中与内部控制相关的部分内容摘录如下：

审计项目组对银行存款实施了实质性程序，未发现错报，因此认为甲公司与银行存款相关的内部控制运行有效。

要求：指出审计项目组的做法是否恰当。如果不恰当，简要说明理由。

6.3.3 控制测试的时间

1) 控制测试的时间的含义

控制测试的时间包含两层含义：一是何时实施控制测试；二是测试所针对的控制适用的时点或期间。一个基本的原理是，如果测试特定时点的控制，注册会计师仅得到该时点控制运行有效性的审计证据；如果测试某一期间的控制，注册会计师可获取控制在该期间有效运行的审计证据。因此，注册会计师应当根据控制测试的目的确定控制测试的时间，并确定拟信赖的相关控制的时点或期间。

2) 如何考虑期中审计证据

对于控制测试，注册会计师可能在期中实施进一步审计程序。即使已获取有关控制在期中运行有效性的审计证据，注册会计师仍然需要考虑如何能够将控制在期中运行有效性的审计证据合理延伸至期末，一个基本的考虑是针对期中至期末这段剩余期间获取充分、适当的审计证据。

案例讨论 6-2

关于控制测试的时间问题

上市公司甲公司是ABC会计师事务所的常年审计客户，主要从事汽车的生产和销售。A注册会计师负责审计甲公司2017年度财务报表，确定财务报表整体的重要性为1 000万元，明显微小错报的临界值为30万元。

资料：A注册会计师在审计工作底稿中记录了审计计划，部分内容摘录如下：

A注册会计师认为仅实施实质性程序不能获取与成本核算相关的充分、适当的审计证据，因此，拟实施综合性方案：测试相关内部控制在2017年1月至10月期间的运行有效性，并对2017年11月至12月的成本核算实施细节测试。

要求：针对资料，假定不考虑其他条件，指出审计计划的内容是否恰当。如不恰当，简要说明理由。

6.3.4 控制测试的范围

1）控制测试的范围的含义

对于控制测试的范围，其含义主要是指某项控制活动的测试次数。注册会计师应当设计控制测试，以获取控制在整个拟信赖的期间有效运行的充分、适当的审计证据。

2）确定控制测试范围的考虑因素

注册会计师在确定某项控制的测试范围时通常考虑下列因素：

（1）在整个拟信赖的期间，被审计单位执行控制的频率。控制执行的频率越高，控制测试的范围越大。

（2）在所审计期间，注册会计师拟信赖控制运行有效性的时间长度。拟信赖期间越长，控制测试的范围越大。

（3）为证实控制能够防止或发现并纠正认定层次重大错报，所需获取审计证据的相关性和可靠性。对审计证据的相关性和可靠性要求越高，控制测试的范围越大。

（4）通过测试与认定相关的其他控制获取的审计证据的范围。针对同一认定，可能存在不同的控制。当针对其他控制获取审计证据的充分性和适当性较高时，测试该控制的范围可适当缩小。

（5）在风险评估时拟信赖控制运行有效性的程度。注册会计师在风险评估时对控制运行有效性的拟信赖程度越高，需要实施控制测试的范围越大。

（6）控制的预期偏差。预期偏差可以用控制未得到执行的预期次数占控制应当得执行次数的比率加以衡量(也可称为预期偏差率)。考虑该因素，是因为在考虑测试结果是否可以得出控制运行有效性的结论时，不可能只要出现任何控制执行偏差就认定控制运行无效，所以需要确定一个合理水平的预期偏差率。控制的预期偏差率越高，需要实施控制测试的范围越大。如果控制的预期偏差率过高，注册会计师应当考虑控制可能不足以将认定层次的重大错报风险降至可接受的低水平，从而针对某一认定实施的控制测试可能是无效的。

3）对自动化控制的测试范围的特别考虑

除非系统(包括系统使用的表格、文档或其他永久性数据)发生变动，注册会计师通常不需要增加自动化控制的测试范围。

信息技术处理具有内在一贯性，除非系统发生变动，一项自动化应用控制应当一贯运行。对于一项自动化应用控制，一旦确定被审计单位正在执行该控制，注册会计师通常无须扩大控制测试的范围，但需要考虑执行测试以确定该控制持续有效运行。

4) 测试两个层次控制时注意的问题

控制测试可用于被审计单位每个层次的内部控制。整体层次控制测试通常更加主观（如管理层对胜任能力的重视）。对整体层次控制进行测试，通常比业务流程层次控制（如检查付款是否得到授权）更难以记录。因此，整体层次控制和信息技术一般控制的评价通常记录的文件备忘录和支持性文件。注册会计师最好是在审计的早期测试整体层次控制。原因在于对这些控制测试的结果会影响其他计划审计程序的性质和范围。

案例讨论 6-3

关于控制测试的范围问题

ABC会计师事务所的A注册会计师负责审计多家被审计单位2017年度财务报表。与存货审计相关的部分事项如下：

1. 因甲公司存货不存在特别风险，且以前年度与存货相关的控制运行有效。A注册会计师因此减少了本年度存货细节测试的样本量。

2. 乙公司与材料入库相关的内部控制本年未发生变化。因该控制应对的风险不是特别风险，A注册会计师决定利用上年度审计获取的有关该控制运行有效性的审计证据。

要求：针对上述事项，指出A注册会计师的做法是否恰当，如不恰当，简要说明理由。

6.4 实质性程序

6.4.1 实质性程序的含义

实质性程序是指注册会计师针对评估的重大错报风险实施的直接用以发现认定层次重大错报的审计程序。实质性程序包括对各类交易、账户余额和披露的细节测试以及实质性分析程序。

注册会计师实施的实质性程序应当包括下列与财务报表编制完成阶段相关的审计程序：

(1) 将财务报表与其所依据的会计记录相核对。

(2) 检查财务报表细制过程中做出的重大会计分录和其他会计调整。注册会计师对会计分录和其他会计调整检查的性质和范围，取决于被审计单位财务报告过程的性质和复杂程度以及由此产生的重大错报风险。

由于注册会计师对重大错报风险的评估是一种判断，可能无法充分识别所有的重大错报风险，并且由于内部控制存在固有局限性，无论评估的重大错报风险结果如何，注册会计师都应当针对所有重大的各类交易、账户余额和披露实施实质性程序。

案例讨论 6-4

是否需实施实质性程序？

ABC会计师事务所的A注册会计师负责审计多家被审计单位2017年度财务报表。与存货审计相关的部分事项如下：

甲公司为制造业企业，采用信息系统进行成本核算。A注册会计师对信息系统一般控制和相关的自动化应用控制进行测试后结果满意，不再对成本核算实施实质性程序。

要求：针对上述事项，A注册会计师不再实施实质性程序的做法是否恰当，如不恰当，简要说明理由。

6.4.2 实质性程序的性质

1）实质性程序的性质的含义

实质性程序的性质，是指实质性程序的类型及其组合。前已述及，实质性程序有两种基本类型，即细节测试和实质性分析程序。

细节测试是对各类交易、账户余额和披露的具体细节进行测试，目的在于直接识别财务报表认定是否存在错报。细节测试被用于获取与某些认定相关的审计证据，如存在、准确性、计价等。

实质性分析程序从技术特征上讲仍然是分析程序，主要是通过研究数据间关系评价信息，只是将该技术方法用作实质性程序，即用以识别各类交易、账户余额相关认定是否存在错报。实质性分析程序通常更适用于在一段时间内存在可预期关系的大量交易。

2）细节测试和实质性分析程序的适用性

由于细节测试和实质性分析程序的目的和技术手段存在一定差异，因此，各自有不同的适用领域。注册会计师应当根据各类交易、账户余额和披露的性质选择实质性程序的类型。

细节测试适用于对各类交易、账户余额和披露认定的测试，尤其是对存在或发生、计价认定的测试；对在一段时期内存在可预期关系的大量交易，注册会计师可以考虑实施实质性分析程序。

3）细节测试的方向

对于细节测试，注册会计师应当针对评估的风险设计细节测试，获取充分、适当的审计证据，以达到认定层次所计划的保证水平。例如，在针对完整性认定设计细节测试时，注册会计师应当选择有证据表明应包含在财务报表金额中的项目，并调查这些项目是否确实包括在内。如为应对被审计单位漏记本期应付账款的风险，注册会计师可以检查期后付款记录。

4）设计实质性分析程序时考虑的因素

注册会计师在设计实质性分析程序时应当考虑的因素包括：①对特定认定使用实质性分析程序的适当性；②对已记录的金额或比率做出预期时，所依据的内部或外部数据的可靠性；③做出预期的准确程度是否足以在计划的保证水平上识别重大错报；④已记录金额与预期值之间可接受的差异额。考虑到数据及分析的可靠性，当实施实质性分析程序时，如果使用被审计单位编制的信息，注册会计师应当考虑测试与信息编制相关的控制，以及这些信息是否在本期或前期经过审计。

6.4.3 实质性程序的时间

实质性程序的时间选择与控制测试的时间选择有共同点，也有很大差异。共同点在于，两类程序都面临着对期中审计证据和对以前审计获取的审计证据的考虑。两者的差异在于以下两个方面。

(1) 在控制测试中，期中实施控制测试并使取期中关于控制运行有效性审计证据的做法更具有一种"常态"；而由于实质性程序的目的在于更直接地发现重大错报，在期中实能实质性程序时更需要考虑其成本效益的权衡。在期中实施实质性程序，一方面消耗了审计资源；另一方面期中实施实质性程序获取的审计证据又不能直接作为期末财务报表认定的审计证据，注册会计师仍然需要消耗进一步的审计资源，使期中审计证据能够合理延伸至期末。

于是这两部分审计资源的总和是否能够显著小于完全在期末实施实质性程序所需消耗的审计资源，是注册会计师需要权衡的。

(2) 在本期控制测试中拟信赖以前审计获取的有关控制运行有效性的审计证据，已经受到了很大的限制；而对于以前审计中通过实质性程序获取的审计证据，则采取了更加慎重的态度和更严格的限制。

如果在期中实施了实质性程序，注册会计师应当针对剩余期间实施进一步的实质性程序，或将实质性程序和控制测试结合使用，以将期中测试得出的结论合理延伸至期末。

如果拟将期中测试得出的结论延伸至期末，注册会计师应当考虑针对剩余期间仅实施实原性程序是否足够。如果认为实施实质性程序本身不充分，注册会计师还应测试剩余期间相关控制运行的有效性或针对期末实施实质性程序。

对于舞弊导致的重大错报风险，被审计单位存在故意错报或操纵的可能性，为将期中得出的结论延伸至期末而实施的审计程序通常是无效的，注册会计师应当考虑在期末或者接近期末实施实质性程序。

案例讨论 6-5

是否需实施实质性程序？

ABC 会计师事务所的 A 注册会计师负责审计甲公司 2019 年度财务报表，与货币资金审计相关的部分事项如下：

甲公司有一笔 2018 年 10 月存入的期限两年的大额定期存款。A 注册会计师在 2018 年度财务报表审计中检查了开户证实书原件并实施了函证，结果满意，因此，未在 2019 年度审计中实施审计程序。

针对上述事项，A 注册会计师的做法是否恰当？为什么？

6.4.4 实质性程序的范围

评估的认定层次重大错报风险和实施控制测试的结果是注册会计师在确定实质性程序的范围时的重要考虑因素。评估的认定层次的重大错报风险越高，需要实施实质性程序的范围越广。如果对控制测试结果不满意，注册会计师应当考虑扩大实质性程序的范围。

在设计细节测试时，注册会计师除了从样本量的角度考虑测试范围外，还要考虑选样方法的有效性等因素。例如，从总体中选取大额或异常项目，而不是进行代表性通样或分层抽样。

实质性分析程序的范围有两层含义：第一层含义是对什么层次上的数据进行分析，注册会计师可以选择在高度汇总的财务数据层次进行分析，也可以根据重大错报风险的性质和水平调整分析层次。例如，按照不同产品线、不同季节或月份、不同经营地点或存货存放地点等实施实质性分析程序。第二层含义是需要对什么幅度或性质的偏差展开进一步调查。实施分析程序可能发现偏差，但并非所有的偏差都值得展开进一步调查。可容忍或可接受的偏差（即预期偏差）越大，作为实质性分析程序一部分的进一步调查的范围就越小。于是确定适当的预期偏差幅度同样属于实质性分析程序的范畴。因此，在设计实质性分析程序时，注册会计师应当确定已记录金额与预期值之间可接受的差异额。在确定该差异额时，注册会计师应当主要考虑各类交易、账户余额及列报认定的重要性和计划的保证水平。

案例讨论 6-6

上市公司是否存在重大错报风险

注册会计师肖现作为大华股份有限公司（以下简称大华公司）2019 年度财务报表审计项目负责人，通过了解大华公司及其环境，发现当年大华公司所处行业由于一些新竞争者的加入，不仅分割了一部分市场，还导致产品价格下降了 10%。大华公司 2018 年末制定的 2019 年度的经营目标是：以稳定发展为前提，力争收入、利润等主要指标在 2018 年度的基础上保持稳定或略有提高。

已审计的 2018 年度财务报表显示，收入 100 000 万元，成本85 000万元，应收账款3 000万元。

未经审计的 2019 年度财务报表显示，收入105 000万元，成本89 000万元，应收账款5 000万元。

要求：在不考虑其他情况的条件下，根据上述资料，试分析大华公司 2019 年度财务报表是否存在重大错报风险；如果存在重大错报风险，请指出重大错报风险直接涉及的会计账户及其相应的认定，并简要说明注册会计师应考虑实施的提高不可预见性的审计程序。

重要概念

总体应对措施　进一步审计程序　控制测试　实质性程序　细节测试　实质性分析程序

本章练习

简答题

1. 进一步审计程序的总体方案有哪两种？应当如何进行选择？
2. 简述实质性程序的两种基本类型。
3. 注册会计师在哪些情形下，应当实施控制测试？
4. 注册会计师应当从哪些方面获得关于控制运行有效性的证据？
5. 注册会计师在设计实质性分析程序时应考虑哪些因素？

选择题

1. 为了应对财务报表层次较高的重大错报风险，注册会计师可以通过提高审计程序不可预见性。下列各项程序中，不能够提高审计程序不可预见性的是（　　）。

A. 采取不同的审计抽样方法，使当期抽取的测试样本与以前有所不同

B. 对应收账款进行函证时，将其函证账户的截止日期推迟

C. 对以前由于低于设定的重要性水平而未曾测试过的固定资产进行测试

D. 进行存货监盘时，应事先通知被审计单位的盘点地点，以便其做好准备

2. 尽管在应对评估的认定层次重大错报风险时，拟实施的进一步审计程序的性质、时间和范围都应当

确保其具有针对性，但其中进一步审计程序的(　　)是最重要的。

A. 时间　　B. 性质　　C. 范围　　D. 以上均是

3. 注册会计师在对内部控制进行了解后，针对某一项认定制订审计计划时，下面表述正确的是(　　)。

A. 无论控制风险的估计水平如何，都必须执行控制测试

B. 如果预期控制风险的水平为中等或低，可计划最少的控制测试

C. 如果预期控制风险的水平为最高，不执行控制测试

D. 如果预期控制风险的水平为最高，可计划扩大控制测试

4. 下列关于实质性程序的结果对控制测试结果的影响表述不正确的是(　　)。

A. 如果通过实质性程序未发现某项认定存在错报，注册会计师可以得出控制运行有效的结论

B. 如果通过实质性程序未发现某项认定存在错报，这本身并不能说明与该认定有关的控制是有效运行的

C. 如果通过实质性程序发现某项认定存在错报，注册会计师应当在评价相关控制的运行有效性时予以考虑

D. 如果实施实质性程序发现被审计单位没有识别的重大错报，通常表明内部控制存在重大缺陷，注册会计师应当就这些缺陷与管理层和治理层进行沟通

5. 在测试控制运行的有效性时，注册会计师不必予以考虑的是(　　)。

A. 所设计的内部控制能否实现控制目标

B. 控制在所审计期间的不同时点是如何运行的

C. 控制是否得到一贯执行

D. 控制由谁执行

案例分析题

A注册会计师是X公司2019年度财务报表审计业务的项目负责人。在制订具体审计计划时，A注册会计师需要针对评估的X公司的相关认定的重大错报风险设计进一步审计程序。相关情况如下：

(1) 风险评估结果表明X公司2019年度财务报表中应收账款项目的计价认定存在较高的重大错报风险。在设计进一步审计程序时，A注册会计师决定放弃消极方式的函证，全部采用积极方式的函证，同时扩大函证程序的实施范围，向更多的客户函证。

(2) X公司利用高度自动化的信息系统开具销售发票。A注册会计师于2019年7月通过实施询问、观察、检查等控制测试程序确认了系统的一般控制有效，并通过实施检查程序确认了该系统正在运行。基于信息系统的内在一贯性，A注册会计师得出该系统在2019年度得以有效运行的结论。

(3) A注册会计师通过对X公司及其环境的了解，评估X公司财务报表中应付账款项目的完整性认定存在较高的重大错报风险。为此决定放弃对与应付账款相关内部控制的信赖，扩大检查、重新计算、函证等实质性程序的范围，以应对评估的重大错报风险。

(4) 以前审计经验表明，X公司为保证盈利目标的实现，常常在会计期末以后虚构客户、伪造销售合同以虚增销售收入。根据A注册会计师对X公司2019年期中以前的销售情况的了解，X公司的销售目标不容乐观，为此，A注册会计师拟在2019年12月31日向X公司索取全部销售合同副本和相关资料。

(5) 因为资金短缺，X公司2019年度以各种实物资产作抵押多次向银行和其他企业借款。为应对由此可能导致的与财务报表披露的完整性认定相关的重大错报风险，A注册会计师决定扩大针对实物资产的检查程序的范围。

(6) 因为在风险评估时，A注册会计师对存货计价认定的控制运行有效性的拟信赖程度较高，在设计进一步审计程序时，A注册会计师决定相应地缩小控制测试的范围。

要求：指出A注册会计师针对评估的重大错报风险设计的上述进一步审计程序在性质、时间或范围方面是否存在不当之处，简要说明理由，并提出改进建议。

第7章 销售与收款循环的审计

内容提要

本章主要讲解分项审计与循环审计的区别，销售与收款循环所涉及的凭证记录及该循环的主要业务活动，销售与收款活动的内部控制、控制测试、实质性程序，主营业务收入的实质性程序，应收账款审计的实质性程序。

重点难点

本章重点为销售与收款循环所涉及的凭证记录及该循环的主要业务活动，销售与收款活动的内部控制、控制测试、实质性程序，主营业务收入的实质性程序，应收账款审计的实质性程序。难点为主营业务收入的实质性程序，应收账款审计的实质性程序。

学习目标

通过本章学习，学生应了解分项审计与循环审计的区别，了解销售与收款循环所涉及的凭证记录及该循环的主要业务活动，了解销售与收款活动的内部控制及测试，掌握主营业务收入的实质性程序，理解被审计单位管理当局可能为了粉饰会计报表，有可能会高估收入，高估债权，从而虚增利润，掌握应收账款审计的实质性程序。

知识框架

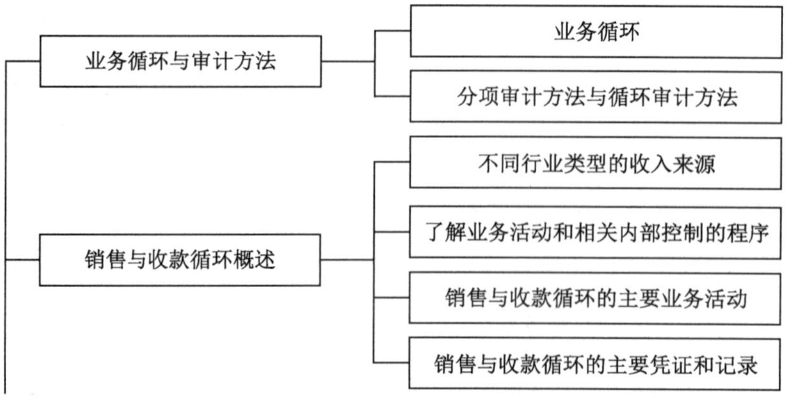

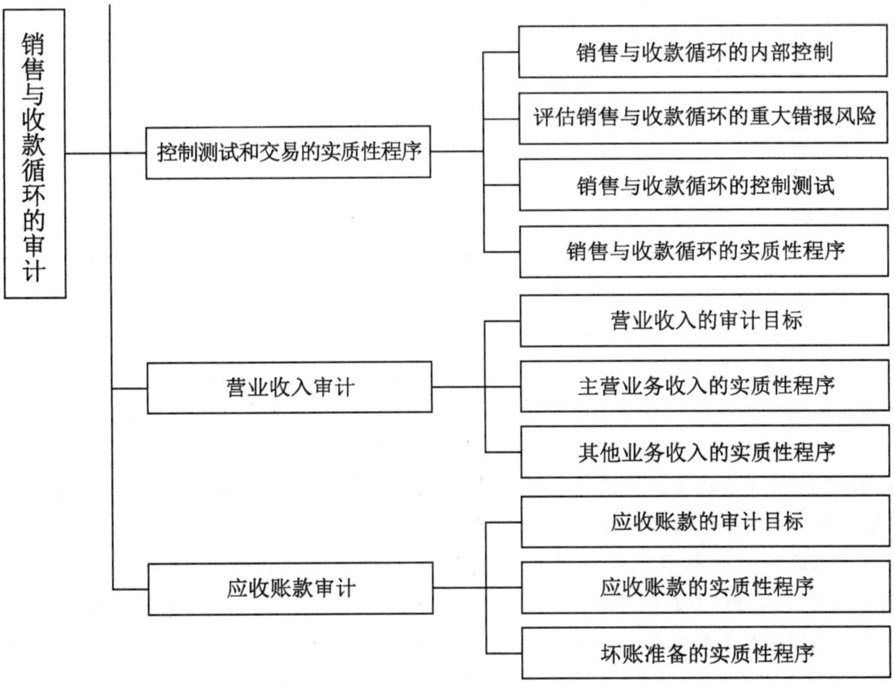

引入案例

欢瑞世纪的“古典造假”

2019年11月1日，中国证券监督管理委员会重庆监管局依据《中华人民共和国证券法》(以下简称《证券法》)的有关规定，对欢瑞世纪信息披露违法一案进行了立案调查、审理，并依法向当事人告知了作出行政处罚的事实、理由、依据及当事人依法享有的权利。

欢瑞影视未能提供真实、准确、完整的2013年度、2014年度、2015年度及2016年半年度的财务数据，导致欢瑞世纪公开披露的重大资产重组文件存在虚假记载及重大遗漏。主要违法事实有以下方面。

(一) 欢瑞影视因提前确认收入虚增营业收入的情况

1. 欢瑞影视于2013年12月确认《古剑奇谭》版权转让收入49 056 603.78元，发行收入1 471 698.11元，同期结转成本25 719 582.60元(含2015年会计差错更正调整增加2013年营业成本7 200 913.32元)。欢瑞影视与湖南广播电视台卫视频道签订的《电视剧〈古剑奇谭〉中国大陆独家首轮播映权转让协议》生效时间为2014年2月17日，晚于欢瑞影视2013年12月确认《古剑奇谭》营业收入时间，且欢瑞影视在2014年6月27日才与湖南广播电视台完成《古剑奇谭》母带交接工作，不符合《企业会计准则》和欢瑞影视会计政策的规定。

2. 欢瑞影视于2013年12月确认《微时代之恋》版权转让收入18 867 924.53元，同期结转成本8 461 021.66元。欢瑞影视与深圳市腾讯计算机系统有限公司签订的《影视节目独占授权合同书》(以下简称《授权合同》)以及《补充协议》生效时间为2014年2月10日，晚于欢瑞影视2013年12月确认《微时代之恋》营业收入时间，且《授权合同》存在解除并退款的风险，不符合《企业会计准则》和欢瑞影视会计政策的规定。此外，欢瑞影视不能提供2013年12月已完成母带交接的资料，不能证明2013年12月已完成母带交接手续。

3. 欢瑞影视于2014年12月确认《少年四大名捕》版权转让收入24 905 660.38元，发行收入2 988 679.25元，同期结转成本15 375 674.85元。欢瑞影视与湖南广播电视台卫视频道签订的《电视剧〈少年四大名捕〉

中国大陆独家首轮播映权转让协议》生效时间为2015年2月26日，晚于欢瑞影视2014年12月确认《少年四大名捕》营业收入时间，且欢瑞影视在2015年3月13日才与湖南广播电视台完成《少年四大名捕》母带交接工作，不符合《企业会计准则》和欢瑞影视会计政策的规定。

综上，欢瑞影视2013年因提前确认收入虚增营业收入69 396 226.42元；2014年因提前确认收入虚增营业收入27 894 339.63元。

（二）欢瑞影视虚构收回应收款项少计提坏账准备的情况

1. 欢瑞影视2015年虚构收回上海轩叙文化交流中心（普通合伙）[原名上海嘉行文化交流中心（普通合伙），以下简称上海轩叙]应收账款8 500 000.00元，造成2015年年报少计提坏账准备4 250 000.00元。欢瑞影视与上海轩叙在2013年签署的《演艺人员委托代理协议》约定，欢瑞影视每年向上海轩叙收取演艺人员固定佣金，2013年约定的固定佣金为1 000万元。欢瑞影视于2015年6月记账确认收回上海轩叙应收账款850万元。经查，该笔回款来自王某某控制的银行账户，最终实际来源于陈某、钟君艳。陈某指定王某某将该笔资金从浙江悦视影视传媒有限公司账户转入曾某账户，并要求曾某通过上海轩叙将资金转回欢瑞影视，作为收回上海轩叙应支付的2013年的850万元固定佣金。

2. 欢瑞影视2016年虚构收回上海轩叙应收账款17 000 000.00元，造成2016年半年报少计提坏账准备4 675 000.00元。欢瑞影视与上海轩叙在2014年签署的《〈演艺人员委托代理协议〉之补充协议》约定，欢瑞影视每年向上海轩叙收取演艺人员固定佣金，2014年约定的固定佣金为1 700万元。欢瑞影视于2016年1月确认收回上海轩叙应收账款1 700万元。经查，该笔回款最终实际来源于陈某、钟君艳控制的公司。陈某安排其控制的欢瑞文化和欢瑞世纪投资（北京）有限公司将1 700万元资金转入王某某控制的银行账户，请王某某安排人员将这1 700万元资金转入曾某银行账户，并要求曾某通过上海轩叙将资金转回欢瑞影视，作为收回上海轩叙应支付的2014年的1 700万元固定佣金。

综上，欢瑞影视2015年虚构收回应收账款8 500 000.00元，2016年虚构收回应收账款17 000 000.00元，2016年虚构收回其他应收款26 000 000.00元，造成欢瑞世纪2016年年报少计提坏账准备28 350 000.00元，虚增利润总额28 350 000.00元。

综上，欢瑞影视虚构收回应收款项25 500 000.00元，造成2015年年报少计提坏账准备4 250 000.00元，2016年半年报少计提坏账准备4 675 000.00元。

（三）欢瑞影视推迟计提应收款项坏账准备的情况

按照2012年3月7日欢瑞影视与浙江天光地影影视制作有限公司签订的《电视连续剧〈掩不住的阳光〉投资合作摄制合同》约定及实际支付投资款的时间，2013年12月，欢瑞影视应该将2012年12月支付的520万元从预付账款转入其他应收款并计提坏账准备，但欢瑞影视直到2014年12月才由会计师将相关款项进行调整并计提坏账准备。欢瑞影视推迟计提应收款项坏账准备，造成2013年少计提坏账准备52 000.00元，2014年少计提坏账准备208 000.00元，2015年少计提坏账准备2 340 000.00元。

（四）欢瑞影视控股股东及其关联方占用欢瑞影视资金的情况

陈某、钟君艳、欢瑞文化在本次重组交易前后均与欢瑞影视和欢瑞世纪构成关联关系。经查，欢瑞文化通过利用合作拍摄电视剧《铁血黑金》项目，从2013年3月至2017年2月累计占用欢瑞影视资金1 200万元。钟君艳及欢瑞文化利用向旗下艺人李某某借款事项，从2015年6月至2017年3月占用欢瑞影视资金1 800万元。上述事项造成欢瑞影视2013年年报未披露关联方占用资金700万元的关联交易，2014年年报未披露关联方占用资金余额700万元的关联交易，2015年年报未披露关联方占用资金余额3 000万元的关联交易，2016年半年报未披露关联方占用资金余额3 000万元的关联交易。

综上，欢瑞影视作为涉案重大资产重组的有关方，因未能提供真实、准确、完整的财务数据，导致欢瑞世纪公开披露的重大资产重组文件存在虚假记载及重大遗漏。

上述违法事实，有欢瑞影视及第三方提供的相关合同、项目台账、账簿及记账凭证，银行流水，相关单位出具的情况说明，相关董事会、监事会决议及公告以及相关人员的询问笔录等证据证明，足以认定。

根据当事人违法行为的事实、性质、情节与社会危害程度，依据《证券法》第一百九十三条第一款的规定，中国证券监督管理委员会重庆监管局决定：

1. 责令欢瑞世纪改正，给予警告，并处以60万元罚款。

2. 对钟君艳给予警告，并处以30万元罚款。

3. 对赵枳程、张欣怡、陈宋生、庄炜、张俊平、江新光、陈亚兰、李文武、徐虹给予警告，并分别处以5万元罚款。

结合上述案例，分析上市公司财务造假的套路？

参考来源：http://www.csrc.gov.cn/pub/chongqing/cqjxzcf/201911/t20191106_365548.html

7.1 业务循环与审计方法

7.1.1 业务循环

被审计单位的业务活动可以划分为若干业务循环。所谓业务循环，是指处理某类经济业务的工作程序和先后顺序。除了公司的成立和清理以外，各业务循环是周而复始的。

(1) 公司成立时要取得资本，通常是现金形式(投资与筹资循环)。

(2) 对制造业公司来说，现金要用来采购原材料、固定资产等，以便生产存货(采购与付款循环)。为生产存货，现金还用来取得人工(人力资源与工薪循环)。采购与付款循环与人力资源与工薪循环在性质上类似，但其功能上的区别足以将它们分为两个循环。

(3) 这两个循环的结果合并起来就是存货(生产与存货循环)。

(4) 随后是售出存货、开列账单和收回货款(销售与收款循环)。

(5) 由此就产生了现金，可用于支付股利和利息以及开始新的循环(投资与筹资循环)。

由于被审计单位的业务性质和规模不同，其业务循环的划分也应有所不同。即使是同一被审计单位，不同注册会计师也可能有不同的循环划分方法。一般而言，可将被审计单位的所有交易和账户余额划分为4个、5个、6个甚至更多个业务循环，并无统一模式。这里将其划分为销售与收款循环、采购与付款循环、生产与存货循环、人力资源与工薪循环、投资与筹资循环，并以销售与收款循环、采购与付款循环、生产与存货循环为例阐述各业务循环的审计。由于货币资金与上述各业务循环均有着密切的联系，且具有鲜明的特征，因此将其作为单独的一部分。各业务循环之间的关系如图7-1所示。

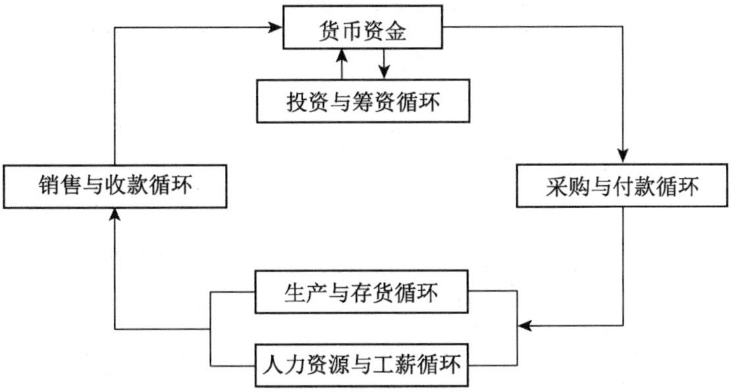

图7-1 各业务循环之间的关系

7.1.2 分项审计方法与循环审计方法

财务报表审计的组织方式大致有两种：一是分项审计法，是指按会计报表项目组织实施审计的方法，这种方法要求对财务报表的每个账户余额单独进行审计；二是循环审计法，是指按业务循环组织实施审计的方法，这种方法要求将财务报表分成几个循环进行审计，即把紧密联系的交易种类和账户余额归入同一循环中，按业务循环组织实施审计。分项审计法和循环审计法各有优缺点，表 7-1 对两种方法进行了比较。

表 7-1　　分项审计法与循环审计法的比较

组织方式	做法	优点	缺点
分项审计法	将报表中的每个账户余额都作为一个单独的单元进行测试	与多数被审计单位账户体系设置以及报表格式相吻合，操作方便	将紧密联系的相关账户人为地予以分割，容易造成整个审计工作的脱节和重复
循环审计方法	将关系密切的一类交易和账户余额归为一块	与按业务循环进行的内部控制测试直接联系，便于注册会计师的分工，将特定业务循环所涉及的会计报表项目分配给一个或数个注册会计师，不仅可加深注册会计师对被审计单位经济业务的理解，而且使其能够对不同会计报表项目进行交叉复核，以提高审计效率与效果	操作不方便

一般而言，控制测试是在了解被审计单位内部控制、实施风险评估程序基础上进行的，而了解内部控制主要是评价控制的设计以及是否得到执行，与被审计单位的业务流程关系密切，因此，控制测试通常应采用循环审计法实施。对交易和账户余额的实质性程序，既可采用分项审计法实施，也可采用循环审计法实施。

但由于控制测试通常按循环审计法实施，为避免实质性程序与控制测试严重脱节的弊端，提倡采用循环审计法。表 7-2 列示了各业务循环和资产负债表、利润表项目之间的对应关系。

表 7-2　　业务循环与主要报表项目对照表

业务循环	资产负债表项目	利润表项目
销售与收款循环	应收票据、应收账款、应收款项融资、合同资产、长期应收款、预收款项、应交税费、合同负债	营业收入、税金及附加
采购与付款循环	预付款项、持有待售资产、固定资产、在建工程、生产性生物资产、油气资产、无形资产、开发支出、长期待摊费用、应付票据及应付账款、持有待售负债、租赁负债、长期应付款	销售费用、管理费用、研发费用、其他收益
生产与存货循环	存货	营业成本
人力资源与工薪循环	应付职工薪酬	营业成本、销售费用、管理费用

（续表）

业务循环	资产负债表项目	利润表项目
投资与筹资循环	交易性金融资产、衍生金融资产、其他应收款、其他流动资产、债权投资、其他债权投资、长期股权投资、其他权益工具投资、其他非流动金融资产、投资性房地产、商誉、递延所得税资产、短期借款、交易性金融负债、衍生金融负债、其他应付款、长期借款、应付债券、预计负债、递延收益、递延所得税负债、实收资本（或股本）、其他权益工具、资本公积、其他综合收益、专项储备、盈余公积、未分配利润	财务费用、资产减值损失、信用减值损失、投资收益、净敞口套期收益、公允价值变动收益、资产处置收益、营业外收入、营业外支出、专项储备、所得税费用

7.2 销售与收款循环概述

7.2.1 不同行业类型的收入来源

企业的收入主要来自出售商品、提供服务等，由于所处行业不同，企业具体的收入来源有所不同。表7-3列示了一些常见的行业的主要收入来源。

表7-3 不同行业类型的主要收入来源

行业类别	收入来源
贸易业	作为零售商向普通大众（最终消费者）零售商品；作为批发商向零售商供应商品
一般制造业	通过采购原材料并将其用于生产流程制造产品卖给客户取得收入
专业服务业	律师、会计师、商业咨询师等主要通过提供专业服务取得服务费收入；医疗服务机构通过提供医疗服务取得收入，包括给住院病人提供病房和医护设备，为病人提供精细护理、手术和药品等取得收入
金融服务业	向客户提供金融服务取得手续费；向客户发放贷款取得利息收入；通过协助客户对其资金进行投资取得相关理财费用
建筑业	通过提供建筑服务完成建筑合同取得收入

可见，一个企业所处的行业和经营性质决定了该企业的收入来源，以及为获取收入而相应产生的各项费用支出。注册会计师需要对被审计单位的相关行业活动和经营性质有比较全面的了解，才能胜任被审计单位收入、支出的审计工作。

7.2.2 了解业务活动和相关内部控制的程序

1）询问

询问销售部门、仓储部门和财务部门的员工和管理人员。

2）阅读

获取并阅读企业的相关业务流程图或内部控制手册等资料。

3）观察

观察销售与收款流程中特定控制的运用，如观察仓储人员是否以及如何将装运商品与销售单核对。

4）检查

检查销售单、发运凭证、客户对账单等文件资料。

5）穿行测试

实施穿行测试，如选取一笔已收款的交易，追踪从接受订单到收款的整个过程。

7.2.3 销售与收款循环的主要业务活动

1）接受客户订购单

客户提出订货要求是整个销售与收款循环的起点，是购买某种货物或接受某种劳务的一项申请。客户订购单只有在符合企业管理层的授权标准时才能被接受。如未被列入，由销售单管理部门的主管来决定是否同意销售。如果同意并确定销售，应编制一式多联的销售单。该项活动与销售交易的“发生”认定相关。

2）批准赊销信用

如果是赊销业务，销售单应由信用管理部门根据管理层的赊销政策在每个客户的已授权的信用额度内进行。执行人工赊销信用检查时，要避免销售人员为扩大销售而使企业承受不适当的信用风险。对新客户通常应进行信用调查（包括获取信用评审机构对客户信用等级的评定报告）。无论是否批准赊销，都要求被授权的信用管理部门人员在销售单上签署意见，然后再将已签署意见的销售单送回销售单管理部门。该项活动与应收账款的“准确性、计价和分摊”认定有关。

3）根据销售单编制发运凭证并发货

企业管理层通常要求商品仓库管理人员只有在收到经过批准的销售单时才能编制发运凭证并供货。经过信用审批后的销售单送回销售部门后，第一联直接送仓库作为按销售单供货和发货给装运部门的授权依据，第二联交开具账单部门，第三联由销售部留存。仓库开具预先连续编号的发货单，并在销售的产品装运后，将相关副本分送开具账单部门、运输单位和客户，设立这项控制程序的目的是防止仓库在未经授权的情况下擅自发货。该项活动与存货的“存在”认定相关。

4）按销售单装运货物

装运之前，还必须进行独立验证，装运部门将从仓库提取的商品与销售单核对无误后装运，以确定从仓库提取的商品都附有经批准的销售单，并且所提取商品内容与销售单一致，并编制一式四联预先连续编号的发运单，其中三联及时分送开具账单部门、仓库和客户，一联留存装运部门。将按经批准的销售单供货与按销售单装运货物职责相分离，有助于避免负责装运货物的职员在未经授权的情况下装运产品。该项活动与存货的“存在”“完整性”和销售交易的“准确性”认定相关。

5）向客户开具账单

开具账单部门职员在开具每张销售发票之前，独立检查是否存在装运凭证和相应的经批准的销售单。将装运凭证上的商品总数与相对应的销售发票上的商品总数核对，依据已授权批准的商品价目表编制销售发票，检查销售发票计价和计算的正确性。这些控制与销售交易的“发生”“完整性”以及“准确性”认定有关。

6）记录销售

依据附有有效装运凭证和销售单的销售发票记录销售。检查销售发票编号的连续性、装运凭证和销售单的日期，以及销售发票上的销售金额同会计记录金额的一致性。定期独立检查应收账款的明细账与总账的一致性。定期向客户寄送对账单，并要求客户将任何例外情况直接向指定的未执行或记录销售交易的会计主管报告。这些控制与“发生”“完整性”“准确性”以及“准确性、计价和分摊”认定有关。

7）办理和记录现金、银行存款收入

在办理和记录现金、银行存款收入时，企业最关心的是货币资金的安全。货币资金的失窃或被侵占可能发生在货币资金收入入账之前或入账之后。

企业通过出纳与现金记账的职责分离、现金盘点、编制银行余额调节表、定期向客户发送对账单等控制来实现货币资金的安全。

8）办理和记录销售退回、销售折扣与折让

客户如果对商品不满意，销售企业一般会同意在商品售出一定期限内接受退货，或给予一定的销售折让；客户如果提前支付货款，销售企业则可能会给予一定的销售折扣。发生此类事项时，一般须经授权批准，并应确保与办理此事有关的部门和员工各司其职，分别控制实物流和会计处理。

9）提取坏账准备

定期对应收账款的信用风险进行评估，并根据预期信用损失计提坏账准备。该项活动与应收账款的“准确性、计价和分摊”认定相关。

10）核销坏账

如有证据表明某项货款已无法收回，企业即通过适当的审批程序注销该笔货款。

7.2.4 销售与收款循环涉及的主要凭证和记录

具体如表7-4所示。

表7-4 销售与收款循环涉及的主要凭证和记录

业务活动	涉及的主要凭证及会计记录
接受客户订购单	客户订购单、销售单
批准赊销信用	销售单（经批准）
根据销售单编制发运凭证并发货	出库单、提货单、发运单/发运凭证
按销售单装运货物	装运单/装运凭证
向客户开具发票	销售发票、发运凭证、经批准的销售单、已授权批准的商品价目表
记录销售	客户签收单、转账凭证、收款凭证、应收账款明细账、主营业务收入明细账、客户对账单
办理和记录现金、银行存款收入	收款凭证、现金日记账和银行存款日记账、汇款通知书
办理和记录销售退回、销售折扣与折让	贷项通知单、折扣与折让明细账、应收账款明细账
提取坏账准备	应收账款账龄分析表
核销坏账	坏账核销审批表

7.3 控制测试和交易的实质性程序

7.3.1 销售与收款循环的内部控制

1) 销售交易的内部控制

(1) 适当的职责分离。适当的职责分离有助于防止各种有意或无意的错误(如：赊销批准与销售分离)。一个企业销售与收款业务相关职责适当分离的基本要求通常包括：

① 企业应当分别设立办理销售、发货、收款三项业务的部门(或岗位)。

② 企业在销售合同订立前，应当指定专门人员就销售价格、信用政策、发货及收款方式等具体事项与客户进行谈判。

③ 谈判人员至少应有两人以上，并与订立合同的人员相分离。

④ 编制销售发票通知单的人员与开具销售发票的人员应相互分离。

⑤ 销售人员应当避免接触销货现款。

⑥ 企业应收票据的取得和贴现必须经由保管票据以外的主管人员的书面批准。

(2) 恰当的授权审批。具体如表 7-5 所示。

表 7-5　　授权审批一览表

审批环节	内容	目的
赊销审批	在销售发生之前，赊销已经正确审批	防止企业因向虚构的或者无力支付货款的客户发货而蒙受损失
发货审批	非经正当审批，不得发出货物	防止企业因向虚构的或者无力支付货款的客户发货而蒙受损失
价格审批	销售价格、销售条件、运费、折扣等必须经过审批	保证销售交易按照企业定价政策规定的价格开票收款

(3) 充分的凭证和记录。

① 企业在收到客户订购单后，编制一份预先编号的一式多联的销售单，分别用于批准赊销、审批发货、记录发货数量以及向客户开具发票等。在这种制度下，通过定期清点销售单和销售发票，可以避免漏开发票或漏记销售的情况。

② 财务人员在记录销售交易之前，对相关的销售单、发运凭证和销售发票上的信息进行核对，以确保入账的营业收入是真实发生的、准确的。

(4) 凭证的预先编号。

对凭证预先进行编号，旨在防止销售以后遗漏向客户开具账单或登记入账(完整性)，也可防止重复开具账单或重复记账(发生)。

定期检查全部凭证的编号，并调查凭证缺号或重号的原因，是实施这项控制的关键点。清点各种凭证，查看凭证是否经过预先连续编号，可为业务的真实性和完整性目标提供审计证据。

(5) 按月寄出对账单。

① 由不负责现金出纳和销售及应收账款记账的人员按月向客户寄发对账单，能促使客

户在发现应付账款余额不正确后及时反馈有关信息。

② 为了使这项控制更加有效，最好将账户余额中出现的所有核对不符的账项，指定一位既不掌管货币资金也不记录主营业务收入和应收账款账目的主管人员处理，然后由独立人员按月编制对账情况汇总报告并交管理层审阅。

(6) 内部核查程序。

① 由内部审计人员或其他独立人员核查销售交易的处理和记录，是实现内部控制目标所不可缺少的一项控制措施。

② 销售与收款内部控制的重点检查内容，具体如表7-6所示。

表7-6　　销售与收款内部控制的重点检查表

重点检查项目	重点检查内容
相关岗位及人员的设置情况	是否存在销售与收款交易不相容职务混岗的现象
授权批准制度的执行情况	授权批准手续是否健全，是否存在越权审批行为
销售的管理情况	信用政策、销售政策的执行是否符合规定
收款的管理情况	销售收入是否及时入账，应收账款的催收是否有效，坏账核销和应收票据的管理是否符合规定
销售退回的管理情况	销售退回手续是否齐全，退回货物是否及时入库

2）收款交易相关的内部控制

销售与收款循环包括销售和收款两个方面，企业的性质、所处行业、规模以及内部控制健全程度等不同，使得其与收款交易相关的内部控制内容有所不同，但以下与收款交易相关的内部控制通常是应当共同遵循的。

(1) 企业应当按照《现金管理暂行条例》《支付结算办法》等规定，及时办理销售收款业务。

(2) 企业应将销售收入及时入账，不得账外设账，不得擅自坐支现金。销售人员应当避免接触销售现款。

(3) 企业应当建立应收账款信用风险分析制度和逾期应收账款催收制度。

销售部门应当负责应收账款的催收，财会部门应当督促销售部门加紧催收。对催收无效的逾期应收账款可通过法律程序予以解决。

(4) 企业应当按客户设置应收账款台账，及时登记每一客户应收账款余额增减变动情况和信用额度使用情况，对长期往来客户应当建立起完善的客户资料，并对客户资料实行动态管理，及时更新。

(5) 企业对于可能成为坏账的应收账款应当报告有关决策机构，由其进行审查，确定是否确认为坏账，企业发生的各项坏账，应查明原因，明确责任，并在履行规定的审批程序后做出会计处理。

(6) 企业注销的坏账应当进行备查登记，做到账销案存。已注销的坏账又收回时应当及时入账，防止形成账外资金。

(7) 企业应收票据的取得和贴现必须经由保管票据以外的主管人员的书面批准。应有专人保管应收票据，对于即将到期的应收票据，应及时向付款人提示付款；已贴现票据应在备查簿中登记，以便日后追踪管理；并应制定逾期票据的冲销管理程序和逾期票据追踪监控制度。

（8）企业应当定期与往来客户通过函证等方式核对应收账款、应收票据、预收款项等往来款项。如有不符，应查明原因，及时处理。

7.3.2 评估销售与收款循环的重大错报风险

注册会计师在审计销售与收款循环时，应考虑影响销售收入交易的重大错报风险，并对被审计单位中可能发生的销售收入交易的重大错报风险保持警觉。销售收入交易和余额存在的重大错报风险可能包括：

1）管理层虚报销售收入的偏好

被审计单位管理层可能为了完成经营目标，满足业绩考核的要求，保证从外部获得资金，吸引潜在的投资者，或影响公司股价，在财务报表中虚报销售收入。

2）销售收入确认的复杂性

不同性质的企业，采用的销售收入确认的政策会有所不同。如制造企业的销售收入确认，就与金融企业、房地产开发企业的销售收入确认不同。同一企业的不同销售方式，销售收入确认也不一样。

3）采用不正确的收入截止

将属于下一会计期间的收入有意或无意地计入本期，或者将属于本期的收入有意或无意地计入下一会计期间，都可能导致本期收入及相关账户余额的高估或低估。

4）不正确计提坏账准备

计提应收账款的坏账准备，应结合客户的偿债能力和应收账款的账龄来确定。如果不加区分地简单计提，将会造成应收账款余额的高估或低估。

5）发生舞弊的风险

因销售收入环节与货币资金密切相关，很容易发生舞弊行为。如被审计单位的员工利用销售价格调整和销售折扣，隐瞒真实情况，侵吞货币资金。

6）发生各种错误的可能性

在销售收入实现的过程中，程序复杂，环节很多，很容易发生各种各样的差错。任何差错的出现，都会导致销售收入的错报。

在评估销售收入环节重大错报风险时，注册会计师应当将所了解的控制与特定认定相联系，以确定进一步审计程序的性质、时间和范围。

7.3.3 销售与收款循环的控制测试

作为注册会计师进一步审计程序的类型之一，控制测试并非在任何情况下都需要实施。但当存在下列情形之一时，应当实施控制测试：

（1）在评估认定层次重大错报风险时，预期控制的运行是有效的。

（2）仅实施实质性程序不足以提供认定层次充分、适当的审计证据。

这意味着注册会计师无须测试针对销售与收款交易的所有控制活动，若被审计单位的相关内部控制不存在，或被审计单位的相关内部控制未得到有效执行，则注册会计师不应再继续实施控制测试，而应直接实施实质性程序。

所以，实施销售与收款循环控制测试前，必须评估认定层次的重大错报风险。与收入交易和余额相关的重大错报风险主要存在于销售交易、现金收款交易的发生、完整性、准确性、截止和分类认定，以及会计期末应收账款、货币资金和应交税费的存在、权利和义务、完整性、准确性、计价和分摊认定。

控制测试所使用的审计程序的类型主要包括询问、观察、检查、重新执行和穿行测试等，注册会计师应当根据特定控制的性质选择所需实施审计程序的类型。

内部控制程序和活动是企业针对需要实现的内部控制目标而设计和执行的，控制测试则是注册会计师针对企业的内部控制程序和活动而实施的。因此，在审计实务中，注册会计师可以考虑以被审计单位的内部控制目标为起点实施控制测试。如表7-7所示。

表7-7　　销售交易的控制目标、关键内部控制和测试一览表

内部控制目标	关键内部控制	常用的控制测试
登记入账的销售交易确系已经发货给真实的客户（发生）	① 销售交易是以经过审核的发运凭证及经过批准的客户订购单为依据登记入账的 ② 在发货前，客户的赊购已经被授权批准 ③ 每月向客户寄送对账单，对客户提出的意见作专门追查	① 检查销售发票副联是否附有发运凭证（或提货单）及销售单（或客户订购单） ② 检查客户的赊购是否经授权批准 观察是否寄发对账单，并检查客户回函档案
所有销售交易均已登记入账（完整性）	① 发运凭证（或提货单）均经事先编号并已经登记入账 ② 销售发票均经事先编号并已登记入账	① 检查发运凭证连续编号的完整性 ② 检查销售发票连续编号的完整性
登记入账的销售数量确系已发货的数量，已正确开具账单并登记入账（准确性、计价和分摊）	① 销售有经批准的装运凭证和客户订购单支持将装运数量与开具账单的数量相比对 ② 从价格清单主文档获取销售单价	① 检查销售发票有无支持凭证 ② 检查比对留下的证据 ③ 检查价格清单的准确性及是否经恰当批准
销售交易的分类恰当（分类）	① 采用适当的会计科目表 ② 内部复核和核查	① 检查会计科目表是否适当 ② 检查有关凭证上内部复核和核查的标记
销售交易的记录及时（截止）	① 采用尽量能在销售发生时开具收款账单和登记入账的控制方法 ② 每月月末由独立人员对销售部门的销售记录、发运部门的发运记录和财务部门的销售交易入账情况作内部核查	① 检查尚未开具收款账单的发货和尚未登记入账的销售交易 ② 检查有关凭证上内部核查的标记
销售交易已正确地记入明细账，并经正确汇总（准确性）	① 每月定期给客户寄送对账单 ② 由独立人员对应收账款明细账作内部核查 ③ 将应收款明细账余额合计数与其总账余额进行比较	① 观察对账单是否已经寄出 ② 检查内部核查标记 ③ 检查将应收账款明细账余额合计数与其总账余额进行比较的标记

在对被审计单位的内部控制系统进行了必要的了解与测试之后，注册会计师应当对其控制风险作出评价，并对实质性测试的内容作出相应的调整。同时，对测试过程中发现的问题，应当在工作底稿中进行记录，并以适当的形式告知被审计单位的管理层。

知识拓展 7-1

今年有 12 家上市公司被处罚——如何识破财务舞弊“套路”

日前，中国上市公司协会 2020 年年会暨第二届理事会第十次会议在北京召开。中国证监会副主席阎庆民表示，财务造假严重挑战信息披露制度的严肃性，严重毁坏市场诚信基础，严重破坏市场信心，严重损害投资者利益，是证券市场的“毒瘤”，必须坚决从严从重打击。

数据显示，今年以来，已有 12 家上市公司因财务造假被处罚，或收到行政处罚事先告知书。

财务报表是投资者了解上市公司的“指南针”。上市公司的盈利状况、现金流等指标，是投资者选择购买 A 股标的的重要参考。投资者可以通过解读上市公司财务报表数据，获得判断上市公司“成色”的重要信息。然而，一旦被解读的财务数据是经舞弊“粉饰”过的，就可能给投资者带来巨大损失——因此，识破财务舞弊尤为重要。

举例来看，“整容”式财务舞弊通常表现为会计处理错误，比如提前确认收入、滞后确认费用等。这些局部“整容”往往基于真实交易，通常不需要牵涉上市公司不同部门人员，隐蔽性相对较高。

“换脸”式财务舞弊则是一种伪造经济业务活动的“无中生有”式舞弊，比如虚构不存在的交易、夸大交易规模等。“换脸”通常是系统性舞弊，需要调动上市公司内部较多资源，并涉及企业不同部门一起参与。

那么，面对花样繁多的舞弊套路，普通投资者该如何识别出上市公司舞弊的迹象呢？

在毕马威华振会计师事务所会计师朱昕诺看来，首先要开展舞弊动机识别。对此，投资者可以关注上市公司的股东，尤其是重要股东的持股情况，识别其是否具有短期变现的需求。例如，可以关注大股东禁售期是否将近届满，重要股东是否有资金链压力或套现需求等。关于满足财务指标的动机，相对更加隐蔽，但仍可以通过阅读上市公司季度报告、半年度报告以及年度报告，财务报表及附注中与外部债务相关信息，主要管理人员薪酬变化与业绩变化的相关性等方面，加以分析和识别。

其次，要开展舞弊迹象识别。朱昕诺介绍，“换脸”式财务舞弊，作为一种恶劣且短期难以察觉的财务舞弊方式，此类财务报表经常表现为：一是“超凡脱俗”——近几年的财务业绩变化大大超出同行业公司的表现，将财务报表与业务数据进行关联分析时，会发现大量“优异”表现。例如：将产量与工人数量分析，会发现人均产量大大超出同业水平；将收入除以销量，会发现单价大大超过正常水平。二是“临界状态”——每年的业绩均以一个稳定比例上升，或者周期性“业绩回暖”，或者每三年“扭亏为盈”一次等。三是“不同凡响”——在一些负面外部环境，如政策变化、技术迭代等因素影响下，企业业绩不降反升等。因此，当投资者看到这些看似“优异”的财务报表时，要谨防是否存在虚构式舞弊风险。

“对于‘整容’式的财务舞弊，由于其目标为具体财务指标，通常表现为业绩变脸快，周期相对较短，属于‘打一枪换个地方’。要识别这种套路，投资者不妨通过观察企业前几年的业绩表现，包括管理层、治理层、外部审计师变动等因素，来考量企业是否存在习惯性滥用会计处理等问题。”朱昕诺表示。

“同时，提示投资者，随着重组数量增加，有些上市公司承诺业绩出现‘水涨船高’的情况。但是，重组标的资产后期很可能达不到承诺的业绩。对此，有人就开始‘动脑筋’‘想办法’，粉饰业绩、虚假披露，这些违规行为都将侵害投资者合法权益。对此，证监部门将对相关企业及个人给予处罚及市场禁入措施。”上交所相关负责人提醒。

资料来源：https://www.zcaijing.com/scdx/300244.html

7.3.4 销售与收款循环的实质性程序

1）销售与收款交易的实质性分析程序

通常，注册会计师在对交易和余额实施细节测试前实施实质性分析程序，符合成本效益原则。具体到销售与收款交易和相关余额，其应用包括以下几项：

(1) 识别需要运用实质性分析程序的账户余额或交易。就销售与收款交易和相关余额而言，通常需要运用实质性分析程序的是销售交易、收款交易、营业收入项目和应收账款项目。

(2) 确定期望值。基于注册会计师对被审计单位的相关预算情况、行业发展状况、市场份额、可比的行业信息、经济形势和发展历程的了解，确定期望值。

(3) 确定可接受的差异额。在确定可接受的差异额时，注册会计师首先应考虑所涉及的重要性和计划的保证水平的影响。此外，根据拟进行实质性分析的具体指标的不同，可接受的差异额的确定有时与管理层使用的关键业绩指标相关，并需考虑这些指标的适当性和监督过程。

(4) 识别需要进一步调查差异并调查异常数据关系。注册会计师应当计算实际和期望值之间的差异，这涉及一些比率和比较。

① 分析月度(或每周)的销售记录趋势，与往年或预算或者同行业公司的销售情况相比较。任何异常波动都必须与管理层讨论，如果有必要，还应作进一步的调查。

② 将销售毛利率与以前年度或预算或者同行业公司的销售毛利率相比较。如果被审计单位各种产品的销售价格是不同的，那么就应当对每个产品或者相近毛利率的产品组进行分类比较。任何重大的差异都需要与管理层沟通。

③ 计算应收账款周转率和存货周转率，并与以前年度或预算或者同行业公司的相关指标相比较。未预期的差异可能由很多因素引起，包括未记录销售、虚构销售记录或截止问题。

④ 检查异常项目的销售，如对大额销售以及未从销售记录过入销售总账的销售予以调查。对临近年末的异常销售记录更应特别加以关注。

(5) 调查重大差异并作出判断。注册会计师在分析上述与预期相联系的指标后，如果认为存在未预期的重大差异，就可能需要对营业收入发生额和应收账款余额实施更加详细的细节测试。

(6) 评价分析程序的结果。注册会计师应当就收集的审计证据是否能支持其试图证实的审计目标和认定形成结论。

2) 销售交易的细节测试

有些交易细节测试程序与环境条件关系不大，适用于各审计项目，有些则不然，要取决于被审计单位内部控制的健全程度和注册会计师实施控制测试的结果。以下，我们按细节测试的审计目标介绍细节测试程序，有些程序在审计中常常被疏忽，而事实上它们恰恰需要注册会计师给予重视并根据它们作出审计决策。事先需要指出的是，这些细节测试程序并未包含销售交易全部的细节测试程序。

(1) 登记入账的销售交易是真实的。对这一目标，注册会计师一般关心3类错误的可能性：一是未曾发货却已将销售交易登记入账；二是销售交易的重复入账；三是向虚构的客户发货，并作为销售交易登记入账。前两类错误可能是有意的，也可能是无意的，而第三类错误肯定是有意的。不难想象，将不真实的销售登记入账的情况虽然极少，但其后果却很严重，这会导致高估资产和收入。

鉴别高估销售究竟是有意还是无意的，这一点非常关键。尽管无意的高估也会导致应收账款明显增多，但注册会计师通常可以通过函证发觉。对于有意的高估就不同了，由于作假者试图加以隐瞒，注册会计师较难发现。在这种情况下，注册会计师就有必要制定并实施适当的细节测试以发现这种有意的高估。

如何以适当的细节测试来发现不真实的销售，取决于注册会计师认为可能在何处发生错报，测试的性质取决于潜在的控制弱点的性质：

① 针对未曾发货却已将销售交易登记入账这类错误的可能性，注册会计师可以从主营业务收入明细账中抽取若干笔分录，追查有无发运凭证及其他佐证，借以查明有无事实上没有发货却已登记入账的销售交易。如果注册会计师对发运凭证等的真实性也有怀疑，就可能有必要再进一步追查存货的永续盘存记录，测试存货余额有无减少，以及考虑是否检查更多涉及外部单位的单据，如外部运输单位出具的运输单据、客户签发的订货单据和到货签字。

② 针对销售交易重复入账这类错误的可能性，注册会计师可以通过检查企业的销售记录等。交易记录清单以确定是否存在重号、缺号。

③ 针对向虚构的客户发货并作为销售交易登记入账这类错误发生的可能性，注册会计师应当检查主营业务收入明细账中与销售分录相应的销货单，以确定销售是否履行赊销审批手续和发货审批手续。如果注册会计师认为被审计单位虚构客户和销售交易的风险较大，需要考虑是否对相关重要交易和客户的情况（如相关客户的经营场所、财务状况和股东情况等）专门展开进一步的独立调查。

检查上述3类高估销售错误的可能性的另一有效的办法是追查应收账款明细账中贷方发生额的记录。如果应收账款最终得以收回货款或者由于合理的原因收到退货，则记录入账的销售交易一开始通常是真实的；如果贷方发生额是注销坏账，或者直到审计时所欠货款仍未收回而又没有合理的原因，就需要考虑详细追查相应的发运凭证和客户订购单等，因为这些迹象都说明可能存在虚构的销售交易。

当然，通常只有在注册会计师认为由于缺乏足够的内部控制而可能出现舞弊时，才有必要实施上述细节测试。

(2) 已发生的销售交易均已登记入账。从发货部门的档案中选取部分发运凭证，并追查至有关的销售发票副本和主营业务收入明细账，是测试未入账的发货的一种有效程序。为使这一程序成为一项有意义的测试，注册会计师必须能够确信全部发运凭证均已归档，这一点一般可以通过检查发运凭证的顺序编号来查明。

由原始凭证追查至明细账与从明细账追查至原始凭证是有区别的：前者用来测试遗漏的交易（“完整性”目标），后者用来测试不真实的交易（“发生”目标）。测试发生目标时，起点是明细账，即从主营业务收入明细账中抽取一个销售交易明细记录，追查至销售发票存根、发运凭证以及客户订购单；测试完整性目标时，起点应是发货凭证，即从发运凭证中选取样本，追查至销售发票存根和主营业务收入明细账，以确定是否存在遗漏事项。

设计发生目标和完整性目标的细节测试程序时，确定追查凭证的起点即测试的方向很重要。例如，注册会计师如果关心的是发生目标，但弄错了追查的方向（即由发运凭证追查至明细账），就属于严重的审计缺陷。

在测试其他目标时，方向一般无关紧要。例如，测试交易业务计价的准确性时，可以由销售发票追查至发运凭证，也可以反向追查。

(3) 登记入账的销售交易均经正确计价。销售交易计价的准确性包括：按发货数量和价格准确地开具账单，以及将账单上的数额准确地记入会计账簿。对这3个方面，在每次审计中一般都要实施细节测试，以确保其准确无误。典型的细节测试程序包括复算会计记录中的数据。通常的做法是，以主营业务收入明细账中的会计分录为起点，将所选择的交易业务的合计数与应收账款明细账和销售发票存根进行比较核对。销售发票存根上所列的单价，通常还要与经过批准的商品价目表进行比较核对，对其金额小计和合计数也要进行复算。发票中列出的商品的规格、数量和客户代码等则应与发运凭证进行比较核对。另外，往往还要审核客户订购单和销售单中的同类数据。内部控制如果有效，细节测试的样本量便可以减少，审计成本也因控制测试的成本较低而将大为降低。

(4) 登记入账的销售交易分类恰当。如果销售分为现销和赊销两种，应注意不要在现销时借记应收账款，也不要在收回应收账款时贷记主营业务收入，同样不要将营业资产的转让(如固定资产转让)混作正常销售。对那些采用不止一种销售分类的企业，如需要编制分部报告的企业来说，正确的分类是极为重要的。

销售分类恰当的测试一般可与计价准确性测试一并进行。注册会计师可以通过审核原始凭证确定具体交易业务的类别是否恰当，并以此与账簿的实际记录作比较。

(5) 销售交易的记录及时。发货后应尽快开具账单并登记入账，以防止无意漏记销售交易，确保它们被记入正确的会计期间。在实施计价准确性细节测试的同时，一般要将所选取的提货单或其他发运凭证的日期与相应的销售发票存根、主营业务收入明细账和应收账款明细账上的日期作比较。如有重大差异，被审计单位就可能存在销售截止期限上的错误。

(6) 销售交易已正确地记入明细账并正确地汇总。应收账款明细账的记录若不正确，将影响被审计单位收回应收账款，因此，将全部赊销业务正确地记入应收账款明细账极为重要。同理，为保证财务报表准确，主营业务收入明细账必须正确地加总并过入总账。在多数审计中，通常都要加总主营业务收入明细账，并将加总数和一些具体内容分别追查至主营业务收入总账和应收账款明细账或库存现金、银行存款日记账，以检查在销售过程中是否存在有意或无意的错报问题。不过这一测试的样本量要受内部控制的影响。从主营业务收入明细账追查至应收账款明细账，一般与为实现其他审计目标所实施的测试一并进行；而将主营业务收入明细账加总，并追查、核对加总数至其总账则应作为一项单独的测试程序来执行。

3) 收款交易的细节测试

与销售交易的细节测试一样，收款交易的细节测试范围在一定程度上要取决于关键控制是否存在以及控制测试的结果。由于销售与收款交易同属一个循环，在经济活动中密切相连，因此，收款交易的一部分测试可与销售交易的测试一并执行，但收款交易的特殊性又决定了其另一部分测试，仍需单独实施。

7.4 营业收入审计

营业收入包括主营业务收入和其他业务收入。主营业务收入在不同行业包括的内容不同。工业企业的主营业务收入主要包括销售商品、自制半成品、代制品、代修品、提供工业性劳务等取得的收入；商品流通企业的主营业务收入主要包括销售商品取得的收入。主营业务收入一般占企业收入的比重较大，对企业的经济效益具有较大影响。表7-8列示了有关主营业务收入的认定—审计目标—可供选择的审计程序之间的内在关系。

表 7-8　　营业收入实质性程序

被审计单位：M公司 项目：营业收入 编制：王林 日期：2021/01/08	索引号：SA-1 财务报表截止日/期间：2020 年度 复核：张月 日期：2021/02/02

（一）审计目标与认定对应关系表

审计目标	财务报表认定					
	发生	完整性	准确性	截止	分类	列报
A. 利润表中记录的营业收入已发生，且与甲公司有关	√					
B. 所有应当记录的营业收入均已记录，应当包括在财务报表中的相关披露均已包括		√				
C. 与营业收入有关的金额及其他数据已恰当记录，相关披露已得到恰当计量和描述			√			
D. 营业收入已记录于正确的会计期间				√		
E. 营业收入已记录于恰当的账户					√	
F. 营业收入已按照企业会计准则的规定在财务报表中作出恰当的列报和披露						√

（二）审计目标与审计程序对应关系表

审计目标	可供选择的审计程序（仅以主营业务收入为例说明）
一般（常规）程序：	
C	（1）获取营业收入明细表
AC/BC	（2）实施实质性分析程序
ACD/BCD	（3）检查主营业务收入确认方法是否符合《企业会计准则》的规定
ACD	（4）核对收入交易的原始凭证与会计分录
B	（5）从发运凭证（客户签收联）中选取样本，追查至销售发票存根和主营业务收入明细账，以确定是否存在遗漏事项（顺查）
AC	（6）结合对应收账款实施的函证程序，选择主要客户函证本期销售额
D	（7）实施截止测试
A	（8）存在销货退回的，检查手续是否符合规定，结合原始销售凭证检查其会计处理是否正确。结合存货项目审计关注其真实性
C	（9）检查销售折扣与折让
F	（10）确定主营业务收入列报是否恰当
特殊程序：	

（续表）

审计目标	可供选择的审计程序（仅以主营业务收入为例说明）
ACDE/BCDE	(1) 附有销售退回条件的商品销售，评估对退货部分的估计是否合理，确定其是否按估计不会退货部分确认收入
ACDE/BCDE	(2) 售后回购，了解回购安排属于远期安排、企业拥有回购选择权还是客户拥有回售选择权，确定企业是否根据不同的安排进行了恰当的会计处理
ACDE/BCDE	(3) 以旧换新销售，确定销售的商品是否按照商品销售的方法确认收入，回收的商品是否作为购进商品处理
ACDE/BCDE	(4) 出口销售，根据交易的定价和成交方式（离岸价格、到岸价格或成本加运费价格等），并结合合同（包括购销合同和运输合同）中有关货物运输途中风险承担的条款，确定收入确认的时点和金额

7.4.1 营业收入的审计目标

营业收入项目核算企业在销售商品、提供劳务等主营业务活动中所产生的收入，以及企业确认的除主营业务活动以外的其他经营活动实现的收入，包括出租固定资产、出租无形资产、出租包装物和商品、销售材料等实现的收入。

其审计目标一般包括：确定利润表中记录的营业收入是否已发生，且与被审计单位有关（发生认定）；确定所有应当记录的营业收入是否均已记录（完整性认定）；确定与营业收入有关的金额及其他数据是否已恰当记录，包括对销售退回、销售折扣与折让的处理是否适当（准确性认定）；确定营业收入是否已记录于正确的会计期间（截止认定）；确定营业收入是否已按照企业会计准则的规定在财务报表中作出恰当的列报。营业收入包括主营业务收入和其他业务收入，下面分别介绍这两部分的实质性程序。

案例讨论 7-1

康美药业财务造假舞弊案

康美药业股份有限公司（以下简称“康美药业”），是一家以药品生产、研发和销售为主的大型医药高新技术企业，成立于1997年，总部在广东普宁。2001年3月康美药业A股股票在上海证券交易所挂牌上市。

2020年5月13日，证监会依法对康美药业违法违规案作出行政处罚及市场禁入决定，决定对康美药业责令改正，给予警告，并处以60万元罚款，对21名责任人员处以10万元至90万元不等罚款，对6名主要责任人采取10年至终身证券市场禁入措施。相关中介机构涉嫌违法违规行为正在行政调查审理程序中。同时，证监会已将康美药业及相关人员涉嫌犯罪行为移送司法机关。

证监会最终认定，2016年至2018年期间，康美药业虚增巨额营业收入，通过伪造、变造大额定期存单等方式虚增货币资金，将不满足会计确认和计量条件工程项目纳入报表，虚增固定资产等。同时，康美药业存在控股股东及其关联方非经营性占用资金情况。上述行为致使康美药业披露的相关年度报告存在虚假记载和重大遗漏。

康美药业有预谋、有组织，长期、系统实施财务欺诈行为，践踏法治，对市场和投资者毫无敬畏之心，严重破坏资本市场健康生态。一些上市企业无视法律和规则，实施财务造假等侵害投资者利益的恶劣行为，相关中介机构未履职尽责、勤勉从业，严重阻碍资本市场健康发展。随着新《证券法》颁布实施和资本市场改革的不断推进，财务造假等证券违法违规成本将大幅提升，行政处罚决定作出后，相关责任单位和人员也将面临投资者民事诉讼索赔，付出更高昂的代价。

证监会此前公布康美药业"四宗罪"

去年8月份，证监会对康美药业下发《行政处罚及市场禁入事先告知书》。《行政处罚及市场禁入事先告知书》显示，康美药业存在以下四大方面的问题。

一、康美药业涉嫌累计虚增营业收入291.28亿元，具体为：《2016年年度报告》虚增营业收入89.99亿元，多计利息收入1.51亿元，虚增营业利润6.56亿元，占合并利润表当期披露利润总额的16.44%。《2017年年度报告》虚增营业收入100.32亿元，多计利息收入2.28亿元，虚增营业利润12.51亿元，占合并利润表当期披露利润总额的25.91%。《2018年半年度报告》虚增营业收入84.84亿元，多计利息收入1.31亿元，虚增营业利润20.29亿元，占合并利润表当期利润总额的65.52%。《2018年年度报告》虚增营业收入16.13亿元，虚增营业利润1.65亿元，占合并利润表当期披露利润总额的12.11%。

二、累计虚增货币资金886亿元。康美药业《2016年年度报告》虚增货币资金225.49亿元，占公司披露总资产的41.13%和净资产的76.74%;《2017年年度报告》虚增货币资金299.44亿元，占公司披露总资产的43.57%和净资产的93.18%;《2018年半年度报告》虚增货币资金361.88亿元，占公司披露总资产的45.96%和净资产的108.24%。也就是说，康美药业这几年虚增的300亿元左右的货币资金并不存在。

三、《2018年年度报告》中存在虚假记载，虚增固定资产、在建工程、投资性房地产，共计36亿元。康美药业在《2018年年度报告》中将前期未纳入报表的亳州华佗国际中药城、普宁中药城、普宁中药城中医馆、亳州新世界、甘肃陇西中药城、玉林中药产业园等6个工程项目纳入表内，分别调增固定资产11.89亿元，调增在建工程4.01亿元，调增投资性房地产20.15亿元，合计调增资产总额36.05亿元。

四、《2016年年度报告》《2017年年度报告》《2018年年报告》中存在重大遗漏，未按规定披露控股股东及其关联方非经营性占用资金的关联交易情况。2016年1月1日至2018年12月31日，康美药业在未经过决策审批或授权程序的情况下，累计向控股股东及其关联方提供非经营性资金116.19亿元用于购买股票、替控股股东及其关联方偿还融资本息、垫付解质押款或支付收购溢价款等用途。

2016年至2018年，康美药业实际控制人、董事长马兴田等人涉嫌组织相关人员虚开和篡改增值税发票、伪造银行回款凭证、伪造定期存单，累计虚增收入300亿元，虚增利润40亿元。本案系一起有预谋、有组织，长期性、系统性财务造假。

1. 造假动机具有典型性。为巩固在中药行业的地位和发展的可持续性，强化自身的资本市场融资功能，康美药业自上而下定期制定造假目标，营造营业规模持续扩大的表象。在造假过程中，从目标制定、任务分解、制定具体计划到最终落地执行，均有特定人员负责。

2. 造假手法系统、隐蔽。公司财务人员参照真实业务，测算财务比率，筛选造假客户，降低造假异常性。公司在仿造、变造增值税发票时，将真实、虚假发票信息混合。为掩盖货币资金造假的事实，公司伪造定期存单、银行对账单来虚增利息收入，营造账面上货币资金余额与利息收入相匹配的假象。

3. 造假行为涉案金额大。自2016年起，康美药业累计虚增营业收入近300亿元，通过多种造假方式掩盖货币资金缺口，造成账银差异最高达360多亿元。

康美药业爆雷全过程

1. 公告财务差错。2018年4月29日，康美药业发布了一份《关于前期会计差错更正的公告》。公告具体阐述了公司2017年年报中出现的14项会计错误。其中最主要的有以下几点，由于财务数据出现会计差错，造成2017年营业收入多计入88.98亿元，营业成本多计入76亿元，销售费用少计入5亿元，财务费用少计入2亿元，销售商品多计入102亿元，货币资金多计入299亿元，筹资活动有关的现金项目多计入3亿元。

2. 正中珠江被立案调查。证监会向正中珠江下发调查通知书，因正中珠江在康美药业审计业务中涉嫌违反证券相关法律法规，证监会对其立案调查，其调查时间为2019年5月9日。

3. 康美存在假存款、假收入。证监会2019年5月17日表示，2018年底证监会日常监管发现，康美药业股份有限公司(简称康美药业)财务报告真实性存疑，涉嫌虚假陈述等违法违规，我会当即立案调查。12月29日，康美药业披露有关信息。

现已初步查明，康美药业披露的2016年至2018年财务报告存在重大虚假，涉嫌违反《证券法》第63条等相关规定：

(1) 使用虚假银行单据虚增存款；

(2) 通过伪造业务凭证进行收入造假；

(3) 部分资金转入关联方账户买卖本公司股票。

4. 康美深夜道歉。康美药业在2019年5月17日晚上近12点的时候发公告道歉，并把自己给ST了。公告还称，公司有88.79亿被拿去炒股了。康美在公告称，经公司核查，公司与相关关联公司存在88.79亿元的资金往来，该项资金被相关关联公司用于购买公司股票。

5. 康美股东大会董事长鞠躬道歉。2019年6月28日下午，漩涡中的ST康美在普宁召开2018年年度股东大会，审议2018年年报、董监事会工作报告、年度利润分配预案、续聘会计师事务所、拟发行债务融资产品等10项议案，均获得通过。在与现场股东交流环节中，马兴田表示，借这次股东大会的机会，向所有股东说声"对不起"！随后，马兴田起身鞠躬致歉。

"公司在二十多年的发展中，特别是近几年的高速发展中，确实存在不规范的情况，被证监会立案调查。"马兴田说，"我们正在积极配合调查，争取在调查结果出来后更有信心的做好主业。"

6. 遭《焦点访谈》点名。2019年8月9日，央视焦点访谈《财务造假须严惩》专题报道点名了康得新、康美药业、辅仁药业等一批上市公司涉嫌财务造假的违法违规行为。

在被立案调查前，康美药业公司市值最高达1 300多亿元，为市场热议的千亿市值白马股，如今市值仅剩下134亿元。

造假300亿元，结果只罚60万元，数字悬殊之大令人惊讶。事实上，修订后的《证券法》自2020年3月1日起施行，康美药业的违法行为发生在2020年3月1日前，因此，证监会适用2005年《证券法》作出处罚，对上市公司的顶格处罚最多只有60万元，合法合规。也就是说，康美药业在新规出台之前自暴了。这里面有没有玄机恐怕将成为难解之谜了。

有业内人士指出，60万元的处罚是老证券法中有关于信息披露违法违规的顶格惩处，康美药业的违法行为是在2016年至2018年期间，此前也下发了行政处罚及市场禁入事先告知书，因行政复议等程序导致行政处罚书最近下发。对康美药业的惩处并未结束，后续的民事赔偿、刑事追责将让康美药业的财务欺诈付出沉重代价。

参考来源：http://finance.sina.com.cn/roll/2020-05-15/doc-iircuyvi3216206.shtml

7.4.2 主营业务收入的实质性程序

1) 主营业务收入的一般实质性程序

(1) 获取或编制主营业务收入明细表。

① 复核加计是否正确，并与总账数和明细账合计数核对是否相符，结合其他业务收入科目与报表数核对是否相符。

② 检查以非记账本位币结算的主营业务收入使用的折算汇率及折算是否正确。

(2) 实施实质性分析程序。

① 针对已识别需要运用分析程序的有关项目，并基于对被审计单位及其环境的了解，通过进行以下比较，同时考虑有关数据间关系的影响，以建立有关数据的期望值：

(a) 将账面销售收入、销售清单和销售增值税销项清单进行核对。

(b) 将本期销售收入金额与以前可比期间的对应数据或预算数进行比较。

(c) 分析月度或季度销售量、销售单价、销售收入金额、毛利率变动趋势。

(d) 将销售收入变动幅度与销售商品及提供劳务收到的现金、应收账款/合同资产、存货、税金等项目的变动幅度进行比较。

(e) 将销售毛利率、应收账款/合同资产周转率、存货周转率等关键财务指标与可比期间数据、预算数或同行业其他企业数据进行比较。

(f) 分析销售收入等财务信息与投入产出率、劳动生产率、产能、水电能耗、运输数量等非财务信息之间的关系。

(g) 分析销售收入与销售费用之间的关系，包括销售人员的人均业绩指标、销售人员薪酬、广告费、差旅费，以及销售机构的设置、规模、数量、分布等。

② 确定可接受的差异额。

③ 将实际金额与期望值相比较，计算差异。

④ 如果其差额超过确定的可接受的差异额，调查并获取充分的解释和恰当的、佐证性质的审计证据(如通过检查相关的凭证等)。

⑤ 评估实质性分析程序的结果。

相关思考 7-1

甲公司系公开发行 A 股的上市公司，注册会计师于 20×1 年初对甲公司 20×0 年度财务报表进行审计。经初步了解，甲公司 20×1 年度的经营形势、管理及经营机构与 20×0 年度比较未发生重大变化，且未发生重大重组行为。为确定重点审计领域，注册会计师拟实施分析程序。请指出利润表中的重点审计领域，并简要说明理由。

甲公司 20×1 年度未审利润表及 20×0 年度已审利润表如下：

单位：万元

项目	20×1 年度(未审数)	20×0 年度(审定数)
营业收入	104 300	58 900
减：营业成本	91 845	53 599
税金及附加	560	350
销售费用	2 800	1 610
管理费用	2 380	3 260
财务费用	180	150
营业利润	6 535	−69
加：营业外收入	100	150
减：营业外支出	260	300
利润总额	6 375	−219
减：所得税(税率：25%)	440	20
净利润	5 935	−239

(3) 检查主营业务收入的确认方法是否符合《企业会计准则的规定》。根据财会 2017 年 22 号(关于修订印发《企业会计准则第 14 号——收入》的通知)的规定，企业应当在履行了合同中的履约义务，即在客户取得相关商品控制权时确认收入。

取得相关商品控制权，是指能够主导该商品的使用并从中获得几乎全部的经济利益。

当企业与客户之间的合同同时满足下列条件时，企业应当在客户取得商品控制权时确认收入：

(a) 合同各方已批准该合同并承诺将履行各自义务。

(b) 该合同明确了合同各方与所转让商品或提供劳务相关的权利和义务。

(c) 该合同有明确的与所转让的商品相关的支付条款。

(d) 该合同具有商业实质,即履行该合同将改变企业未来现金流量的风险、时间分布或金额。

(e) 企业因向客户转让商品而有权取得的对价很可能收回。

合同开始日,企业应当对合同进行评估,识别该合同所包含的各单项履约义务,并确定各单项履约义务是在某一时段内履行,还是在某一时点履行,然后在履行了各单项履约义务时分别确认收入。

对于在某一时段内履行的履约义务,企业应当在该段时间内按照履约进度确认收入。当履约进度能够合理确定时,采用产出法或投入法确定恰当的履约进度当履约进度不能合理确定时,企业已经发生的成本预计能够得到补偿的,应当按照已经发生的成本金额确认收入,直到履约进度能够合理确定为止。

对于在某一时点履行的履约义务,企业应当在客户取得相关商品的控制权时确认收入。在判断客户是否已取得商品控制权时,企业应当考虑下列迹象:

(a) 企业就该商品享有现时收款权利,即客户就该商品负有现时付款义务。

(b) 企业已将该商品的法定所有权转移给客户,即客户已拥有该商品的法定所有权。

(c) 实物转移给客户,即客户已实物占有该商品。

(d) 企业已将该商品所有权上的主要风险和报酬转移给客户即客户已取得该商品所有权上的主要风险和报酬。

(e) 客户已接受该商品。

(f) 其他表明客户已取得商品控制权的迹象。

注册会计师需要基于对被审计单位商业模式和日常经营活动的了解,判断被审计单位的合同履约义务是在某一时段内履行还是某一时点履行的,据以评估被审计单位确认产品销售收入的会计政策是否符合《企业会计准则》,并测试被审计单位是否按照其既定的会计政策确认产品销售收入。

注册会计师通常对所选取的交易,追查至原始的销售合同及与履行合同相关的单据和文件记录,以评价收入确认方法是否符合《企业会计准则》的规定。

(4) 核对收入交易的原始凭证与会计分录。

① 以主营业务收入明细账中的会计分录为起点,检查相关原始凭证如订购单、销售单、发运凭证、发票等,以评价已入账的营业收入是否真实发生。

② 检查订购单和销售单,用以确认存在真实的客户购买要求,销售交易已经过适当的授权批准。

③ 销售发票存根上所列的单价与经过批准的商品价目表进行比较核对,对其金额小计和合计数也要进行复算。

④ 发票中列出的商品的规格、数量和客户代码等,则应与发运凭证进行比较核对,尤其是由客户签收商品的一联,确定已按合同约定完成交易,可以确认收入。

⑤ 检查原始凭证中的交易日期,以确认收入计入了正确的会计期间。

(5) 对主营业务收入完整性认定的检查。

以发货凭证为起点,追查至销售发票存根和主营业务收入明细账,以确定是否存在遗漏事项(完整性认定)。

为使用这一程序成为一项有意义的测试,采用此程序时,注册会计师需要能够确认全部发运凭证均已归档,这一点一般可以通过检查发运凭证的顺序编号来查明。

(6) 结合对应收账款实施函证程序,选择主要客户函证本期销售额。

(7) 实施销售的截止测试(截止测试)。

实施销售截止测试的目的主要在于确定被审计单位主营业务收入的会计记录归属期是否正确。即应记入本期或下期的主营业务收入是否被推延至下期或提前至本期。

注册会计师对销售交易实施的截止测试可能包括以下的程序:

① 选取资产负债表日前后若干天一定金额以上的发运凭证,与应收账款和收入明细账进行核对。

同时,从应收账款和收入明细账选取在资产负债表日前后若干天一定金额以上的凭证,与发运凭证核对,以确定销售是否存在跨期现象。如表 7-9 所示。

表 7-9　　销售收入截止测试的两条审计路径

审计路线	目的	测试程序	优点	缺点
以账簿记录为起点	防止高估营业收入	从资产负债表日前后若干天的账簿记录追查至记账凭证和客户签收的发运凭证,目的是证实已入账收入是否在同一期间已发货并由客户签收,有无多记收入	比较直观,容易追查至相关凭证记录,检查跨期收入十分便捷,可以提高审计效率	缺乏全面性和连贯性,只能查多记,无法查漏记(尤其本期收入未入账下期也漏记)
以发运凭证为起点	防止低估营业收入	从资产负债表日前后若干天的已经客户签收的发运凭证查至账簿记录,确定主营业务收入是否已记入恰当的会计期间	较全面、连贯,容易发现漏记的收入	较费时费力,有时难以查找相应的发货及账簿记录,而且不易发现多记的收入

② 复核资产负债表日前后销售和发货水平,确定业务活动水平是否异常,并考虑是否有必要追加截止测试程序。

③ 取得资产负债表日后所有的销售退回记录,检查是否存在提前确认收入的情况。

④ 结合对资产负债表日应收账款的函证程序,检查有无未取得对方认可的销售。

实施截止测试的前提是注册会计师充分了解被审计单位的收入确认会计实务,并识别能够证明某笔销售符合收入确认条件的关键单据。例如,货物出库时,与货物所有权相关的主要风险和报酬可能尚未转移,即客户尚未取得对商品的控制权,不符合收入确认的条件,因此,仓储部门留存的发运凭证可能不是实现收入的充分证据,注册会计师需要检查有客户签署的那一联发运凭证。销售发票与收入相关,但是发票开具日期不定与收入实现的日期一致。实务中由于增值税发票涉及企业的纳税和抵扣问题,开票日期滞后于收入可确认日期的情况并不少见,因此,通常不能将开票日期作为收入确认的日期。

假定某一般制造型企业在货物送达客户并由客户签收时确认收入,注册会计师可以考虑选择两条审计路径实施主营业务收入的截止测试。

一是以账簿记录为起点。从资产负债表日前后若干天的账簿记录追查至记账凭证和客户签收的发运凭证,目的是证实已入账收入是否在同一期间已发货并由客户签收,有无多记收入。这种方法的优点是比较直观,容易追查至相关凭证记录,以确定其是否应在本期确认收入,特别是在连续审计两个以上会计期间时,检查跨期收入十分便捷,可以提高审计效率。

缺点是缺乏全面性和连贯性，只能查多记，无法查漏记，尤其是当本期漏记收入延至下期而审计时被审计单位尚未及时登账时，不易发现应记入而未记入报告期收入的情况。因此，使用这种方法主要是为了防止多计收入。

二是以发运凭证为起点。从资产负债表日前后若干天的已经客户签收的发运凭证查至账簿记录，确定主营业务收入是否已记入恰当的会计期间。

上述两条审计路径在实务中均被广泛采用，它们并不是孤立的，注册会计师可以考虑在同一主营业务收入科目审计中采用这两条路径。实际上由于被审计单位的具体情况各异，管理层意图各不相同，有的为了完成利润目标、承包指标，更多地享受税收等优惠政策，便于筹资等目的，可能会多计收入有的则为了以丰补歉、留有余地、推迟缴税时间等目的而少计收入。因此，注册会计师需要凭借专业经验和所掌握的信息进行风险评估作出正确判断，选择适当的审计路径实施有效的收入截止测试。

相关思考 7-2

注册会计师对主营业务收入的发生认定进行审计，编制了审计工作底稿，部分内容摘录如下(金额单位：万元)：

记账凭证日期	记账凭证编号	记账凭证金额	发票日期	出库单日期
20×8年1月5日	转字10	12	20×8年1月8日	20×8年1月8日
20×8年2月28日	转字45	7	20×8年2月27日	20×8年2月27日
20×8年3月20日	转字40	8	20×8年3月19日	20×8年3月19日
略				
20×8年11月3日	转字4	10	20×8年11月2日	20×8年11月2日
20×8年11月15日	转字28	200	20×8年11月14日	20×8年11月14日
20×8年12月10日	转字50	250	20×8年12月10日	20×8年12月10日
略				

审计说明：
(1) 根据销售合同约定，在客户收到货物、验收合格并签发收货通知后，甲公司取得收取货款的权利。审计中已检查销售合同。
(2) 已检查记账凭证日期、发票日期和出库日期，未发现异常。发票和出库单中的其他信息与记账凭证一致。
(3) 11月转字28号和12月转字50号记账凭证反映的销售额较高，财务经理解释系调整售价所致。

要求：针对资料中的审计说明(1)至(3)项，逐项指出注册会计师实施的审计程序中存在的不当之处，并简要说明理由。

(8) 存在销货退回的，检查相关手续是否符合规定，结合原始销售凭证检查其会计处理是否正确，结合存货项目审计关注其真实性。

(9) 检查销售折扣与折让。企业在销售交易中，往往会因各种原因向客户提供销售折扣与折让。销售折扣与折让直接影响收入的计量。因此，注册会计师应重视折扣与折让审计。

销售折扣与折让的实质性程序主要包括：

① 获取或编制销售折扣与折让明细表，复核加计正确，并与明细账合计数核对相符。

② 取得被审计单位有关销售折扣与折让的具体规定和其他文件资料，并抽查较大的销

售折扣与折让发生额的授权批准情况，与实际执行情况进行核对，检查其是否经授权批准，是否合法、真实。

③ 销售折让与折扣是否及时足额提交对方，有无虚设中介、转移收入、私设账外“小金库”等情况。

④ 检查销售折扣与折让的会计处理是否正确。

（10）检查主营业务收入在利润表上的披露是否恰当。

案例讨论 7-2

康得新的百亿财务造假

康得新全名为康得新复合材料集团股份有限公司，股票代码 002450。康得新于 2001 年 8 月成立，是深圳中小板上市公司，由康得投资集团有限公司持股 53.16%。康得新有三大主要业务，分别是以预涂材料和光电材料为核心的新材料，以 SR、3D、大屏触控为中心的智能显示，以及碳纤维业务。

康得新的全年营业收入从 2007 年的 1.64 亿元攀升到 2010 年的 5.24 亿元，4 年间涨幅近 219.51%，显示出良好的发展态势。2011 年上市后，康得新的股价不断攀升，2017 年在蓝筹牛市中创下历史新高，涨幅达 27 倍，一度被誉为“中国的 3M”和“千亿白马股”。

然而，一切终止于 2019 年 1 月 15 日，康得新手握“巨额现金”却无法足额偿付 10 亿元短期融资券本息。随后，康得新的股票因银行账号被冻结而触发深交所规定中的其他风险警示情形，被纳入“退市风险警示股票”名单，这场精心策划的百亿元级财务造假大案引起了全社会的广泛关注。

2020 年 6 月 28 日，康得新公司收到中国证监会下发的《行政处罚及市场禁入事先告知书》（处罚字〔2020〕56 号）经查明，康得新涉嫌违法的事实如下：

一、2015 年至 2018 年年度报告存在虚假记载

2015 年 1 月至 2018 年 12 月，康得新通过虚构销售业务方式虚增营业收入，并通过虚构采购、生产、研发费用、产品运输费用方式虚增营业成本、研发费用和销售费用。通过上述方式，康得新《2015 年年度报告》虚增利润总额 2 242 745 642.37 元，占年报披露利润总额的 136.22%；《2016 年年度报告》虚增利润总额 2 943 420 778.01 元，占年报披露利润总额的 127.85%；《2017 年年度报告》虚增利润总额 3 908 205 906.90 元，占年报披露利润总额的 134.19%；《2018 年年度报告》虚增利润总额 2 436 193 525.40 元，占年报披露利润总额的 711.29%。

此外，康得新 2015 年至 2018 年年度报告中披露的银行存款余额亦存在虚假记载。康得新 2015 年至 2018 年年度报告中披露各年末银行存款余额情况：2015 年披露为 9 571 053 025.20 元，其中包括康得新及其子公司在北京银行股份有限公司（以下简称北京银行）西单支行尾号为 3796、3863、4181、5278 账户（以下简称银行账户）余额 4 599 634 797.29 元；2016 年披露为 14 689 542 575.86 元，其中包括康得新及其子公司在北京银行西单支行银行账户余额 6 160 090 359.52 元；2017 年披露为 17 781 374 628.03 元，其中包括康得新及其子公司在北京银行西单支行银行账户余额 10 288 447 275.09 元；2018 年披露为 14 468 363 032.12 元，其中包括康得新及其子公司在北京银行西单支行银行账户余额 12 209 443 476.52 元。

根据康得投资集团有限公司（以下简称康得集团）与北京银行西单支行签订的《现金管理业务合作协议》，康得新及其合并财务报表范围内 3 家子公司的 4 个北京银行账户资金被实时、全额归集到康得集团北京银行西单支行 3258 账户，康得新及其各子公司北京银行账户各年实际余额为 0。

二、未及时披露及未在年度报告中披露为控股股东提供关联担保的情况

2016 年 1 月 22 日、11 月 14 日及 2017 年 1 月 17 日，康得新子公司张家港康得新光电材料有限公司（以下简称光电材料）与厦门国际银行股份有限公司北京分行签订了 3 份《存单质押合同》；2018 年 9 月 27 日，光电材料与中航信托股份有限公司签订《存单质押合同》。前述存单质押合同均约定以光电材料大额专户资金存单为康得集团提供担保，其中 2016 年担保债务本金共 1 482 700 000.00 元，2017 年担保债务本金共

计 1 463 050 000.00 元，2018 年担保债务本金共计 1 463 050 000.00 元。

根据 2005 年修订的《中华人民共和国证券法》（以下简称 2005 年《证券法》）第六十七条第二款第（三）项，《上市公司信息披露管理办法》（证监会令第 40 号）第三十一条第一款第（二）项、第七十一条第一款（二）项及《深圳证券交易所股票上市规则》（2014 年修订、2018 年修订、2018 年 11 月修订）9.1、9.11 的规定，康得新应当在签订担保合同之日起两个交易日内，披露其签订担保合同及对外提供担保事项。康得新未按规定及时披露上述重大事件。

根据《公开发行证券的公司信息披露内容与格式准则第 2 号——年度报告的内容与格式》[证监会公告（2016）31 号、证监会公告（2017）17 号]第四十条及第四十一条第（二）项的规定，康得新应当在相关年度报告中披露其为关联方提供担保的情况。康得新未在《2016 年年度报告》《2017 年年度报告》《2018 年年度报告》中披露该事项，导致相关年度报告存在重大遗漏。

三、未在年度报告中如实披露募集资金使用情况

2015 年 12 月，康得新依据中国证券监督管理委员会（以下简称中国证监会）的核准批复，非公开发行 17 074.56 万股股票，发行价为每股人民币 17.57 元，募集资金净额 298 226.92 万元，用于向光电材料增资，建设年产 1.02 亿平方米先进高分子膜材料项目。2016 年 9 月，康得新依据中国证监会的核准批复，非公开发行 29 411.76 万股股票，发行价为每股人民币 16.32 元，募集资金净额 478 422.59 万元用于向光电材料增资，建设年产 1 亿片裸眼 3D 模组产品项目和前述先进高分子项目及归还银行贷款。

2018 年 6 月 10 日，康得新利用与中国化学赛鼎宁波工程有限公司（以下简称化学赛鼎）、沈阳宇龙汽车（集团）有限公司（以下简称宇龙汽车）签订《采购委托协议》，约定由康得新确定下游设备供应商，化学赛鼎和宇龙汽车按照康得新的要求与指定供应商制作和签订供货合同、并按照康得新要求将收到的货款转付给指定供应商。按照上述协议安排，2018 年 7 月至 12 月期间，康得新累计将 24.53 亿元从募集资金专户转出，以支付设备采购款的名义分别向化学赛鼎、宇龙汽车支付 21.74 亿元、2.79 亿元；转出的募集资金经过多道流转后主要资金最终回流至康得新，用于归还银行贷款、配合虚增利润等，变更了募集资金用途。

康得新《2018 年年度报告》披露，报告期内已使用募集资金总额 36.88 亿元，全部用于建设年产 1.02 亿平方米先进高分子膜材料项目和年产 1 亿片裸眼 3D 膜组产品项目，报告期不存在募集资金变更用途情况。康得新未如实披露募集资金使用情况，导致《2018 年年度报告》存在虚假记载。

上述违法事实，有相关公告、虚构业务工作底稿、虚构业务资金平账记录、合同文件、工作台账、电子邮件、货运提单、财务账册及凭证、情况说明、《现金管理业务合作协议》银行账户资料、银行流水、质押合同、担保合同、委托采购协议、相关当事人询问笔录等证据证明。

证监会认为，康得新《2015 年年度报告》存在虚假记载，《2016 年年度报告》《2017 年年度报告》《2018 年年度报告》存在虚假记载和重大遗漏，以及未及时披露重大事件的行为，涉嫌违反 2005 年《证券法》第六十三条有关"发行人上市公司依法披露的信息，必须真实、准确、完整，不得有虚假记载、误导性陈述或者重大遗漏"及第六十七条第一款有关"发生可能对上市公司股票交易价格产生较大影响的重大事件，投资者尚未得知时，上市公司应当立即将有关该重大事件的情况向国务院证券监督管理机构和证券交易所报送临时报告，并予公告，说明事件的起因、目前的状态和可能产生的法律后果"的规定，构成 2005 年《证券法》第一百九十三条第一款所述"发行人、上市公司或者其他信息披露义务人未按照规定披露信息，或者所披露的信息有虚假记载、误导性陈述或者重大遗漏"的行为。

根据当事人违法行为的事实、性质、情节与社会危害程度，依据 2005 年《证券法》第一百九十三条第一款、第三款的规定，证监会会拟决定：

（1）对康得新复合材料集团股份有限公司责令改正，给予警告，并处以 60 万元罚款。

（2）对钟玉给予警告，并处以 90 万元罚款，其中作为直接负责的主管人员罚款 30 万，作为实际控制人罚款 60 万元。

（3）对王瑜、张丽雄给予警告，并分别处以 30 万元罚款。

（4）对徐曙给予警告，并处以 20 万元罚款。

(5) 对肖鹏给予警告,并处以 10 万元罚款。

(6) 对隋国军、苏中锋、单润泽、刘劲松、杜文静给予警告,并分别处以 5 万元罚款。

(7) 对吴炎、邵明圆、张艳红给予警告,并分别处以 3 万元罚款。

此外,钟玉作为康得新实际控制人、时任董事长,是康得新虚增利润的决策者、组织者,负责制定虚假业绩指标和协调各部门,负责安排配合虚假业务的供应商、客户及安排相应的资金,在康得新信息披露违法行为中居于核心地位,直接组织、策划、领导并实施了涉案违法行为,是最主要的决策者,其行为直接导致康得新相关信息披露违法行为的发生,情节特别严重,依据《证券法》第二百三十三条和《证券市场禁入规定》(证监会令第 115 号)第三条第(一)项和第(二)项、第五条第(七)项的规定,我会拟决定:对钟玉采取终身证券市场禁入措施,自我会宣布决定之日起,在禁入期间内,除不得继续在原机构从事证券业务或者担任原上市公司、非上市公众公司董事、监事、高级管理人员职务外,也不得在其他任何机构中从事证券业务或者担任其他上市公司、非上市公众公司董事、监事、高级管理人员职务。

王瑜作为康得新时任董事、财务总监,在虚增利润行为中,按照钟玉提出的要求负责具体组织和执行,是康得新相关违法行为的重要组织者、参与者,情节特别严重,依据《证券法》第二百三十三条和《证券市场禁入规定》(证监会令第 115 号)第三条第(一)项、第五条第(三)项的规定,我会拟决定:对王瑜采取终身证券市场禁入措施,自我会宣布决定之日起,在禁入期间内,除不得继续在原机构从事证券业务或者担任原上市公司、非上市公众公司董事、监事、高级管理人员职务外,也不得在其他任何机构中从事证券业务或者担任其他上市公司、非上市公众公司董事、监事、高级管理人员职务。

张丽雄作为康得新时任财务中心副总经理,在虚增利润行为中,按照钟玉提出的要求负责具体组织和执行,是康得新相关违法行为的重要组织者、参与者,情节特别严重,依据《证券法》第二百三十三条和《证券市场禁入规定》(证监会令第 115 号)第三条第(七)项、第五条第(三)项的规定,我会拟决定:对张丽雄采取终身证券市场禁入措施,自我会宣布决定之日起,在禁入期间内,除不得继续在原机构从事证券业务或者担任原上市公司、非上市公众公司董事、监事、高级管理人员职务外,也不得在其他任何机构中从事证券业务或者担任其他上市公司、非上市公众公司董事、监事、高级管理人员职务。

徐曙作为康得新时任董事、总经理,参与协调业务部门配合虚增利润的工作,知道康得新公开披露的财务数据与真实情况不符,参与变更募集资金用途的部分环节,情节较为严重,依据《证券法》第二百三十三条和《证券市场禁入规定》(证监会令第 115 号)第三条第(一)项、第五条的规定,我会拟决定:对徐曙采取 10 年证券市场禁入措施,自我会宣布决定之日起,在禁入期间内,除不得继续在原机构从事证券业务或者担任原上市公司、非上市公众公司董事、监事、高级管理人员职务外,也不得在其他任何机构中从事证券业务或者担任其他上市公司、非上市公众公司董事、监事、高级管理人员职务。

根据《中华人民共和国行政处罚法》第三十二条、第四十二条及《中国证券监督管理委员会行政处罚听证规则》相关规定,就证监会拟对康得新复合材料集团股份有限公司实施的行政处罚及市场禁入,康得新复合材料集团股份有限公司享有陈述、申辩和要求听证的权利。康得新复合材料集团股份有限公司提出的事实、理由和证据,经证监会复核成立的,证监会将予以采纳。如果康得新复合材料集团股份有限公司放弃陈述、申辩和听证的权利,证监会将按照上述事实、理由和依据作出正式的行政处罚及市场禁入决定。

案例中康得新财务造假的手法有哪些?财务造假的成因是什么?

参考来源:https://xw.qq.com/cmsid/20200629AOAOD500

2) 营业收入的特别审计程序

除了上述较为常规的审计程序外,注册会计师还要根据被审计单位的特定情况和收入的重大错报风险程度,考虑是否有必要实施一些特别的审计程序。

(1) 附有销售退回条件的商品销售,评估对退货部分的估计是否合理,确定其是否按估计不会退货部分确认收入。

(2) 售后回购,了解回购安排属于远期安排、企业拥有回购选择权还是客户拥有回售选择权，确定企业是否根据不同的安排进行了恰当的会计处理。

（3）以旧换新销售，确定销售的商品是否按照商品销售的方法确认收入，回收的商品是否作为购进商品处理。

（4）出口销售，根据交易的定价和成交方式（离岸价格、到岸价格或成本加运费价格等），并结合合同（包括购销合同和运输合同）中有关货物运输途中风险承担的条款，确定收入确认的时点和金额。

如果识别出被审计单位收入真实性存在重大异常情况，且通过常规审计程序无法获取充分、适当的审计证据，注册会计师需要考虑实施“延伸检查”程序，即对检查范围进行合理延伸，以应对识别出的舞弊风险。例如，对所销售产品或服务及其所涉及资金的来源和去向进行追踪，对交易参与方（含代为收付款方）的最终控制人或其真实身份进行查询。

注册会计师在判断是否需要实施“延伸检查”程序及如何实施时，应当根据审计准则的规定，并考虑有经验的专业人士在该场景下通常会作出的合理职业判断。

实施“延伸检查”程序的可行性和效果受诸多因素影响，注册会计师设计的具体“延伸检查”程序的性质、时间安排和范围，应当针对被审计单位的具体情况，与评估的舞弊风险相称，并体现重要性原则。

例如，被审计单位所处行业的下游产业链较长，如果对下游产业链的某个或某几个环节实施“延伸检查”程序获取的审计证据，可以应对与收入确认相关的舞弊风险，则“延伸检查”程序无需覆盖所有环节。再者，相对于常规年度财务报表审计而言，在首次公开发行股票并上市审计（IPO 审计）中，由于存在监管要求和相关方的配合，注册会计师实施“延伸检查”程序通常相对可行。

实务中，注册会计师可以实施的“延伸检查”程序举例如下：

（1）在获取被审计单位配合的前提下，对相关供应商、客户进行实地走访，针对相关采购、销售交易的真实性获取进一步的审计证据。在实施实地走访程序时，注册会计师通常需要关注以下事项：

① 被访谈对象的身份真实性和适当性。

② 相关供应商、客户是否与被审计单位存在关联方关系或“隐性”关联方关系。

③ 观察相关供应商、客户的生产经营场地，判断其与被审计单位之间的交易规模是否和其生产经营规模匹配。

④ 相关客户向被审计单位进行采购的商业理由。

⑤ 相关客户采购被审计单位商品的用途和去向，是否存在销售给被审计单位指定单位的情况。

⑥ 相关客户从被审计单位采购的商品的库存情况，必要时进行实地察看。

⑦ 是否存在“抽屉协议”，如退货条款、价格保护机制等。

⑧ 相关供应商向被审计单位销售的产品是否来自被审计单位的指定单位。

⑨ 相关供应商、客户与被审计单位是否存在除购销交易以外的资金往来，如有，了解资金往来的性质。

注册会计师应当充分考虑被审计单位与被访谈对象串通舞弊的可能性，根据实际情况仔细设计访谈计划和访谈提纲，并对在访谈过程中注意到的可疑迹象保持警觉。注册会计师在访谈前应注意对访谈提纲保密，必要时，选择两名或不同层级的被访谈人员访谈相同或类似问题，进行相互印证。

(2) 利用企业信息查询工具，查询主要供应商和客户的股东至其最终控制人，以识别相关供应商和客户与被审计单位是否存在关联方关系。

(3) 在采用经销模式的情况下，检查经销商的最终销售实现情况。

(4) 当注意到存在关联方(如被审计单位控股股东、实际控制人、关键管理人员)配合被审计单位虚构收入的迹象时，获取并检查相关关联方的银行账户资金流水，关注是否存在与被审计单位相关供应商或客户的异常资金往来。

如果识别出收入舞弊或获取的信息表明可能存在舞弊，注册会计师可与被审计单位治理层沟通，并要求治理层就舞弊事项进行调查。

审计程序的性质、时间安排和范围应当能够应对评估的由于舞弊导致的认定层次重大错报风险。如果注册会计师认为"延伸检查"程序是必要的，但受条件限制无法实施，或实施"延伸检查"程序后仍不足以获取充分、适当的审计证据，注册会计师应当考虑审计范围是否受限，并考虑对审计报告意见类型的影响或解除业务约定。

7.4.3 其他业务收入的实质性程序

目前，一些企业的其他业务收入占营业收入的比重增大，从而其他业务利润对利润总额的贡献率不断提高。因此，注册会计师已不能忽视对其他业务收入的审计。其他业务收入的实质性程序包括以下方面。

(1) 获取或编制其他业务收入明细表。复核加计是否正确，并与总账数和明细账合计数核对是否相符，结合"主营业务收入"账户与营业收入报表数核对是否相符。

(2) 比率分析。计算本期其他业务收入与其他业务成本的比率，并与上期该比率比较，检查是否有重大波动，如有，应查明原因。

(3) 其他业务收入内容检查。检查其他业务收入内容是否真实、合法，收入确认原则及会计处理是否符合规定，择要抽查原始凭证予以核实。

(4) 异常项目检查。对异常项目，应追查入账依据及有关法律文件是否充分。对用材料进行非货币性资产交换的，应确定其是否具有商业实质且公允价值能够可靠计量。

(5) 其他业务收入的截止测试。截止测试抽查财务报表日前后一定数量的记账凭证，实施截止测试，追踪到销售发票、收据等，确定入账时间是否正确，对于重大跨期事项作必要的调整建议。

(6) 确定其他业务收入在财务报表中的列报是否恰当。

特别提示 7-1

欢瑞世纪的"古典造假"

一、造假的逻辑

发行人财务造假的目的一般都很明确，或使公司的财务指标，如利润、营业收入、资产规模等达到基本发行条件；或使公司的主营业务突出、业绩保持增长态势，争取更好的发行价格。在此目的下，一些不符合条件的发行人采取虚构经济业务的方式进行财务造假，可以同时解决多个问题：一是公司的主营业务将变得十分突出；二是保持利润、收入、资产的同步增长态势；三是考虑了财务指标之间的关系，能保持各项财务指标的稳健性，不容易引起审计师和监管部门的注意。

在实际造假过程中,发行人首先会根据发行条件设定出年度目标利润金额,计算出当年需要虚增利润的金额,再根据销售净利率等指标反算出需要虚增收入的金额,然后根据毛利率计算出虚增生产成本的金额,进而推导出虚假采购的金额;接着通过虚增资产的方式消化虚假毛利占用的资金;最后发行人会将造假金额分解到每个月份,安排人员具体实施。

二、造假的手法及演变

虚构经济业务型造假是一个系统工程,涉及的环节比较多,其中关键的环节有三个:一是虚构客户和供应商;二是虚构资金流与虚构经济业务相匹配;三是如何“消化”虚构毛利占用的资金。

1. 虚构客户和供应商的手法

1) 成立空壳公司或利用关联公司进行造假

发行人在虚构客户和供应商时一般喜欢使用实际控制人控制的关联公司,或者成立一些空壳公司进行造假,如绿大地。发行人经常使用其员工或亲属的名义注册一些空壳公司,并开立银行账户,这类公司几乎没有正常的业务,其存在的价值就是在虚构经济业务造假过程中扮演客户或供应商的角色。由于其公章、账簿等实际掌控在发行人手中,造假极为便利。但是,由于人员、注册资金、联系方式等各方面与发行人存在较为明显的关联,加上业务比较单一,很容易被识别或者被认定为关联交易,对于发行人来说风险比较大。

2) 利用真实的客户和供应商造假

由于空壳公司容易被发现,发行人对此进行了改进,即使用真实的客户和供应商造假,如万福生科等。一方面,客户与供应商是真实的,与发行人之间不存在关联关系,发行人与客户和供应商之间存在真实的经济业务往来。另一方面,发行人在真实交易基础上,伪造少部分虚假交易,有的在交易数量上做文章,有的在交易价格上做文章,虚虚实实,让人真假难辨。造假过程中,部分客户、供应商与发行人之间可能存在串通,在资金划转、函证等方面为发行人提供便利。如果客户、供应商不配合的话,发行人往往通过自己的关联公司进行资金划转,并伪造合同、出入库单据及收付款记录掩盖真实的资金来源和去向。

这种造假方式很隐蔽,真假混杂,不易识别。但由于这种造假方式往往需要客户和供应商的配合,造假成本比较高,在客户和供应商不愿意配合的情况下,被识别的风险也比较高。

2. 利用海外客户和供应商造假

在近期查处的财务造假案件中,发行人大量利用海外客户或供应商进行财务造假。一种情况是在国外成立关联公司或空壳公司,伪装成客户或供应商与发行人进行虚假交易;另一种情况是伪造与海外客户之间的合同,虚增销售价格,虚增的收入部分自行安排海外关联方付款。

这种造假手法隐蔽性更强,识别难度更大,其原因在于:一是国外合同与国内合同本身存在较大差别,难以识别真假;二是实地访谈、资金、工商资料调取成本较高,中介机构一般很少采取实地核查程序,监管机构则面临监管权限的问题,即使通过国外监管机构调取相关资料,也面临时间长、成本高、效果不理想等障碍;三是中介机构往往会将海关走访或函证结果作为有力证据,而实际上发行人报关缴税时使用的就是虚增后的数据,中介机构不仅发现不了问题,而且还会受其误导。

3. 虚构资金流的手法

1) 大量使用现金交易

当发行人虚构的客户或供应商中存在大量自然人或个体户时,发行人往往大量采用现金支付供应商款项,收到个人款项时,则采取现金缴存的方式存入银行,如蓝田股份造假案等。此种手法下,账面记录不能反映真实的资金来源和去向,而且难以进一步追查,给虚假采购和销售的认定带来巨大障碍。但由于这种手法众所周知,在IPO审核中受到的质疑也较多,后来发行人都逐渐减少现金收付的比例,采取此种方式造假的空间受到挤压,逐步被其他手法取代。

2) 伪造银行对账单及资金进出凭证

为了使财务造假显得更真实可信,一些发行人通过伪造银行对账单、银行资金存取凭证等第三方证据的方式伪造资金进出轨迹,如绿大地早期的造假就是采用此种方式,后来在天丰节能案中也发现了此种造假方式。采用此种方式，造假的成本比较低，且由于伪造的证据属于第三方凭证，证明效力比较强。但是这种手法被发现的风险比较高，如果审计师严格按照审计程序执行函证程序，很容易被发现，除非银行愿意配合造假。

3）伪造“真实”的资金流，构建资金循环

前两种虚构资金流的手法最大的缺陷在于其资金流本身是虚假的，所以很容易被识别，于是造假者对其加以改进，通过构建资金循环伪造“真实”的资金流，达到同时虚增收入、资产的目的。这种手法的最大特点就是，所有的资金划转都是真实的，在银行都有据可查，但如果沿着资金进出的轨迹继续往前追查，就会发现资金实际是在循环转圈。

早期的造假，发行人往往直接采用银行资金划转的方式构建资金循环，资金进出轨迹比较清晰，收付款项往往能一一对应，因此只需要循着资金划转轨迹追查即可。后来，发行人开始将大额资金拆散，或将其混入大量的真实资金划转中，通过多个不同公司或银行账户划转、归集，掩盖资金的对应关系和划转轨迹，给追查和认定都带来较大的困难。此外，还有发行人通过银行承兑汇票背书、质押，或者直接篡改银行单据上的收付款人名称等方式掩盖或切断资金进出轨迹。

4）伪造或篡改银行收付款凭单

发行人在通过真实的客户或供应商伪造交易时，很多时候并未取得客户和供应商的配合，仅是借其名义行造假之事。在此情形下，发行人根据真实交易合同的要素自行伪造虚假的交易合同、进出库单据等原始凭证。同时，为了配合虚构的交易，安排关联方进行资金划转，伪造真实的资金进出轨迹，但由于银行收付款凭单上会显示真实的收付款单位，为掩盖收付款单位与交易对手不一致的情形，发行人经常直接篡改银行收付款凭单上的收付款单位名称，或直接伪造假的收付款凭单，掩盖资金的真实来源和去向。

5）利用银行承兑汇票掩盖资金流转轨迹

发行人可以不实际收付任何资金，仅通过银行承兑汇票的背书转让就可以完成资金流转。发行人的关联方将收到的汇票经多次背书转让给发行人，发行人可以承兑或继续背书转让。由于经多次背书，最终承兑人或出票人与发行人及其关联方可能无任何关系。发行人在留存的原始凭证中只保留汇票复印件，最近一次背书转让复印件；在台账中仅登记前一手背书人、出票人和后一手被背书人的情况，因此当汇票承兑或背书出去之后，从发行人留存的财务资料中无法查看整个背书过程，从而无法识别发行人与其关联方之间的资金划转关系。去银行查证背书过程时，只能在出票行或承兑行查证，其时间成本和经济成本都较高，而且查证背书过程的重要性往往会被审计师忽视。

6）利用银行信贷等业务切断资金循环关系

发行人的关联方或供应商收到资金或商业汇票后，直接用于归还银行贷款、或作为保证金、或将汇票质押给银行用于开立银票或获得新的贷款，再经多次划转后流回发行人。由于循环中加入了银行质押、还款、再放款的环节，在追查资金流向时很容易失去踪迹，也难以保证资金之间的对应关系，人为地切断资金流转轨迹。

4. 消化“虚构毛利占用的资金”的手法

发行人如果虚增毛利，对应的必须有虚增的资金流入（没有资金流入时，须有虚增的资产挂账），这部分虚增的资金如何消化而不被发觉，是造假者面临的问题。在实际造假过程中，造假者“消化”的方式多种多样，手法也是越来越隐蔽。

1）虚增银行存款

最简单直接的方法就是通过伪造银行收付款凭证，银行对账单的方式虚增银行存款。这种方式在早期为许多造假企业所采用，如绿大地造假案，但由于易被发现，目前较少有人采用。

2）虚增应收款项

虚增应收款项是比较常见的做法之一。这种方式下，虚增的毛利部分并没有实际资金流入，发行人将其挂账为应收账款。这种手法的好处在于无须伪造资金进出轨迹，隐蔽性较高，但面临以下两个问题：

一是长期挂账导致的账龄问题。如果长期挂账，计提坏账准备比例很高，对利润有较大负面影响。此外，长期挂账事项容易引起审计师的关注。

二是面临审计时函证结果与账面数据不一致的情形。为了解决前一个问题，有的发行人将应收客户不同合同项下的款项裹在一起，让人不能一一对应，用新账还旧账，始终保持账龄在较短时间内；有的发行人采用张冠李戴的方式，将收到A客户的资金记到B客户的名下（往往伴随篡改银行凭单），保证账面不出现长期未收回的款项；有的发行人在报告期末利用虚假商票冲抵应收款项，期后再转回，逃避坏账准备的计提。为解决后一个问题，有的发行人提前跟客户串通，要求对方提供虚假的询证函；有的发行人利用审计师不严格执行审计程序的行为，直接伪造函证。这种方式的弱点是随着造假规模越来越大，时间越来越长，应收账款的余额会越滚越大。

3）虚增存货

在一些存货难以计价、难以盘点的行业，利用虚增存货来消化虚增资金是一种比较常见的做法。当存货难以盘点时，虚增存货的主要方式是虚增采购数量，且往往是现金采购，让人无法追查资金去向，同时无法对即有存货进行盘点。典型的案例就是进行水产养殖的蓝田股份财务造假案。在存货难以计价时，部分发行人主要采用虚增价格的方式，如苗木的价格随树龄、树形、品种不同而有区别，且往往缺乏成熟的市场参考价。在审计师对其价格有疑虑时，发行人容易找到辩解的理由且难以核实理由的合理性。这种方式的弱点与虚增应收账款类似，随着造假规模越来越大，时间越来越长，存货的余额会越滚越大。值得一提的是，笔者发现有发行人采取虚增存货或虚减成本的方式来虚增利润。发行人虚增存货的手法极为隐蔽，首先是在保持采购总金额一定的情况下，人为调高采购数量，调低采购单价；其次是调高投入产出比率，从而虚增产成品数量、降低产成品单位成本；通过这两种方式达到虚增存货，虚减成本从而虚增利润的目的。

4）虚增固定资产等长期资产

在近年查处的一系列财务造假案件中，这种方式运用较多。一种方式就是虚假采购固定资产、在建工程等长期资产，如天丰节能采用虚假向国外采购机器设备的方式。另一种方式就是虚增资产的采购价格，发行人利用部分资产不存在公开活跃市场、难以取得公允价值的弱点，随意虚增资产购买时的价格。

5．虚增收入、资产，构建资金循环

下面以某发行人收购林地使用权为例，阐述发行人是如何通过设立空壳公司、构建资金循环，达到虚增收入、虚增资产的目的。

发行人第一步是先设立一家空壳公司A，专门用于与村民签订林地使用权（简称林权）转让合同；第二步是发行人与村民洽谈好林地使用权转让条件；第三步由空壳公司A与村民签订林权转让协议，并按约定支付村民转让款；第四步是空壳公司A与发行人签订林权转让协议，发行人按高价支付转让款；第五步是空壳公司A将剩余未使用完的林权转让款划转到空壳公司B；第六步是发行人与空壳公司B签订商品销售协议，空壳公司B将收到的林权转让款转回至发行人。经过上述过程后，除实际支付村民的林地转让款P外，其余资金19P从发行人以收购无形资产名义转出后，经空壳公司A、B，以销售回款的形式又转回发行人，实现了资金的循环，同时发行人账面虚增了19P的无形资产和19P的营业收入。

现在财务造假爆出的丑闻真是越来越多了，对造星工厂来说，受牵连的不止是明星，公司里财务的处境也越来越尴尬。前有康美财务299亿资金甩锅“错误”的会计处理，后有财务总监造假是被人逼迫、迫于生计为自己喊冤，今有明星受波及，总之违法的事情还是少做，尤其是我们这些小会计，担当不起，今天的文章大家可以好好思考下，如何才能让会计人员不受波及。

参考来源：https://finance.sina.com.cn/stock/relnews/cn/2019-11-09/doc-iicezzrr8399989.shtml

7.5 应收账款审计

应收账款余额包括应收账款账面余额和相应的坏账准备两部分。应收账款是指企业因销售商品、提供劳务而形成的债权，即由于企业销售商品、提供劳务等原因，应向购货客户或接受劳务的客户收取的款项或代垫的运杂费，是企业在信用活动中所形成的各种债权性资产。企业的应收账款是在销售商品或提供劳务过程中产生的。企业的销售如果属于赊销，即销售实现时没有立即收取现款，而是获得了要求客户在一定条件下和一定时间内支付货款的权利，就产生了应收账款。

坏账是指企业无法收回或收回可能性极小的应收款项（包括应收票据、应收账款、预付款项、其他应收款和长期应收款等）。由于发生坏账而产生的损失称为坏账损失。在市场经济的社会信用制度尚未完善时期，企业间交易形成款项部分或全部无法收回的情形司空见惯。因此，企业应当定期或者至少于每年年终对应收款项进行全面检查，预计各项应收款项可能发生的坏账，对于没有把握能够收回的应收款项，应当计提坏账准备。所以，坏账准备通常是审计的重点领域，并且，由于坏账准备与应收账款的联系非常紧密，我们把对坏账准备的审计与对应收账款的审计合在一起予以阐述。

应收账款的审计需要结合销售交易的审计来进行。一方面，收入的“发生”认定直接影响应收账款的“存在”认定；另一方面，由于应收账款代表了尚未收回货款的收入，通过审计应收账款获取的审计证据也能够为收入提供审计证据。表 7-10 列示了有关应收账款的认定—审计目标—可供选择的审计程序之间的内在关系。

表 7-10　　应收账款实质性程序表

被审计单位：甲公司 项目：应收账款 编制：WL 日期：2021/01/18	索引号：A2-1 财务报表截止日/期间：2020/12/31 复核：ZY 日期：2021/02/12

（一）审计目标与认定对应关系表

审计目标	财务报表认定					
	存在	完整性	权利和义务	准确性、计价和分摊	分类	列报
A. 资产负债表中记录的应收账款是存在的	√					
B. 所有应当记录的应收账款均已记录，应当包括在财务报表中的相关披露均已包括		√				
C. 记录的应收账款由甲公司拥有或控制			√			
D. 应收账款以恰当的金额包括在财务报表中，与之相关的计价调整已恰当记录，相关披露已得到恰当计量和描述				√		
E. 应收账款已记录于恰当的账户					√	
F. 应收账款已按照企业会计准则的规定在财务报表中作出恰当列报和披露						√

（二）审计目标与审计程序对应关系表

审计目标	可供选择的审计程序
D	（1）取得应收账款明细表
AD/BD	（2）分析与应收账款相关的财务指标

（续表）

审计目标	可供选择的审计程序
D	(3) 检查应收账款账龄分析是否正确
ACD	(4) 对应收账款实施函证程序
A	(5) 对未函证应收账款实施替代审计程序，以验证应收账款的真实性
D	(6) 评价坏账准备计提的适当性
F	(7) 检查应收账款是否已按照《企业会计准则》的规定在财务报表中作出恰当列报和披露

7.5.1 应收账款的审计目标

应收账款的审计目标一般包括：确定资产负债表中记录的应收账款是否存在（存在认定）；确定所有应当记录的应收账款是否均已记录（完整性认定）；确定记录的应收账款是否由被审计单位拥有或控制（权利和义务认定）；确定应收账款是否可收回，坏账准备的计提方法和比例是否恰当，计提是否充分（准确性、计价和分摊认定）；确定应收账款及其坏账准备是否已按照企业会计准则的规定在财务报表中作出恰当列报。

7.5.2 应收账款的实质性程序

1）取得应收账款余额明细表

具体的审计程序如下：

(1) 复核加计正确，并与总账数和明细账合计数核对是否相符；结合坏账准备科目与报表数核对是否相符。应收账款报表数反映企业因销售商品、提供劳务等应向购买单位收取的各种款项，减去已计提的相应的坏账准备后的净额。

(2) 检查非记账本位币应收账款的折算汇率及折算是否正确。对于用非记账本位币（通常为外币）结算的应收账款，注册会计师检查被审计单位外币应收账款的增减变动是否采用交易发生日的即期汇率将外币金额折算为记账本位币金额，或者采用按照系统合理的方法确定的、与交易发生日即期汇率近似的汇率折算，选择采用汇率的方法前后各期是否一致；期末外币应收账款余额是否采用期末即期汇率折合为记账本位币金额；折算差额的会计处理是否正确。

相关思考 7-3

甲公司主要从事汽车轮胎的生产和销售，其销售收入主要来源于国内销售和出口销售。ABC会计师事务所负责甲公司20×8年度财务报表审计，并委派A注册会计师担任项目负责人。

资料一：

(1) 甲公司的收入确认政策为：对于国内销售，在将产品交付客户并取得客户签字的收货确认单时确认收入；对于出口销售，在相关产品装船并取得装船单时确认收入。

(2) 在甲公司的会计信息系统中，国内客户和国外客户的编号分别以D和E开头。

(3) 20×8年12月31日，中国人民银行公布的人民币对美元汇率为1美元＝6.8元人民币。

资料二：

甲公司编制的应收账款账龄分析表摘录如下：

20×8 年 12 月 31 日账龄分析						
客户类别	原币（万元）	人民币（万元）	其中：			
			1 年以内	1～2 年	2～3 年	3 年以上
国内客户		41 158	28 183	7 434	4 341	1 200
国外客户	美元 2 046	15 345	10 981	2 164	2 200	0
合计		56 503	39 164	9 598	6 541	1 200

20×7 年 12 月 31 日账龄分析						
客户类别	原币（万元）	人民币（万元）	其中：			
			1 年以内	1～2 年	2～3 年	3 年以上
国内客户		31 982	23 953	4 169	3 860	0
国外客户	美元 2 006	14 046	11 337	2 539	170	0
合计		46 028	35 290	6 708	4 030	0

要求：针对资料二，结合资料一，假定不考虑其他条件，指出资料二中应收账款账龄分析表存在哪些不当之处，并简单说明理由。

（3）分析有贷方余额的项目，查明原因，必要时，建议作重分类调整。应收账款明细账出现贷方余额，属债务，应列入“预收款项”项目。

相关思考 7-4

注册会计师负责乙公司 2018 年度财务报表的审计工作。乙公司按账龄分析法计提坏账准备：账龄 1 年（含 1 年，以下类推）以内的，按其余额的 6%计提；账龄 1～2 年的，按其余额的 30%计提；账龄 2～3 年的，按其余额的 50%计提；账龄 3 年以上的，按其余额的 80%计提。

账龄		1 年以内	1～2 年	2～3 年	3 年以上
客户名称	应收账款—A 公司	20 150 000			
	应收账款—B 公司	−2 000 000			
	应收账款—C 公司	600 000		25 760	78 000
	应收账款—D 公司	10 000 000	2 160 240	932 000	
	应收账款—E 公司		54 000		
	小计	28 750 000	2 214 240	957 760	78 000

2）分析应收账款相关的财务指标

（1）复核应收账款借方累计发生额与主营业务收入关系是否合理，并将当期应收账款借方发生额占销售收入净额的百分比与管理层考核指标和被审计单位相关赊销政策比较，如存在异常应查明原因；

（2）计算应收账款周转率、应收账款周转天数等指标，并与被审计单位相关赊销政策、被审计单位以前年度指标、同行业同期相关指标对比分析，分析是否存在重大异常并查明原因。

3）检查应收账款账龄分析是否正确

注册会计师可以通过获取或编制应收账款账龄分析表来分析应收账款的账龄，以便了解应收账款的可收回性。

（1）获取应收账款账龄分析表。被审计单位通常会编制应收账款账龄分析报告，以监控货款回收情况、及时识别可能无法收回的应收账款并作为计提坏账准备的依据之一。注册会计师可以通过查看应收账款账龄分析表了解和评估应收账款的可收回性。

特别提示 7-2

收回债务时，应逐笔认定收到的是哪一笔应收账款。如无法认定，按照先发生先收回的原则。

（2）测试应收账款账龄分析表计算的准确性，并将应收账款账龄分析表中的合计数与应收账款总分类账余额相比较，并调查重大调节项目。

（3）从账龄分析表中抽取一定数量的项目，追查至相关销售原始凭证，测试账龄划分的准确性。如表 7-11 所示。

表 7-11 应收账款账龄分析表 货币单位：

客户名称	期末余额	账龄			
		1 年以内	1～2 年	2～3 年	3 年以上
甲企业					
乙企业					
丙企业					
合计					

4）对应收账款实施函证程序

函证（即外部函证），是指注册会计师直接从第三方（被询证者）获取书面答复作为审计证据的过程，书面答复可以采用纸质、电子或其他介质等形式。

函证应收账款的目的在于证实应收账款余额是否真实准确。通过函证应收账款，可以比较有效地证明被询证者（即债务人）的存在和被审计单位记录的可靠性。

注册会计师应当考虑被审计单位的经营环境、内部控制的有效性、应收账款账户的性质、被询证者处理询证函的习惯做法及回函的可能性等，以确定应收账款函证的范围、对象、方式和时间等问题。

（1）函证决策。除非有充分证据表明应收账款对被审计单位财务报表而言是不重要的，或者函证很可能是无效的，否则，注册会计师应当对应收账款进行函证。如果注册会计师不对应收账款进行函证，应当在审计工作底稿中说明理由。如果认为函证很可能是无效的，注册会计师应当实施替代审计程序，获取相关、可靠的审计证据。

（2）函证的范围和对象。函证范围是由诸多因素决定的，主要有：

① 应收账款在全部资产中的重要程度。若应收账款在全部资产中所占的比重较大，则函证的范围应相应大一些。

② 被审计单位内部控制的有效性。若相关内部控制有效，则可以相应减少函证范围；反之，则扩大函证范围。

③ 以前期间的函证结果。若以前期间函证中发现过重大差异，或欠款纠纷较多，则函证范围应相应扩大一些。

注册会计师选择函证项目时，除了考虑金额较大的项目，也需要考虑风险较高的项目，例如：账龄较长的项目；与债务人发生纠纷的项目；重大关联方项目；主要客户（包括关系密切的客户）项目；新增客户项目；交易频繁但期末余额较小甚至余额为零的项目；可能产生重大错报或舞弊的非正常的项目。这种基于一定的标准选取样本的方法具有针对性，比较适用于应收账款余额金额和性质差异较大的情况。如果应收账款余额由大量金额较小且性质类似的项目构成，则注册会计师通常采用抽样技术选取函证样本。

（3）函证的方式。函证方式分为积极的函证方式和消极的函证方式。注册会计师可采用积极的或消极的函证方式实施函证，也可将两种方式结合使用。

在采用积极的函证方式时，只有注册会计师收到回函，才能为财务报表认定提供审计证据。注册会计师没有收到回函，可能是由于被询证者根本不存在，或是由于被询证者没有收到询证函，也可能是由于询证者没有理会询证函，因此，无法证明所函证信息是否正确。由于应收账款通常存在高估风险，且与之相关的收入确认存在舞弊风险假定，实务中通常对应收账款采用积极的函证方式。

参考格式 7-1 积极式询证函（格式一）。

企业询证函

编号：

甲公司：

本公司聘请的×××会计师事务所正在对本公司 2020 年度财务报表进行审计，按照中国注册会计师审计准则的要求，应当询证本公司与贵公司的往来账项等事项。下列信息出自本公司账簿记录，如与贵公司记录相符，请在本函下端“信息证明无误”处签章证明；如有不符，请在“信息不符”处列明不符项目。如存在与本公司有关的未列入本函的其他项目，也请在“信息不符”处列出这些项目的金额及详细资料。回函请直接寄至×××会计师事务所。

通讯地址：山东省青岛市×××路××号××层　　收件人：王××

邮编：266000　电话：0532-××××××××　　传真：0532-××××××××

1. 本公司与贵公司的往来账项列示如下：　　单位：元

截止日期	贵公司欠	欠贵公司	备　注
2020.12.31	500 000		

2. 其他事项。

本函仅为复核账目之用，并非催款结算。若款项在上述日期之后已经付清，仍请及时函复为盼。

（被审计单位盖章）

年　月　日

结论：

1. 信息证明无误。 （甲公司盖章） 年　月　日 经办人：	2. 信息不符，请列明不符项目及具体内容。 （甲公司盖章） 年　月　日 经办人：

参考格式 7-2　积极式询证函（格式二）。

企业询证函

编号：

×××公司：

本公司聘请的×××会计师事务所正在对本公司 2020 年度的财务报表进行审计，按照中国注册会计师审计准则的要求，应当询证本公司与贵公司的往来账项等事项。请列示截至 2020 年×月×日贵公司与本公司往来款项余额，回函请直接寄至×××会计师事务所。

回函地址：　　　　邮编：

电话：　　　　传真：　　　　联系人：

本函仅为复核账目之用，并非催款结算。若款项在上述日期之后已经付清，仍请及时函复为盼。

（被审计单位盖章）

年　月　日

1. 本公司与贵公司的往来账行列示如下：

截止日期	贵公司欠本公司	本公司欠贵公司	备注

2. 其他事项

（被询证单位盖章）

年　月　日

经办人：

消极式函证，是指要求被询证者只有在不同意询证函所列示的信息时才直接向注册会计师回复的一种询证方式。在采用消极的函证方式时，如果收到回函，能够为财务报表认定提供说服力强的审计证据。未收到回函可能是因为被询证者已收到询证函且核对无误，也可能是因为被询证者根本就没有收到询证函。因此，消极的函证方式通常不如积极的函证方式提供的审计证据可靠，因而在采用消极的方式函证时，注册会计师通常还需辅之以其他审计程序。

当同时存在下列情况时，注册会计师可考虑采用消极的函证方式：重大错报风险评估为低水平；涉及大量余额较小的账户；预期不存在大量的错误；没有理由相信被询证者不认真对待函证。

两种函证方式也可以结合起来使用。当应收账款的余额是由少量的大额应收账款和大量的小额应收账款构成时，注册会计师可以对所有的或抽取的大额应收账款样本采用积极的函证方式，而对抽取的小额应收账款样本采用消极的函证方式。

参考格式 7-3 消极式询证函格式

企业询证函

编号：

×××公司：

本公司聘请的______________会计师事务所正在对本公司_______年度的财务报表进行审计，按照中国注册会计师审计准则的要求，应当询证本公司与贵公司的往来账项等事项。下列信息出自本公司账簿记录，如有贵公司记录相符，则无需回复，如有不符，请直接回函寄至_______×××会计师事务所，并在空白处列明贵公司认为正确的信息。

回函地址： 邮编：

电话： 传真： 联系人：

1. 本公司与贵公司的往来账行列示如下：

单位：元

截止日期	贵公司欠本公司	本公司欠贵公司	备注

2. 其他事项

本函仅为复核账目之用，并非催款结算。若款项在上述日期之后已经付清，仍请及时函复为盼。

（被审计单位盖章）

年 月 日

××会计师事务所：

上面信息不正确，差异如下：

（被询证单位盖章）

年 月 日

经办人：

（4）函证时间的选择。注册会计师通常以资产负债表日为截止日，在资产负债表日后适当时间内实施函证。如果重大错报风险评估为低水平，注册会计师可选择资产负债表日前适当日期为截止日实施函证，并对所函证项目自该截止日起至资产负债表日止发生的变动实施其他实质性程序。

（5）函证的控制。注册会计师通常利用被审计单位提供的应收账款明细账户名称及客户地址等资料据以编制询证函，但注册会计师应当对函证全过程保持控制。并对确定需要确认或填列的信息、选择适当的被询证者、设计询证函以及发出和跟进（包括收回）询证函保持控制。

注册会计师可通过函证结果汇总表的方式对询证函的收回情况加以汇总。

（6）对回函中不符事项的处理。对回函中出现的不符事项，注册会计师需要调查核实原因，确定其是否构成错报。注册会计师不能仅通过询问被审计单位相关人员对不符事项的性质和原因得出结论，而是要在询问原因的基础上，检查相关的原始凭证和文件资料予以证实，必要时与被询证方联系，获取相关信息和解释。

对应收账款而言，登记入账的时间不同而导致的不符事项的原因：

① 客户已经付款，被审计单位尚未收到货款。

② 被审计单位的货物已经发出并已做销售记录，但货物仍在途中，客户尚未收到货物。

③ 客户由于某种原因将货物退回，而被审计单位尚未收到。

④ 客户对收到的货物的数量、质量及价格等方面有异议而全部或部分拒付货款等。

另外，注册会计师可能认为询证函回函的差异是由于函证程序的时间安排、计量或书写错误造成的，这种情况下，并不表明存在错报。

函证程序的时间安排导致回函的差异，比如，应收账款因登记入账的时间不同而产生的不符事项并不表明存在错报，归纳总结如表 7-12 所示。

表 7-12　　不符事项类别

不符事项类别	应收账款登记入账的时间不同举例
收款在途	询证函发出时，债务人已经付款，而被审计单位尚未收到货款
债务人收货在途	询证函发出时，被审计单位的货物已经发出并已作销售记录，但货物仍在途中，债务人尚未收到货物
退回货物在途	债务人由于某种原因将货物退回，而被审计单位尚未收到
拒付货款在途	债务人对收到的货物的数量、质量及价格等方面有异议而全部或部分拒付货款等

（7）对未回函项目实施替代程序。如果未收到被询证方的回函，注册会计师应当实施替代审计程序。例如：

① 检查资产负债表日后收回的货款，值得注意的是，注册会计师不能仅查看应收账款的贷方发生额，而是要查看相关的收款单据，以证实付款方确为该客户且确与资产负债表日的应收账款相关。

② 检查相关的销售合同、销售单、发运凭证等文件。注册会计师需要根据被审计单位的收入确认条件和时点，确定能够证明收入发生的凭证。

③ 检查被审计单位与客户之间的往来邮件，如有关发货、对账、催款等事宜邮件。

在某些情况下，注册会计师可能认为取得积极式函证回函是获取充分、适当的审计证据的必要程序，尤其是识别出有关收入确认的舞弊风险，导致注册会计师不能信赖从被审计单位取得的审计证据，则替代程序不能提供注册会计师需要的审计证据。在这种情况下，如果未获取回函，注册会计师应当确定其对审计工作和审计意见的影响。

需要指出的是，注册会计师应当将询证函回函作为审计证据，纳入审计工作底稿管理，询证函回函的所有权归属所在会计师事务所。

5）对应收账款余额实施函证以外的细节测试

在未实施应收账款函证的情况下（如，实施函证不可行），注册会计师需要实施其他审计程序获取有关应收账款的审计证据。与未收到回函情况下实施的替代程序相似。

6）检查坏账冲销和转回

首先，注册会计师应检查有无债务人破产或者死亡的，以及破产或以遗产清偿后仍无法收回的，或者债务人长期未履行清偿义务的应收账款；其次，应检查被审计单位坏账的处理是否经授权批准，有关会计处理是否正确。

7）确定应收账款的列报是否恰当

除了企业会计准则要求的披露之外，如果被审计单位为上市公司，注册会计师还要评价其披露是否符合证券监管部门的特别规定。

7.5.3 坏账准备的实质性程序

企业会计准则规定，企业应当在期末对应收款项进行检查，并合理预计可能产生的坏账损失。

应收账款属于以摊余成本计量的金融资产，企业应当以预期信用损失为基础，对其进行会计处理并确认损失准备。以下阐述坏账准备审计常用的实质性程序：

（1）取得坏账准备明细表，复核加计是否正确，与坏账准备总账数、明细账合计数核对是否相符。

（2）将应收账款坏账准备本期计提数与资产减值损失相应明细项目的发生额核对是否相符。

（3）检查应收账款坏账准备计提和核销的批准程序，取得书面报告等证明文件，结合应收账款函证回函结果，评价计提坏账准备所依据的资料、假设及方法。企业应合理预计信用损失并计提坏账准备，不得多提或少提，否则应视为滥用会计估计，按照前期差错更正的方法进行会计处理。

（4）实际发生坏账损失的，检查转销依据是否符合有关规定，会计处理是否正确。对于被审计单位在被审计期间内发生的坏账损失，注册会计师应检查其原因是否清楚，是否符合有关规定，有无授权批准，有无已做坏账处理后又重新收回的应收账款，相应的会计处理是否正确。对有确凿证据表明确实无法收回的应收账款，如债务单位已撤销破产、资不抵债、现金流量严重不足等，企业应根据管理权限，经股东（大）会或董事会，或经理（厂长）办公会或类似机构批准作为坏账损失，冲销提取的坏账准备。

（5）已经确认并转销的坏账重新收回的，检查其会计处理是否正确。

（6）确定应收账款坏账准备的披露是否恰当。企业应当在财务报表附注中清晰地说明坏账的确认标准、坏账准备的计提方法和计提比例。

重要概念

业务循环　分项审计方法　销售与收款循环　主营业务收入截止测试　应收账款账龄

函证　积极式函证　消极式函证　替代程序

本章练习

简答题

1. 确定应收账款函证样本量时应着重考虑哪些因素？

2. 某公司在年终前一周内有相当大量的销售收入业务，造成这种现象的原因有几种？如何核查证实？

3. 应收账款函证结果与被审计单位会计记录不一致的原因主要有哪些？注册会计师应相应实施哪些主要的审计程序？

4. 当被审计单位销售业务内部控制有弱点时，注册会计师为测试登记入账和销售业务的存在性，应采取哪些方法测试？

5. 应收账款为何要函证余额为零的项目？它与"对已收回的金额较大的款项进行常规检查"程序是否重复？

6. 实施主营业务收入截止测试的目标是什么？为了防止被审计单位多计收入，如何进行主营业务收入的截止测试？

选择题

1. 下列关于实质性程序的说法中，不正确的是(　　)。

A. 注册会计师在对交易和余额实施细节测试前实施实质性分析程序，符合成本效益原则

B. 就销售与收款交易和相关余额而言，需要运用实质性分析程序的包括销售交易、营业收入项目

C. 注册会计师拟分析的指标不能包括管理层使用的关键业绩指标

D. 如果实施分析程序后，存在未预期的重大差异，可能需要实施更加详细的细节测试

2. 下列有关被审计单位期末预收账款明细账借方余额的处理，注册会计师的判断正确的是(　　)。

A. 直接调整到期末资产负债表应付账款项目列示

B. 直接调整到期末资产负债表应收账款项目列示

C. 不作任何处理

D. 建议被审计单位作调整分录，转入到应收账款借方

3. 整个销售与收款循环的起点是(　　)。

A. 按销售单供货　　B. 向客户开具账单

C. 客户提出订货要求　　D. 编制销售单

4. 开具账单是指开具并向客户寄送事先连续编号的销售发票，这项功能所针对的主要问题不包括(　　)。

A. 依据已授权批准的商品价目表开具销售发票

B. 是否对所有装运的货物都开具了账单(即"完整性"认定问题)

C. 是否只对实际装运的货物才开具账单，有无重复开具账单或虚构交易(即"发生"认定问题)

D. 是否按已授权批准的商品价目表所列价格计价开具账单(即"准确性"认定问题)

5. 下列各项中，预防员工贪污、挪用销售货款的最有效的方法是(　　)。

A. 收取顾客支票与收取顾客现金由不同人员担任　　B. 定期与客户进行对账

C. 请顾客将货款直接汇入公司所指定的银行账户　　D. 记录应收账款明细账的人员不得兼任出纳

6. 关于应收账款函证，下列说法中错误的是(　　)。

A. 在有充分证据表明应收账款对财务报表不重要的情况下，可以不函证

B. 在有充分证据表明函证很可能无效的情况下，可以不函证

C. 如果不对应收账款进行函证，注册会计师应当在审计工作底稿中说明理由

D. 回函中附有免责条款或限制性条款，将使回函失去可靠性

7. 下列审计程序中，可以证实营业收入的准确性认定的是(　　)。

A. 对主要客户进行函证

B. 将营业收入明细账与经批准的商品价目表、发运凭证核对

C. 核对销售发票日期、发运凭证日期和营业收入明细账日期

D. 检查被审计单位主要关联方是否在财务报表附注中披露

8. 注册会计师针对销售与收款循环交易进行测试，下列属于控制测试的是(　　)。

A. 检查销售发票、发运凭证的顺序编号

B. 重新计算坏账准备计提的正确性

C. 复核销售发票上的数据

D. 将发运凭证、销售发票与营业收入明细账进行核对

9. 注册会计师获取主营业务收入明细表，检查非记账本位币的主营业务收入使用的折算汇率及折算是否正确主要是针对营业收入项目的(　　)认定。

A. 发生　　B. 完整性　　C. 准确性　　D. 分类

10. 下列(　　)情况下最可能以低水平的重大错报风险为前提，以此作为注册会计师针对应收账款函证时间的恰当选择。

A. 以资产负债表日为截止日，充分考虑对方的复函时间

B. 以资产负债表日前适当时间为截止日，并对资产负债表日与该截止日之间的变动实施实质性程序

C. 在资产负债表日适当时间实施该程序，并在审计结束前取得全部资料

D. 以资产负债表日后适当时间为截止日，并对资产负债表日与该截止日之间的变动实施实质性程序

案例分析题

1. ABC会计师事务所的A注册会计师负责审计甲公司2020年度财务报表。审计工作底稿中与函证相关的部分内容摘录如下：

(1) A注册会计师评估认为应收账款的重大错报风险为低水平，在期中审计时对截至2020年9月末的余额实施了函证程序。在期末审计时对剩余期间的销售和收款交易实施了控制测试，结果满意。

(2) 因未收到应收丙公司款项的询证函回函，A注册会计师将检查期后收款作为替代审计程序，查看了应收丙公司款项明细账的期后贷方发生额，结果满意。

(3) A注册会计师在甲公司现场执行期末审计时，为及时获得回函，要求被询证者将回函寄至甲公司。A注册会计师作为收件人直接签收了回函。

(4) A注册会计师评估认为应收账款的重大错报风险较高，为尽早识别可能存在的错报，在期中审计时对截至2020年9月末的余额实施了函证程序，在期末审计时对剩余期间的发生额实施了细节测试，结果满意。

(5) A注册会计师对应收乙公司的款项实施了函证程序。因回函显示无差异，A注册会计师认可了管理层对应收乙公司款项不计提坏账准备的处理。

要求：针对上述(1)至(5)项，逐项指出A注册会计师的做法是否恰当。如不恰当，简要说明理由。

2. 2020年12月ABC会计师事务所接受委托，对戊公司2020年财务报表实施审计，戊公司主要从事电子的生产和销售业务。A注册会计师担任项目合伙人。A注册会计师在审计工作底稿中记录了所了解的戊公司情况及其环境，部分内容摘录如下：

资料一：

(1) 由于2019年W产品供不应求，戊公司治理层提出2020年将W产品销量提高10%、毛利率提高3%的目标，并规定高级管理人员薪酬的升降幅度为毛利升降幅度的5倍。

(2) 2020年年初，由于人工成本的上升，戊公司X产品的单位成本比上年上升了10%，与此同时，X产品的销售价格也比上年上升了5%。

(3) 2020 年，电子行业原材料价格基本保持稳定，但随着产品的快速更新换代，销售价格频繁变化，戊公司也多次调整商品价目表，竞争进一步加剧。

(4) 为实现年度经营目标，提高工作效率和各部门之间的相互协调性，戊公司决定由销售经理兼任信用管理部门负责人。

资料二：

A 注册会计师在审计工作底稿中记录了所获取的戊公司财务数据，部分内容摘录如下：(单位：万元)

年份	2020 年未审数	2019 年已审数
主要产品	X 产品	X 产品
营业收入	9 003	8 125
营业成本	6 300	6 501

资料三：

A 注册会计师在审计作底稿中记录了实施的相关实质性程序，部分内容摘录如下：

(1) 从接近 2020 年末发运凭证中选取样本，追查销售发票和营业收入明细账。

(2) 从营业收入明细账中选取大额记录，追查至营业成本明细账，确认所记载的销售产品数量与所结转的存货数量是否一致。

(3) 追查销售发票上的详细信息至发运凭证、经批准的商品价目表和客户订购单。

(4) 将主营业务收入明细账加总，追查其至总账的过账。

要求：

(1) 针对资料一(1)至(4)项，结合资料二，假定不考虑其他条件，逐项判断资料一所列事项是否可能表明存在重大错报风险。如果认为存在，说明该风险属于财务报表层次还是认定层次。如果认为属于认定层次，指出相关事项主要与哪些财务报表项目(仅限于：营业收入、营业成本、应收账款)的哪些认定相关。

事项序号	是否可能存在重大错报风险(是/否)	理由	风险的层次(报表层/认定层)	财务报表项目及相关认定
(1)				
(2)				
(3)				
(4)				

(2) 逐项判断资料三所列实质性程序对发现根据资料一识别的认定层次重大错报是否直接有效。如果直接有效，指出资料三所列实质性程序与资料一的第几个事项的认定层次重大错报风险直接相关，并简要说明理由。

资料三所列实质性程序序号	所列实质性程序对发现根据资料一识别的认定层次重大错报是否直接有效(是/否)	与资料一的第几个事项的认定层次重大错报风险直接相关	理由
(1)			
(2)			
(3)			
(4)			

第 8 章　采购与付款循环的审计

内容提要

本章主要讲解采购与付款循环所涉及的凭证记录及该循环的主要业务活动，采购与付款循环的内部控制要点及控制测试程序，应付账款、固定资产的审计目标与实质性程序。

重点难点

本章重点为采购与付款循环所涉及的凭证记录及该循环的主要业务活动，采购与付款循环的内部控制要点及控制测试程序，应付账款、固定资产的实质性程序；难点为应付账款、固定资产的审计目标与实质性程序。

学习目标

通过本章学习，学生应了解采购与付款循环所涉及的凭证记录及该循环的主要业务活动，掌握采购与付款循环的内部控制要点及控制测试程序。掌握应付账款、固定资产的实质性程序，熟悉无形资产等其他相关项目审计的实质性程序。

知识框架

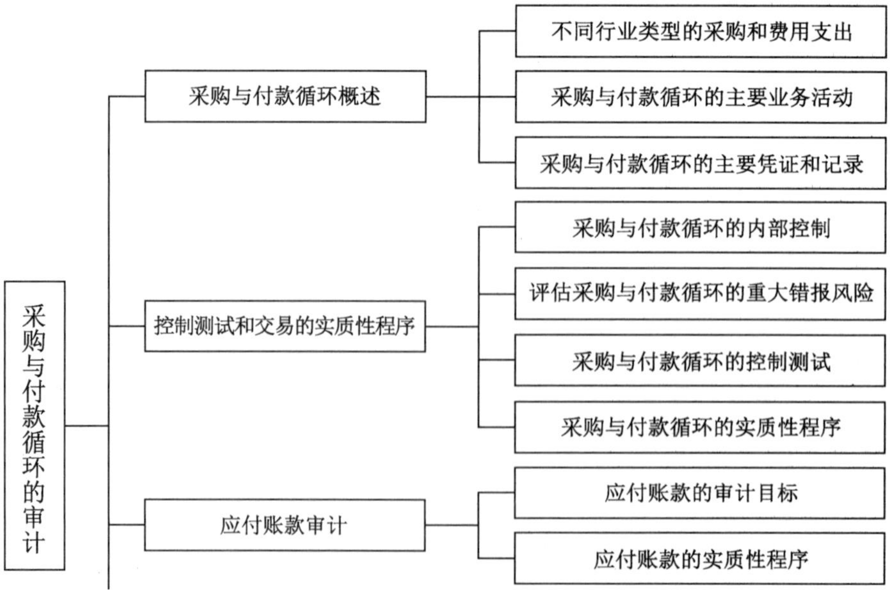

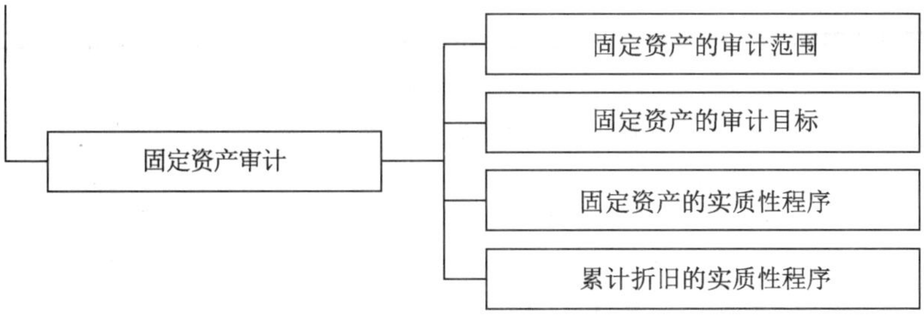

引入案例

连续8年造假，收证监会行政处罚

ST抚钢(股票代码：600399)于2000年12月在上海证券交易所上市。主营生产国防军工、航空航天等高科技领域使用的特殊钢材。2019年7月8日晚间，ST抚钢发布《关于收到中国证监会行政处罚及市场禁入事先告知书的公告》，这家大型国有企业2010年至2017年连续8年财务造假的事实终于浮出水面。

根据公告，在2010年至2017年期间，ST抚钢对部分年份的存货余额、在建工程余额、固定资产余额、固定资产折旧、主营业务成本、利润总额等数据都存在虚假记载，8年间ST抚钢虚增利润近20亿元、虚增资产40亿元。

证监会称，根据造假事实，将ST抚钢2010年至2016年年度报告进行追溯调整后，2010年至2014年以及2016年共计6个年度，ST抚钢将由盈利转为亏损。

在8年财务造假的道路上，中准会计师事务所连续8年陪伴ST抚钢，8年中7年出具了标准无保留意见审计报告、2016年度出具了带强调事项的无保留意见，8年审计费用收了433万元，平均每年审计费用54万。

连续8年财务造假涉6项财务指标，具体梳理一下ST抚钢财务造假事实：

1. 2010年至2016年年报、2017年三季报的期末存货余额存在虚假记载

2010年至2016年、2017年1月至9月，通过伪造、变造原始凭证及记账凭证、修改物供系统、成本核算系统、财务系统数据等方式调整存货中“返回钢”数量、金额，虚增涉案期间各定期报告期末存货。

2010年至2016年、2017年1月至9月，累计虚增存货19.89亿元。

2. 2013年至2014年年报的期末在建工程余额存在虚假记载

2013年至2014年，通过伪造、变造原始凭证及记账凭证等方式虚假领用原材料，将以前年度虚增的存货转入在建工程，虚增2013年至2014年年度报告期末在建工程。2013年至2014年间累计虚增在建工程11.39亿元，其中2013年虚增7.43亿元，2014年虚增3.96亿元。

3. 2013年和2015年年报的期末固定资产余额存在虚假记载

2013年和2015年，通过伪造、变造记账凭证及原始凭证等方式将虚增的在建工程转入固定资产，虚增2013年和2015年年度报告期末固定资产。2013年和2015年累计虚增固定资产8.42亿元，其中2013年虚增4.91亿元，2015年虚增3.51亿元。

4. 2014年至2016年年报、2017年三季报的固定资产折旧数据存在虚假记载

2014年至2016年、2017年1月至9月，将虚增后的固定资产计提折旧，虚增对应报告期末的固定资产折旧额。2014年至2017年9月累计虚增固定资产折旧8 739.47万元。其中，2014年虚增1 438.13万元，2015年虚增1 817.44万元，2016年虚增3 133.65万元，2017年1月至9月虚增2 350.24万元。

5. 2010年至2016年年报、2017年三季报的主营业务成本数据存在虚假记载

2010年至2016年、2017年1月至9月，通过伪造、变造记账凭证及原始凭证、修改物供系统、成本核算系统、财务系统数据等方式调整存货中“返回钢”数量、金额，将应计入当期成本的原材料计入存货，导致涉案期间少结转主营业务成本19.89亿元。

6. 2010 年至 2016 年年报、2017 年三季报的利润总额数据存在虚假记载

2010 年至 2016 年度、2017 年 1 月至 9 月，通过虚增存货、减少生产成本、将部分虚增存货转入在建工程和固定资产进行资本化等方式，累计虚增利润总额 19.02 亿元。

结合上述案例，分析 ST 抚钢财务造假的手段有哪些？

参考来源：https://finance.sina.com.cn/stock/s/2019-07-09/doc-ihytcerm2284521.shtml

8.1 采购与付款循环概述

8.1.1 不同行业类型的采购和费用支出

企业的采购与付款循环包括购买商品和劳务，以及企业在经营活动中为获取收入而发生的直接或间接的支出。采购业务是企业生产经营活动的起点，企业的支出从性质、数量和发生频率上看是多种多样的。本章主要关注与购买货物和劳务、应付账款的支付有关的控制活动以及重大交易；固定资产的有关控制活动及其实质性程序。如表 8-1 所示。

表 8-1　　不同行业类型的采购和费用

行业类型	典型的采购和费用支出
贸易业	产品的选择和购买、产品的存储和运输、广告促销费用、售后服务费用
一般制造业	生产过程所需的设备支出，原材料、易耗品、配件的购买与存储支出，市场经营费用，把产成品运达顾客或零售商处发生的运输费用，管理费用
金融服务业	给付储户的存款利息，支付其他银行的资金拆借利息、手续费，现金存放、现金运送和网络银行设施的安全维护费用，客户关系维护费用
专业服务业	律师、会计师、财务顾问的费用支出。包括印刷、通讯、差旅费，电脑、车辆等办公设备的购置和租赁，书籍资料和研究设施的费用
建筑业	建材支出，建筑设备和器材的租金或购置费用，支出给分包商的费用；保险支出和安保成本；建筑保证金和许可审批方面的支出；交通费、通讯费等。当在外地施工时还会发生建筑工人的食宿费用

8.1.2 采购与付款循环的主要业务活动

在一个企业，如可能的话，应将各项职能活动指派给不同的部门或职员来完成。这样，每个部门或职员都可以独立检查其他部门和职员工作的正确性。下面以采购商品为例，阐述采购与付款循环所涉及的主要业务活动。

1）制定采购计划

基于企业的生产经营计划，生产、仓库等部门定期编制采购计划，经部门负责人等适当的管理人员审批后提交采购部门，具体安排商品及服务采购。

2）供应商认证及信息维护

企业通常对于合作的供应商事先进行资质等审核、将通过审核的供应商信息录入系统，形成完整的供应商清单，并及时对其信息变更进行更新。采购部门只能向通过审核的供应商进行采购。

3）请购商品和劳务

仓库负责对需要购买的已列入存货清单的项目填写请购单，其他部门也可以对所需要

购买的未列入存货清单的项目编制请购单。大多数企业对正常经营所需物资的购买均作一般授权,如仓库在现有库存达到再订购点时就可直接提出采购申请,其他部门也可为正常的维修工作和类似工作直接申请采购有关物品。但对资本支出和租赁合同,企业则通常要求作特别授权,只允许指定人员提出请购。请购单可由手工或计算机编制。由于企业内不少部门都可以填列请购单,可能不便事先编号,为加强控制,每张请购单必须经过对这类支出预算负责的主管人员签字批准。

请购单是证明有关采购交易"发生"认定的凭据之一,也是采购交易轨迹的起点。

4) 编制订购单

采购部门在收到请购单后,只能对经过批准的请购单发出订购单。对每张订购单购与付款循环的审计部门应确定最佳的供应来源。对一些大额、重要的采购项目,应采取竞价方式来确定供应商,以保证供货的质量、及时性和低廉的成本。

订购单应正确填写所需要的商品品名、数量、价格、厂商名称和地址等,预先予以顺序编号并经过被授权的采购人员签名。其正联应送交供应商,副联则送至企业内部的验收部门、应付凭单部门和编制请购单的部门。随后,应独立检查订购单的处理,以确定是否确实收到商品并正确入账。这项检查与采购交易的"完整性"和"发生"认定有关。

5) 验收商品

有效的订购单代表企业已授权验收部门接受供应商发运来的商品。验收部门首先应比较所收商品与订购单上的要求是否相符,如商品的品名、摘要、数量、到货时间等,然后再盘点商品并检查商品有无损坏。

验收后,验收部门应对已收货的每张订购单编制一式多联、预先按顺序编号的验收单,作为验收和检验商品的依据。验收人员将商品送交仓库或其他请购部门时,应取得经过签字的收据,或要求其在验收单的副联上签收,以确立他们对所采购的资产应负的保管责任。验收人员还应将其中的一联验收单送交应付凭单部门。

验收单是支持资产或费用以及与采购有关的负债的"存在或发生"认定的重要凭证定期独立检查验收单的顺序以确定每笔采购交易都已编制凭单,则与采购交易的"完整性"认定有关。

6) 储存已验收的商品

将已验收商品的保管与采购的其他职责相分离,可减少未经授权的采购和盗用商品的风险。存放商品的仓储区应相对独立,限制无关人员接近。这些控制与商品的"存在"认定有关。

7) 编制付款凭单

记录采购交易之前,应付凭单部门应编制付款凭单。这项功能的控制包括以下几项:

(1) 确定供应商发票的内容与相关的验收单、订购单的一致性。

(2) 确定供应商发票计算的正确性。

(3) 编制有预先顺序编号的付款凭单,并附上支持性凭证(如订购单、验收单和供应商发票等)。这些支持性凭证的种类因交易对象的不同而不同。

(4) 独立检查付款凭单计算的正确性。

(5) 在付款凭单上填入应借记的资产或费用账户名称。

(6) 由被授权人员在凭单上签字，以示批准照此凭单要求付款。所有未付凭单的副联应保存在未付凭单档案中，以待日后付款。经适当批准和有预先编号的凭单为记录采购交易提供了依据，因此，这些控制与“存在”“发生”“完整性”“权利和义务”和“计价和分摊”等认定有关。

8) 确认与记录负债

正确确认已验收货物和已接受劳务的债务，要求准确、及时地记录负债。该记录对企业财务报表和实际现金支出具有重大影响。与应付账款确认和记录相关的部门一般有责任核查购置的财产，并在应付凭单登记簿或应付账款明细账中加以记录。在收到供应商发票时，应付账款部门应将发票上所记载的品名、规格、价格、数量、条件及运费与订购单上的有关资料核对，如有可能，还应与验收单上的资料进行比较。

应付账款确认与记录的一项重要控制是要求记录现金支出的人员不得经手现金、有价证券和其他资产。恰当的凭证、记录与记账手续，对业绩的独立考核和应付账款职能而言是必不可少的控制。

在手工系统下，应将已批准的未付款凭单送达会计部门，据以编制有关记账凭证和登记有关账簿。会计主管应监督为采购交易而编制的记账凭证中账户分类的适当性；通过定期核对编制记账凭证的日期与凭单附联的日期，监督入账的及时性。而独立检查会计人员则应核对所记录的凭单总数与应付凭单部门送来的每日凭单汇总表是否一致，并定期独立检查应付账款总账余额与应付凭单部门未付款凭单档案中的总金额是否一致。

9) 付款

通常由应付凭单部门负责确定未付凭单在到期日付款。企业有多种款项结算方式，以支票结算方式为例，编制和签署支票的有关控制包括以下几项：

(1) 独立检查已签发支票的总额与所处理的付款凭单的总额的一致性。

(2) 应由被授权的财务部门的人员负责签署支票。

(3) 被授权签署支票的人员应确定每张支票都附有一张已经适当批准的未付款凭单，并确定支票收款人姓名和金额与凭单内容一致。

(4) 支票一经签署，就应在其凭单和支持性凭证上用加盖印戳或打洞等方式将其注销，以免重复付款。

(5) 支票签署人不应签发无记名甚至空白的支票。

(6) 支票应预先按顺序编号，保证支出支票存根的完整性和作废支票处理的恰当性。

(7) 应确保只有被授权的人员才能接近未经使用的空白支票。

10) 记录现金、银行存款支出

仍以支票结算方式为例，在手工系统下，会计部门应根据已签发的支票编制付款记账凭证，并据以登记银行存款日记账及其他相关账簿。以记录银行存款支出为例，有关控制包括以下几项：

(1) 会计主管应独立检查记入银行存款日记账和应付账款明细账的金额的一致性，以及与支票汇总记录的一致性。

(2) 通过定期比较银行存款日记账记录的日期与支票副本的日期，独立检查入账的及时性。

(3) 独立编制银行存款余额调节表。

8.1.3 采购与付款循环涉及的主要凭证和记录

具体如表8-2所示。

表8-2 采购与付款循环涉及的主要凭证和记录情况

业务活动	涉及的主要凭证及会计记录
制定采购计划	采购计划
供应商认证及信息维护	供应商清单
请购商品和劳务	请购单
编制订购单	订购单
验收商品	验收单
储存已验收的商品存货	入库单
编制付款凭单	卖方发票、付款凭单
确认与记录负债	供应商发票、记账凭证、应付账款明细账、供应商对账单
付款	付款凭证、支票
记录现金、银行存款支出	库存现金日记账、银行存款日记账

8.2 控制测试和交易的实质性程序

8.2.1 采购与付款循环的内部控制

1）采购交易的内部控制

鉴于采购交易与销售交易无论在控制目标还是在关键内部控制方面，有很多相似之处，因此，以下就采购交易和付款交易内部控制的特殊之处予以说明。

（1）适当的职责分离。与销售和收款交易一样，采购与付款交易也需要适当的职责分离，适当的职责分离有助于防止各种有意或无意的错误。企业应当建立采购与付款交易的岗位责任制，明确相关部门和岗位的职责、权限，确保办理采购与付款交易的不相容岗位相互分离、制约和监督。采购与付款交易不相容岗位至少包括请购与审批；询价与确定供应商；采购合同的订立与审批；采购与验收；采购、验收与相关会计记录；付款审批与付款执行。这些都是对企业提出的、有关采购与付款交易相关职责适当分离的基本要求，以确保办理采购与付款交易的不相容岗位相互分离、制约和监督。

（2）恰当的授权审批。付款需要由经授权的人员审批，审批人员在审批前需检查相关支持文件，并对其发现的例外事项进行跟进处理。

（3）凭证的预先编号及对例外报告的跟进处理。通过对入库单的预先编号以及对例外情况的汇总处理，被审计单位可以应对存货和负债记录方面的完整性风险。

如果该控制是人工执行的，被审计单位可以安排入库单编制人员以外的独立复核人员定期检查已经进行会计处理的入库单记录，确认是否存在遗漏、或重复记录的入库单，并对例外情况予以跟进。

如果在IT环境下，则系统可以定期生成列明跳号或重号的入库单统计例外报告，由经授权的人员对例外报告进行复核和跟进，可以确认所有入库单都进行了处理，且没有重复处理。

相关思考8-1

A注册会计师是甲公司2016年度财务报表审计业务的项目合伙人，A注册会计师对甲公司采购与付款交易的相关内部控制进行了了解、测试与评价：

(1) 对需要购买的已经列入存货清单的项目由仓库负责填写请购单，对未列入存货清单的项目由相关需求部门填写请购单，请购单统一由采购部门主管W签字批准。

(2) 甲公司各部门使用的请购单未连续编号，请购单由部门经理批准，超过一定金额还需总经理批准。

(3) 验收部门检查了原材料有无损坏后，比较所收商品与订购单上的要求是否相符，如商品的品名、摘要、数量、到货时间等，并编制预先连续编号的验收单交仓库人员签字确认。

(4) 应付凭单部门核对验收单和订购单，并编制预先连续编号的付款凭单。在付款凭单经被授权人员批准后，应付凭单部门将付款凭单连同供应商发票及时送交会计部门，并将未付款凭单副联保存在未付款凭单档案中。

(5) 付款后，会计主管L需独立检查记入银行存款日记账和应付账款明细账的金额是否相一致，以及与付款支票汇总记录的一致性。

(6) 每月末，由不登记应付账款明细账的人员与供应商核对应付账款、应付票据等往来款项，如有不符，及时查明原因。

要求：结合以上(1)至(6)，分别指出各项控制是否有缺陷。如果有缺陷，简要说明理由和改进建议。

2）付款交易的内部控制

采购与付款循环包括采购和付款两个方面，由于企业的性质、所处行业、规模以及内部控制健全程度等不同，使得与付款交易相关的内部控制内容可能有所不同，但以下与付款交易相关的内部控制是通常应当共同遵循的。

(1) 企业应当按照《现金管理暂行条例》《支付结算办法》等有关货币资金内部会计控制的规定办理采购付款交易。

(2) 付款需经过授权人员审批，审批人员在审批前需检查相关支持文件，并对其发现的例外事项进行跟进处理。企业财会部门在办理付款交易时，应当对采购发票、结算凭证、验收证明等相关凭证的真实性、完整性、合法性及合规性进行严格审核。

(3) 企业应当建立预付账款和定金的授权批准制度，加强预付账款和定金的管理。

(4) 企业应当加强应付账款和应付票据的管理，由专人按照约定的付款日期、折扣条件等管理应付款项。已到期的应付款项需经有关授权人员审批后方可办理结算与支付。

(5) 企业应当建立退货管理制度，对退货条件、退货手续、货物出库、退货货款回收等做出明确规定，及时收回退货款。

(6) 企业应当定期与供应商核对应付账款、应付票据、预付款项等往来款项。如有不符，应查明原因，及时处理。

3）固定资产的内部控制

固定资产归属采购与付款循环，为了确保固定资产的真实、完整、安全和有效利用，企业应当建立和健全固定资产的内部控制。

（1）固定资产的预算制度。预算制度是固定资产内部控制中最重要的部分，大中型企业应编制旨在预测与控制固定资产增减和合理运用资金的年度预算；小规模企业即使没有正规的预算，对固定资产的购建也要事先加以计划。

（2）授权批准制度。完善的授权批准制度包括：企业的资本性预算只有经过董事会等高层管理机构批准方可生效；所有固定资产的取得和处置均需经企业管理层书面认可。

（3）账簿记录制度。除固定资产总账外，被审计单位还需设置固定资产明细分类账和固定资产登记卡，按固定资产类别、使用部门和每项固定资产进行明细分类核算。固定资产的增减变化均应有充分的原始凭证。

（4）职责分工制度。对固定资产的取得、记录、保管、使用、维修、处置等，均应明确划分责任，由专门部门和专人负责。

（5）资本性支出和收益性支出的区分制度。企业应制定区分资本性支出和收益性支出的书面标准。通常需明确资本性支出的范围和最低金额，凡支出的范围、金额低于资本性支出下限的，均应列作费用并抵减当期收益。

（6）固定资产的处置制度。固定资产的处置，包括投资转出、报废、出售等均要有一定的申请报批程序。

（7）固定资产的定期盘点制度。对固定资产的定期盘点，是验证账面各项固定资产是否真实存在、了解固定资产放置地点和使用状况以及发现是否存在未入账固定资产的必要手段。

（8）固定资产的维护保养制度。固定资产应有严密的维护保养制度，以防止其因各种自然和人为的因素而遭受损失，并应建立日常维护和定期检修制度，以延长其使用寿命。

严格地讲，固定资产的保险不属于企业固定资产的内部控制范围，但它作为一项针对企业重要资产的特别保障，往往对企业非常重要。

8.2.2 评估采购与付款循环的重大错报风险

在实施控制测试程序之前，注册会计师需要了解被审计单位采购与付款循环的内部控制的设计、执行情况，从而识别、评估重大错报风险。注册会计师可以通过审阅以前年度审计工作底稿、观察内部控制执行情况、询问管理层和员工、检查相关的文件和资料等方法加以了解。对相关文件和资料的检查可以提供审计证据，比如通过检查供应商对账表和银行对账单，能够发现差错并加以纠正。

影响采购与付款交易和余额的重大错报风险可能包括：

（1）管理层错报费用支出的偏好和动因，如为吸引投资者、误导股东并影响公司股价将应计入损益的费用资本化而调节利润，或通过复杂的税务安排而错报支出等。

（2）费用支出的复杂性，如以复杂的交易安排多种服务而缺乏足够的判断能力导致费用支出分配或计提的错误。

（3）管理层凌驾于控制之上和员工舞弊的风险，如与第三方串通将私人费用计入企业费用支出，或有意无意地重复付款。

（4）采用不正确的费用支出截止期，将本期采购并收到的商品计入下一会计期间，或者将下一会计期间采购的商品提前计入本期，未及时计提尚未付款的已经购买的服务支出等。

（5）低估，如在承受高盈利水平的压力下，管理层可能试图低估应付账款、售后服务承诺等。

(6) 舞弊和盗窃的固有风险，如大型零售业容易造成商品发运错误，员工与客户串通发生舞弊和盗窃的风险较高。

(7) 存货采购成本没有按照适当的计量属性确认，结果可能导致存货成本和销售成本的核算不正确。

(8) 存在未记录的权利和义务，这可能导致资产负债表分类错误以及财务报表附注不正确或披露不充分。

当被审计单位管理层具有高估利润的动机时，注册会计师应当主要关注费用支出和应付账款的低计。这时，重大错报风险可能集中体现在遗漏交易，采用不正确的费用支出截止期，以及错误划分资本性支出和费用性支出。这些将对完整性、截止、发生、存在、准确性和分类认定产生影响。

在正常的审计中，如果被审计单位具有健全并且运行良好的相关内部控制，注册会计师把审计重点放在采购与付款循环的控制测试和交易的实质性程序上，则既可以降低审计风险，又可大大减少该循环涉及的报表项目实质性程序的工作量，提高审计效率。

采购与付款循环的控制测试包括采购控制测试和付款控制测试两个部分。采购控制测试涉及本循环的制定采购计划，供应商认证及信息维护，请购商品、劳务，编制订购单，验收商品，储存已验收的商品，编制付款凭单，确认与记录债务等 8 项业务活动；付款控制测试则涉及支付负债，记录现金、银行存款支出等 2 项业务活动。由于采购和付款交易同属一个交易循环，联系紧密，因此，对付款交易的部分测试可与采购交易测试一并实施；当然，另一些付款交易测试仍需单独实施。

8.2.3 采购与付款循环的控制测试

注册会计师必须了解被审计单位的内部控制，确定其内部控制的目标，存在哪些关键的内部控制。注册会计师确认每一目标的关键控制和薄弱环节后，就要对该目标的控制风险作出初步评估，通过制定计划确定对哪些控制实施控制测试。注册会计师可以考虑以被审计单位的内部控制目标为起点实施控制测试，并实施相应的控制测试程序（方法）。如表8-3 所示。

表 8-3　　采购交易的控制目标、关键内部控制和测试一览表

内部控制目标	关键内部控制	常用的控制测试
所记录的采购都确已收到商品或已接受劳务 （存在）	① 请购单、订货单、验收单和卖方发票一应俱全，并附在付款凭单后 ② 采购经适当级别批准 ③ 注销凭证以防止重复使用 ④ 对卖方发票、验收单、订货单和请购单作内部核查	① 查验付款凭单后是否附有完整的相关单据 ② 检查批准采购的标记 ③ 检查注销凭证的标记 ④ 检查内部核查的标记
已发生的采购交易均已记录 （完整性）	① 订货单均经事先连续编号并将已完成的采购登记入账 ② 验收单均经事先连续编号并已登记入账 ③ 付款凭单均经事先连续编号并已登记入账	① 检查订购单连续编号的完整性 ② 检查验收单连续编号的完整性 ③ 检查付款凭单连续编号的完整性

（续表）

内部控制目标	关键内部控制	常用的控制测试
所记录的采购交易估价正确（准确性、计价和分摊）	① 对计算准确性进行内部查核 ② 采购价格和折扣的批准	① 检查内部核查的标记 ② 检查批准采购价格和折扣的标记
采购交易被正确记入应付账款和存货等明细账中，并被正确汇总（准确性）	应付账款明细账内容的内部核查	检查内部核查的标记
采购交易的分类正确（分类）	① 采用适当的会计科目表 ② 分类的内部核查	① 检查工作手册和会计科目表 ② 检查有关凭证上内部核查的标记
采购交易按正确的日期记录（截止）	① 要求收到商品或接受劳务后及时记录采购交易 ② 内部核查	① 检查工作手册并观察有无未记录的卖方发票存在 ② 检查内部核查的标记
采购交易被正确记入应付账款和存货等明细账中，并正确汇总（准确性、计价和分摊）	应付账款明细账内容的内部核查	检查内部核查的标记

说明：本表未包含采购交易的所有内部控制、控制测试，也未涉及付款交易控制。

在对被审计单位的内部控制系统进行了必要的了解与测试之后，注册会计师应当对其控制风险作出评价，并对实质性测试的内容作出相应的调整。同时，对测试过程中发现的问题，应当在工作底稿中进行记录，并以适当的形式告知被审计单位的管理层。

相关思考 8-2

A 注册会计师负责审计甲公司 2019 年度财务报表，了解到被审计单位采购与付款业务循环存在下列内部控制：

(1) 各部门需要购买的货物或劳务，统一汇总至请购部门，由请购部门对需求部门提出的采购需求进行审核，并进行归类汇总，统筹安排企业的采购计划。

(2) 对于超过预算的采购项目，经请购部门经理审批可先行请购，然后履行预算调整程序。

(3) 审核通过的采购需求，由请购部门编写请购单，提交采购部门进行采购。请购单连续编号。

(4) 采购的货物到货后，由仓库部门核对采购货物的数量、质量、规格型号与合同是否一致，对货物进行验收。

要求：针对上述事项(1)至(4)，指出甲公司内部控制是否存在缺陷，如果存在缺陷，简要说明理由。

8.2.4 采购与付款循环的实质性程序

1) 采购与付款交易的实质性分析程序

通常，注册会计师在对交易和余额实施细节测试前实施实质性分析程序，符合成本效益原则。

(1) 确定期望值与可接受差异。根据对被审计单位的经营活动、供应商的发展历程、贸易条件和行业惯例的了解，确定应付账款和费用支出的期望值。根据本期应付账款余额组成与以前期间交易水平和预算的比较，定义采购和应付账款可接受的重大差异额。

(2) 识别与分析差异。识别并分析异常数据关系以确定需要进一步调查的重大差异，如与周期趋势不符的费用支出。这类程序通常包括：

① 观察月度(或每周)已记录采购总额趋势,与往年或预算相比较。

② 将分类或分品种的商品销售毛利率与以前年度和预算或者同行业公司的销售毛利率相比较,关注或沟通重大的差异,因为毛利可能由于销售额、销售成本的错误被歪曲,而销售成本的错误则又可能是受采购记录的错误所影响。

③ 计算记录在应付账款上的赊购天数,并将其与以前年度相比较,关注超出预期的变化是否由未记录采购、虚构采购记录或截止问题造成。

④ 检查常规账户和付款的月度变动情况,如租金、电话费和电费通常按月支付并有一定的规律。

⑤ 检查异常项目的采购,如,大额采购、从不经常发生交易的供应商处采购以及未通过采购账户而是通过其他途径计入存货和费用项目的采购。

(3) 调查重大差异并评价结果。通过询问管理层和员工,调查重大差异额是否表明存在重大错报风险,是否需要设计恰当的细节测试程序以识别和应对重大错报风险。然后形成结论,即实质性分析程序是否能够提供充分、适当的审计证据,或需要对交易和余额实施细节测试以获取进一步的审计证据。

2) 采购与付款交易和相关余额的细节测试

(1) 实施细节测试的情况。当出现下列情形时,注册会计师通常应考虑对采购与付款交易和相关余额实施细节测试:

① 重大错报风险评估为高。例如,存在非正常的交易,包括在期末发生对账户的非正常调整和缺乏支持性文件的关联方交易等。

② 实质性分析程序显示出未预期的趋势。

③ 需要在财务报表中单独披露的金额或很可能存在错报的金额。例如,差旅费、修理和维护费、广告费、税费、咨询费等。

④ 对需要在纳税申报表中单独披露的事项进行分析。

⑤ 需要为有些项目单独出具审计报告。例如,被审计单位如果要向国外的特许权授予方支付特许权使用费,就可能存在这种需要。

(2) 交易的细节测试。

① 注册会计师应从被审计单位的业务流程层面的主要交易流中选取样本,检查其支持性证据。

② 对主要交易实施截止测试。

A. 采购交易的截止测试:

(a) 选择已记录采购的样本,检查相关的商品验收单,保证交易已计入正确的会计。

(b) 确定期末最后一份验收单的顺序号码并审查代码报告,以检测记录在本会计期间的验收单是否存在更大的顺序号码,或因采购交易被漏记或错计入下一会计期间而在本期遗漏的顺序号码。

B. 付款交易的截止测试:

(a) 确定期末最后签署的支票的号码,确保其后的支票支付未被当作本期的交易予以记录。

(b) 追踪付款至期后的银行对账单,确定其在期后的合理期间内被支付。

(c) 询问期末已签署但尚未寄出的支票,考虑该项支付是否应在本期冲回,计入下一会计期间。

C. 寻找未记录的负债的截止测试：

(a) 确定被审计单位期末用于识别未记录负债的程序，获取相关交易已记入应付账款的证据。

(b) 复核供应商付款通知和供应商对账单，获取发票被遗失或未计入正确的会计期间的证据，询问并确定在资产负债表日是否应增加一项应计负债。

(c) 调查关于订购单、商品验收单和发票不符的例外报告，识别遗漏的交易或计入不恰当会计期间的交易。

(d) 复核截至审计外勤结束日记录在期后的付款，查找其是否在年底前发生的证据。

③ 询问审计外勤结束时仍未支付的应付账款。

A. 对于在建工程，检查承建方的证明或质量监督报告，以获取存在未记录负债的证据。

B. 复核资本预算和董事会会议纪要，获取是否存在承诺和或有负债的证据。

(3) 余额的细节测试。

① 复核供应商的付款通知，与供应商对账，获取发票遗漏、未计入正确的会计期间的证据。询问并检查对付款存在争议的往来信函，确定在资产负债表日是否应增加一项应计负债。

② 在特殊情况下，注册会计师需要决定是否应通过供应商来证实被审计单位期末的应付余额。这种情况通常在被审计单位对采购与付款交易的控制出现严重缺失，记录被毁损时才会发生，或者在怀疑存在舞弊或会计记录在火灾或水灾中遗失时才会发生。

8.3 应付账款审计

应付账款是企业在正常经营过程中，因购买材料、商品和接受劳务供应等经营活动而应付给供应商的款项。注册会计师应结合赊购交易进行应付账款的审计。

8.3.1 应付账款的审计目标

应付账款的审计目标一般包括：确定资产负债表中记录的应付账款是否存在；确定所有应当记录的应付账款是否均已记录；确定资产负债表中记录的应付账款是否为被审计单位应当履行的现时义务；确定应付账款是否以恰当的金额包括在财务报表中，与之相关的计价调整是否已恰当记录；确定应付账款是否已按照企业会计准则的规定在财务报表中作出恰当的列报。如表 8-4 所示。

表 8-4 应付账款实质性程序

被审计单位：M公司	索引号：BH-1
项目：应付账款	财务报表截止日/期间：2020.12.31
编制：王林	复核：张月
日期：2021/01/11	日期：2020/02/20

（一）审计目标与认定对应关系表

审计目标	财务报表认定					
	存在	完整性	权利和义务	准确性、计价和分摊	分类	列报
A. 资产负债表中记录的应付账款是存在的	√					
B. 所有应当记录的应付账款均已记录，相关披露均已包括		√				
C. 资产负债表中记录的应付账款是被审计单位应当履行的现时义务			√			
D. 应付账款以恰当的金额包括在财务报表中，与之相关的计价或分摊调整已恰当记录，相关披露已得到恰当计量和描述				√		
E. 应付账款已记录于恰当的账户					√	
F. 应付账款已被恰当地汇总或分解且表述清楚，相关披露在适用的财务报告编制基础下是相关的、可理解的						√

（二）审计目标与审计程序对应关系表

审计目标	可供选择的审计程序
BD	1. 获取被审计单位与其供应商之间的对账单，并将对账单和被审计单位财务记录之间的差异进行调节，查找有无未入账的应付账款，确定应付账款金额的准确性
BD	2. 检查债务形成的相关原始凭证，如供应商发票、验收报告或入库单等，查找有无未及时入账的应付账款，确定应付账款期末余额的准确性
B	3. 针对资产负债表日后付款项目，检查银行对账单及有关付款凭证，询问被审计单位内部或外部的知情人员，查找有无未及时入账的应付账款
B	4. 结合存货监盘程序，检查被审计单位在资产负债日前后的存货入库资料(验收报告或入库单)，检查是否有大额料到单未到的情况，确认相关负债是否计入了正确的会计期间
B	5. 检查资产负债表日后应付账款明细账贷方发生额的相应凭证，关注其购货发票的日期，确认其入账时间是否合理
AC	6. 选择应付账款的重要项目函证其余额和交易条款，对未回函的再次发函或实施替代的检查程序
B	7. 针对已偿付的应付账款，追查至银行对账单、银行付款单据和其他原始凭证，检查其是否在资产负债表日前真正偿付
A	8. 针对异常或大额交易及重大调整事项(如大额的购货折扣或退回，会计处理异常的交易，未经授权的交易，或缺乏支持性凭证的交易等)，检查相关原始凭证和会计记录，以分析交易的真实性、合理性

8.3.2 应付账款的实质性程序

1）获取或编制主营业务收入明细表

注册会计师应当获取或编制应付账款明细表，执行以下测试：

（1）复核加计是否正确，并与报表数、总账数和明细账合计数核对是否相符。

（2）检查非记账本位币应付账款的折算汇率及折算是否正确。

(3) 分析出现借方余额的项目,查明原因,必要时,作重分类调整。

相关思考8-3

应付账款——甲公司	6 000 万元
应付账款——乙公司	—1 500 万元
应付账款——丙公司	2 080 万元
应付账款——丁公司	1 000 万元
应付账款——戊公司	500 万元
合计	8 080 万元

要求:根据上述资料作重分类调整。

(4) 结合其他应付款、预付款项等往来项目的明细余额,检查有无同时挂账的项目、异常余额或与购货无关的其他款项(如关联方账户或员工账户),如有,应作出记录,必要时作出调整。

2) 函证应付账款

获取适当的供应商相关清单,例如本期采购量清单、所有现存供应商名单或应付账款明细账。询问该清单是否完整并考虑该清单是否应包括预期负债等附加项目。选取样本进行测试并执行如下程序:

(1) 应根据审计准则的规定对询证函保持控制,包括确定需要确认或填列的信息、选择适当的被询证者、设计询证函,包括正确填列被询证者的姓名和地址,以及被询证者直接向注册会计师回函的地址等信息,必要时再次向被询证者寄发询证函等。

(2) 将询证函余额与已记录金额相比较,如存在差异,检查支持性文件,评价已记录金额是否适当。

(3) 对于未作回复的函证实施替代程序,如检查至付款文件(如,现金支出、电汇凭证和支票复印件)、相关的采购文件(如,采购订单、验收单、发票和合同)或其他适当文件。

(4) 如果认为回函不可靠,评价对评估的重大错报风险以及其他审计程序的性质、时间安排和范围的影响。

特别提示8-1

应付账款函证要求

一般情况下,函证应付账款并不是一个必要的审计程序,这是因为函证不能保证查出未记录的应付账款,况且注册会计师能够取得采购发票等外部凭证来证实应付账款的余额。但如果控制风险较高,某应付账款明细账户金额较大或被审计单位处于财务困难阶段,则应进行应付账款的函证。

相关思考8-4

ABC会计师事务所审计人员对甲公司2×20年度会计报表进行审计。甲公司总资产为2 500万元,应收账款在报表上列示为1 000万元,控制风险评价为低水平;应付账款列示为610万元,控制风险评价为高水平。

要求：请分析审计人员是否需要对应收、应付账款进行函证？为什么？

3）检查应付账款是否计入了正确的会计期间，是否存在未入账的应付账款

（1）对本期发生的应付账款增减变动，检查至相关支持性文件，确认会计处理是否正确。

（2）检查资产负债表日后应付账款明细账贷方发生额的相应凭证，关注其购货发票的日期，确认其入账时间是否合理。

（3）获取并检查被审计单位与其供应商之间的对账单以及被审计单位编制的差异调节表，确定应付账款金额的准确性。

（4）针对资产负债表日后付款项目，检查银行对账单及有关付款凭证（如银行汇款通知、供应商收据等），询问被审计单位内部或外部的知情人员，查找有无未及时入账的应付账款。

（5）结合存货监盘程序，检查被审计单位在资产负债日前后的存货入库资料（验收报告或入库单），检查是否有大额货到单未到的情况，确认相关负债是否计入了正确的会计期间。

如果注册会计师通过这些审计程序发现某些未入账的应付账款，应将有关情况详细记入审计工作底稿，并根据其重要性确定是否需建议被审计单位进行相应的调整。

4）寻找未入账负债的测试

获取期后收取、记录或支付的发票明细，包括获取支票登记簿、电汇报告、银行对账单（根据被审计单位情况不同）以及入账的发票和未入账的发票。从中选取项目（尽量接近审计报告日）进行测试并实施以下程序：

（1）检查支持性文件。如相关的发票、采购合同、采购申请、收货文件以及接受劳务明细，以确定收到商品或接受劳务的日期及应在期末之前入账的日期。

（2）追踪已选取项目至应付账款明细账、货到票未到的暂估入账和预提费用明细表，并关注费用所计入的会计期间，调查并跟进所有已识别的差异。

（3）评价费用是否被记录于正确的会计期间，并相应确定是否存在期末未入账负债。

特别提示 8-2

本程序主要以收到商品或接受劳务（验收单日期）作为入账日的标准。

5）检查应付账款长期挂账的原因并作出记录

特别提示 8-3

分析长期挂账的应付账款，要求被审计单位做出解释，判断被审计单位是否缺乏偿债能力或利用应付账款隐瞒利润；对确实无需支付的应付款的会计处理是否正确。

借：应付账款

　　贷：营业外收入

6）如果存在应付关联方的款项

（1）了解交易的商业理由。

（2）检查证实交易的支持性文件（例如发票、合同、协议及入库和运输单据等相关文件)。

(3) 检查被审计单位与关联方的对账记录或向关联方函证。

7) 检查应付账款是否已按照企业会计准则的规定在财务报表中作出恰当列报和披露

相关思考 8-5

【多选题】 针对应付账款未入账的错报风险,以下实质性程序中注册会计师可以实施的有( )。

A. 检查财务报表日后付账的主要凭证,询问被审计单位内部采购部门或验收部门的人员

B. 检查财务报表日后应付账款明细账贷方发生额的相应凭证

C. 在对原材料进行监盘时,获取并检查资产负债表日前后的验收报告或入库单

D. 以截止至财务报表日的应付账款明细账为起点选取异常项目追查至相关验收单、供应商发票以及订购单等原始凭证

8.4 固定资产审计

8.4.1 固定资产的审计范围

固定资产科目余额反映企业所有固定资产的原价,累计折旧科目余额反映企业固定资产的累计折旧数额,固定资产减值准备科目余额反映企业对固定资产计提的减值准备数额,资产负债表固定资产项目的金额由固定资产科目余额扣除累计折旧科目余额和固定资产减值准备科目余额构成,这 3 项无疑属于固定资产的审计范围。

除此之外,由于固定资产的增加包括购置、自行建造、投资者投入、融资租入、更新改造、以非现金资产抵偿债务方式取得或以应收债权换入、以非货币性资产交换方式换入、经批准无偿调入、接受捐赠和盘盈等多种途径,相应涉及货币资金、应付账款、预付款项、在建工程、股本、资本公积、长期应付款、递延所得税负债等项目;企业的固定资产又因出售、报废、投资转出、捐赠转出、抵债转出、以非货币性资产交换方式换出、无偿调出、毁损和盘亏等原因而减少,与固定资产清理、其他应收款、营业外收入和营业外支出等项目有关;另外,企业按月计提固定资产折旧,这又与制造费用、销售费用、管理费用等项目联系在一起。因此,在进行固定资产审计时,应当关注这些相关项目。广义的固定资产审计范围,自然也包括这些相关项目在内。

案例讨论 8-1

连续 8 年造假,受证监会行政处罚

ST 抚钢舞弊的时间跨度较长,总的来说,ST 抚钢的财务舞弊目的明确,所有努力都是为了虚增利润。

(1) 为了达到虚增利润的目的,ST 抚钢把本该计入成本的材料消耗计入了存货,造成了存货的虚增。

(2) 为了让这部分虚增不引人注意,ST 抚钢将其转入了在建工程,进而转入固定资产。

(3) 固定资产增加会导致折旧的上升从而影响损益,为了降低对利润的影响,2015 年又通过固定资产会计估计变更,延长了固定资产折旧年限,降低了折旧的计提。

通过上述手段,最终达到了虚增利润的目的。根据证监会调查结果显示,ST 抚钢 2010 年～2017 年 8 年间累计虚增利润达 19.02 亿元,并在 2010 年～2014 年及 2016 年累计 6 年间,在年度报告中将亏损披露

为盈利。

尽管有很多好公司专心致志，苦心经营。但财务舞弊利益大，惩罚小，还是会有个别公司忘记初衷，在错误的道路一去不返。但是一旦企业开始进行财务舞弊，财务表现必然会出现反常波动，关注这些异常，往往就能找到企业粉饰的蛛丝马迹。

手段一：虚增存货

企业虚增存货，会产生两种结果：没有真实的采购，没有真实的销售。没有真实的采购时，反映在财务指标上体现为应付账款与存货不匹配。毕竟没有采购，应付账款也无从得来。没有真实的销售体现为存货周转缓慢，存货一直没有流转出去。

手段二：少计成本

企业少记成本时，企业的毛利率就会升高，尤其出现大幅提升时。此时企业可能会借口原材料价格下降或工艺提升，关注企业主要供应商和无形资产基本上可以证明企业解释是否属实。

上述比较还是基于企业各年数据比较，如果能获取行业数据，也能从与行业比较的异常值中发现问题。2014 年销售毛利率是行业优秀值的 3 倍，已经严重背离了行业销售毛利的正常区间，值得投资者对其高盈利高度持疑。

手段三：会计估计变更

一般固定资产折旧进行会计估计变更时，往往会进行加速折旧，因为固定资产如果为机器设备，可能会因为技术更新，导致折旧年限降低。当然不排除由企业通过加速折旧虚增以后年度利润。但是一旦出现减少折旧计提时，就需要对企业进行会计估计的变更目的打问号。毕竟通过修补就可以增加机器设备 10 年的使用寿命，听上去不那么令人信服。

通过上述分析大家对 ST 抚钢的造假手段和粉饰方式应该有了清楚的了解，近年来舞弊案件频发，舞弊手段层出不穷。但是只要关注异常，细心分析，很多舞弊现象还是比较容易发现的。

8.4.2 固定资产的审计目标

固定资产的审计目标一般包括：确定资产负债表中记录的固定资产是否存在；确定所有应记录的固定资产是否均已记录；确定记录的固定资产是否由被审计单位拥有或控制；确定固定资产以恰当的金额包括在财务报表中，与之相关的计价或分摊已恰当记录；确定固定资产原价、累计折旧和固定资产减值准备是否已按照企业会计准则的规定在财务报表中做出恰当列报。

8.4.3 固定资产的实质性程序

1) 获取或编制固定资产和累计折旧分类汇总表

获取或编制固定资产和累计折旧分类汇总表，检查固定资产的分类是否正确并与总账数和明细账合计数核对是否相符。固定资产和累计折旧分类汇总表又称一览表或综合分析表，是审计固定资产和累计折旧的重要工作底稿。

汇总表包括固定资产与累计折旧、减值准备 3 部分，应按照固定资产类别分别填列。需要解释的是期初余额栏，注册会计师对其审计应分 3 种情况：一是在连续审计情况下，应注意与上期审计工作底稿中的固定资产和累计折旧的期末余额审定数核对相符。二是在变更会计师事务所时，后任注册会计师应查阅前任注册会计师有关工作底稿。三是如果被审计单位以往未经注册会计师审计，即在首次接受审计情况下，注册会计师应对期初余额进行较全面的审计，尤其是当被审计单位的固定资产数量多、价值高、占资产总额比重大时，最理想的方法是全面审计被审计单位设立以来"固定资产"和"累计折旧"账户中的所有重要的借贷记录。这样,既可核实期初余额的真实性,又可从中加深对被审计单位固定资产管理和会计核算工作的了解。

2) 对固定资产实施实质性分析程序

基于对被审计单位及其环境的了解,通过数据比较,并考虑有关数据间关系的影响,建立有关数据的期望值;确定可接受的差异额;将实际情况与期望值相比较,识别需要进一步调查的差异;如果其差额超过可接受的差异额,调查并获取充分的解释和恰当的佐证审计证据,如检查相关的凭证;评估实质性分析程序的测试结果。

3) 实地检查重要固定资产

实施实地检查审计程序时,注册会计师可以以固定资产明细分类账为起点,进行实地追查,以证明会计记录中所列固定资产确实存在,并了解其目前的使用状况,关注是否存在已报废但仍未核销的固定资产;也应考虑以实地为起点,追查至固定资产明细分类账,以获取实际存在的固定资产均已入账的证据。

当然,注册会计师实地检查的重点是本期新增加的重要固定资产,有时,观察范围也会扩展到以前期间增加的重要固定资产。观察范围的确定需要依据被审计单位内部控制的强弱、固定资产的重要性和注册会计师的经验来判断。如为首次接受审计,则应适当扩大检查范围。

知识拓展 8-1

浑水精准猎杀造假的辉山乳业

2019 年 12 月 19 日晚间,港交所发布公告表示,2019 年 12 月 23 日上午 9 时起,对辉山乳业的上市地位予以取消。该公司的股份自 2017 年 3 月 24 日起已暂停买卖。

辉山乳业也曾经是一家伟大的公司。说它是一家伟大的公司,因为大股东杨凯凭借辉山乳业稳坐辽宁首富,而这一切的辉煌也随着 3 年前的做空报告完全葬送。

辉山乳业是一家沈阳的老牌乳企,始于 1951 年的苏联援建的中苏友好牧场,里程碑事件如下:

2004 年 12 月,杨凯,即现大股东,获转让 50%权益。

2013 年 9 月,辉山乳业在香港主板上市,筹集最多达 100 亿港元。

2015 年,辉山乳业董事长杨凯以 140 亿元身价成为沈阳首富;2016 年以 260 亿元身价排名胡润榜第 66 位,成为辽宁首富。

著名的三聚氰胺事件发生于 2008 年,但辉山乳业却幸免于难。在此之前,该品牌只是辽宁的家乡品牌,之后,辉山节节向上,不仅占据沈阳 80%的市场份额、辽宁 60%以上的市场份额,还稳居东北第一。

2016 年,也正是辉山乳业大股东杨凯个人的高光时刻。但是其高光时刻都没有撑到 2016 年的结束便戛然而止。

时间回到 3 年前,2017 年 3 月 24 日早盘,港股辉山乳业狂跌逾 90%,创该公司史上最大跌幅。随后该股紧急停牌,截至停牌时,辉山乳业仍跌 85%。随后市场传言称,辉山乳业大股东或涉嫌挪用 30 亿资金,且无法收回。辉山乳业短时间暴跌 85%的消息迅速传遍市场,这场惊魂暴跌中浑水公司无疑是最大的受益者。

过去数年,被浑水公司狙击的中国公司通常惨不忍睹:嘉汉林业在浑水报告发布当天股价狂泻 64%、网秦股价暴跌近 50%、分众传媒股价大跌 40%、大连绿诺在浑水报告发布之后仅 23 天就被纳斯达克摘牌。浑水公司作为诸多上市公司的噩梦,它是如何精准高效猎杀造假公司的?

浑水公司断定辉山乳业是骗子公司有何凭证？

先来看看浑水公司调查辉山乳业给出的报告结论。浑水公司在报告中将辉山乳业(06863.HK)直呼为“骗子”，称该公司至少从2014年开始发布虚假财务报表、夸大其资产价值及负债颇多，因此，该公司估值实际接近零。浑水公司认为辉山乳业的欺诈行为包括：

1. 牧草供应来源欺诈。辉山乳业宣称其用于奶牛饲养的苜蓿是自产自足，但大量证据表明这是个谎言，这家公司长期从第三方供应商手中大量购买苜蓿。

2. 资本开支造假。辉山乳业在其奶牛养殖场的资本开支方面存在造假行为，他们夸大了这些养殖场所需的花费，夸大程度约在8.93亿元到16亿元人民币之间。资本开支造假的主要目的很有可能是为了支持公司收入报表舞弊。

3. 董事局主席转移资产。辉山乳业董事局主席杨凯似乎从公司窃取了至少1.5亿元人民币的资产——实际数字可能更高。当中涉及将一家最少拥有4个乳牛牧场的附属公司向一位未披露的关联方转移。此事未有披露。杨凯控制着这家附属公司及相关牧场。

因此，浑水公司认为，由于利润造假、现金流和生物类资产被高估(程度尚不清楚)以及某些极其可疑的资产账户，辉山乳业资产负债表的资产端被严重夸大。

浑水公司还称，即使没有财务造假，辉山乳业也似乎处于违约边缘，因其杠杆过高。即使以面值计，该公司的信贷指标也“高得可怕”，2016财年的杠杆运用是如此之多，以至于审计师需作出警告意见。

报告认为，鉴于其认为辉山乳业出具虚假财务报表，故相信该公司明年发生违约风险的概率非常高。有清晰迹象表明辉山乳业正承受巨大的财务压力，包括其正试图融资，并已经叫停了一些项目。港交所中央结算系统(CCASS)数据显示，辉山乳业在外流通股有相当一部分已经被用作融资质押。有鉴于此，浑水公司得出结论称，辉山乳业的股票基本一文不值。

浑水公司如何调查辉山乳业？乳业专家、无人机、卫星全上场。作为一家外资机构，浑水公司是如何调查远在东北的中国上市公司的？它又如何能确保调查信息准确？其实这里有很多“浑水特色”的诀窍。

1. 购买专家网络服务。浑水公司在报告中称，“聘请了三位乳业专家，其中两位在中国奶业领域有着深厚的背景。”国内目前提供专家网络服务的第三方公司很多，比如格理集团等，还有不少基于行业的专家网络公司。从表述上看，浑水公司应该是使用了第三方专家网络公司提供的专家支持服务。专家网络服务通常包括电话会议、专家面谈等，以浑水本次调查的深度看，除了常规的这些服务外，有理由相信浑水至少重金聘请了3位专家中的一位进行现场调查取证。

2. 采用第三方尽调报告。浑水公司在报告中表示，2014年，一家辉山投资机构也通过对其进行尽职调查后，向浑水公司提供了调查人员拍摄的辉山养殖场的照片，证明辉山苜蓿为美国El Toro所生产而并非自产。浑水公司称，“该投资机构的调查员于2014年访问了共养殖16 000头奶牛的7个牧场。调查员报告显示，这些牧场广泛采购进口苜蓿(因为我们没有参与这些调查，因此我们只能引用他们的调查结果证明我们自己的研究，我们相信这些投资者和他们的尽职调查是可信的，但我们不能证明他们研究的准确性)。”这显示，很有可能是在收到了这家投资机构的尽职调查报告后，浑水公司才启动其对辉山乳业的调查。

3. 使用无人机实地调研。浑水公司在报告开头即表示，使用了无人机对辉山乳业进行了调查。尽管国内新闻界很早就使用无人机进行新闻报道，但很少听说国内的投资机构使用无人机进行公司调研。使用无人机进行实地调研，显然给浑水公司的做空报告增加了不少的可信度。浑水公司在报告中并未表明哪些地方使用了无人机，但报告的某些部分显然是由无人机拍摄取证而成：“我们通过实地考察发现，大多数牧场是为更新设计而建造的。其中之一是规模更大的登仕堡牧场，将建成一个更复杂的设计。”“2016财年，非奶牛场投资和建设活动减少，种植园土地亦没有增加，沈北厂房已完工，江苏厂也几乎完工，因此对加工厂的投资显著减少。”

4. 使用卫星拍摄调研。尽管在国外对冲基金行业，使用卫星跟踪上市公司已成标准服务，如通过观察停车数量来推测商场或工厂的业绩，但在国内并不多见。浑水公司在报告中称，“正如2015年9月的卫星图像显示，牧场建设已接近完成，我们发现这种长时间的延迟令人惊讶。”

5. 其他调查手法。除上述手法外，浑水公司还大量使用之前已被外界熟悉的调查手法，包括：查阅大量的公开资料，如使用政府的环评报告中的数据与辉山乳业公开报告进行比对；调查供货商数据证实“至少自2014年起，辉山通过虚假宣称牧草苜蓿大部分自供，来夸大利润率”；调查关联公司运行情况证实“辉山杨主席至少从公司窃取1.5亿元资产，实际数字很可能更高。当中涉及将一家最少拥有4个乳牛牧场的附属公司向一位未披露的关联方转移，此交易未披露。我们确定杨主席控制着这家附属公司及相关牧场”；进行实地访谈、调研证实“辉山乳业在其奶牛养殖场的资本开支也存在欺诈行为”。

截至目前，浑水公司已狙击了瑞幸咖啡、东方纸业(AMEX：ONP)、绿诺国际(NASDAQ：RINO)、中国高速频道(NASDAQ：CCME)、多元环球水务(NYSE：DGW)、嘉汉林业(TSE：TRE)和分众传媒(NASDAQ：FMCN)。受其攻击的公司大部分股价均出现大幅下跌，浑水公司及相关利益公司亦因此获益匪浅。

浑水公司背景

浑水公司成立于2010年6月28日，创始人是一名叫卡尔森·布洛克的美国人。卡尔森毕业于南加州大学，主攻金融辅修中文，后攻读了芝加哥肯特法学院的法学学位。他2005年来到上海，就职于一家美国律所；2008年创办了一家仓储物流公司；2010年创办浑水公司，主要做空在国外上市的中国概念股。目前浑水公司在调查造假公司方面可谓驾轻就熟，多次狙击成功，令中国概念股颜面尽失。

为什么浑水公司做空的成功率如此之高？

一方面，很多中国概念股本身就存在或多或少的道德风险。类似问题在A股市场可能习以为常、见怪不怪，但是在美国市场就存在着一套很成熟的制衡机制，就像生态系统一样优胜劣汰。作为“狙击者”，有漏洞存在，浑水公司才能狙击成功。

另一方面，浑水公司在攻击一家上市公司前做了大量研究，为猎杀做了充分的准备。浑水公司发表的质疑报告中篇幅最短的有21页，最长的达80页。做多和做空都需要做调研，但方法论截然不同，做多是“证实”，优点和缺点都要考量，权衡之下才能给出“买入”的评级；做空则是“证伪”，只要找到企业的财务、经营造假证据，“硬伤”一经发现，即可成为做空的理由，类似于“一票否决制”。

归纳总结浑水公司的报告之后，可反推出其整套调研体系，总体来看分为两个相互渗透的方式：查阅资料和实地调研，调查内容涉及公司及关联方、供应商、客户、竞争对手、行业专家等各个方面。

1. 查阅资料。查阅资料和实地调研结合是了解一个公司真实面貌必做的功课。尽管无从得知浑水公司是如何选择攻击对象的——有可能是初步查阅资料和财务分析发现疑点并顺藤摸瓜，也有可能是有内部人提供线索，但在选定攻击对象后，浑水公司必对上市公司的各种公开资料做详细研读。这些资料包括招股说明书、年报、临时公告、官方网站、媒体报道等，时间跨度常常很大。比如在调查分众传媒时，浑水公司查阅了2005年～2011年这6年时间的并购重组事件，从中摘录了重要信息，包括并购时间、对象、金额等，并根据这些信息做了顺藤摸瓜式的延伸，进一步查阅了并购对象的官网、业务结构等。

理论上讲，“信息元”都不会孤立存在，必然和别的节点有关联。对于造假的企业来说，要编制一个天衣无缝的谎言，需要将与之有关联的所有“信息元”全部疏通，对好“口供”，但这么做的成本非常高，所以造假的企业只会掩盖最明显的漏洞，心怀侥幸心理，无暇顾及其他漏洞。而延伸信息的搜索范围，就可以找到逻辑上可能存在矛盾的地方，为下一阶段的调研打下基础。比如浑水公司根据公开信息，层层挖掘出了分众传媒收购案中涉及的众多高层的关系图，为揭开分众传媒收购案例内幕提供了重要线索。

2. 调查关联方。除了上市公司本身，浑水公司还非常重视对关联方的调查。关联方一般是掏空上市公司的重要推手。关联方包括大股东、实际控制人、兄弟公司等，还包括那些表面看似没有关联关系，但实际上听命于实际控制人的公司。浑水公司在查阅绿诺国际的资料时，发现上市公司2008年和2009年所得税率应该为15%，但实际纳税为零。经过进一步查证，发现上市公司仅为一个壳，所有资产和收入均在关联方的名下，上市公司利润仅为关联方“账面腾挪”过来，属于过账的“名义利润”，并发现实际控制人向上市公司“借”了320万美元买豪宅，属于明令禁止的“掏空上市公司”的行为。

3. 公司实地调研。对公司实地调研是取证的重要环节。浑水公司的调研工作非常细致，调研周期往往持续很久，比如对分众传媒的调研时间长达半年。调研的形式包括但不限于电话访谈、当面交流和实地观察。正所谓“耳听为虚，眼见为实”，实地调研的结果往往会大大超出预期。浑水公司一般会去上市公司办公地点与其高层访谈，询问公司的经营情况。浑水公司更重视的是观察工厂环境、机器设备、库存，与工人及工厂周边的居民交流，了解公司的真实运营情况，甚至偷偷在厂区外观察进出厂区的车辆运载情况，拍照取证。浑水公司将实际调研的所见所闻与公司发布的信息相比较，其中逻辑矛盾的地方，就是上市公司被攻击的软肋。

比如在调查东方纸业时，浑水公司发现工厂破烂不堪，机器设备是1990年代的旧设备，办公环境潮湿，不符合造纸厂的生产条件。发现库存基本是一堆废纸，惊呼：“如果这堆废纸值490万美元，那这个世界绝对比我想象的要富裕的多得多。”

在调查中国高速频道时，浑水公司实地察看了50多辆公交车上终端广告播放情况，发现司机都喜欢播放自带的DVD节目，高速频道对终端控制力较弱。调查多元环球水务时，看到其中一个办公地点形同虚设，员工毫无工作状态，戏称之为“成人托管所”

4. 调查供应商。为了解公司真实经营情况，浑水公司多调研上市公司的供应商，印证上市公司资料的真实性。同时，浑水也会关注供应商的办公环境，供应商的产能、销量和销售价格等经营数据，并且十分关注供应商对上市公司的评价，以此作为与上市公司公开信息对比的基准，去评判供应商是否有实力去和被调查公司进行符合公开资料的商贸往来。浑水公司甚至假扮客户去给供应商打电话，了解情况。

比如在调查东方纸业时，浑水公司发现所有供应商的产能之和都远小于东方纸业的采购量。调查嘉汉林业时，则发现其供应商和客户竟然是同一家公司，公司干的是自买自卖、体内循环的把戏。调查中国高速频道时，发现上市公司声称自己拥有独有的硬件驱动系统，但是中国高速频道的供应商在阿里巴巴网站公开销售同样的产品，任何人都能轻易购得。

除了传统意义上的供货商，浑水公司的调查对象还包括给上市公司提供审计和法律咨询服务的会计师和律师事务所等机构。如在调查多元环球水务时，浑水公司去会计师事务所查阅了原版的审计报告，证实上市公司篡改了审计报告，把收入至少夸大了100倍。

5. 调研客户。浑水公司尤其重视对客户的调研。调查方式亦包括查阅资料和实地调研，包括网络调查、电话询问，实地访谈等。浑水公司重点核实客户的实际采购量、采购价格以及客户对上市公司及其产品的评价。如浑水公司发现中国高速频道、绿诺国际宣称的部分客户关系根本不存在，而多元环球水务的客户（经销商）资料纯属子虚乌有，所谓的80多个经销商的电话基本打不通，能打通的公司，也从未听说过多元环球水务。

核对下游客户的实际采购量能较好地反映上市公司公布信息的真实性。以东方纸业为例，浑水公司通过电话沟通及客户官网披露的经营信息，逐一核对各个客户对东方纸业的实际采购量，最终判断出东方纸业虚增收入。虚增的方法其实很简单，即拟定假合同和开假发票，这也是国内上市公司造假的通用方法。

客户对上市公司的评价亦是评判上市公司经营能力的重要指标。绿诺国际的客户对其评价恶劣，称之为业界一家小公司，其脱硫技术由一家科研单位提供，不算独有，更不算先进，而且脱硫效果差，运营成本高，其产品并非像其声称的那样前途一片光明。

6. 倾听竞争对手。浑水公司很注重参考竞争对手的经营和财务情况，借以判断上市公司的价值，尤其愿意倾听竞争对手对上市公司的评价调查，这有助于了解整个行业的现状，不会局限于上市公司的一家之言。

在调查东方纸业的时候，浑水公司把东方纸业的工厂照片与竞争对手晨鸣纸业、太阳纸业、玖龙纸业和华泰纸业等作了对比后发现：东方纸业只能算一个作坊。再对比东方纸业和竞争对手的销售价格和毛利率发现，东方纸业的毛利率水平处于一个不可能达到的高度，盈利水平与行业严重背离。

在调查绿诺国际和中国高速频道时，它们都宣称在本行业里有某些竞争者——这些竞争者基本都是在行业内知名度很高，然而浑水公司去访谈竞争对手发现，这些竞争对手竟然都不知道他们的存在。

7. 请教行业专家。在查阅资料和实地调研这两个阶段，浑水公司有一个必杀技——请教行业专家。

正所谓“闻道有先后，术业有专攻”，请教行业内的专家有利于加深对行业的理解。该行业的特性、正常毛利率、某种型号的生产设备市场价格，从行业专家处得到的信息效率更快、可信度更高。如当年银广夏被调查一样，一般人难以断定其生产过程的真伪，而行内专家对此却熟稔于心。浑水公司在调查嘉汉林业时请教税务专家、调查东方纸业时请教机械专家、调查分众传媒时请教传媒专家、调查绿诺国际时请教脱硫技术专家、调查多元环球水务时请教过制造业专家、援引专家的言论，总是比自己的判断更有说服力，这也是浑水公司乐于请教专家的原因之一。

8. 重估公司价值。在整个调研过程中，浑水公司常会根据实际调研的结果来评估公司的价值。如对东方纸业大致重估了存货的价值，并且拍摄工厂照片和DV，请机械工程专家来评估机器设备的实际价值；还观察工厂门口车辆的数量和运载量来评估公司的实际业务量。

浑水公司亦善于通过供应商、客户、竞争对手以及行业专家提供的信息来判断整个行业的情况，然后根据相关数据估算上市公司真实的业务情况。价值重估不可能做到十分准确，但是能大致计算出数量级，具有极强的参考意义。为了达到做空的目的，浑水公司在狙击上市公司的时候，不排除有恶意低估其资产价值的可能，但就调研方法而言，确有值得借鉴之处。

浑水公司的调研方法说白了只是正常的尽职调查，在方法论上确实并无重大创新，他们极少运用复杂的估值模型去判断一家公司的价值；然而最简单的方法往往是最有效的方法，调研的收获远远大于办公室里的数据处理。在实施层面上，他们把工作做得很细致，偶尔也会使用些“投机取巧”的方法获取真实信息——比如假冒潜在客户骗取上市公司信任。

这么多案例做下来，浑水公司基本总结了中国概念股造假的一些规律，包括设立壳公司、拟假合同、开假发票等，目的是虚增资产和利润，伺机掏空上市公司。这些都成为浑水公司关注的重点，也成了他们取证的重要依据。由于浑水公司的调研体系全方位覆盖了被调查对象的情况，如果想彻底蒙骗过去，那得把所有涉及的方面都做系统的规划，这不仅包括不计其数的公开资料都口径一致，也得和所有客户、供应商都对好口供，还得把工商、税务、海关等政府部门圈进来。如此造假，成本极其高昂，绝对不比做个真实的公司去赚钱来得轻松。

浑水公司下个目标是谁？

做空者浑水公司创始人：“将发布对另一家港股公司做空报告。在等待辉山乳业一战结果的同时，浑水公司也在调查其他他们认为可疑的港股公司。这些公司有的很像辉山乳业，虽然有实体业务，但是财务状况却一塌糊涂。”卡尔森说，“我们会很小心地调查，因为‘做空’这一行，证据必须十分确凿，否则很容易引官司上身。”

参考来源：https://m.sohu.com/a/131527207_577388

4) 检查固定资产的所有权或控制权

对各类固定资产，注册会计师应获取、收集不同的证据以确定其是否确实归被审计单位所有：对外购的机器设备等固定资产，通常应审核采购发票、采购合同等予以确定；对于房地产类固定资产，需查阅有关的合同、产权证明、财产税单、抵押借款的还款凭据、保险单等书面文件；对融资租入的固定资产，应验证有关融资租赁合同，证实其并非经营租赁；对汽车等运输设备，应验证有关运营证件等；对受留置权限制的固定资产，通常还应审核被审计单位的有关负债项目等予以证实。

5) 检查本期增加的固定资产

被审计单位如果不正确核算固定资产的增加，将对资产负债表和利润表产生长期的影响。因此，审计固定资产的增加，是固定资产实质性程序中的重要内容。固定资产的增加有多种途径，审计中应注意以下3点：

(1) 询问管理层本年固定资产的增加情况，并与获取或编制的固定资产明细表进行核对。

(2) 检查本年度增加固定资产的计价是否正确，手续是否齐备，会计处理是否正确。

(3) 检查购置固定资产时是否存在与资本性支出有关的财务承诺。

相关思考 8-6

注册会计师如何检查本年度增加固定资产的计价是否正确，手续是否齐备，会计处理是否正确？

6) 检查本期减少的固定资产

固定资产的减少主要包括出售、向其他单位投资转出、向债权人抵债转出、报废、毁损、盘亏等。有的被审计单位在全面清查固定资产时，常常会出现固定资产账存实亡现象，这可能是由于固定资产管理或使用部门不了解报废固定资产与会计核算两者间的关系，擅自报废固定资产而未及时通知财务部门作相应的会计核算所致，这样势必造成财务报表反映失真。

审计固定资产减少的主要目的就在于查明业已减少的固定资产是否已作适当的会计处理。其审计要点如下：

(1) 结合固定资产清理科目，抽查固定资产账面转销额是否正确。

(2) 检查出售、盘亏、转让、报废或毁损的固定资产是否经授权批准，会计处理是否正确。

(3) 检查因修理，更新改造而停止使用的固定资产的会计处理是否正确。

(4) 检查投资转出固定资产的会计处理是否正确。

(5) 检查债务重组或非货币性资产交换转出固定资产的会计处理是否正确。

(6) 检查转出的投资性房地产账面价值及会计处理是否正确。

(7) 检查其他减少固定资产的会计处理是否正确。

7) 检查固定资产的租赁

(1) 在经营租赁中，租入固定资产企业的固定资产价值并未因此而增加，企业对以经营性租赁方式租入的固定资产，不在“固定资产”账户内核算，只是另设备查簿进行登记。而租出固定资产的企业，仍继续提取折旧，同时取得租金收入检查经营性租赁时，应查明：固定资产的租赁是否签订了合同、租约，手续是否完备，合同内容是否符合国家规定，是否经相关管理部门审批；租入的固定资产是否确属企业必需，或出租的固定资产是否确属企业多余、闲置不用的，双方是否认真履行合同，是否存在不正当交易；租金收取是否签有合同，有无多收、少收现象；租入固定资产有无久占不用、浪费损坏的现象；租出的固定资产有无长期不收租金、无人过问，是否有变相馈送、转让等情况；租入固定资产是否已登入备查簿；必要时，向出租人函证租赁合同及执行情况；租入固定资产改良支出的核算是否符合规定。

(2) 在融资租赁中，租入企业在租赁期间，对融资租入的固定资产应按企业自有固定资产一样管理，并计提折旧、进行维修。如果被审计单位的固定资产中融资租赁占有相当大的比例，应当复核租赁协议，确定租赁是否符合融资租赁的条件，结合长期应付款、未确认融资费用等科目检查相关的会计处理是否正确(资产的入账价值、折旧、相关负债)。

在审计融资租赁固定资产时，除可参照经营租赁固定资产检查要点以外，还应补充实施以下审计程序：复核租赁的折现率是否合理；检查租赁相关税费、保险费、维修费等费用的会计处理是否符合企业会计准则的规定；检查融资租入固定资产的折旧方法是否合理；检查租赁付款情况；检查租入固定资产的成新程度；检查融资租入固定资产发生的固定资产后续支出，其会计处理是否遵循自有固定资产发生的后续支出的处理原则。

知识拓展8-2

常见的固定资产造假手段

1. 购入固定资产质次价高，采购人员捞取回扣

企业采购人员为了捞取回扣，与卖方合谋，购买质次价高的物品，造成企业不当损失。

如：某企业采购人员为企业采购电脑10台，该电脑市场价为每台6 000元，销货方同意给采购人员6%的回扣，而故意抬高价格，每台以6 500元成交。购货单位付款65 000元，采购人员得回扣3 900元，装入自己腰包。

2. 固定资产运杂费，掺入了旅游参观费

固定资产的原值包括买价、包装费、保险费、运输费、安装成本和缴纳的税金。有的企业将不属构成固定资产价值的支出也记入了固定资产的价值，虚增了固定资产价值。

如：企业购买捷达汽车一部，车款23万元，计价时将请客送礼、游山玩水等费用全部计入该项固定资产运杂费，加大了固定资产价值。

3. 运杂费用张冠李戴，人为调节安装成本

购入需要安装的固定资产，应将固定资产的买价、运杂费、安装费等都先计入在建工程，当设备安装完毕交付使用时，计入固定资产价值。将不需安装的固定资产发生的运杂费列入需要安装的固定资产的安装成本中，从而人为调节了固定资产的价值。

如：某机械厂购入一部货车价值150 000元，运杂费3 000元。同时该厂又购机床1台，价值100 000元，运杂费2 000元。该机床需要安装。但该机械厂实行运输队单独核算。企业为了照顾运输队的利益，将汽车运杂费计入生产设备安装成本，使外购机床的成本由原来102 000元变成105 000元，人为调整了外购机床与货车的原价。

4. 接受贿赂，虚计固定资产重估价值

其他单位投入的固定资产，应按合同、协议约定的价值或经评估确认的价值计价。由于企业或投资单位有关人员接受贿赂，私下商定有意抬高或降低固定资产的价值。

如：A公司、B公司合作成立C公司，B公司接受贿赂同意虚开发票进行并不存在的实物投资，同时接受A公司投入已使用的账面原值200 000元，已提折旧15 000元，净现值为185 000元的固定资产，以150 000元重估价值作为投资的资本金。

5. 固定资产出租收入，虚挂往来账

固定资产出租收入属于租赁性质的劳务收入，应通过“其他业务收入”科目核算，发生对应的成本费用应在“其他业务支出”科目中核算，有的企业为了挪用固定资产出租收入，将收入直接记入“其他应付款”科目，而分期挂账。

如：企业出租房屋收入200 000元，应计入“其他业务收入”，但企业却挂了“其他应付款”科目。将全年计提的固定资产折旧80 000元和发生的其他费用18 000元全部计入“管理费用”。而不通过“其他业务支出”核算。使企业应交纳的房产税、营业税及附加税全部逃交，进而也影响了当年利润和应纳所得税。

6. 固定资产变价收入，存入小金库

财务制度规定报废固定资产的残料价值和变价收入应冲减清理支出。但有的企业为将报废的固定资产的变价收入挪作他用，将收回的款项存入了企业的“小金库”。

如：某工厂经有关部门批准，报废了1台设备，出售收回价款50 000元，应冲减清理支出。但企业为了给职工谋福利，将变价收入作为“小金库”并以个人名义存入银行。

7. 清理固定资产净收益,不按营业外收入记账

财务制度规定,处理固定资产收回的价款,应冲减固定资产清理支出,将净收益作为营业外收入处理。有的企业经营效益好,为了控制利润,便将固定资产净收入仍挂在固定资产清理账中,并结转下年再处理。

如:某工厂售出一台已用机床,原值 50 000 元,已提折旧 20 000 元,销售收入 60 000 元,净收入 30 000 元。本应记入营业外收入,但企业为了调整利润,将 30 000 元挂在“固定资产清理”账户,并结转下年。这种造假方式直接影响着所得税补交和盈余公积的提取。

8. 转移工程借款利息,调节当年损益

企业工程借款利息,在办理竣工结算前应计入工程成本“在建工程”,结算后计入“财务费用”。但有的企业为了调节利润,将应计入在建固定资产造价的费用,在未办理竣工结算之前计入当年“财务费用”。

如:某企业于 2004 年 4 月贷款 300 000 元用于购买工程设备,年利率 5%,期限 3 年,每年计息一次,该设备安装工程预计 2 年内投产完成。2006 年 4 月安装完毕并办理交付使用手续,发现该企业故意将在 2 年内每年发生的利息 300 000×5%=15 000 元都记入“财务费用”,虚增费用,虚减利润,导致该企业少交税金,进而也少提了盈余公积。

9. 在建工程试运转收入,不冲减在建工程成本

企业在建工程在试运转过程中所取得的收入扣除税金后应冲减在建工程成本。但有的企业为了调节利润,便转移收入,在“其他应付款”中加以挂账。

如:某企业在试运转过程中发生各种费用 20 000 元,在运转过程中取得的收入为 30 000 元,该企业故意将收入在“其他应付款”科目直接挂账,并在年终结转到下年度。

10. 融资租赁的财务费用,计入固定资产价值

企业财务制度规定,融资租赁的固定资产的价值包括按照租赁协议或者合同确定的固定资产价款和运输费、保险费、安装调试费等。不包含融资应计入“财务费用”的账户的各项支出。有的企业面对金融机构,为了增加利润,便将应计入“财务费用”账户的各项支出,计入融资租赁固定资产的价值中。

如:企业经营效益不好,融资租赁了整套设备,采用分期付款方式。在支付的融资租赁费用中包含按租赁合同或协议确定的固定资产价值再加上运输途中运输费、保险费和安装调试费等。但租赁手续费和设备交付使用后的利息支出共计 9 万元计入了融资租赁固定资产的原价中,导致费用减少,利润增加,使企业保持盈利。

11. 无偿转让旧设备,清理损失列入损益

企业进行设备更新,将淘汰的旧设备无偿转入自办企业,并将发生的清理损失列入当年损益。

如:企业将 1 台设备转入自办企业,原价 500 000 元,已提折旧 200 000 元,企业为了减少利润,故意将原值直接记入“固定资产清理”账户。

12. 固定资产盈亏,不做账务处理

有的企业为了调节利润,对固定资产的盘盈、盘亏不做账务处理。

如:企业经济效益不佳,为了调高利润,盘亏的固定资产不做账务处理,少记了“营业外支出”,从而提高当期利润。

13. 随意改变折旧方法,调节折旧计提数额

企业固定资产折旧方法一般采用平均年限法。经有关部门批准,可采用“年数总和法”和“双倍余额递减法”等快速折旧法。但有的企业为了调整成本利润,便随意改变固定资产的折旧方法。

如:某企业 2003 年 1 月份购入某项固定资产,原值 150 000 元,12 月已提折旧 15 000 元,到了第三年未经财政部门批准,企业改用双倍余额递减法提折旧,多提折旧 15 000 元。

14. 随意改变折旧率,调节成本利润

固定资产折旧率一经确定,将不能随意改变。但有的企业为了调节某年度的利润随意变更固定资产折旧率,多计或少提折旧。

如:企业为了贷款需要有所盈余,企业未经主管财政部门批准就擅自降低折旧率,由原来折旧率 8%改

为5%，少提折旧120 000元，虚增利润，使得企业有些微利。

15. 增加固定资产，不提折旧

财务制度规定：当月增加的固定资产在下月初开始计提折旧。有的企业为调增利润，将应计提的折旧有意漏提。

如：某在建工程完工后，已交付使用，应及时办理竣工决算，从交付使用的下月初起计提折旧，但企业为了调增利润，有意漏提折旧，如职工宿舍5月份交付使用，但直到年底才办理竣工决算，少计提了6个月的折旧。

16. 未使用固定资产(除房屋、建筑物外)不提取折旧

按财务制度规定，对除土地及已提足折旧仍继续使用的固定资产外的未使用固定资产计提折旧，但有的企业为了调节利润，对该提折旧的固定资产不提折旧。

17. 停用的固定资产，当月计提折旧

企业为了虚增盈利，压缩成本费用的支出，对当月停用或减少的固定资产，不计提折旧。

如：企业为了报表上稍有盈余，对当月内停用的机器一律不计提折旧，从而使企业账面上反映出盈利。

18. 当月不应提折旧的，当月计提折旧

企业为了调节成本、利润，常常违规对固定资产进行折旧，如：当月新增固定资产折旧本应下月初提折旧，而当月计提折旧；提前报废的固定资产报废后不再计提折旧，而仍在计提，超龄固定资产有效期满不再计提折旧，仍在计提。

如：企业为了降低利润，3月份投入使用的固定资产当月即计提折旧13万元。

19. 变卖固定资产，仍然提取折旧

某企业5月份将不需用设备卖掉，卖掉后又提了12个月的折旧35 000元，虚增成本，虚减利润。

20. 在建工程提前报决算，多提折旧

企业为了控制当年利润实现数额，采用在建工程提前报决算，提前转入固定资产，提前计提固定资产折旧，以虚增费用减少利润。

如：某房地产公司下属企业，在建工程尚未完工，利用提前报决算的方法，多提折旧50 000元，提高成本，降低了利润，在上交利润时截留了50 000元利润。

对以上固定资产项目充分的关注与查验，有助于我们识别企业在固定资产项目中的会计造假行为，起到防患于未然的作用。

参考来源：中华会计网校论坛：20种常见的固定资产舞弊

8) 检查固定资产的抵押、担保情况

结合对银行借款等的检查，了解固定资产是否存在重大的抵押、担保情况。如存在，应取证，并做相应的记录，同时提请被审计单位作恰当披露。

9) 检查应计入固定资产的借款费用

对应计入固定资产的借款费用，应根据企业会计准则的规定，结合长短期借款、应付债券或长期应付款的审计，检查借款费用(借款利息、折溢价摊销、汇兑差额、辅助费用)资本化的计算方法和资本化金额，以及会计处理是否正确。

10) 检查固定资产的其他事项

若发生了固定资产后续支出，应确定有关的后续支出是否满足资本化确认条件；如不满足，该支出是否在该后续支出发生时计入当期损益。获取暂时闲置固定资产的相关证明文件，并观察其实际状况，检查是否已按规定计提折旧，相关的会计处理是否正确。获取已提足折旧仍继续使用固定资产的相关证明文件，并做相应记录。获取持有待售固定资产的相关证明文件，并做相应记录，检查对其预计净残值调整是否正确、会计处理是否正确。检查

固定资产保险情况，复核保险范围是否足够。检查有无与关联方的固定资产购售活动，是否经适当授权，交易价格是否公允；对于合并范围内的购售活动，记录应予合并抵销的金额。

11）检查固定资产是否恰当列报

结合累计折旧、减值准备科目与报表数核对固定资产项目是否恰当列报。财务报表附注通常应说明固定资产的标准、分类、计价方法和折旧方法；融资租入固定资产的计价方法；固定资产的预计使用寿命和预计净残值；对固定资产所有权的限制及其金额（这一披露要求是指，企业因贷款或其他原因而以固定资产进行抵押、质押或担保的类别、金额、时间等情况）；已承诺将为购买固定资产支付的金额；暂时闲置的固定资产账面价值（这一披露要求是指，企业应披露暂时闲置的固定资产账面价值，导致固定资产暂时闲置的原因，如开工不足、自然灾害或其他情况等）；已提足折旧仍继续使用的固定资产账面价值；已报废和准备处置的固定资产账面价值。固定资产因使用磨损或其他原因而需报废时，企业应及时对其处置，如果其已处于处置状态而尚未转销时，企业应披露这些固定资产的账面价值。

如果被审计单位是上市公司，则通常应在其财务报表附注中按类别分项列示固定资产期初余额、本期增加额、本期减少额及期末余额；说明固定资产中存在的在建工程转入、出售、置换、抵押或担保等情况；披露通过融资租赁租入的固定资产每类租入资产的账面原值、累计折旧、账面净值；披露通过经营租赁租出的固定资产每类租出资产的账面价值。

8.4.4 累计折旧的实质性程序

影响固定资产折旧的因素主要包括折旧的基数、累计折旧、固定资产减值准备、固定资产预计净残值和固定资产尚可使用年限 5 个方面。在计算折旧时，对固定资产的残余价值和清理费用只能人为估计；对固定资产的使用寿命，由于固定资产的有形和无形损耗难以准确计算，因而也只能估计；同样，对固定资产减值准备的计提也带有估计的成分。因此，固定资产折旧主要取决于企业根据其固定资产特点制定的折旧政策，在一定程度上具有主观性。累计折旧的实质性程序通常包括以下内容。

1）获取或编制固定资产和累计折旧分类汇总表

固定资产和累计折旧分类汇总表又称为一览表和综合分析表，是审计固定资产和累计折旧的重要工作底稿。

2）检查被审计单位选择的折旧政策

检查被审计单位选择的折旧政策是否符合相关会计准则的规定，确定其所采用的折旧方法能否在固定资产预计使用寿命内合理分摊其成本，前后期是否一致，预计使用寿命和预计净残值是否合理。

3）复核本期折旧费用的计提和分配

（1）了解被审计单位的折旧政策是否符合规定，计提折旧的范围是否正确，确定的使用寿命、预计净残值和折旧方法是否合理；如采用加速折旧法，是否取得批准文件。

（2）检查被审计单位折旧政策前后期是否一致。如果折旧政策或者相关会计估计（如使用寿命、预计净残值）有变更，变更理由是否合理；如果没有变更，是否存在需要提请被审计单位关注的对折旧政策或者会计估计产生重大影响的事项（如重大技术更新或者设备使用环境的恶化等）。

（3）复核本期折旧费用的计提是否正确。

（4）检查折旧费用的分配方法是否合理，是否与上期一致；分配计入各项目的金额占本期全部折旧计提额的比例与上期比较是否有重大差异。

（5）注意固定资产增减变动时，有关折旧的会计处理是否符合规定，查明通过更新改造、接受捐赠或融资租入而增加的固定资产的折旧费用计算是否正确。

4）检查累计折旧本期发生额

将“累计折旧”账户贷方的本期计提折旧额与相应的成本费用中的折旧费用明细账户的借方相比较，以查明所计提折旧金额是否已全部摊入本期产品成本或费用。若存在差异，应追查原因，并考虑是否应建议做适当调整。检查累计折旧的减少是否合理、会计处理是否正确。

5）确定累计折旧的披露是否恰当

如果被审计单位是上市公司，通常应在其财务报表附注中按固定资产类别分项列示累计折旧期初余额、本期计提额、本期减少额及期末余额。

重要概念

采购合同　应付账款　固定资产　固定资产清查　实地盘点

本章练习

简答题

1. 计算固定资产原值与本期产量的比率，并与以前期间相关指标比较时，是否能发现增加但尚未作会计处理的固定资产？

2. 应付账款函证和应收账款函证的区别是什么？

3. 下面是两项查找未入账应付账款的程序：①检查财务报表日后收到的购货发票，关注购货发票的日期，确认其入账时间是否正确；②检查财务报表日后应付账款明细账贷方发生额的相应凭证，确认其入账时间是否正确。请问：上述审计程序是否重复，为什么？

4. 被审计单位在报告年度内对不需用但仍未处置的厂房设备计提了30万元折旧，并将其记入了“制造费用”账户，之后分配到“生产成本”账户。对此，注册会计师应如何处理？

5. 验证应付账款时最常用的审计证据是供应商的发票、对账单和对供应商的函证，这三者的证明力有什么不同？

选择题

1. 与“采购计划未经适当审批”的可能发生错报的环节最直接相关的认定是(　　)。

A. 应付账款的完整性　　B. 存货的存在

C. 存货的完整性　　D. 应付账款的发生

2. 注册会计师在检查编制付款凭单相关的控制时，发现以下事项，其中不恰当的是(　　)。

A. 编制凭单人员确定供应商发票的内容与相关的验收单、订购单的一致性

B. 编制凭单人员确定供应商发票计算的正确性

C. 编制凭单人员编制有预先顺序编号的付款凭单，并附上支持性凭证

D. 编制凭单人员在付款凭单上填入贷记的资产或费用账户名称

3. 企业独立检查订购单的处理，以确定是否确实收到商品并正确入账，与其相关的认定是(　　)。

A. 存在　　　　　　　　　　　　　　B. 完整性

C. 准确性、计价和分摊　　　　　　　D. 权利和义务

4. 下列关于采购流程的说法中，不正确的是(　　)。

A. 采购部门根据经授权的请购单发出订购单

B. 负责谈判的采购员，同时负责签订采购合同

C. 对于大额、重要的采购项目，应采取竞价方式确定供应商

D. 订购单应预先连续编号

5. 在购货业务中，采购部门在收到请购单后，只能对经过批准的请购单发出订购单。订购单一般为一式四联，其副联无需送交(　　)。

A. 编制请购单的部门　　　　　　　B. 验收部门

C. 应付凭单部门　　　　　　　　　D. 供应商

6. 对控制目标——已发生的采购交易均已记录所实施的实质性程序是(　　)。

A. 检查卖方发票、验收单、订货单和请购单的合理性和真实性

B. 复核采购明细账、总账及应付账款明细账，注意是否有大额或不正常的金额

C. 从订货单、验收单追查至采购明细账

D. 追查存货的采购记录至存货永续盘存记录

7. 注册会计师如果对应付账款进行函证，通常采用的函证方式为(　　)。

A. 积极式　　　　　　　　　　　　B. 消极式

C. 积极式和消极式的结合　　　　　D. 积极式或消极式均可

8. 下列关于应付账款的说法中不正确的是(　　)。

A. 任何情况，都不需要对被审计单位的应付账款进行函证

B. 注册会计师可以将期末应付账款余额与期初余额进行比较，分析波动原因

C. 对于应付账款来说，在资产负债表日金额不大，甚至为零，但为企业重要供货人的债权人(发生额较大)应作为重要函证对象

D. 注册会计师可以结合存货监盘程序，检查被审计单位在资产负债日前后的存货入库资料，检查是否有大额料到单未到的情况，确认相关负债是否计入了正确的会计期间

9. 抽查明细账上的一般费用样本，检查其支持性文件，这一审计程序与一般费用最相关的认定是(　　)。

A. 存在　　　　　　　　　　　　　B. 发生

C. 准确性、计价和分摊　　　　　　D. 截止

10. 下列关于采购与付款循环的控制测试的说法中，错误的是(　　)。

A. 注册会计师在实际工作中，需要对采购与付款交易整个流程的所有控制点进行测试

B. 如果某项控制不是直接对应某一特定认定，注册会计师不需要对其执行专门的控制测试

C. 控制测试的具体方法需要根据具体控制的性质确定

D. 如果某项控制是系统设置的，注册会计师可以选取系统生成的例外报告进行测试

11. 以下控制活动中，与采购业务"完整性"认定最相关的是(　　)。

A. 已入账的采购交易均有验收单

B. 订货单、验收单均连续编号

C. 采购的价格和折扣均经适当批准

D. 内部核查应付账款明细账的内容

12. 下列各项中，不属于采购与付款交易循环中所涉及的凭证的是(　　)。

A. 请购单　　　　B. 出库单　　　　C. 验收单　　　　D. 卖方发票

案例分析题

1. A注册会计师负责审计甲公司2019年度财务报表，了解到被审计单位采购与付款业务循环存在下列内部控制：

(1) 各部门需要购买的货物或劳务，统一汇总至请购部门，由请购部门对需求部门提出的采购需求进行审核，并进行归类汇总，统筹安排企业的采购计划。

(2) 对于超过预算的采购项目，经请购部门经理审批可先行请购，然后履行预算调整程序。

(3) 审核通过的采购需求，由请购部门编写请购单，提交采购部门进行采购。请购单连续编号。

(4) 采购的货物到货后，由仓库部门核对采购货物的数量、质量、规格型号与合同是否一致，对货物进行验收。

要求：针对上述事项(1)至(4)，指出甲公司内部控制是否存在缺陷，如果存在缺陷，简要说明理由。

2. ABC会计师事务所的A注册会计师负责审计甲公司2015年度财务报表，审计工作底稿中与负债审计相关的部分内容摘录如下：

(1) 甲公司各部门使用的请购单未连续编号，请购单由部门经理批准，超过一定金额还需总经理批准，A注册会计师认为该项控制设计有效，实施了控制测试，结果满意。

(2) 为查找未入账的应付账款，A注册会计师检查了资产负债表日后应付账款明细账贷方发生额的相关凭证，并结合存货监盘程序，检查了甲公司资产负债日前后的存货入库资料，结果满意。

(3) 由于2015年人员工资和维修材料价格连续上涨，甲公司实际发生的产品质量保证支出与以前年度预计数相差较大，A注册会计师要求管理层就该差异进行追溯调整。

(4) 甲公司有一笔账龄3年以上，金额重大的其他应付款，因2015年度未发生变动，A注册会计师未实施进一步审计程序。

(5) 甲公司年末与固定资产弃置义务相关的预计负债金额为200万元，A注册会计师作出了300万元到360万元之间的区间估计，与管理层沟通后同意其按100万元的错报进行调整。

要求：针对上述(1)至(5)项，逐项指出A注册会计师的做法是否恰当，如不恰当，简要说明理由。

第 9 章 生产与存货循环的审计

内容提要

本章主要讲解生产与存货循环所涉及的凭证、记录及该循环的主要业务活动，生产与存货循环的内部控制要点及控制测试程序，生产与存货循环的实质性程序；存货审计的实质性程序。

重点难点

本章重点为生产与存货循环所涉及的凭证、记录及该循环的主要业务活动，生产与存货循环的内部控制要点及控制测试程序，生产与存货循环的实质性程序；存货审计的实质性程序；难点为存货审计的实质性程序。

学习目标

通过本章学习，学生应了解生产与存货循环所涉及的凭证、记录及该循环的主要业务活动，了解该循环的内部控制要点及控制测试程序，了解生产成本的实质性程序；掌握存货审计的实质性程序。

知识框架

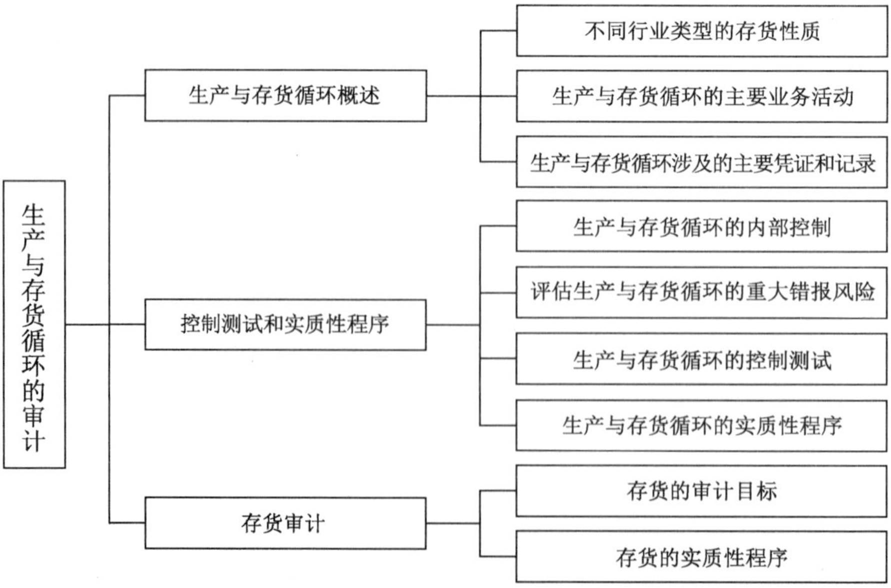

引入案例

“戏精”獐子岛

扇贝跑了,扇贝死了……在A股市场已经臭名昭著的上市公司獐子岛,从2014年到2019年持续上演“扇贝去哪儿了”的戏码,被股民们称为不折不扣的“戏精”。2020年6月24日,证监会宣布依法对獐子岛公司信息披露违法违规案作出行政处罚及市场禁入决定,对獐子岛公司给予警告,并处以60万元罚款,对15名责任人员处以3万元至30万元不等罚款,对4名主要责任人采取5年直至终身市场禁入。獐子岛导演的这场丑剧终于迎来最终季。

此前的几年时间,曾经的“水产第一股”獐子岛所养殖深海扇贝频频“受灾”。6年5次逃跑或死亡堪称魔幻,使獐子岛这家上市公司一再引发外界对其关注。

2014年,獐子岛扇贝“突然跑了”,震惊市场。

獐子岛公告称,因水温波动幅度高于历年平均水平,北黄海冷水团强度减弱等原因,公司100多万亩底播虾夷扇贝绝收,2014年獐子岛巨亏11.89亿元。一时间,獐子岛因“扇贝跑路”闻名A股。

2016年,獐子岛已经连续两年亏损,当年能否盈利直接关系到公司是否会“暂停上市”。獐子岛又利用公司营业成本核算与采捕面积直接挂钩的特点,随意记录采捕海域,通过虚减成本的方式来虚增2016年利润。

2018年2月,獐子岛扇贝再出事故,从跑路“升级”为死亡。

獐子岛公告称,经海洋牧场研究中心分析判断:降水减少导致扇贝的饵料生物数量下降,养殖规模的大幅扩张更加剧了饵料短缺,再加上海水温度的异常,造成高温期后的扇贝越来越瘦,品质越来越差,长时间处于饥饿状态的扇贝没有得到恢复,最后诱发死亡。受“扇贝被活活饿死”的影响,2017年,獐子岛亏损6.76亿元,獐子又以扇贝死亡为由,将以前年度已采捕完毕未结转成本的虚假库存一次性核销,造成2017年利润虚减。

2019年4月,獐子岛宣布“底播虾夷扇贝受灾”,2019年第一季度财报亏损4314万元,被戏称“扇贝又跑了”。

2019年11月,獐子岛又上演“扇贝集体死亡”的闹剧。

獐子岛公告称,“底播扇贝在近期出现大比例死亡事件,其中部分海域死亡贝壳比例约占80%以上,死亡时间距抽测采捕时间较近。”也就是说,正是在临近抽测采捕之时,扇贝们突然集体死亡。

然而,2020年5月,“扇贝跑路连续剧”还有第五集。

2020年5月,在獐子岛的2019年业绩网上说明会上,面对投资者关于扇贝的提问,公司董事长吴厚刚声称:“国家部局组织的专家调研组认为:近期獐子岛底播虾夷扇贝大量损失,是海水温度变化、海域贝类养殖规模及密度过大、饵料生物缺乏、扇贝苗种退化、海底生态环境破坏、病害滋生等多方面因素综合作用的结果”。

历时6年,獐子岛扇贝5次出事故,引来大量质疑。甚至有投资者表示;“骗我可以,请注意次数”。

“扇贝游走了,扇贝回来了,扇贝饿死了,扇贝这回水温不好,喝死了”。市场对獐子岛扇贝事件的戏称,已令公司名誉扫地。不知道海底的扇贝如果能听到獐子岛的说辞,会不会“尴尬死”。

在多年业绩造假之后,证监会终于得以还扇贝一个清白。通过证监会披露的北斗卫星定位数据分析,獐子岛隐匿成本,操纵财务报表的造假行为无所遁形。

该案件调查结果距离下发《行政处罚及市场禁入事先告知书》已经1年,距离证监会对其信披违法违规立案调查也已经过去了两年半。如此漫长的调查并非没有缘由。证监会在公告中指出,獐子岛公司案的查证涉及对深海养殖水产品底播、捕捞、运输和销售记录的全过程追溯。证监会借助卫星定位数据,对獐子岛公司27条采捕船只、数百余万条海上航行定位数据进行分析,委托两家第三方专业机构运用计算机技术还原了采捕船只的真实航行轨迹、公司真实采捕海域,进而认定獐子岛公司成本、营业外支出、利润等存在虚假。

獐子岛的造假猖狂无疑离不开其产品的特殊性。

獐子岛案件的调查难度难度首先来自水产品行业的特殊性,“它跟传统的制造业不一样,很多方面,包括运营成本方面是不可预估的——中间出了多少次海、投放了多少次、进行了多少次维护等等,不仅难以预料,而且无法留痕,无法通过上下游进出账进行预测。”

其次,海产品相当于农业当中最特殊的一个品类,受当期海情、全球的气候情况影响等等也非常大。

最后,海产品养殖领域高度垂直、高度专业化,如果不是水产养殖、海产品养殖或者是相关领域的专家、专业机构,一般的金融机构、监管机构或者股民、新闻媒体去讨论,可能难度非常高,也不好去进行审查审核。

实际上近年来,农业类公司 IPO 受到社会的广泛关注。同时,此类上市公司出现了不少诸如绿大地、新大地和万福生科以及最近的辽宁振隆等舞弊、财务造假的事件。一般情况下,农业类 IPO 公司具有如下的特点:

(1) 生产经营与自然环境密切相关,有一定地域性。

(2) 具有生产周期长,产能有一定规律。

(3) 存货分布广、盘点过程复杂,尤其水里的。

(4) 现金交易量大、交易对象分散、业绩不稳定。

(5) 固有风险较高,已经发现得财务造假案例众多。

(6) 现金交易,税务成本低造就业绩造假空间大。

针对如上的特点,农业企业我们需要谨慎承接,尤其是登陆资本市场得农业企业或者融资得农业企业类业务,因为企业主有充足得舞弊动机,又要较大得造假空间,农业类上市公司得审计风险较大,需要加强风险的防范和监控。如果一定要承接需委派具有必要素质和专业胜任能力的合伙人及员工执行业务,结合公司特点,针对可能存在的重大错报风险尤其是管理层舞弊导致的重大错报风险,设计并实施有针对性的特别审计程序。

针对獐子岛案例,思考消耗性生物资产存货质量评价受哪些因素影响?

参考来源:http://finance.sina.com.cn/roll/2020-06-25/doc-iirczymk8857361.shtml

9.1 生产与存货循环概述

9.1.1 不同行业类型的存货性质

存货的性质由于被审计单位业务不同有很大的差别,如表 9-1 所示,列示不同行业类型的经营主体的存货性质。

表 9-1　　不同行业类型的存货性质表

行业类型	存货性质
贸易业	从厂商、批发商或其他零售商处采购的商品
一般制造业	采购的原材料、低值易耗品和配件等、委托加工材料、生成的半成品和产成品
金融服务业	一般只有消耗品存货,例如,仅有文具、教学器材以及行政用的计算机设备等
餐饮业	用于加工食品的食材、饮料等
建筑业	建筑材料、周转材料、在建项目成本(一般包括建造活动发生的直接人工成本和间接费用,以及支付给分包商的建造成本等)

存货是企业的重要资产，存货的采购、使用和销售和企业的经营活动紧密相关，对企业的财务状况和经营成果具有重大而广泛的影响。注册会计师应当确认在财务报表中列示的存货金额是否正确（存在、完整性、计价和分摊认定），是否归被审计单位所有（权利和义务认定），期末计价是否准确（计价和分摊认定），存货的购入和发出交易是否计入正确的会计期间（截止认定）。

原材料的采购入库在采购与付款循环中涉及，产成品的出库销售在销售与收款循环中涉及，本章侧重于原材料入库之后至产成品发出之间的业务活动。

9.1.2 生产与存货循环的主要业务活动

对于一般制造型企业而言，生产和存货通常是重大的业务循环，注册会计师需要在审计计划阶段了解该循环涉及的业务活动及相关的内部控制。注册会计师通常通过实施下列程序，了解生产和存货循环的业务活动和相关内部控制：

（1）询问参与生产和存货循环各业务活动的被审计单位人员，一般包括生产部门、仓储部门、人事部门和财务部门的员工和管理人员。

（2）获取并阅读企业的相关业务流程图或内部控制手册等资料。

（3）观察生产和存货循环中特定控制的运用，如观察生产部门将完工产品移送入库的流程及相关控制活动。

（4）检查文件资料，如检查原材料领料单、成本计算表、产成品出入库单等。

（5）实施穿行测试，即追踪一笔交易在财务报告信息系统中的处理过程。例如，选取某种产成品，追踪该产品制定生产计划、领料生产、成本核算、完工入库的整个过程。

在审计工作的计划阶段，注册会计师应当对生产与存货循环中的业务活动进行充分了解和记录，通过分析业务流程中可能发生重大错报的环节，进而识别和了解被审计单位为应对这些可能的错报而设计的相关控制，并通过诸如穿行测试等方法对这些流程和相关控制加以证实。

下面我们以一般制造型企业为例简要地介绍生产和存货循环通常涉及的主要业务活动及相关的内部控制。

生产与存货循环涉及的主要业务活动包括：计划和安排生产；发出原材料；生产产品；核算产品成本；产成品入库及储存；发出产成品；存货盘点；计提存货跌价准备等。上述业务活动通常涉及以下部门：生产计划部门、仓储部门、生产部门、人事部门、销售部门、会计部门等。

1）计划和安排生产

生产计划部门的职责是根据客户订购单或者销售部门对销售预测和产品需求的分析来决定生产授权。如决定授权生产，即签发预先编号的生产通知单。该部门通常应将发出的所有生产通知单编号并加以记录控制。此外，还需要编制一份材料需求报告，列示所需要的材料和零件及其库存。

2）发出原材料

生产部门主管根据生产通知单，批准开具一式三联的领料单，仓库管理员凭领料单发料后，将其中一联连同材料交给领料部门，一联留在仓库登记材料明细账，一联交会计部门进行材料收发核算和成本核算。

仓库管理员应把领料单编号、领用数量、规格等信息输入计算机系统，经仓储经理复核并以电子签名方式确认后，系统自动更新材料明细台账。

3）生产产品

生产部门在收到生产通知单及领取原材料后，将生产任务分解到每一个生产工人，执行生产任务。完成生产任务后，将完成的产品交生产部门统计人员查点，然后转交检验员验收并办理入库手续；或是将所完成的产品移交下一个部门，作进一步加工。

4）核算产品成本

生产成本记账员应根据原材料出库单，编制原材料领用凭证，与计算机系统自动生成的生产记录日报表核对材料耗用和流转信息；由会计主管审核无误后，生成记账凭证并过账至生产成本及原材料明细账和总分类账。

每月末，由生产车间与仓库核对原材料、半成品、产成品的转出和转入记录，如有差异，仓库管理员应编制差异分析报告，经仓储经理和生产经理签字确认后交会计部门进行调整。

每月末，由计算机系统对生产成本中各项组成部分进行归集，按照预设的分摊公式和方法，自动将当月发生的生产成本在完工产品和在产品中按比例分配；同时，将完工产品成本在各不同产品类别中分配，由此生成产品成本计算表和生产成本分配表；由生产成本记账员编制成生产成本结转凭证，经会计主管审核批准后进行账务处理。

5）储存产品

产成品入库时，质量检验员应检查并签发预先顺序编号的产成品验收单，由生产小组将产成品送交仓库。

仓库管理员应检查产成品验收单，并清点产成品数量，填写预先顺序编号的产成品入库单，经质检经理、生产经理和仓储经理签字确认后，由仓库管理员将产成品入库单信息输入计算机系统，计算机系统自动更新产成品明细台账。

6）发出产品

产成品出库时，由仓库管理员填写预先顺序编号的出库单，并将产成品出库单信息输入计算机系统，经仓储经理复核并以电子签名方式确认后，计算机系统自动更新产成品明细台账并与发运通知单编号核对。

产成品装运发出前，由运输经理独立检查出库单、销售订购单和发运通知单，确定从仓库提取的商品附有经批准的销售订购单，并且，所提取商品的内容与销售订购单一致。

每月末，生产成本记账员根据计算机系统内状态为“已处理”的订购单数量，编制销售成本结转凭证，结转相应的销售成本，经会计主管审核批准后进行账务处理。

7）盘点存货

产成品仓库分别于每月、每季和年度终了，对产成品存货进行定期盘点，由会计部门对盘点结果进行复盘。仓库管理员应编写产成品存货盘点明细表，发现差异及时调查处理，经仓储经理、财务经理和生产经理复核后调整入账。

8）计提存货跌价准备

财务部门根据存货货龄分析表信息及相关部门提供的有关存货状况的信息，对出现毁损、滞销、跌价等降低存货价值的情况进行分析计算，计提存货跌价准备。

以下对上述8个业务活动中可能存在的内部控制举例说明。

（1）对于计划和安排生产这项主要业务活动，有些被审计单位的内部控制要求，根据经审批的月度生产计划书，由生产计划经理签发预先按顺序编号的生产通知单。

(2) 对于发出原材料这项主要业务活动，有些被审计单位的内部控制要求：

① 领料单应当经生产主管批准，仓库管理员凭经批准的领料单发料；领料单一式三联，分别作为生产部门存根联、仓库联和财务联。

② 仓库管理员应把领料单编号、领用数量、规格等信息输入计算机系统，经仓储经理复核并以电子签名方式确认后，系统自动更新材料明细台账。

(3) 对于生产产品和核算产品成本这两项主要业务活动，有些被审计单位的内部控制要求：

① 生产成本记账员应根据原材料领料单财务联，编制原材料领用日报表，与计算机系统自动生成的生产记录日报表核对材料耗用和流转信息；由会计主管审核无误后，生成记账凭证并过账至生产成本及原材料明细账和总分类账。

② 生产部门记录生产各环节所耗用工时数，包括人工工时数和机器工时数，并将工时信息输入生产记录日报表。

③ 每月末，由生产车间与仓库核对原材料和产成品的转出和转入记录，如有差异，仓库管理员应编制差异分析报告，经仓储经理和生产经理签字确认后交会计部门进行调整。

④ 每月末，由计算机系统对生产成本中各项组成部分进行归集，按照预设的分摊公式和方法，自动将当月发生的生产成本在完工产品和在产品之间按比例分配。同时，将完工产品成本在各不同产品类别之间分配，由此生成产品成本计算表和生产成本分配表；由生产成本记账员编制成生产成本结转凭证，经会计主管审核批准后进行账务处理。

(4) 对于产成品入库和储存这项主要业务活动，有些被审计单位的内部控制要求：

① 产成品入库时，质量检验员应检查并签发预先按顺序编号的产成品验收单，由生产小组将产成品送交仓库，仓库管理员应检查产成品验收单，并清点产成品数量，填写预先顺序编号的产成品入库单经质检经理、生产经理和仓储经理签字确认后，由仓库管理员将产成品入库单信息输入计算机系统，计算机系统自动更新产成品明细台账。

② 存货存放在安全的环境(如上锁、使用监控设备)中，只有经过授权的工作人员可以接触及处理存货。

(5) 对于发出产成品这项主要业务活动，在销售与收款流程循环中涉及了产成品出库这一环节，此外还有后续的结转销售成本环节。有些被审计单位可能设计以下内部控制要求：

① 产成品出库时，由仓库管理员填写预先顺序编号的出库单，并将产成品出库单信息输入计算机系统，经仓储经理复核并以电子签名方式确认后，计算机系统自动更新产成品明细台账并与发运通知单编号核对。

② 产成品装运发出前，由运输经理独立检查出库单、销售订购单和发运通知单，确定从仓库提取的商品附有经批准的销售订购单，并且，所提取商品的内容与销售订购单一致。

③ 每月末，生产成本记账员根据计算机系统内状态为“已处理”的订购单数量，编制销售成本结转凭证，结转相应的销售成本，经会计主管审核批准后进行账务处理。

(6) 对于盘点存货这项业务活动，有些被审计单位的内部控制要求：

① 生产部门和仓储部门在盘点日前对所有存货进行清理和归整，便于盘点顺利进行。

② 每一组盘点人员中应包括仓储部门以外的其他部门人员，即不能由负责保管存货的

人员单独负责盘点存货；安排不同的工作人员分别负责初盘和复盘。

③ 盘点表和盘点标签事先连续编号，发放给盘点人员时登记领用人员；盘点结束后回收并清点所有已使用和未使用的盘点表和盘点标签。

④ 为防止存货被遗漏或重复盘点，所有盘点过的存货贴盘点标签，注明存货品名、数量和盘点人员，完成盘点前检查现场确认所有存货均已贴上盘点标签。

⑤ 将不属于本单位的代其他方保管的存货单独堆放并作标识；将盘点期间需要领用的原材料或出库的产成品分开堆放并作标识。

⑥ 汇总盘点结果，与存货账面数量进行比较，调查分析差异原因，并对认定的盘盈和盘亏提出账务调整建议，经仓储经理、生产经理、财务经理和总经理复核批准后入账。

（7）对于计提存货跌价准备这项业务活动，有些被审计单位的内部控制要求：

① 定期编制存货货龄分析表，管理人员复核该分析表，确定是否有必要对滞销存货计提存货跌价准备，并计算存货可变现净值，据此计提存货跌价准备。

② 生产部门和仓储部门每月上报残冷背次存货明细，采购部门和销售部门每月上报原材料和产成品最新价格信息，财务部门据此分析存货跌价风险并计提跌价准备，由财务经理和总经理复核批准并入账。

9.1.3 生产与存货循环涉及的主要凭证和记录

具体如表 9-2 所示。

表 9-2 生产与存货循环涉及的主要凭证和记录

业务活动	涉及的主要凭证及会计记录
计划和安排生产	生产任务通知单
发出原材料	材料发出汇总表、领料单、限额领料单、领料登记簿、退料单等
生产产品	产量和工时记录、产量统计记录、生产统计报告、入库单
核算产品成本	产量和工时记录、工薪汇总表及工薪费用分配表、材料费用分配表、制造费用分配汇总表、成本计算单
储存产成品	入库单、验收单、产成品明细台账
发出产成品	发运凭证
存货盘点	存货明细账、存货盘点指令、盘点表及盘点标签
记录存货及跌价	存货货龄分析表

9.2 控制测试和实质性程序

9.2.1 生产与存货循环的内部控制

从总体上看，生产与存货循环的内部控制主要包括存货的内部控制和成本会计制度的内部控制两项内容。但一方面，由于生产与存货循环与其他业务循环的内在联系，生产与存货循环中某些审计测试，特别是对存货的审计测试，与其他相关业务循环的审计测试同时进行将更为有效。例如,原材料的取得和记录是作为采购与付款循环审计的一部分进行测试的,而装运产成品和记录营业收入与成本则是作为销售与收款循环审计的一部分进行测试的。另一方面,尽管不同的企业对其存货可能采取不同的内部控制,但从根本上说,均可概括为存货的数量和计价两个关键因素的控制。所以,本节对生产与存货交易的内部控制的讨论,主要集中在成本会计制度。成本会计制度的内部控制目标、关键内部控制和控制测试的关系,如表9-3所示。

表9-3　　成本会计制度的内部控制目标、关键内部控制和控制测试一览表

内部控制目标	关键内部控制	常用的控制测试
生产业务是根据管理层一般或特定的授权进行的(发生)	对以下3个关键点,应履行恰当手续,经过特别审批或一般审批:①生产指令的授权批准;②领料单的授权批准;③职工薪酬的授权批准	检查凭证中是否包括这3个关键点的恰当审批;①检查生产指令;②领料单;③职工薪酬等是否经过授权
记录的成本为实际发生的而非虚构的(发生)	成本的核算是以经过审核的生产通知单、领发料凭证、产量和工时记录、工薪费用分配表、材料费用分配表、制造费用分配表为依据的	检查有关成本的记账凭证是否附有生产通知单、领发料凭证、产量和工时记录、工薪费用分配表、材料费用分配表、制造费用分配表等,原始凭证的顺序编号是否完整
所有耗费和物化劳动均已反映在成本中(完整性)	生产通知单、领发料凭证、产量和工时记录、工薪费用分配表、材料费用分配表、制造费用分配表均事先编号并已经登记入账	检查生产通知单、领发料凭证、产量和工时记录、工薪费用分配表、材料费用分配表、制造费用分配表的顺序编号是否完整
成本以正确的金额,在恰当的会计期间及时记录于适当的账户(发生、完整性、准确性、计价和分摊)	采用适当的成本核算方法,并且前后各期一致;采用适当的费用分配方法且前后各期一致;采用适当的成本核算流程和账务处理流程;内部核查	选取样本测试各种费用的归集和分配以及成本的计算;测试是否按照规定的成本核算流程和账务处理流程进行核算和账务处理
对存货实施保护措施,保管人员与记录、批准人员相互独立(存在、完整性)	存货保管人员与记录人员职务相分离	询问和观察存货与记录的接触控制以及相应的批准程序
账面存货与实际存货定期核对相符(存在、完整性、准确性、计价和分摊)	定期进行存货盘点	询问和观察存货盘点程序

9.2.2 评估生产与存货循环的重大错报风险

以一般制造业为例,影响生产与存货循环交易和余额的风险因素可能包括以下几方面:

1) 交易的数量和复杂性

制造类企业交易的数量庞大,业务复杂,这就增加了错误和舞弊的风险。

2) 成本核算的复杂性

制造类企业的成本核算比较复杂。虽然原材料和直接人工等直接成本的归集和分配比较简单,但间接费用的分配可能较为复杂,并且,同一行业中的不同企业也可能采用不同的认定和计量基础。

3) 产品的多元化

这可能要求聘请专家来验证其质量、状况或价值。另外,计算库存存货数量的方法也可能是不同的。例如,计量煤堆、筒仓里的谷物或糖、黄金或贵重宝石、化工品和药剂产品的存储量的方法都可能不一样。这并不是要求注册会计师每次清点存货都需要专家配合,如果存货容易辨认、存货数量容易清点,就无须专家帮助。

4）某些存货项目的可变现净值难以确定

例如,价格受全球经济供求关系影响的存货,由于其可变现净值难以确定,会影响存货采购价格和销售价格的确定,并将影响注册会计师对与存货计价和分摊认定有关的风险进行的评估。

5）将存货存放在很多地点

大型企业可能将存货存放在很多地点,并且可以在不同的地点之间转移存货,这将增加商品途中毁损或遗失的风险,或者导致存货在两个地点被重复记录,也可能产生转移定价的错误或舞弊。

6）寄存的存货

有时候存货虽然还存放在企业,但可能已经不归企业所有。反之,企业的存货也可能被寄存在其他企业。

由于存货与企业各项经营活动的紧密联系,存货的重大错报风险往往与财务报表其他项目的重大错报风险紧密相关。例如,收入确认的错报风险往往与存货的错报风险共存;采购交易的错报风险与存货的错报风险共存,存货成本核算的错报风险与营业成本的错报风险共存,等等。

综上所述,一般制造型企业的存货的重大错报风险通常包括:

(1) 存货实物可能不存在(存在认定)。

(2) 属于被审计单位的存货可能未在账面反映(完整性认定)。

(3) 存货的所有权可能不属于被审计单位(权利和义务认定)。

(4) 存货的单位成本可能存在计算错误(计价和分摊认定/准确性认定)。

(5) 存货的账面价值可能无法实现,即跌价损失准备的计提可能不充分(计价和分摊认定)。

9.2.3 生产与存货循环的控制测试

在实施控制测试程序之前,注册会计师需要了解被审计单位生产与存货循环的内部控制,评估认定层次的财务报表重大错报风险。如果被审计单位具有健全并且运行良好的相关内部控制,注册会计师把审计重点放在采购与付款循环的控制测试。

1）存货储存的控制测试

注册会计师应当根据被审计单位存货的特点、盘存制度和存货内部控制的有效性等情况,并考虑获取、审阅和评价被审计单位的预定盘点程序,对存货的储存进行控制测试。

由于生产与存货循环同其他业务循环的内在联系,生产与存货循环中某些审计测试,特别是对存货的审计测试,与其他相关业务循环的审计测试同时进行将更为有效。例如,原材料成本则是作为采购与付款循环审计的一部分进行测试的,而装运产成品和记录营业收入的取得和记录是作为销售与收款循环的一部分进行测试的。

2）工薪活动的控制测试

进行工薪内部控制测试时,应选择若干月份工资汇总表、银行付款凭单、员工工资卡或人事档案、工时或产量统计等资料,检查是否相符,有无授权批准、发放、签收手续等。在测试工薪内部控制时，首先，应选择若干月份工薪汇总表，作如下检查：计算复核每一份工薪汇总表；检查每一份工薪汇总表是否经授权批准；检查应付工薪总额与人工费用分配汇总表中的合计数是否相符；检查其代扣款项的账务处理是否正确；检查实发工薪总额与银行付款凭单及银行存款对账单是否相符，并正确过入相关账户。其次，从工资单中选取若干个样本（应包括各种不同类型人员），作如下检查：检查员工工薪卡或人事档案，确保工薪发放有依据；检查员工工资率及实发工薪额的计算；检查实际工时统计记录（或产量统计报告）与员工个人钟点卡（或产量记录）是否相符；检查员工加班加点记录与主管人员签证的月度加班汇总表是否相符；检查员工扣款依据是否正确；检查员工的工薪签收证明实地抽查部分员工，证明其确在本公司工作，如已离开本公司，需获得管理层证实。

3）成本会计制度的控制测试

成本会计制度的控制测试包括直接材料成本控制测试、直接人工成本控制测试、制造费用控制测试和生产成本在当期完工产品与在产品之间分配的控制测试4项内容。

（1）直接材料成本控制测试。对采用定额单耗的企业，可选择某一成本报告期若干种具有代表性的产品成本计算单，获取样本的生产指令或产量统计记录及其直接材料单位消耗定额，根据材料明细账或采购业务测试工作底稿中各该直接材料的单位实际成本，计算直接材料的总消耗量和总成本，与该样本成本计算单中的直接材料成本核对，并注意下列事项：生产指令是否经过授权批准；单位消耗定额和材料成本计价方法是否适当，在当年度有无重大变更。

对未采用定额单耗的企业，可获取材料费用分配汇总表、材料发出汇总表（或领料单）、材料明细账（或采购业务测试工作底稿）中各该直接材料的单位成本，作如下检查：成本计算单中直接材料成本与材料费用分配汇总表中该产品负担的直接材料费用是否相符，分配标准是否合理；将抽取的材料发出汇总表或领料单中若干种直接材料的发出总量和各该种材料的实际单位成本之积，与材料费用分配汇总表中各该种材料费用进行比较，并注意领料单的签发是否经过授权批准，材料发出汇总表是否经过适当的人员复核，材料单位成本计价方法是否适当，在当年有无重大变更。

对采用标准成本法的企业，获取样本的生产指令或产量统计记录、直接材料单位标准用量、直接材料标准单价及发出材料汇总表或领料单，检查下列事项：根据生产量、直接材料单位标准用量和标准单价计算的标准成本与成本计算单中的直接材料成本核对是否相符；直接材料成本差异的计算与账务处理是否正确，并注意直接材料的标准成本在当年度内有无重大变更。

（2）直接人工成本控制测试。对采用计时工资制的企业，获取样本的实际工时统计记录、职员分类表和职员工薪手册（工资率）及人工费用分配汇总表，作如下检查：成本计算单中直接人工成本与人工费用分配汇总表中该样本的直接人工费用核对是否相符；样本的实际工时统计记录与人工费用分配汇总表中该样本的实际工时核对是否相符；抽取生产部门若干天的工时台账与实际工时统计记录核对是否相符；当没有实际工时统计记录时，则可根据职员分类表及职员工薪手册中的工资率，计算复核人工费用分配汇总表中该样本的直接人工费用是否合理。对采用计件工资制的企业，获取样本的产量统计报告、个人（小组）产量记录和经批准的单位工薪标准或计件工资制度，检查下列事项：根据样本的统计产量和单位工薪标准计算的人工费用与成本计算单中直接人工成本核对是否相符；抽取若干个直接人工(小组)的产量记录,检查是否被汇总记入产量统计报告。对采用标准成本法的企业,获取样本的生产指令或产量统计报告、工时统计报告和经批准的单位标准工时、标准工时工资率、直接人工的工薪汇总表等资料,检查下列事项:根据产量和单位标准工时计算的标准工时总量与标准工时工资率之积同成本计算单中直接人工成本核对是否相符;直接人工成本差异的计算与账务处理是否正确,并注意直接人工的标准成本在当年内有无重大变更。

(3) 制造费用控制测试。获取样本的制造费用分配汇总表、按项目分列的制造费用明细账、与制造费用分配标准有关的统计报告及其相关原始记录,作如下检查:制造费用分配汇总表中,样本分担的制造费用与成本计算单中的制造费用核对是否相符;制造费用分配汇总表中的合计数与样本所属成本报告期的制造费用明细账总计数核对是否相符;制造费用分配汇总表选择的分配标准(机器工时数、直接人工工资、直接人工工时数、产量等)与相关的统计报告或原始记录核对是否相符,并对费用分配标准的合理性作出评估;如果企业采用预计费用分配率分配制造费用,则应针对制造费用分配过多或过少的差额,检查其是否作了适当的账务处理;如果企业采用标准成本法,则应检查样本中标准制造费用的确定是否合理,计入成本计算单的数额是否正确,制造费用差异的计算与账务处理是否正确,并注意标准制造费用在当年度内有无重大变更。

(4) 完工产品成本的控制测试。生产成本在当期完工产品与在产品之间分配的控制测试,检查成本计算单中在产品数量与生产统计报告或在产品盘存表中的数量是否一致;检查在产品约当产量计算或其他分配标准是否合理;计算复核样本的总成本和单位成本,最终对当年采用的成本会计制度作出评价。

9.2.4 生产与存货循环的实质性程序

1) 生产与存货循环的实质性分析程序

(1) 确定期望值与可接受重大差异额。根据对被审计单位的经营活动、供应商的发展历程、贸易条件、行业惯例和行业现状的了解,确定营业收入、营业成本、毛利以及存货周转和费用支出项目的期望值。根据本期存货余额组成、存货采购、生产水平与以前期间和预算的比较,定义营业收入、营业成本和存货可接受的重大差异额。

(2) 比较分析实际差异额。计算实际数和预计数之间的差异,并同管理层使用的关键业绩指标、存货余额和预期周转率等进行比较、分析。实施实质性分析程序的目的在于获取支持相关审计目标的证据,应注意以下 4 点:

① 注册会计师利用所掌握的、适用于被审计单位的销售毛利率知识,判断各类产品的销售毛利率是否符合期望值,存货周转率或者周转能力是否随着重要存货项目的变化而变化。

② 按区域分析被审计单位各月存货变动情况,并考虑存货变动情况是否与季节性变动和经济因素变动一致。

③ 对周转缓慢或者长时间没有周转(如超过半年)以及出现负余额的存货项目单独摘录并列表。

④ 由于可能隐含着重要的潜在趋势,注册会计师应当注意不要过分依赖计算的平均值。

各个存货项目的潜在重大错报风险可能并不一致,实质性分析程序应该用来查明单项存货或分类别存货的一些指标关系。

(3) 调查重大差异并形成结论。通过询问管理层和员工，调查实质性分析程序得出的重大差异额是否表明存在重大错报风险，是否需要设计恰当的细节测试程序以识别和应对重大错报风险。形成结论，即实质性分析程序能够提供充分、适当的审计证据，或需要对交易和余额实施细节测试以获取进一步的审计证据。

2) 交易和相关余额的细节测试

(1) 对主要交易流实施抽样审查。注册会计师应从被审计单位存货业务流程层面的主要交易流中选取一个样本，检查其支持性证据。例如，从存货采购，完工产品的转移，销售和销售退回记录中选取一个样本：①查支持性的供应商文件、生产成本分配表、完工产品报告、销售和销售退回文件。②从供应商文件、生产成本分配表、完工产品报告、销售和销售退回文件中选取一个样本，追踪至存货总分类账户的相关分录。③重新计算样本所涉及的金额，检查交易经授权批准而发生的证据。

对主要交易流实施截止测试。对期末前后发生的诸如采购、销售退回、销售、产品存货转移等主要交易流，实施截止测试。确认本期末存货收发记录的最后一个顺序号码，并详细检查随后的记录，以检测在本会计期间的存货收发记录中是否存在更大的顺序号码，或因存货收发交易被漏记或错计入下一会计期间而在本期遗漏的顺序号码。

(2) 存货余额的细节测试。存货余额的细节测试内容很多，比如，观察被审计单位存货的实地盘存；通过询问确定现有存货是否存在寄存情况，或者被审计单位存货在盘点日是否被寄存在他人处；获取最终的存货盘点表，并对存货的完整性、存在和计量进行测试；检查、计算、询问和函证存货价格；检查存货的抵押合同和寄存合同；检查、计算、询问和函证存货的可变现净值等。

9.3 存货审计

通常，存货的重大错报对于财务状况和经营成果都会产生直接的影响。审计中许多复杂和重大的问题都与存货有关。存货、产品生产和销售成本构成了会计、审计乃至企业管理中最为普遍、重要和复杂的问题。存货审计，尤其是对年末存货余额的测试，通常是审计中最复杂也最费时的部分。对存货存在和存货价值的评估常常十分困难。导致存货审计复杂的主要原因包括以下几点：

(1) 存货通常是资产负债表中的一个主要项目，而且通常是构成营运资本的最大项目。

(2) 存货存放于不同的地点，这使得对它的实物控制和盘点都很困难。企业必须将存货置于便于产品生产和销售的地方，但是这种分散也带来了审计的困难。

(3) 存货项目的多样性也给审计带来了困难。例如，化学制品、宝石、电子元件以及其他的科技产品。

(4) 存货本身的陈旧以及存货成本的分配也使得存货的估价存在困难。

(5) 不同企业采用的存货计价方法存在多样性。

9.3.1 存货的审计目标

1) 存货审计内容

由于存货对于企业的重要性、存货问题的复杂性以及存货与其他项目密切的关联度，要求注册会计师对存货项目的审计应当予以特别的关注。相应地,要求实施存货项目审计的注册会计师应具备较高的专业素质和相关业务知识,分配较多的审计工时,运用多种有针对性的审计程序。

存货审计涉及数量和单价两个方面。针对存货数量的实质性程序主要是存货监盘。此外,还包括对第三方保管的存货实施函证等程序,对在途存货检查相关凭证和期后入库记录等。针对存货单价的实质性程序包括对购买和生产成本的审计程序和对存货可变现净值的审计程序。其中原材料成本的计量较为简单,通常通过对采购成本的审计进行测试;在产品和产成品的成本较为复杂,包括测试原材料成本、人工成本和制造费用的归集和分摊。

审计存货的另一个考虑就是其与采购、销售收入及销售成本间的相互关系,因为就存货认定取得的证据也同时为其对应项目的认定提供了证据。例如,通过存货监盘和对已收存货的截止测试取得的,与外购商品或原材料存货的完整性和存在认定相关的证据,自动为同一期间原材料和商品采购的完整性和发生提供了保证。类似地,销售收入的截止测试也为期末之前的销售成本已经从期末存货中扣除并正确计入销售成本提供了证据。

2）存货审计目标

存货的审计目标一般包括实施审计程序以证实:

(1) 账面存货余额对应的实物是否真实存在(存在认定)。

(2) 属于被审计单位的存货是否均已入账(完整性认定)。

(3) 存货是否属于被审计单位(权利和义务认定)。

(4) 存货单位成本的计量是否准确(准确性、计价和分摊认定)。

(5) 存货的账面价值是否可以实现(准确性、计价和分摊认定)。

9.3.2 存货的实质性程序

1）存货的一般审计程序

获取年末存货余额明细表,并执行以下工作:

(1) 复核单项存货金额的计算(单位成本×数量)和明细表的加总计算是否准确。

(2) 将本年末存货余额与上年末存货余额进行比较,总体分析变动原因的会计处理是否正确,依据是否充分。

2）存货监盘

(1) 存货监盘的作用。如果存货对财务报表是重要的,注册会计师应当实施下列审计程序,对存货的存在和状况获取充分、适当的审计证据。

① 在存货盘点现场实施监盘(除非不可行)。

② 对期末存货记录实施审计程序,以确定其是否准确反映实际的存货盘点结果。

在存货盘点现场实施监盘时,注册会计师应当实施下列审计程序:

(a) 评价管理层用以记录和控制存货盘点结果的指令和程序。

(b) 观察管理层制定的盘点程序的执行情况。

(c) 检查存货。

(d) 执行抽盘。

存货监盘的相关程序可以用作控制测试或者实质性程序。注册会计师可以根据风险评估结果、审计方案和实施的特定程序作出判断。例如,如果只有少数项目构成了存货的主要部分，注册会计师可能选择将存货监盘用作实质性程序。

需要说明的是，尽管实施存货监盘，获取有关期末存货数量和状况的充分、适当的审计证据是注册会计师的责任，但这并不能取代被审计单位管理层定期盘点存货、合理确定存货的数量和状况的责任。事实上，管理层通常制定程序，对存货每年至少进行一次实物盘点，以作为编制财务报表的基础，并用以确定被审计单位永续盘存制的可靠性(如适用)。

注册会计师监盘存货的目的在于获取有关存货数量和状况的审计证据。因此，存货监盘针对的主要是存货的存在认定，对存货的完整性认定及计价认定，也能提供部分审计证据。此外，注册会计师还可能在存货监盘中获取有关存货所有权的部分审计证据。例如，如果注册会计师在监盘中注意到某些存货已经被法院查封，需要考虑被审计单位对这些存货的所有权是否受到了限制。又如《〈中国注册会计师审计准则第1311号——对存货、诉讼和索赔、分部信息等特定项目获取审计证据的具体考虑〉应用指南》第6段所述，存货监盘本身并不足以供注册会计师确定存货的所有权，注册会计师可能需要执行其他实质性审计程序，以应对所有权认定的相关风险。

(2) 存货监盘计划。

① 制订存货监盘计划的基本要求。注册会计师应当根据被审计单位存货的特点、盘存制度和存货内部控制的有效性等情况，在评价被审计单位管理层制定的存货盘点程序的基础上，编制存货监盘计划，对存货监盘作出合理安排。

有效的存货监盘需要制订周密、细致的计划。为了避免误解并有助于有效地实施存货监盘，注册会计师通常需要与被审计单位就存货监盘等问题达成一致意见。因此，注册会计师首先应当充分了解被审计单位存货的特点、盘存制度和存货内部控制的有效性等情况，并考虑获取、审阅和评价被审计单位预定的盘点程序。根据计划过程所搜集到的信息，有助于注册会计师合理确定参与监盘的地点以及存货监盘的程序。

② 制订存货监盘计划应考虑的事项。

A. 与存货相关的重大错报风险。

存货通常具有较高水平的重大错报风险，影响重大错报风险的因素具体包括：存货的数量和种类、成本归集的难易程度、陈旧过时的速度或易损坏程度、遭受失窃的难易程度。由于制造过程和成本归集制度的差异，制造企业的存货与其他企业(如批发企业)的存货相比往往具有更高的重大错报风险，对于注册会计师的审计工作而言则更具复杂性。外部因素也会对重大错报风险产生影响。例如，技术进步可能导致某些产品过时，从而导致存货价值更容易发生高估。以下类别的存货就可能增加审计的复杂性与风险：

(a) 具有漫长制造过程的存货。制造过程漫长的企业(如飞机制造和酒类产品酿造企业)的审计重点包括递延成本、预期发生成本以及未来市场波动可能对当期损益的影响等事项。

(b) 具有固定价格合约的存货。预期发生成本的不确定性是其重大审计问题。

(c) 与时装相关的服装行业。由于服装产品的消费者对服装风格或颜色的偏好容易发生变化，因此，存货是否过时是重要的审计事项。

(d) 鲜活、易腐商品存货。因为物质特性和保质期短暂，此类存货变质的风险很高。

(e) 具有高科技含量的存货。由于技术进步，此类存货容易过时。

(f) 单位价值高昂、容易被盗窃的存货。例如，珠宝存货的错报风险通常高于铁制纽扣之类存货的错报风险。

B. 与存货实地盘点相关的内部控制。

在制定存货监盘计划时，注册会计师应当了解被审计单位与存货相关的内部控制，并根据内部控制的完善程度确定进一步审计程序的性质、时间安排和范围。与存货相关的内部控制涉及被审计单位供、产、销各个环节，包括采购、验收、仓储、领用、加工、装运出库等方面。需要说明的是，与存货内部控制相关的措施有很多，其有效程度也存在差异。

(a) 与采购相关的内部控制的总体目标是所有交易都已获得适当的授权与批准。使用购货订购单是一项基本的内部控制措施。购货订购单应当预先连续编号，事先确定采购价格并获得批准。此外，还应当定期清点购货订购单。

(b) 与存货验收相关的内部控制的总体目标是所有收到的商品都已得到记录。使用验收报告单是一项基本的内部控制措施。被审计单位应当设置独立的部门负责验收商品，该部门具有验收存货实物、确定存货数量、编制验收报告、将验收报告传送至会计核算部门以及运送商品至仓库等一系列职能。

(c) 与仓储相关的内部控制的总体目标是确保与存货实物的接触必须得到管理层的指示和批准。被审计单位应当采取实物控制措施，使用适当的存储设施，以使存货免受意外损毁、盗窃或破坏。

(d) 与领用相关的内部控制的总体目标是所有存货的领用均应得到批准和记录。使用存货领用单是一项基本的内部控制措施。对存货领用单，应当定期进行清点。

(e) 与加工(生产)相关的内部控制的总体目标是对所有的生产过程作出适当的记录。使用生产报告是一项基本的内部控制措施。在生产报告中，应当对产品质量缺陷和零部件使用及报废情况及时作出说明。

(f) 与装运出库相关的内部控制的总体目标是所有的装运都得到了记录。使用发运凭证是一项基本的内部控制措施。发运凭证应当预先编号，定期进行清点，并作为日后开具收款账单的依据。

被审计单位与存货实地盘点相关的内部控制通常包括：制定合理的存货盘点计划确定合理的存货盘点程序，配备相应的监督人员，对存货进行独立的内部验证，将盘点结果与永续存货记录进行独立的调节，对盘点表和盘点标签进行充分控制。

C. 对存货盘点是否制定了适当的程序，并下达了正确的指令。

注册会计师一般需要复核或与管理层讨论其存货盘点程序。在复核或与管理层讨论其存货盘点程序时，注册会计师应当考虑下列主要因素，以评价其能否合理地确定存货的数量和状况：盘点的时间安排；存货盘点范围和场所的确定；盘点人员的分工及胜任能力；盘点前的会议及任务布置；存货的整理和排列，对毁损、陈旧、过时、残次及所有权不属于被审计单位的存货的区分；存货的计量工具和计量方法；在产品完工程度的确定方法；存放在外单位的存货的盘点安排；存货收发截止的控制；盘点期间存货移动的控制；盘点表单的设计使用与控制；盘点结果的汇总以及盘盈或盘亏的分析、调查与处理。

如果认为被审计单位的存货盘点程序存在缺陷，注册会计师应当提请被审计单位调整。

D. 存货盘点的时间安排。

如果存货盘点在财务报表日以外的其他日期进行，注册会计师除实施存货监盘相关审计程序外，还应当实施其他审计程序，以获取审计证据，确定存货盘点日与财务报表日之间的存货变动是否已得到恰当的记录。

E. 被审计单位是否一贯采用永续盘存制。

存货数量的盘存制度一般为实地盘存制和永续盘存制。存货盘存制度不同，注册会计师需要作出的存货监盘安排也不同。如果被审计单位通过实地盘存制确定存货数量，则注册会计师要参加此种盘点。如果被审计单位采用永续盘存制，注册会计师应在年度中一次或多次参加。

F. 存货的存放地点（包括不同存放地点的存货的重要性和重大错报风险），以确定适当的监盘地点。

如果被审计单位的存货存放在多个地点，注册会计师可以要求被审计单位提供一份完整的存货存放地点清单（包括期末库存量为零的仓库、租赁的仓库，以及第三方代被审计单位保管存货的仓库等），并考虑其完整性。根据具体情况下的风险评估结果，注册会计师可以考虑执行以下一项或多项审计程序：

（a）询问被审计单位除管理层和财务部门以外的其他人员，如营销人员、仓库人员等，以了解有关存货存放地点的情况。

（b）比较被审计单位不同时期的存货存放地点清单，关注仓库变动情况，以确定是否存在因仓库变动而未将存货纳入盘点范围的情况发生。

（c）检查被审计单位存货的出、入库单，关注是否存在被审计单位尚未告知注册会计师的仓库（如期末库存量为零的仓库）。

（d）检查费用支出明细账和租赁合同，关注被审计单位是否租赁仓库并支付租金，如果有，该仓库是否已包括在被审计单位提供的仓库清单中。

（e）检查被审计单位“固定资产——房屋建筑物”明细清单，了解被审计单位可用于存放存货的房屋建筑物。

在获取完整的存货存放地点清单的基础上，注册会计师可以根据不同地点所存放存货的重要性以及对各个地点与存货相关的重大错报风险的评估结果（例如，注册会计师在以往审计中可能注意到某些地点存在存货相关的错报，因此，在本期审计时对其予以特别关注），选择适当的地点进行监盘，并记录选择这些地点的原因。

如果识别出由于舞弊导致的影响存货数量的重大错报风险，注册会计师在检查被审计单位存货记录的基础上，可能决定在不预先通知的情况下对特定存放地点的存货实施监盘，或在同一天对所有存放地点的存货实施监盘。

同时，在连续审计中，注册会计师可以考虑在不同期间的审计中变更所选择实施监盘的地点。

G. 是否需要专家协助。

注册会计师可能不具备其他专业领域专长与技能。在确定资产数量或资产实物状况（如矿石堆），或在收集特殊类别存货（如艺术品、稀有玉石、房地产、电子器件、工程设计等）的审计证据时，注册会计师可以考虑利用专家的工作。

当在产品存货金额较大时，可能面临如何评估在产品完工程度的问题。注册会计师可以了解被审计单位的盘点程序，如果有关在产品的完工程度未被明确列出，注册会计师应当考虑采用其他有助于确定完工程度的措施，如获取零部件明细清单、标准成本表以及作业成本表，与工厂的有关人员进行讨论等，并运用职业判断。注册会计师也可以根据存货生产过程的复杂程度考虑利用专家的工作。

③ 存货监盘计划的主要内容。

A. 存货监盘的目标、范围及时间安排。

存货监盘的主要目标包括获取被审计单位资产负债表日有关存货数量和状况以及有关管理层存货盘点程序可靠性的审计证据，检查存货的数量是否真实完整，是否归属被审计单位，存货有无毁损、陈旧、过时、残次和短缺等状况。

存货监盘范围的大小取决于存货的内容、性质以及与存货相关的内部控制的完善程度和重大错报风险的评估结果。

存货监盘的时间，包括实地察看盘点现场的时间、观察存货盘点的时间和对已盘点存货实施检查的时间等，应当与被审计单位实施存货盘点的时间相协调。

B. 存货监盘的要点及关注事项。

存货监盘的要点主要包括注册会计师实施存货监盘程序的方法、步骤，各个环节应注意的问题以及所要解决的问题。注册会计师需要重点关注的事项包括盘点期间的存货移动、存货的状况、存货的截止确认、存货的各个存放地点及金额等。

C. 参加存货监盘人员的分工。

注册会计师应当根据被审计单位参加存货盘点人员分工、分组情况、存货监盘工作量的大小和人员素质情况，确定参加存货监盘的人员组成以及各组成人员的职责和具体的分工情况，并加强督导。

D. 检查存货的范围。

注册会计师应当根据对被审计单位存货盘点和对被审计单位内部控制的评价结果确定检查存货的范围。在实施观察程序后，如果认为被审计单位内部控制设计良好且得到有效实施，存货盘点组织良好，可以相应缩小实施检查程序的范围。

(3) 实施存货监盘程序。

① 评价管理层用以记录和控制存货盘点结果的指令和程序。注册会计师需要考虑这些指令和程序是否包括下列方面：

(a) 适当控制活动的运用。例如，收集已使用的存货盘点记录，清点未使用的存货盘点表单，实施盘点和复盘程序。

(b) 准确认定在产品的完工程度，流动缓慢（呆滞）、过时或毁损的存货项目，以及第三方拥有的存货（如寄存货物）。

(c) 在适用的情况下用于估计存货数量的方法，如可能需要估计煤堆的重量。

(d) 对存货在不同存放地点之间的移动以及截止日前后期间出入库的控制。

一般而言，被审计单位在盘点过程中停止生产并关闭存货存放地点以确保停止存货的移动，有利于保证盘点的准确性。但特定情况下，被审计单位可能由于实际原因无法停止生产或收发货物。这种情况下，注册会计师可以根据被审计单位的具体情况考虑其无法停止存货移动的原因及其合理性。

同时，注册会计师可以通过询问管理层以及阅读被审计单位的盘点计划等方式，了解被审计单位对存货移动所采取的控制程序和对存货收发截止影响的考虑。例如，如果被审计单位在盘点过程中无法停止生产，可以考虑在仓库内划分出独立的过渡区域，将预计在盘点期间领用的存货移至过渡区域，对盘点期间办理入库手续的存货暂时存放在过渡区域，以此确保相关存货只被盘点一次。

在实施存货监盘程序时，注册会计师需要观察被审计单位有关存货移动的控制程序是否得到执行。同时，注册会计师可以向管理层索取盘点期间存货移动相关的书面记录以及出、入库资料作为执行截止测试的资料，为监盘结束的后续工作提供证据。

② 观察管理层制定的盘点程序（如对盘点时及其前后的存货移动的控制程序）的执行情况。

这有助于注册会计师获取有关管理层指令和程序是否得到适当设计和执行的审计证据。尽管盘点存货时最好能保持存货不发生移动，但在某些情况下存货的移动是难以避免的。如果在盘点过程中被审计单位的生产经营仍将持续进行，注册会计师应通过实施必要的检查程序，确定被审计单位是否已经对此设置了相应的控制程序，确保在适当的期间内对存货作出了准确记录。

此外，注册会计师可以获取有关截止性信息（如存货移动的具体情况）的复印件，有助于日后对存货移动的会计处理实施审计程序。具体来说，注册会计师一般应当获取盘点日前后存货收发及移动的凭证，检查库存记录与会计记录期末截止是否正确。

注册会计师需要关注，所有在盘点日以前入库的存货项目是否均已包括在盘点范围内，所有已确认为销售但尚未装运出库的商品是否均未包括在盘点范围内。

在途存货和被审计单位直接向顾客发运的存货是否均已得到了适当的会计处理。

注册会计师通常可观察存货的验收入库地点和装运出库地点以执行截止测试。在存货入库和装运过程中采用连续编号的凭证时，注册会计师应当关注盘点日前的最后编号。如果被审计单位没有使用连续编号的凭证，注册会计师应当列出盘点日以前的最后几笔装运和入库记录。如果被审计单位使用运货车厢或拖车进行存储、运输或验收入库，注册会计师应当详细列出存货场地上满载和空载的车厢或拖车，并记录各自的存货状况。

相关思考9-1

ABC会计师事务所的A注册会计师负责审计多家被审计单位2017年度财务报表。与存货审计相关的部分事项如下：

(1) 甲公司为制造业企业，采用信息系统进行成本核算。A注册会计师对信息系统一般控制和相关的自动化应用控制进行测试后结果满意，不再对成本核算实施实质性程序。

(2) 因乙公司存货不存在特别风险，且以前年度与存货相关的控制运行有效，A注册会计师因此减少了本年度存货细节测试的样本量。

(3) 丙公司采用连续编号的盘点标签记录盘点结果，并逐项录入盘点结果汇总表。A注册会计师将抽盘样本的数量与盘点标签记录的数量进行了核对，未发现差异，据此认可了盘点结果汇总表记录的存货数量。

(4) 丁公司从事进口贸易，年末存货均于2017年12月购入，金额重大。A注册会计师通过获取并检查采购合同、发票、进口报关单、验收入库单等支持性文件，认为获取了有关存货存在和状况的充分、适当的审计证据。

(5) 戊公司的存货存放在多个地点。A注册会计师取得了存货存放地点清单并检查了其完整性，根据各个地点存货余额的重要性及重大错报风险的评估结果，选取其中几个地点实施了监盘。

(6) A注册会计师在己公司盘点结束后、存货未开始流动前抵达盘点现场，对存货进行检查并实施了抽盘，与己公司盘点数量核对无误，据此认可了盘点结果。

要求：针对上述(1)至(6)项，逐项指出A注册会计师的做法是否恰当。如不恰当，简要说明理由。

③ 检查存货。在存货监盘过程中检查存货，虽然不一定能确定存货的所有权，但有助于确定存货的存在，以及识别过时、毁损或陈旧的存货。注册会计师应当把所有过时、毁损或陈旧存货的详细情况记录下来，这既便于进一步追查这些存货的处置情况，也能为测试被审计单位存货跌价准备计提的准确性提供证据。

案例讨论9-1

"戏精"獐子岛

1. 受自然因素影响方面较多

农林牧渔业在很大程度上靠天吃饭，即便熟悉相关风险，但对自然灾害的有效防范效果也是往往无能为力，尤其是对特殊环境下的灾害控制能力极弱，比如海洋水域养殖，尤其是深海底播养殖，其面临的各种自然灾害较多而复杂、且风险极大。

对于有经验的、专业化海水养殖公司，应该对复杂的海洋自然灾害早有预估风险识别，并提前及时做出风险防范，或者至少预先进行多种风险详细预警，不断提示投资者注意风险才是一种负责任的态度。

同时，在经营上也应配套更加稳定且风险较小业务相配合，以保持公司业绩的稳定性和持续性。

2. 存货难以确切盘点

深海养殖对于存货的清查盘点来说，没有特别好的盘点方法，其不确定性显而易见，既无法可靠盘点准确数量，又不能确定其生物体本身的质量如何，且海域内不同区域差别也不易于观测。同时，即便观测盘点后，存货数量及质量能够大致基本确定，但在大区域海域养殖，也容易产生快速质量变化，导致信息失真。

3. 不确切成为会计操纵的温床

深海养殖虾夷扇贝无法确切清查盘点、无法肉眼观测，以及养殖过程中易遭受自然风险，且自然风险类型繁多复杂特点，为企业会计操纵核销存货提供了方便，往往成为其大股东占用资金会计造假以及会计造假后，为掩盖造假痕迹、最后用以处理造假不合理账务的温床。

④ 执行存货抽盘。在对存货盘点结果进行测试时，注册会计师可以从存货盘点记录中选取项目追查至存货实物，以及从存货实物中选取项目追查至盘点记录，以获取有关盘点记录准确性和完整性的审计证据。需要说明的是，注册会计师应尽可能避免让被审计单位事先了解将抽盘的存货项目。除记录注册会计师对存货盘点结果进行的测试情况外，获取管理层完成的存货盘点记录的复印件也有助于注册会计师日后实施审计程序，以确定被审计单位的期末存货记录是否准确地反映了存货的实际盘点结果。

注册会计师在实施抽盘程序时发现差异，很可能表明被审计单位的存货盘点在准确性或完整性方面存在错误。由于检查的内容通常仅仅是已盘点存货中的一部分，所以在检查中发现的错误很可能意味着被审计单位的存货盘点还存在着其他错误。一方面，注册会计师应当查明原因，并及时提请被审计单位更正；另一方面，注册会计师应当考虑错误的潜在范围和重大程度，在可能的情况下，扩大检查范围以减少错误的发生。注册会计师还可要求被审计单位重新盘点。重新盘点的范围可限于某一特殊领域的存货或特定盘点小组。

相关思考9-2

ABC会计师事务所的A注册会计师负责审计甲公司2020年度财务报表。

针对下面(1)至(5)项，逐项指出A注册会计师的做法是否恰当，如不恰当，简要说明理由。与存货审计相关的事项如下：

(1) 与材料入库相关的内部控制本年未发生变化，因该控制应对的风险不是特别风险，A注册会计师决定利用上年度审计获取的有关该控制运行有效性的审计证据。

(2) A注册会计师采用统计抽样测试领料单是否得到适当批准，发现一个样本对应的领料单因填写错误而作废，A注册会计师认为该事项不构成偏差，另选一个领料单替代。

(3) A注册会计师在对甲公司存货周转天数实施实质性分析程序时，直接将甲公司预算周转天数作为预期值，与存货实际周转天数比较，差异小于可接受的差异额。

(4) 因天气恶劣，A注册会计师无法在2020年12月31日到达甲公司某异地仓库现场对存货实施监盘，检查了甲公司的相关存货盘点报告，据此认可了盘点结果。

(5) A注册会计师在实施抽盘时，发现3个样本存在差异，系甲公司盘点人员疏忽所致。A注册会计师提请甲公司盘点人员重新盘点了这些项目并更正了盘点记录，结果满意。

⑤ 存货监盘需要特别关注的情况。

(a) 存货盘点范围与观察程序

在被审计单位盘点存货前，注册会计师应当观察盘点现场，确定应纳入盘点范围的存货是否已经适当整理和排列，并附有盘点标识，防止遗漏或重复盘点。对未纳入盘点范围的存货，注册会计师应当查明未纳入的原因。

对所有权不属于被审计单位的存货，注册会计师应当取得其规格、数量等有关资料，确定是否已单独存放、标明，且未被纳入盘点范围。在存货监盘过程中，注册会计师应当根据取得的所有权不属于被审计单位的存货的有关资料，观察这些存货的实际存放情况，确保其未被纳入盘点范围。即使在被审计单位声明不存在受托代存存货的情形下，注册会计师在存货监盘时也应当关注是否存在某些存货不属于被审计单位的迹象，以避免盘点范围不当。如表9-4所示。

表9-4　　存货盘点范围与观察程序表

次数	时间	目的
第一次	盘点前	注册会计师应当观察盘点现场，确定应纳入盘点范围的存货是否已经适当整理和排列，并附有盘点标识，防止遗漏或重复盘点。对未纳入盘点范围的存货，注册会计师应当查明未纳入的原因。对所有权不属于被审计单位的存货，注册会计师应当取得其规格、数量等有关资料，确定是否已单独存放、标明，且未被纳入盘点范围
第二次	监盘中	注册会计师应当根据取得的所有权不属于被审计单位的存货的有关资料，观察这些存货的实际存放情况，确保其未被纳入盘点范围。即使在被审计单位声明不存在受托代存存货的情形下，注册会计师在存货监盘时也应当关注是否存在某些存货不属于被审计单位的迹象，以避免盘点范围不当
第三次	存货盘点结束前	再次观察盘点现场，以确定所有应纳入盘点范围的存货是否均已盘点

(b) 对特殊类型存货的监盘

对某些特殊类型的存货而言，被审计单位通常使用的盘点方法和控制程序并不完全适用。这些存货通常或者没有标签，或者其数量难以估计，或者其质量难以确定，或者盘点人员无法对其移动实施控制。在这些情况下，注册会计师需要运用职业判断，根据存货的实际情况，设计恰当的审计程序，对存货的数量和状况获取审计证据。表9-5列举了被审计单位特殊存货的类型、通常采用的盘点方法与存在的潜在问题，以及可供注册会计师实施的监盘程序。注册会计师在审计实务中，应当根据被审计单位所处行业的特点、存货的类别和特点以及内部控制等具体情况，并在通用的存货监盘程序基础上，设计关于特殊类型存货监盘的具体审计程序。

表 9-5　特殊类型存货的监盘程序

存货类型	存货盘点潜在的问题	可供实施的审计程序
木材、钢筋盘条、管子	① 通常无标签，但在盘点时会做上标记或用粉笔标识。难以确定存货的数量或等级 ② 检查标记或标识	① 利用专家或被审计单位内部有经验人员的工作 ② 依赖永续存货记录
堆积型存货（如糖、煤、钢废料）	① 通常既无标签也不做标记 ② 在估计存货数量时存在困难	① 在估计存货数量时存在困难 ② 运用工程估测、几何计算、高空勘测，并依赖详细的存货记录 ③ 如果堆场中的存货堆不高，可进行实地监盘，或通过旋转存货堆加以估计
使用磅秤测量的存货	在估计存货数量时存在困难	① 在监盘前和监盘过程中均应检验磅秤的精准度，并留意磅秤的位置移动与重新调校程序 ② 将检查和重新称量程序相结合 ③ 检查称量尺度的换算问题
散装物品（如贮窖存货，使用桶、箱、罐、槽等容器储存的液体、气体、谷类粮食、流体存货等）	① 在盘点时通常难以加以识别和确定 ② 在估计存货数量时存在困难 ③ 在确定存货质量时存在困难	① 使用容器进行监盘或通过预先编号的清单列表加以确定 ② 使用浸蘸、测量棒、工程报告以及依赖永续存货记录 ③ 选择样品进行化验与分析，或利用专家的工作 ④ 贵金属、石器、艺术品与收藏品 ⑤ 在存货辨认与质量确定方面存在困难
贵金属、石器、艺术品与收藏品	在存货辨认与质量确定方面存在困难	选择样品进行化验与分析，或利用专家的工作
生产纸浆用木材、牲畜	在存货辨认与数量确定方面存在困难。可能无法对此类存货的移动实施控制	通过高空摄影以确定其存在性，对不同时点的数量进行比较，并依赖永续存货记录

相关思考 9-3

【单选题】 如果被审计单位的存货中包括生产用原浆，储存在木桶当中，注册会计师在进行盘点时，以下做法中不正确的是（　　）。

A. 使用容器进行监盘

B. 使用浸蘸、测量棒、工程报告以及依赖永续盘存记录

C. 按照木桶标签上所标明的数量进行确认

D. 选择样本进行化验与分析，或利用专家的工作

⑥ 存货监盘结束时的工作。在被审计单位存货盘点结束前，注册会计师应当：

（a）再次观察盘点现场，以确定所有应纳入盘点范围的存货是否均已盘点。

（b）取得并检查已填用、作废及未使用盘点表单的号码记录，确定其是否连续编号，查明已发放的表单是否均已收回，并与存货盘点的汇总记录进行核对。注册会计师应当根据自己在存货监盘过程中获取的信息对被审计单位最终的存货盘点结果汇总记录进行复核，

并评估其是否正确地反映了实际盘点结果。

如果存货盘点日不是资产负债表日，注册会计师应当实施适当的审计程序，确定盘点日与资产负债表日之间存货的变动是否已得到恰当的记录。

在实务中，注册会计师可以结合盘点日至财务报表日之间间隔期的长短、相关内部控制的有效性等因素进行风险评估，设计和执行适当的审计程序。在实质性程序方面，注册会计师可以实施的程序示例包括：

(a) 比较盘点日和财务报表日之间的存货信息以识别异常项目，并对其执行适当的审计程序(如实地查看等)。

(b) 对存货周转率或存货销售周转天数等实施实质性分析程序。

(c) 对盘点日至财务报表日之间的存货采购和存货销售分别实施双向检查(例如，对存货采购从入库单查至其相应的永续盘存记录及从永续盘存记录查至其相应的入库单等支持性文件，对存货销售从货运单据查至其相应的永续盘存记录及从永续盘存记录查至其相应的货运单据等支持性文件)。

(d) 测试存货销售和采购在盘点目和财务报表日的截止是否正确。

知识拓展9-1

如果存货盘点日不是资产负债表日，应当实施适当的审计程序，确定盘点日与资产负债表日之间存货的变动是否已作恰当的记录(倒推)。

情况一：盘点日在结账日之前：

例：2020年11月15日盘点数为800件，2020年11月16日至12月31日购进400件，销售100件。2020年12月31日A产品应为多少件(实存数)?

(结账日)应结存数=盘点数+增加数−减少数

情况二：盘点日在结账日之后：

例：2021年1月15日盘点数为800件，2021年1月1日至1月15日购进400件，销售100件。2020年12月31日A产品应为多少件(实存数)?

(结账日)应结存数=盘点数−增加数+减少数

(4) 特殊情况的处理。

① 在存货盘点现场实施存货监盘不可行。在某些情况下，实施存货监盘可能是不可行的。这可能是由存货性质和存放地点等因素造成的。例如，存货存放在对注册会计师的安全有威胁的地点。然而，对注册会计师带来不便的一般因素不足以支持注册会计师作出实施存货监盘不可行的决定。审计中的困难、时间或成本等事项本身，不能作为注册会计师省略不可替代的审计程序或满足于说服力不足的审计证据的正当理由。

如果在存货盘点现场实施存货监盘不可行，注册会计师应当实施替代审计程序(如检查盘点日后之前取得或购买的特定存货的文件记录)，以获取有关存货的存在和状况的充分、适当的审计证据。

但在其他一些情况下，如果不能实施替代审计程序，或者实施替代审计程序可能无法获取有关存货的存在和状况的充分、适当的审计证据，注册会计师需要按照《中国注册会计师审计准则第1502号——在审计报告中发表非无保留意见》的规定发表非无保留意见。

② 因不可预见的情况导致无法在存货盘点现场实施监盘。有时，由于不可预见情况而

可能导致无法在预定日期实施存货监盘，两种比较典型的情况包括：一是注册会计师无法亲临现场，即由于不可抗力导致其无法到达存货存放地实施存货监盘；二是气候因素，即由于恶劣的天气导致注册会计师无法实施存货监盘程序，或由于恶劣的天气无法观察存货，如木材被积雪覆盖。

如果由于不可预见的情况无法在存货盘点现场实施监盘，注册会计师应当另择日期实施监盘，并对间隔期内发生的交易实施审计程序。

③ 由第三方保管或控制的存货。如果由第三方保管或控制的存货对财务报表是重要的，注册会计师应当实施下列一项或两项审计程序，以获取有关该存货存在和状况的充分、适当的审计证据：

(a) 向持有被审计单位存货的第三方函证存货的数量和状况。

(b) 实施检查或其他适合具体情况的审计程序。根据具体情况(如获取的信息使注册会计师对第三方的诚信和客观性产生疑虑)，注册会计师可能认为实施其他审计程序是适当的。其他审计程序可以作为函证的替代程序，也可以作为追加的审计程序。

其他审计程序的示例包括：

(a) 实施或安排其他注册会计师实施对第三方的存货监盘(如可行)。

(b) 获取其他注册会计师或服务机构注册会计师针对用以保证存货得到恰当盘点和保管的内部控制的适当性而出具的报告。

(c) 检查与第三方持有的存货相关的文件记录，如仓储单。

(d) 当存货被作为抵押品时，要求其他机构或人员进行确认。

考虑到第三方仅在特定时点执行存货盘点工作，在实务中，注册会计师可以事先考虑实施函证的可行性。如果预期不能通过函证获取相关审计证据，可以事先计划和安排存货监盘等工作。

相关思考 9-4

【单选题】 下列有关存货监盘的说法中，正确的是(　　)。

A. 注册会计师在实施存货监盘过程中不应协助被审计单位的盘点工作

B. 注册会计师实施存货监盘通常可以确定存货的所有权

C. 由于不可预见的情况而导致无法在预定日期实施存货监盘，注册会计师可以实施替代审计程序

D. 注册会计师主要采用观察程序实施存货监盘

此外，注册会计师可以考虑由第三方保管存货的商业理由的合理性，以进行存货相关风险(包括舞弊风险)的评估，并计划和实施适当的审计程序，如检查被审计单位和第三方所签署的存货保管协议的相关条款、复核被审计单位调查及评价第三方工作的程序等。

相关思考 9-5

【单选题】 下列有关存货监盘的说法中，正确的是(　　)。

A. 注册会计师主要采用观察程序实施存货监盘

B. 注册会计师在实施存货监盘过程中不应协助被审计单位的盘点工作

C. 由于不可预见的情况而导致无法在预定日期实施存货监盘，注册会计师可以实施替代审计程序

D. 注册会计师实施存货监盘通常可以确定存货的所有权

3）存货计价测试

存货监盘程序主要是对存货的数量进行测试。为验证财务报表上存货余额的真实性，还应当对存货的计价进行审计。存货计价测试包括两个方面：一是被审计单位所使用的存货单位成本是否正确；二是是否恰当计提了存货跌价损失准备。

在对存货的计价实施细节测试之前，注册会计师通常先要了解被审计单位本年度的存货计价方法与以前年度是否保持一致。如发生变化，变化的理由是否合理，是否经过适当的审批。

（1）存货单位成本测试。针对原材料的单位成本，注册会计师通常基于企业的原材料计价方法（如先进先出法、加权平均法等），结合原材料的历史购买成本，测试其账面成本是否准确，测试程序包括核对原材料采购的相关凭证（主要是与价格相关的凭证，如合同、采购订单、发票等）以及验证原材料计价方法的运用是否正确。

针对产成品和在产品的单位成本，注册会计师需要对成本核算过程实施测试，包括直接材料成本测试、直接人工成本测试、制造费用测试和生产成本在当期完工产品与在产品之间分配的测试4项内容，具体如下：

① 直接材料成本测试。对采用定额单耗的企业，可选择某一成本报告期若干种具有代表性的产品成本计算单，获取样本的生产指令或产量统计记录及其直接材料单位消耗定额，根据材料明细账或采购业务测试工作底稿中各该直接材料的单位实际成本，计算直接材料的总消耗量和总成本，与该样本成本计算单中的直接材料成本核对。

对未采用定额单耗的企业，可获取材料费用分配汇总表、材料发出汇总表（或领料单）、材料明细账（或采购业务测试工作底稿）中各该直接材料的单位成本，作如下检查：成本计算单中直接材料成本与材料费用分配汇总表中该产品负担的直接材料费用是否相符，分配标准是否合理；将抽取的材料发出汇总表或领料单中若干种直接材料的发出总量和各该种材料的实际单位成本之积，与材料费用分配汇总表中各该种材料费用进行比较。

特别提示9-1

对采用标准成本法的企业，重点检查采用成本差异的计算与账务处理是否正确并与直接材料费用核对。

材料标准成本＝标准用量×标准价格

材料价格差异＝实际数量×（实际价格－标准价格）

材料数量差异＝（实际数量－标准数量）×标准价格

直接材料成本差异＝价格差异＋数量差异

对采用标准成本法的企业，获取样本的生产指令或产量统计记录、直接材料单位标准用量、直接材料标准单价及发出材料汇总表或领料单，检查下列事项：根据生产量、直接材料单位标准用量和标准单价计算的标准成本与成本计算单中的直接材料成本核对是否相符；直接材料成本差异的计算与账务处理是否正确。

② 直接人工成本测试。对采用计时工资制的企业，获取样本的实际工时统计记录员工分类表和员工工薪手册（工资率）及人工费用分配汇总表，作如下检查：成本计算单中直接人工成本与人工费用分配汇总表中该样本的直接人工费用核对是否相符；样本的实际工时统计记录与人工费用分配汇总表中该样本的实际工时核对是否相符；抽取生产部门若干天

的工时台账与实际工时统计记录核对是否相符；当没有实际工时统计记录时，则可根据员工分类表及员工工薪手册中的工资率，计算复核人工费用分配汇总表中该样本的直接人工费用是否合理。

对采用计件工资制的企业，获取样本的产量统计报告、个人（小组）产量记录和经批准的单位工薪标准或计件工资制度，检查下列事项：根据样本的统计产量和单位工薪标准计算的人工费用与成本计算单中直接人工成本核对是否相符；抽取若干个直接人工（小组）的产量记录，检查是否被汇总计入产量统计报告。

对采用标准成本法的企业，获取样本的生产指令或产量统计报告、工时统计报告和经批准的单位标准工时、标准工时工资率、直接人工的工薪汇总表等资料，检查下列事项：根据产量和单位标准工时计算的标准工时总量与标准工时工资率之积同成本计算单中直接人工成本核对是否相符；直接人工成本差异的计算与账务处理是否正确，并注意直接人工的标准成本在当年内有无重大变更。

③ 制造费用测试。获取样本的制造费用分配汇总表、按项目分列的制造费用明细账、与制造费用分配标准有关的统计报告及其相关原始记录，作如下检查：制造费用分配汇总表中，样本分担的制造费用与成本计算单中的制造费用核对是否相符；制造费用分配汇总表中的合计数与样本所属成本报告期的制造费用明细账总计数核对是否相符；制造费用分配汇总表选择的分配标准（机器工时数、直接人工工资、直接人工工时数、产量等）与相关的统计报告或原始记录核对是否相符，并对费用分配标准的合理性作出评估；如果企业采用预计费用分配率分配制造费用，则应针对制造费用分配过多或过少的差额，检查其是否作了适当的账务处理；如果企业采用标准成本法，则应检查样本中标准制造费用的确定是否合理，计入成本计算单的数额是否正确，制造费用差异的计算与账务处理是否正确，并注意标准制造费用在当年度内有无重大变更。

④ 生产成本在当期完工产品与在产品之间分配的测试。检查成本计算单中在产品数量与生产统计报告或在产品盘存表中的数量是否一致；检查在产品约当产量计算或其他分配标准是否合理；计算复核样本的总成本和单位成本。

案例讨论 9-2

“养猪第一股”的谢幕

雏鹰农牧集团股份有限公司（以下简称“雏鹰农牧”），是一家以商品畜禽养殖为主营业务的公司，它不仅是农业产业化国家重点龙头企业、中国质量诚信企业，更承载着中央储备肉活畜储备基地的重任，曾被誉为中国的“养猪第一股”。

雏鹰农牧，始创于 1988 年，2010 年 9 月 15 日在深圳证券交易所成功挂牌上市（股票代码：002477）。雏鹰农牧以让国人吃上安全肉为己任，致力于开展以生猪养殖全产业链为主导的战略布局，确立了包括生猪养殖、粮食贸易、互联网三大板块的核心战略，已发展成为拥有粮食贸易、饲料生产、良种繁育、生猪养殖、屠宰加工、冷链物流、终端销售、线上业务等完整产业链体系的现代化大型企业集团。不同于传统的“公司＋基地＋农户”和工厂化养殖模式，经过多年的实践摸索，雏鹰集团创造性地为国人献上了一把解决三农问题的金钥匙——“雏鹰模式”。

然而，2019 年 4 月，当雏鹰农牧 2018 年年度报告一出，给众多股民当头一棒，公司预亏 33 亿元！它的公告是这么写的：自 2018 年 6 月开始，公司出现资金流动性紧张局面，由于资金紧张，饲料供应不及时，公司生猪养殖死亡率高于预期，致使生猪养殖成本及管理费用高于预期。年报发出 9 个月后，2019 年 3 月 28

日，雏鹰农牧公告称：收到政府补贴 1 640.02 万元，预计将会增加本年度利润。

雏鹰农牧的猪真的被饿死了吗？我们不禁感到疑惑。可以简单的算一笔账：2018 年猪肉的平均价格为 6.25 元/斤，一只猪大概 200 斤，33 亿足足要饿死 264 万头猪。如果猪被饿死是虚构的，雏鹰农牧为什么对外宣称猪被饿死了？它这样做的目的是什么？这种“巨额注销”事件，往往让我们想到公司是否想要借机进行业绩“洗大澡”，调节未来利润，一次亏个够。而究其根源动机，还是和“钱”脱不了干系，这也让我们联想到了 2019 年 3 月份雏鹰农牧收到的那笔政府巨额补助。那么，为何雏鹰农牧可以骗到补助呢？况且以“264 万头猪饿死”这样奇葩的事情为由很容易引发业界的怀疑，雏鹰农牧为什么还要“刀尖上舔血”，进行骗补的操作呢？“亏过头”事件发生之后，雏鹰农牧的股价也总体呈震荡式一路下跌。2019 年 7 月 5 日至 2019 年 8 月 1 日，雏鹰农牧连续 20 个交易日的每日收盘价低于股票面值(1 元)，2019 年 8 月 19 日，深证证券交易所决定雏鹰农牧股票终止上市，2019 年 8 月 27 日起，公司进入退市整理期，经过 30 个工作日的退市调整后，2019 年 10 月 16 日，公司被摘牌，曾被誉为中国“养猪第一股”的雏鹰农牧就此黯然离场。

从“猪饿死”到退市，雏鹰农牧期间到底经历了什么？我们从中又能得到什么启示呢？

参考来源：https://tech.ifeng.com/c/7wUZtS7dBod

(2) 存货跌价损失准备的测试。注册会计师在测试存货跌价损失准备时，需要从以下两个方面进行测试：

① 识别需要计提跌价损失准备的存货项目。注册会计师可以通过询问管理层和相关部门(生产、仓储、财务、销售等)员工，了解被审计单位如何收集有关滞销、过时、陈旧、毁损、残次存货的信息并为之计提必要的跌价损失准备。如被审计单位编制存货货龄分析表，则可以通过审阅分析表识别滞销或陈旧的存货。此外，注册会计师还要结合存货监盘过程中检查存货状况而获取的信息，以判断被审计单位的存货跌价损失准备计算表是否有遗漏。

② 检查可变现净值的计量是否合理。在存货计价审计中，由于被审计单位对期末存货采用成本与可变现净值孰低的方法计价，所以注册会计师应充分关注其对存货可变现净值的确定及存货跌价准备的计提。

可变现净值是指企业在日常活动中，存货的估计售价减去至完工时估计将要发生的成本、估计的销售费用以及相关税费后的金额。企业确定存货的可变现净值，应当以取得的确凿证据为基础，并且考虑持有存货的目的以及资产负债表日后事项的影响等因素。注册会计师应抽样检查可变现净值确定的依据，相关计算是否正确。

重要概念

存货　产成品　存货监盘　成本会计制度　直接材料　直接人工　制造费用　生产成本　存货跌价准备　存货计价测试

本章练习

简答题

1. 存货监盘计划编制的依据有哪些？
2. 请举例说明存货的截止错误会对会计报表产生什么影响？
3. 注册会计师对被审计单位的受托代销商品是否应列入监盘范围？委托加工物资是否应列入监盘范围？

4. 为什么存货管理或控制程序发生变化会引起存货周转率的变动?

5. 被审计单位的寄销存货金额较大时,注册会计师采用函证方式确认存货数量是否仍可行?

6. 存货监盘中需要特别关注哪些事项?

选择题

1. 对于第三方保管的存货(该存货对财务报表是重要的),注册会计师实施的下列审计程序中,不恰当的是(　　)。

A. 向持有被审计单位存货的第三方函证存货的数量和状况

B. 如果可行,实施或安排其他注册会计师实施对第三方的存货监盘

C. 获取其他注册会计师或服务机构注册会计师针对用以保证存货得到恰当盘点和保管的内部控制的适当性而出具的报告

D. 实务中通常优先考虑实施存货监盘,如果不可行,再考虑实施函证

2. 下列关于被审计单位储存产成品的说法中,错误的是(　　)。

A. 产成品的保管由验收部门负责

B. 仓库部门在签收产成品后,将实际入库数量通知会计部门

C. 根据签收记录,仓库部门确立了本身应承担的责任,并对验收部门的工作进行验证

D. 仓库部门应根据产成品的品质特征分类存放,并填制标签

3. 注册会计师在对被审计单位2018年度财务报表审计中,为制定存货监盘计划,注册会计师在评价被审计单位存货盘点计划时,下列情况中不恰当的是(　　)。

A. 被审计单位管理层决定在2019年1月4日进行存货的盘点

B. 参与盘点的人员包括了公司领导以及仓储、财务、生产、采购等部门有关人员

C. 存放在外的存货盘点未进行安排

D. 由总经理主持召开盘点动员会,并布置盘点任务

4. 下列关于存货监盘计划的说法中,正确的是(　　)。

A. 注册会计师应仅根据自己的专业判断和往年的审计经验,编制存货监盘计划

B. 存货监盘程序用作控制测试还是实质性程序,取决于注册会计师的专业胜任能力

C. 注册会计师应当根据对被审计单位存货盘点和对被审计单位内部控制的评价结果确定抽盘存货的范围

D. 存货监盘范围的大小取决于注册会计师审计时间的分配以及审计成本的核算

5. 注册会计师针对甲公司特殊类型存货设计监盘程序时,以下说法中错误的是(　　)。

A. 针对存货为汽油的,需要注意使用容器进行监盘或通过预先编号的清单列表加以确定

B. 针对存货为钻石的,需要注意选择样品进行化验与分析,或利用专家的工作

C. 针对存货为需要使用磅秤测量的,只需在监盘前检验一次磅秤的精准度,在监盘过程中无须检验和重新调校,以免标准不统一

D. 针对存货为生产纸浆用木材的,需要注意通过高空摄影以确定其存在性,对不同时点的数量进行比较,并依赖永续存货记录

6. 下列有关存货监盘的说法中,正确的是(　　)。

A. 注册会计师在对存货实施监盘过程中,不应参与被审计单位的盘点工作

B. 如果由于不可预见的情况,无法在存货盘点现场实施监盘,注册会计师应当实施替代审计程序

C. 如果被审计单位的存货存放在多个地点,注册会计师可以要求被审计单位提供一份完整的存货存放地点清单(期末库存量为零的仓库除外),并考虑其完整性

D. 注册会计师实施存货监盘通常可以确定存货的完整性认定

7. 注册会计师在制定存货监盘计划时,需要考虑存货的存放地点,以确定适当的监盘地点。下列关于其的说法中,错误的是(　　)。

A. 如果被审计单位的存货存放在多个地点，注册会计师应该完全信赖被审计单位提供的存货存放地点清单

B. 注册会计师可以通过检查被审计单位“固定资产——房屋建筑物”明细清单，了解被审计单位可用于存放存货的房屋建筑物

C. 存货存放地点清单中应该包括期末库存量为零的仓库

D. 存货存放地点清单中应该包括第三方代被审计单位保管存货的仓库

8. 检查生产通知单的顺序编号是否完整主要证实的认定是(　　)。

A. 完整性　　B. 发生

C. 准确性、计价和分摊　　D. 截止

9. 注册会计师拟制定存货监盘计划，在评价被审计单位存货盘点计划时，下列情况中不恰当的是(　　)。

A. 参与盘点的人员包括了被审计单位的领导以及仓储、财务、生产、采购等相关部门人员

B. 由总经理主持召开盘点动员会，并布置盘点任务

C. 盘点时间为被审计年度次年的1月10日

D. 未将存放在外单位的存货纳入盘点范围

10. 关于存货计价测试，下列说法中错误的是(　　)。

A. 存货计价测试包括两个方面，一是被审计单位所使用的存货单位成本是否正确，二是是否恰当计提了存货跌价准备

B. 选取样本时应着重考虑期末结存余额较大且价格变动比较频繁的项目

C. 注册会计师应对被审计单位存货计价方法的合理性和一贯性予以关注，计价方法在同一会计年度内不得变动

D. 注册会计师在存货计价审计中应充分关注对存货可变现净值的确定及存货跌价准备的计提

案例分析题

1. 甲公司是ABC会计师事务所的常年审计客户，从事小型生产线的生产和销售，产品主要用于出口。2020年度甲公司税前利润为180万元。ABC会计师事务所承接了甲公司2020年度财务报表审计业务，并委派A注册会计师担任审计项目合伙人，确定财务报表整体的重要性为240万元。

资料一：

A注册会计师在审计工作底稿中记录了所了解的甲公司的情况及其环境，部分内容摘录如下：

(1) 甲公司产品出口以美元定价，人民币对美元的汇率由2020年初的6.3∶1升值至2020年11月1日的6.0∶1，之后基本保持稳定。2020年下半年，受欧洲经济不景气的影响，收入减少，销售价格下降了10%。

(2) 由于原部件成本上升，甲公司从2019年下半年开始大量采购原部件，但是从2020年11月开始原部件价格大幅下降，产品价格也有一定幅度的下降。

(3) 甲公司原租用的办公楼月租金为50万元。自2020年10月1日起，甲公司租用新办公楼，租期一年，月租金80万元，免租期3个月。

资料二：

A注册会计师在审计工作底稿中记录了所获取的甲公司财务数据，部分内容摘录如下：

金额单位：人民币万元

项目	2020(未审数)	2019年(已审数)
营业收入	6 000	5 000
营业成本	5 000	4 500
管理费用——租赁费	450	600

（续表）

项目	2020（未审数）	2019年（已审数）
存货账面余额	1 500	600
减：存货跌价准备	375	180
存货账面价值	1 125	420

资料三：

A注册会计师在审计工作底稿中记录了拟实施的实质性程序，部分内容摘录如下：

(1) 从营业收入明细账中抽取大额的销售业务，检查是否符合收入的确认条件；

(2) 将存货跌价准备本年计提数与资产减值损失相应明细项目的发生额核对是否相符；

(3) 检查房屋租赁合同，确认是否存在免租期约定及相应租金、租期等细节内容。

要求：

(1) 针对资料一(1)至(3)，结合资料二，假定不考虑其他条件，逐项指出资料一所列事项是否表明可能存在重大错报风险。如果认为存在，简要说明理由，并分别说明该风险属于财务报表层次还是认定层次。如果认为属于认定层次，指出相关事项主要与哪些财务报表项目（仅限于：营业收入、营业成本、资产减值损失、管理费用、存货、其他应付款）的哪些认定相关。

(2) 针对资料三(1)至(3)项，结合资料二，假定不考虑其他条件，逐项判断资料三所列实质性程序对发现根据资料一识别的认定层次重大错报风险是否直接有效。如果直接有效，指出资料三所列实质性程序与资料一的第几个事项的认定层次重大错报风险直接相关，并简要说明理由。

2. A注册会计师负责审计多家被审计单位，遇到下列与存货监盘的相关事项：

(1) 甲公司的存货存放在多个地点，A注册会计师基于管理层提供的存货存放地点清单，并根据不同地点所存放存货的重要性及评估的重大错报风险确定了监盘地点。

(2) 审计乙公司时，审计项目组按2016年年末各存放地点存货余额进行排序，选取存货余额最大的20个地点（合计占年末存货余额的60%）实施监盘。审计项目组根据选取地点的监盘结果，认为乙公司年末存货盘点结果满意。

(3) 审计工作底稿中记录：存货监盘目标为获取有关丙公司资产负债表日存货数量的审计证据。

(4) 丁公司为制造企业，存货品种繁多，存货拥挤，为保证监盘工作顺利进行，A注册会计师提前两天将拟抽盘项目清单发给丁公司财务部人员，要求其做好准备工作。

(5) A注册会计师负责审计戊公司2016年度财务报表，确定存货为重要账户，并初步评估存货的完整性存在重大错报风险。存货监盘计划要求，在对存货盘点结果进行测试时，采取从存货盘点记录中选取项目追查至存货实物的方法。

(6) 在抽盘过程中，A注册会计师发现1个样本项目存在盘点错误，要求戊公司在盘点记录中更正了该项错误。A注册会计师认为该错误在数量和金额方面均不重要，因此，得出抽盘结果满意的结论，不再实施其他审计程序。

(7) 在对庚公司2016年度财务报表进行审计时，实质性程序情况摘录如下：

实质性程序的测试目标	实施情况及结果
测试期末存货跌价准备的准确性和完整性	A注册会计师获取了财务部编制的存货跌价准备明细表，复核了该表中计算公式和数据的准确性以及相关假设的合理性，并进行了重新计算，结果满意

要求：指出A注册会计师的做法是否恰当，如不恰当，简要说明理由。

第10章　货币资金的审计

◇ 内容提要
◇ 重点难点
◇ 学习目标
◇ 知识框架
➢ 10.1　货币资金审计概述
➢ 10.2　货币资金的控制测试
➢ 10.3　库存现金审计
➢ 10.4　银行存款审计
◇ 重要概念
◇ 本章练习

内容提要

本章主要了解货币资金的特点，明确货币资金与各个交易循环的关系，掌握有关货币资金的内部控制及控制测试，理解并掌握库存现金和银行存款的实质性程序，了解其他有关货币资金审计的实质性测试程序。

重点难点

本章重点为货币资金的内部控制及控制测试，库存现金和银行存款审计的目标、控制测试和实质性程序；难点为库存现金和银行存款审计的目标、控制测试和实质性程序，尤其是库存现金的监盘程序及其银行存款的函证程序。

学习目标

通过本章学习，学生应了解货币资金的特点、货币资金与各个交易循环的关系，掌握有关货币资金的内部控制及控制测试，掌握库存现金和银行存款审计的内容，了解其他有关货币资金审计的实质性测试程序。

知识框架

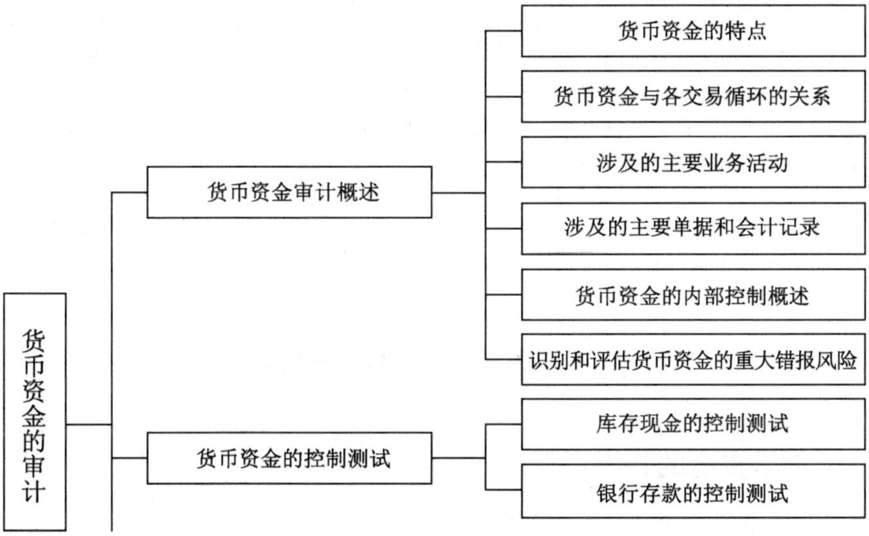

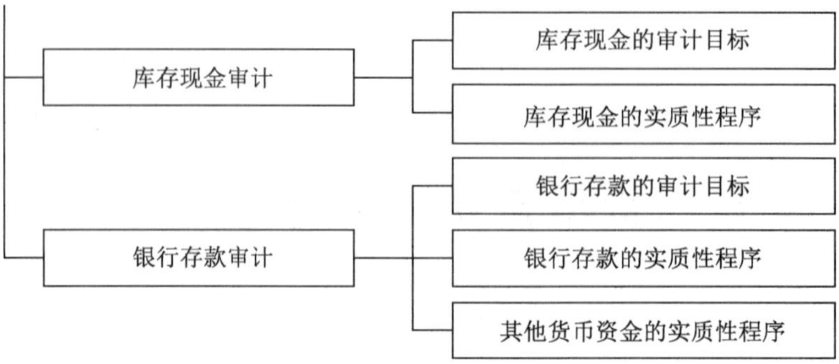

引入案例

货币资金造假，会计师事务所难辞其咎

近年A股可谓是惊天爆雷，黑天鹅事件一个接着一个。2018年ST长生、中弘股份、吉恩镍业等公司被强制退市；2019年，乐视、千山药机等几十家公司面临退市风险，康得新、康美药业、辅仁药业更曝出严重财务舞弊。出事之后，市场矛头除了指向涉事的上市公司，当然，为上市公司提供审计服务的会计师事务所自然也难辞其咎，被人人喊打。

康得新、康美药业、辅仁药业这几家公司的财务造假有一个共同点，就是账面货币资金奇高但是没钱付款。下面我们以辅仁药业为例，从货币资金审计角度来探下究竟。

辅仁药业(600781.SH)曾经是一只白马股，主要从事医药制造、研发、批发与零售业务。一直以来，辅仁药业的业绩基本上是中等水平。2017年销售净利率达到了13.37%，2018年销售净利率为14.14%。2019年7月16日，辅仁药业发布《2018年年度权益分派实施公告》，宣布以方案实施前的公司总股本为基数，每股派发现金红利0.1元(含税)，共计派发现金红利6 271.58万元。接下来，辅仁药业又连发控股股东股份冻结公告。然而仅仅在3天之后，也就是7月19日，辅仁药业发布公告，称因资金不足，公司无法按原定计划发放现金股利。而根据一季报，截至2019年3月末公司账上货币资金达18.16亿元。这引发了市场的极度恐慌。7月26日，辅仁药业因涉嫌违法违规，被中国证监会立案调查。同康得新一样，辅仁药业的审计机构也是瑞华会计师事务所，瑞华所为辅仁药业出具了多年的标准无保留意见审计报告，包括2018年(出审计报告时辅仁药业还没出事)。根据2018年年报，辅仁药业的银行账户上躺着13.74亿元的不受限资金。从股份接连被冻结的情况来看，控股股东有大额外债无法偿还。然而，一季报显示公司还有18.16亿元的资金，居然发不出6 000多万的现金红利，这不禁让人怀疑钱是不是被控股股东挪用了。

根据2019年7月25日披露的上交所问询函回复公告，辅仁药业拥有的不受限资金仅为377.87万元。资金动向与年报存在较大差异。

由于瑞华所未对辅仁药业的审计做出说明，我们也没权利去查阅审计工作底稿，无从得知具体的审计过程。但是只要瑞华所对辅仁药业的一些异常情况保持应有的职业怀疑，就可以更好地守住会计师的底线。比如前两年原辅仁药业董事总经理邱云樵的妻子武娇娇在网上发布的对辅仁药业财务造假的实名举报信、应收账款超常增长、存货余额较大等，都是辅仁药业业绩不正常的事实。而会计师只是履行例行程序就草草了事了，对敏感问题不闻不问，不做求证，才造成今天被人指责的局面。

众所周知，货币资金是企业流动性最强的资产，因而在审计中，货币资金审计一直都是重中之重。结合康得新、康美药业、辅仁药业等案例，分析会计师事务所及注册会计师在审计过程中，存在哪些问题？

参考来源：https://finance.qq.com/a/20190808/003295.html

10.1 货币资金审计概述

10.1.1 货币资金的特点

货币资金是企业资产的重要组成部分，是企业资产中流动性最强的一种资产。任何企业进行生产经营活动都必须拥有一定数额的货币资金,持有货币资金是企业生产经营活动的基本条件,可能关乎企业的命脉。货币资金主要来源于股东投入、债权人借款和企业经营累积,主要用于资产的取得和费用的结付。

总的来说,只有保持健康的、正的现金流,企业才能够继续生存;如果出现现金流逆转迹象,产生了不健康的、负的现金流,长此以往,企业将会陷入财务困境,并导致对企业的持续经营能力产生疑虑的现象发生。根据货币资金存放地点及用途的不同,货币资金分为库存现金、银行存款及其他货币资金。

10.1.2 货币资金与各交易循环的关系

企业资金营运过程,从资金流入企业形成货币资金开始,到通过销售收回货币资金、成本补偿确定利润、部分资金流出企业为止。企业资金的不断循环,构成企业的资金周转。货币资金与各业务循环均直接相关,如图 10-1 所示。需要说明的是,图 10-1 仅选取各业务循环中具有代表性的会计科目或财务报表项目予以列示,并未包括各业务循环中与货币资金有关的全部会计科目或财务报表项目。

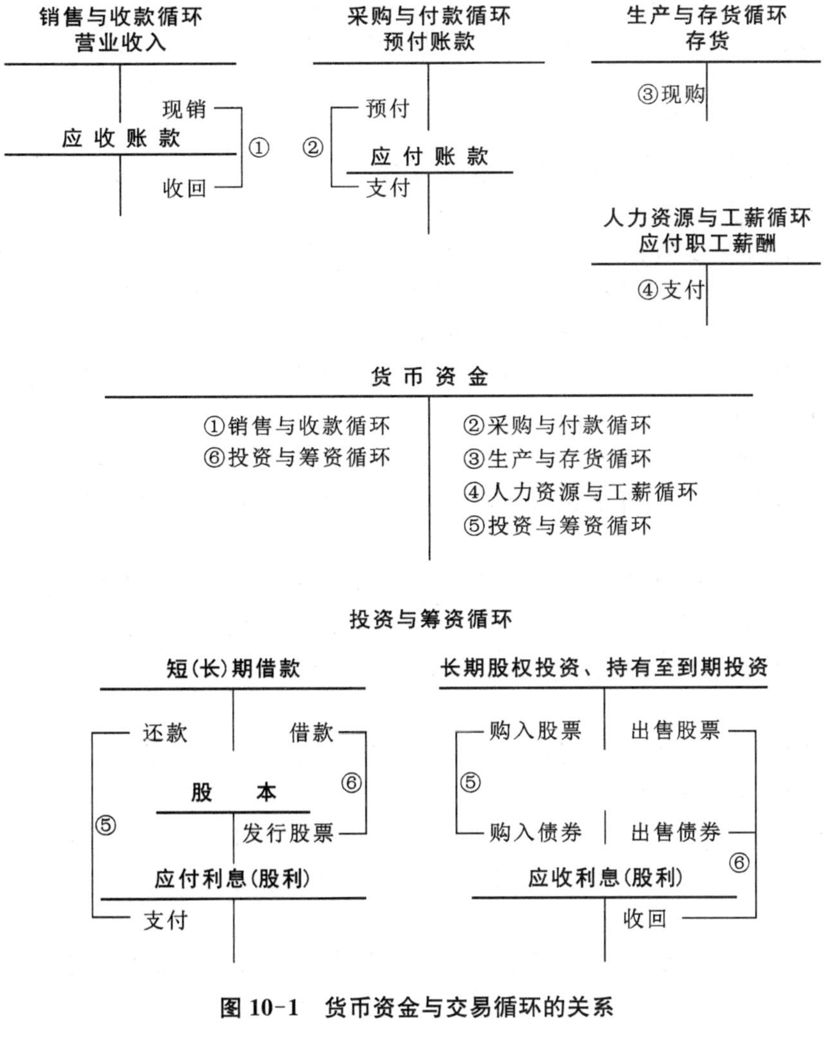

图 10-1 货币资金与交易循环的关系

10.1.3 涉及的主要业务活动

注册会计师通常实施以下程序，以了解与货币资金相关的内部控制：

(1) 询问参与货币资金业务活动的被审计单位人员，如销售部门、采购部门和财务部门的员工和管理人员。

(2) 观察货币资金业务流程中特定控制的执行，如观察被审计单位的出纳人员如何进行现金盘点。

(3) 检查相关文件和报告，如检查银行余额调节表是否恰当编制以及其中的调节项是否经会计主管的恰当复核等。

实施穿行测试，即追踪货币资金业务在财务报告信息系统中的处理过程。穿行测试通常综合了询问、观察、检查、重新执行等多种程序。通过实施穿行测试，注册会计师通常能获取充分的信息以评价控制的设计和执行。例如，选取一笔已收款的银行借款，追踪该笔交易从借款预算审批直至收到银行借款的整个过程。

下面我们以一般制造业企业为例，介绍本书其他业务循环中没有进行说明的与货币资金业务相关的主要业务活动。需要说明的是，以下业务活动要点仅为举例，在实务中可能由于每个企业的货币资金管理方式或内部控制的不同而有所不同。

1) 现金管理

(1) 出纳员每日对库存现金自行盘点，编制现金报表，计算当日现金收入、支出及结余额，并将结余额与实际库存额进行核对，如有差异及时查明原因。

(2) 会计主管不定期检查现金日报表。

(3) 每月末，会计主管指定出纳员以外的人员对现金进行盘点，编制库存现金盘点表，将盘点金额与现金日记账余额进行核对。对冲抵库存现金的借条、未提现支票、未做报销的原始票证，在库存现金盘点报告表中予以注明。

(4) 会计主管复核库存现金盘点表，如果盘点金额与现金日记账余额存在差异，需查明原因并报经财务经理批准后进行财务处理。

2) 银行存款管理

(1) 银行账户管理：企业的银行账户的开立、变更或注销须经财务经理审核，报总经理审批。

(2) 编制银行存款余额调节表：每月末，会计主管指定出纳员以外的人员核对银行存款日记账和银行对账单，编制银行存款余额调节表，使银行存款账面余额与银行对账单调节相符。如调节不符，查明原因。会计主管复核银行存款余额调节表，对需要进行调整的调节项目及时进行处理。

(3) 票据管理：财务部门设置银行票据登记簿，防止票据遗失或盗用。出纳员登记银行票据的购买、领用、背书转让及注销等事项。空白票据存放在保险柜中。每月末会计主管指定出纳员以外的人员对空白票据、未办理收款和承兑的票据进行盘点，编制银行票据盘点表，并与银行票据登记簿进行核对。会计主管复核库存银行票据盘点表如果存在差异，需查明原因。

(4) 印章管理：企业的财务专用章由财务经理保管，办理相关业务中使用的个人名章由出纳员保管。

10.1.4 涉及的主要单据和会计记录

货币资金审计涉及的单据和会计记录主要有：

(1) 现金盘点表。

(2) 银行对账单。

(3) 银行存款余额调节表。

(4) 有关科目的记账凭证。

(5) 有关会计账簿。

10.1.5 货币资金的内部控制概述

由于货币资金是企业流动性最强的资产，企业必须加强对货币资金的管理，建立良好的货币资金内部控制，以确保全部应收取的货币资金均能收取，并及时正确地予以记录；全部货币资金支出是按照经批准的用途进行的，并及时正确地予以记录；库存现金、银行存款报告正确，并得以恰当保管；正确预测企业正常经营所需的货币资金收支额，确保企业有充足又不过剩的货币资金余额。

在实务中，库存现金、银行存款和其他货币资金的转换比较频繁，三者的内部控制目标、内部控制制度的制定与实施大致相似，因此，先统一对货币资金的内部控制作个概述，各自内部控制的特点以及控制测试将在后面分述。

1) 一般而言，一个良好的货币资金内部控制应该达到以下几点：

(1) 货币资金收支与记账的岗位分离。

(2) 货币资金收支要有合理、合法的凭据。

(3) 全部收支及时准确入账，并且资金支付应严格履行审批、复核制度。

(4) 控制现金坐支，当日收入现金应及时送存银行。

(5) 按月盘点现金，编制银行存款余额调节表，以做到账实相符。

(6) 对货币资金收支业务的内部审计。

2) 货币资金相关的内部控制要求遵循的事项

尽管由于每个企业的性质、所处行业、规模以及内部控制健全程度等不同，使得其与货币资金相关的内部控制内容有所不同，但以下要求是通常应当共同遵循的。

(1) 岗位分工及授权批准。

① 企业应当建立货币资金业务的岗位责任制，明确相关部门和岗位的职责权限，确保办理货币资金业务的不相容岗位相互分离、制约和监督。出纳人员不得兼任稽核、会计档案保管和收入、支出、费用、债权债务账目的登记工作。企业不得由一人办理货币资金业务的全过程。

② 企业应当对货币资金业务建立严格的授权批准制度，明确审批人对货币资金业务的授权批准方式、权限、程序、责任和相关控制措施，规定经办人办理货币资金业务的职责范围和工作要求。审批人应当根据货币资金授权批准制度的规定，在授权范围内进行审批，不得超越审批权限。经办人应当在职责范围内，按照审批人的批准意见办理货币资金业务。对于审批人超越授权范围审批的货币资金业务，经办人员有权拒绝办理，并及时向审批人的上级授权部门报告。

③ 企业应当按照规定的程序办理货币资金支付业务：

(a) 支付申请。企业有关部门或个人用款时，应当提前向审批人提交货币资金支付申请，注明款项的用途、金额、预算、支付方式等内容，并附有效经济合同或相关证明。

(b) 支付审批。审批人根据其职责、权限和相应程序对支付申请进行审批。对不符合规定的货币资金支付申请，审批人应当拒绝批准。

(c) 支付复核。复核人应当对批准后的货币资金支付申请进行复核，复核货币资金支付申请的批准范围、权限、程序是否正确，手续及相关单证是否齐备，金额计算是否准确，支付方式、支付企业是否妥当等。复核无误后，交由出纳人员办理支付手续。

(d) 办理支付。出纳人员应当根据复核无误的支付申请，按规定办理货币资金支付手续，及时登记现金和银行存款日记账。

④ 企业对于重要货币资金支付业务，应当实行集体决策和审批，并建立责任追究制度，防范贪污、侵占、挪用货币资金等行为。

⑤ 严禁未经授权的机构或人员办理货币资金业务或直接接触货币资金。

(2) 现金和银行存款的管理。

① 企业应当加强现金库存限额的管理，超过库存限额的现金应及时存入银行。

国家规定由开户银行给各单位核定一个保留现金的最高额度。核定单位库存限额的原则是，既要保证日常零星现金支付的合理需要，又要尽量减少现金的使用。开户单位由于经济业务发展需要增加或减少库存现金限额，应按必要手续向开户银行提出申请。

② 结合本企业的实际情况，确定本企业现金的开支范围。不属于现金开支范围的业务应当通过银行办理转账结算。

③ 企业现金收入应当及时存入银行，不得用于直接支付企业自身的支出。因特殊情况需坐支现金的，应事先报经开户银行审查批准。企业借出款项必须执行严格的授权批准程序，严禁擅自挪用、借出货币资金。

④ 企业取得的货币资金收入必须及时入账，不得私设“小金库”，不得账外设账，严禁收款不入账。

⑤ 企业应当严格按照《支付结算办法》等国家有关规定，加强银行账户的管理，严格按照规定开立账户，办理存款、取款和结算。企业应当定期检查、清理银行账户的开立及使用情况，发现问题，及时处理。企业应当加强对银行结算凭证的填制、传递及保管等环节的管理与控制。

⑥ 企业应当严格遵守银行结算纪律，不准签发没有资金保证的票据或远期支票，套取银行信用；不准签发、取得和转让没有真实交易和债权债务的票据，套取银行和他人资金；不准无理拒绝付款，任意占用他人资金；不准违反规定开立和使用银行账户。

⑦ 企业应当指定专人(不能是出纳)定期核对银行账户，每月至少核对一次，编制银行存款余额调节表，使银行存款账面余额与银行对账单调节相符。如调节不符，应查明原因，及时处理。

出纳人员一般不得同时从事银行对账单的获取、银行存款余额调节表的编制工作确需出纳人员办理上述工作的，应当指定其他人员定期进行审核、监督。

实行网上交易、电子支付等方式办理资金支付业务的企业，应当与承办银行签订网上银行操作协议，明确双方在资金安全方面的责任与义务、交易范围等。操作人员应当根据操作授权和密码进行规范操作。使用网上交易、电子支付方式的企业办理资金支付业务，不应因支付方式的改变而随意简化、变更所必需的授权审批程序。企业在严格实行网上交易、电子支付操作人员不相容岗位相互分离控制的同时，应当配备专人加强对交易和支付行为的审核。

⑧ 企业应当定期和不定期地进行现金盘点，确保现金账面余额与实际库存相符。发现不符，及时查明原因并作出处理。

(3) 票据及有关印章的管理

① 企业应当加强与货币资金相关的票据的管理，明确各种票据的购买、保管、领用、背书转让、注销等环节的职责权限和程序，并专设登记簿进行记录，防止空白票据的遗失和被盗用。企业因填写、开具失误或者其他原因导致作废的法定票据，应当按规定予以保存，不得随意处置或销毁。对超过法定保管期限、可以销毁的票据，在履行审核手续后进行销毁，但应当建立销毁清册并由授权人员监销。

② 企业应当加强银行预留印鉴的管理。财务专用章应由专人保管，个人名章必须由本人或其授权人员保管。严禁一人保管支付款项所需的全部印章。按规定需要有关负责人签字或盖章的经济业务，必须严格履行签字或盖章手续。

(4) 监督检查

① 企业应当建立对货币资金业务的监督检查制度，明确监督检查机构或人员的职责权限，定期和不定期地进行检查。

② 执行货币资金监督检查。货币资金监督检查的主要内容：

(a) 货币资金业务相关岗位及人员的设置情况。重点检查是否存在货币资金业务不相容岗位职责未分离的现象。

(b) 货币资金授权批准制度的执行情况。重点检查货币资金支出的授权批准手续是否健全，是否存在越权审批行为。

(c) 支付款项印章的保管情况。重点检查是否存在办理付款业务所需的全部印章交由一人保管的现象。

(d) 票据的保管情况。重点检查票据的购买、领用、保管手续是否健全，票据保管是否存在漏洞。

③ 对监督检查过程中发现的货币资金内部控制中的薄弱环节，应当及时采取措施，加以纠正和完善。

10.1.6 识别和评估货币资金的重大错报风险

1) 货币资金的可能发生错报环节

以一般制造业为例，与库存现金、银行存款相关的交易和余额的可能发生错报环节通常包括：

(1) 被审计单位资产负债表的货币资金项目中的库存现金和银行存款在资产负债表日不存在。(存在)

(2) 被审计单位所有应当记录的现金收支业务和银行存款收支业务未得到完整记录，存在遗漏。(完整性)

(3) 被审计单位的现金收款通过舞弊手段被侵占。(完整性)

（4）记录的库存现金和银行存款不是为被审计单位所拥有或控制。（权利和义务）

（5）库存现金和银行存款的金额未被恰当地包括在财务报表的货币资金项目中，与之相关的计价调整未得到恰当记录。（计价和分摊）

（6）库存现金和银行存款未按照企业会计准则的规定在财务报表中作出恰当列报。（列报）

2）识别应对可能发生错报环节的内部控制

为评估与货币资金的交易、余额和列报相关的认定的重大错报风险，注册会计师应了解与货币资金相关的内部控制，这些控制主要是为防止、发现并纠正相关认定发生重大错报的固有风险（即可能发生错报环节）而设置的。注册会计师可以通过审阅以前年度审计工作底稿、观察内部控制执行情况、询问管理层和员工、检查相关的文件和资料等方法对这些控制进行了解，此外，对相关文件和资料进行检查也可以提供审计证据，例如通过检查财务人员编制的银行余额调节表，可以发现差错并加以纠正。

需要强调的是，在评估与货币资金的交易、余额和列报相关的认定的重大错报风险时，注册会计师之所以需要充分了解被审计单位对货币资金的控制活动，目的在于使得计划实施的审计程序更加有效。也就是说，注册会计师必须恰当评估被审计单位的重大错报风险，在此基础上设计并实施进一步审计程序，才能有效应对重大错报风险。如表10-1所示。

表10-1　识别应对可能发生错报环节的内部控制

	良好的内部控制示例	检查内部控制的检查和执行，重点关注的内容
库存现金内部控制	① 现金收支与记账的岗位分离 ② 现金收支要有合理、合法的凭据 ③ 全部收入及时准确入账，并且现金支出应严格履行审批、复核制度 ④ 控制现金坐支，当日收入现金应及时送存银行 ⑤ 按月盘点现金，以做到账实相符 ⑥ 对现金收支业务进行内部审计	① 库存现金的收支是否按规定的程序和权限办理 ② 是否存在与被审计单位经营无关的款项收支情况 ③ 出纳与会计的职责是否严格分离 ④ 库存现金是否妥善保管，是否定期盘点、核对，等等
银行存款内部控制	① 银行存款收支与记账的岗位分离 ② 银行存款收支要有合理、合法的凭据 ③ 全部收支及时准确入账，全部支出要有核准手续 ④ 按月编制银行存款余额调节表，以做到账实相符 ⑤ 加强对银行存款收支业务的内部审计	① 银行存款的收支是否按规定的程序和权限办理 ② 银行账户的开立是否符合《银行账户管理办法》等相关法律法规的要求 ③ 银行账户是否存在与本单位经营无关的款项收支情况 ④ 是否存在出租、出借银行账户的情况 ⑤ 出纳与会计的职责是否严格分离 ⑥ 是否定期取得银行对账单并编制银行存款余额调节表等

3）与货币资金相关的重大错报风险

在评价货币资金业务的交易、账户余额和列报的认定层次的重大错报风险时，注册会计师通常运用职业判断，依据因货币资金业务的交易、账户余额和列报的具体特征而导致重大错报风险的可能性（即固有风险），以及风险评估是否考虑了相关控制（即控制风险），形成对与货币资金相关的重大错报风险的评估，进而影响进一步审计程序。货币资金业务交易、账户余额和列报的认定层次的重大错报风险可能包括：

① 被审计单位存在虚假的货币资金余额或交易，因而导致银行存款余额的存在性或交易的发生存在重大错报风险。

② 被审计单位存在大额的外币交易和余额，可能存在外币交易或余额未被准确记录的风险。例如，对于有外币现金或外币银行存款的被审计单位，企业有关外币交易的增减变动或年底余额可能因未采用正确的折算汇率而导致计价错误（计价和分摊/准确性）。

③ 银行存款的期末收支存在大额的截止性错误（截止）。例如，被审计单位期末存在金额重大且异常的银付企未付，企收银未收事项。

④ 被审计单位可能存在未能按照企业会计准则的规定对货币资金作出恰当披露的风险。例如，被审计单位期末持有使用受限制的大额银行存款，但在编制财务报表时未在财务报表附注中对其进行披露。

如果被审计单位存在以下事项或情形，注册会计师需要保持警觉：

① 被审计单位的现金交易比例较高，并与其所在的行业常用的结算模式不同。

② 库存现金规模明显超过业务周转所需资金规模。

③ 银行账户开立数量与企业实际的业务规模不匹配。

④ 在没有经营业务的地区开立银行账户。

⑤ 企业资金存放于管理层或员工个人账户。

⑥ 货币资金收支金额与现金流量表不匹配。

⑦ 不能提供银行对账单或银行存款余额调节表。

⑧ 存在长期或大量银行未达账项。

⑨ 银行存款明细账存在非正常转账的“一借一贷”。

⑩ 违反货币资金存放和使用规定（如上市公司未经批准开立账户转移募集资金、未经许可将募集资金转作其他用途等）。

⑪ 存在大额外币收付记录，而被审计单位并不涉足外贸业务。

⑫ 被审计单位以各种理由不配合注册会计师实施银行函证。

除上述与货币资金项目直接相关的事项或情形外，注册会计师在审计其他财务报表项目时，还可能关注到其他一些也需保持警觉的事项或情形。例如：

① 存在没有具体业务支持或与交易不相匹配的大额资金往来。

② 长期挂账的大额预付款项。

③ 存在大额自有资金的同时，向银行高额举债。

④ 付款方账户名称与销售客户名称不一致、收款方账户名称与供应商名称不一致。

⑤ 开具的银行承兑汇票没有银行承兑协议支持。

⑥ 银行承兑票据保证金余额与应付票据余额比例不合理。

当被审计单位存在以上事项或情形时，可能表明存在舞弊风险。

10.2 货币资金的控制测试

如果在评估认定层次重大错报风险时预期控制的运行是有效的，或仅实施实质性程序不能够提供认定层次充分、适当的审计证据，注册会计师应当实施控制测试，以就与认定相关的控制在相关期间或时点的运行有效性获取充分、适当的审计证据。如果根据注册会计师的判断，决定对货币资金采取实质性审计方案，在此情况下，无须实施本节所述的测试内部控制运行的有效性的程序。

10.2.1 库存现金的控制测试

在已识别的重大错报风险的基础上，注册会计师选取拟测试的控制并实施控制测试。以下举例说明几种常见的库存现金内部控制以及注册会计师相应可能实施的内部控制测试程序。

1）现金付款的审批和复核

例如，被审计单位针对现金付款审批作出以下内部控制要求：部门经理审批本部门的付款申请，审核付款业务是否真实发生、付款金额是否准确，以及后附票据是否齐备，并在复核无误后签字认可。财务部门在安排付款前，财务经理再次复核经审批的付款申请及后附相关凭据或证明，如核对一致，进行签字认可并安排付款。针对该内部控制，注册会计师可以在选取适当样本的基础上实施以下控制测试程序：

（1）询问相关业务部门的部门经理和财务经理其在日常现金付款业务中执行的内部控制，以确定其是否与被审计单位内部控制政策要求保持一致。

（2）观察财务经理复核付款申请的过程，是否核对了付款申请的用途、金额及后附相关凭据，以及在核对无误后是否进行了签字确认。

（3）重新核对经审批及复核的付款申请及其相关凭据，并检查是否经签字确认。

2）现金盘点

注册会计师针对被审计单位的现金盘点实施的现金监盘可能涉及：

① 检查现金以确定其是否存在，并检查现金盘点结果。

② 观察执行现金盘点的人员对盘点计划的遵循情况，以及用于记录和控制现金盘点结果的程序的实施情况。

③ 获取有关被审计单位现金盘点程序可靠性的审计证据。现金监盘程序是用作控制测试还是实质性程序，取决于注册会计师对风险评估结果、审计方案和实施的特定程序的判断。

注册会计师可以将现金监盘同时用作控制测试和实质性程序。如被审计单位库存现金存放部门有两处或两处以上的，应同时进行盘点。例如，被审计单位针对现金盘点作出了以下内部控制要求：会计主管指定应付账款会计每月末的最后一天对库存现金进行盘点，根据盘点结果编制库存现金盘点表，将盘点余额与现金日记账余额进行核对，并对差异调节项进行说明。会计主管复核库存现金盘点表，如盘点金额与现金日记账余额存在差异且差异金额超过 2 万元，需查明原因并报财务经理批准后进行财务处理。针对该内部控制，注册会计师可以在选取适当样本的基础上实施以下控制测试程序：

① 在月末最后一天参与被审计单位的现金盘点，检查是否由应付账款会计进行现金盘点。

② 观察现金盘点程序是否按照盘点计划的指令和程序执行，是否编制了现金盘点表并根据内控要求经财务部相关人员签字复核。

③ 检查现金盘点表中记录的现金盘点余额是否与实际盘点金额保持一致、现金盘点表中记录的现金日记账余额是否与被审计单位现金日记账中余额保持一致。

④ 针对调节差异金额超过 2 万元的调节项，检查是否经财务经理批准后进行财务处理。

如果被审计单位的现金交易比例较高，注册会计师可以考虑在了解和评价被审计单位现金交易内部控制的基础上，针对相关控制运行的有效性获取充分、适当的审计证据。

10.2.2 银行存款的控制测试

在已识别的重大错报风险的基础上，注册会计师选取拟测试的控制并实施控制测试。以下举例说明几种常见的银行存款内部控制以及注册会计师相应可能实施的内部控制测试程序。

1）银行账户的开立、变更和注销

例如，被审计单位针对银行账户的开立、变更和注销作出了以下内部控制要求：会计主管根据被审计单位的实际业务需要就银行账户的开立、变更和注销提出申请，经财务经理审核后报总经理审批。针对该内部控制，注册会计师可以实施以下控制测试程序：

（1）询问会计主管被审计单位本年开户、变更、撤销的整体情况。

（2）取得本年度账户开立、变更、撤销申请项目清单，检查清单的完整性，并在选取适当样本的基础上检查账户的开立、变更、撤销项目是否已经财务经理和总经理审批。

2）银行付款的审批和复核

例如，被审计单位针对银行付款审批作出以下内部控制要求：部门经理审批本部门的付款申请，审核付款业务是否真实发生、付款金额是否准确，以及后附票据是否齐备，并在复核无误后签字认可。财务部门在安排付款前，财务经理再次复核经审批的付款申请及后附相关凭据或证明，如核对一致，进行签字认可并安排付款。针对该内部控制，注册会计师可以在选取适当样本的基础上实施以下控制测试程序：

（1）询问相关业务部门的部门经理和财务经理在日常银行付款业务中执行的内部控制，以确定其是否与被审计单位内部控制政策要求保持一致。

（2）观察财务经理复核付款申请的过程，是否核对了付款申请的用途、金额及后附相关凭据，以及在核对无误后是否进行了签字确认。

（3）重新核对经审批及复核的付款申请及其相关凭据，并检查是否经签字确认。

3）编制银行存款余银调节表

例如，被审计单位为保证财务报表中银行存款余额的存在性、完整性和准确性作出了以下内部控制要求：每月末，会计主管指定应收账款会计核对银行存款日记账和银行对账单，编制银行存款余额调节表，使银行存款账面余额与银行对账单调节相符。如存在差异项，查明原因并进行差异调节说明。会计主管复核银行存款余额调节表，对需要进行调整的调节项目及时进行处理，并签字确认。

针对该内部控制，注册会计师可以实施以下控制测试程序：

（1）询问应收账款会计和会计主管，以确定其执行的内部控制是否与被审计单位内部控制政策要求保持一致，特别是针对未达账项的编制及审批流程。

（2）针对选取的样本，检查银行存款余额调节表，查看调节表中记录的企业银行存款日记账余额是否与银行存款日记账余额保持一致、调节表中记录的银行对账单余额是否与被审计单位提供的银行对账单中的余额保持一致。

（3）针对调节项目，检查是否经会计主管的签字复核。

（4）针对大额未达账项进行期后收付款的检查。

10.3 库存现金审计

如果实施了控制测试，注册会计师根据控制测试的结果(即控制运行是否有效)，确定从控制测试中已获得的审计证据及其保证程度，进而确定还需要从实质性程序中获取的审计证据及其保证程度，在此过程中也可能需要对制定具体审计计划时初步确定的实质性程序的性质、时间安排和范围作出适当调整。例如，如果控制测试的结果表明内部控制未能有效运行，注册会计师需要从实质性程序中获取更多的相关审计证据，注册会计师可以修改实质性程序的性质，如采用细节测试而非实质性分析程序、获取更多的外部证据等，或修改实质性审计程序的范围，如扩大样本规模等。

如果根据注册会计师的判断，注册会计师未实施本章第 2 节所述的控制测试，而直接对货币资金采取实质性审计方案，注册会计师需要确定其实施的实质性程序的性质、时间安排和范围是否能够提供充分、适当的审计证据。本书第 7 章到第 9 章所述的其他业务循环中可能已包含某些针对货币资金的实质性程序。例如，检查收款凭证或付款凭证上记录的收款方或付款方账户名称是否为合同对方等。

10.3.1 库存现金的审计目标

库存现金是企业资产中流动性最强的一种资产。尽管其在企业资产总额中比重不大，但企业发生舞弊事件大都与现金有关，因此，注册会计师应该重视库存现金的审计。

库存现金的审计目标一般应包括以下各项(括号内为相应的财务报表认定)：

(1) 确定被审计单位资产负债表的货币资金项目中的库存现金在财务报表日是否确实存在。(存在)

(2) 确定被审计单位在特定期间内发生的现金收支业务是否均记录完毕，有无遗漏。(完整性)

(3) 确定记录的库存现金是否为被审计单位所拥有或控制。(权利和义务)

(4) 确定库存现金包括在财务报表的货币资金项目中，与之相关的计价调整已恰当记录。(准确性、计价和分摊)

(5) 库存现金已记录于恰当的账户。(分类)

(6) 确定库存现金是否已按照企业会计准则的规定在财务报表中作出恰当列报。(列报)

10.3.2 库存现金的实质性程序

库存现金是财务报表审计的重要项目，因而无论有关库存现金的内部控制是否有效，注册会计师均应对库存现金实施实质性程序，以实现相应审计目标。如表 10-2 所示。

表 10-2　　库存现金实质性程序

被审计单位：M 公司 项目：库存现金 编制：王林 日期：2021/01/09	索引号：GA-1 财务报表截止日/期间：2020/12/31 复核：张月 日期：2021/02/02

（一）审计目标与认定对应关系表

审计目标	财务报表认定					
	存在	完整性	权利和义务	准确性、计价和分摊	分类	列报
A. 资产负债表中记录的货币资金是存在的	√					
B. 应当记录的货币资金均已记录，相关披露均已包括		√				
C. 记录的货币资金由被审计单位拥有或控制			√			
D. 货币资金以恰当的金额包括在财务报表中，与之相关的计价或分摊调整已恰当记录，相关披露已得到恰当计量和描述				√		
E. 货币资金已记录于恰当的账户					√	
F. 货币资金已被恰当地汇总或分解且表述清楚，相关披露在适用的财务报告编制基础下是相关的、可理解的						√

（二）审计目标与审计程序对应关系表

审计目标	可供选择的审计程序
D	1. 核对库存现金日记账和总账的余额是否相符，检查非记账本位币的库存现金的折算汇率及折算金额是否正确
ABCD	2. 监盘库存现金
ABD	3. 抽查大额库存现金收支
F	4. 检查库存现金是否在财务报表中作出恰当列报

根据重大错报风险的评估和从控制测试（如实施）中所获取的审计证据和保证程度注册会计师就库存现金实施的实质性程序可能包括：

（1）核对库存现金日记账与总账的金额是否相符，检查非记账本位币库存现金的折算总账的金额是否相符。如果不相符，应查明原因，必要时应建议作出适当调整。

（2）监盘库存现金。对被审计单位现金盘点实施的监盘程序是用作控制测试还是实质性程序，取决于注册会计师对风险评估结果、审计方案和实施的特定程序的判断。如果注册会计师可能基于风险评估的结果判断无须对现金盘点实施控制测试，仅实施实质性程序。

企业盘点库存现金，通常包括对已收到但未存入银行的现金、零用金、找换金等的盘点。盘点库存现金的时间和人员应视被审计单位的具体情况而定，但现金出纳员和被审计单位会计主管人员必须参加，并由注册会计师进行监盘。监盘库存现金的步骤与方法主要有：

① 查看被审计单位制定的盘点计划，以确定监盘时间。对库存现金的监盘最好实施突击性的检查，时间最好选择在上午上班前或下午下班时，监盘范围一般包括被审计单位各部门经管的所有现金。

② 查阅库存现金日记账并同时与现金收付凭证相核对。一方面检查库存现金日记账

的记录与凭证的内容和金额是否相符；另一方面了解凭证日期与库存现金日记账日期是否相符或接近。

③ 检查被审计单位现金实存数，并将该监盘金额与库存现金日记账余额进行核对，如有差异，应要求被审计单位查明原因，必要时应提请被审计单位作出调整；如无法查明原因，应要求被审计单位按管理权限批准后作出调整。若有冲抵库存现金的借条、未提现支票、未作报销的原始凭证，应在“库存现金监盘表”中注明，必要时应提请被审计单位作出调整。

④ 在非资产负债表日进行监盘时，应将监盘金额调整至资产负债表日的金额，并对变动情况实施程序。

特别提示 10-1

资产负债表的实有数＝盘点日的实有数－（资产负债表日～盘点日）收入数＋（资产负债表日～盘点日）支出数

相关思考 10-1

监盘库存现金

2020 年 2 月 11 日下午 5 点 30 分，注册会计师参加对 M 公司库存现金的清查盘点工作。清查结果如下：

(1) 实点库存现金(人民币)结存数：100 元币 120 张，50 元币 80 张，10 元币 220 张，5 元币 84 张，1 元币 30 张，1 角币 25 张。

(2) 查明现金日记账截至 2 月 11 日的账面余额为 21 105.2 元。

(3) 查出已经办理收款手续尚未入账的收款凭证(191 号至 202 号)金额合计为 4 372.3 元。

(4) 查出已经办理付款手续尚未入账的付款凭证(203 号至 211 号)金额合计为 4 126.1 元。

(5) 发现现金日记账中夹有下列借据，共计 2 560 元：职工刘红借学费 250 元，职工王敏借学费 110 元，许林华借药费 1 000 元，万广华借药费 1 200 元。

(6) 银行核定库存现金限额 10 000 元。

要求：

(1) 根据清查结果，编制库存现金盘点表。

(2) 指出该企业现金管理中存在的主要问题，并提出审计意见。

库存现金盘点表

（20　年　月　日　时　分盘点，单位：元）

项目	金额	备注
库存现金实存额		
盘点日止账面结存额 加：已收款未入账部分 减：已付款未入账部分		
盘点日止账面应存额		
溢缺金额		

注册会计师：　　　　出纳员：　　　　会计主管

实点库存现金(人民币)结存数：100元币120张,50元币80张,10元币220张,5元币84张,1元币30张,1角币25张。

库存现金实存额 $=100\times120+50\times80+10\times220+5\times84+1\times30+0.1\times25$

$=18\ 652.5$

库存现金盘点表

(2020年2月11日下午5时30分盘点　单位：元)

项目	金额	备注
库存现金实存额	18 652.5	核定库存限额　10 000
盘点日止账面结存额 加：已收款未入账部分： 收款凭证第191～202号 减：已付款未入账部分： 付款凭证第203～211号	21 105.2 4 372.3 4 126.1	
盘点日止账面应存额	21 351.4	
溢缺数	2 698.9	
亏缺原因：① 白条借据抵库4张,计2 560.00元 ② 短缺现金,计138.9元		

注册会计师：　　　　出纳员：　　　　会计主管

(3) 该企业现金管理中存在下列主要问题：

① 出纳员工作拖拉,未及时登记现金日记账。

② 账款不符。盘点日止账面应存额为21 105.2元,而实际盘存库存现金仅为18 652.5元,其中除出纳员擅自以白条借据2 560元抵充库存外,尚短缺138.9元,出纳员提不出任何理由。

③ 银行核定该公司库存现金限额为10 000元,而实际库存超过限额8 652.5元。

④ 白条借据抵库。出纳员以白条借给4名职工现金,共计2 560元,至今抵充库存不入账。

(3) 抽查大额库存现金收支。查看大额现金收支,并检查原始凭证是否齐全、原始凭证内容是否完整、有无授权批准、记账凭证与原始凭证是否相符、账务处理是否正确是否记录于恰当的会计期间等项内容。

(4) 检查库存现金是否在财务报表中作出恰当列报。根据有关规定,库存现金在资产负债表的“货币资金”项目中反映,注册会计师应在实施上述审计程序后,确定“库存现金”账户的期末余额是否恰当,进而确定库存现金是否在资产负债表中恰当披露。

相关思考 10-2

【单选题】 2020年3月5日对N公司全部现金进行监盘后,确认实有现金数额为1 000元。N公司3月4日账面库存现金余额为3 000元,3月5日发生的现金收支全部未登记入账,其中收入金额为3 000元、支出金额为4 000元,2020年1月1日至3月4日现金收入总额为165 200元、现金支出总额为165 500元,则推断2019年12月31日库存现金实存余额应为(　　)元。

A. 3 300　　B. 2 300　　C. 700　　D. 2 700

相关思考 10-3

在对甲公司2016年度财务报表进行审计时,A注册会计师负责审计货币资金项目。甲公司在总部和营业部均设有出纳部门。

(1) 为顺利监盘库存现金，A注册会计师在监盘前一天通知甲公司会计主管人员做好监盘准备。

(2) 考虑到出纳日常工作安排，对总部和营业部库存现金的监盘时间分别定在上午10点和下午3点。

(3) 监盘工作由A注册会计师和甲公司的相关出纳员共同进行。

(4) 监盘时，出纳把现金放入保险柜，并将已办妥现金收付手续的交易登入现金日记账，结出现金日记账余额。然后，A注册会计师当场盘点现金。

(5) A注册会计师在与现金日记账核对后填写“库存现金监盘表”，并在签字后形成审计工作底稿。

要求：请指出上述库存现金监盘工作中有哪些不当之处，并提出改进建议。

10.4 银行存款审计

银行存款是指企业存放在银行或其他金融机构的各种款项。按照国家有关规定，凡是独立核算的企业都必须在当地银行开设账户。企业在银行开设账户以后，除按核定的限额保留库存现金外，超过限额的库存现金必须存入银行；除了在规定的范围内可以用库存现金直接支付的款项外，在经营过程中所发生的一切货币收支业务，都必须通过银行存款账户进行结算。

10.4.1 银行存款的审计目标

银行存款的审计目标一般应包括以下各项(括号内为相应的财务报表认定)：

(1) 确定被审计单位资产负债表的货币资金项目中的银行存款在财务报表日是否确实存在。(存在)

(2) 确定被审计单位在特定期间内发生的银行存款收支业务是否均记录完毕，有无遗漏。(完整性)

(3) 确定记录的银行存款是否为被审计单位所拥有或控制。(权利和义务)

(4) 确定银行存款以恰当的金额包括在财务报表的货币资金项目中，与之相关的计价调整已恰当记录。(准确性、计价和分摊)

(5) 银行存款已记录于恰当的账户。(分类)

(6) 确定银行存款是否已按照企业会计准则的规定在财务报表中作出恰当列报。(列报)

案例讨论 10-1

在上述审计事项中，我们发现以下共性问题：

(1) 多年均为同一事务所审计。

证监会只规定连续5年审计需要更换签字会计师，但是对事务所的轮换没有限制。在审计费压价厉害的市场情况下，为了挣钱，会计师和事务所都很难坚守底线。

(2) 事务所未保持应有的职业怀疑。

会计师在执业过程中并没有保持应有的谨慎态度，对很多公司业绩异常的现象视而不见。对于上述讨论的3家公司，货币资金已经超过了公司日常的经营需要；存货、应收账款、营业收入过去几年也是超常增长。即使不通过函证，不看银行对账单，仅凭着实质性分析程序也应该能嗅到不良的气息。

(3) 实质性程序没做到位。

企业如果要涉及财务舞弊，必然少不了在现金流、货物流、发票流、信息流上面进行包装与伪造。如果以银行流水为抓手，结合公司业务运行（订购单、采购单、收款单、付款单、合同、出货单、进货单、对方账户的企查），这种严重的财务造假很难长期掩盖。

（4）相关会计师事务所过往的风控、口碑不佳，一家事务所如果以往多次被查、被处罚，被市场质疑，我们就要对其审计的上市公司更小心了。

此外，在审视事务所问题的过程中，我们也需要从保护中小投资者的利益角度发现问题。毕竟，在证监《调查通知书》里，违法违规的处罚是不一样的，第一种是涉嫌信息披露违法违规，定格处罚也不过如此，罚款几十万再加市场禁入了事；但是第二种涉嫌违反证券法律法规，处罚就会严重得多。

我们要避免大股东将侵占上市公司资产就地转化为"违规信息披露"，领个60万罚单了事。这样的话，犯事者依然有大把的钱逍遥自在，而中小投资者的损失可能永远无法讨回。

10.4.2 银行存款的实质性程序

根据重大错报风险的评估和从控制测试（如实施）中所获取的审计证据和保证程度，注册会计师就银行存款实施的实质性程序可能包括以下几方面。

1）获取银行存款余额明细表

获取银行存款余额明细表复核加计是否正确，并与总账数和日记账合计数核对是否相符；检查非记账本位币银行存款的折算汇率及折算金额是否正确。注册会计师核对银行存款日记账与总账的余额是否相符。如果不相符，应查明原因，必要时应建议作出适当调整。

特别提示 10-2

如果有外币，则要通过上网查看资产负债表日央行提供的中间价，复核其折算是否正确。

比如2019年期末账上有银行存款美元100万，那么要把这100万美元转换为人民币反映在报表中。通过查询得出2019年12月31日的人民币对美元的中间价为6.976 2，换算成人民币为100×6.976 2=697.62（万元）。

可登录中国人民银行网站查询。

如果对被审计单位银行账户的完整性存有疑虑，例如，当被审计单位可能存在账外账或资金体外循环时，注册会计师可以考虑额外实施以下实质性程序：

（1）注册会计师亲自到中国人民银行或基本存款账户开户行查询并打印《已开立银行结算账户清单》，以确认被审计单位账面记录的银行人民币结算账户是否完整。

（2）结合其他相关细节测试，关注原始单据中被审计单位的收（付）款银行账户是否包含在注册会计师已获取的开立银行账户清单内。

2）实施实质性分析程序

计算银行存款累计余额应收利息收入，分析比较被审计单位银行存款应收利息收入与实际利息收入的差异是否恰当，评估利息收入的合理性，检查是否存在高息资金拆借，确认银行存款余额是否存在，利息收入是否已经完整记录。

3）检查银行存款账户发生额

注册会计师还可以考虑对银行存款账户的发生额实施以下程序：

（1）分析不同账户发生银行日记账漏记银行交易的可能性，获取相关账户相关期间的全部银行对账单。

（2）如果对被审计单位银行对账单的真实性存有疑虑，注册会计师可以在被审计单位的协助下亲自到银行获取银行对账单。在获取银行对账单时，注册会计师要全程关注银行对账单的打印过程。

（3）从银行对账单中选取交易的样本与被审计单位银行日记账记录进行核对；从被审计单位银行存款日记账上选取样本，核对至银行对账单。

（4）浏览银行对账单，选取大额异常交易，如银行对账单上有一收一付相同金额，或分次转出相同金额等，检查被审计单位银行存款日记账上有无该项收付金额记录。

4）取得并检查银行对账单和银行存款余额调节表

取得并检查银行对账单和银行存款余额调节表是证实资产负债表中所列银行存款是否存在的重要程序。银行存款余额调节表通常应由被审计单位根据不同的银行账户及货币种类分别编制。具体测试程序通常包括：

（1）取得并检查银行对账单。

① 取得被审计单位加盖银行印章的银行对账单，注册会计师应对银行对账单的真实性保持警觉，必要时，亲自到银行获取对账单，并对获取过程保持控制。

② 将获取的银行对账单余额与银行日记账余额进行核对，如存在差异，获取银行存款余额调节表；

③ 将被审计单位资产负债表日的银行对账单与银行询证函回函核对，确认是否一致。

（2）取得并检查银行存款余额调节表。

① 检查调节表中加计数是否正确，调节后银行存款日记账余额与银行对账单余额是否一致。

② 检查调节事项。对于企业已收付、银行尚未入账的事项，检查相关收付款凭证，并取得期后银行对账单，确认未达账项是否存在，银行是否已于期后入账；对于银行已收付、企业尚未入账的事项，检查期后企业入账的收付款凭证，确认未达账项是否存在，如果企业的银行存款余额调节表存在大额或较长时间的未达账项，注册会计师应查明原因并确定是否需要提请被审计单位进行调整。

特别提示 10-3

（1）对银行存款余额调节表审计的关键在于检查调节表中未达账项的真实性，主要考虑资产负债表日后的进账情况，如果存在应于资产负债表日之前进账的应作相应的调整。

（2）银行存款余额调节表中“调节后的余额”即被审计单位实际拥有的银行存款数额。如果不考虑重要性的，该数额就是资产负债表所列货币资金项目中所含的银行存款额。

③ 关注长期未达账项，查看是否存在挪用资金等事项。

④ 特别关注银付企未付、企付银未付中支付异常的领款事项，包括没有载明收款人、签字不全等支付事项，确认是否存在舞弊。

相关思考 10-4

【单选题】 N公司某银行账户的银行对账单余额为585 000元，在审查N公司编制的该账户银行存款余额调节表时，A注册会计师注意到以下事项：N公司已收、银行尚未入账的某公司销货款100 000元；N公司已付、银行尚未入账的预付某公司材料款50 000元；银行已收、N公司尚未入账的某公司退回的押金

35 000元；银行已代扣、N公司尚未入账的水电费25 000元。假定不考虑审计重要性水平，A注册会计师审计后确认该账户的银行存款日记账余额应是(　　)。

A. 625 000元　　B. 635 000元

C. 575 000元　　D. 595 000元

银行存款余额调节表

企业：N公司

项目	金额	项目	金额
银行对账单余额	585 000	银行存款日记账余额	625 000
加：企业已收账银行未收账	100 000	加：银行已收账企业未记账	35 000
减：企业已付账银行未付账	50 000	减：银行已付账企业未记账	25 000
调节后存款余额	635 000	调节后存款余额	635 000

会计主管：　　记账：　　出纳：　　审核：　　填制：

5）函证银行存款余额，编制银行函证结果汇总表，检查银行回函

应注意：

银行函证程序是证实资产负债表所列银行存款是否存在的重要程序。通过向银行函证，不仅可了解资产的存在，还可了解账面反映所欠银行债务的情况，并有助于发现企业未入账的银行借款和未披露的或有负债。

注册会计师应当对银行存款（包括零余额账户和在本期内注销的账户）、借款及与金融机构往来的其他重要信息实施函证程序，除非有充分证据表明某一银行存款、借款及与金融机构往来的其他重要信息对财务报表不重要且与之相关的重大错报风险很低。如果不对这些项目实施函证程序，注册会计师应当在审计工作底稿中说明理由。

案例讨论 10-2

假！假！假！询证函回函、银行对账单和进账单全都假！

2019年12月19日晚间，东海证券披露了《东海证券股份有限公司关于华仪电气股份有限公司2019年募集资金使用专项现场检查报告》。

报告显示，华仪电气股份有限公司募集资金在2018年、2019年存在严重的违规占用问题，公司通过提供伪造银行对账单、蓄意隐瞒并违规占用募集资金，截至目前2.99亿元募集资金尚未归还至募集资金账户。

而更为令人惊讶的是，公司年审会计师天健会计师事务所、东海证券此前都未发现。特别是天健的银行询证函回函也并未体现出公司募集资金被转走这一事实。

东海证券现场检查报告称，违规占用的募集资金虽然实际上已被公司违规转出，但仍体现在公司提供的伪造银行对账单上，亦显示在会计师的银行询证函回函上。

通过对华仪电气募集资金的专项现场检查，东海证券认为：

1. 截至2018年12月31日，公司披露的募集资金账户余额超出实际余额1.12亿元，上述资金实际上已被公司违规转出，但公司提供的伪造银行对账单并未体现上述交易，也未进行账务处理，且会计师的银行询证函回函显示募集资金专户的余额即为其对外披露的期末余额。

2. 2018年公司共违规使用募集资金3.07亿元，已归还1.95亿元，期末尚未归还募集资金1.12亿元。

3. 2019年1月～9月公司共违规使用募集资金1.87亿元，均未归还。上述违规占用金额实际已被公司转出,但公司提供的伪造银行对账单并未体现上述交易,也未进行账务处理。

4. 根据公司公告,公司已于2019年9月12日将暂时用于补充流动资金的募集资金合计1.995 1亿元全部归还至公司募集资金专用账户。持续督导人员通过核对公司提供的银行进账单与至银行打印的对账单,发现公司提供的银行进账单系伪造的进账单,公司2019年9月12日实际并未归还上述暂时用于补充流动资金的闲置募集资金,合计金额为1.995 1亿元。

5. 截至2019年本报告出具日,浙商银行温州分行营业部、招商银行股份有限公司温州鹿城支行、兴业银行温州乐清支行及包商银行宁波支行等4家募集资金监管银行4个募集资金监管账户合计被冻结248.06万元。综上,华仪电气部分募集资金未按规定使用,提供伪造银行对账单,蓄意隐瞒并违规占用募集资金,不符合募集资金管理和使用相关规定的要求。

持续督导机构发现上述问题后立即督促公司尽快偿还违规占用的募集资金,并于2019年12月3日向公司出具了《东海证券股份有限公司关于华仪电气股份有限公司尽快追回违规使用募集资金的督促函》。2019年12月9日,公司出具《承诺函》,承诺:“公司拟转让黑龙江梨树风力发电有限公司70%股权、鸡西新源风力发电有限公司70%股权,如本次交易能达成,我司承诺,待全资子公司华时能源科技集团有限公司取得相关股权转让款后,除根据协议约定偿还黑龙江梨树风力发电有限公司售后回租剩余款项外,剩余款项优先偿还募集资金。”持续督导机构提请公司应依法认真督促并及时采取法律行动要求控股股东、实际控制人及其一致行动人切实履行责任,积极筹措资金偿还违规占用的上市公司资金,充分有效维护中小股东合法利益。

而在审计中,银行对账单和询证函是审计机构对货币资金科目验证的双保险,银行对账单容易被篡改,但银行询证函篡改难度极大。因为询证函是审计机构在执行审计过程中,以被审计企业名义向银行发出的,用以验证该企业的银行存款与借款等事项是否真实、合法、完整的询证性书面文件,金融机构应当按照有关要求作出确证答复。

2019年12月16日,天健会计师事务所在回复上交所问询时表示,在货币资金科目,历年审计过程中执行的审计程序包括取得开立账户清单并核对、取得银行对账单并将公司存款明细账与银行对账单流水记录进行双向测试、独立函证所有银行账户、检查大额存款收支的原始凭证、计算银行存款累计余额应收利息收入并分析比较公司银行存款应收利息收入与实际利息收入等。

而从函证结果来看,2018年天健对华仪电气的银行存款回函比例高达100%。

在如此严密、独立的审计程序下,被违规占用的募集资金如何成为漏网之鱼的?蓄意隐瞒募集资金占用的虚假的询证函又是如何被炮制出来的?

参考来源:https://finance.sina.com.cn/wm/2019-12-20/doc-iihnzahi8752390.shtml

当实施函证程序时,注册会计师应当对询证函保持控制,当函证信息与银行回函结果不符时,注册会计师应当调查不符事项,以确定是否表明存在错报。

相关思考 10-5

【单选题】 注册会计师考虑是否需要对银行存款实施函证程序的以下判断中,恰当的是(　　)。

A. 如果有充分证据表明某一银行存款、借款及与金融机构往来的其他重要信息的控制风险较高,则可以不对该银行账户实施函证,但需要在审计工作底稿中说明理由

B. 如果有充分证据表明某一银行存款、借款及与金融机构往来的其他重要信息的固有风险比较高时,则可以不对该银行账户实施函证,但需要在审计工作底稿中说明理由

C. 如果有充分证据表明某一银行存款、借款及与金融机构往来的其他重要信息对财务报表不重要且与之相关的重大错报风险很低,则可以不对该银行账户实施函证,但需要在审计工作底稿中说明理由

D. 如果有充分证据表明某一银行存款、借款及与金融机构往来的其他重要信息的审计风险比较高时,则可以不对该银行账户实施函证,但需要在审计工作底稿中说明理由

相关思考 10-6

【多选题】 A公司编制的2019年12月末银行存款余额调节表显示存在120 000元的未达账项，其中包括A公司已付而银行未付的材料采购款100 000元。以下审计程序中，可能为该材料采购款未达账项的真实性提供审计证据的有(　　)。

A. 检查2020年1月份的银行对账单

B. 检查相关的采购合同、供应商销售发票和付款审批手续

C. 就2019年12月末银行存款余额向银行寄发银行询证函

D. 向相关的原材料供应商寄发询证函

在实施银行函证时，注册会计师需要以被审计单位名义向银行发函询证，以验证被审计单位的银行存款是否真实、合法、完整。根据《关于进一步规范银行函证及回函工作的通知》(财会〔2016〕13号)(以下简称《通知》)，各银行应对询证函列示的全部项目作出回应，并在收到询证函之日起10个工作日内，将回函直接寄往会计师事务所。格式10-1列示了通知中给出的银行询证函格式(通用格式)。

格式 10-1　　**审计业务银行询证函(通用格式)**

编号：

××(银行)：

本公司聘请的××会计师事务所正在对本公司年度(或期间)的财务报表进行审计，按照中国注册会计师审计准则的要求，应当询证本公司与贵行相关的信息。下列第1～14项信息出自本公司的记录：

(1) 如与贵行记录相符，请在本函"结论"部分签字、签章。

(2) 如有不符，请在本函"结论"部分列明不符项目及具体内容，并签字和签章。

本公司谨授权贵行将回函直接寄至××会计师事务所，地址及联系方式如下：

回函地址：

联系人：　　　　电话：　　　　传真：　　　　邮编：

电子邮箱：

本公司谨授权贵行可从本公司××账户支取办理本询证函回函服务的费用。

截至　年　月　日，本公司与贵行相关的信息列示如下：

1. 银行存款

除上述列示的银行存款外，本公司并无在贵行的其他存款。

账户名称	银行账号	币种	利率	账户类型	余额	起止日期	是否用于担保或存在其他使用限制	备注

注："起止日期"一栏仅适用于定期存款，如为活期或保证金存款，可只填写"活期"或"保证金"字样；"账户类型"列明账户性质，如基本户、一般户等。

2. 银行借款

除上述列示的银行借款外，本公司并无自贵行的其他借款。

注：如存在本金或利息逾期未付行为，在"备注"栏中予以说明。

借款人名称	银行账号	币种	余额	借款日期	到期日期	利率	抵(质)押品/担保人	备注

3. 自　年　月　日起至　年　月　日期间内注销的账户

除上述列示的注销账户外，本公司在此期间并未在贵行注销其他账户。

账户名称	银行账号	币种	注销账户日

4. 本公司作为贷款方的委托贷款

账户名称	银行账号	资金借入方	币种	利率	余额	贷款起止日期	备注

除上述列示的委托贷款外，本公司并无通过贵行办理的其他委托贷款。

注：如资金借入方存在本金或利息逾期未付行为，在“备注”栏中予以说明。

5. 本公司作为借款方的委托贷款

账户名称	银行账号	资金借出方	币种	利率	余额	贷款起止日期	备注

除上述列示的委托贷款外，本公司并无通过贵行办理的其他委托贷款。

注：如存在本金或利息逾期未付行为，在“备注”栏中予以说明。

6. 担保(包括保函)

(1) 本公司为其他单位提供的、以贵行为担保受益人的担保

被担保人	担保方式	担保余额	担保到期日	担保合同编号	备注

除上述列示的担保外，本公司并无其他以贵行为担保受益人的担保。

注：如采用抵押或质押方式提供担保的，应在“备注”栏中说明抵押或质押物情况；如被担保方存在本金或利息逾期未付行为，在“备注”栏中予以说明。

(2) 贵行向本公司提供的担保

被担保人	担保方式	担保金额	担保到期日	担保合同编号	备注

除上述列示的担保外，本公司并无贵行提供的其他担保。

7. 本公司为出票人且由贵行承兑而尚未支付的银行承兑汇票

银行承兑汇票号码	承兑银行名称	结算账户账号	票面金额	出票日	到期日

除上述列示的银行承兑汇票外，本公司并无由贵行承兑而尚未支付的其他银行承兑汇票。

8. 本公司向贵行已贴现而尚未到期的商业汇票

商业汇票号码	付款人名称	承兑人名称	票面金额	出票日	到期日	贴现日	贴现率	贴现净额

除上述列示的商业汇票外，本公司并无向贵行已贴现而尚未到期的其他商业汇票。

9. 本公司为持票人且由贵行托收的商业汇票

商业汇票号码	承兑人名称	票面金额	出票日	到期日

除上述列示的商业汇票外，本公司并无由贵行托收的其他商业汇票。

10. 本公司为申请人、由贵行开具的、未履行完毕的不可撤销信用证

信用证号码	受益人	信用证金额	到期日	未使用金额

除上述列示的不可撤销信用证外，本公司并无由贵行开具的、未履行完毕的其他不可撤销信用证。

11. 本公司与贵行之间未履行完毕的外汇买卖合约

类别	合约号码	买卖币种	未履行的合约买卖金额	汇率	交收日期
贵行卖予本公司					
本公司卖予贵行					

除上述列示的外汇买卖合约外，本公司并无与贵行之间未履行完毕的其他外汇买卖合约。

12. 本公司存放于贵行托管的有价证券或其他产权文件

除上述列示的有价证券或其他产权文件外，本公司并无存放于贵行托管的其他有价证券或其他产权文件。

有价证券或其他产权文件名称	产权文件编号	数量	金额

13. 本公司购买的由贵行发行的未到期银行理财产品

产品名称	产品类型	认购金额	购买日	到期日	币种

除上述列示的银行理财产品外，本公司并无购买其他由贵行发行的理财产品。

14. 其他

注：此项应填列注册会计师认为重大且应予函证的其他事项，
如欠银行的其他负债或者或有负债、除外汇买卖外的其他衍生交易、贵金属交易等。

（预留印鉴）　　年　月　日

经办人：

职务：

电话：

结论：

经本行核对，所函项目与本行记载信息相符。特此函复。 年　月　日 经办人：　　职务：　　电话： 复核人：　　职务：　　电话： （银行盖章）
经本行核对，存在以下不符之处。 年　月　日 经办人：　　职务：　　电话： 复核人：　　职务：　　电话： （银行盖章）

6）检查银行存款账户存款人是否为被审计单位

若存款人非被审计单位，应获取该账户户主和被审计单位的书面声明，确认资产负债表日是否需要提请被审计单位进行调整。

7）关注是否存在质押、冻结等对变现有限制或存在境外的款项

如果存在，是否已提请被审计单位作必要的调整和披露。

8）不符合现金及现金等价物条件的银行存款在审计工作底稿中予以列明，以考虑对现金流量表的影响

9）抽查大额银行存款收支的原始凭证

检查原始凭证是否齐全、记账凭证与原始凭证是否相符、账务处理是否正确、是否记录于恰当的会计期间等项内容。检查是否存在非营业目的的大额货币资金转移，并核对相关账户的进账情况；如有与被审计单位生产经营无关的收支事项，应查明原因并作相应的记录。

10）检查银行存款收支的截止是否正确

选取资产负债表日前后若干张、一定金额以上的凭证实施截止测试，关注业务内容及对应项目，如有跨期收支事项，应考虑是否提请被审计单位进行调整。

11）检查银行存款是否在财务报表中作出恰当列报

根据有关规定，企业的银行存款在资产负债表的“货币资金”项目中反映，所以，注册会计师应在实施上述审计程序后，确定银行存款账户的期末余额是否恰当，进而确定银行存款是否在资产负债表中恰当披露。此外，如果企业的银行存款存在抵押、冻结等使用限制情况或者潜在回收风险，注册会计师应关注企业是否已经恰当披露有关情况。

相关思考 10-7

【简答题】 会计师事务所的A注册会计师负责审计甲公司2016年度财务报表。针对下述(1)至(6)项，逐项指出A注册会计师的做法是否恰当。如不恰当，简要说明理由。与货币资金审计相关的部分事项如下：

(1) 2017年1月5日，A注册会计师对甲公司库存现金实施了监盘，并与当日现金日记账余额核对一致，据此认可了年末现金余额。

(2) A注册会计师对甲公司人民币结算账户的完整性存有疑虑，A注册会计师检查了管理层提供的《已开立银行结算账户清单》，结果满意。

(3) A注册会计师对甲公司存放于乙银行的银行存款以及与该银行往来的其他重要信息寄发了询证函，收到乙银行寄回的银行存款证明，其金额与甲公司账面余额一致，注册会计师认为函证结果满意。

(4) 甲公司利用销售经理个人银行账户结算货款，指派出纳保管该账户交易密码。A注册会计师检查了该账户的交易记录和相关财务报表列报，获取了甲公司的书面声明，结果满意。

(5) 甲公司年末余额为零的社保专户重大错报风险很低，A注册会计师核对了银行对账单，未对该账户实施函证，并在审计工作底稿中记录了不实施函证的理由。

(6) 为验证银行账户交易入账的完整性，A注册会计师在检验银行对账单的真实性后，从中选取交易样本与银行存款日记账记录进行了核对，结果满意。

10.4.3 其他货币资金的实质性程序

1）如果被审计单位有定期存款，注册会计师可以考虑实施以下审计程序：

(1) 向管理层询问定期存款存在的商业理由并评估其合理性。

(2) 获取定期存款明细表，检查是否与账面记录金额一致，存款人是否为被审计单位，定期存款是否被质押或限制使用。

(3) 在监盘库存现金的同时，监盘定期存款凭据。如果被审计单位在资产负债表日有大额定期存款，基于对风险的判断考虑选择在资产负债表日实施监盘。

(4) 对未质押的定期存款，检查开户证实书原件，以防止被审计单位提供的复印件是未质押(或未提现)前原件的复印件。在检查时，还要认真核对相关信息，包括存款人、金额、期限等，如有异常，需实施进一步审计程序。

(5) 对已质押的定期存款，检查定期存单复印件，并与相应的质押合同核对。对于质押借款的定期存单，关注定期存单对应的质押借款有无入账，对于超过借款期限但仍处于质押状态的定期存款，还应关注相关借款的偿还情况，了解相关质权是否已被行使；对于为他人担保的定期存单，关注担保是否逾期及相关质权是否已被行使。

（6）函证定期存款相关信息。

（7）结合财务费用审计测算利息收入的合理性，判断是否存在体外资金循环的情形。

（8）在资产负债表日后已提取的定期存款，核对相应的兑付凭证等。

（9）关注被审计单位是否在财务报表附注中对定期存款给予充分披露。

2）除定期存款外，注册会计师对其他货币资金实施审计程序时，通常可能特别关注以下事项：

（1）保证金存款的检查，检查开立银行承兑汇票的协议或银行授信审批文件。可以将保证金账户对账单与相应的交易进行核对，根据被审计单位应付票据的规模合理推断保证金数额，检查保证金与相关债务的比例和合同约定是否一致，特别关注是否存在有保证金发生而被审计单位无对应保证事项的情形。

（2）对于存出投资款，跟踪资金流向，并获取董事会决议等批准文件、开户资料、授权操作资料等。如果投资于证券交易业务，通常结合相应金融资产项目审计，核对证券账户名称是否与被审计单位相符，获取证券公司证券交易结算资金账户的交易流水，抽查大额的资金收支，关注资金收支的财务账面记录与资金流水是否相符。

重要概念

货币资金　库存现金监盘　银行存款余额调节表　银行存款函证

本章练习

简答题

1. 货币资金有哪些重要的特点？
2. 货币资金与各个交易循环之间是什么关系？
3. 货币资金涉及哪些主要凭证和会计记录？
4. 货币资金内部控制的主要目标包括哪些？
5. 简述货币资金内部控制的一般要求。
6. 简述货币资金内部控制的主要控制点及相应的控制措施。
7. 简述库存现金监盘的主要步骤和方法。
8. 简述银行存款审计中控制测试的主要步骤。

选择题

1. 下列审计程序中，通常不能为定期存款的存在认定提供可靠的审计证据的是（　　）。

A. 对未质押的定期存款，检查开户证书原件

B. 函证定期存款的相关信息

C. 对于在资产负债表日后已到期的定期存款，核对兑付凭证

D. 对已质押的定期存款，检查定期存单复印件

2. 下列与现金业务有关的职责可以不分离的是（　　）。

A. 现金支付的审批与执行

B. 现金保管与现金日记账的记录

C. 现金的会计记录与审计监督

D. 现金保管与现金总分类账的记录

3. 关于出纳员职责的以下情形中，没有违背“不相容职务分离控制原则”要求的是(　　)。

A. 出纳员承担现金收付、银行结算及货币资金的日记账核算工作，且同时兼任会计档案保管工作

B. 出纳员保管签发支票所需的全部印章

C. 出纳员兼任收入明细账和总账的登记工作

D. 出纳员兼任固定资产卡片的登记工作

4. 以下事项中可能表明甲公司货币资金内部控制存在重大缺陷的是(　　)。

A. 甲公司的财务专用章由财务负责人本人或其授权人员保管，出纳员个人名章由其本人保管

B. 对重要货币资金支付业务，甲公司实行集体决策授权控制

C. 甲公司现金收入及时存入银行，特殊情况下，经开户银行审查批准方可坐支现金

D. 甲公司指定出纳员每月必须核对银行账户，针对每一银行账户分别编制银行存款余额调节表，使银行存款账面余额与银行对账单调节相符

5. 下列各项中，属于监盘库存现金与监盘存货相同的是(　　)。

A. 都是突击性的检查

B. 都由注册会计师参与盘点

C. 既可以用作控制测试也可以用作实质性程序

D. 监盘的范围是所有的存货或所有的现金

6. 审计小组在资产负债表日监盘库存现金后，应编制库存现金监盘表，分币种面值列示盘点金额。以下有关库存现金监盘表的说法中，不正确的是(　　)。

A. 库存现金监盘表须由参加监盘的注册会计师亲自编制

B. 被审计单位的会计主管与出纳员均应在监盘表上签字

C. 库存现金监盘表中的金额应当与资产负债表中的库存现金项目核对相符

D. 库存现金监盘表无需注明报表日至监盘日的收支金额

7. 下列不属于银行存款函证涉及的内容是(　　)。

A. 客户的银行贷款余额

B. 本期银行存款增减净额

C. 银行存款余额为零的账户

8. 注册会计师实施的下列针对银行存款账户发生额的审计程序中，不正确的是(　　)。

A. 分析不同账户发生银行存款日记账漏记银行交易的可能性，获取相关账户相关期间的全部银行对账单

B. 如果对被审计单位银行对账单的真实性存有疑虑，可以再次从被审计单位获取银行对账单

C. 从被审计单位银行存款日记账上选取样本，核对至银行对账单

D. 浏览银行对账单，选取大额异常交易

9. 以下有关监盘库存现金的说法中，不恰当的是(　　)。

A. 注册会计师可能基于风险评估的结果判断无须对现金盘点实施控制测试，仅实施实质性程序

B. 对库存现金的监盘最好实施突击性的检查，时间最好选择在上午上班后或下午下班前

C. 监盘范围一般包括被审计单位各部门经管的所有现金

D. 在非资产负债表日进行监盘时，应将监盘金额调整至资产负债表日的金额，并对变动情况实施程序

10. 针对被审计单位银行账户的完整性认定，注册会计师实施的下列审计程序中，可能不能发现被审计单位存在账外账或资金体外循环的是(　　)。

A. 结合其他相关细节测试，关注原始单据中被审计单位的付款银行账户是否包含在注册会计师已获取的开立银行账户清单内

B. 注册会计师亲自到中国人民银行或基本存款账户开户行查询并打印《已开立银行结算账户清单》，以确认被审计单位账面记录的银行人民币结算账户是否完整

C. 要求被审计单位出纳到人民银行或基本存款账户开户行查询并打印《已开立银行结算账户清单》，以确认被审计单位账面记录的银行人民币结算账户是否完整

D. 结合其他相关细节测试，关注原始单据中被审计单位的收款银行账户是否包含在注册会计师已获取的开立银行账户清单内

案例分析题

1. 甲公司是ABC会计师事务所的常年审计客户，在对甲公司2017年度财务报表进行审计时，A注册会计师负责审计货币资金项目。甲公司在总部和营业部均设有出纳部门。2018年2月3日A注册会计师对甲公司的库存现金进行监盘，为顺利监盘库存现金，A注册会计师在监盘前一天已通知甲公司会计主管人员做好监盘准备。考虑到出纳日常工作安排，对总部和营业部库存现金的监盘时间分别定在上午10点和下午3点。监盘时，会计主管人员没有参加，由出纳全权负责，出纳把现金放入保险柜，并将已办妥现金收付手续的交易登入现金日记账，结出现金日记账余额；然后，A注册会计师当场盘点现金，在与现金日记账核对后填写"库存现金监盘表"，并在签字后直接形成审计工作底稿。

要求：

(1) 请指出上述库存现金监盘工作中有哪些不当之处，并提出改进建议。

(2) 假定甲公司盘点金额与库存现金日记账余额存在差异，A注册会计师应采取哪些措施。

2. A注册会计师负责对X公司2017年度财务报表实施审计时，需要对银行存款实施函证，确定的重要性水平200万元。项目组成员在实施银行函证程序时，遇到下列事项(金额单位：万元)：

银行名称	银行账户	银行对账单余额	账户性质	说明
甲银行	账户a	15	基本户	(1)
乙银行	账户b	1 500	定期存款户	(2)
丙银行	账户c	0	结算户	(3)
丁银行	账户d	280	结算户	(4)
戊银行	账户e	854	结算户	(5)
己银行	账户f	360	结算户	(6)

说明：

(1) 由于银行对账单余额很小，为提高审计效率，A注册会计师决定采用消极的方式向该银行函证。

(2) 银行存款日记账表明，X公司2016年12月30日存入的一笔500万元1年期存款已于2018年1月6日取出。因该笔银行存款的账簿记录与银行存款余额调节表核对一致，A注册会计师认为没有必要实施其他审计程序。

(3) 由于该结算户年末银行存款余额为零，A注册会计师未将该银行纳入函证范围。

(4) A注册会计师不仅要求该银行回函证实X公司银行存款余额，而且要求证实银行借款等其他事项。

(5) 回函表明，X公司的存款账户于2017年12月20日收到某账户的跨行汇款200万元，X公司当日将该笔款项汇回该账户。考虑到情况不影响2017年12月31日银行存款余额，A注册会计师没有实施其他审计程序。

(6) 回函表明，银行对账单余额比X公司银行存款日记账少10万元，A注册会计师检查了相关的收付款凭证，并取得期后银行对账单做了进一步的调查。

要求：针对审计说明(1)至(6)项，逐项指出A注册会计师的做法是否恰当。如不恰当，简要说明理由。

第 11 章　完成审计工作

内容提要

审计完成阶段是审计的最后一个阶段。注册会计师按业务循环完成各财务报表项目的审计测试和一些特殊项目的审计工作后，在审计完成阶段汇总审计测试结果，进行更具综合性的审计工作，如评价审计中的重大发现，评价审计过程中发现的错报，关注期后事项对财务报表的影响，复核审计工作底稿和财务报表等。在此基础上，评价审计结果，在与客户沟通以后，获取管理层声明，确定应出具的审计报告的意见类型和措辞，进而编制并致送审计报告，终结审计工作。

重点难点

本章重点为期后事项对财务报表的影响，能够判断期后事项的划分；难点为审计差异调整。

学习目标

通过本章教学，使学生了解和掌握完成审计工作的内容，特别是对期初余额、期后事项的理解，为进一步学习审计报告奠定基础。为此，要求学生必须掌握期后事项对财务报表的影响，并能够熟练地加以运用。

知识框架

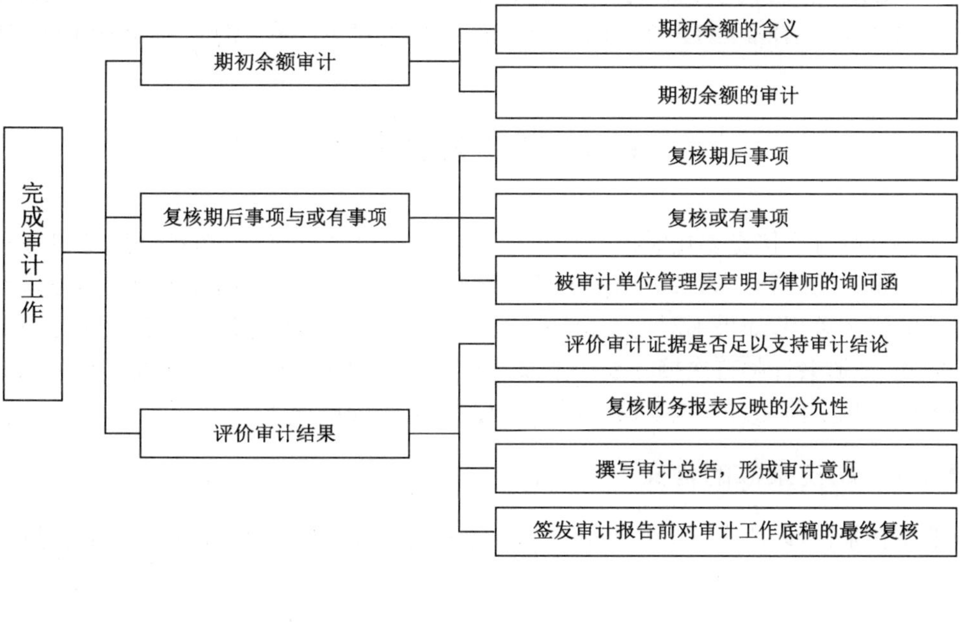

引入案例

审计工作底稿的错误

李明是武汉某事务所的一名高级审计师，他委派助手小刘对一家大型设备制造商ABC公司的应付账款进行审计。对于制造型企业来说，应付账款是一个重要的负债类账户，测试其截止日的账户余额是审计工作的重要一环。测试主要是通过审查被审计单位期后向供应商和其他债权人的付款情况来复核被审计单位的负债记录情况，从而确定其负债是否已恰当记录。

李明在审计过程中发现，小刘花费大量的时间用于打电话联系个人事务，随后在审计业务即将结束前不久，小刘就宣布将要离开事务所。尽管由于私事而分心，但是小刘还是在预定时间内完成了分配给他的工作。鉴于小刘的工作特点，李明决定格外仔细的复核他的审计底稿。李明所复核的每一份明细表都编制恰当，上面有标记并注明了小刘的解释，表明小刘已经对有关数据和凭证进行了广泛的审查，并认为被审计单位报表中的应付账款余额是恰当的。

当李明完成其审计工作后，将审计底稿转交给张清复核。张清是负责该项审计业务的项目经理，对有关设备制造商的知识颇为精通，当然对ABC公司也十分了解。通过复核，包括在审计过程中执行的分析程序，完成了复核过程中追加的分析程序后，她与李明取得了联系，告知他应付账款余额与她的计算结果相悖，并要求他做额外检查。尽管李明曾经检查过小刘所做的审计底稿，但他还是再次对审计底稿涉及的全部凭证进行了审查。结果表明，李明要么根本没有审查过凭证，要么就是在审查过程中敷衍了事。有一张近100万美元的凭证应于所审会计年度入账，但是在资产负债日的负债余额中却未包括这一余额。可以说，张清的复核意义重大，使该事务所避免了一次尴尬或损失。

这个例子形象的说明了审计工作底稿复核的重要性，而审计工作底稿的复核是审计工作完成阶段的重要内容，在这一章我们将对其进行详细阐述。

参考来源：李雪.审计学原理[M].上海：立信会计出版社，2017.

完成审计工作是注册会计师在执行了对各项交易及账户余额的测试后、编制与签发审计报告前进行的综合性测试工作，是财务报表审计的最后阶段。完成审计工作阶段，注册会计师要评价审计结果。确定审计意见，提出审计报告。这一阶段所作出的决定，对审计报告有着直接而重要的影响。通常由审计项目的负责人或高级经理来执行，其主要特点是在资产负债表日后执行，关注综合影响而不注重特定交易或账户余额，较多地涉及注册会计师的主观判断。完成审计工作的主要内容包括期初余额审计，复核期后事项与或有损失，取得被审计单位管理层与律师声明书；评价审计结果，复核工作底稿；确定审计意见，与被审计单位沟通，提出审计报告等。

11.1 期初余额审计

注册会计师首次接受委托对被审计单位的财务报表进行审计，必然会涉及财务报表期初余额如何审计的问题。如果对期初余额审计过于详细，势必增加审计成本，给被审计单位带来过重的经济负担；如果不对期初余额进行审计，则影响对本期财务报表发表适当的审计意见。因此，注册会计师首次接受委托涉及的财务报表余额，或在需要发表审计意见的当期财务报表中使用了前期财务报表的数据时，应进行适当的审计。

11.1.1 期初余额的含义

所谓期初余额，即所审计会计期间期初已存在的余额。它以上期期末余额为基础，反映

了前期交易、事项及其会计处理的结果。理解这个概念,需要把握以下特征:

① 期初余额是所审计会计期间期初已存在的余额。期初已存在的余额是由上期结转至本期的金额,或是上期期末余额调整后的金额。期初余额与上期期末余额是一个事物的两个方面。一般而言,期初余额是上期结转至本期账户的余额。在数量上与上期金额相等。但是,有时由于受上期期后事项、会计政策诸因素的影响,上期期末余额结转至本期时,需经过调整或重编。

② 期初余额反映了前期交易、事项及其会计处理的结果。期初余额应以客观存在的经济业务为根据,是被审计单位在以前会计期间发生的交易、事项及其会计人员对此处理的结果。

③ 期初余额与注册会计师首次接受委托相联系。所谓首次接受委托,是指会计师事务所在被审计单位上期财务报表未经独立审计,或由其他会计师事务所审计的情况下接受的审计委托。

注册会计师应当保持应有的职业谨慎,充分考虑期初余额对所审计财务报表的影响。所谓应有的职业谨慎,是指注册会计师履行专业职责时应当具备足够的专业胜任能力,具有一丝不苟的责任感并保持应有的慎重态度。注册会计师在首次接受委托时会涉及期初余额,而期初余额是本期财务报表的基础,往往对本期财务报表产生重要的影响。因此,注册会计师应以高度的责任感和慎重的态度,来判断期初余额对所审计财务报表影响的程度。

注册会计师应当根据期初余额对所审计财务报表的影响程度,合理运用专业判断,以确定期初余额的审计范围。判断期初余额对本期财务报表的影响应着眼于以下 3 个方面:一是上期结转至本期的余额;二是上期采用的会计政策;三是上期期末已存在的或有事项及承诺。注册会计师应以这 3 个方面的内容为依据,确定期初余额对财务报表的影响。

注册会计师进行财务报表审计时,一般无须专门对期初余额发表审计意见,但应当实施适当的审计程序,并充分考虑相关审计结论对所审计财务报表发表审计意见的影响。

① 注册会计师对财务报表进行审计,是对被审计单位所审计财务报表发表审计意见,一般无须专门对期初余额发表审计意见。

② 虽然注册会计师一般不对期初余额发表审计意见,但是要对期初余额进行适当审计,因为期初余额是本期财务报表的基础。

③ 注册会计师要充分考虑期初余额审计形成的相关结论对所审计财务报表的影响,以决定发表审计意见的类型。

如果被审计单位上期财务报表已经其他会计师事务所审计,注册会计师可与前任会计师事务所和注册会计师联系,以获取必要的审计证据,但应征得被审计单位同意。前任会计师事务所和注册会计师应当提供必要的协助。前任注册会计师与后任注册会计师联系是一项十分重要的工作。后任注册会计师可通过查阅前任注册会计师的工作底稿,通常限于对本期审计有重大影响的事项,如上一年度前任注册会计师发表审计意见的类型、上一年度的审计计划及其总结、上一年度的内部控制审计意见类型等要点,以及上一年度的其他有关事项。前任注册会计师知悉后任注册会计师与其联系,应当提供必要的帮助。

11.1.2　期初余额的审计

注册会计师对期初余额进行审计,应当获取充分、适当的审计证据,以证实:

① 期初余额不存在对本期财务报表有重大影响的错报。

② 上期期末余额已正确结转至本期，或在适当的情况下已作出重新表述。

③ 被审计单位一贯运用恰当的会计政策，或对会计政策的变更作出正确的会计处理和恰当的披露。

如果上期财务报表已经其他会计师事务所审计，注册会计师可通过查阅前任注册会计师的审计工作底稿，获取有关期初余额的审计证据，但应当考虑前任注册会计师的专业胜任能力和独立性，以判断获取证据的充分性和适当性。此外，还要关注前任注册会计师出具的审计报告。如果前任注册会计师对上期财务报表并非出具无保留意见的审计报告，则后任注册会计师应特别注意其中与本期财务报表有关的部分。注册会计师如与前任注册会计师联系后仍不能获取充分、适当的审计证据或上期财务报表未经独立审计，就应当对期初余额实施以下审计程序：

① 询问被审计单位管理层。

② 审阅上期会计资料及相关资料。

③ 通过对本期财务报表实施的审计程序进行证实。

④ 补充实施其他适当的实质性测试程序。

注册会计师实施的上述审计程序，可作如下理解：

首先，注册会计师执行期初余额审计时，可向管理层询问有关情况，诸如对本期经营有重要影响的事项、政府新颁布的影响行业发展的法规以及其他重要事项。

其次，在审阅上期会计资料及相关资料时，注册会计师应关注其合法性和公允性。

再次，通过对本期财务报表实施的审计程序也可证实某些期初余额。在对流动资产或流动负债的期初余额审计时，一般结合当期审计程序进行。例如，应收账款或应付账款的期初余额，通常在本期内即可收回或支付，则此后收回或支付的事实即可视为应收账款或应付账款期初余额存在的适当证据。

最后，有些期初余额项目尚需补充实施其他适当的实质性测试程序。就存货而言，审计本期交易仍难获取期初余额是否适当的证据。因此，注册会计师通常必须采用其他审计程序。例如，审阅被审计单位上期存货盘点记录及文件，测试期初存货项目的价值量，以及运用毛利百分比法分析比较。对于非流动资产和非流动负债期初余额的审计，注册会计师通常要检查其期初的有关记录。在某些情况下，注册会计师可向第三者函证以获取对期初余额的确认。

如果实施相关审计程序后无法获取有关期初余额的充分、适当的审计证据，注册会计师应当出具保留意见或无法表示意见的审计报告。

如果期初余额存在对本期财务报表产生重大影响的错报，注册会计师应当告知管理层；如果上期财务报表由前任注册会计师审计，注册会计师还应当考虑提请管理层告知前任注册会计师。

如果错报的影响未能得到正确的会计处理和恰当的披露，注册会计师应当出具保留意见或否定意见的审计报告。

如果与期初余额相关的会计政策未能在本期得到一贯运用，并且会计政策的变更未能得到正确的会计处理和恰当的列报，注册会计师应当出具保留意见或否定意见的审计报告。

11.2 复核期后事项与或有事项

所谓期后事项，是指资产负债表日至审计报告日之间发生的事项，以及注册会计师在审计报告日后知悉的事实。注册会计师关注期后事项，是因为有可能导致注册会计师改变对所审计财务报表公允性的意见。

知识拓展 11-1

企业的经营活动是连续不断、持续进行的，但财务报表的编制却是建立在"会计分期假设"基础之上的。也就是说，作为主要审计对象的财务报表，其编制基础不过是对连续不断的经营活动的一种人为划分。因此，注册会计师在审计被审计单位某一会计年度的财务报表时，除了对所审会计年度内发生的交易和事项实施必要的审计程序外，还必须考虑所审会计年度之后发生和发现的事项对财务报表和审计报告的影响，以保证一个会计期间的财务报表的真实性和完整性。

11.2.1 复核期后事项

按照中国注册会计师执业准则，注册会计师对被审计单位财务报表公允性的责任，并不限于财务报表日前发生的事项和交易，还应包括对期后事项的复核。

1) 资产负债表日至审计报告日之间发生的事项

注册会计师应当实施必要的审计程序，获取充分、适当的审计证据，以确定资产负债表日至审计报告日发生的、需要在财务报表中调整或披露的事项是否均已得到识别。注册会计师应当尽量在接近审计报告日时，实施旨在识别需要在财务报表中调整或披露事项的审计程序。这些程序包括：

① 复核被审计单位管理层建立的用于确保识别期后事项的程序。

② 查阅股东会、董事会及其专门委员会在财务报表日后举行的会议的纪要，并在不能获取会议纪要时询问会议讨论的事项。

③ 查阅最近的中期财务报表，如认为必要和适当，还应当查阅预算、现金流量预测及其他相关管理报告。

④ 向被审计单位律师或法律顾问询问有关诉讼和索赔事项。

⑤ 向管理层询问是否发生可能影响财务报表的期后事项。

在向管理层询问可能影响财务报表的期后事项时，注册会计师询问的内容主要包括：

① 根据初步或尚无定论的数据作出会计处理的项目的现状。

② 是否发生新的担保、借款或承诺。

③ 是否出售或购进资产，或者计划出售或购进资产。

④ 是否已发行或计划发行新的股票或债券，是否已签订或计划签订合并或清算协议。

⑤ 资产是否被政府征用或因不可抗力而遭受损失。

⑥ 在风险领域和或有事项方面是否有新进展。

⑦ 是否已作出或考虑作出异常的会计调整。

⑧ 是否已发生或可能发生影响会计政策适当性的事项。

如果被审计单位的分支机构、子公司等组成部分的财务信息由其他注册会计师审计，注册会计师应当考虑其他注册会计师对资产负债表日后事项所实施的审计程序，并考虑是否需要向其告知计划的审计报告日。如果知悉对财务报表有重大影响的期后事项，注册会计师应当考虑这些事项在财务报表中是否得到恰当的会计处理并予以充分披露。

2）审计报告日后至财务报表报出日前发现的事实

在审计报告日后，注册会计师没有责任针对财务报表实施审计程序或进行专门查询。在审计报告日至财务报表报出日期间，管理层有责任告知注册会计师可能影响财务报表的事实。所谓财务报表报出日，是指被审计单位对外披露已审计的财务报表的日期。

在审计报告日后至财务报表报出日前，如果知悉可能对财务报表产生重大影响的事实，注册会计师应当考虑是否需要修改财务报表，并与管理层讨论，同时根据具体情况采取适当措施。如果管理层修改了财务报表，注册会计师应当根据具体情况实施必要的审计程序，并针对修改后的财务报表出具新的审计报告。新的审计报告日期不应早于董事会或类似机构批准修改后的财务报表的日期。相应地，注册会计师应当将审计程序延伸至新的审计报告日。

如果注册会计师认为应当修改财务报表而管理层没有修改，并且审计报告尚未提交给被审计单位，注册会计师应当出具保留意见或否定意见的审计报告。

如果注册会计师认为应当修改财务报表而管理层没有修改，并且审计报告已提交给被审计单位，注册会计师应当通知治理层不要将财务报表和审计报告向第三方报出。如果财务报表仍被报出，注册会计师应当采取措施防止财务报表使用者信赖该审计报告；采取的措施取决于自身的权利和义务以及征询的法律意见。

3）财务报表报出后知悉的事实

在财务报表报出后，注册会计师没有义务针对财务报表实施审计程序。在财务报表报出后，如果知悉在审计报告日已存在的、可能导致修改审计报告的事实，注册会计师应当考虑是否需要修改财务报表，并与管理层讨论，同时根据具体情况采取适当措施。

如果管理层修改了财务报表，注册会计师应当根据具体情况实施必要的审计程序，复核管理层采取的措施能否确保所有收到原财务报表和审计报告的人士了解这一情况，并针对修改后的财务报表出具新的审计报告。新的审计报告应当增加强调事项段，提请财务报表使用者注意财务报表附注中对修改原财务报表原因的详细说明，以及注册会计师出具的原审计报告。新的审计报告日期不应早于董事会或类似机构批准修改后的财务报表的日期。

如果管理层既没有采取必要措施确保所有收到原财务报表和审计报告的人士了解这一情况，又没有在注册会计师认为需要修改的情况下修改财务报表，注册会计师应当采取措施防止财务报表使用者信赖该审计报告，并将拟采取的措施通知治理层；采取的措施取决于自身的权利和义务以及征询的法律意见。

如果临近公布下一期财务报表，且能够在下一期财务报表中进行充分披露，注册会计师应当根据法律、法规的规定，确定是否仍有必要提请被审计单位修改财务报表，并出具新的审计报告。

11.2.2 复核或有事项

或有事项是指由过去的交易或事项形成的，其结果须由某些未来事项的发生或不发生才能决定的不确定事项。常见的或有事项主要有：未决诉讼或仲裁、债务担保、产品质量保证、承诺、重组义务、环境整治保证等。或有事项在被审计单位资产负债表日虽不能确定，但对于截至审计报告日被审计单位未披露的或有事项，注册会计师应提请被审计单位以恰当的方式加以披露。如果被审计单位不接受建议，注册会计师应根据其重要程度，确定是否在审计报告中反映。这是因为或有事项对注册会计师非常重要。按照企业会计准则，被审计单位对或有事项应根据未来发生可能性的判断，选择以下方法处理：①作为或有负债应计项目。②在财务报表附注中披露。③不作为应计项目也不加附注，予以忽略。或有事项究竟如何处理，需要注册会计师有相当程度的专业判断能力。

1）或有事项的种类

或有事项的存在一般有3个条件：①由目前情况引起的、某一外部当事人未来可能的支付。②未来支付的金额尚不能确定。③结果将由某些未来事件决定。

或有事项按其性质和原因主要分为两类：①直接或有事项，即被审计单位对外直接可能发生的潜在支付，包括被审计单位的未决诉讼、未决索赔、税务纠纷、产品质量担保等。②间接或有事项，即被审计单位因第三者的原因可能发生的潜在支付，包括应收票据贴现、应收账款抵押借款、通融票据背书及为其他人提供的债务担保等。

2）或有事项的复核程序

注册会计师并不限于在完成审计工作阶段才关注或有事项。许多或有事项项目的审计，往往作为其他审计事项的一个组成部分，而不是在完成审计阶段才作为一个独立的部分来执行。例如，所得税的争执也可作为分析所得税费用、复核往来通信档案的一部分加以核实；在查找未入账的负债项目时，注册会计师也对或有事项高度警觉，另外阅读董事会的会议记录时，注册会计师也会关注或有事项。在完成审计阶段，注册会计师对或有事项的审核，大多数属于复核，而非第一次审计。

或有事项复核的主要目标在于确定或有事项的存在，而其他审计项目的目标主要是核实记录资料的公允性、合法性。复核或有事项主要是寻找未记录的或有事项，而对其重要性的评价及如何加以反映则较容易解决。

复核或有事项采取的程序主要包括以下方面：

（1）向被审计单位管理层询问。由于或有事项由管理层直接负责，因此，管理层是这些事项有关信息的主要来源。注册会计师应向管理层询问和索取下列资料：

① 询问其确定、评价与控制诉讼、索赔及或有负债相关事项的方针政策和工作程序。

② 取得其书面声明，保证其已按企业会计准则的规定，对全部或有事项作了反映。

③ 取得其有关诉讼、索赔及或有负债的全部文件资料和凭证。

④ 取得其与银行之间的往来函件、贷款协定及担保条件。

⑤ 取得其有关债务的其他说明资料。

（2）向被审计单位律师或法律顾问函证，以获取其确认意见，表明对资产负债表日已存在的以及资产负债表日至复函日所存在的或有事项的意见。

（3）复核审计期间税务机关的税务结算报告，检查有无税款拖延及存在税务纠纷。

（4）向被审计单位开户银行及往来银行函证有关应收票据贴现及贷款担保。

（5）阅读被审计单位董事会及股东大会会议记录，确定是否有关于诉讼或其他或有事项的记录。

（6）寻找被审计单位对未来事项和有关协议的承诺。如被审计单位是否作出了按某一价格购买原料或租赁设备的承诺，或按某一固定价格出售商品的协议的承诺。

11.2.3 被审计单位管理层声明与律师的询问函

注册会计师在复核被审计单位期后事项和或有事项时，需要向被审计单位索取管理层声明并向律师发出审计询问函。这种声明和回函记录了被审计单位管理层和律师对注册会计师查询的答复，是注册会计师从被审计单位管理层和律师处获得查询的书面证据，从而减少错误或误解的可能性。

1）被审计单位管理层声明

注册会计师在完成审计工作阶段出具审计报告前，应取得被审计单位管理层声明，以明确会计责任与审计责任。

被审计单位管理层声明是被审计单位管理层在审计期间向审计人员提供的各种重要口头声明的书面陈述。被审计单位管理层的声明，应由被审计单位的高层管理人员（一般是董事长或总经理）签名后送交受托审计的会计师事务所。

（1）获取被审计单位管理层声明的意义。注册会计师获取被审计单位管理层声明的意义主要体现在以下两方面：

① 明确被审计单位管理层对其财务报表应负的会计责任。被审计单位管理层应对其财务报表的编制和提供给注册会计师的有关资料的真实性、合法性和完整性负责，并在声明中作出陈述。为了达到这一目的，声明应尽可能详细，以充当被审计单位管理层的提醒者。被审计单位管理层声明为明确被审计单位管理层的会计责任提供了依据。

② 有利于保护注册会计师。被审计单位管理层声明把管理人员对各方面审计问题的回答以书面方式记录下来，当被审计单位和注册会计师发生意见分歧和法律诉讼时，它作为书面证据，有利于保护注册会计师。

需要指出，被审计单位管理层声明是一种非独立来源的书面说明，不能将它视为十分可靠的证据。虽然它提供了注册会计师要求被审计单位管理层回答的某些问题的证据，但其主要作用是心理方面的，是用来保护注册会计师，并使其不致卷入由于管理层不明白自身责任而导致的潜在纠纷。

特别提示 11-1

尽管书面声明提供了必要的审计证据，但其本身并不为所涉及的任何事项提供充分、适当的审计证据。而且，管理层已提供可靠书面声明的事实，并不影响注册会计师就管理层责任履行情况或具体认定获取的其他审计证据的性质和范围。

（2）被审计单位管理层声明的格式和要求。被审计单位管理层声明应包括以下基本要素：

① 标题：××公司管理层声明。

② 抬头：致××注册会计师（或呈××会计师事务所）。

③ 正文：根据注册会计师要求声明的内容，列出各项声明。

④ 日期：被审计单位管理层声明的日期应与审计报告的日期一致，以防日期不一致而可能发生误解。

⑤ 签章：被审计单位管理层主要负责人签名并加盖被审计单位公章。

被审计单位管理层声明注明的日期应为审计报告日，以确保其具有与期后事项和或有事项审核相关的声明。被审计单位管理层声明表面上出自被审计单位管理层，实际上往往由注册会计师准备好内容，而要求被审计单位管理层用其信笺打印并签名。如被审计单位管理层拒绝准备声明并拒绝签名，注册会计师也不能通过其他程序来佐证对财务报表相当重要的管理层声明，则应视为对其审计范围的一种限制。在这种情况下，注册会计师就应考虑签发保留意见或无法表示意见的审计报告。

(3) 被审计单位管理层声明的内容。被审计单位管理层声明正文通常应包括以下内容：

① 管理层认可其设计和实施内部控制以防止或发现并纠正错报的责任。

② 已按财务准则的要求编制财务报表，财务报表的合法性、公允性由管理层负责。

③ 财务会计资料已全部提供给注册会计师审查。

④ 股东大会及董事会(或其他高层领导会议)的会议记录已全部提供给注册会师查阅。

⑤ 被审计年度的所有交易事项均已入账。

⑥ 关联公司交易的有关资料已提交注册会计师审查。

⑦ 期后事项均已向注册会计师提供，重大的期后事项均已在财务报表中作出相应的调整或披露。

⑧ 对注册会计师在审计过程中提出的所有重大调整事项已作调整。

⑨ 无违法、违纪、舞弊现象。

⑩ 无蓄意歪曲或粉饰财务报表各项目的金额或分类的情况。

⑪ 无重大的不确定事项。

⑫ 其他须作声明的事项。

案例讨论 11-1

管理层声明书示例

××会计师事务所并注册会计师：

本声明书是针对你们审计 ABC 公司截至 20×1 年 12 月 31 日的年度财务报表而提供的。审计的目的是对财务报表发表意见，以确定财务报表是否存在所有重大方面已按照企业会计准则的规定编制，并实现公允反映。

尽我们所知，并在作出了必要的查询和了解后，我们确认：

一、财务报表

1. 我们已履行[插入日期]签署的审计业务约定书中提及的责任，即根据企业会计准则的规定编制财务报表，并对财务报表进行公允反映。

2. 在作出会计估计时使用的重大假设(包括与公允价值计量相关的假设)是合理的。

3. 已按照企业会计准则的规定对关联方关系及其交易作出了恰当的会计处理和披露。

4. 根据企业会计准则的规定，所有需要调整或披露的财务报表期后事项都已得到调整或披露。

5. 未更正错报，无论是单独还是汇总起来，对财务报表整体的影响均不重大。未更正错报汇总表附在本声明书后。

6. [插入注册会计师可能认为适当的其他任何事项]。

二、提供的信息

7. 我们已向你们提供下列工作条件：

(1) 允许接触我们注意到的、与财务报表编制相关的所有信息(如记录、文件和其他事项)。

(2) 提供你们基于审计目的要求我们提供的其他信息。

(3) 允许在获取审计证据时不受限制地接触你们认为必要的本公司内部人员和其他相关人员。

8. 所有交易均已记录并反映在财务报表中。

9. 我们已向你们披露了由于舞弊可能导致的财务报表重大错报风险的评估结果。

10. 我们已向你们披露了我们注意到的、可能影响本公司的与舞弊或舞弊嫌疑相关的所有信息,这些信息涉及本公司的:

(1) 管理层。

(2) 在内部控制中承担重要职责的员工。

(3) 其他人员(在舞弊行为导致财务报表重大错报的情况下)。

11. 我们已向你们披露了从现任和前任员工、分析师、监管机构等方面获知的、影响财务报表的舞弊指控或舞弊嫌疑的所有信息。

12. 我们已向你们披露了所有已知的、在编制财务报表时应当考虑其影响的违反或涉嫌违反法律法规的行为。

13. 我们已向你们披露了我们注意到的关联方的名称和特征、所有关联方关系及其交易。

14. [插入注册会计师可能认为必要的其他任何事项]。

附:未更正错报汇总表

ABC公司　　　　　　　　　　　　　　　　ABC公司管理层

(盖章)　　　　　　　　　　　　　　　　(签名并盖章)

中国××市　　　　　　　　　　　　　　　　年　月　日

2) 对律师的审计询问函

注册会计师对被审计单位或有事项进行复核时,由于注册会计师不可能像律师那样具有良好的法律技能,往往需要向被审计单位的律师(或法律顾问)进行函证,以获取其对财务报表日就已存在的以及财务报表日至其复函日这一时期内存在的或有事项的确认证据。向被审计单位律师寄发审计询问函是注册会计师获取或有事项证据的一种主要手段。

向律师发出审计询问函,律师可能由于缺少有关或有事项方面的知识,或者认为所询问事项属于机密信息而拒绝向注册会计师回答。如果被拒绝回答的问题很重要,注册会计师因为缺少有效证据可能需要对审计意见加以修改。为此,中国注册会计师执业准则要求被审计单位管理当局允许其聘用的律师向注册会计师提供与或有事项有关的资料,并鼓励律师在取得有关或有事项资料方面与注册会计师通力合作。致被审计单位律师的标准审计询问函,通常应使用被审计单位的信笺书写,并由被审计单位管理人员签名和寄出。被审计单位应对曾为其进行法律代理或咨询的所有律师寄发审计询问函。标准审计询问函应包括以下内容:

(1) 由被审计单位列具一份清单,说明律师已在很大程度上涉足的重要的未决或正面临的诉讼、索赔等事项;或函请律师准备一份这样的清单。

(2) 由被审计单位列具一份清单,说明律师已在很大程度上涉足的尚未认定的索赔等事项。

(3) 被审计单位就已列具的每一事项准备采取的法律行动,不利结果发生的可能性和可能造成的损失金额或范围大小,向律师进行调查,要求律师提供有关资料和说明。

(4) 要求律师确认未列出的或有事项及其影响;或者说明被审计单位的清单是完整的。

(5) 由被审计单位以书面形式将有关责任告知律师。律师根据其职业判断，如认为有必要在财务报表上反映某一法律事项时，应通知被审计单位。此外，还要求律师直接向注册会计师说明，他本人理解这些责任。

(6) 要求律师就其答复中所受限制的原因及性质进行确认，并予以说明。

审计询问函应要求律师将接近审计报告日的或有事项直接回函告知注册会计师。被审计单位律师对函证问题的答复和说明就是律师声明，它可以作为审计证据，并足以使注册会计师解释并报告有关或有事项。律师声明的格式和措辞没有定式，但律师声明的内容会直接影响注册会计师发表审计意见的类型。

注册会计师应根据该律师的职业声誉来确定律师声明的合理性。如果注册会计师熟悉该律师的职业声誉，就不需要作专门的查询，否则应查询该律师的职业背景、声誉及其在法律界的地位，并考虑从律师协会中获取信息。若这些方面都能令人满意，除非律师关于被审计单位或有事项的意见是不合情理的，注册会计师一般会接纳律师声明中的意见。如果律师声明指出或有事项产生有利结果的可能性很大，或者争论的事项并不重要，那么，注册会计师可以签发无保留意见的审计报告。如果律师声明指出或有事项可能引起不利结果，或者潜在损失发生的金额和范围都具有重大不确定性。在这种情况下，如果被审计单位的财务报表充分披露了这一不确定事项，注册会计师可签发带强调事项段的无保留意见审计报告。

倘若律师拒绝回答审计询问函，或律师声明表明律师拒绝提供信息或隐瞒信息，或者对被审计单位叙述的情况不加修正，注册会计师应认为审计范围受到限制。这种情况下，注册会计师应根据或有事项的重要程度，对被审计单位财务报表发表保留意见或无法表示意见。

相关思考 11-1

如何理解管理层声明以及律师询证函与注册会计师工作之间的关系？

11.3 评价审计结果

注册会计师履行完所有具体审计程序后，需要综合各种结果，得出一个全面的结论，即进行审计结果评价。这一评价工作需要对审计计划与风险、审计测试的各个程序以及审计证据和工作底稿等各方面进行复核，确定审计工作是否遵循了审计准则，所收集的审计证据是否足以保证财务报表按企业会计准则表达，其编报基础是否与以前年度一致，并确定将要发表的审计意见。为实现这些目标，注册会计师在评价审计结果阶段主要应完成以下各方面的工作。

11.3.1 评价审计证据是否足以支持审计结论

注册会计师评价审计结果，对财务报表形成意见时，应综合考虑在审计过程中收集的所有证据，即就审计证据是否充分作一次最后总结与复查。

评价审计证据应由注册会计师对全部审计工作进行复查，以确定是否所有与审计计划有关的重要方面已经根据审计的具体目标进行了适当的测试。一般通过对审计方案的复核，以确保方案中的每一部分都已准确完成，并编制工作底稿，形成审计证据，对审计方案是否适宜作出判断。

评价证据时，为了确定财务报表是否公允表达，还应总结审计中发现的错报。对审计中发现的错报，只要错报本身很重要，就应调整计算表，建议被审计单位调整财务报表。调整建议一般通过调整分录汇总表或审计差异汇总表的形式提交被审计单位。对于被审计单位未调整错报，就单个账户来说也许不重要，注册会计师也可能没有要求被审计单位予以更正。为确定错报的综合影响，应将所有账户错报加总，确定对净利润及其他与这些错报有关的财务报表总额的影响程度。可以编制未调整错报工作底稿，将错报总额与重要性初步判断或审计计划所确定的审计风险的可接受水平比较，以判断财务报表表达是否公允。

如果审计计划规定的任务虽已完成但未能获取充分的证据，应执行追加的审计程序，以获取需要的证据；如果错报总额影响较大，即使已获取充分的证据，但仍不能接受审计风险，注册会计师必须说服被审计单位进一步对财务报表作必要的修正，以便使错报的风险降到一个可接受的水平。倘若不能做到以上两方面，就应选择签发保留意见或否定意见的审计报告。

11.3.2 复核财务报表反映的公允性

在完成审计工作时，注册会计师应确定财务报表的反映是否公允。在审计过程中，审核的重点是对重要账户的测试，核实总账余额的准确性，并反映在财务报表中，当然也包括附注的披露是否恰当。核实账户余额所形成的记录，应反映会计准则的运用是否与以前年度一致。复核财务报表反映时，应检查审计过程中的上述记录，由审计项目负责人对初步审核的注册会计师的财务报表审查清单加以核对，对财务报表技术上的准确性作出判断。如果复核的注册会计师认为不足以对财务报表的公允性作出结论，就应采取额外的审计程序获取必要证据，否则应签发保留意见或无法表示意见的审计报告。

11.3.3 撰写审计总结，形成审计意见

注册会计师完成审计工作后，还应当根据评价后的审计证据撰写审计总结，概要地说明审计计划的执行情况以及审计目标是否实现，同时对每个注册会计师的审计结果加以汇总和评价，对财务报表形成适当的审计意见。审计总结一般应包括以下内容。

1）序言

阐述被审计单位背景信息及重要会计政策的变更情况，审计计划在执行过程中产生重大偏差的原因等。

2）审计概况

说明在审计过程中所采用的审计方法、获取的审计证据、财务报表项目的余额或发生额、不符事项的调整或未调整的理由、关联交易、财务承诺、期后事项以及需要主任会计师注意的其他重大事项等。

3）审计结论

说明拟出具的审计报告类型。

11.3.4 签发审计报告前对审计工作底稿的最终复核

签发审计报告前对审计工作底稿的最终复核，一般由会计师事务所的主管合伙人或主

任会计师负责进行，是对整套审计工作底稿的原则性复核。该项复核是会计师事务所审计工作底稿分级复核制度的重要组成部分。

1) 签发审计报告前对工作底稿复核的意义

(1) 实施对审计意见恰当性的质量控制。注册会计师在审计工作中将工作结果和工作过程中的各种情况记录于审计工作底稿中，并据此形成审计意见。若形成的审计意见与工作结果存在矛盾，注册会计师的工作就失去其有效性。对签发审计报告前的审计工作底稿进行复核，是对审计工作结果实施的最后质量控制，能避免因对重大审计问题的遗留或对审计工作情况理解不透彻等情况而形成与审计工作结果相矛盾的审计意见。

(2) 保证审计工作已达到会计师事务所的工作标准。会计师事务所对开展各项审计工作都应有明确的标准。在会计师事务所内，不同注册会计师的工作质量有很大不同。因此，必须由主管合伙人或主任会计师谨慎复核，严格保持审计工作质量的一致性，确认该审计工作已达到会计师事务所的工作标准。

(3) 抵制妨碍注册会计师判断的偏见。在审计工作中，常常需要注册会计师对各种问题作出专业判断。注册会计师可能期望在整个审计过程中保持客观性，但如有大量问题需要解决而又经过长时间的审计，就容易丧失正确的观察能力和判断能力，对一些问题作出不符合事实的审计结论。而主管合伙人或主任会计师在签发审计报告前对审计工作底稿进行复核，可以抵制妨碍注册会计师正确判断的偏见，作出符合事实的审计结论。

2) 复核审计工作底稿的内容

会计师事务所的主管合伙人或主任会计师在签发审计报告前，对审计工作底稿复核的主要内容包括以下 4 个方面：

(1) 审计程序的恰当性。复核所实施的审计程序是否符合审计计划的要求，这些审计程序在审计过程中是否得到了充分应用，所有审计程序是否已完成并且在审计工作底稿中予以恰当记录。

(2) 审计工作底稿的充分性。复核已获取的审计工作底稿是否足以支持注册会计师所发表的审计意见；对已经收集的被审计单位的概况资料、经济业务情况、内部控制系统及会计记录等，连同注册会计师制定的审计计划、审计程序以及所采用的审计步骤、方法，是否都已编入审计工作底稿；每份审计工作底稿的标题、编制日期、资料来源及资料的性质等基本要素是否完整；相关审计工作底稿是否表述清晰、记录有序并足以自明等。

(3) 审计过程中是否存在重大遗漏。复核是否存在会导致需进一步查询和追加审计程序的事项；是否存在涉及会计准则或未遵循有关管理机构要求的重大事项；所有例外事项是否已经查清并已记录；是否存在审计步骤不完善或存在未解决的问题；是否存在前期审计中注明的至今未解决的重大事项；是否存在与被审计单位未达成一致意见的未解决的会计和审计事项；是否存在严重影响被审计单位财务报表反映的其他事项。

(4) 审计工作是否符合会计师事务所的质量要求。复核和检查注册会计师在审计工作中是否遵循了独立性原则；对助理审计人员是否进行了指导和监督；对超越注册会计师知识范围的事项是否向有关专家或机构进行了咨询；是否遵循了会计师事务所的内部管理制度；注册会计师和助理人员的知识、专业技能是否符合要求；是否已经实现了审计目标；提出的审计结论是否与工作结果一致。

重要概念

期初余额　期后事项　管理层声明　审计询问函

本章练习

简答题

1. 完成审计工作阶段包括哪些主要内容？

2. 运用分析程序进行总体复核的目的是什么？

3. 简述注册会计师应当与治理层沟通的作用及内容。

选择题

1. 在审计实务中，关于编制财务报表时的会计调整，下列情形中属于重分类调整事项的是(　　)。

A. 已交付使用1年的房屋仍在“在建工程”账户中核算

B. 存货的意外损失被记录在“管理费用”中

C. 应付账款的贷方余额

D. 属于投资性房地产的房屋被记录在“固定资产”账户中

2. 下列有关审计工作底稿复核的表述中，正确的是(　　)。

A. 对审计工作底稿的复核可分为两个层次，包括项目组内部复核和项目合伙人的质量控制复核

B. 项目质量控制复核是指在出具报告后60天完成

C. 审计项目经理对审计工作底稿的复核是最详细的复核

D. 独立的项目质量控制复核可减轻项目组的责任，消除妨碍注册会计师判断的偏见

3. 在以下不符事项中，注册会计师可能会建议被审单位进行调整的有(　　)。

A. 金额超过报表层重要性水平的

B. 金额不超过报表层重要性水平但超过项目层重要性水平的

C. 性质重要的但金额不超过项目层重要性水平的

D. 性质不重要且金额不超过项目层重要性水平的

4. 下列有关管理层声明的说法中，正确的有(　　)。

A. 如果合理预期不存在其他充分、适当的审计证据，注册会计师应当就对财务报表具有重大影响的事项向管理层获取书面声明

B. 如果不能获取对财务报表具有或可能具有重大影响的事项的充分、适当的审计证据，而这些证据预期是可以获取的，则如果注册会计师已收到管理层就这些事项作出的声明，注册会计师仍应出具无保留意见的审计报告

C. 注册会计师应当获取审计证据，以确定管理层认可其按照适用的会计准则和相关会计制度的规定编制财务报表的责任，并且已批准财务报表

D. 注册会计师不应以管理层声明替代能够合理预期获取的其他审计证据

5. 在与治理层沟通计划的审计范围与时间安排时，下列各项中，审计师通常认为宜沟通的是(　　)。

A. 重要性的具体金额

B. 拟如何应对由于舞弊或错误导致的特别风险

C. 对于审计相关的内部控制采取的方案

D. 拟利用内部审计工作的程度

6. 在审计结束或临近结束时，注册会计师运用分析程序的目的是（　　）。

A. 确定可接受的检查风险水平

B. 确定更加合理的重要性水平

C. 确定是否将重大错报风险降低到可接受的低水平

D. 确定审计调整后的财务报表整体是否与其对被审计单位的了解相一致

案例分析题

A注册会计师担任甲公司等多家上市公司2019年度财务报表审计项目合伙人。审计工作底稿记载的与完成审计工作相关的事项如下：

(1) 乙公司为甲公司2019年新设的进出口贸易公司，应收账款的坏账准备的计提比例高于甲公司，导致300万元的差异。甲公司管理层拒绝调整。A注册会计师将该差异作为未更正错报汇总。

(2) 丙公司确定的财务报表整体重要性为200万元，实际执行的重要性为140万元，A注册会计师在审计应付职工薪酬时发现，丙公司于2019年年初计提并发放2018年度奖金250万元，于2020年年初计提并发放2019年度奖金252万元，因该事项对2019年度利润影响较小，A注册会计师认可了丙公司管理层的处理。

(3) 丁公司确定的财务报表整体重要性为500万元，实际执行的重要性为350万元，审计过程中发现丁公司2019年末非流动负债余额中包括一年内到期的长期借款2 500万元，占非流动负债总额的50%，A注册会计师认为，该错报对利润表没有影响，不属于重大错报，同意管理层不予调整。

(4) 2020年1月初，戊公司对某型号产品实施召回并免费更换，预计将发生更换费用4 000万元。管理层在2019年度财务报表中确认了该项费用并进行了披露，A注册会计师在对更换费用及相关披露实施审计程序后，认可了管理层的处理。

(5) 因不同意A注册会计师提出的某些审计调整建议，戊公司管理层拒绝在书面声明中说明未更正错报单独或汇总起来对财务报表整体的影响不重大。考虑到未更正错报对财务报表的影响很小，A注册会计师同意管理层不提供该项声明。

要求：假定上述(1)至(5)项均为独立事项，逐项指出A注册会计师的处理是否恰当。如不恰当，简要说明理由。

第 12 章　审计报告

内容提要

审计报告是注册会计师完成审计工作后递交的最终产品，有不同的分类标准，发挥着重要的作用。我国注册会计师审计准则也规定了有关审计报告的内容与格式，审计报告分为标准审计报告和非标准审计报告，不同类型的审计报告其出具条件和意见内容都存在不同。

重点难点

本章重点为审计报告的含义、种类和作用；难点为审计意见的决策方法。

学习目标

通过本章学习，学生应熟悉审计报告的含义、种类和作用，掌握我国注册会计师审计准则中有关审计报告格式的规定，了解不同意见审计报告类型出具的条件及意见内容，掌握审计报告意见的决策方法。

知识框架

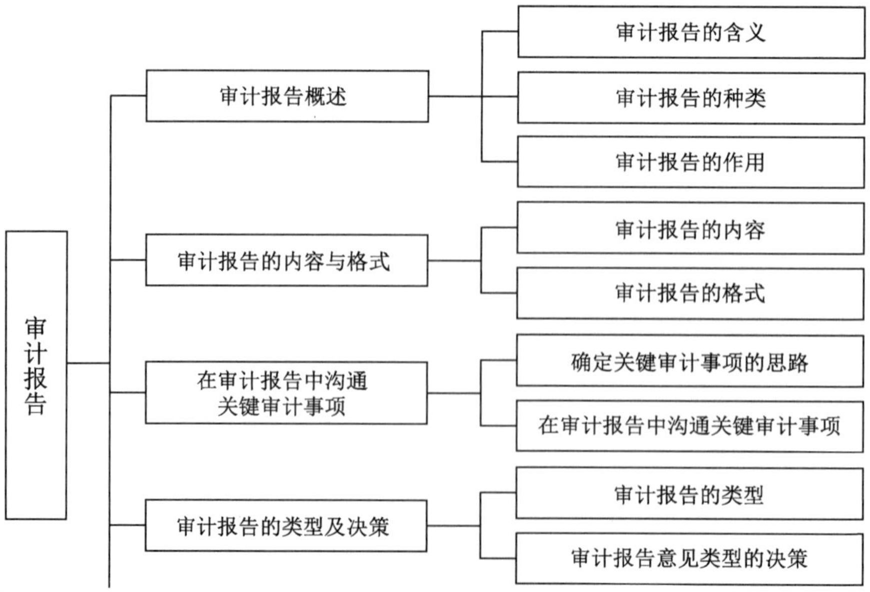

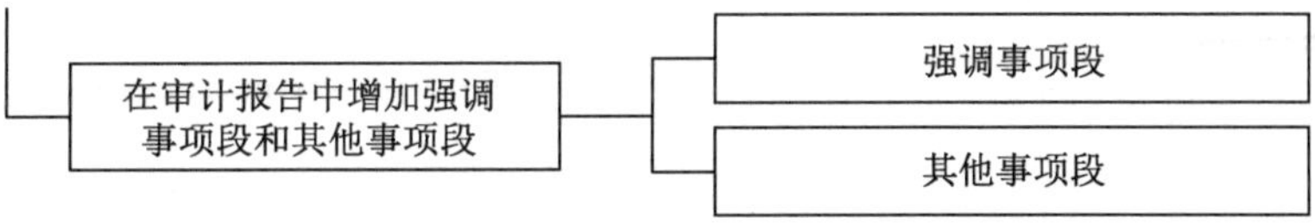

引入案例

中国证监市场第一份否定意见审计报告

重庆渝港钛白粉股份有限公司(以下简称渝钛白公司)是在以吸收合并方式接受重庆化工厂后于1992年9月11日宣告成立的,是以社会募集方式设立的公众持股有限公司。1993年7月12日,“渝钛白”在深圳证券交易所上市交易(股票代码是000515)。公司上市之后,起初经营业绩还算可以,但从1995年开始,公司在经营上开始出现亏损,亏损达1 318万元。1998年3月8日,重庆会计师事务所对重庆渝港钛白粉股份有限公司出具了中国证券市场上第一份否定意见的审计报告。出具否定意见的原因有两点:第一,1997年度应计入财务费用的借款及应付债券利息8 064万元,渝钛白公司将其资本化计入钛白粉工程成本;第二,欠付中国银行重庆分行的美元借款利息89.8万美元(折合人民币743万元),渝钛白公司未计提入账。两项共影响利润8 807万元。

这被看作中国注册会计师成熟的标志,面对企业财务报表中出现的严重虚假错报问题,注册会计师勇敢地说了“不”,改变了以往注册会计师软弱无力的社会形象,标志着注册会计师社会责任意识的加强和中国注册会计师行业已具有与一定的独立性。

这个案例说明了出具恰当的审计报告不仅有利于保护信息使用者的合法权益,也有利于会计师事务所树立声誉,赢得更多的客户。

参考来源:中国证券监督管理委员会官网 http://www.csrc.gov.cn/pub/newsite/

12.1 审计报告概述

12.1.1 审计报告的含义

审计报告是指注册会计师根据注册会计师审计准则的规定,在执行审计工作的基础上,对被审计单位财务报表发表审计意见的书面文件。它是注册会计师在完成审计工作后向委托人提交的最终产品。注册会计师一旦在审计报告上签名并盖章,就表明对其出具的审计报告负责。

审计报告是注册会计师对财务报表是否在所有重大方面按照财务报告编制基础编制并实现公允反映发表审计意见的书面文件,因此,注册会计师应当将已审计的财务报表附于审计报告之后,以便于财务报表使用者正确理解和使用审计报告,并防止被审计单位替换、更改已审计的财务报表。

12.1.2 审计报告的种类

1) 按审计报告使用的目的不同分类

(1) 公布目的的审计报告。公布目的的审计报告一般是用于对企业股东投资者、债权人等非特定利益关系者公布的附送会计报表的审计报告。

(2) 非公布目的审计报告。非公布目的审计报告一般是用于经营管理、合并或业务转让、融通资金等特定目的而实施审计的审计报告。这类审计报告是分发给特定使用者的，如经营者、合并或业务转让的关系人、提供信用的金融机构等。

2) 按审计报告的详略程度不同分类

(1) 简式审计报告。简式审计报告又称短式审计报告，是指注册会计师对应公布的会计报表进行审计后所编制的简明扼要的审计报告。简式审计报告反映的内容是非特定多数的利害关系人共同认为的必要审计事项，它具有记载事项为法令或审计准则所规定的特征，具有标准格式。因此，简式审计报告一般适用于公布目的。

(2) 详式审计报告。详式审计报告又称长式审计报告，是指对审计对象所有重要的经济业务和情况都要做详细说明和分析的审计报告。详式审计报告主要用于指出企业经营管理存在的问题和帮助企业改善经营管理，故其内容要较简式审计报告丰富得多，详细得多。因此，详式审计报告一般适用于非公布目的。

3) 按审计报告的撰写主体不同分类

按审计报告的撰写主体不同分为国家审计报告、内部审计报告和注册会计师审计报告。本章主要以注册会计师审计报告为例进行介绍。

4) 按审计意见的类型不同分类

(1) 标准审计报告。标准审计报告是注册会计师发表无保留意见，且不附加说明段、强调事项段和任何修饰性用语时所出具的审计报告。

(2) 带强调事项段的无保留意见的审计报告。带强调事项段的无保留意见的审计报告是注册会计师发表无保留意见，但需要附加说明段、强调事项段或一些修饰性用语时所出具的审计报告。

(3) 保留意见的审计报告。保留意见的审计报告是注册会计师发表保留意见时所出具的审计报告。

(4) 否定意见的审计报告。否定意见的审计报告是注册会计师发表否定意见时所出具的审计报告。

(5) 无法表示意见的审计报告。无法表示意见的审计报告是注册会计师无法表示意见时所出具的审计报告。

上述后 4 种审计报告可统称为非标准审计报告；前 2 种审计报告可统称为无保留意见的审计报告；后 3 种审计报告可统称为非无保留意见的审计报告。

12.1.3 审计报告的作用

注册会计师签发的审计报告，主要具有鉴证、保护和证明 3 个方面的作用。

1) 鉴证作用

注册会计师签发的审计报告，不同于政府审计和内部审计的审计报告，是以超然独立的第三者身份，对被审计单位财务报表合法性、公允性发表审计意见。这种意见具有鉴证作用，得到了政府及各部门和社会各界的普遍认可。

2) 保护作用

注册会计师通过审计，可以对被审计单位财务报表出具不同类型审计意见的审计报告，以提高或是降低财务报表使用者对财务报表的信赖程度，能够在一定程度上对被审计单位的财产、债权人和股东的权益及企业利害关系人的利益起到保护作用。例如,投资者可以根据注册会计师的审计报告作出投资决策,可以降低其投资风险。

3) 证明作用

审计报告是对注册会计师审计任务完成情况及其结果所做的总结,它可以表明审计工作的质量并明确注册会计师的审计责任。因此,审计报告可以对审计质量和注册会计师的审计责任起到证明作用。

12.2 审计报告的内容与格式

12.2.1 审计报告的内容

审计报告应当包括下列要素:①标题。②收件人。③审计意见。④形成审计意见的基础。⑤管理层对财务报表的责任。⑥注册会计师对财务报表审计的责任。⑦按照相关法律法规的要求报告的事项(如适用)。⑧注册会计师的签名和盖章。⑨会计师事务所的名称、地址和盖章。⑩报告日期。

在适用的情况下,注册会计师还应当按照《中国注册会计师审计准则第 1324 号——持续经营》《中国注册会计师审计准则第 1504 号——在审计报告中沟通关键审计事项》《中国注册会计师审计准则第 1521 号——注册会计师对着其他信息的责任》的相关规定,在审计报告中对与持续经营相关的重大不确定性、关键审计事项、被审计单位年度审计报告中包含的除财务报表和审计报告之外的其他信息进行报告。

12.2.2 审计报告的格式

1) 标题

审计报告应当具有标题,统一规范为"审计报告"。

2) 收件人

审计报告的收件人是指注册会计师按照业务约定书的要求致送审计报告的对象,一般是指审计业务的委托人。审计报告应当载明收件人的全称。为了防止审计报告被委托人滥用,注册会计师应当与委托人在业务约定书中约定致送对象。针对整套通用目的的财务报表出具的审计报告,审计报告的致送对象通常为被审计单位的全体股东或董事会。例如,"××股份有限公司全体股东""××有限责任公司董事会"等。

3) 审计意见

审计意见部分由两部分构成,首先应指出已根据审计准则的规定完成了审计工作,审计了财务报表;其次要说明得出的审计结论、发表的审计意见。

第一部分指出已审计财务报表,应当包括下列方面:

(1) 指出被审计单位的名称。

(2) 说明财务报表已经审计。

(3) 指出构成整套财务报表的每一财务报表的名称。

(4) 提及财务报表附注。

（5）指明构成整套财务报表的每一财务报表的日期或涵盖的期间。

为体现上述要求，审计报告可说明："我们审计了被审计单位的财务报表，包括指明适用的财务报告编制基础规定的构成整套财务报表的每一份财务报表的名称、日期或涵盖的期间以及财务报表附注，还包括重大会计政策和会计估计。"审计意见涵盖由适用的财务报告编制基础所确定的整套财务报表。例如，在许多通用目的编制基础中，财务报表包括资产负债表、利润表、现金流量表、所有者权益变动表和相关附注（通常包括重大会计政策和会计估计以及其他解释性信息）。

第二部分应当说明注册会计师发表的审计意见。如果对财务报表发表了无保留意见，除非法律法规另有规定，审计意见应当使用"我们认为，财务报表在所有重大方面按照适用的财务报告编制基础（如企业会计准则等）编制，公允反映了……"的措辞。审计意见说明财务报表在所有重大方面按照适用的财务报告编制基础编制，公允反映了财务报表旨在反映的事项。例如，对于按照企业会计准则编制的财务报表，这些事项是"被审计单位期末的财务状况、截止期末某一期间的经营成果和现金流量"。

注册会计师出具非标准审计报告时，应当遵守《国注册会计师审计准则第 1502 号——在审计报告中发表非无保留意见》《中国注册会计师审计准则 1503 号——在审计报告中增加强调事项段和其他事项段》和《中国注册会计师审计准则 1501 号——对财务报表形成审计意见和出具审计报告》的相关规定。

4）形成审计意见的基础

审计报告应当包含标题为"形成审计意见的基础"的部分。该部分提供关于审计意见的重要背景，应当紧接在审计意见部分之后，并包括下列方面：

（1）说明注册会计师按照审计准则的规定执行了审计工作。

（2）提及审计报告中用于描述审计准则规定的注册会计师责任的部分。

（3）声明注册会计师按照与审计相关的职业道德要求对被审计单位保持了独立性，并履行了职业道德方面的其他责任。声明中应当指明适用的职业道德要求，如中国注册会计师职业道德守则。

（4）说明注册会计师是否相信获取的审计证据是充分、适当的，为发表审计意见提供了基础。

5）管理层对财务报表的责任

审计报告应当包含标题为"管理层对财务报表的责任"的部分，其中应当说明管理层负责下列方面：

（1）按照适用的财务报告编制基础编制财务报表，使其实现公允反映，并设计、执行和维护必要的内部控制，以使财务报表不存在由于舞弊或错误导致的重大错报。

（2）评估被审计单位的持续经营能力和使用持续经营假设是否适当，并披露与持续经营相关的事项（如适用）。对管理层评估责任的说明应当包括描述在何种情况下使用持续经营假设是适当的。

6）注册会计师对财务报表审计的责任

审计报告应当包含标题为"注册会计师对财务报表审计的责任"的部分，其中应当包括下列内容：

（1）说明注册会计师的目标是对财务报表整体是否不存在由于舞弊或错误导致的重大

错报获取合理保证，并出具包含审计意见的审计报告。

（2）说明合理保证是高水平的保证，但按照审计准则执行的审计并不能保证一定会发现存在的重大错报。

（3）说明错报可能由于舞弊或错误导致。在说明错报可能由于舞弊或错误导致时，注册会计师应当从下列两种做法中选取一种：

① 描述如果合理预期错报单独或汇总起来可能影响财务报表使用者依据财务报表作出的经济决策，则通常认为错报是重大的。

② 根据适用的财务报告编制基础，提供关于重要性的定义或描述。

注册会计师对财务报表审计的责任部分还应当包括下列内容：

（1）说明在按照审计准则执行审计工作的过程中，注册会计师运用职业判断，并保持职业怀疑。

（2）通过说明注册会计师的责任，对审计工作进行描述。这些责任包括：

① 识别和评估由于舞弊或错误导致的财务报表重大错报风险，设计和实施审计程序以应对这些风险，并获取充分、适当的审计证据，作为发表审计意见的基础。由于舞弊可能涉及串通、伪造、故意遗漏、虚假陈述或凌驾于内部控制之上，未能发现由于舞弊导致的重大错报的风险高于未能发现由于错误导致的重大错报的风险。

② 了解与审计相关的内部控制，以设计恰当的审计程序，但目的并非对内部控制的有效性发表意见。当注册会计师有责任在财务报表审计的同时对内部控制的有效性发表意见时，应当略去上述“目的并非对内部控制的有效性发表意见”的表述。

③ 评价管理层选用会计政策的恰当性和作出会计估计及相关披露的合理性。

④ 对管理层使用持续经营假设的恰当性得出结论。同时，根据获取的审计证据，就可能导致对被审计单位持续经营能力产生重大疑虑的事项或情况是否存在重大不确定性得出结论。如果注册会计师得出结论认为存在重大不确定性，审计准则要求注册会计师在审计报告中提请报表使用者关注财务报表中的相关披露；如果披露不充分，注册会计师应当发表非无保留意见。注册会计师的结论基于截至审计报告日可获得的信息。然而，未来的事项或情况可能导致被审计单位不能持续经营。

⑤ 评价财务报表的总体列报、结构和内容（包括披露），并评价财务报表是否公允反映相关交易和事项。

注册会计师对财务报表审计的责任部分还应当包括下列内容：

（1）说明注册会计师与治理层就计划的审计范围、时间安排和重大审计发现等事项进行沟通，包括沟通注册会计师在审计中识别的值得关注的内部控制缺陷。

（2）对于上市实体财务报表审计，指出注册会计师就已遵守与独立性相关的职业道德要求向治理层提供声明，并与治理层沟通可能被合理认为影响注册会计师独立性的所有关系和其他事项，以及相关的防范措施（如适用）。

（3）对于上市实体财务报表审计，以及决定按照《中国注册会计师审计准则第1504号——在审计报告中沟通关键审计事项》的规定沟通关键审计事项的其他情况，说明注册会计师从已与治理层沟通的事项中确定哪些事项对本期财务报表审计最为重要，因而构成关键审计事项。注册会计师应当在审计报告中描述这些事项，除非法律法规禁止公开披露这些事项，或在极少数情形下，注册会计师合理预期在审计报告中沟通某事项造成的负面后果超过在公众利益方面产生的益处，因而决定不应在审计报告中沟通该事项。

7）按照相关法律法规的要求报告的事项（如适用）

除审计准则规定的注册会计师对财务报表出具审计报告的责任外，相关法律法规可能对注册会计师设定了其他报告责任。例如，如果注册会计师在财务报表审计中注意到某些事项，可能被要求对这些事项予以报告。此外，注册会计师可能被要求实施额外的规定的程序并予以报告，或对特定事项（如会计账簿和记录的适当性）发表意见。在某些情况下，相关法律法规可能要求或允许注册会计师将对这些其他责任的报告作为对财务报表出具的审计报告的一部分。在另外一些情况下，相关法律法规可能要求或允许注册会计师在单独出具的报告中进行报告。

这些责任是注册会计师按照审计准则对财务报表出具审计报告的责任的补充。例如，如果注册会计师在财务报表审计中注意到某些事项，可能被要求对这些事项予以报告。此外，注册会计师可能被要求实施额外规定的程序并予以报告，或对特定事项（如会计账簿和记录的适当性）发表意见。如果注册会计师在对财务报表出具的审计报告中履行其他报告责任，应当在审计报告中将其单独作为一部分，并以"按照相关法律法规的要求报告的事项"为标题。此时，审计报告应当区分为"对财务报表出具的审计报告"和"按照相关法律法规的要求报告的事项"两部分，以便将其同注册会计师的财务报表报告责任明确区分。在另外一些情况下，相关法律、法规可能要求或允许注册会计师在单独出具的报告中进行报告。

8）注册会计师的签名和盖章

审计报告应当由项目合伙人和另一名负责该项目的注册会计师签名和盖章。在审计报告中指明项目合伙人有助于进一步增强对审计报告使用者的透明度，有利于增强项目合伙人的个人责任感。因此，对上市实体整套通用目的财务报表出具的审计报告应当注明项目合伙人。

9）会计师事务所的名称、地址和盖章

审计报告应当载明会计师事务所的名称和地址，并加盖会计师事务所公章。

根据《中华人民共和国注册会计师法》的规定，注册会计师承办业务，由其所在的会计师事务所统一受理并与委托人签订委托合同。因此，审计报告除了应由注册会计师签名和盖章外，还应载明会计师事务所的名称和地址，并加盖会计师事务所公章。

注册会计师在审计报告中载明会计师事务所地址时，标明会计师事务所所在的城市即可。在实务中，审计报告通常载于会计师事务所统一印刷的、标有该所详细通讯地址的信笺上，因此，无须在审计报告中注明详细地址。

10）报告日期

审计报告应当注明报告日期。审计报告日不应早于注册会计师获取充分、适当的审计证据（包括管理层认可对财务报表的责任且已批准财务报表的证据），并在此基础上对财务报表形成审计意见的日期。在确定审计报告日时，注册会计师应当确信已获取下列两方面的审计证据：①构成整套财务报表的所有报表（含披露）已编制完成。②被审计单位的董事会、管理层或类似机构已经认可其对财务报表负责。

审计报告的日期向审计报告使用者表明，注册会计师已考虑其知悉的、截至审计报告日发生的事项和交易的影响。注册会计师对审计报告日后发生的事项和交易的责任，在《中国注册会计师审计准则第1332号——期后事项》中作出了规定。审计报告的日期非常重要。注册会计师对不同时段的财务报表期后事项有着不同的责任，而审计报告的日期是划分时段的关键时点。由于审计意见是针对财务报表发表的，并且编制财务报表是管理层的责任。所以，只有在注册会计师获取证据证明构成整套财务报表的所有报表（含披露）已经编制完成，并且管理层已认可其对财务报表的责任的情况下，注册会计师才能得出已经获取充分、适当的审计证据的结论。在实务中，注册会计师在正式签署审计报告前，通常把审计报告草稿随附管理层已按审计调整建议修改后的财务报表提交给管理层。如果管理层批准并签署已按审计调整建议修改后的财务报表，注册会计师即可签署审计报告。注册会计师签署审计报告的日期通常与管理层签署已审计财务报表的日期为同一天，或晚于管理层签署已审计财务报表的日期。

在审计实务中，可能发现被审计单位根据法律法规的要求或出于自愿选择，将适用的财务报告编制基础没有要求的补充信息与已审计财务报表一同列报。例如，被审计单位列报补充信息以增强财务报表使用者对适用的财务报告编制基础的理解，或者对财务报表的特定项目提供进一步解释。这种补充信息通常在补充报表中或作为额外的附注进行列示。注册会计师应当评价被审计单位是否清楚地将这些补充信息与已审计财务报表予以区分。如果被审计单位未能予以清楚区分，注册会计师应当要求管理层改变未审计补充信息的列报方式。如果管理层拒绝改变，注册会计师应当在审计报告中说明补充信息未审计。

对于适用的财务报告编制基础没有要求的补充信息，如果由于其性质和列报方式导致不能使其清楚地与已审计财务报表予以区分，从而构成财务报表必要的组成部分，这些补充信息应当涵盖在审计意见中。例如，财务报表附注中关于该财务报表符合另一财务报告编制基础的程度的解释，属于这种补充信息，审计意见也涵盖与财务报表进行交叉索引的附注或补充报表。

12.3 在审计报告中沟通关键审计事项

关键审计事项，是指注册会计师根据职业判断认为对当期财务报表审计最为重要的事项。在审计报告中沟通关键审计事项，在以下方面都发挥着重大作用：首先，可以提高已执行审计工作的透明度，从而提高审计报告的决策相关性和有用性。其次，沟通关键审计事项还能够为财务报表使用者提供额外的信息，以帮助其了解被审计单位、已审计财务报表中涉及重大管理层判断的领域，以及注册会计师根据职业判断认为对当期财务报表审计最为重要的事项。最后，沟通关键审计事项，还能够为财务报表预期使用者就与被审计单位、已审计财务报表或已执行审计工作相关的事项进一步与管理层和治理层沟通提供基础。

特别提示 12-1

根据《中国注册会计师审计准则第 1504 号——在审计报告中沟通关键审计事项》，注册会计师需要在上市实体整套通用目的财务报表审计报告中增加关键审计事项部分，用于沟通关键审计事项。关键审计事项，是指注册会计师根据职业判断认为对当期财务报表审计最为重要的事项。

12.3.1 确定关键审计事项的思路

1) 以“与治理层沟通的事项”为起点选择关键审计事项

根据《中国注册会计师审计准则第 1151 号——与治理层的沟通》中的相关规定，注册会计师应与被审计单位治理层沟通审计过程中的重大发现，包括注册会计师对被审计单位的重要会计政策、会计估计和财务报表披露等会计实务的看法，审计过程中遇到的重大困难，已与治理层讨论或需要书面沟通的重大事项等，以便治理层履行其监督财务报告过程的职责。而就财务报表和审计报告使用者的信息需求来说，他们对这些事项感兴趣，并且呼吁增加这些沟通的透明度。因此，应从与治理层沟通事项中选取关键审计事项。

2）从“与治理层沟通的事项”中选出“在执行审计工作时重点关注过的事项”

重点关注意为：审计是风险导向的，注重识别和评估财务报表重大错报风险，设计和实施应对这些风险的审计程序，获取充分、适当的审计证据，以作为形成审计意见的基础。对于特定账户余额、交易类别或披露，评估的认定层次重大错报风险越高，在计划和实施审计程序并评价审计程序的结果时通常涉及的判断就越多。在设计进一步审计程序时，注册会计师评估的风险越高，就需要获取越有说服力的审计证据。当由于评估的风险较高而需要获取更具说服力的审计证据时，注册会计师可能需要增加所需审计证据的数量，或者获取更具相关性或可靠性的审计证据，如更注重从第三方获取审计证据或从多个独立渠道获取互相印证的审计证据。因此，对注册会计师获取充分、适当的审计证据或对财务报表形成审计意见构成挑战的事项可能与注册会计师确定关键审计事项尤其相关。

注册会计师重点关注过的领域通常与财务报表中复杂、重大的管理层判断领域相关，因而通常涉及困难或复杂的注册会计师职业判断。相应地，重点关注过的事项通常影响注册会计师的总体审计策略以及对这些事项分配的审计资源和审计工作力度。这些影响可能包括高级审计人员参与审计业务的程度，或者注册会计师的专家或在会计、审计的特殊领域具有专长的人员（包括会计师事务所聘请或雇用的人员）对这些领域的参与等。

注册会计师在确定哪些事项属于重点关注过的事项时，应当特别考虑下列方面：

（1）评估的重大错报风险较高的领域或识别出的特别风险。注册会计师应当与治理层沟通识别出的特别风险。特别风险，是指注册会计师识别和评估的、根据判断认为需要特别考虑的重大错报风险。此外，注册会计师还可以与治理层沟通注册会计师计划如何应对评估的重大错报风险较高的领域。评估的重大错报风险较高的领域或识别出的特别风险，通常需要注册会计师在审计中投放更多的审计资源予以应对。因此，注册会计师在确定的重点关注过的事项时需要特别考虑该方面。

（2）与财务报表中涉及重大管理层判断（包括被认为具有高度估计不确定性的会计估计）的领域相关的重大审计判断。财务报表中复杂、重大的管理层判断领域，通常涉及困难、复杂的审计判断，并且可能同时需要管理层的专家和注册会计师的专家的参与。因此，注册会计师在确定的重点关注过的事项时需要特别考虑该方面。

（3）当期重大交易或事项对审计的影响。对财务报表或审计工作具有重大影响的事项或交易可能属于重点关注领域，并可能被识别为特别风险。例如，在审计过程中的各个阶段，注册会计师可能已与管理层和治理层就重大关联方交易或超出被审计单位正常经营过程之外的重大交易，或在其他方面显得异常的交易对财务报表的影响进行了大量讨论。管理层可能已就这些交易的确认、计量、列报或披露作出困难或复杂的判断，这些判断可能已对注册会计师的总体审计策略产生重大影响。经济、会计、法规、行业或其他方面的重大变化可能影响管理层的假设或判断，也可能影响注册会计师的总体审计方法，并导致某一事项需要重点关注。

3) 从"在执行审计工作时重点关注过的事项"中选出"最为重要的事项",从而构成关键审计事项

注册会计师可能已就需要重点关注的事项与治理层进行了较多的互动。就这些事项与治理层进行沟通的性质和范围,通常能够表明哪些事项对审计而言最为重要。例如,对于较为困难和复杂的事项,注册会计师与治理层的互动可能更加深入、频繁或充分,这些事项(如重大会计政策的运用)构成重大注册会计师或管理层判断的对象。在确定某一与治理层沟通过的事项的相对重要程度以及该事项是否构成关键审计事项时,下列考虑也可能是相关的:

(1) 该事项对预期使用者理解财务报表整体的重要程度,尤其是对财务报表的重要性。

(2) 与该事项相关的会计政策的性质或者与同行业其他实体相比,管理层在选择适当的会计政策时涉及的复杂程度或主观程度。

(3) 从定性和定量方面考虑,与该事项相关的由于舞弊或错误导致的已更正错报和累积未更正错报(如有)的性质和重要程度。

(4) 为应对该事项所需要付出的审计努力的性质和程度,包括:

首先,为应对该事项而实施审计程序或评价这些审计程序的结果(如有)在多大程度上需要特殊的知识或技能。其次,就该事项在项目组之外进行咨询的性质。

(5) 在实施审计程序、评价实施审计程序的结果、获取相关和可靠的审计证据以作为发表审计意见的基础时,注册会计师遇到的困难的性质和严重程度,尤其是当注册会计师的判断变得更加主观时。

(6) 识别出的与该事项相关的控制缺陷的严重程度。

(7) 该事项是否涉及数项可区分但又相互关联的审计考虑。例如,长期合同的收入确认、诉讼或其他或有事项等方面,可能需要重点关注,并且可能影响其他会计估计。

从需要重点关注的事项中,确定哪些事项以及多少事项对本期财务报表审计最为重要属于职业判断问题。"最为重要的事项"并不意味着只有一项。需要在审计报告中包含的关键审计事项的数量可能受被审计单位规模和复杂程度、业务和经营环境的性质,以及审计业务具体事实和情况的影响。从实务角度讲,最初确定为关键审计事项的事项越多,注册会计师越需要重新考虑每一事项是否符合关键审计事项的定义。对关键审计事项作冗长的列举可能与这些事项是审计中最为重要的事项这一概念相抵触。

相关思考 12-1

【多项选择题】 在确定某一与治理层沟通过的事项的相对重要程度以及该事项是否构成关键审计事项时,注册会计师可以考虑的因素有(　　)。

A. 该事项对预期使用者理解财务报表整体的重要程度

B. 管理层在选择适当的会计政策时涉及的复杂程度或主观程度

C. 就该事项在项目组之外进行咨询的性质

D. 识别出的与该事项相关的控制缺陷的严重程度

12.3.2 在审计报告中沟通关键审计事项

1) 在审计报告中单设关键审计事项部分

为达到突出关键审计事项的目的,注册会计师应当在审计报告中单设一部分,以"关键审计事项”为标题，并在该部分使用恰当的子标题逐项描述关键审计事项。关键审计事项部分的引言应当同时说明下列事项：

（1）关键审计事项是注册会计师根据职业判断，认为对本期财务报表审计最为重要的事项。

（2）关键审计事项的应对以对财务报表整体进行审计并形成审计意见为背景，注册会计师对财务报表整体形成审计意见，而不对关键审计事项单独发表意见。

需要强调的是，导致非无保留意见的事项、可能导致对被审计单位持续经营能力产生重大疑虑的事项或情况存在重大不确定性等，虽然符合关键审计事项的定义，但这些事项在审计报告中专门的部分披露，不在关键审计事项部分披露。进一步说，在关键审计事项部分披露的关键审计事项是已经得到满意解决的事项，即不存在审计范围受到限制，也不存在注册会计师与被审计单位管理层意见分歧的情况。注册会计师应当按照适用的审计准则的规定报告这些事项，并在关键审计事项部分提及形成保留（否定）意见的基础部分或与持续经营相关的重大不确定性部分。

2）描述单一关键审计事项

为帮助财务报表使用者了解注册会计师确定的关键审计事项，注册会计师应当在审计报告中逐项描述每一关键审计事项，并同时说明下列方面：

（1）该事项被认定为审计中最为重要的事项之一，因而被确定为关键审计事项的原因。

（2）该事项在审计中是如何应对的。注册会计师可以描述下列要素。

审计应对措施或审计方法中，与该事项最为相关或对评估的重大错报风险最有针对性的方面；对已实施审计程序的简要概述；实施审计程序的结果；对该事项做出的主要看法。

在描述时，注册会计师还应当分别索引至财务报表的相关披露（如有），以便预期使用者能够进一步了解管理层在编制财务报表时如何应对这些事项。为使预期使用者能够理解关键审计事项在对财务报表整体进行审计的背景下的重要程度，以及关键审计事项和审计报告其他要素（包括审计意见）之间的关系，注册会计师可能需要注意用于描述关键审计事项的语言，使之：

（1）不暗示注册会计师在对财务报表形成审计意见时尚未恰当解决该事项。

（2）将该事项与被审计单位的具体情形紧密相扣，避免使用通用或标准化的语言。

（3）考虑该事项在相关财务报表披露（如有）中是如何处理的。

（4）不包含或暗示对财务报表单一要素单独发表的意见。

3）不在审计报告中沟通关键审计事项的情形

一般而言，在审计报告中沟通关键审计事项，通常有助于提高审计的透明度，是符合公众利益的。然而，在极其罕见的情况下，关键审计事项可能涉及某些“敏感信息"，沟通这些信息可能为被审计单位带来较为严重的负面影响。在某些情况下，法律法规也可能禁止公开披露某事项。例如，公开披露某事项可能妨碍相关机构对某项违法行为或疑似违法行为的调查。因此，除非法律法规禁止公开披露某事项，或者在极其罕见的情况下，如果合理预期在审计报告中沟通某事项造成的负面后果超过产生的公众利益方面的益处，注册会计师确定不应在审计报告中沟通该事项，则注册会计师应当在审计报告中逐项描述关键审计事项。

4）就关键审计事项与治理层沟通

治理层在监督财务报告过程中担当重要角色。就关键审计事项与治理层沟通，能够使治理层了解注册会计师就关键审计事项作出的审计决策的基础以及这些事项将如何在审计报告中作出描述，也能够使治理层考虑鉴于这些事项将在审计报告中沟通，作出新的披露或提高披露质量是否有用。因此，注册会计师就下列方面与治理层沟通：

（1）注册会计师确定的关键审计事项。

（2）根据被审计单位和审计业务的具体情况，注册会计师确定不存在需要在审计报告中沟通的关键审计事项（如适用）。

案例讨论 12-1

关键审计事项商誉的减值测试

相关信息披露详见财务报表附注。

（一）事项描述

截至20×1年12月31日，集团因收购XYZ公司而确认了×××万元的商誉。贵公司管理层于每年年末对商誉进行减值测试。本年度，XYZ公司产生了经营损失，该商誉出现减值迹象。

报告期末，集团管理层对XYZ公司的商誉进行了减值测试，以评价该项商誉是否存在减值。管理层采用现金流预测模型来计算商誉的可收回金额，并将其与商誉的账面价值相比较。该模型所使用的折现率、预计现金流，特别是未来收入增长率等关键指标需要作出重大的管理层判断。通过测试，管理层得出商誉没有减值的结论。

（二）实施的审计程序

我们针对管理层减值测试所实施的审计程序包括：

1. 对管理层的估值方法予以了评估。

2. 基于我们对相关行业的了解，我们质疑了管理层假设的合理性，如收入增长率、折现率等。

3. 检查录入数据与支持证据的一致性，例如，已批准的预算以及考虑这些预算的合理性。

（三）实施审计程序的结果

我们认为，基于目前所获取的信息，管理层在对商誉减值测试所使用的假设是合理的，相关信息在财务报表附注中所作出的披露是适当的。

案例讨论 12-2

关键审计事项——研发费用资本化

相关信息披露详见财务报表附注。

（一）事项描述

公司开发了大量的系统运行软件以及业务相关技术，并正在进一步开发其他技术以提高效率和产能。本年度，公司资本化的研发费用为×××万元。由于资本化的研发费用金额较大，且评估其是否达到企业会计准则规定的资本化标准涉及重大的管理层判断（特别是以下领域），因此该领域是关键审计事项。

（1）项目的技术可行性。

（2）项目产生足够未来经济利益的可能性。

我们尤其注意到公司目前正在投资开发新技术以满足其未来发展的需要，因此我们重点关注了这些在建项目的未来经济利益是否能够支撑资本化金额，这些项目包括：

（1）为提高公司开发、运营和拓展能力重建其技术平台的项目，如能够投入使用，其经济利益需要在较长的期限内实现，因此涉及更多判断。

（2）由于某些开发技术的创新性而使其未来经济利益涉及重大判断的项目。鉴于新软件和系统的开发，我们也关注了已经资本化的现有软件及系统的账面余额是否发生减值。

（二）实施的审计程序及结果

我们获取了本年度资本化的研发费用的明细表，并将其调节至总账中记录的金额，未发现重大异常。我们测试了资本化金额超过××万元的所有项目和剩余样本中抽取的金额较小的项目，具体如下：

（1）我们获取了管理层就这些项目进行资本化的原因作出的解释，包括项目的技术可行性以及项目产生足够未来经济利益的可能性等方面。我们还与负责各选定项目的项目开发经理进行访谈，以印证上述解释并了解具体项目，从而使我们能够独立评估这些项目是否满足企业会计准则规定的资本化条件。我们发现项目经理给出的解释与我们从管理层获得的解释，以及我们对业务发展的理解一致，并认可管理层得出的这些支出满足资本化条件的评价。

（2）我们询问了管理层及相关项目经理，新软件和系统的开发是否代替了资产负债表中任何现有资产或使其减值。除财务报表附注××所披露的YY万元的减值准备外，我们未发现进一步的减值迹象。我们还根据我们对于新建项目及现有项目的了解，考虑是否存在任何项目中的软件因受开发活动的影响而停止使用或减少使用年限。我们未发现重大异常。

（3）为确定支出是否可直接归属于各个项目，我们获取了单个项目耗用工时的清单，抽查了项目记录的某些工时数，并与相关项目经理讨论以了解项目，确认所测试的员工的确参与了项目，并确定这些员工所执行工作的性质。我们通过将耗用工时清单中某位员工的总工时数与其标准费率相乘来确认记录的工时工资与资本化的金额相一致。

（4）我们还按照相当于公司技术开发小组平均工资的每小时费率对上述的标准小时费率进行了调节。我们认为所用费率能恰当反映内部开发员工的薪酬水平，未发现重大异常。

参考来源：中国注册会计师协会.审计[M].北京：中国财政经济出版社，2020.

12.4 审计报告的类型及决策

12.4.1 审计报告的类型

注册会计师的目标是在评价根据审计证据得出的结论的基础上，对财务报表形成审计意见，并通过书面报告的形式清楚地表达审计意见。审计报告的种类分为无保留意见的审计报告和非无保留意见的审计报告。无保留意见，是指当注册会计师认为财务报表在所有重大方面按照适用的财务报告编制基础编制并实现公允反映时发表的审计意见。非无保留意见，是指对财务报表发表的保留意见、否定意见或无法表示意见。

如果认为财务报表在所有重大方面按照适用的财务报告编制基础编制并实现公允反映，注册会计师应当发表无保留意见。

但当存在下列情形之一时，注册会计师应当按照《中国注册会计师审计准则第1502号——在审计报告中发表非无保留意见》的规定，在审计报告中发表非无保留意见：①根据获取的审计证据，得出财务报表整体存在重大错报的结论。②无法获取充分、适当的审计证据，不能得出财务报表整体不存在重大错报的结论。如果财务报表没有实现公允反映，注册会计师应当就该事项与管理层讨论，并根据适用的财务报告编制基础的规定和该事项得到解决的情况，决定是否有必要按照准则的规定在审计报告中发表非无保留意见。

不同审计报告的对比如表12-1所示。

表 12-1　　不同类型的审计报告对比

类型			出具的条件	意见内容
标准审计报告	无保留意见的审计报告	无保留意见	同时满足以下 2 个条件： (1) 财务报表已经按照适用的会计准则和相关会计制度的规定编制，在所有重大方面公允反映了被审计单位的财务状况、经营成果和现金流量 (2) 注册会计师已经按照中国注册会计师审计准则的规定计划和实施审计工作，在审计过程中未受到限制	如果对按照公允列报框架编制的财务报表发表无保留意见，除非法律、法规另有规定，审计意见应当使用“财务报表在所有重大方面按照适用的财务报告框架(如国际财务报告准则或企业会计准则等)编制，公允反映了……”的措辞 如果对按照遵循性框架编制的财务报表发表无保意见，审计意见应当使用“财务报表在所有重大方面按照适用的财务报告框架编制”的措辞
非标准审计报告	非无保留意见的审计报告	保留意见	存在下列情形之一时： (1) 在获取充分、适当的审计证据后，注册会计师认为错报单独或累计起来对财务报表影响重大，但不具有广泛性 (2) 注册会计师无法获取充分、适当的审计证据以作为形成审计意见的基础，但认为未发现的错报(如存在)对财务报表可能产生的影响重大，但不具有广泛性	当由于财务报表存在重大错报而发表保留意见时，注册会计师应当根据适用的财务报告编制基础在审计意见段中说明： (1) 注册会计师认为，除了导致保留意见的事项段所述事项产生的影响外，财务报表在所有重大方面按照适用的财务报告编制基础编制，并实现公允反映。(当财务报表按照公允列报框架编制时) (2) 注册会计师认为，除了导致保留意见的事项段产生影响外，财务报表在所有重大方面按照适用的财务报告编制基础编制(当财务报表按照遵循性框架编制时) (3) 当无法获取充分、适当的审计证据而导致发表保留意见时，注册会计师应当在审计意见段中使用“除……可能产生的影响外”等措辞
		否定意见	在获取充分、适当的审计证据后，如果认为错报单独或累计起来对财务报表的影响重大且具有广泛性，注册会计师应当发表否定意见	当发表否定意见时，注册会计师应当根据适用的财务报告框架在审计意见段中说明： (1) 注册会计师认为，由于导致否定意见的事项段所述事项的重要性，财务报表没有在所有重大方面按照适用的财务报告框架编制，未能实现公允反映(当财务报表按照公允列报框架编制时) (2) 注册会计师认为，由于导致否定意见的事项段所述事项的重要性，财务报表没有在所有重大方面按照适用的财务报告框架编制(当财务报表按照遵循性框架编制时)
		无法表示意见	如果无法获取充分、适当的审计证据以作为形成审计意见的基础，但认为未发现的错报(如存在)对财务报表可能产生的影响重大且具有广泛性，注册会计师应当发表无法表示意见	当由于无法获取充分、适当的审计证据而发表无法表示意见时，注册会计师应当在审计意见段中说明： (1) 由于导致无法表示意见的事项段所述事项的重要性，注册会计师无法获取充分、适当的审计证据以为发表审计意见提供基础，因此，注册会计师不对这些财务报表发表审计意见 (2) 当由于无法获取充分、适当的审计证据而发表无法示意见时，注册会计师应当修改审计报告的引言段，说明注册会计师接受委托审计财务报表 (3) 注册会计师还应当修改对注册会计师责任和审计范围的描述，并仅能作出如下说明：“我们的责任是在按照中国注册会计师审计准则的规定执行审计工作的基础上对财务报表发表审计意见。但由于导致无法表示意见的事项段中所述的事项，我们无法获取充分、适当的审计证据以为发表审计意见提供基础”

（续表）

<table>
<tr><th colspan="3">类型</th><th>出具的条件</th><th>意见内容</th></tr>
<tr><td rowspan="2">非标准审计报告</td><td rowspan="2">带强调事项段和其他事项段</td><td>带强调事项段</td><td>如果认为有必要提醒财务报表使用者关注已在财务报表中列报或披露，且根据职业判断认为对财务报表使用者理解财务报表至关重要的事项，在同时满足下列条件时，注册会计师应当在审计报告中增加强调事项段：
(1) 该事项不会导致注册会计师发表非无保留意见
(2) 该事项未被确定为在审计报告中沟通的关键审计事项</td><td>将强调事项段作为单独的一部分置于审计报告中，并使用包含“强调事项”这一术语的适当标题；明确提及被强调事项以及相关披露的位置，以便能够在财务报表中找到对该事项的详细描述；指出审计意见没有因该强调事项而改变
在审计报告中包含强调事项不影响审计意见。包含强调事项不能代替下列情形：
(1) 根据审计业务的具体情况发表非无保留意见
(2) 适用的财务报告编制基础要求管理层在财务报表中作出的披露，或为实现公允列报所需的其他披露
(3) 当可能导致对被审计单位持续经营能力产生重大疑虑的事项或情况存在重大不确定性时作出的报告</td></tr>
<tr><td>带其他事项段</td><td>对于未在财务报表中列报或披露，但根据职业判断认为与财务报表使用者理解审计工作、注册会计师的责任或审计报告相关，在同时满足下列条件时，注册会计师应当在审计报告中增加其他事项段：
(1) 未被法律法规禁止
(2) 该事项未被确定为在审计报告中沟通的关键审计事项</td><td>其他事项段紧接在强调事项段之后。如果其他事项段的内容与其他报告责任部分相关，这一段落也可以置于审计报告的其他位置</td></tr>
</table>

1）无保留意见的审计报告

标准审计报告是指同时满足以下两个条件：一是财务报表已经按照适用的会计准则和相关会计制度的规定编制，在所有重大方面公允反映了被审计单位的财务状况、经营成果和现金流量；二是注册会计师已经按照中国注册会计师审计准则的规定计划和实施审计工作，在审计过程中未受到限制。

案例讨论 12-3

对按照公允列报框架（如企业会计准则）编制财务报表出具的标准审计报告

背景信息：

1. 对上市实体整套财务报表进行审计。该审计不属于集团审计（即不适用《中国注册会计师审计准则第 1401 号——对集团财务报表审计的特殊考虑》）。

2. 管理层按照企业会计准则编制财务报表。

3. 审计业务约定条款体现了《中国注册会计师审计准则第 111 号——就审计业务约定条款达成一致意见》关于管理层对财务报表责任的描述。

4. 基于获取的审计证据，注册会计师认为发表无保留意见是恰当的。

5. 适用的相关职业道德要求为中国注册会计师职业道德守则。

6. 基于获取的审计证据，根据《中国注册会计师审计准则第 1324 号——持续经营》，注册会计师认为可能导致对被审计单位持续经营能力产生重大疑虑的相关事项或情况不存在重大不确定性。

7. 已按照《中国注册会计师审计准则第 1504 号——在审计报告中沟通关键审计事项》的规定沟通了关键审计事项。

8. 负责监督财务报表的人员与负责编制财务报表的人员不同。

9. 除财务报表审计外,按照法律法规的要求,注册会计师负有其他报告责任,且注册会计师决定在审计报告中履行其他报告责任。

审 计 报 告

ABC股份有限公司全体股东:

一、对财务报表出具的审计报告

(一) 审计意见

我们审计了ABC股份有限公司(以下简称ABC公司)财务报表,包括20×1年12月31日的资产负债表,20×1年度的利润表、现金流量表、股东权益变动表以及财务报表附注。我们认为,后附的财务报表在所有重大方面按照企业会计准则的规定编制,公允反映了ABC公司20×1年12月31日的财务状况以及20×1年度的经营成果和现金流量。

(二) 形成审计意见的基础

我们按照中国注册会计师审计准则的规定执行了审计工作。审计报告的“注册会计师对财务报表审计的责任”部分进一步阐述了我们在这些准则下的责任。按照中国注册会计师职业道德守则,我们独立于ABC公司,并履行了职业道德方面的其他责任。我们相信,我们获取的审计证据是充分、适当的,为发表审计意见提供了基础。

(三) 关键审计事项

关键审计事项是根据我们的职业判断,认为对本期财务报表审计最为重要的事项。这些事项是在对财务报表整体进行审计并形成审计意见的背景下进行处理的,我们不对这些事项提供单独的意见。

(按照《中国注册会计师审计准则第1504号——在审计报告中沟通关键审计事项》的规定描述每一关键审计事项。)

(四) 管理层和治理层对财务报表的责任

管理层负责按照企业会计准则的规定编制财务报表,使其实现公允反映,并设计、执行和维护必要的内部控制,以使财务报表不存由于舞弊或错误导致的重大错报。在编制财务报表时,管理层负责评估ABC公司的持续经营能力,披露与持续经营相关的事项(如适用),并运用持续经营假设,除非计划清算ABC公司、停止营运或别无其他现实的选择。治理层负责监督ABC公司的财务报告过程。

(五) 注册会计师对财务报表审计的责任

我们的目标是对财务报表整体是否不存在由于舞弊或错误导致的重大错报获取合理保证,并出具包含审计意见的审计报告。合理保证是高水平的保证,但并不能保证按照审计准则执行的审计在某一重大错报存在时总能发现。错报可能由于舞弊或错误导致,如果合理预期错报单独或汇总起来可能影响财务报表使用者依据财务报表作出的经济决策,则通常认为错报是重大的。

在按照审计准则执行审计的过程中,我们运用了职业判断,保持了职业怀疑。我们同时:

(1) 识别和评估由于舞弊或错误导致的财务报表重大错报风险;对这些风险有针对性地设计和实施审计程序;获取充分、适当的审计证据,作为发表审计意见的基础。由于舞弊可能涉及串通、伪造、故意遗漏、虚假陈述或凌驾于内部控制之上,未能发现由于舞弊导致的重大错报的风险高于未能发现由于错误导致的重大错报的风险。

(2) 了解与审计相关的内部控制,以设计恰当的审计程序,但目的并非对内部控制的有效性发表意见。

(3) 评价管理层选用会计政策的恰当性和作出会计估计及相关披露的合理性。

(4) 对管理层使用持续经营假设的恰当性得出结论。同时,根据获取的审计证据,就可能导致对ABC公司持续经营能力产生重大疑虑的事项或情况是否存在重大不确定性得出结论。如果我们得出结论认为存在重大不确定性,审计准则要求我们在审计报告中提请报表使用者注意财务报表中的相关披露;如果披露不充分,我们应当发表非无保留意见。我们的结论基于审计报告日可获得的信息。然而,未来的事项或情况可能导致ABC公司不能持续经营。

(5) 评价财务报表的总体列报、结构和内容(包括披露),并评价财务报表是否公允反映相关交易和事项。

我们与治理层就计划的审计范围、时间安排和重大审计发现(包括我们在审计中识别的值得关注的内部控制缺陷)等事项进行沟通。

我们还就遵守关于独立性的相关职业道德要求向治理层提供声明,并就可能被合理认为影响我们独立性的所有关系和其他事项,以及相关的防范措施(如适用)与治理层进行沟通。

从与治理层沟通的事项中,我们确定哪些事项对本期财务报表审计最为重要,因而构成关键审计事项。我们在审计报告中描述这些事项,除非法律法规禁止公开披露这些事项,或在极其罕见的情形下,如果合理预期在审计报告中沟通某事项造成的负面后果超过在公众利益方面产生的益处,我们确定不应在审计报告中沟通该事项。

二、按照相关法律法规的要求报告的事项

[本部分报告的格式和内容,取决于相关法律法规对其他报告责任的规定。法律法规规范的事项(其他报告责任)应当在本部分处理,除非其他报告责任与审计准则所要求的报告责任涉及相同的主题。如果涉及相同的主题,其他报告责任可以在审计准则所要求的同一报告要素部分中列示。当其他报告责任和审计准则规定的报告责任涉及同一主题,并且审计报告中的措辞能够将其他报告责任与审计准则规定的责任予以清楚地区分(如差异存在)时,允许将两者合并列示(即包含在"对财务报表出具的审计报告"部分中,并使用适当的副标题)。]

××会计师事务所　　　　　　　　　　中国注册会计师:×××(项目合伙人)
(盖章)　　　　　　　　　　　　　　　　(签名并盖章)
　　　　　　　　　　　　　　　　　　中国注册会计师:×××
　　　　　　　　　　　　　　　　　　　　(签名并盖章)
中国××市　　　　　　　　　　　　　　二〇×二年×月×日

2) 非无保留意见的审计报告

注册会计师确定恰当的非无保留意见类型,取决于下列事项:①导致非无保留意见的事项的性质,是财务报表存在重大错报,还是在无法获取充分、适当的审计证据的情况下,财务报表可能存在重大错报。②注册会计师就导致非无保留意见的事项对财务报表产生或可能产生影响的广泛性作出的判断。

广泛性是描述错报影响的术语,用以说明错报对财务报表的影响,或者由于无法获取充分、适当的审计证据而未发现的错报(如存在)对财务报表可能产生的影响。根据注册会计师的判断,对财务报表的影响具有广泛性的情形包括:①不限于对财务报表的特定要素、账户或项目产生影响。②虽然仅对财务报表的特定要素、账户或项目产生影响,但这些要素、账户或项目是或可能是财务报表的主要组成部分。③当与披露相关时,产生的影响对财务报表使用者理解财务报表至关重要。

(1) 发表保留意见。当存在下列情形之一时,注册会计师应当发表保留意见:

① 在获取充分、适当的审计证据后,注册会计师认为错报单独或汇总起来对财务报表影响重大,但不具有广泛性。

注册会计师在获取充分、适当的审计证据后,只有当认为财务报表就整体而言是公允的,但还存在对财务报表产生重大影响的错报时,才能发表保留意见。如果注册会计师认为错报对财务报表产生的影响极为严重且具有广泛性，则应发表否定意见。因此，保留意见被视为注册会计师在不能发表无保留意见情况下最不严厉的审计意见。

② 注册会计师无法获取充分、适当的审计证据以作为形成审计意见的基础，但认为未发现的错报（如存在）对财务报表可能产生的影响重大，但不具有广泛性。

注册会计师因审计范围受到限制而发表保留意见还是无法表示意见，取决于无法获取的审计证据对形成审计意见的重要性。注册会计师在判断重要性时，应当考虑有关事项潜在影响的性质和范围以及在财务报表中的重要程度。只有当未发现的错报（如存在）对财务报表可能产生的影响重大但不具有广泛性时，才能发表保留意见。

案例讨论 12-4

由于财务报表存在重大错报而发表保留意见的审计报告

背景信息：

1. 对上市实体整套财务报表进行审计。该审计不属于集团审计（即不适用《中国注册会计师审计准则第 1401 号——对集团财务报表审计的特殊考虑》）。

2. 管理层按照企业会计准则编制财务报表。

3. 审计业务约定条款体现了《中国注册会计师审计准则第 1111 号——就审计业务约定条款达成一致意见》关于管理层对财务报表责任的描述。

4. 存货存在错报，该错报对财务报表影响重大但不具有广泛性（即保留意见是恰当的）。

5. 适用的相关职业道德要求为中国注册会计师职业道德守则。

6. 基于获取的审计证据，根据《中国注册会计师审计准则第 1324 号——持续经营》，注册会计师认为可能导致对被审计单位持续经营能力产生重大疑虑的相关事项或情况不存在重大不确定性。

7. 已按照《中国注册会计师审计准则第 1504 号——在审计报告中沟通关键审计事项》的规定沟通了关键审计事项。

8. 负责监督财务报表的人员与负责编制财务报表的人员不同。

9. 除财务报表审计外，按照法律法规的要求，注册会计师还承担法律法规要求的其他报告责任，且注册会计师决定在审计报告中履行其他报告责任。

审 计 报 告

ABC 股份有限公司全体股东：

一、对财务报表出具的审计报告

（一）保留意见

我们审计了 ABC 股份有限公司（以下简称 ABC 公司）财务报表，包括 20×1 年 12 月 31 日的资产负债表，20×1 年度的利润表、现金流量表、股东权益变动表以及财务报表附注。

我们认为，除“形成保留意见的基础”部分所述事项产生的影响外，后附的财务报表在所有重大方面按照企业会计准则的规定编制，公允反映了 ABC 公司 20×1 年 12 月 31 日的财务状况以及 20×1 年度的经营成果和现金流量。

（二）形成保留意见的基础

ABC 公司 20×1 年 12 月 31 日资产负债表中存货的列示金额为×元。管理层根据成本对存货进行计量，而没有根据成本与可变现净值孰低的原则进行计量，这不符合企业会计准则的规定。公司的会计记录显示，如果管理层以成本与可变现净值孰低来计量存货，存货列示金额将减少×元。相应地，销售成本将增加×元，所得税、净利润和股东权益将分别减少×元、×元和×元。

我们按照中国注册会计师审计准则的规定执行了审计工作。审计报告的“注册会计师对财务报表审计的责任”部分进一步阐述了我们在这些准则下的责任。按照中国注册会计师职业道德守则，我们独立于ABC公司，并履行了职业道德方面的其他责任。我们相信，我们获取的审计证据是充分、适当的，为发表审计意见提供了基础。

（三）关键审计事项

关键审计事项是根据我们的职业判断，认为对本期财务报表审计最为重要的事项。这些事项是在对财务报表整体进行审计并形成审计意见的背景下进行处理的，我们不对这些事项提供：单独的意见。除“形成保留意见的基础”部分所述事项外，我们确定下列事项是需要在审计报告中沟通的关键审计事项。

（按照《中国注册会计师审计准则第1504号——在审计报告中沟通关键审计事项》的规定描述每一关键审计事项。）

（四）管理层和治理层对财务报表的责任

管理层负责按照企业会计准则的规定编制财务报表，使其实现公允反映，并设计、执行和维护必要的内部控制，以使财务报表不存由于舞弊或错误导致的重大错报。在编制财务报表时，管理层负责评估ABC公司的持续经营能力，披露与持续经营相关的事项（如适用），并运用持续经营假设，除非计划清算ABC公司、停止营运或别无其他现实的选择。

治理层负责监督ABC公司的财务报告过程。

（五）注册会计师对财务报表审计的责任

我们的目标是对财务报表整体是否不存在由于舞弊或错误导致的重大错报获取合理保证，并出具包含审计意见的审计报告。合理保证是高水平的保证，但并不能保证按照审计准则执行的审计在某一重大错报存在时总能发现。错报可能由于舞弊或错误导致，如果合理预期错报单独或汇总起来可能影响财务报表使用者依据财务报表作出的经济决策，则通常认为错报是重大的。

在按照审计准则执行审计的过程中，我们运用了职业判断，保持了职业怀疑。我们同时：

(1) 识别和评估由于舞弊或错误导致的财务报表重大错报风险；对这些风险有针对性地设计和实施审计程序；获取充分、适当的审计证据，作为发表审计意见的基础。由于舞弊可能涉及串通、伪造、故意遗漏、虚假陈述或凌驾于内部控制之上，未能发现由于舞弊导致的重大错报的风险高于未能发现由于错误导致的重大错报的风险。

(2) 了解与审计相关的内部控制，以设计恰当的审计程序，但目的并非对内部控制的有效性发表意见。

(3) 评价管理层选用会计政策的恰当性和作出会计估计及相关披露的合理性。

(4) 对管理层使用持续经营假设的恰当性得出结论。同时，根据获取的审计证据，就可能导致对ABC公司持续经营能力产生重大疑虑的事项或情况是否存在重大不确定性得出结论。如果我们得出结论认为存在重大不确定性，审计准则要求我们在审计报告中提请报表使用者注意财务报表中的相关披露；如果披露不充分，我们应当发表非无保留意见。我们的结论基于审计报告日可获得的信息。然而，未来的事项或情况可能导致ABC公司不能持续经营。

(5) 评价财务报表的总体列报、结构和内容（包括披露），并评价财务报表是否公允反映相关交易和事项。

我们与治理层就计划的审计范围、时间安排和重大审计发现（包括我们在审计中识别的值得关注的内部控制缺陷）等事项进行沟通。

我们还就遵守关于独立性的相关职业道德要求向治理层提供声明，并就可能被合理认为影响我们独立性的所有关系和其他事项，以及相关的防范措施（如适用）与治理层进行沟通。

从与治理层沟通的事项中，我们确定哪些事项对本期财务报表审计最为重要，因而构成关键审计事项。我们在审计报告中描述这些事项，除非法律法规禁止公开披露这些事项，或在极其罕见的情形下，如果合理预期在审计报告中沟通某事项造成的负面后果超过在公众利益方面产生的益处，我们确定不应在审计报告中沟通该事项。

二、按照相关法律法规的要求报告的事项

[本部分报告的格式和内容，取决于相关法律法规对其他报告责任的规定。法律法规规范的事项（其他报告责任）应当在本部分处理，除非其他报告责任与审计准则所要求的报告责任涉及相同的主题。如果涉及相同的主题，其他报告责任可以在审计准则所要求的同一报告要素部分中列示。当其他报告责任和审计准则规定的报告责任涉及同一主题，并且审计报告中的措辞能够将其他报告责任与审计准则规定的责任予以清楚地区分（如差异存在）时，允许将两者合并列示（即包含在"对财务报表出具的审计报告"部分中，并使用适当的副标题）。]

××会计师事务所
（盖章）

中国注册会计师：×××（项目合伙人）
（签名并盖章）
中国注册会计师：×××
（签名并盖章）
二〇×二年×月×日

中国××市

案例讨论 12-5

由于注册会计师无法获取充分、适当的审计证据而发表保留意见的审计报告

背景信息：

1. 对上市实体整套财务报表进行审计。该审计不属于集团审计（即不适用《中国注册会计师审计准则第 1401 号——对集团财务报表审计的特殊考虑》）。

2. 管理层按照企业会计准则编制财务报表。

3. 审计业务约定条款体现了《中国注册会计师审计准则第 1111 号——就审计业务约定条款达成一致意见》关于管理层对财务报表责任的描述。

4. 无法获取充分、适当的审计证据以作为形成审计意见的基础。例如，对被审计单位的股权投资，注册会计师未被允许接触相关人员和相关信息，导致无法获取审计证据，但认为未发现的错报（如存在）对财务报表可能产生的影响重大，但不具有广泛性。

5. 适用的相关职业道德要求为中国注册会计师职业道德守则。

6. 基于获取的审计证据，根据《中国注册会计师审计准则第 1324 号——持续经营》，注册会计师认为可能导致对被审计单位持续经营能力产生重大疑虑的相关事项或情况不存在重大不确定性。

7. 已按照《中国注册会计师审计准则第 1504 号——在审计报告中沟通关键审计事项》的规定沟通了关键审计事项。

8. 负责监督财务报表的人员与负责编制财务报表的人员不同。

9. 除财务报表审计外，按照法律法规的要求，注册会计师还承担法律法规要求的其他报告责任，且注册会计师决定在审计报告中履行其他报告责任。

审 计 报 告

ABC 股份有限公司全体股东：

（一）保留意见

我们审计了 ABC 股份有限公司（以下简称 ABC 公司）财务报表，包括 20×1 年 12 月 31 日的资产负债表，20×1 年度的利润表、现金流量表、股东权益变动表以及财务报表附注。

我们认为，除"形成保留意见的基础"部分所述事项产生的影响外，后附的财务报表在所有重大方面按

照企业会计准则的规定编制，公允反映了ABC公司20×1年12月31日的财务状况以及20×1年度的经营成果和现金流量。

（二）形成保留意见的基础

如财务报表附注×所述，ABC公司于20×1年取得了ABC公司30%的股权，因能够对ABC公司施加重大影响，故采用权益法核算该项股权投资，于20×1年度确认对ABC公司的投资收益×元，截至20×1年12月31日该项股权投资的账面价值为×元。由于我们未被允许接触ABC公司的财务信息、管理层和执行ABC公司审计的注册会计师，我们无法就该项股权投资的账面价值以及ABC公司确认的20×1年度对ABC公司的投资收益获取充分、适当的审计证据，也无法确定是否有必要对这些金额进行调整。

我们按照中国注册会计师审计准则的规定执行了审计工作。审计报告的"注册会计师对财务报表审计的责任"部分进一步阐述了我们在这些准则下的责任。按照中国注册会计师职业道德守则，我们独立于ABC公司，并履行了职业道德方面的其他责任。我们相信，我们获取的审计证据是充分、适当的，为发表审计意见提供了基础。

（三）关键审计事项

关键审计事项是根据我们的职业判断，认为对本期财务报表审计最为重要的事项。这些事项是在对财务报表整体进行审计并形成审计意见的背景下进行处理的，我们不对这些事项提供单独的意见。除"形成保留意见的基础"部分所述事项外，我们确定下列事项是需要在审计报告中沟通的关键审计事项。

（按照《中国注册会计师审计准则第1504号——在审计报告中沟通关键审计事项》的规定描述每一关键审计事项。）

（四）管理层和治理层对财务报表的责任

管理层负责按照企业会计准则的规定编制财务报表，使其实现公允反映，并设计、执行和维护必要的内部控制，以使财务报表不存由于舞弊或错误导致的重大错报。

在编制财务报表时，管理层负责评估ABC公司的持续经营能力，披露与持续经营相关的事项（如适用），并运用持续经营假设，除非计划清算ABC公司、停止营运或别无其他现实的选择。

治理层负责监督ABC公司的财务报告过程。

（五）注册会计师对财务报表审计的责任

我们的目标是对财务报表整体是否不存在由于舞弊或错误导致的重大错报获取合理保证，并出具包含审计意见的审计报告。合理保证是高水平的保证，但并不能保证按照审计准则执行的审计在某一重大错报存在时总能发现。错报可能由于舞弊或错误导致，如果合理预期错报单独或汇总起来可能影响财务报表使用者依据财务报表作出的经济决策，则通常认为错报是重大的。

在按照审计准则执行审计的过程中，我们运用了职业判断，保持了职业怀疑。我们同时：

(1) 识别和评估由于舞弊或错误导致的财务报表重大错报风险；对这些风险有针对性地设计和实施审计程序；获取充分、适当的审计证据，作为发表审计意见的基础。由于舞弊可能涉及串通、伪造、故意遗漏、虚假陈述或凌驾于内部控制之上，未能发现由于舞弊导致的重大错报的风险高于未能发现由于错误导致的重大错报的风险。

(2) 了解与审计相关的内部控制，以设计恰当的审计程序，但目的并非对内部控制的有效性发表意见。

(3) 评价管理层选用会计政策的恰当性和作出会计估计及相关披露的合理性。

(4) 对管理层使用持续经营假设的恰当性得出结论。同时，根据获取的审计证据，就可能导致对ABC公司持续经营能力产生重大疑虑的事项或情况是否存在重大不确定性得出结论。如果我们得出结论认为存在重大不确定性，审计准则要求我们在审计报告中提请报表使用者注意财务报表中的相关披露；如果披露不充分，我们应当发表非无保留意见。我们的结论基于审计报告日可获得的信息。然而，未来的事项或情况可能导致ABC公司不能持续经营。

(5) 评价财务报表的总体列报、结构和内容（包括披露），并评价财务报表是否公允反映相关交易和事项。

我们与治理层就计划的审计范围、时间安排和重大审计发现（包括我们在审计中识别的值得关注的内部控制缺陷)等事项进行沟通。

我们还就遵守关于独立性的相关职业道德要求向治理层提供声明,并就可能被合理认为影响我们独立性的所有关系和其他事项,以及相关的防范措施(如适用)与治理层进行沟通。

从与治理层沟通的事项中,我们确定哪些事项对本期财务报表审计最为重要,因而构成关键审计事项。我们在审计报告中描述这些事项,除非法律法规禁止公开披露这些事项,或在极其罕见的情形下,如果合理预期在审计报告中沟通某事项造成的负面后果超过在公众利益方面产生的益处,我们确定不应在审计报告中沟通该事项。

二、按照相关法律法规的要求报告的事项

[本部分报告的格式和内容,取决于相关法律法规对其他报告责任的规定。法律法规规范的事项(其他报告责任)应当在本部分处理,除非其他报告责任与审计准则所要求的报告责任涉及相同的主题。如果涉及相同的主题,其他报告责任可以在审计准则所要求的同一报告要素部分中列示。当其他报告责任和审计准则规定的报告责任涉及同一主题,并且审计报告中的措辞能够将其他报告责任与审计准则规定的责任予以清楚地区分(如差异存在)时,允许将两者合并列示(即包含在“对财务报表出具的审计报告”部分中,并使用适当的副标题)。]

××会计师事务所
(盖章)

中国注册会计师:×××(项目合伙人)
(签名并盖章)
中国注册会计师:×××
(签名并盖章)

中国××市

二〇×二年×月×日

(2)发表否定意见。在获取充分、适当的审计证据后,如果认为错报单独或汇总起来对财务报表的影响重大且具有广泛性,注册会计师应当发表否定意见。

案例讨论 12-6

由于财务报表存在重大且具有广泛性的错报而发表否定意见的审计报告

背景信息:

1. 对上市实体整套财务报表进行审计。该审计不属于集团审计(即不适用《中国注册会计师审计准则第1401号——对集团财务报表审计的特殊考虑》)。

2. 管理层按照企业会计准则编制财务报表。

3. 审计业务约定条款体现了《中国注册会计师审计准则第1111号——就审计业务约定条款达成一致意见》关于管理层对财务报表责任的描述。

4. 长期股权投资存在错报,该错报对财务报表影响重大且具有广泛性(即否定意见是恰当的)。

5. 适用的相关职业道德要求为中国注册会计师职业道德守则。

6. 基于获取的审计证据,根据《中国注册会计师审计准则第1324号——持续经营》,注册会计师认为可能导致对被审计单位持续经营能力产生重大疑虑的相关事项或情况不存在重大不确定性。

7. 已按照《中国注册会计师审计准则第1504号——在审计报告中沟通关键审计事项》的规定沟通了关键审计事项。

8. 负责监督财务报表的人员与负责编制财务报表的人员不同。

9. 除财务报表审计外,按照法律法规的要求,注册会计师还承担法律法规要求的其他报告责任,且注册会计师决定在审计报告中履行其他报告责任。

审 计 报 告

ABC股份有限公司全体股东：

一、对财务报表出具的审计报告

（一）否定意见

我们审计了ABC股份有限公司（以下简称ABC公司）财务报表，包括20×1年12月31日的资产负债表，20×1年度的利润表、现金流量表、股东权益变动表以及财务报表附注。

我们认为，由于“形成否定意见的基础”部分所述事项的重要性，ABC公司财务报表没有按照企业会计准则和《××会计制度》的规定编制，未能在所有重大方面公允反映ABC公司20×1年12月31日的财务状况以及20×1年度的经营成果和现金流量。

（二）形成否定意见的基础

如财务报表附注×所述，ABC公司的长期股权投资未按企业会计准则的规定采用权益法核算。如果按权益法核算，ABC公司的长期投资账面价值将减少×万元，净利润将减少×万元，从而导致ABC公司由盈利×万元变为亏损×万元。

我们按照中国注册会计师审计准则的规定执行了审计工作。审计报告的“注册会计师对财务报表审计的责任”部分进一步阐述了我们在这些准则下的责任。按照中国注册会计师职业道德守则，我们独立于ABC公司，并履行了职业道德方面的其他责任。我们相信，我们获取的审计证据是充分、适当的，为发表审计意见提供了基础。

（三）关键审计事项

关键审计事项是根据我们的职业判断，认为对本期财务报表审计最为重要的事项。这些事项是在对财务报表整体进行审计并形成审计意见的背景下进行处理的，我们不对这些事项提供单独的意见。

（按照《中国注册会计师审计准则第1504号——在审计报告中沟通关键审计事项》的规定描述每一关键审计事项。）

（四）管理层和治理层对财务报表的责任

管理层负责按照企业会计准则的规定编制财务报表，使其实现公允反映，并设计、执行和维护必要的内部控制，以使财务报表不存由于舞弊或错误导致的重大错报。

在编制财务报表时，管理层负责评估ABC公司的持续经营能力，披露与持续经营相关的事项（如适用），并运用持续经营假设，除非计划清算ABC公司、停止营运或别无其他现实的选择。

治理层负责监督ABC公司的财务报告过程。

（五）注册会计师对财务报表审计的责任

我们的目标是对财务报表整体是否不存在由于舞弊或错误导致的重大错报获取合理保证，并出具包含审计意见的审计报告。合理保证是高水平的保证，但并不能保证按照审计准则执行的审计在某一重大错报存在时总能发现。错报可能由于舞弊或错误导致，如果合理预期错报单独或汇总起来可能影响财务报表使用者依据财务报表作出的经济决策，则通常认为错报是重大的。

在按照审计准则执行审计的过程中，我们运用了职业判断，保持了职业怀疑。我们同时：

(1) 识别和评估由于舞弊或错误导致的财务报表重大错报风险；对这些风险有针对性地设计和实施审计程序；获取充分、适当的审计证据，作为发表审计意见的基础。由于舞弊可能涉及、串通、伪造、故意遗漏、虚假陈述或凌驾于内部控制之上，未能发现由于舞弊导致的重大错报的风险高于未能发现由于错误导致的重大错报的风险。

(2) 了解与审计相关的内部控制，以设计恰当的审计程序，但目的并非对内部控制的有效性发表意见。

(3) 评价管理层选用会计政策的恰当性和作出会计估计及相关披露的合理性。

(4) 对管理层使用持续经营假设的恰当性得出结论。同时，根据获取的审计证据，就可能导致对ABC公司持续经营能力产生重大疑虑的事项或情况是否存在重大不确定性得出结论。如果我们得出结论认为存在重大不确定性，审计准则要求我们在审计报告中提请报表使用者注意财务报表中的相关披露；如果披露不充分，我们应当发表非无保留意见。我们的结论基于审计报告日可获得的信息。然而，未来的事项或情况可能导致ABC公司不能持续经营。

(5) 评价财务报表的总体列报、结构和内容(包括披露)，并评价财务报表是否公允反映相关交易和事项。

我们与治理层就计划的审计范围、时间安排和重大审计发现(包括我们在审计中识别的值得关注的内部控制缺陷)等事项进行沟通。

我们还就遵守关于独立性的相关职业道德要求向治理层提供声明，并就可能被合理认为影响我们独立性的所有关系和其他事项，以及相关的防范措施(如适用)与治理层进行沟通。

从与治理层沟通的事项中，我们确定哪些事项对本期财务报表审计最为重要，因而构成关键审计事项。我们在审计报告中描述这些事项，除非法律法规禁止公开披露这些事项，或在极其罕见的情形下，如果合理预期在审计报告中沟通某事项造成的负面后果超过在公众利益方面产生的益处，我们确定不应在审计报告中沟通该事项。

二、按照相关法律法规的要求报告的事项

[本部分报告的格式和内容，取决于相关法律法规对其他报告责任的规定。法律法规规范的事项(其他报告责任)应当在本部分处理，除非其他报告责任与审计准则所要求的报告责任涉及相同的主题。如果涉及相同的主题，其他报告责任可以在审计准则所要求的同一报告要素部分中列示。当其他报告责任和审计准则规定的报告责任涉及同一主题，并且审计报告中的措辞能够将其他报告责任与审计准则规定的责任予以清楚地区分(如差异存在)时，允许将两者合并列示(即包含在“对财务报表出具的审计报告”部分中，并使用适当的副标题)。]

××会计师事务所
(盖章)

中国注册会计师：×××(项目合伙人)
(签名并盖章)
中国注册会计师：×××
(签名并盖章)

中国××市

二〇×二年×月×日

(3) 发表无法表示意见。如果无法获取充分、适当的审计证据以作为形成审计意见的基础，但认为未发现的错报(如存在)对财务报表可能产生的影响重大且具有广泛性，注册会计师应当发表无法表示意见。在极其特殊的情况下，可能存在多个不确定事项。即使注册会计师对每个单独的不确定事项获取了充分、适当的审计证据，但由于不确定事项之间可能存在相互影响，以及可能对财务报表产生累积影响，注册会计师不可能对财务报表形成审计意见。在这种情况下，注册会计师应当发表无法表示意见。

在确定非无保留意见的类型时还需注意以下两点：

一是在承接审计业务后，如果注意到管理层对审计范围施加了限制，且认为这些限制可能导致对财务报表发表保留意见或无法表示意见，注册会计师应当要求管理层消除这些限制。如果管理层拒绝消除限制，除非治理层全部成员参与管理被审计单位，注册会计师应当就此事项与治理层沟通，并确定能否实施替代程序以获取充分、适当的审计证据。如果无法获取充分、适当的审计证据，注册会计师应当通过下列方式确定其影响：①如果未发现的错报(如存在)可能对财务报表产生的影响重大，但不具有广泛性，应当发表保留意见。②如果未发现的错报(如存在)可能对财务报表产生的影响重大且具有广泛性，以至于发表保留意见不足以反映情况的严重性，应当在可行时解除业务约定(除非法律法规禁止)。当然，注册会计师应当在解除业务约定前，与治理层沟通在审计过程中发现的、将会导致发表非无保留意见的所有错报事项；如果在出具审计报告之前解除业务约定被禁止或不可行，应当发表无法表示意见。

在某些情况下，如果法律法规要求注册会计师继续执行审计业务，则注册会计师可能无法解除审计业务约定。这种情况可能包括：①注册会计师接受委托审计公共部门实体的财务报表。②注册会计师接受委托审计涵盖特定期间的财务报表，或者接受一定期间的委托，在完成财务报表审计前或在受托期间结束前，不允许解除审计业务约定。在这些情况下，注册会计师可能认为需要在审计报告中增加其他事项段。

二是如果认为有必要对财务报表整体发表否定意见或无法表示意见，注册会计师不应在同一审计报告中对按照相同财务报告编制基础编制的单一财务报表或者财务报表特定要素、账户或项目发表无保留意见。在同一审计报告中包含无保留意见，将会与对财务报表整体发表的否定意见或无法表示意见相矛盾。

当然，对经营成果、现金流量(如相关)发表无法表示意见，而对财务状况发表无保留意见，这种情况可能是被允许的。因为在这种情况下，注册会计师并没有对财务报表整体发表无法表示意见。

案例讨论 12-7

由于注册会计师无法获取充分、适当的审计证据而发表无法表示意见的审计报告

背景信息：

1. 对非上市实体整套财务报表进行审计。该审计不属于集团审计(即不适用《中国注册会计师审计准则第 1401 号——对集团财务报表审计的特殊考虑》)。

2. 管理层按照企业会计准则编制财务报表。

3. 审计业务约定条款体现了《中国注册会计师审计准则第 111 号——就审计业务约定条款达成一致意见》关于管理层对财务报表责任的描述。

4. 对注册会计师无法获取充分、适当的审计证据。例如，对被审计单位的存货金额重大且期末占资产总额的比例较大，但注册会计师无法实施存货监盘、无法实施替代程序，导致无法获取审计证据，但认为未发现的错报(如存在)对财务报表可能产生的影响重大且具有广泛性。

5. 适用的相关职业道德要求为中国注册会计师职业道德守则。

6. 负责监督财务报表的人员与负责编制财务报表的人员不同。

7. 按照审计准则要求在注册会计师的责任部分作出更有限的表述。

8. 除财务报表审计外，按照法律法规的要求，注册会计师负有其他报告责任，且注册会计师决定在审计报告中履行其他报告责任。

审 计 报 告

ABC 股份有限公司全体股东：

一、对财务报表出具的审计报告

(一) 无法表示意见

我们接受委托，审计 ABC 股份有限公司(以下简称 ABC 公司)财务报表，包括 20×1 年 12 月 31 日的资产负债表，20×1 年度的利润表、现金流量表、股东权益变动表以及财务报表附注。

我们不对后附的 ABC 公司财务报表发表审计意见。由于“形成无法表示意见的基础”部分所述事项的重要性，我们无法获取充分、适当的审计证据以作为对财务报表发表审计意见的基础。

（二）形成无法表示意见的基础

ABC公司未对20×1年12月31日的存货进行盘点，金额为×万元，占期末资产总额的40%。我们无法实施存货监盘，也无法实施替代审计程序，以对期末存货的数量和状况获取充分、适当的审计证据。

（三）管理层和治理层对财务报表的责任

管理层负责按照企业会计准则的规定编制财务报表，使其实现公允反映，并设计、执行和维护必要的内部控制，以使财务报表不存由于舞弊或错误导致的重大错报。

在编制财务报表时，管理层负责评估ABC公司的持续经营能力，披露与持续经营相关的事项（如适用），并运用持续经营假设，除非计划清算ABC公司、停止营运或别无其他现实的选择。

治理层负责监督ABC公司的财务报告过程。

（五）注册会计师对财务报表审计的责任

我们的责任是按照中国注册会计师审计准则的规定，对ABC公司的财务报表执行审计工作，以出具审计报告。但由于"形成无法表示意见的基础"部分所述的事项，我们无法获取充分、适当的审计证据以作为发表审计意见的基础。

按照中国注册会计师职业道德守则，我们独立于ABC公司，并履行了职业道德方面的其他责任。

二、对其他法律和监管要求的报告

[本部分报告的格式和内容，取决于相关法律法规对其他报告责任的规定。法律法规规范的事项（其他报告责任）应当在本部分处理，除非其他报告责任与审计准则所要求的报告责任涉及相同的主题。如果涉及相同的主题，其他报告责任可以在审计准则所要求的同一报告要素部分中列示。当其他报告责任和审计准则规定的报告责任涉及同一主题，并且审计报告中的措辞能够将其他报告责任与审计准则规定的责任予以清楚地区分（如差异存在）时，允许将两者合并列示（即包含在"对财务报表出具的审计报告"部分中，并使用适当的副标题）。]

××会计师事务所
（盖章）

中国注册会计师：×××（项目合伙人）
（签名并盖章）
中国注册会计师：×××
（签名并盖章）

中国××市

二〇×二年×月×日

12.4.2 审计报告意见类型的决策

1) 选择审计报告意见类型的决策步骤

注册会计师能否正确选择审计意见类型，直接决定着审计风险和法律责任的大小。从国外大型审计案例经验看，选用正确的审计意见类型、出具适当的审计报告，一般应采取以下3个决策步骤。

(1) 确定是否存在需要偏离"标准审计报告"的任何情况。注册会计师在外勤审计完成后，应当根据工作底稿的记录，确定是否存在偏离"标准审计报告"的任何情况。如不存在这些情况，便出具标准审计报告。如存在这些情况，转按以下步骤处理。

(2) 决定每个情况的重要性程度。《中国注册会计师审计准则1502号——在审计报告中发表非无保留意见》规定，注册会计师要根据下列事项确定恰当的非无保留意见类型：①导致非无保留意见的事项的性质，是财务报表存在重大错报，还是在无法获取充分、适当的审计证据的情况下，财务报表可存在重大错报；②注册会计师就导致非无保留意见的事项对财务报表产生或可能产生影响的广泛性作出的判断。

如存在需要偏离“标准审计报告”的情况，注册会计师应当分析该情况对客户会计报表的潜在影响，决定该情况是“不重要”“重要”，还是“重要且广泛”。注册会计师对情况重要性的决策是个困难的过程，需要运用大量的专业判断。

(3) 根据偏离情况的重要性程度，决定适当的审计意见类型和审计报告类型。选择审计报告意见类型的决策步骤如图 12-1 所示。

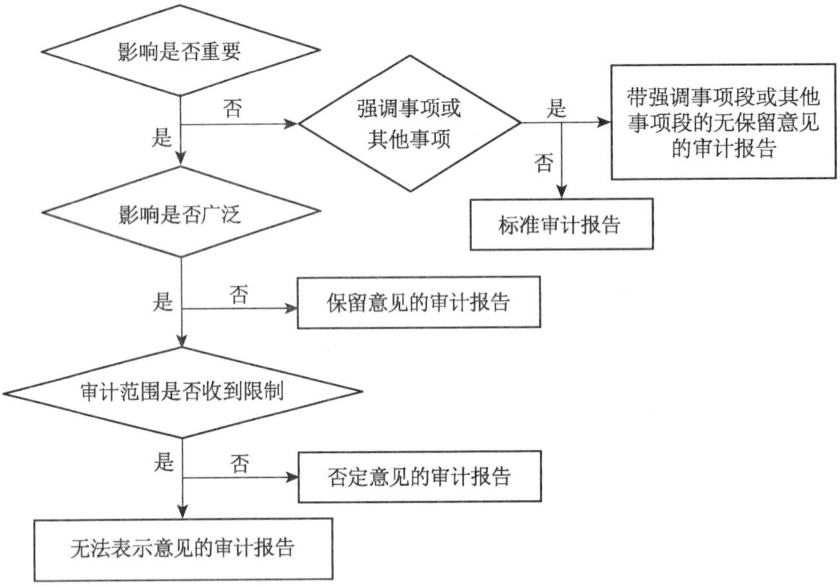

图 12-1　审计报告意见类型的决策步骤

2) 确定重要性程度应考虑的因素

重要性是考虑审计报告类型的主要因素。但在实际工作中，根据特定的情况来判断重要性程度却很不容易。某一问题不重要、重要或重要广泛，并无明确的标准。根据《中国注册会计师审计准则第 1221 号——计划和执行审计工作时的重要性》的规定，重要性取决于在具体环境下对错报金额和性质的判断，如果一项错报单独或连同其他错报可能影响财务报表使用者依据财务报表作出的经济决策，则该错报是重大的。因此，确定重要性程度时应当考虑错报金额和性质两个方面。同时，当审计范围受到限制时，还需要考虑审计范围受到限制的程度。

(1) 错报金额或审计范围受到限制的影响程度与重要性水平的比较。如前所述，重要性水平可以采用基数乘以一定比率的办法确定。例如，注册会计师可以采用资产总额的 0.5%～1%、净资产的 1%、营业收入的 0. 5%～1%等来确定重要性水平。重要性水平一旦确定，可将错报金额或审计范围受到限制的影响与重要性水平进行比较，以判断出具审计报告的类型，如图 12-1 所示。

① 错报金额或审计范围受到限制的影响不重要。被审计单位会计政策的选用、会计估计的作出或财务报表的披露不符合适用的会计准则和相关会计制度的规定，或审计范围受

到限制，但所涉金额不大，远远低于重要性水平，不至于影响财务报表使用者的决策，则该错报金额或审计范围受到限制的影响不重要。此时，注册会计师应当出具无保留意见的审计报告。如前所述，如果需要在审计报告中附加说明段、强调事项段或一些修饰性用语，则出具带强调事项段的无保留意见的审计报告；否则，出具标准审计报告。

② 错报金额或审计范围受到限制的影响重要，但就财务报表整体而言是公允的。被审计单位会计政策的选用、会计估计的作出或财务报表的披露不符合适用的会计准则和相关会计制度的规定，或(且)审计范围受到限制，且所涉金额接近或超过重要性水平，以致在某些方面影响财务报表使用者的决策，但就财务报表整体而言是公允的，此时注册会计师应当出具保留意见的审计报告。

③ 错报金额重要或审计范围受到限制且影响广泛，以至于财务报表整体公允性存在问题。被审计单位会计政策的选用、会计估计的作出或财务报表的披露不符合适用的会计准则和相关会计制度的规定，所涉金额超过重要性水平且影响广泛，将全面影响财务报表使用者的决策，此时注册会计师应当出具否定意见的审计报告；审计范围受到限制，所涉金额超过重要性水平且影响广泛，将全面影响财务报表使用者的决策，此时注册会计师应当出具无法表示意见的审计报告。

值得注意的是，当确定某一例外事项是否重要时，必须考虑该例外事项对财务报表各部分的影响程度，这叫做“牵扯性”。现金和应收账款的错误分类只影响这两个账户，因而没有牵扯性。但漏记一项重要的销售业务就具有很强的牵扯性，因为它会影响流动资产、资产总额、流动负债、负债总额、所有者权益、毛利润和营业收入。因此，在确定出具的审计报告的类型时，注册会计师必须考虑所有受该错报影响的账户及其金额大小(牵扯性)。一项错报金额或审计范围受到限制所涉及的影响牵扯性越广泛，注册会计师出具否定意见或无法表示意见审计报告的可能性就越大。

(2) 错报的性质。会计报表中的错误类型不同，也会影响使用者的决策。有些错报金额可能不大，但性质却是严重的。某些事项会影响使用者的决策，从而会以不同于大多数其他错报的方式影响注册会计师对重要性的判断。从性质上看，下列事项通常认为是严重的：

① 业务是非法或欺诈性的。

② 某一项目单从本期考虑并不重要，但对未来某些期间有重大影响。

③ 具有“心理”效应的项目，如小额利润相对于小额亏损，存款结余相对于透支。

④ 根据合同责任判断影响重大，如未能遵守某项债务约束，可能导致一笔重要的贷款被要求立即偿还。

⑤ 对遵守国家有关法律、法规和规章影响重大，如首次发行股票公司的净资产收益率。

综上所述，重要性与审计报告类型之间的关系如表 12-2 所示。

表 12-2　重要性和审计报告类型之间的关系

重要性水平	从正常使用者的决策角度考察重要性水平	审计报告类型
不重要	不影响财务报表使用者的决策，且无强调事项	标准审计报告
	不影响财务报表使用者的决策，但有强调事项	带强调事项段的无保留意见的审计报告
重要	在某些方面影响财务报表使用者的决策，但就财务报表整体而言是公允的	保留意见的审计报告

（续表）

重要性水平	从正常使用者的决策角度考察重要性水平	审计报告类型
重要且广泛	由于错报全面影响财务报表使用者的决策	否定意见的审计报告
	由于审计范围受到限制全面影响财务报表使用者的决策	无法表示意见的审计报告

从理论上讲，根据重要性水平和审计范围受到限制的程序确定审计意见类型的思路是很清晰的，然而在实务工作中却是一件非常困难的事情。它在很大程度上取决于注册会计师的专业判断，需要注册会计师具备较高的职业道德素质和业务水平。

12.5 在审计报告中增加强调事项段和其他事项段

12.5.1 强调事项段

1）强调事项段的含义

审计报告的强调事项段是指审计报告中含有的一个段落，该段落提及已在财务报表中恰当列报或披露的事项，根据注册会计师的职业判断，该事项对财务报表使用者理解财务报表至关重要。

2）增加强调事项段的具体情形

如果认为有必要提醒财务报表使用者关注已在财务报表中列报或披露，且根据职业判断认为对财务报表使用者理解财务报表至关重要的事项，在同时满足下列条件时，注册会计师应当在审计报告中增加强调事项段：

① 按照《中国注册会计师审计准则第 1502 号——在审计报告中发表非无保留意见》的规定，该事项不会导致注册会计师发表非无保留意见。

② 当《中国注册会计师审计准则第 1504 号——在审计报告中沟通关键审计事项》适用时，该事项未被确定为在审计报告中沟通的关键审计事项。

按照《中国注册会计师审计准则第 1504 号——在审计报告中沟通关键审计事项》被确定为关键审计事项的事项，根据注册会计师的职业判断，也可能对财务报表使用者理解财务报表至关重要。在这些情况下，按照《中国注册会计师审计准则第 1504 号——在审计报告中沟通关键审计事项》的规定将该事项作为关键审计事项沟通时，注册会计师可能希望突出或提请进一步关注其相对重要程度。在关键审计事项部分，注册会计师可以使该事项的列报更为突出（如作为第一个事项），或在关键审计事项的描述中增加额外信息，以指明该事项对财务报表使用者理解财务报表的重要程度。

某一事项可能不符合《中国注册会计师审计准则第 1504 号——在审计报告中沟通关键审计事项》的规定，因而未被确定为关键审计事项（即该事项未被重点关注过），但根据注册会计师的判断，其对财务报表使用者理解财务报表至关重要（例如期后事项）。如果注册会计师认为有必要提请财务报表使用者关注该事项，根据审计准则的规定，该事项将包含在审计报告的强调事项段中。

某些审计准则对特定情况下在审计报告中增加强调事项段提出具体要求。这些情形包括：

① 法律法规规定的财务报告编制基础不可接受，但其是由法律或法规作出的规定。

② 提醒财务报表使用者注意财务报表按照特殊目的编制基础编制。

③ 注册会计师在审计报告日后知悉了某些事实(即期后事项)，并且出具了新的审计报告或修改了审计报告。

除上述审计准则要求增加强调事项的情形外，注册会计师可能认为需要增加强调事项段的情形举例如下：

① 异常诉讼或监管行动的未来结果存在不确定性。

② 提前应用(在允许的情况下)对财务报表有广泛影响的新会计准则。

③ 存在已经或持续对被审计单位财务状况产生重大影响的特大灾难。

强调事项段的过多使用会降低注册会计师沟通所强调事项的有效性。此外，与财务报表中的列报或披露相比，在强调事项段中包括过多的信息，可能隐含着这些事项未被恰当列报或披露。因此，强调事项段应当仅提及已在财务报表中列报或披露的信息。

3) 增加强调事项段的注意事项

注册会计师在审计报告中增加强调事项段时，应注意下列事项：

① 将强调事项段作为单独的一部分置于审计报告中，并使用包含“强调事项"这一术语的适当标题。

② 明确提及被强调事项以及相关披露的位置，以便能够在财务报表中找到对该事项的详细描述。强调事项段应当仅提及已在财务报表中列报或披露的信息。

③ 指出审计意见没有因该强调事项而改变。

在审计报告中包含强调事项段不影响审计意见。包含强调事项段不能代替下列情形：

① 根据审计业务的具体情况，按照《中国注册会计师审计准则第 1502 号——在审计报告中发表非无保留意见》的规定发表非无保留意见。

② 适用的财务报告编制基础要求管理层在财务报表中作出的披露，或为实现公允列报所需的其他披露。

③ 按照《中国注册会计师审计准则第 1324 号——持续经营》的规定，当可能导致对被审计单位持续经营能力产生重大疑虑的事项或情况存在重大不确定性时作出的报告。

案例讨论 12-8

由于偏离适用的财务报告编制基础的规定导致的带强调事项段的保留意见审计报告

背景信息：

1. 对非上市实体整套财务报表进行审计。该审计不属于集团审计(即不适用《中国注册会计师审计准则第 1401——对集团财务报表审计的特殊考虑》)。

2. 管理层按照企业会计准则编制财务报表。

3. 审计业务约定条款体现了《中国注册会计师审计准则第 1111 号——就审计业务约定条款达成一致意见》关于管理层对财务报表责任的描述。

4. 由于偏离企业会计准则的规定导致发表保留意见。

5. 适用的相关职业道德要求为中国注册会计师职业道德守则。

6. 基于获取的审计证据，根据《中国注册会计师审计准则第1324号——持续经营》，注册会计师认为可能导致对被审计单位持续经营能力产生重大疑虑的相关事项或情况不存在重大不确定性。

7. 在财务报表日至审计报告日之间，被审计单位的生产设备发生了火灾，被审计单位已将其作为期后事项披露。根据注册会计师的判断，该事项对财务报表使用者理解财务报表至关重要，但在本期财务报表审计中不是重点关注过的事项。

8. 注册会计师未被要求，并且也决定不沟通关键审计事项。

9. 负责监督财务报表的人员与负责编制财务报表的人员不同。

10. 除财务报表审计外，按照法律法规的要求，注册会计师负有其他报告责任，且注册会计师决定在审计报告中履行其他报告责任。

审 计 报 告

ABC股份有限公司全体股东：

一、对财务报表出具的审计报告

（一）保留意见

我们审计了ABC股份有限公司（以下简称“ABC公司”）财务报表，包括20×1年12月31日的资产负债表，20×1年度的利润表、现金流量表、股东权益变动表以及相关财务报表附注。

我们认为，除“形成保留意见的基础”部分所述事项产生的影响外，后附的财务报表在所有重大方面按照企业会计准则的规定编制，公允反映了ABC公司20×1年12月31日的财务状况以及20×1年度的经营成果和现金流量。

（二）形成保留意见的基础

ABC公司20×1年12月31日资产负债表中列示的以公允价值计量且其变动计入当期损益的金融资产为×元，管理层对这些金融资产未按照公允价值进行后续计量，而是按照其历史成本进行计量，这不符合企业会计准则的规定。如果按照公允价值进行后续计量，ABC公司20×1年度利润表中公允价值变动损益将减少×元，20×1年12月31日资产负债表中以公允价值计量且其变动计入当期损益的金融资产将减少×元。相应地，所得税、净利润和股东权益将分别减少×元、×元和×元。

我们按照中国注册会计师审计准则的规定执行了审计工作。审计报告的“注册会计师对财务报表审计的责任”部分进一步阐述了我们在这些准则下的责任。按照中国注册会计师职业道德守则，我们独立于ABC公司，并履行了职业道德方面的其他责任。我们相信，我们获取的审计证据是充分、适当的，为发表保留意见提供了基础。

（三）强调事项——火灾的影响

我们提醒财务报表使用者关注，财务报表附注×描述了火灾对ABC公司的生产设备造成的影响。本段内容不影响已发表的审计意见。

（四）管理层和治理层对财务报表的责任

管理层负责按照企业会计准则的规定编制财务报表，使其实现公允反映，并设计、执行和维护必要的内部控制，以使财务报表不存由于舞弊或错误导致的重大错报。

在编制财务报表时，管理层负责评估ABC公司的持续经营能力，披露与持续经营相关的事项（如适用），并运用持续经营假设，除非计划清算ABC公司、停止营运或别无其他现实的选择。

治理层负责监督ABC公司的财务报告过程。

（五）注册会计师对财务报表审计的责任

我们的目标是对财务报表整体是否不存在由于舞弊或错误导致的重大错报获取合理保证，并出具包含审计意见的审计报告。合理保证是高水平的保证，但并不能保证按照审计准则执行的审计在某一重大错报存在时总能发现。错报可能由于舞弊或错误导致，如果合理预期错报单独或汇总起来可能影响财务报表使用者依据财务报表作出的经济决策，则通常认为错报是重大的。

在按照审计准则执行审计的过程中，我们运用了职业判断，保持了职业怀疑。我们同时：

(1) 识别和评估由于舞弊或错误导致的财务报表重大错报风险；对这些风险有针对性地设计和实施审计程序；获取充分、适当的审计证据，作为发表审计意见的基础。由于舞弊可能涉及串通、伪造、故意遗漏、虚假陈述或凌驾于内部控制之上，未能发现由于舞弊导致的重大错报的风险高于未能发现由于错误导致的重大错报的风险。

(2) 了解与审计相关的内部控制，以设计恰当的审计程序，但目的并非对内部控制的有效性发表意见。

(3) 评价管理层选用会计政策的恰当性和作出会计估计及相关披露的合理性。

(4) 对管理层使用持续经营假设的恰当性得出结论。同时，根据获取的审计证据，就可能导致对ABC公司持续经营能力产生重大疑虑的事项或情况是否存在重大不确定性得出结论。如果我们得出结论认为存在重大不确定性，审计准则要求我们在审计报告中提请报表使用者注意财务报表中的相关披露；如果披露不充分，我们应当发表非无保留意见。我们的结论基于审计报告日可获得的信息。然而，未来的事项或情况可能导致ABC公司不能持续经营。

(5) 评价财务报表的总体列报、结构和内容(包括披露)，并评价财务报表是否公允反映相关交易和事项。

我们与治理层就计划的审计范围、时间安排和重大审计发现(包括我们在审计中识别的值得关注的内部控制缺陷)等事项进行沟通。

我们还就遵守关于独立性的相关职业道德要求向治理层提供声明，并就可能被合理认为影响我们独立性的所有关系和其他事项，以及相关的防范措施(如适用)与治理层进行沟通。

从与治理层沟通的事项中，我们确定哪些事项对本期财务报表审计最为重要，因而构成关键审计事项。我们在审计报告中描述这些事项，除非法律法规禁止公开披露这些事项，或在极其罕见的情形下，如果合理预期在审计报告中沟通某事项造成的负面后果超过在公众利益方面产生的益处，我们确定不应在审计报告中沟通该事项。

二、按照相关法律法规的要求报告的事项

[本部分报告的格式和内容，取决于相关法律法规对其他报告责任的规定。法律法规规范的事项(其他报告责任)应当在本部分处理，除非其他报告责任与审计准则所要求的报告责任涉及相同的主题。如果涉及相同的主题，其他报告责任可以在审计准则所要求的同一报告要素部分中列示。当其他报告责任和审计准则规定的报告责任涉及同一主题，并且审计报告中的措辞能够将其他报告责任与审计准则规定的责任予以清楚地区分(如差异存在)时，允许将两者合并列示(即包含在“对财务报表出具的审计报告”部分中，并使用适当的副标题)。]

××会计师事务所　　　　　　　　中国注册会计师：×××(项目合伙人)
(盖章)　　　　　　　　　　　　　(签名并盖章)
　　　　　　　　　　　　　　　中国注册会计师：×××
　　　　　　　　　　　　　　　　(签名并盖章)
中国××市　　　　　　　　　　　二〇×二年×月×日

12.5.2 其他事项段

1) 其他事项段的含义

其他事项段是指审计报告中含有的一个段落，该段落提及未在财务报表中列报或披露的事项，根据注册会计师的职业判断，该事项与财务报表使用者理解审计工作、注册会计师的责任或审计报告相关。

2）需要增加其他事项段的具体情形

如果认为有必要沟通虽然未在财务报表中列报或披露，但根据职业判断认为与财务报表使用者理解审计工作.注册会计师的责任或审计报告相关的事项，在同时满足下列条件时，注册会计师应当在审计报告中增加其他事项段：

① 未被法律法规禁止。

② 当《中国注册会计师审计准则第1504号——在审计报告中沟通关键审计事项》适用时，该事项未被确定为在审计报告中沟通的关键审计事项。

具体讲，需要在审计报告中增加其他事项段的情形包括：

（1）与使用者理解审计工作相关的情形。《中国注册会计师审计准则第1151号——与治理层的沟通》要求注册会计师就计划的审计范围和时间安排与治理层进行沟通，包括注册会计师识别的特别风险。尽管与特别风险相关的事项可能被确定为关键审计事项，根据《中国注册会计师审计准则第1504号——在审计报告中沟通关键审计事项》对关键审计事项的定义，其他与计划及范围相关的事项(比如计划的审计范围或审计时对重要性的运用)不太可能成为关键审计事项。然而，法律法规可能要求注册会计师在审计报告中沟通与计划及范围相关的事项，或者注册会计师可能认为有必要在其他事项段中沟通这些事项。

在极其特殊的情况下，即使由于管理层对审计范围施加的限制导致无法获取充分、适当的审计证据可能产生的影响具有广泛性，注册会计师也不能解除业务约定。在这种情况下，注册会计师可能认为有必要在审计报告中增加其他事项段，解释为何不能解除业务约定。

（2）与使用者理解注册会计师的责任或审计报告相关的情形。法律法规或得到广泛认可的惯例可能要求或允许注册会计师详细说明某些事项，以进一步解释注册会计师在财务报表审计中的责任或审计报告。在这种情况下，注册会计师可以使用一个或多个子标题来描述其他事项段的内容。但增加其他事项段不涉及以下两种情形：①除根据审计准则的规定有责任对财务报表出具审计报告外，注册会计师还有其他报告责任。②注册会计师可能被要求实施额外的规定的程序并予以报告，或对特定事项发表意见。

（3）对两套以上财务报表出具审计报告的情形。被审计单位可能按照通用目的编制基础(如×国财务报告编制基础)编制一套财务报表，且按照另一个通用目的编制基础(如国际财务报告准则)编制另一套财务报表，并委托注册会计师同时对两套财务报表出具审计报告。如果注册会计师已确定两个财务报告编制基础在各自情形下是可接受的，可以在审计报告中增加其他事项段，说明该被审计单位根据另一个通用目的编制基础(如国际财务报告准则)编制了另一套财务报表以及注册会计师对这些财务报表出具了审计报告。

（4）限制审计报告分发和使用的情形。为特定目的编制的财务报表可能按照通用目的编制基础编制，因为财务报表预期使用者已确定这种通用目的财务报表能够满足他们对财务信息的需求。由于审计报告旨在提供给特定使用者，注册会计师可能认为在这种情况下需要增加其他事项段，说明审计报告只是提供给财务报表预期使用者，不应被分发给其他机构或人员或者被其他机构或人员使用。

需要注意的是，其他事项段的内容明确反映了未被要求在财务报表中列报或披露的其他事项。其他事项段不包括法律法规或其他职业准则(如中国注册会计师职业道德守则中与信息保密相关的规定)禁止注册会计师提供的信息。其他事项段也不包括要求管理层提供的信息。

如果在审计报告中包含其他事项段,注册会计师应当将该段落作为单独的一部分,并使用“其他事项”或其他适当标题。

3) 就其他事项段与治理层的沟通

如果拟在审计报告中增加强调事项段或其他事项段,注册会计师应当就该事项和拟使用的措辞与治理层沟通。与治理层的沟通能使治理层了解注册会计师拟在审计报告中所强调的特定事项的性质,并在必要时为治理层提供向注册会计师作出进一步澄清的机会。当然,当审计报告中针对某一特定事项增加其他事项段在连续审计业务中重复出现时,注册会计师可能认为没有必要在每次审计业务中重复沟通。

知识拓展 12-1

2020 年 6 月 5 日,中注协发布上市公司 2019 年年报审计情况快报(第九期),其中:

2020 年 5 月 7 日～5 月 31 日,20 家事务所共为 43 家上市公司出具了财务报表审计报告(详见表 12-3 至 12-6),其中,沪市主板 10 家,深市主板 5 家,中小板 17 家,创业板 11 家。从审计报告意见类型看,26 家上市公司被出具了无保留意见审计报告(其中,2 家被出具带强调事项段的无保留意见,1 家被出具带持续经营事项段的无保留意见),13 家被出具保留意见,4 家被出具无法表示意见。

截至 2020 年 5 月 31 日,40 家事务所共为 3 735 家上市公司出具了财务报表审计报告(详见表 12-7),其中,沪市主板 1 477 家,深市主板 456 家,中小板 919 家,创业板 792 家,科创板 91 家。从审计报告意见类型看,3 612 家上市公司被出具了无保留意见审计报告(其中,39 家被出具带强调事项段的无保留意见,53 家被出具带持续经营事项段的无保留意见),100 家被出具保留意见,23 家被出具无法表示意见。

上市公司 2019 年度财务报表审计报告情况明细表

沪市主板

序号	股票代码	股票简称	2019 年度				2018 年度
			披露日期	会计师事务所	意见类型	审计收费(万元)	审计收费(万元)
1	600076	康欣新材	2020-05-20	北京永拓	无保留意见	55.00	55.00
2	600355	精伦电子	2020-05-20	中审众环	无保留意见	45.00	45.00
3	600804	鹏博士	2020-05-20	四川华信(集团)	带强调事项段的无保留意见	170.00	170.00
4	603011	合锻智能	2020-05-20	容诚	无保留意见	62.00	62.00
5	600260	凯乐科技	2020-05-23	中天运	无保留意见	100.00	80.00
6	600289	* ST 信通	2020-05-30	致同	无法表示意见	100.00	100.00
7	600293	三峡新材	2020-05-30	中审众环	无保留意见	130.00	130.00
8	600489	中金黄金	2020-05-30	瑞华	无保留意见	280.00	280.00
9	600568	中珠医疗	2020-05-30	立信	保留意见	80.00	80.00
10	600601	方正科技	2020-05-30	上会	无保留意见	271.00	305.81

深市主板

序号	股票代码	股票简称	2019 年度				2018 年度
			披露日期	会计师事务所	意见类型	审计收费（万元）	审计收费（万元）
1	000545	金浦钛业	2020-05-20	立信	无保留意见	128.00	128.00
2	000005	世纪星源	2020-05-23	中审众环	保留意见	130.00	90.00
3	000788	北大医药	2020-05-29	天健	保留意见	70.00	70.00
4	000806	*ST 银河	2020-05-29	中审华	无法表示意见	90.00	90.00
5	000040	东旭蓝天	2020-05-30	中兴财光华	带强调事项段的无保留意见	150.00	150.00

中小企业板

序号	股票代码	股票简称	2019 年度				2018 年度
			披露日期	会计师事务所	意见类型	审计收费（万元）	审计收费（万元）
1	002411	延安必康	2020-05-07	永拓	无保留意见	400.00	360.00
2	002377	国创高新	2020-05-20	中审众环	无保留意见	230.00	230.00
3	002783	凯龙股份	2020-05-22	中审众环	无保留意见	110.00	110.00
4	002403	爱仕达	2020-05-26	立信	无保留意见	125.00	115.00
5	002591	恒大高新	2020-05-26	大信	无保留意见	147.00	138.00
6	002193	如意集团	2020-05-28	和信	保留意见	120.00	100.00
7	002897	意华股份	2020-05-28	立信	无保留意见	85.00	64.00
8	002224	三力士	2020-05-29	立信	带强调事项段的无保留意见	130.00	117.46
9	002356	*ST 赫美	2020-05-29	永拓	保留意见	220.00	300.00
10	002383	合众思壮	2020-05-29	上会	保留意见	200.00	200.00
11	002464	众应互联	2020-05-29	中兴华	保留意见	130.00	170.00
12	002220	ST 天宝	2020-05-30	致同	无法表示意见	99.00	90.00
13	002321	华英农业	2020-05-30	中兴华	保留意见	120.00	135.00
14	002348	高乐股份	2020-05-30	北京永拓	无保留意见	50.00	50.00
15	002602	世纪华通	2020-05-30	普华永道中天	无保留意见	1 853.77	593.20
16	002656	ST 摩登	2020-05-30	中审众环	无保留意见	100.00	99.00
17	002740	爱迪尔	2020-05-30	大华	保留意见	105.00	80.00

创业板

序号	股票代码	股票简称	2019 年度				2018 年度
			披露日期	会计师事务所	意见类型	审计收费（万元）	审计收费（万元）
1	300220	金运激光	2020-05-13	大华	无保留意见	60.00	60.00
2	300698	万马科技	2020-05-20	信永中和	无保留意见	60.00	40.00
3	300147	香雪制药	2020-05-20	立信	保留意见	150.00	120.00
4	300094	国联水产	2020-05-22	立信	保留意见	183.00	168.00
5	300205	天喻信息	2020-05-22	中审众环	无保留意见	65.00	65.00
6	300494	盛天网络	2020-05-22	中审众环	无保留意见	45.00	40.00
7	300442	普丽盛	2020-05-23	立信中联	无保留意见	106.00	106.00
8	300054	鼎龙股份	2020-05-28	立信	无保留意见	100.00	85.00
9	300089	文化长城	2020-05-29	中兴财光华	保留意见	150.00	170.00
10	300157	恒泰艾普	2020-05-29	中喜	保留意见	118.30	80.00
11	300370	安控科技	2020-05-29	容诚	无法表示意见	280.00	280.00

事务所出具上市公司 2019 年度财务报表审计报告汇总表

序号	会计师事务所	无保留意见审计报告					非无保留意见审计报告				合计
		标准无保留意见	带强调事项段的无保留意见	带其他事项段的无保留意见	带持续经营事项段的无保留意见	小计	保留意见	否定意见	无法表示意见	小计	
1	安永华明	91				91				0	91
2	北京兴华	20			1	21	2		1	3	24
3	毕马威华振	44				44				0	44
4	大华	282	8		8	298	6		3	9	307
5	大信	146			6	152	3		1	4	156
6	德勤华永	55				55			1	1	56
7	公证天业	51				51	3			3	54
8	广东正中珠江	40				40				0	40
9	和信	34	1			35	3			3	38
10	华兴	43	2		1	46	1			1	47
11	立信	531	7		2	540	14		4	18	558
12	立信中联	11			4	15				0	15
13	利安达	16	1		2	19	1			1	20

（续表）

序号	会计师事务所	无保留意见审计报告					非无保留意见审计报告				合计
		标准无保留意见	带强调事项段的无保留意见	带其他事项段的无保留意见	带持续经营事项段的无保留意见	小计	保留意见	否定意见	无法表示意见	小计	
14	普华永道中天	84			3	87				0	87
15	容诚	202	1			203	1		1	2	205
16	瑞华	26			1	27	1			1	28
17	上会	36			1	37	1			1	38
18	四川华信（集团）	32			1	33	1			1	34
19	苏亚金诚	23			1	24	1			1	25
20	天衡	61				61	2			2	63
21	天健	442	5		1	448	8			8	456
22	天圆全	9				9				0	9
23	天职国际	152			2	154				0	154
24	希格玛	30				30				0	30
25	信永中和	286	1		3	290	6		1	7	297
26	亚太（集团）	21	3		2	26	11		1	12	38
27	永拓	28			1	29	3			3	32
28	致同	186	1		2	189	2		3	5	194
29	中汇	75			1	76	1			1	77
30	中勤万信	29			1	30	3			3	33
31	中审华	28				28	2		2	4	32
32	中审亚太	9				9	2			2	11
33	中审众环	141	2		5	148	3		2	5	153
34	中天运	44				44	1			1	45
35	中喜	31	1		2	34	4			4	38
36	中兴财光华	36	6		2	44	5		1	6	50
37	中兴华	57				57	8		1	9	66
38	中证天通	11				11				0	11
39	中准	17				17			1	1	18
40	众华	60				60	1			1	61
	合计	3 520	39		53	3 612	100	0	23	123	3 735

数据来源：中国注册会计师协会网站 http：//cicpa.org.cn/news/

相关思考 12-2

阅读上述资料，我们不难发现，事务所为上市公司出具的审计报告中，否定意见的审计报告数量为 0，请你简要谈谈出现这个现象的原因。

重要概念

审计报告　标准审计报告　关键审计事项　强调事项段　带强调事项段的无保留意见的审计报告　保留意见　否定意见　无法表示意见

本章练习

简答题

1. 什么是审计报告？审计报告的作用有哪些？

2. 注册会计师可以对已审计会计报表发表哪几种类型的审计意见？在什么情况下发表这些类型的审计意见？

3. 如何选择审计报告类型？需经历哪些步骤？

选择题

1. B 公司从事剧毒化学物质的生产和销售。在对其财务报表进行审计时，审计师发现该公司存货占公司总资产的 10%，但因该存货的性质特殊，无法实施监盘程序。对该存货的数量，除管理层保证存货数量的声明外，审计师无法获取其他审计证据。单位考虑此事项，审计师应该出具的审计意见类型为(　　)。

A. 不带强调事项段的无保留意见

B. 带强调事项段的无保留意见

C. 视其重要性程度，发表保留或否定意见

2. 下列有关审计报告日的说法中，错误的是(　　)。

A. 审计报告日可以晚于管理层签署已审计财务报表的日期

B. 审计报告日不应早于管理层书面声明的日期

C. 在特殊情况下，注册会计师可以出具双重日期的审计报告

D. 审计报告日应当是注册会计师获取充分、适当的审计证据，并在此基础上对财务报表形成审计意见的日期

3. 下列关于关键审计事项的说法中，错误的是(　　)。

A. 注册会计师应当以“与治理层沟通的事项”为起点选择关键审计事项

B. 对关键审计事项作冗长的列举可能与这些事项是审计中最为重要的事项这一概念相抵触

C. 已审计财务报表包含比较财务报表时，注册会计师确定的关键审计事项仅限于对本期财务报表审计最为重要的事项

D. 注册会计师应当更新上期审计报告中的关键审计事项并考虑其对本期财务报表审计而言是否仍为关键审计事项

4. 注册会计师在审计报告中描述关键审计事项时，应当说明的内容有(　　)。

A. 注册会计师将该事项确定为关键审计事项的原因

B. 注册会计师在审计中对该事项的应对过程及结果

C. 注册会计师与被审计单位管理层对该事项的意见分歧

D. 注册会计师如何对该事项单独发表审计意见

5. 承接审计业务后，如果注意到被审计单位管理层对审计范围施加了限制，且认为这些限制可能导致对财务报表发表保留意见或无法表示意见，注册会计师采取的下列措施中，正确的有(　　)。

A. 要求管理层消除这些限制，如果管理层拒绝消除限制，应当与治理层沟通

B. 如果无法获取充分、适当的审计证据，且未发现的错报(如存在)对财务报表的影响重大且具有广泛性，应当在可行时解除业务约定

C. 如果无法获取充分、适当的审计证据，且未发现的错报(如存在)对财务报表的影响重大且具有广泛性，若解除业务约定不可行，应当发表无法表示意见

D. 如果无法获取充分、适当的审计证据，且未发现的错报(如存在)可能对财务报表的影响重大，但不具有广泛性，应当发表保留意见

案例分析题

1. 大华会计师事务所于2017年1月20日接受北方股份有限公司(以下简称北方公司)委托，对该公司2016年度会计报表进行审计，会计师事务所于2017年3月20日完成工作，按约定书要求于2017年4月5日提交审计报告。北方公司审计前会计报表反映的资产总额为1亿元，该年度利润总额为200万元。假定以资产总额和利润总额为判断基础，采用固定比率法计算确定北方公司2008年会计报表层次的重要性水平，资产总额和利润总额固定百分比分别为0.5%和10%。现假定存在以下9种情形：

(1) 北方公司拥有一项长期股权投资，账面价值600万元，持股比例30%。2016年12月31日，北方公司与南方公司签署投资转让协议，拟以435万元的价格转让该项长期股权投资，已收到价款335万元，但尚未办理产权过户手续，北方公司以该项长期股权投资正在转让之中为由，不再计提减值准备。会计师事务所要求北方公司调整，遭到北方公司拒绝。

(2) 2016年6月3日，北方公司被起诉侵权，原告要求赔偿150万元，至被审计年度的财务报表日胜负仍难预料，诉讼案和可能的影响均列示在会计报表附注中。

(3) 北方公司在2016年12月31日，与美达公司签订协议销售商品一批，增值税专用发票上注明销售价格为200万元，增值税额为34万元。商品已发出，款项尚未收到。该协议规定，该批商品销售价格的15%属于商品售出后两年内提供修理服务的服务费。该批商品的实际成本为180万元。在2016年12月已符合销售收入确认条件，而未对其进行处理。注册会计师提请北方公司调整，但遭到了北方公司拒绝。

(4) 北方公司于2016年年末更换了大股东，并成立了新的董事会，继任法定代表人以刚上任不了解以前年度情况为由，拒绝签署2016年度已审财务报表和提供管理层声明书。原法定代表人以不再继续履行职责为由，也拒绝签署2016年度已审计财务报表和提供的管理层声明书。

(5) 注册会计师李涛对应收账款进行函证，其中对余额32万元的客户宏大公司函证未收到回函，李涛运用其他审计程序进行了验证。

(6) 北方公司利润总额中的70%是由境外子公司提供的，注册会计师无法到国外对子公司的会计报表进行审查，也无法通过其他审计程序加以验证。

(7) 北方公司2016年度将发出存货的计价方法由原来的先进先出法改为加权平均法，并在会计报表附注中进行了充分披露。

(8) 北方公司2016年11月购入1台设备，当月即投入使用，2016年末计提折旧，原始价值为100万元，月折旧率为2%。注册会计师要求北方公司调整，遭到北方公司拒绝。

(9) 注册会计师张平得知北方公司2016年涉及的另一诉讼案于2017年3月15日判决，北方公司败诉，并赔偿90万元，公司无异议，并做了披露。张平请北方公司根据上述事项调整2016年度会计报表，但遭到北方公司拒绝。

要求：分别针对上述9种情况说明注册会计师应当出具何种意见的审计报告，并说明理由。

2. ABC会计师事务所接受委托对A股份有限公司20×1年度财务报表进行审计。注册会计师于20×2年3月18日完成了外勤审计工作,按审计业务约定书的要求,应于20×2年3月28日提交审计报告。A公司20×1年度审计前的利润总额为120万元。注册会计师确定的财务报表层次的重要性水平为10万元。现假定存在以下几种情况:

(1) A公司20×1年度变更了发出存货的计价方法,并在财务报表附注中作了充分披露。注册会计师认为变更是合法和合理的。

(2) 在某诉讼案中,A公司于20×1年4月被H公司起诉侵权,H公司要求赔偿75万元。至20×1年12月31日胜负仍难以预料。截止20×2年3月28日尚未判决。A公司预计的可能赔偿的金额为10万元,但诉讼案和可能的影响均已列示在财务报表附注中。

(3) 注册会计师得知A公司20×1年涉及的M公司起诉A公司侵权案于20×2年3月20日判决,A公司败诉,应向原告赔偿45万元,A公司对判决结果没有提出异议,并在财务报表附注中进行了披露。注册会计师在3月26日完成了对该事项的审计工作,提请A公司调整20×1年财务报表(A公司已在20×1年12月31日预计了可能的赔偿金额25万元),被A公司拒绝。

(4) A公司在20×1年11月购入1台设备,当月投入使用,20×1年未提取折旧。该设备原始价值为50万元,月折旧率为1.5%。

(5) A公司利润总额中70%是由其境外子公司提供的,注册会计师无法赴国外对子公司的财务报表进行审查,也无法通过其他审计程序进行验证。

(6) 对应收账款项目进行函证时,其中对余额为16万元的客户B公司的函证未收到回函,注册会计师运用替代审计程序收集了相关的审计证据。

要求:

(1) 假定上述6种情形是相互独立的,请分别针对上述每种情况,说明注册会计师应当发表何种审计意见类型,并简要说明理由。

(2) 针对每种情形,若注册会计师认为需要调整财务报表(包括披露),但A公司不接受注册会计师的调整意见,请代注册会计师写出审计报告的导致发表××意见的事项段(若有)和“审计意见”段。

第 13 章　审计抽样

内容提要

注册会计师在获取充分、适当证据时，需要选取项目进行测试。选取方法包括 3 种：一是对某总体包含的全部项目进行测试（比如对资本公积项目）；二是对选出的特定项目进行测试，但不推断总体；三是审计抽样，以样本结果推断总体结论。在现实社会经济生活中，企业规模日益扩大，加之经营日益复杂，使得注册会计师对每一笔交易进行检查变得既不可行，也没有必要。为了在合理的时间内以合理的成本完成审计工作，审计抽样应运而生。

重点难点

本章重点为审计抽样的含义及其适用范围；难点为审计抽样在控制测试、实质性程序中的应用。

学习目标

通过本章的学习，学生应理解审计抽样的含义，并了解其适用范围，理解抽样风险、非抽样风险的含义及其对审计工作的影响；熟悉审计抽样的种类以及各种抽样方法之间的区别与联系；掌握控制测试中抽样技术的运用以及实质性程序中抽样技术的运用。

知识框架

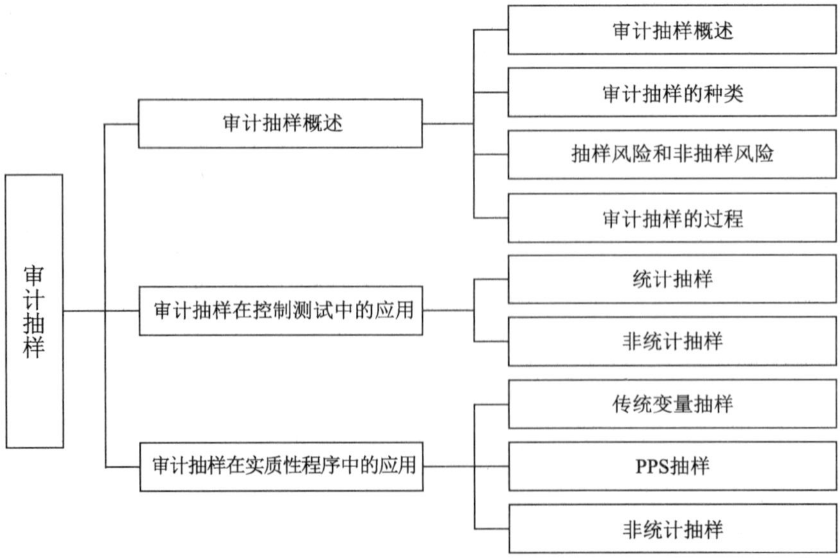

引入案例

美国法尔莫公司审计案例

从孩提时代开始，米奇·莫纳斯就喜欢几乎所有的运动，尤其是篮球。但是因天资及身高所限，他没有机会到职业球队打球。然而，莫纳斯确实拥有一个所有顶级球员共有的特征，那就是他有一种无法抑制的求胜欲望。

莫纳斯把他无穷的精力从球场.上转移到他的董事长办公室里。他先设法获得了位于俄亥俄州扬斯敦市的一家药店，在随后的10年中他又收购了另外299家药店，从而组建了全国连锁的法尔莫公司。其所实施的策略就是他所谓的“强力购买”，即通过提供大比例折扣来销售商品。

莫纳斯和法尔莫公司的财务总监及几位下属先将所有的损失归入一个所谓的“水桶账户”，然后再将该账户的金额通过虚增存货的方式重新分配到公司的数百家成员药店中。他们仿造购货发票、制造增加存货并减少销售成本的虚假记账凭证、确认购货却不同时确认负债、多计或加倍计算存货的数量。财务部门之所以可以隐瞒存货短缺是因为注册会计师只对300家药店中的4家进行存货监盘，而且他们会提前数月通知法尔莫公司他们将检查哪些药店。管理人员随之将那4家药店堆满实物存货，而把那些虚增的部分分配到其余的296家药店。如果不考虑其会计造假，法尔莫公司实际已濒临破产。

这项审计失败使会计师事务所在民事诉讼中损失了3亿美元。财务总监被判33个月的监禁，莫纳斯本人则被判入狱5年。

参考来源：李雪.审计学原理[M].上海：立信会计出版社，2017.

13.1 审计抽样概述

13.1.1 审计抽样

1）审计抽样的含义

审计抽样是指注册会计师对具有审计相关性的总体中低于百分之百的项目实施审计程序，使所有抽样单元都有被选取的机会，为注册会计师针对整个总体得出结论提供合理基础。审计抽样能够使注册会计师获取和评价有关所选取项目某一特征的审计证据，以形成或有助于形成有关总体的结论。总体是指注册会计师从中选取样本并期望据此得出结论的整个数据集合。抽样单元则是指构成总体的个体项目。

抽样是一个适用性较广的概念，不仅注册会计师执行审计工作时使用抽样，意见调查、市场分析或科学研究都可能用到抽样。但是审计抽样不同于其他行业的抽样。例如，审计抽样可能为某账户余额的准确性提供进一步佐证证据，注册会计师通常只需要评价该账户余额是否存在重大错报，而不需要确定其初始金额，这些初始金额在审计抽样开始之前已由被审计单位记录并汇总完毕。而在运用抽样方法进行意见调查、市场分析或科学研究时，类似的初始数据在抽样开始之前通常并未得到累积、编制或汇总。

2）审计抽样的特征

审计抽样应当同时具备3个基本特征：①对具有审计相关性的总体中低于百分之百的项目实施审计程序。②所有抽样单元都有被选取的机会。③可以根据样本项目的测试结果推断出有关抽样总体的结论。

审计抽样时，注册会计师应确定适合于特定审计目标的总体，并从中选取低于百分之百的项目实施审计程序。在某些情况下，注册会计师可能决定测试某类交易或账户余额中的每一个项目，即针对总体进行百分之百的测试，这就是通常所说的全查，而不是审计抽样。

审计抽样时，所有抽样单元都应有被选取成为样本的机会，注册会计师不能存有偏向，只挑选具备某一特征的项目（如金额大或账龄长的应收账款）进行测试。如果只选取特定项目实施审计程序，这不是审计抽样。在这种情形下，注册会计师只能针对这些特定项目得出结论，而不能根据特定项目的测试结果推断总体的特征。

审计抽样时，注册会计师的目的并不是评价样本，而是对整个总体得出结论。注册会计师从某类交易或账户余额中选取低于百分之百的项目实施审计程序，却不准备据此推断总体的特征。例如，注册会计师挑选几笔交易，追查其在被审计单位会计系统中的运行轨迹，以获取对被审计单位内部控制的总体了解，而不是评价该类交易的整体特征，这就不是审计抽样。

值得注意的是，只有当从抽样总体中选取的样本具有代表性时，注册会计师才能根据样本项目的测试结果推断出有关总体的结论。代表性，是指在既定的风险水平下，注册会计师根据样本得出的结论，与对整个总体实施与样本相同的审计程序得出的结论类似。样本具有代表性并不意味着根据样本测试结果推断的错报一定与总体中的错报完全相同，如果样本的选取是无偏向的，该样本通常就具有了代表性。代表性与整个样本而非样本中的单个项目相关，与样本规模无关，而与如何选取样本相关。此外，代表性通常只与错报的发生率而非错报的特定性质相关，比如，异常情况导致的样本错报就不具有代表性。

3）审计抽样的适用性

审计抽样并非在所有审计程序中都可使用。注册会计师拟实施的审计程序将对运用审计抽样产生重要影响。在风险评估程序、控制测试和实质性程序中，有些审计程序可以使用审计抽样，有些审计程序则不宜使用审计抽样。

风险评估程序通常不涉及审计抽样。如果注册会计师在了解控制的设计和确定控制是否得到执行的同时计划和实施控制测试，则可能涉及审计抽样，但此时审计抽样仅适用于控制测试。

当控制的运行留下轨迹时，注册会计师可以考虑使用审计抽样实施控制测试。对于未留下运行轨迹的控制，注册会计师通常实施询问、观察等审计程序，以获取有关控制运行有效性的审计证据，此时不宜使用审计抽样。此外，在被审计单位采用信息技术处理各类交易及其他信息时，注册会计师通常只需要测试信息技术一般控制，并从各类交易中选取一笔或几笔交易进行测试，就能获取有关信息技术应用控制运行有效性的审计证据，此时不需使用审计抽样。

实质性程序包括对各类交易、账户余额和披露的细节测试，以及实质性分析程序。在实施细节测试时，注册会计师可以使用审计抽样获取审计证据，以验证有关财务报表金额的一项或多项认定（如应收账款的存在），或对某些金额作出独立估计（如陈旧存货的价值）。如果注册会计师将某类交易或账户余额的重大错报风险评估为可接受的低水平，也可不实施细节测试，此时不需使用审计抽样。实施实质性分析程序时，注册会计师的目的不是根据样本项目的测试结果推断有关总体的结论，因而不宜使用审计抽样。审计抽样可以与其他选取测试项目的方法结合进行。例如，在审计应收账款时，注册会计师可以使用选取特定项目的方法将应收账款中的单个重大项目挑选出来单独测试，再针对剩余的应收账款余额进行抽样。

13.1.2 审计抽样的种类

1）统计抽样和非统计抽样

根据抽样决策的依据不同，审计抽样可划分为统计抽样和非统计抽样两种。统计抽样是指同时具备下列特征的抽样方法：①随机选取样本项目。②运用概率论评价样本结果，包括计量抽样风险。相应地，不同时具备上述两个特征的抽样方法就是非统计抽样。一方面，即使注册会计师严格按照随机原则选取样本，如果没有对样本结果进行统计评估，也不能认为使用了统计抽样。另一方面，即使注册会计师对样本结果进行了统计评估，如果是基于非随机选样，也仍然不属于统计抽样。

统计抽样对于注册会计师的意义主要在于：①它能够客观地计量抽样风险，并通过调整样本规模精确地控制风险，这也是它与非统计抽样最重要的区别；②统计抽样有助于注册会计师高效地设计样本，计量所获取证据的充分性，以及定量评价样本结果；③广泛运用统计抽样便于规范审计工作，也便于注册会计师为其得出的审计结论提供可辩护的依据。

尽管统计抽样有上述优点，并解决了非统计抽样难以解决的问题，但是统计抽样的产生并不意味着非统计抽样的消亡。非统计抽样如果设计适当，也能提供与设计适当的统计抽样方法同样有效的结果。究竟选用哪种审计抽样，主要取决于注册会计师对成本效益的考虑。一般来说，统计抽样的效果可能比非统计抽样要好，但由于它可能需要发生额外的成本来训练注册会计师掌握特殊的专业技能以及使单个样本项目符合统计要求等，因此，非统计抽样可能比统计抽样花费的成本低。

统计抽样和非统计抽样的选用，主要涉及的是审计程序实施的范围，并不影响运用于样本的审计程序的选择，也不影响获取单个样本项目证据的适当性，以及注册会计师对发现的样本错误所做的适当反应。在实务中，统计抽样运用得更广泛一些。

2）属性抽样和变量抽样

按注册会计师所了解的总体特征的不同，可将审计抽样分为属性抽样和变量抽样。属性抽样是指在精确度界限和可依赖程度一定的条件下，为了测定总体特征的发生概率而采用的一类方法。一般将在控制测试中按控制测试的目的和特点，即估计总体中对既定控制的偏离率（次数）所采用的审计抽样称为属性抽样。但实际上，在实质性测试中最常用的货币单位抽样方法（即通过估计总体每货币单位的偏差率来估计总体的错报金额）也是属性抽样的一种。

变量抽样是指用来估计总体金额而采用的一类方法。在进行变量抽样时除了要满足属性抽样的条件外，还要满足大数法则所要求的大样本要求，因而变量抽样的样本量一般都较大。通常将在实质性测试中按实质性测试的目的和特点（即估计总体的总金额或总错报金额）所经常采用的审计抽样方法统称为变量抽样方法，当然这里不包括前述的货币单位抽样方法。

一般所讲的属性抽样与变量抽样的划分是习惯性地根据两种抽样各自常被采用的审计测试阶段来进行的，并不是严格的、绝对的，也不是包罗万象的。例如，实务中常会存在同时进行控制测试和实质性测试的情况，这时所采用的审计抽样被称为双重目的抽样，按一般定义它既不属于属性抽样，也不属于变量抽样。

相关思考 13-1

属性抽样和变量抽样有哪些区别？

13.1.3 抽样风险和非抽样风险

在获取审计证据时，注册会计师应当运用职业判断，评估重大错报风险，并设计进一步审计程序，以将审计风险降至可接受的低水平。在使用审计抽样时，审计风险既可能受到抽样风险的影响，又可能受到非抽样风险的影响。抽样风险和非抽样风险在重大错报风险的评估和检查风险的确定过程中均可能涉及。

1）抽样风险

抽样风险是指注册会计师根据样本得出的结论，可能不同于如果对整个总体实施与样本相同的审计程序得出的结论的风险。抽样风险是由抽样引起的，与样本规模和抽样方法相关。

（1）控制测试中的抽样风险。控制测试中的抽样风险包括信赖过度风险和信赖不足风险。信赖过度风险是指推断的控制有效性高于其实际有效性的风险，也可以说，尽管样本结果支持注册会计师计划信赖内部控制的程度，但实际偏差率不支持该信赖程度的风险。信赖过度风险与审计的效果有关。如果注册会计师评估的控制有效性高于其实际有效性，从而导致评估的重大错报风险水平偏低，注册会计师可能不适当地减少从实质性程序中获取的证据，因此审计的有效性下降。对于注册会计师而言，信赖过度风险更容易导致注册会计师发表不恰当的审计意见，因而更应予以关注。

相反，信赖不足风险是指推断的控制有效性低于其实际有效性的风险，也可以说，尽管样本结果不支持注册会计师计划信赖内部控制的程度，但实际偏差率支持该信赖程度的风险。信赖不足风险与审计的效率有关。当注册会计师评估的控制有效性低于其实际有效性时，评估的重大错报风险水平高于实际水平，注册会计师可能会增加不必要的实质性程序。在这种情况下，审计效率可能降低。

知识拓展 13-1

借助“秋裤理论”加深对抽样风险的理解

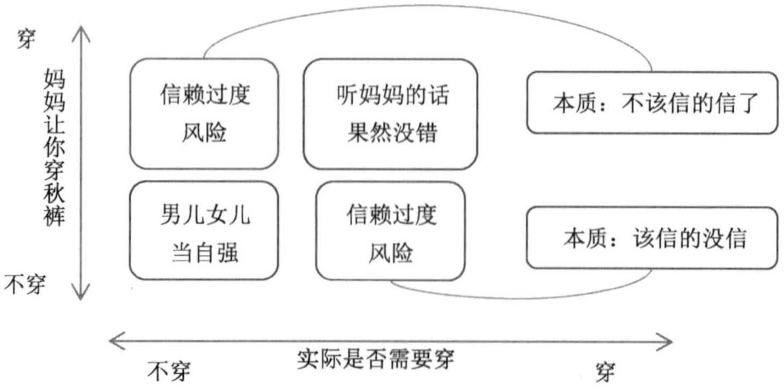

（2）细节测试中的抽样风险。细节测试中的抽样风险包括误受风险和误拒风险。误受风险是指注册会计师推断某一重大错报不存在而实际上存在的风险。如果账面金额实际上存在重大错报而注册会计师认为其不存在重大错报，注册会计师通常会停止对该账面金额继续进行测试，并根据样本结果得出账面金额无重大错报的结论。与信赖过度风险类似，误受风险影响审计效果，容易导致注册会计师发表不恰当的审计意见，因此注册会计师更应予以关注。误拒风险是指注册会计师推断某一重大错报存在而实际上不存在的风险。与信赖不足风险类似，误拒风险影响审计效率。如果账面金额不存在重大错报而注册会计师认为其存在重大错报，注册会计师会扩大细节测试的范围并考虑获取其他审计证据，最终注册会计师会得出恰当的结论。在这种情况下，审计效率可能降低。

也就是说，无论在控制测试还是在细节测试中，抽样风险都可以分为两种类型：一类是影响审计效果的抽样风险，包括控制测试中的信赖过度风险和细节测试中的误受风险；另一类是影响审计效率的抽样风险，包括控制测试中的信赖不足风险和细节测试中的误拒风险。相较于影响审计效率的抽样风险，注册会计师更应关注影响审计效果的抽样风险。

只要使用了审计抽样，抽样风险总会存在。抽样风险与样本规模反方向变动：样本规模越小，抽样风险越大；样本规模越大，抽样风险越小。无论是控制测试还是细节测试，注册会计师都可以通过扩大样本规模降低抽样风险。如果对总体中的所有项目都实施检查，就不存在抽样风险，此时审计风险完全由非抽样风险产生。

2）非抽样风险

非抽样风险，是指注册会计师由于任何与抽样风险无关的原因而得出错误结论的风险。注册会计师即使对某类交易或账户余额的所有项目实施审计程序，也可能仍未能发现重大错报或控制失效。在审计过程中，可能导致非抽样风险的原因主要包括下列情况：

（1）注册会计师选择了不适于实现特定目标的审计程序。例如，注册会计师依赖应收账款函证来揭露未入账的应收账款。

（2）注册会计师选择的总体不适合于测试目标。例如，注册会计师在测试销售收入完整性认定时将主营业务收入日记账界定为总体。

（3）注册会计师未能适当地定义误差（包括控制偏差或错报），导致注册会计师未能发现样本中存在的偏差或错报。例如，注册会计师在测试现金支付授权控制的有效性时，未将签字人未得到适当授权的情况界定为控制偏差。

（4）注册会计师未能适当地评价审计发现的情况。例如，注册会计师错误解读审计证据可能导致没有发现误差。注册会计师对所发现误差的重要性的判断有误，从而忽略了性质十分重要的误差，也可能导致得出不恰当的结论。

非抽样风险是由人为因素造成的，虽然难以量化非抽样风险，但通过采取适当的质量控制政策和程序，对审计工作进行适当的指导、监督和复核，仔细设计审计程序，以及对审计实务的适当改进，注册会计师可以将非抽样风险降至可接受的水平。

特别提示 13-1

审计抽样与审计专业判断的关系

在审计过程中，无论是统计抽样还是非统计抽样（任意抽样和判断抽样），都离不开注册会计师的专业判断。那种认为统计抽样能够减少审计过程中的专业判断或者取代专业判断的观点是错误的，因为在运用统计抽样过程中，由于存在许多不确定的因素，这些不确定因素需要注册会计师凭正确的判断来解决。在实际工作中，往往把上述几种抽样方法结合运用，才能收到较好的审计效果。

13.1.4 审计抽样的过程

审计抽样的一般过程分为样本的设计、样本的选取和抽样结果的评价3个阶段。

1）样本的设计

样本的设计是指注册会计师围绕样本的性质、样本量、抽样组织方式及抽样工作质量要求等方面所进行的规划工作。在设计审计样本时，注册会计师应当考虑审计程序的目的和抽样总体的特征。样本设计阶段的中心问题和难点是在确定抽样组织方式的前提下如何确定样本规模。注册会计师应当考虑以下几个方面的因素，恰当、合理地设计样本。

（1）确定审计目标。注册会计师在设计样本时，应当根据审计目标尤其是具体审计目标，考虑其所要获取审计证据的特征及构成误差的条件，以确定所采用的审计抽样方法。这里最为关键的是要根据具体审计目标界定“误差”。在实施控制测试时，误差是指控制偏差。例如，可以将其界定为会计记录的虚假账户、经济业务的记录未进行复核、审批手续不全等；在实施细节测试时，误差是指错报。总误差用来表示偏差率或错报总额。

（2）定义总体及抽样单元。注册会计师应当确保总体的适当性和完整性。前者是指注册会计师应确定总体适合于特定的审计目标，包括适合于测试的方向。例如，如果注册会计师的目标是测试应付账款的高估，总体可以定义为应付账款清单；但在测试应付账款的低估时，总体就不是应付账款清单，而是后来支付的证明、未付款的发票、供货商的对账单没有销售发票对应的收货报告，或能提供低估应付账款的审计证据的其他总体。后者是指注册会计师应当从总体项目内容和涉及时间等方面确定其未遗漏必需的项目。例如，如果注册会计师从档案中选取付款证明，除非确信所有的付款证明都已归档，否则注册会计师不能对该期间的所有付款证明作出结论。

至于抽样单元，注册会计师应当根据审计测试目标及被审计单位实际情况加以确定。例如，注册会计师在确定被审计单位应收账款账面价值时，可以将货币单位（元）作为抽样单位，也可以将每个应收账款明细账户余额作为抽样单位。

如果总体项目存在重大的变异性，注册会计师应当考虑分层。分层是指将一个总体划分为多个子总体的过程，每个子总体由一组具有相同特征（通常为货币金额）的抽样单元组成。分层可以降低每一层中项目的变异性，从而在抽样风险没有成比例增加的前提下减小样本规模。注册会计师应当仔细界定子总体，以使每一抽样单元只能属于一个层。当实施细节测试时，注册会计师通常按照货币金额对某类交易或账户余额进行分层，以将更多的审计资源投入到大额项目中。当然，注册会计师也可以按照显示较高误差风险的某一特定特征对总体进行分层。例如，在测试应收账款估价时，余额可以根据账龄分层。

（3）定义误差的构成条件。注册会计师必须事先准确定义构成误差的条件，否则执行审计程序时就没有识别误差的标准。在控制测试中，误差是指控制偏差，注册会计师要仔细定义所要测试的控制及可能出现偏差的情况；在细节测试中，误差是指错报，注册会计师要确定哪些情况构成错报。

注册会计师定义误差构成条件时要考虑审计程序的目标。清楚地了解误差构成条件，对于确保在推断误差时将且仅将所有与审计目标相关的条件包括在内至关重要。例如，在对应收账款存在性的细节测试中（如函证），客户在函证日之前支付、被审计单位在函证日之后不久收到的款项（即未达账项）不构成误差。而且，被审计单位在不同客户之间误登明细账也不构成误差，因其并不影响应收账款账户的总额。即使这种情况可能对审计的其他方面（如对舞弊的可能性或坏账准备的适当性的评估）产生重要影响，在评价该审计程序的样本结果时将其判定为误差也是不适当的。

（4）确定审计程序。注册会计师必须确定能够最好地实现测试目标的审计程序组合。例如，如果注册会计师的审计目标是通过测试某一阶段的适当授权证实交易的有效性，审计程序就是检查特定人员已在某文件上签字以示授权的书面证据。注册会计师预计样本中每一张该文件上的都有适当的签名。

2）样本的选取

（1）确定样本规模。样本规模是指从总体中选取样本项目的数量。在审计抽样中，如果样本规模过小，就不能反映出审计对象总体的特征，注册会计师就无法获取充分的审计证据，其审计结论的可靠性就会大打折扣，甚至可能得出错误的审计结论；相反，如果样本规模过大，则会增加审计工作量，造成不必要的时间和人力上的浪费，加大审计成本，降低审计效率，就会失去审计抽样的意义。在确定样本规模时应考虑以下因素：

① 可接受的抽样风险。在控制测试中，可接受的抽样风险主要指可接受的信赖过度风险。在细节测试中，可接受的抽样风险主要是指抽样风险中的误受风险，有时也包括误拒风险。

可接受抽样风险水平是决定样本量大小的主要因素之一，它与样本规模成反向关系。在其他因素不变的前提下，注册会计师愿意接受的抽样风险越低，所需的样本规模越大；反之，则所需的样本规模越小。具体确定怎样的可接受抽样风险水平有赖于注册会计师的专业判断。

② 可容忍误差。可容忍误差是指注册会计师能够容忍的最大误差。在其他因素既定的条件下，可容忍误差与样本规模成反向关系。在控制测试中，可容忍误差表现为可容忍偏差率，是指注册会计师在不改变其计划评估的控制有效性，从而不改变其计划评估的重大错报风险水平的前提下，愿意接受的对于设定控制的最大偏差率。可容忍偏差率是注册会计师设定的偏离规定的内部控制程序的比率，注册会计师试图对总体中的实际偏差率不超过该比率获取适当水平的保证。在确定可容忍偏差率时，注册会计师应考虑计划评估的控制有效性。计划评估的控制有效性越低，注册会计师确定的可容忍偏差率通常越高，所需的样本规模就越小。

在细节测试中，可容忍误差表现为可容忍错报，是指在不导致财务报表存在重大错报的情况下，注册会计师对各类交易、账户余额、列报确定的可接受的最大错报金额。可容忍错报是注册会计师设定的货币金额，注册会计师试图对总体中的实际错报不超过该货币金额获取适当水平的保证。可容忍错报的确定是以注册会计师对财务报表层次重要性水平的初步评估为基础。某账户的可容忍错报实际上就是该账户的重要性水平。它是该账户的错报与其他账户的错报汇总起来不会引起财务报表整体重大错报的最大金额。对特定的账户而言，当抽样风险一定时，如果注册会计师确定的可容忍错报降低，所需的样本规模就增加。

③ 预计总体误差。预计总体误差是指注册会计师预期在审计过程中发现的误差。在控制测试中，预计总体误差是指预计总体偏差率；在细节测试中，预计总体误差是指预计总

体错报额，即预计总体发生错报的金额。预计总体误差与样本规模成同向关系，即在其他因素不变的前提下，预计总体误差越大，所需的样本规模越大；反之，则所需的样本规模越小。具体设定怎样的预计总体误差有赖于注册会计师的专业判断。

④ 总体变异性。总体变异性是指总体的某一特征（如金额）在各项目之间的差异程度。在控制测试中，注册会计师在确定样本规模时一般不考虑总体变异性。在细节测试中，注册会计师确定适当的样本规模时要考虑特征的变异性。总体项目的变异性越低，通常样本规模越小。注册会计师可以通过分层，将总体分为相对同质的组，以尽可能降低每一组中变异性的影响，从而减小样本规模。未分层总体具有高度变异性；其样本规模通常很大。最有效率的方法是根据预期会降低变异性的总体项目特征进行分层。在细节测试中分层的依据通常包括项目的账面金额，与项目处理有关的控制的性质，或与特定项目（如更可能包含错报的那部分总体项目）有关的特殊考虑等。分组后的每一组总体被称为一层，每层分别独立选取样本。

⑤ 总体规模。除非总体非常小，一般而言，总体规模对样本规模的影响几乎为零。注册会计师通常将抽样单元超过 5 000 个的总体视为大规模总体。对大规模总体而言，总体的实际容量对样本规模几乎没有影响。对小规模总体而言，审计抽样比其他选择测试项目的方法的效率低。

表 13-1 总结了确定样本规模时需考虑的因素，并分别说明了这些因素在控制测试和细节测试中的表现形式。

表 13-1　　确定样本规模时需考虑的因素

影响因素	控制测试	细节测试	与样本规模的关系
可接受的抽样风险	可接受的信赖过度风险	可接受的误受风险	反向变动
可容忍误差	可容忍偏差率	可容忍错报	反向变动
预计总体误差	预计总体偏差率	预计总体错报	同向变动
总体变异性	—	总体变异性	同向变动
总体规模	总体规模	总体规模	影响很小

在明确了以上因素以及确定了样本规模之后，就可以确定抽样组织方式、样本量、样本性质等一系列抽样要素，然后就进入样本选取的阶段。

（2）确定样本选取方法。在选取样本项目时，注册会计师应当使总体中的所有抽样单元均有被选取的机会。因此，不管使用统计抽样或非统计抽样方法，所有的审计抽样均要求注册会计师选取的样本对总体来讲具有代表性。否则，就无法根据样本结果推断总体。在实务工作中，常见的样本选取方法包括：

① 简单随机选样。简单随机选样是等概率选样，即总体中每一构成项目都有均等的入选机会。在实际操作过程中，注册会计师通常使用随机数来选取样本，因此又称随机数选样。随机数是一组从长期来看出现概率相同的数码，且不会产生可识别的模式。使用随机数选样需以总体中的每一个项目都有不同的编号为前提。注册会计师可以使用计算机生成的随机数，如电子表格程序、随机数码生成程序、通用审计软件程序等计算机程序产生的随机数，也可以使用随机数表获得所需的随机数。为了选取一个随机样本，注册会计师可以首

先建立总体中的项目与随机数表中数字的一一对应关系；然后，确定连续选取随机数的方法，即从随机数表中选择一个随机起点和一个选号路线，依次查找，符合总体项目编号要求的数字即为选中的号码，与此号码相对应的总体项目即为选取的样本项目，一直到选足所需的样本量为止。

② 系统选样。系统选样也称等距选样，是指按照相同的间隔从审计对象体中等距离地选取样本的一种选样方法。采用系统选样法，首先要计算选样间距，确定选样起点，然后再根据间距顺序地选取样本。选样间距的计算公式如下：

$$选样间距 = 总体规模 \div 样本规模$$

例如，如果销售发票的总体范围是652～3 151，设定的样本量是125，那么选样间距为20[(3 152－ 652) ÷125]。注册会计师必须从0到19中选取一个随机数作为抽样起点。如果随机选择的数码是9，那么第一个样本项目是发票号码为661(652＋9)的那一张，其余的124个项目是681(661＋20)、701(681＋20)……以此类推直至第3141号。

系统选样方法的主要优点是使用方便，并可用于无限总体。此外，使用这种方法时，对总体中的项目不需要编号，注册会计师只要简单数出每一个间距即可。但是，系统选样方法也存在重要缺陷，即当总体不是随机排列时，容易发生较大的偏差，造成非随机的不具代表性的样本。例如，应收账款明细表每页的记录均以账龄的长短按先后次序排列，则采用系统选样选中的样本可能多数是账龄相同的记录。为克服这一缺陷，可采用两种办法：一是增加随机起点的个数；二是在确定选样方法之前对总体特征的分布进行观察。如发现总体特征的分布呈随机分布，则采用系统选样法；否则，可考虑使用其他选样方法。

③ 随意选样。随意选样也称任意选样，是指注册会计师不考虑样本项目的性质、大小外观、位置或其他区别性特征，以无偏好的意识，随意地选取样本。

随意选样的主要缺点在于很难完全无偏见地选取样本项目，即这种方法难以彻底排除注册会计师的个人偏好对选取样本的影响，因而很可能使样本失去代表性。由于文化背景和所受训练等的不同，每个注册会计师都可能无意识地带有某种偏好。例如，从发票柜中取发票时，某些注册会计师可能倾向于抽取柜子中间位置的发票，另一些注册会计师可能倾向于抽取柜子上面部分的发票。他们的选择可能主观上是完全无偏好的、随意的，但他们的选择结果可能是客观上有偏见的、非随意的。

上述方法均可选出代表性样本。但简单随机选样、系统选样属于随机基础选样方法，即对总体的所有项目按随机规则选取样本，因而可以在统计抽样中使用，当然也可以在非统计抽样中使用。而随意选样虽然也可以选出代表性样本，但它属于非随机基础选样方法，因而不能在统计抽样中使用，只能在非统计抽样中使用。

需要说明的是，在实务中还有另外两种选取样本项目的方法：整群选样和判断选样。整群选样是指将总体划分为若干群，然后以群为抽样单元，从总体中抽取一部分群，对所选群中的所有基本单元进行审查的一种选样方法。例如，将全年的支出凭证按星期划分为52个组，从中选出第1、18、22、32、52个星期的支出凭证组成样本。在大部分情况下，群中的项目彼此具有相同的特征，但与总体中其他群的项目具有不同的特征。虽然检查整群项目在某些情况下可能为注册会计师提供有效的审计证据，但在注册会计师必须根据样本推断总体结论时通常并不适用。判断选样是指注册会计师根据自己对被审计对象的了解，运用职业经验对容易出现错误的样本作出判断,并以此为标准选取样本。这一方法带有故意偏见,注册会计师运用判断选出的项目对总体来说并不具有代表性,因而对选出项目的结论不应推广到总体。由此可以看出,这些方法虽然在实务中得以广泛应用,但注册会计师应当明确,它们应属于选取特定项目的方法,并不适用于审计抽样。

(3) 执行抽样计划。通过前面的工作已经完成了抽样计划设计工作。本步骤根据抽样计划和样本选取方法选取样本项目,并对样本项目进行审计程序,从而确定同既定标准发生误差的性质和数量,以备评价抽样结果之用。

3) 抽样结果的评价

注册会计师在对样本实施必要的审计程序后,应按以下步骤评价抽样结果。

(1) 分析样本误差。注册会计师应当考虑样本的结果、已识别的所有误差的性质和原因,及其对具体审计目标和审计的其他方面可能产生的影响。

无论是统计抽样还是非统计抽样,对样本结果的定性评估和定量评估同样重要。即使样本的统计评价结果在可以接受的范围内,注册会计师也应对样本中的所有误差(包括控制测试中的控制偏差和细节测试中的金额错报)进行定性分析。

(2) 根据样本结果推断总体。在实施控制测试时,注册会计师将样本中发现的偏差数量除以样本规模,就计算出样本偏差率。无论使用统计抽样还是非统计抽样方法,样本偏差率都是注册会计师对总体偏差率的最佳估计。

在实施细节测试时,注册会计师应当结合样本设计阶段所选用的不同抽样方法,根据样本中发现的错报推断总体错报。使用的抽样方法不同,推断总体错报的方法也不同。

需要说明的是,依据《中国注册会计师审计准则第 1314 号——审计抽样》,在极其特殊的情况下,如果认为样本中发现的某项偏差或错报是异常误差(指由某一孤立事件引起的误差,该事件只有在特定条件下才会重复发生,因而它是总体中的错报或偏差明显不具有代表性的错报或偏差),注册会计师应当对该项偏差或错报对总体不具有代表性获取高度肯定。在获取这种高度肯定时,注册会计师应当实施追加的审计程序,获取充分、适当的审计证据,以确定该项偏差或错报不影响总体的其余部分。如果将某一误差确定为异常误差,注册会计师可以将其排除在外。

(3) 形成审计结论。注册会计师应当评价样本结果,以确定对总体相关特征的评估是否得到证实或需要修正,从而形成审计结论。

① 控制测试中的样本结果评价。在控制测试中,注册会计师应当将总体偏差率与可容忍偏差率比较,但必须考虑抽样风险。具体来说:

第一,在统计抽样中,注册会计师通常使用表格或计算机程序计算抽样风险。用以评价抽样结果的大多数计算机程序都能根据样本规模、样本结果,计算在注册会计师确定的信赖过度风险条件下可能发生的偏差率上限的估计值。该偏差率上限的估计值即总体偏差率与抽样风险允许限度之和。

如果估计的总体偏差率上限低于可容忍偏差率,则总体可以接受。这时注册会计师对总体作出结论,样本结果支持计划评估的控制有效性,从而支持计划的重大错报风险评估水平。

如果估计的总体偏差率上限大于或等于可容忍偏差率,则总体不能接受。这时注册会计师对总体作出结论,样本结果不支持计划评估的控制有效性,从而不支持计划的重大错报风险评估水平。此时注册会计师应当修正重大错报风险评估水平，并增加实质性程序的数量。注册会计师也可以对影响重大错报风险评估水平的其他控制进行测试，以支持计划的重大错报风险评估水平。

如果估计的总体偏差率上限低于但接近可容忍偏差率，注册会计师应当结合其他审计程序的结果，考虑是否接受总体，并考虑是否需要扩大测试范围，以进一步证实计划评估的控制有效性和重大错报风险水平。

第二，在非统计抽样中，抽样风险无法直接计量。注册会计师通常将样本偏差率（即估计的总体偏差率）与可容忍偏差率相比较，以判断总体是否可以接受。

如果样本偏差率大于可容忍偏差率，则总体不能接受。这时注册会计师对总体作出结论，样本结果不支持计划评估的控制有效性，从而不支持计划的重大错报风险评估水平。因此，注册会计师应当修正重大错报风险评估水平，并增加实质性程序的数量。注册会计师也可以对影响重大错报风险评估水平的其他控制进行测试，以支持计划的重大错报风险评估水平。

如果样本偏差率低于总体的可容忍偏差率，注册会计师要考虑即使总体实际偏差率高于可容忍偏差率时仍出现这种结果的风险。如果样本偏差率大大低于可容忍偏差率，注册会计师通常认为总体可以接受。如果样本偏差率虽然低于可容忍偏差率，但两者很接近，注册会计师通常认为总体实际偏差率高于可容忍偏差率的抽样风险很高，因而总体不可接受。

如果样本偏差率与可容忍偏差率之间的差额不是很大也不是很小，以至于不能认定总体是否可以接受时，注册会计师则要考虑扩大样本规模，以进一步收集证据。

② 细节测试中的样本结果评价。在细节测试中，注册会计师首先必须根据样本中发现的实际错报要求被审计单位调整账面记录金额。将被审计单位已更正的错报从推断的总体错报金额中减掉后，注册会计师应当将调整后的推断总体错报与该类交易或账户余额的可容忍错报相比较，但必须考虑抽样风险。具体来说：

第一，在统计抽样中，注册会计师利用计算机程序或数学公式计算出总体错报上限，并将计算的总体错报上限与可容忍错报比较。计算的总体错报上限等于推断的总体错报（调整后）与抽样风险允许限度之和。

如果计算的总体错报上限低于可容忍错报，则总体可以接受。这时注册会计师对总体作出结论，所测试的交易或账户余额不存在重大错报。

如果计算的总体错报上限大于或等于可容忍错报，则总体不能接受。这时注册会计师对总体作出结论，所测试的交易或账户余额存在重大错报。

如果计算的总体错报上限低于但接近可容忍错报，注册会计师应当结合其他审计程序的结果，考虑是否接受总体，并考虑是否需要扩大测试范围，以进一步证实所测试的交易或账户余额是否存在重大错报。

第二，在非统计抽样中，注册会计师运用其经验和职业判断评价抽样结果。如果调整后的总体错报大于可容忍错报，或虽小于可容忍错报但两者很接近，注册会计师通常作出总体实际错报大于可容忍错报的结论，即该类交易或账户余额存在重大错报，因而总体不能接受。

如果调整后的总体错报远远小于可容忍错报，注册会计师可以作出总体实际错报小于可容忍错报的结论，即该类交易或账户余额不存在重大错报，因而总体可以接受。

如果调整后的总体错报小于可容忍错报且两者之间的差距既不很小又不很大，注册会计师必须特别仔细地考虑总体实际错报超过可容忍错报的风险是否能够接受，并考虑是否需要扩大细节测试的范围，以获取进一步的证据。

最后，如果对样本结果的评价显示，对总体相关特征的评估需要修正，注册会计师可以单独或综合采取下列措施：一是提请管理层对已识别的误差和存在更多误差的可能性进行调查，并在必要时予以调整；二是修改进一步审计程序的性质、时间安排和范围；三是考虑对审计报告的影响。

13.2 审计抽样在控制测试中的应用

在实施控制测试时，注册会计师可能使用两种抽样方法：统计抽样方法或非统计抽样方法。

13.2.1 统计抽样

在控制测试中运用的统计抽样，通常是指属性统计抽样。在实务工作中，控制测试中的统计抽样通常包括的步骤。

1）明确审计目标及审计程序

抽样过程的第一步应当明确审计测试的目标以及要执行的审计程序。

相关思考 13-2

销售交易内部控制的抽样测试

注册会计师要对与销售交易有关的各项内部控制的有效性进行测试，拟从销售日记账记录的发票中选取发票及其相关支持性凭证作为样本，并对发票进行下列检查：

（1）检查发票中载明的金额和其他资料是否与销售日记账的记录一致。

（2）检查销货通知单、提货单和顾客订单是否存在，并附在发票的后面。

（3）检查有关凭证是否经过信用经理的正确授权。

（4）将发票上的价格与总价目表进行比较，以检查价格是否正确。

（5）测试发票金额的计算是否正确。

（6）销货通知单、提货单和顾客订单上载明的信息与发票上载明的信息一致。

2）定义属性及偏差状态

在明确将要执行的审计程序后，注册会计师接下来要定义待测试的属性及偏差状态。在本例中，注册会计师可能对属性及偏差状态作出如下定义（如表 13-2 所示）。

表 13-2　注册会计师所定义的属性及偏差状态

项目	待测试的属性	偏差状态
(a)	发票信息是否与销售日记账的记录一致	发票信息与销售日记账信息不一致
(b)	发票后是否附有销货通知单、提货单和顾客订单	发票后附的凭证有缺失

（续表）

项目	待测试的属性	偏差状态
(c)	有关凭证是否经过信用经理的正确授权	凭证没有信用经理的授权签字
(d)	发票上的价格与总价目表是否相符	价格不符
(e)	发票金额的计算是否正确	发票金额计算不正确
(f)	销货通知单、提货单和顾客订单信息与发票信息是否一致	凭证信息存在不一致现象

3）定义总体和抽样单元

注册会计师必须事先仔细定义总体和抽样单元，使其与审计目标保持一致。在本例中，总体是“已记录的销售发票”，抽样单元是通过抽样计划实际选取的项目，即单个销售发票。

4）确定可容忍偏差率

注册会计师要为进行测试的每一项属性都确定可容忍偏差率，这需要注册会计师作出职业判断。如果注册会计师认为信用经理批准不是一项重要的审计证据来源，那么他可以为此属性制定较高的可容忍偏差率，如10%。如果注册会计师认为记录不正确的价格对审计目标而言非常重要，那么可容忍偏差率就可以定得低一些（如3%）。

5）确定可接受的信赖过度风险

注册会计师可以为不同的测试属性设定不同的可接受信赖过度风险。在实务中，可接受的信赖过度风险是指注册会计师虽然降低了认定的控制风险评估水平，但所做的降低决策并不恰当的风险。这一错误决策最终会影响审计质量，导致检查风险较高，实质性审计程序较少，审计风险增加。实务工作中，经常将可接受信赖过度风险水平设定为10%和5%。

6）估计总体偏差率

事先估计总体偏差率是为了计划适当的样本规模。如果估计的总体偏差率较低，则一个较小的样本规模就可以满足注册会计师的可容忍偏差率，因为这种情况下只需要不太精确的估计。

注册会计师通常使用上一年的审计结果来估计总体偏差率。如果以前年度的审计结果无法取得或认为不可靠，那么注册会计师可以在当年总体中选取一个较小的初步样本进行估计。这种估计精确与否无关紧要，因为注册会计师最终是用本年度的样本偏差率来估计总体特征的。

7）确定样本规模

总体规模、可容忍偏差率、预计总体偏差率和可接受的信赖过度风险都会影响属性抽样中的样本规模。当然，除非总体非常小，一般而言总体规模对样本规模的影响几乎为零，通常予以忽略。注册会计师根据可容忍偏差率、预计总体偏差率和可接受的信赖过度风险的不同组合，利用样本量表（表13-3、表13-4分别提供了在控制测试中确定的可接受信赖过度风险为5%和10%时所使用的样本量表）可以确定相应的样本规模。

回到我们的例子中，假定被测试的6个属性的可容忍偏差率、预计总体偏差率和可接受的信赖过度风险如表13-5所示。利用样本量表，我们可以得出每一被测试属性的所需样本规模。

另外，还需要说明两点：

首先，由于不同属性的可容忍偏差率、预计总体偏差率或可接受的信赖过度风险各不相同，因此各个属性的样本量也有所差异。不过，由于所有的测试都集中在同样的抽样单位（即发票）上，因此，注册会计师应该使用样本量的最大值156，并将其期于对全部发票的所有测试中。

其次，如果总体“非常小”，那么在利用样本量表确定样本量时就需要进行调整。在这种情况下，注册会计师就要对小总体使用有限纠正因子，如下所示：

$$n' = \frac{n}{1+n/N}$$

其中，N——整个总体的项目数①；n——通过样本量表得到的样本量；n'——最终的样本量。

假定总体中的发票数为1 000，那么最终的样本量就是135＝156÷(1＋156/1 000)。

表13-3　控制测试中统计抽样样本规模——信赖过度风险5%(括号内是可接受的偏差数)

预计总体偏差率	可容忍偏差率										
	2%	3%	4%	5%	6%	7%	8%	9%	10%	15%	20%
0.00%	149(0)	99(0)	74(0)	59(0)	49(0)	42(0)	36(0)	32(0)	29(0)	19(0)	14(0)
0.25	236(1)	157(0)	117(1)	93(1)	78(1)	66(1)	58(1)	51(1)	46(1)	30(1)	22(1)
0.50	*	157(1)	117(1)	93(1)	78(1)	66(1)	58(1)	51(1)	46(1)	30(1)	22(1)
0.75	*	208(2)	117(1)	93(1)	78(1)	66(1)	58(1)	51(1)	46(1)	30(1)	22(1)
1.00	*	*	156(2)	93(1)	78(1)	66(1)	58(1)	51(1)	46(1)	30(1)	22(1)
1.25	*	*	156(2)	124(2)	78(1)	66(1)	58(1)	51(1)	46(1)	30(1)	22(1)
1.50	*	*	192(3)	124(2)	103(2)	66(1)	58(1)	51(1)	46(1)	30(1)	22(1)
1.75	*	*	227(4)	153(3)	103(2)	88(2)	77(2)	51(1)	46(1)	30(1)	22(1)
2.00	*	*	*	181(4)	127(3)	88(2)	77(2)	68(2)	46(1)	30(1)	22(1)
2.25	*	*	*	208(5)	127(3)	88(2)	77(2)	68(2)	61(2)	30(1)	22(1)
2.50	*	*	*	*	150(4)	109(3)	77(2)	68(2)	61(2)	30(1)	22(1)
2.75	*	*	*	*	173(5)	109(3)	95(3)	68(2)	61(2)	30(1)	22(1)
3.00	*	*	*	*	195(6)	129(4)	95(3)	84(3)	61(2)	30(1)	22(1)
3.25	*	*	*	*	*	147(5)	112(4)	84(3)	61(2)	30(1)	22(1)
3.50	*	*	*	*	*	167(6)	112(4)	84(3)	76(3)	40(2)	22(1)
3.75	*	*	*	*	*	185(7)	129(5)	100(4)	76(3)	40(2)	22(1)
4.00	*	*	*	*	*	*	146(6)	100(4)	89(4)	40(2)	22(1)
5.00	*	*	*	*	*	*	*	158(8)	116(6)	40(2)	30(2)
6.00	*	*	*	*	*	*	*	*	179(11)	50(3)	30(2)
7.00	*	*	*	*	*	*	*	*		68(5)	37(3)

注：本表假设总体为大总体。

*代表样本规模太大，因而在多数情况下不符合成本效益原则。

① 当总体项目数超过1 000时，一般不再用有限纠正因子。

表 13-4　控制测试中统计抽样样本规模——信赖过度风险 10%(括号内是可接受的偏差数)①

预计总体偏差率	可容忍偏差率										
	2%	3%	4%	5%	6%	7%	8%	9%	10%	15%	20%
0.00%	114(0)	76(0)	57(0)	45(0)	38(0)	32(0)	28(0)	25(0)	22(0)	15(0)	11(0)
0.25	194(1)	129(1)	96(1)	77(1)	64(1)	55(1)	48(1)	42(1)	38(1)	25(1)	18(1)
0.50	194(1)	129(1)	96(1)	77(1)	64(1)	55(1)	48(1)	42(1)	38(1)	25(1)	18(1)
0.75	265(2)	129(1)	96(1)	77(1)	64(1)	55(1)	48(1)	42(1)	38(1)	25(1)	18(1)
1.00	*	176(2)	96(1)	77(1)	64(1)	55(1)	48(1)	42(1)	38(1)	25(1)	18(1)
1.25	*	221(3)	132(2)	77(1)	64(1)	55(1)	48(1)	42(1)	38(1)	25(1)	18(1)
1.50	*	*	132(2)	105(2)	64(1)	55(1)	48(1)	42(1)	38(1)	25(1)	18(1)
1.75	*	*	166(3)	105(2)	88(2)	55(1)	48(1)	42(1)	38(1)	25(1)	18(1)
2.00	*	*	198(4)	132(3)	88(2)	75(2)	48(1)	42(1)	38(1)	25(1)	18(1)
2.25	*	*	*	132(3)	88(2)	75(2)	65(2)	42(1)	38(1)	25(1)	18(1)
2.50	*	*	*	209(6)	110(3)	75(2)	65(2)	58(2)	38(1)	25(1)	18(1)
2.75	*	*	*	*	132(4)	94(3)	65(2)	58(2)	52(2)	25(1)	18(1)
3.00	*	*	*	*	132(4)	94(3)	65(2)	58(2)	52(2)	25(1)	18(1)
3.25	*	*	*	*	153(5)	113(4)	82(3)	58(2)	52(2)	25(1)	18(1)
3.50	*	*	*	*	194(7)	113(4)	82(3)	73(3)	52(2)	25(1)	18(1)
3.75	*	*	*	*	*	131(5)	98(4)	73(3)	52(2)	25(1)	18(1)
4.00	*	*	*	*	*	149(6)	98(4)	73(3)	65(3)	25(1)	18(1)
5.00	*	*	*	*	*	*	160(8)	115(6)	78(4)	34(2)	18(1)
6.00	*	*	*	*	*	*	*	182(11)	116(7)	43(3)	25(2)
7.00	*	*	*	*	*	*	*	*	199(14)	52(5)	25(3)

注：本表假设总体为大总体。

*代表样本规模太大，因而在多数情况下不符合成本效益原则。

表 13-5　被测试属性的可容忍偏差率、预计总体偏差率和可接受的信赖过度风险

属性	可容忍偏差率	预计总体偏差率	可接受的信赖过度风险	样本规模
(a)	5.0%	1.50%	10.0%	105
(b)	6.0%	2.50%	10.0%	110
(c)	5.0%	1.50%	5.0%	124
(d)	6.0%	3.00%	10.0%	132
(e)	4.0%	0.25%	5.0%	117
(f)	4.0%	1.00%	5.0%	156

① 表 13-3 和表 13-4 资料来源于 AICPA Audit and Accounting Guide：Audit Sampling(2005)。

8）选取样本

在确定样本规模之后，注册会计师必须从总体中选取项目以构成样本。注册会计师可以根据实际需要采用前述的某种选样方法。为确保客户改变样本项目的可能性减至最小，注册会计师不能在样本项目选取前太早通知他们，同时也应控制好客户所提供的凭证。

9）执行审计程序并记录审计结果

注册会计师现在要选取待审查的发票，执行具体的测试，并记录已发现的所有偏差。该步骤的工作底稿形式不一，但应该全面描述所有已发现的偏差以及对问题的解释。程序的测试结果可以汇总为各个属性的实际偏差率。表13-6是反映实际偏差率的工作底稿。本例中假定注册会计师发现了7个偏差：属性(a)和(f)分别有1个偏差属性(b)有2个偏差、属性(c)有3个偏差、属性(d)和(e)没有偏差。

表13-6　　属性抽样中发现的偏差记录

被测试的偏差	偏差的顺序号	已发现偏差的说明	估计的总体偏差率上限与可容忍偏差率比较	结论：对审计的影响
(a)	1	发票上的顾客名称与销售日记账中记录的资料不符，原因是顾客与其他公司合并重组后采用了新的名称，发票上反映了顾客的新名称，销售日记账仍沿用顾客原来的名称	没有问题（参见表13-9，下同）	审计上不需要特别关注。建议公司在顾客信息发生变更时及时、统一更新客户档案
(b)	1	销售发票后没有附提货单。经销售人员回忆，新来的实习生帮忙整理凭证时将其误丢入了碎纸机	没有问题	审计上不需要特别关注。建议将已毁损凭证的复印件放入档案中
(b)	2	销售发票后没有附顾客订单，因为该顾客是通过电话订购的	没有问题	审计上不需要特别关注。该公司尚未建立处理电话订购的制度，建议管理层在系统设计时考虑这方面问题
(c)	1	信用经理复核了这笔交易，但是忘了在单据的适当位置签字	过高	表明在执行授权审批程序时比较粗心，建议管理层提高该流程的可靠性
(c)	2	由于偶尔的疏忽，导致这笔销售交易未得到信用经理的批准	过高	表明控制程序并非在所有情况下都得以执行。这可能会导致收款问题增多
(c)	3	由于信用经理当时正在国外考察，又没有相应的替代程序，这笔交易未得到信用经理批准	过高	表明控制程序并非在所有情况下都得以执行。这可能会导致收款问题增多
(f)	1	顾客订单上的货物数量与销货通知单、提货单和发票上的数量不符，原因是顾客后来增加了订货数量，但经办人员未将新的顾客订单及时归档	没有问题	审计上不需要特别关注，建议公司加强凭证管理

10）根据样本结果推断总体

注册会计师执行了审计程序并将已发现的偏差汇总之后，下一步就是根据样本结果推断整个总体。注册会计师需要确定实际发现的偏差率是否可以容忍，也就是说，实际发现的偏差率是否低得足以让人接受。

注册会计师可以利用抽样结果评价表（表13-7、表13-8分别列示了可接受的信赖过度风险为5%和10%时的估计总体偏差率上限），根据实际发现的样本结果推断整个总体。在该表中，样本量能够与实际发现的偏差数相互参照。而通过该表查到的值就是注册会计师在给定实际发现的偏差数和可接受风险水平下所预期的最大偏差率，即估计的总体偏差率上限。如果可接受的信赖过度风险等于10%(5%)，那么某属性的真实偏差率超过表中给出的估计偏差率上限的可能性不会超过10%(5%)。例如，如果注册会计师在含有200个项目的样本中发现一个偏差，那么根据抽样结果评价表，真实偏差率超过2.4%(可接受的过度信赖风险等于5%)的可能性不超过5%，或者说，真实偏差率不超过2.4%的可能性是95%。当可接受的信赖过度风险等于10%时，相应的估计偏差率上限则为2.0%。

表13-7　控制测试中统计抽样结果评价——信赖过度风险5%的偏差率上限①

样本规模	实际发现的偏差数										
	0	1	2	3	4	5	6	7	8	9	10
25	11.3	17.6	*	*	*	*	*	*	*	*	*
30	9.5	14.9	19.6	*	*	*	*	*	*	*	*
35	8.3	12.9	17.0	*	*	*	*	*	*	*	*
40	7.3	11.4	15.0	18.3	*	*	*	*	*	*	*
45	6.5	10.2	13.4	16.4	19.2	*	*	*	*	*	*
50	5.9	9.2	12.1	14.8	17.4	19.9	*	*	*	*	*
55	5.4	8.4	11.1	13.5	15.9	18.2	*	*	*	*	*
60	4.9	7.7	10.2	12.5	14.7	16.8	18.8	*	*	*	*
65	4.6	7.1	9.4	11.5	13.6	15.5	17.4	19.3	*	*	*
70	4.2	6.6	8.8	10.8	12.6	14.5	16.3	18.0	19.7	*	*
75	4.0	6.2	8.2	10.1	11.8	13.6	15.2	16.9	18.5	20.0	*
80	3.7	5.8	7.7	9.5	11.1	12.7	14.3	15.9	17.4	18.9	*
90	3.3	5.2	6.9	8.4	9.9	11.4	12.8	14.2	15.5	16.8	18.2
100	3.0	4.7	6.2	7.6	9.0	10.3	11.5	12.8	14.0	15.2	16.4
125	2.4	3.8	5.0	6.1	7.2	8.3	9.3	10.3	11.3	12.3	13.2
150	2.0	3.2	4.2	5.1	6.0	6.9	7.8	8.6	9.5	10.3	11.1
200	1.5	2.4	3.2	3.9	4.6	5.2	5.9	6.5	7.2	7.8	8.4

注：本表以百分比表示偏差率上限。本表假设总体足够大。
*代表超过20%。

表13-8　控制测试中统计抽样结果评价——信赖过度风险10%的偏差率上限①

样本规模	实际发现的偏差数										
	0	1	2	3	4	5	6	7	8	9	10
20	10.9	18.1	*	*	*	*	*	*	*	*	*
25	8.8	14.7	19.6	*	*	*	*	*	*	*	*
30	7.4	12.4	17.0	*	*	*	*	*	*	*	*
35	6.4	10.7	15.0	18.1	*	*	*	*	*	*	*
40	5.6	9.4	13.4	16.0	19.0	*	*	*	*	*	*

① 表13-7和表13-8资料来源于AICPA Audit and Accounting Guide：Audit Sampling(2005)。

（续表）

样本规模	实际发现的偏差数										
	0	1	2	3	4	5	6	7	8	9	10
45	5.0	8.4	12.1	14.3	17.0	19.7	*	*	*	*	*
50	4.6	7.6	11.1	12.9	15.4	17.8	*	*	*	*	*
55	4.1	6.9	10.2	11.8	14.1	16.3	18.4	*	*	*	*
60	3.8	6.4	9.4	10.8	12.9	15.0	16.9	18.9	*	*	*
70	3.3	5.5	8.8	9.3	11.1	12.9	14.6	16.3	17.9	19.6	*
80	2.9	4.8	7.7	8.2	9.8	11.3	12.8	14.3	15.8	17.2	18.6
90	2.6	4.3	6.9	7.3	8.7	10.1	11.5	12.8	14.1	15.4	16.6
100	2.3	3.9	6.2	6.6	7.9	9.1	10.3	11.5	12.7	13.9	15.0
120	2.0	3.3	5.0	5.5	6.6	7.6	8.7	9.7	10.7	11.6	12.6
160	1.5	2.5	4.2	4.2	5.0	5.8	6.5	7.3	8.0	8.8	9.5
200	1.2	2.0	3.2	3.4	4.0	4.6	5.3	5.9	6.5	7.1	7.6

注：本表以百分比表示偏差率上限。本表假设总体足够大。
*代表超过20%。

表 13-9　　评价属性抽样的结果

属性	样本量	可接受的信赖过度风险	实际发现的偏差数	实际偏差率	估计的总体偏差率上限（抽样结果评价表）		可容忍偏差率
					低值	高值	
(a)	105	10.0%	1	0.95%	3.3%	3.9%	5.0%
(b)	110	10.0%	2	1.82%	4.4%	5.3%	6.0%
(c)	124	5.0%	3	2.42%	6.1%	7.6%	5.0%
(d)	132	10.0%	0	0.00%	1.5%	2.0%	6.0%
(e)	117	5.0%	0	0.00%	2.4%	3.0%	4.0%
(f)	156	5.0%	1	0.64%	2.4%	3.2%	4.0%

该例子中，审计程序的结果汇总于表13-9中①。我们看到，属性(a)的样本量为105，可接受的信赖过度风险水平为10%，实际发现了1个偏差。但遗憾的是，表13-8中并没有明确列出样本量为105的情况，因此，我们必须根据表中列出的值推断出一个中间值。当样本量为100，偏差数为1时，估计总体偏差率上限为3.9%；当样本量为120，偏差数为1时，估计的总体偏差率上限为3.3%。因此，样本量为105时，估计的总体偏差率上限应该位于3.9%和3.3%之间。不过，此处我们不需要在100和120之间进行推断，因为最高值3.9%低于可容忍偏差率5.0%。我们可以直接得出结论，属性(a)的测试结果令人满意。

在测试属性(c)时，从124个样本项目中发现了3个偏差。表13-7显示，当样本量为100，偏差数为3时，估计的总体偏差率上限为7.6%；而样本量为125，偏差数为3时，估计的总体偏差率上限为6.1%。那么，此处我们也不需要在100和125之间进行推断，因为这两个值

① 后面的论述都是基于根据每个属性计算出来的样本量，而不是基于最大样本。

都超过可容忍偏差率5.0%。我们可以直接得出结论，属性(c)的测试结果不能令人满意。

采用同样的方法，我们可以看到属性(d)、(e)和(f)的估计总体偏差率上限都确实低于它们各自的可容忍偏差率。因此，这些属性的测试结果都令人满意。

11) 分析偏差的性质和原因

除了评价偏差发生的频率以外，注册会计师还要对偏差进行定性分析，即分析偏差的性质和原因。偏差可能由工作人员的粗心、误解指令、故意不执行控制程序以及其他因素引起，不同的性质和原因会影响到注册会计师对内部控制的评价及后续工作的开展。例如，如果注册会计师发现有某项偏差表明组织内部存在舞弊行为的迹象或征兆，就需要引起高度重视，并采取一系列应对措施。本例中对偏差性质和原因的分析可参见表13-6。

12) 形成审计结论

抽样过程的最后一步是根据样本结果对所测试总体形成结论。在本例中，属性(a)、(b)、(d)、(e)、(f)的测试结果令人满意，表明总体可以接受，也就是说，样本结果支持注册会计师对上述控制运行有效性的估计；属性(c)的测试结果不能令人满意，表明不能接受总体，也就是说，样本结果不支持注册会计师对该控制运行有效性的估计。

需要说明的是，在实务工作中，属性统计抽样方法包括以下几种具体类型：固定样本量抽样、停走抽样和发现抽样。在固定样本量抽样中，注册会计师对一个确定规模的样本实施检查，且等到某一确定规模的样本全部选取、审查完以后，才作出审计结论。前面所介绍的基本步骤就是以固定样本量抽样为例。采用固定样本量抽样时，如果预计总体偏差率大大高于实际偏差率，其结果将是选取了过多的样本，降低了审计工作效率。停走抽样则是从预计总体偏差率为零开始，通过边抽样边评估来完成审计工作。注册会计师先抽取一定量的样本进行审查，如果结果可以接受，就停止抽样得出结论；如果结果不能接受，就扩大样本量继续审查直至得出结论。发现抽样是固定样本量抽样的另一种特殊形式，与固定样本量抽样的不同之处在于，发现抽样将预计总体偏差率直接定为0，并根据可接受信赖过度风险和可容忍偏差率一起确定样本量。在预计控制高度有效时可以使用发现抽样，以证实控制的有效性。在对选出的样本进行审查时，一旦发现一个偏差就立即停止抽样。如果在样本中没有发现偏差，则可以得出总体可以接受的结论。发现抽样同样适合于查找重大舞弊或非法行为。

13.2.2 非统计抽样

在控制测试中也可以采用非统计抽样方法进行属性抽样，其基本步骤与前面介绍的属性统计抽样的步骤大致相同，但在具体执行过程中也存在一定区别。下面分别对抽样过程的3个阶段予以说明。

1) 样本设计阶段

在控制测试中使用非统计抽样方法时，样本设计阶段的各个步骤与使用统计抽样方法时基本一致，只是在样本规模的确定方面有所不同。具体来说，虽然两种抽样方法下影响样本规模的因素相同，但在非统计抽样中，注册会计师需运用职业判断，通过对可接受的信赖过度风险、可容忍偏差率、预计总体偏差率等因素的定性分析来评估样本量；而在统计抽样中，注册会计师需要对上述因素予以量化，并利用根据统计公式开发的专门计算机程序或专门的样本量表来确定样本量。

2）样本选取阶段

在这一阶段，统计抽样方法要求必须随机选取样本；而在非统计抽样方法中，只要求选出的样本具有代表性，并不要求必须是随机样本，注册会计师可以使用简单随机选样、系统选样，也可以使用随意选样。

3）抽样结果评价阶段

在这一阶段，无论是统计抽样还是非统计抽样，都是将样本的偏差率作为总体偏差率的最佳估计，并需要对发现的偏差进行定性分析。但与统计抽样不同的是，在非统计抽样中，抽样风险无法直接计量。因此，注册会计师在将估计的总体偏差率与可容忍偏差率进行比较时，对抽样风险的考虑和处理方式与统计抽样方法下有所不同。

13.3 审计抽样在实质性程序中的应用

在实质性程序中，审计抽样只能在实施细节测试时使用。注册会计师既可能使用统计抽样方法，也可能使用非统计抽样方法。其中，统计抽样方法又包括传统变量抽样和概率比例规模抽样（以下简称 PPS 抽样）。

13.3.1 传统变量抽样

传统变量抽样主要包括 3 种具体的方法：差额估计抽样、均值估计抽样和比率估计抽样。每种方法推断总体错报的方法各不相同。

差额估计抽样是以样本实际金额与账面金额的平均差额来估计总体实际金额与账面金额的平均差额，然后再以这个平均差额乘以总体规模，从而求出总体的实际金额与账面金额的差额（即总体错报）的一种方法。

均值估计抽样是指通过抽样审查确定样本的平均值，再根据样本平均值推断总体的平均值和总值的一种变量抽样方法。使用这种方法时，注册会计师先计算样本中所有项目审定金额的平均值，然后用这个样本平均值乘以总体规模，得出总体金额的估计值。总体估计金额和总体账面金额之间的差额就是推断的总体错报。

比率估计抽样是指以样本的实际金额与账面金额之间的比率关系来估计总体实际金额与账面金额之间的比率关系，然后再以这个比率去乘总体的账面金额，从而求出估计的总体实际金额的一种抽样方法。

如果未对总体进行分层，注册会计师通常不使用均值估计抽样，因为此时所需的样本规模可能太大，以至于对一般的审计而言不符合成本效益原则。比率估计抽样和差额估计抽样都要求样本项目存在错报。如果样本项目的审定金额和账面金额之间没有差异，这两种方法使用的公式所隐含的机理就会导致错误的结论。因此，注册会计师可以根据不同的审计环境采用不同的变量抽样方法。下面就以差额估计抽样为例，对传统变量抽样的基本步骤进行介绍。

案例讨论 13-1

差额估计抽样举例

假定注册会计师计划对 ABC 公司的应收账款进行积极式函证。ABC 公司在账龄试算表中总共列示了3 000笔应收账款，账面价值为1 800 000元。注册会计师认为该公司的内部控制存在薄弱环节，并预期审计中还将会在账面金额中发现大量的小额错报。该公司总资产为7 500 000元，税前净利润为1 200 000元。由于财务报表的使用者有限，并且ABC公司的财务状况良好，因此可接受的审计风险较高，分析程序的结果表明没有重大问题。在下面的讨论中，我们假定所有的函证都有答复或都执行了有效的替代程序。因此，样本规模就是寄出的积极式函证的数量。

1）明确审计目标及审计程序

抽样过程的第一步仍然应当明确审计测试的目标以及要执行的审计程序。在本例中，审计测试的目标是确定在考虑坏账准备之前的应收账款是否存在重要的错报。注册会计师计划执行积极式函证。

2）定义错报条件

注册会计师接下来需要定义错报条件。在本例中，可以将错报界定为通过函证或替代程序所确定的账户金额错误。

3）定义总体和抽样单元

注册会计师需要对总体和抽样单元作出明确的界定。在本例中，应收账款的总体容量为3 000笔，抽样单元就是账龄试算表中的单笔应收账款。

4）确定可容忍错报

注册会计师愿意接受的错报金额是一个重要性问题，有赖于注册会计师的专业判断。在本例中，假定注册会计师确定的可容忍错报额为42 000元。

5）确定可接受的误受风险和误拒风险

在传统变量抽样中，注册会计师需要确定两类风险：

（1）可接受的误受风险。在本例中，就是指在应收账款实际错报超过42 000元时，仍然认为应收账款金额正确的风险。它受可接受的审计风险、控制测试和交易实质性程序的结果、分析程序和应收账款在财务报表中的相对重要性等方面的影响。假定注册会计师在本例中采用10%的可接受的误受风险。

（2）可接受的误拒风险。在本例中，就是指在应收账款实际上没有发生重要错报时，认为应收账款不正确而拒绝接受的风险。它要受重新抽样所要追加的成本影响。由于进行第二次函证的成本很高，因此假定注册会计师采用25%的可接受的误拒风险。当然，对于那些增加样本规模的成本不是很高的审计测试，通常采用较高的可接受的误拒风险。

注册会计师在确定了可容忍错报和可接受的误受风险后，即可提出假设。在本例中，注册会计师提出的假设是：在可接受的误受风险为10%的条件下，应收账款的错报不会超过42 000元。

6）估计总体中的错报

这项估计包括两个方面：

（1）估计预期点估计值。与属性抽样需要估计总体偏差率类似，差额估计需要对总体点估计值作出预先估计。在本例中，假定注册会计师根据以前年度的审计测试结果，确定ABC公司应收账款的预期总体错报的点估计值为4 500元（高估）。

（2）对总体标准差作出预先估计。由于在确定样本规模时，需要预先估计总体中个别错报的变动程度，它是以总体标准差来衡量的，因此在本例中，注册会计师根据以前年度的审计测试结果，估计ABC公司应收账款的总体标准差为40元。

7）确定样本规模

样本规模的计算公式如下：

$$n=\left[\frac{SD^{*}(Z_A+Z_R)N}{TM-E^{*}}\right]^2$$

其中：n——样本规模；SD^{*}——预先估计的标准差；Z_A——可接受的误受风险的置信系数（见表 13-10）；Z_R——可接受的误拒风险的置信系数（见表 13-10）；N——总体容量；TM——总体可容忍错报（重要性）；E^{*}——估计的总体错报点估计值。

在本例中，样本规模为：

$$n=\left[\frac{40(1.28+1.15)\times 3\,000}{42\,000-4\,500}\right]^2=7.776^2=61$$

置信度、可接受的误受风险、可接受的误拒风险的置信系数见表 13-10。

表 13-10　　置信度、可接受的误受风险、可接受的误拒风险的置信系数

置信度	可接受的误受风险(%)	可接受的误拒风险(%)	置信系数
90	0.5	1	2.58
95	2.5	5	1.96
90	5	10	1.64
80	10	20	1.28
75	12.5	25	1.15
70	15	30	1.04
60	20	40	0.84
50	25	50	0.67
40	30	60	0.52
30	35	70	0.39
20	40	80	0.25
10	45	90	0.13
0	50	100	0

8）选取样本

注册会计师可以根据实际需要采用前述的某种选样方法。在本例中，注册会计师从包含 3 000 个账户的账龄试算中随机选取了 61 笔应收账款。

9）执行审计程序并记录审计结果

注册会计师需要对样本项目执行测试，并记录测试的结果。在本例中，注册会计师对 61 笔应收账款执行积极式函证，有 50 笔经顾客证实，对其余 11 笔未予回复的函证，则采用替代程序予以验证。在调整了时间性差异和顾客的错误后，确定了以下 8 项高估（低估）错报值，如表 13-11 所示。

表 13-11　　应收账款函证测试结果表

1. 37.25	2. (129.92)	3. 170.56
4. 200.00	5. (54.60)	6. 82.12
7. 109.42	8. 48.64	
合计：463.47		

10) 根据样本结果推断总体

这一推断过程包括以下几个步骤。

(1) 计算错报总额的点估计值。公式如下：

$$\bar{e}=\frac{\sum e_j}{n}$$

$$\hat{E}=N\bar{e}$$

其中：$\bar{e}$——样本中的平均错报额；e_j——样本中的个别错报；n——样本规模；$\hat{E}$——错报总额的点估计值；N——总体容量。

在本例中：

$$\bar{e}=463.47/61\approx 7.60$$

$$\hat{E}=3\,000\times 7.60=22\,800(\text{元})$$

$$\text{或}\hat{E}=3\,000\times(463.47\div 61)=22\,800(\text{元})$$

(2) 根据样本计算错报的总体标准差。标准差对计算的精确度间距具有重大影响。各项目值的变动额较小时预测总体值的能力要高于各项目值的变动额较大时的情形。计算公式如下：

$$SD=\sqrt{\frac{\sum e_j^2-n(\bar{e})^2}{n-1}}$$

其中：SD——标准差；e_j、n、$\bar{e}$ 的含义与前述一致。

在本例中：$SD=\sqrt{\dfrac{111\,420.92-61\times-(7.60)^2}{61-1}}\approx 42.41$

(3) 计算期望置信度的总体错报总额估计值的抽样风险允许限度。抽样风险允许限度是用统计公式计算的，由于测试基于的是样本而不是总体，因此该结果是一个未能预测总体真实错报的金额量。为使计算的抽样风险允许限度有意义，必须把它与可接受的误受风险结合起来。计算公式如下：

$$CSR=N\,Z_A\frac{SD}{\sqrt{n}}\sqrt{\frac{N-n}{N}}$$

其中：CSR——期望置信度上计算的抽样风险允许限度；Z_A——可接受的误受风险的置信系数；$[(N-n)/N]^{1/2}$——有限修正系数；N、SD、n 的含义与前述一致。

在本例中，$CSR=3\,000\times 1.28\times\dfrac{42.41}{\sqrt{61}}\times\sqrt{\dfrac{3\,000-61}{3\,000}}\approx 20\,682(\text{元})$

(4) 计算期望置信度的总体错报界限。计算的总体错报界限等于错报总额的点估计值加减抽样风险允许限度。计算公式如下：

$$UCL = \hat{E} + CSR$$
$$LCL = \hat{E} - CSR$$

其中：UCL——计算的总体错报上限；LCL——计算的总体错报下限；$\hat{E}$，CSR 的含义与前述一致。

在本例中：

$$UCL = 22\ 800 + 20\ 682 = 43\ 482(\text{元})$$
$$LCL = 22\ 800 - 20\ 682 = 2\ 118(\text{元})$$

在本例中，计算的总体报错上限 43 482 元超过了可容忍错报 42 000 元的范围。因此，可以得出结论，应收账款的账面余额不可以接受。

11）分析错报

与控制测试中的审计抽样类似，注册会计师必须对所发现的每一项错报的性质和原因进行分析，并考虑其对审计工作的影响。错报通常可以分为 3 类：随机的无意识错报、系统的无意识错报和舞弊。如果注册会计师认为错报是无意识的、随机的，那么他可以很有把握地根据样本结果对总体作出结论；如果属于系统错报，则意味着系统存在根本缺陷，一旦满足某些特定条件，错报就会出现，因此应将这类错报与随机错报分开，并进行单独的审计测试，剩下的随机错报则可以运用统计方法进行分析；如果错报属于舞弊性质，注册会计师必须认真分析问题的严重程度，评价它对完成审计工作的影响，并与适当的管理层和治理层进行沟通。

12）形成审计结论

注册会计师最后需要根据样本结果形成审计结论，确定总体是否可以接受。作出这一决策时所依据的规则是：如果计算的总体错报上限和总体错报下限完全落入了正负可容忍错报范围内，那么账面金额没有重要错报的假设就可以接受；反之，则只可接受账面金额有重要错报的假设。现将这一决策规则示例于图 13-2。在第一种和第二种情况中，总体错报

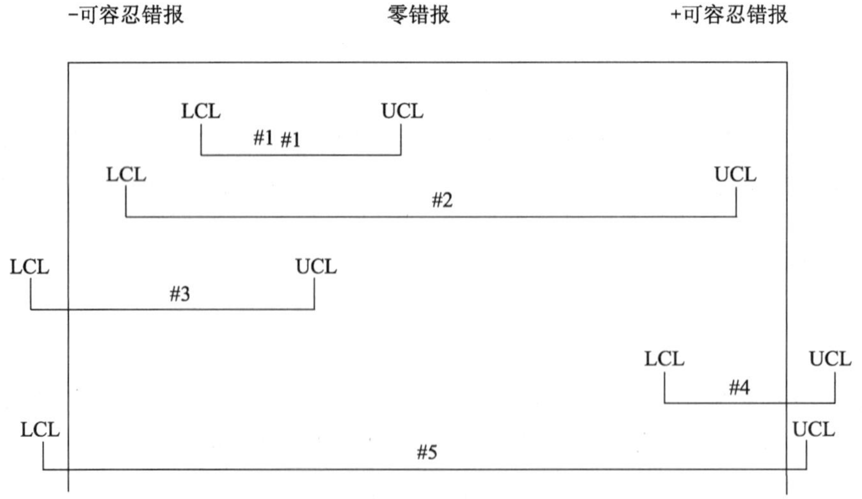

图 13-1　注册会计师在差额估计抽样中的决策规则示范

注：LCL：计算的总体错报下限；UCL：计算的总体错报上限。

上限和总体错报下限均完全落入高估和低估的可容忍错报限额内，因此注册会计师可以认定：总体金额不存在重大错报的结论可以接受；而对于第三、第四、第五种情况，要么是总体错报上限，要么是总体错报下限，或者是两者同时超过了可容忍错报的范围，这时，注册会计师就可以认定：总体的账面金额不可以接受。

13.3.2 PPS 抽样

PPS 抽样是一种运用属性抽样原理对货币金额而不是对发生率得出结论的统计抽样方法。它以货币单位作为抽样单元，总体中的每个货币单位被选中的机会相同，所以总体中某一项目被选中的概率等于该项目的金额与总体金额的比率。项目金额越大，被选中的概率就越大。当然，注册会计师实际上并不是对总体中的货币单位实施检查，而是对包含被选取货币单位的余额或交易实施检查。注册会计师检查的余额或交易被称为逻辑单元。

下面以应收账款审计为例，介绍实务工作中，PPS 抽样通常包括的步骤。

1）明确审计目标及审计程序

与其他抽样方法类似，注册会计师首先应当明确审计测试的目标以及要执行的审计程序。假定注册会计师正在对 XYZ 公司的应收账款进行审计。审计测试的目标是确定在考虑坏账准备之前的应收账款是否存在重要的错报。注册会计师计划执行积极式函证。

2）定义总体和抽样单元

注册会计师仍然需要明确地界定总体和抽样单元。与传统变量抽样不同的是，在 PPS 抽样中，抽样单元是指每一个货币单位。在本例中，注册会计师确定的将要进行函证的应收账款总体如表 13-12 所示。

表 13-12　运用 PPS 抽样选取应收账款账户进行函证　单位：元

顾客编号	余额	累计总额	选取的随机余额				函证的余额
001	12 356.55	12 356.55					
002	89 152.02	101 508.57	37 875.00				89 152.02
003	55 335.63	156 844.20	102 992.00				55 335.63
004	23 049.09	179 893.29	168 109.00				23 049.09
005	89 380.17	269 273.46	233 226.00				89 380.17
006	29 533.86	298 807.32	298 343.00				29 533.86
007	34 414.32	333 221.64					
008	14 817.99	348 039.63					
009	68 718.24	416 757.87	363 460.00				68 718.24
010	58 300.89	475 058.76	428 577.00				58 300.89
011	26 743.68	501 802.44	493 694.00				26 743.68
012	2 609.16	504 411.60					
013	86 286.06	590 697.66	558 811.00				86 286.06
014	131 215.08	721 912.74	623 928.00	489 045.00			131 215.08
015	85 589.16	807 501.90	754 162.00				85 589.16
016	25 780.77	833 282.67	819 279.00				25 780.77

（续表）

顾客编号	余额	累计总额	选取的随机余额				函证的余额
017	72 129.24	905 411.91	884 396.00				72 129.24
018	47 085.21	952 497.12	949 513.00				47 085.21
019	22 793.49	975 290.61					
020	19 488.81	994 779.42					
021	80 181.81	1 074 961.23	1 014 630.00				80 181.81
022	27 732.00	1 102 693.23	1 079 747.00				27 732.00
023	35 026.95	1 137 720.18					
024	55 861.56	1 193 581.74	1 144 864.00				55 861.56
025	9 217.20	1 202 798.94					
026	34 411.05	1 237 209.99	1 209 981.00				34 411.05
027	128 347.68	1 365 557.67	1 275 098.00	1 340 215.00			128 347.68
028	8 367.81	1 373 925.48					
029	12 922.71	1 386 848.19					
030	5 045.52	1 391 893.71					
031	10 930.71	1 402 824.42					
032	4 219.23	1 407 043.65	1 405 332.00				4 219.23
033	46 197.54	1 453 241.19					
034	7 746.30	1 460 987.49					
035	84 496.05	1 545 483.54	1 470 449.00	1 535 566.00			84 496.05
036	15 104.79	1 560 588.33					
037	45 323.67	1 605 912.00	1 600 683.00				45 323.67
038	17 354.58	1 623 266.58					
039	69 021.21	1 692 287.79	1 665 800.00				69 021.21
040	31 870.44	1 724 158.23					
041	3 131.73	1 727 289.96					
042	73 723.35	1 801 013.31	1 730 917.00	1 796 034.00			73 723.35
043	26 441.58	1 827 454.89					
044	37 412.55	1 864 867.44	1 861 151.00				37 412.55
045	64 837.35	1 929 704.79	1 926 268.00				64 837.35
046	2 333.64	1 932 038.43					
047	41 151.21	1 973 189.64					
048	87 774.54	2 060 964.18	1 991 385.00	2 056 502.00			87 774.54
049	25 430.04	2 086 394.22					
050	34 063.26	2 120 457.48					
051	157 201.80	2 277 659.28	2 121 619.00	2 186 736.00	251 853.00		157 201.80
052	18 591.39	2 296 250.67					

（续表）

顾客编号	余额	累计总额	选取的随机余额				函证的余额
053	69 047.76	2 365 298.43	2 316 970.00				69 047.76
054	51 890.37	2 417 188.80	2 382 087.00				51 890.37
055	20 738.73	2 437 927.53					
056	35 312.25	2 473 239.78	2 447 204.00				35 312.25
057	8 616.66	2 481 856.44					
058	35 475.60	2 517 332.04	2 512 321.00				35 475.60
059	9 598.35	2 526 930.39					
060	288 861.24	2 815 791.63	2 577 438.00	2 642 555.00	2 707 672.00	2 772 789.00	288 861.24
061	5 190.45	2 820 982.08					
062	66 615.36	2 887 597.44	2 837 906.00				66 615.36
063	14 377.59	2 901 975.03					
064	2 195.25	2 904 170.28	2 903 023.00				2 195.25
065	26 064.18	2 930 234.46					

参考来源：李雪.审计学原理[M].上海：立信会计出版社，2017.

3）定义审计程序所适用的错报状态

在传统变量抽样中，项目的错报状态很容易说明——所测试的账户金额或者对或者错；但在 PPS 抽样中，由于抽样单元变成了货币单位，因此对错报状态的解释也相应地有所区别。

在本例涉及的应收账款函证中，当某个货币单位被选中进行函证时，它是跟某个具体的顾客相关联的。为了对所选中的 1 元进行函证，就需要函证该顾客的整个账户余额；函证结果提供的证据也不仅仅与被选中的抽样单元有关，而是适用于整个账户余额。例如，表 13-12 中 022 号顾客的账户余额是 27 732 元，假定这 27 732 个抽样单元中有一个抽样单元被选中，并证实是一项误差，那么这所有 27 732 个抽样单元，即被选中的抽样单元和未被选中但包含在函证中的其他 27 731 个抽样单元都不正确。这一点在评价抽样结果时需要予以特别注意。

4）确定可容忍错报

可容忍错报水平是影响样本规模的重要因素之一。在本例中，假定注册会计师确定的可容忍错报水平为 150 000 元。

5）确定可接受的误受风险

可接受的误受风险也是影响样本规模的重要因素之一。

在本例中，假定注册会计师确定的可接受的误受风险水平为 10%。

6）估计总体错报水平

估计总体错报水平的高低也会影响到样本规模的大小。在估计这一水平时，可以参考上一年的审计结果，也可以选取一个较小的初步样本进行估计。当然，在某些情况下，注册会计师估计总体错报水平的依据可能并不充分，为了避免不必要地扩大样本量，注册会计师也可以将其确定为零。

在本例中，假定注册会计师估计的总体错报水平为0。

7）估计预期误差因子

如前所述，PPS抽样的抽样单元是一个货币单位，但实际执行的审计程序适用于整个逻辑单元。这意味着当错报被发现后，它与整个逻辑单元有关，包括逻辑单元中被选中的那一个货币单位以及其他未被选中的货币单位。进一步的问题是：该错报是归因于被选中的那个货币单位，还是未被选中的其他货币单位，或是该逻辑单元的全部余额？为简化起见，注册会计师通常假定发现的错报平等地适用于构成该逻辑单元的全部货币单位。

举例来说，假定某应收账款的账面记录是2 000元，但注册会计师发现它被高估了400元，由于高估额占账户余额的20%，因此可以认为每1元都被高估了20%。也就是说，我们将账户中400元的错报转换为每1元（抽样单元）20%的错报。这里的错报率（20%）就被称为误差因子（tainting factor，TF），其计算公式如下：

误差因子（TF）=（账面值－正确值）÷账面值

在PPS抽样中，注册会计师为了计算样本规模，必须确定整个总体的预期误差因子，它反映的是当审计程序发现了一个误差之后，注册会计师对误差可能有多大的条件预期。需要注意的是，它与误差发生的可能性不是一回事。尽管在实际中超过25%的误差因子并不多见，但是注册会计师在实务工作中常常将预期误差因子的值定为100%。

在本例中，注册会计师确定的预期误差因子为100%。

8）确定样本规模

PPS抽样的样本规模取决于可接受的误受风险、可容忍错报、预计总体错报和预期误差因子的相互影响。由于注册会计师是以货币单位（元）为抽样单元，每1元要么对要么错，因此可以运用属性抽样的原理，通过查属性抽样的样本量表确定样本规模。在查表之前，需要计算出可容忍偏差率的值，计算公式如下：

可容忍偏差率＝可容忍错报÷（预期误差因子×账面值）

另外，在PPS抽样中，由于总体规模基本上总是很大，因此很少使用有限纠正因子予以调整。

在本例中，可容忍偏差率＝150 000÷（100%×2 930 234）≈5%

利用属性抽样的样本量表（见表13-4），注册会计师可以查到所需的样本规模为45。

9）选取样本

在确定样本规模之后，注册会计师接下来需要选取样本。选样的方法可以是简单随机选样，也可以是系统选样等。

在本例中，注册会计师需要从应收账款总体中选取45个明细余额作为样本。假定注册会计师使用系统选样方法。首先，需要计算抽样间隔。由于账面值为2 930 234元，样本量为45，因此抽样间隔为65 117（2 930 234÷45，向上凑整为最近的整数）。假定随机起点为37 875（起点应该在0与65 117之间）。

在开始选样之前，注册会计师先将应收账款账户按某种逻辑顺序（例如，按顾客编号，见表13-12）进行排列，然后开始点数。要选取的第1个余额是37 875元，注册会计师需要根据抽样单元（元）一直点到37 875。顾客001号包含1到12 356个抽样单元，小于随机起点，因此将001号顾客从样本中略去，继续点数；37 875元落在顾客002的账户范围之内，那么该顾客就进入到所选取的样本中。接下来，要选取的第 2 个余额是 102 992 元(37 875＋65 117)，位于顾客 002 对应的累计总额 101 508 元与顾客 003 对应的累计总额 156 844 元之间，所以，顾客 003 也进入到所选取的样本中。依次类推，最后，注册会计师共得到 45 个明细余额。

表 13-12 的最后一列列出了整个样本。实际选取的元列在"选取的随机余额"一列中，其计算结果是通过连续将抽样间隔与上一次选取的余额相加得到的。需要注意的是：从本例中可以看出，由于抽样过程的系统性，余额超过抽样间隔的账户肯定会被选取。此外，余额非常大的账户可能会被选中多次，注册会计师尽管只对这些顾客账户寄送一封询证函，但是在统计上仍将其视为多个样本项目，其回复要算作误差多次或者正确多次。例如，如果发现账户 060 中存在一个误差，那么这个误差就要算 4 个误差，因为该账户包含了 4 个样本单位。

10）执行审计程序并记录审计结果

选取样本项目后，接下来就是执行审计程序，并记录所发现的误差。

在本例中，注册会计师需要向所选的 35 个顾客账户(样本量是 45，但是有的账户包含了多个样本单位)寄送询证函。通过函证发现的 4 个错报见表 13－13，错报总金额为 40 754.34元。

表 13-13　　PPS 抽样得到的函证结果汇总

账户编号	样本单位	账面值(元)	正确值(元)	误差(元)	误差因子	说明
015	754 162	85 589.16	77 034.24	8 558.92	10.0%	销售交易中使用的价格不正确
024	1 144 864	55 861.56	27 930.78	27 930.78	50.0%	现金收入记录的期间不正确
037	1 600 683	45 323.67	43 057.49	2 266.18	5.0%	销售交易中使用的价格不正确
063	2 837 906	66 615.36	64 616.90	1 998.46	3.0%	赊销交易记入错误的顾客

11）根据样本结果推断总体

在完成审计程序以后，注册会计师需要根据样本结果推断总体的错报上限。在 PPS 抽样中，估计总体错报上限的计算需要利用属性抽样结果评价表中查到的估计总体偏差率上限，并利用以下计算公式：

估计总体错报上限 = 账面值 × 估计总体偏差率上限 × 误差因子

在本例中，可接受的误受风险为 10%，样本量为 45，假定注册会计师在函证中未发现任何错报，那么利用属性抽样结果评价表(见表 13-8)，可以得到估计总体偏差率上限为5.0%。假定误差因子为 100%，则估计总体错报上限为 146 511.72 元(2 930 234.46 × 5.0% × 100%)。

本例中实际发现了 4 项错报，查表 13-9 可知，在这种情况下，估计总体偏差率上限为 17.0%，假定误差因子为 100%，则估计总体错报上限为 498 139.85 元(2 930 234.46 × 17.0% × 100%)。这个金额相当高，远远超过可容忍错报。当然，注册会计师在得出审计结论之前，可能希望考虑观察到的实际误差大小(可以通过误差因子看出来)。

因此，如果考虑实际观察到的误差因子，那么估计总体错报上限的计算如表 13-14 所示。在计算时，第一步是计算没有错报时的基本结果，然后按误差因子从大到小的顺序连续考虑每项错报的影响,每项错报都使估计总体错报上限的值有所增加。按照从大到小的顺序分析误差是为了计算最保守的估计值。计算过程要用到:①由于误差个数的增加而导致估计总体偏差率上限的增量变化值。②由误差因子所代表的误差的最终影响。

表 13-14　　PPS 抽样中采用实际观察到的误差因子计算估计总体错报上限

账户	偏差率上限	偏差率上限的增量变化	账户的账面值(元)	实际观察到的误差因子	估计总体错报上限的增量变化(元)
无错报	5.0%	5.0%	2 930 234.46	100%	146 511.72
024	8.4%	3.4%	2 930 234.46	50.00%	49 813.99
015	11.4%	3.0%	2 930 234.46	10.00%	8 790.70
037	14.3%	2.9%	2 930 234.46	5.0%	4 248.84
062	17.0%	2.7%	2 930 234.46	3.0%	2 373.49
总计					211 738.74

12) 分析错报

与传统变量抽样类似,除了根据抽样结果推断总体之外,注册会计师还必须分析每项已发现错报的性质和原因,并考虑其对审计工作的影响。

13) 形成审计结论

注册会计师最后需要根据样本结果形成审计结论,确定总体是否可以接受。一般而言,如果估计的总体错报上限低于可容忍错报,那么注册会计师可以认为在适当的风险水平(可接受的误受风险)下,总体可以接受,即账户不存在重大错报;如果估计的总体错报上限大于或等于可容忍错报,那么注册会计师可以认为总体不能接受,即账户存在重大错报。

在本例中,估计的总体错报上限 211 738.74 元大于可容忍误差,因此注册会计师可以得出结论总体不能接受,应收账款账户余额存在重大错报,并考虑采取进一步的应对措施。

13.3.3　非统计抽样

注册会计师在细节测试中也可以采用非统计抽样方法,其基本步骤与前面介绍的统计抽样的步骤大致相同,但在具体执行过程中也存在一定区别。下面分别抽样过程的 3 个阶段予以说明。

1) 样本设计阶段

在细节测试中使用非统计抽样方法时,样本设计阶段的各个步骤与使用统计抽样方法时基本一致,但在样本规模的确定方面有所不同。具体来说,在非统计抽样中,虽然注册会计师也需要考虑总体变异性、可接受抽样风险、可容忍错报、预计总体错报以及总体规模等相关影响因素,但与统计抽样不同的是,注册会计师可以不必明确地量化这些因素,而可以通过对这些因素的定性分析,运用职业判断来评估样本量。

2) 样本选取阶段

在样本选取过程中,统计抽样方法要求必须随机选取样本;而在非统计抽样方法中,只要求选出的样本具有代表性,并不要求必须是随机样本。

3) 抽样结果评价阶段

在这一阶段,无论是统计抽样还是非统计抽样,都要求根据样本结果推断总体错报,并对每一项错报的原因和性质进行分析。但与统计抽样不同的是，在非统计抽样中，注册会计师无法运用统计公式计算抽样风险允许限度，因此，在将推断的总体错报与可容忍错报进行比较时，对抽样风险的考虑和处理方式与统计抽样方法下有所不同。

重要概念

审计抽样　总体　统计抽样　抽样风险　非抽样风险　可容忍错报　可容忍偏差率　属性抽样　变量抽样　系统选样　随意选样　差额估计抽样　均值估计抽样　比率估计抽样　概率比例规模抽样

本章练习

简答题

1. 什么是抽样风险？抽样风险分为哪几类？
2. 在审计过程中，可能导致非抽样风险的原因有哪些？
3. 简述非统计抽样和统计抽样的区别。
4. 简述审计抽样的过程。
5. 确定样本规模时需考虑的因素有哪些？
6. 简述属性抽样的基本步骤。
7. 传统变量抽样主要包括哪些具体方法？
8. 概率比例规模抽样有什么特点？如何应用？

选择题

1. 下列各项中，属于审计抽样基本特征的有(　　)。
A. 对具有审计相关性的总体中低于百分之百的项目实施审计程序
B. 可以根据样本项目的测试结果推断出有关抽样总体的结论
C. 所有抽样单元都有被选取的机会
D. 可以基于某一特征从总体中选出特定项目实施审计程序
2. 下列有关审计抽样的样本代表性的说法中，错误的是(　　)。
A. 如果样本的选取是无偏向的，该样本通常具有代表性
B. 样本具有代表性意味着根据样本测试结果推断的错报与总体中的错报相同
C. 样本的代表性与样本规模无关
D. 样本的代表性通常只与错报的发生率而非错报的特定性质相关
3. 下列审计程序中，通常不宜使用审计抽样的有(　　)。
A. 风险评估程序
B. 实质性分析程序
C. 对未留下运行轨迹的控制的运行有效性实施测试
D. 对信息技术应用控制的运行有效性实施测试
4. 下列有关选取测试项目的方法的说法中，正确的是(　　)。
A. 从总体中选取特定项目进行测试时，应当使总体中每个项目都有被选取的机会
B. 对全部项目进行检查，通常更适用于细节测试

C. 应使所有抽样单元都有相等的被选取机会

D. 审计抽样更适用于控制测试

5. 下列有关统计抽样和非统计抽样的说法中，错误的是(　　)。

A. 注册会计师在统计抽样与非统计抽样方法之间进行选择时主要考虑成本效益

B. 非统计抽样如果设计适当，也能提供与统计抽样方法同样有效的结果

C. 注册会计师应当根据具体情况并运用职业判断，确定使用统计抽样或非统计抽样方法

D. 注册会计师使用非统计抽样时，不需要考虑抽样风险

6. 下列有关抽样风险的说法中，注册会计师认为正确的有(　　)。

A. 信赖过度风险导致注册会计师信赖那些不可信赖的内部控制，从而影响审计效率

B. 误拒风险是指注册会计师认为实际上不存在重大错报的抽样总体存在重大错报的风险

C. 即使对总体中的所有项目均进行检查，抽样风险也不可能完全消除

D. 无论控制测试和细节测试，通过增加样本规模均可以降低抽样风险

7. 下列有关非抽样风险的说法中，错误的是(　　)。

A. 非抽样风险影响审计风险

B. 非抽样风险不能量化

C. 注册会计师可以通过采取适当的质量控制政策和程序降低非抽样风险

D. 注册会计师可以通过扩大样本规模降低非抽样风险

8. 下列有关控制测试的样本规模的说法中，错误的是(　　)。

A. 可接受的信赖过度风险与样本规模反向变动

B. 总体规模与样本规模反向变动

C. 可容忍偏差率与样本规模反向变动

D. 预计总体偏差率与样本规模同向变动

9. 下列有关细节测试的样本规模的说法中，错误的是(　　)。

A. 总体的变异性与样本规模同向变动

B. 可容忍错报与样本规模反向变动

C. 总体规模对样本规模的影响很小

D. 可接受的误受风险与样本规模同向变动

10. 下列有关细节测试的样本规模说法中，错误的是(　　)。

A. 可接受的误拒风险与样本规模同向变动

B. 可容忍错报与样本规模反向变动

C. 总体项目的变异性越低，通常样本规模越小

D. 可接受的误受风险与样本规模反向变动

案例分析题

1. A注册会计师负责审计甲公司20××年度财务报表。在了解甲公司内部控制后，A注册会计师决定采用审计抽样的方法对拟信赖的内部控制进行测试，部分做法摘录如下：

(1) 为测试20××年度信用审核控制是否有效运行，将20××年1月1日至11月30日期间的所有销售单界定为测试总体。

(2) 为测试20××年度采购付款凭证审批控制是否有效运行，将采购凭证缺乏审批人员签字或虽有签字但未按制度审批的界定为控制偏差。

(3) 在使用随机数表选取样本项目时，由于所选中的1张凭证已经丢失，无法测试，直接用随机数表另选1张凭证代替。

(4) 在对存货验收控制进行测试时，确定样本规模为60，测试后发现3例偏差。在此情况下，推断

20××年度该项控制总体偏差率的最佳估计为5%。

(5) 在上述第(4)项的基础上，A注册会计师确定的信赖过度风险为5%，可容忍偏差率为7%。由于存货验收控制的偏差率的最佳估计不超过可容忍偏差率，认定该项控制运行有效。

要求：针对上述(1)至(5)项，逐项指出A注册会计师的做法是否正确。如不正确，简要说明理由。

2. A注册会计师负责审计甲公司2016年度财务报表。

(1) 甲公司规定，对于现金支付业务，审批人根据其职责、权限和相应程序对支付申请进行审批。A注册会计师拟测试甲公司现金支付审批控制是否有效运行，将甲公司2016年度所有经批准的付款申请单界定为属性抽样总体。

(2) A注册会计师拟测试甲公司2016年度信用审核控制是否有效运行，由于开展审计工作时，甲公司2016年12月的销售单尚未归档整理完毕，A注册会计师向销售经理询问，得到答复称2016年12月业务量较其他月份少，故A注册会计师将2016年1月1日至2016年11月30日期间的所有销售单界定为测试总体。

(3) 甲公司及其下属子公司执行相同的成本核算方法，即由成本会计人员手工计算产品成本并进行账户处理。为加强产品成本管理，甲公司购入一项信息化系统用于成本核算，于2016年正式投入使用，并拟在2017年推广至其下属子公司。为测试成本核算相关控制的有效性，A注册会计师将甲公司及其下属子公司2016年度所有成本计算单定义为抽样总体。

要求：针对上述(1)至(2)项，逐项判断A注册会计师的做法是否恰当，如不恰当，说明理由。

第 14 章　信息技术对审计的影响

内容提要

近年来，由于会计信息技术化的大规模普及，大部分企业的会计处理已经实现信息化。企业信息系统已不仅仅是一个孤立的系统，而是集财务、人事、供销、生产为一体的综合性系统，财务信息只是这个系统所处理信息的一部分，注册会计师开始意识到信息技术审计的重要性，因此，注册会计师必须在计划和执行审计工作时对企业信息技术进行全面考虑。

重点难点

本章重点为信息技术的概念、信息技术产生的风险；难点为信息技术对企业财务报告和内部控制的影响、信息技术对审计程序的影响。

学习目标

通过本章学习，学生应了解信息技术环境下所面临的主要风险，理解信息技术环境下内部控制的分类及其区别，掌握一般控制和应用控制的内容，熟悉信息技术环境下的控制对控制风险和实质性测试的影响，理解利用计算机审计的几种测试方法，理解不同信息技术环境下的审计问题。

知识框架

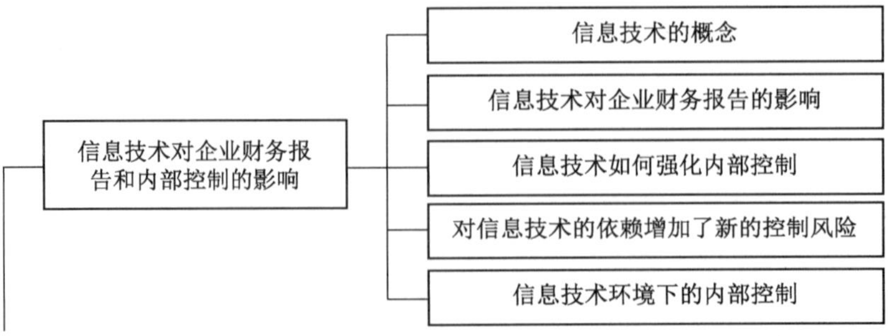

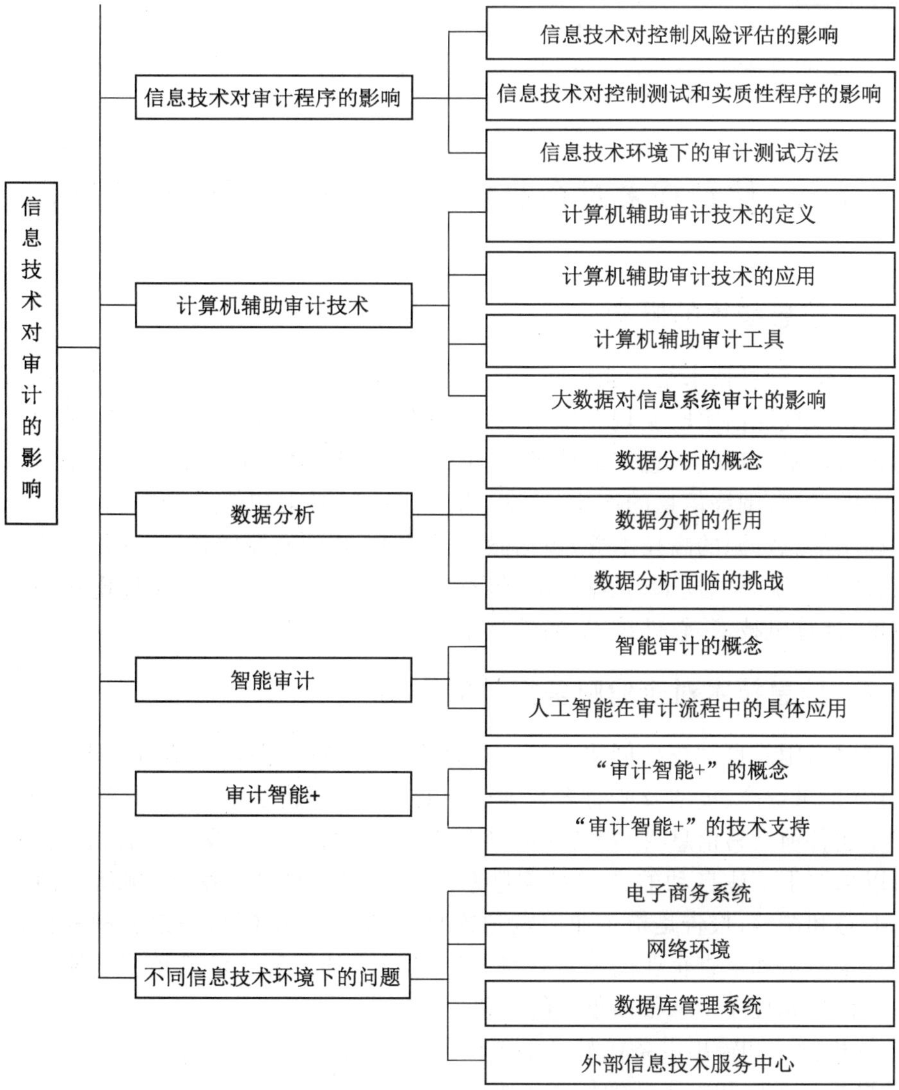

引入案例

海斯公司审计案例

海斯公司是一家专门生产钢管的美国企业，产品主要供应军事及采矿方面的用途，生产主要是由两组独立的生产线组成。上年度原材料及资产的开发费用为1.7亿美元，每天所需支付的款额由40万美元到100万美元不等，平均则为70万美元，总共有500家供应商，其中20家占了总供应的10%，公司的审计工作仅仅由1个独立的审计部门负责，审计经理、4名审计师，3名计算机信息系统审计师。公司设有计算机中心，协调其他部门实现电算化。而已实现电算化的部门有会计部、生产部、采购部、付款部。对于采购和付款信息系统的审计情况如下：目前所有采购活动都用手工操作，等待供应商装运—订单副本送到收货部及付款部—收到货物—订货单及收获报表送到付款部—将所有文件存放在档案室—收到发票—相关职员检索订货单及收获报表—查证发票—计算机处理经承认的发票—将发票的数据录入保存在磁盘上。关于该公司的系统内部控制情况如下：采购及付款的内部控制措施由人工和计算机程序共同实施，可归纳为6个方面：系统的开发控制、安全控制、操作控制。输入控制、处理控制、输出控制。关于系统开发控制情况，公司所有计算机信息系统均由计算机中心负责开发,8人一个小组,进行系统开发并且监控系统使用以及进行系统维护。而关于程序的编写守则是不允许系统使用者开发私有程序。

参考来源:李雪.审计学原理[M].上海:立信会计出版社,2017.

14.1 信息技术对企业财务报告和内部控制的影响

14.1.1 信息技术的概念

从广义上讲,信息技术是指能扩展人类信息功能的技术。具体而言,信息技术是指利用电子计算机和现代通信手段实现获取信息、传递信息、存储信息、处理信息、显示信息、分配信息等的相关技术。现代信息技术是指20世纪70年代以来,随着微电子技术、计算机技术和通信技术的发展,围绕信息的产生、收集、存储、处理、检索和传递,形成的一个全新的、用以开发和利用信息资源的高技术群,包括微电子技术、新型元器件技术、通信技术、计算机技术、各类软件及系统集成技术、光盘技术、传感技术、机器人技术、高清晰度电视技术等,其中微电子技术、计算机技术、软件技术、通信技术是现代信息技术的核心。

14.1.2 信息技术对企业财务报告的影响

企业可以运用信息系统来创建、记录、处理和报告各项交易,以衡量和审查自身的财务业绩,并持续记录资产、负债及所有者权益。具体来讲,创建是指企业可以采取手工或自动的方式来创建各项交易信息;记录是指信息系统识别并保留交易及事项的相关信息;处理是指企业可以采取手工或自动的方式对信息系统的数据信息进行编辑、确认、计算、衡量、估价、分析、汇总和调整;报告是指企业以电子或打印的方式,编制财务报表和其他信息,并运用上述信息来衡量和审查企业的财务业绩及其他方面的职能。信息系统的使用,会给企业的管理和会计核算程序带来很多重要的变化,包括:

① 计算机输入和输出设备代替了手工记录。

② 计算机显示屏和电子影像代替了纸质凭证。

③ 计算机文档代替了纸质日记账和分类账。

④ 网络通信和电子邮件代替了公司间的邮寄。

⑤ 管理需求固化到应用程序之中。

⑥ 灵活多样的报告代替了固定的定期报告。

⑦ 数据更加充分,信息实现共享。

⑧ 系统问题的存在比偶然性误差更为普遍。

信息系统形成的信息的质量影响企业编制财务报表、管理企业活动和作出适当的管理决策。因此,有效的信息系统需要实现下列功能并保留记录结果:

① 识别和记录全部经授权的交易。

② 及时、详细记录交易内容,并在财务报告中对全部交易进行适当分类。

③ 衡量交易价值,并在财务报告中适当体现相关价值。

④ 确定交易发生的期间,并将交易记录在适当的会计期间。

⑤ 将相关交易信息在财务报告中作适当披露。

因此，注册会计师在进行财务报表审计时，如果依赖相关信息系统所形成的财务信息和报告作为审计工作的依据，则必须考虑相关信息和报告的质量，而财务报告相关的信息质量是通过交易的录入到输出整个过程中适当的控制来实现的。所以，注册会计师需要在整个过程中考虑信息的准确性、完整性、授权体系及访问限制等 4 个方面。

14.1.3 信息技术如何强化内部控制

随着经济的发展，现代企业的运营越来越依赖于信息技术。例如，电商平台的运营、航空公司的网上订票系统、银行的资金实时结算系统等，没有信息技术的支撑，业务开展就举步维艰、难以为继，企业经营就很可能陷入瘫痪状态。还有一些新兴产业和新兴企业，其商业模式完全依赖信息技术，如各种网络公司、电子商务公司等，没有信息技术，这些企业可能失去生存之基础。信息技术对内部控制的强化体现在以下几个方面：

1）计算机控制代替手工控制

由于信息技术在处理大量复杂的经济业务方面具有明显的成本优势，因此，企业通常将其运用于财务报告的整个过程。信息技术的一个优势是它能够通过将计算机控制融入到日常的交易活动中来强化内部控制，并减少在传统的手工环境中极易发生的人为错误。计算机执行内部控制的例子包括将销售额与预先设定的信用额度进行比较等。

2）及时提供和传递高质量的信息

信息技术可以经济有效地处理大量的复杂交易事项，相对于手工系统而言，利用现代信息技术的会计信息系统可以为管理层提供更为及时、更多数量、更高质量的信息。一旦管理层相信信息技术环境下的信息是可靠的，那么对这些信息的使用将促进经营管理决策发挥更大的作用。

14.1.4 对信息技术的依赖增加了新的控制风险

信息技术能加强一个公司的内部控制，它也能影响一个公司的总体控制风险。在一些案例中，与人工系统相关的风险降低了，而与信息技术环境相关的新的特殊风险却产生了。例如，如果信息技术系统运行失败，或者使用由于运行错误而导致的不可靠信息，重要的信息不能得到恢复，将导致整个企业陷于瘫痪。这些风险加大了财务报告中存在重大错报的可能性，而这正是管理层和注册会计师所关注的。下面列出了对信息技术的依赖所增加的新的控制风险。

1）对软、硬件运行能力的依赖

没有适当的保护措施，计算机硬件和软件都不能够运行，因此对硬件、软件以及相关数据进行保护使之免遭物理损坏是很重要的。这些物理损坏可能是由于对它们的不合理的使用、故意破坏或者是自然灾害（如火灾、受热、受潮、遇水）造成的。

2）系统错误的增加

由于企业用技术处理程序代替了手工处理程序，产生随机错误的风险小了，但由于计算机处理的一贯性，系统错误的风险加大了。一旦计算机软件设计完成，计算机就持续地处理整个业务信息，直到程序被改变。不幸的是，软件的缺陷和变化影响了计算机处理的可靠性，从而导致重大的错报。如果系统不能识别非正常交易，或交易的审计轨迹不足，那么风险将更大。

3）非授权接触

会计电算化系统常常允许在线使用主文件和以电子形式存储的其他记录中的数据。由于在线接触可能来自许多远程接触点，因此存在非法接触的潜在可能性。如果没有恰当的在线限制，诸如密码、用户身份识别等，非授权活动就可能发生，而这可能会导致软件程序和主文件的不正确的变动，而且，某些机密信息可能会被非法取得。

4）数据的丢失

与传统的手工会计处理系统不同，在信息技术环境下，原始数据不是分散在各个职能部门，而是都集中储存在电子数据文档中。一旦数据被集中，数据文件丢失或遭受破坏的风险就随之加大，其后果可能会很严重。在某些特定条件下，不仅是财务报表存在潜在错报的问题，甚至整个单位都有可能在相当长的一段时期内被迫中止经营。

5）减少传统的授权

在高级信息技术系统下，将特定类型的交易事项通过计算机进行自动初始化是很平常的。比如，进行存款账户的利息计算，在订货点达到之前预订存货等。因此，合理的授权依赖于软件程序和用于进行授权决策的主文件的精确性。

6）减少职责分离

随着从手工处理过程向计算机处理过程的转变，计算机承担了许多传统条件下互相分离的职责，如授权与记录。因而，将企业不同部门的活动合并到一个信息处理部门中，使传统状态下分离的责任集中化了。除非信息处理部门的重要职责得到了恰当的分离，否则，有权接触系统软件和主文件的信息处理人员有可能盗窃企业资产。

7）审计轨迹的可见性降低

在信息技术环境下，大部分信息直接被输入到计算机中，减少甚至取消了原始凭证和记录，而这些原始凭证和记录可以使企业追查会计信息，这被称为审计轨迹。由于审计轨迹的消失，必须采用其他控制来代替传统控制，将输出信息与硬拷贝数据相比较。

8）牵涉人员的减少

在信息技术环境下，负责初始业务处理的员工无法看到最后的结果。因此，他们也很少能识别错报，即使他们看到了最后的结果，识别错报也往往是非常困难的，因为结果一般都经过了高度的概括。同时，员工往往容易认为通过技术处理的结果是正确的，因为它是由计算机生成的。

9）对信息技术经验的需求

即使公司购买的是相对简单的应用软件，配备具有丰富的系统安装、维护、运行知识和经验的人员也是非常必要的。随着信息技术系统在企业中的广泛应用，对信息技术专业人才的需求日益增强，许多公司创建了完整的信息技术部门，包括程序员操作员、网络管理员、数据输入人员、质量保证专家和数据库维护员等。信息技术系统和其产生信息的可靠性，往往取决于企业雇佣的人员或顾问的技术能力和经验。

14.1.5 信息技术环境下的内部控制

在信息技术环境下，人工控制的基本原理并不会发生实质性的改变，注册会计师仍需要按照规定执行相关的审计程序，而对于自动控制，就需要从信息技术一般控制、信息技术应用控制为切入点来展开审计。

1）信息技术一般控制

信息技术一般控制是指为了保证信息系统的安全，对整个信息系统以及外部各种环境要素实施的、对所有的应用或控制模块具有普遍影响的控制措施。信息技术一般控制通常会对实现部分或全部财务报表认定作出间接贡献。在有些情况下，信息技术一般控制也可能对实现信息处理目标和财务报表认定作出直接贡献。这是因为有效的信息技术一般控制确保了应用系统控制和依赖计算机处理的自动会计程序得以持续有效地运行。当人工控制依赖系统生成的信息时，信息技术一般控制同样重要。如果注册会计师计划依赖自动应用控制、自动会计程序或依赖系统生成信息的控制，他们就需要对相关的信息技术一般控制进行测试。

注册会计师应当清楚记录信息技术一般控制与关键的自动应用控制及接口、关键的自动会计程序、关键人工控制所依赖的系统生成数据和报告，或生成手工日记账时使用系统生成的数据和报告的关系。

信息技术一般控制包括程序开发、程序变更、程序和数据访问以及计算机运行 4 个方面。

（1）程序开发。程序开发领域的目标是确保系统的开发、配置和实施能够实现管理层的应用控制目标。程序开发控制一般包括但不限于以下要素：

① 程序开发的管理方法论。

② 项目启动、分析和设计。

③ 测试和质量确保。

④ 数据迁移。

⑤ 程序实施和应急计划。

⑥ 流程更新和用户培训。

⑦ 开发过程中的需求变更管理。

⑧ 开发过程中的职责分离。

（2）程序变更。程序变更领域的目标是确保对程序和相关基础组件的变更是经过请求、授权、执行、测试和实施的，以达到管理层的应用控制目标。程序变更范围除包含代码类的常规变更，也需要关注配置类的变更以及紧急变更。程序变更一般包括但不限于以下要素：

① 对变更维护活动的管理。

② 对变更请求的规范、授权与跟踪。

③ 测试和质量确保。

④ 程序实施。

⑤ 流程更新和用户培训。

⑥ 变更过程中的职责分离。

（3）程序和数据访问。程序和数据访问这一领域的目标是确保分配的访问程序和数据的权限是经过用户身份认证并经过授权的。程序和数据访问的子组件一般包括安全活动管理、安全管理、数据安全、操作系统安全、网络安全和物理安全。程序和数据访问一般包括但不限于以下要素：

① 应用用户授权管理。

② 高权限用户管理。

③ 职责分工和权限管理。

④ 认证和密码控制。

⑤ 用户监控。

⑥ 物理访问和环境控制。

⑦ 网络访问控制。

(4) 计算机运行。计算机运行这一领域的目标是确保业务系统根据管理层的控制目标完整准确地运行,确保运行问题被完整准确地识别并解决,以维护财务数据的完整性。计算机运行一般包括但不限于以下要素:

① 系统作业管理。

② 问题和故障管理。

③ 数据备份和恢复。

④ 备份介质的异地存放。

⑤ 灾难恢复。

2）应用控制

应用控制是针对每一个应用程序设计的,它应当能够保证公司实现相关业务的审计目标。尽管一些应用控制仅影响一个或几个相关业务的审计目标,但大多数控制能够防止或发现几种类型的错报。尽管输入、处理和输出的控制目标是相同的,但实现这些目标的程序却有很大差别。下面我们将讨论这 3 种类型的应用控制。

(1) 输入控制。企业设计的用来确保输入数据的合法性和正确性,完整、及时地接收交易有关数据,并及时发现、更正或向有关部门反馈进入系统的各种异常数据的控制叫做输入控制。输入控制十分重要,因为信息技术系统中大部分错误来源于输入错误。不管信息处理质量如何,输入错误常常会导致输出错误。具体的控制措施主要包括:数据在输入前要经过审批;操作人员必须经过授权;利用计算机对输入的数据进行检验,主要方法有:财务数据总计、杂乱数据总计、记录数量总计等,如表 14-1 所示。

表 14-1　对输入数据进行检验的方法

控制	定义	实例
财务数据总计	加总每一组中所有记录代表数量的字段,如金额或数量,这一加总有一定的实际意义	卖方所有销售发票的金额总计
杂乱数据总计	加总每一组中所有记录的代码字段,这一加总没有实际意义	卖方所有销售发票的账号的总计
记录数量总计	加计每一组中的记录数量	所处理的卖方销售发票的总量

(2) 处理控制。建立处理控制的目的是确保已经输入系统的全部数据均可得到正确和完整的处理,包括读取和记入适当的应用程序和数据库,及时更新交易数据记录,以及全部已处理交易必须易于追溯查验等。主要控制措施包括:交互核对,即某一员工的工作结果与其他相关员工或部门的工作结果进行核对检验;处理逻辑查验,比如,顺序性查验可用于检查有关交易处理的逻辑顺序性,确保信息处理过程依据预定的先后顺序执行;对系统自动生成的报表数据,系统不能直接更改;已入账的凭证,只能作留有痕迹的修改等。

(3) 输出控制。那种主要目的是在处理后发现错误而不是处理前防止出现错误的控制叫做输出控制,最重要的输出控制是由那些熟知输出的人员审阅数据的合理性。使用者因知道大概的正确数量,常能识别出错误。另外,计算机输出与手工控制总数的核对,以及所处理单元的数量与所提交的单元数量之间的对比有利于识别输出中的错误。在一些案例中,要进行输出样本与输入来源资料的对比。类似地,处理日期和时间的核对有利于识别无序的处理。对于较为敏感的输出,如计算机自动产生的工资支票,通过在分发支票之前要求员工提交恰当的身份证明来加强控制。同时,对显示器输出的敏感性内容的接触能通过使用密码及身份标识来控制。

14.2 信息技术对审计程序的影响

基于前文对一般控制和应用控制的了解,不管客户所应用的信息技术的繁简程度,注册会计师都有责任理解被审计单位的内部控制,包括一般控制和应用控制,对一般控制的认识也提高了注册会计师依靠有效应用测试减少与交易有关的审计目标的控制风险的能力。换言之,一般控制和应用控制对审计程序也有着重大的影响。

14.2.1 信息技术对控制风险评估的影响

这里主要介绍一般控制对控制风险评估的影响。大多数注册会计师在评估应用控制之前都要评估一般控制的有效性。如果一般控制是无效的,不管应用控制的质量如何,电算化会计都存在潜在重要错报的可能性。例如,如果职务分工不当,如计算机操作员既是程序员,同时还可以使用计算机的程序和文件,注册会计师就应该注意在销售、购进和工资账户中是否存在伪造的交易、未经许可的数据及遗漏。简单地讲,如果注册会计师观察到数据文件没有被恰当地保管,那么他们就可以认为丢失数据的风险很大,因为一般控制能够影响到每一个应用程序。在这种情况下,为实现审计目标,审计测试就需要向其他方面,如现金收据、现金支付和销货扩展。

此外,如果一般控制很好,这将增加依赖应用控制的可能性。注册会计师能够因此检测特定的应用控制运行的有效性并且根据结果减少大量测试。对有效的一般控制和应用控制的运用可以对审计效率带来显著的影响。

然而,在信息技术环境下,一个挑战就是软件更改导致的注册会计师对控制信赖程度的影响。当客户更改软件后,注册会计师必须评估是否需要增加新的测试。如果一般控制是有效的,注册会计师可以容易的发现软件改变了。而在一般控制较差的环境下,注册会计师就很可能发现不了软件的更改。所以,当一般控制较薄弱时,注册会计师必须考虑通过测试来验证一年中控制程序运行的有效性。

注册会计师主要通过以下方式来取得关于一般控制和应用控制的信息:询问信息技术人员和主要的使用者;检查系统资料,如流程图使用者手册、项目变更请求书和测试结果等;审阅信息技术人员做过的主要的调查问卷。在大多数情况下,需要采用不同的方式来取得有关内控的资料,因为方式不同,提供的信息不同。通过对主要信息人员和系统分析者的询问,可以得到有用的信息,如信息技术功能的整体运行情况、软件的发展和硬件的变化带来的主要会计处理软件应用范围的扩展、对未来发展的预测等。检查项目变更请求书和测试结果有利于发现应用软件中的程序改变。调查问卷有利于发现特殊的内部控制。

14.2.2 信息技术对控制测试和实质性程序的影响

在控制测试中，注册会计师把相关控制与具体审计目标的内部控制缺陷联系起来，以评价每一特定审计目标的控制风险。这种方法同样适用于信息技术环境，审计师可以遵循此方法将信息技术控制与审计目标联系在一起。注册会计师通常不把一般控制强弱与特定业务的审计目标相联系，因为一般控制在多个循环中影响了交易的审计目标。如果一般控制是无效的，注册会计师依靠应用控制来降低审计风险的能力将被减弱；相反，如果一般控制是有效的，它将增加注册会计师依赖应用控制降低审计风险的能力。注册会计师需要确定手工和计算机执行的应用控制以及其与交易有关的审计目标。当注册会计师确认特殊的应用控制能够降低控制风险，他们就可以减少大量的实质性程序。自动应用控制的系统性质使审计师能够在财务报表审计和财务报告内部控制审计中减少用以测试这些控制的样本规模。如果一般控制有效，且应用控制自审计师测试以来没有改变过，则审计师可以依赖以往年度对自动控制的测试。注册会计师通常使用他们自己的软件测试控制，以减少测试控制的审计成本。把这些因素综合起来，就可以大大提高审计的效率和效果。

特别提示 14-1

由于在信息化环境下，会计核算与财务报告是由信息系统通过程序进行自动处理的，因此审计内容很有可能包括对信息系统中的相关自动控制的测试。例如，在针对存货计价不准确的重大错报风险执行审计程序时，由于被审计单位存货的计价依赖于高度自动化处理，不存在或存在很少人工干预，针对该风险仅实施实质性程序可能不可行。获取的审计证据，即存货的库龄分析仅以电子形式存在，注册会计师必须测试存货的计价相关的内部控制的有效性，以及存货库龄计算的准确性。

14.2.3 信息技术环境下的审计测试方法

1）绕过计算机的审计

很多公司使用信息技术处理公司业务并设计相应的系统，这使原始凭证可以以可读的形式获取，或者过会计系统的输出容易的获得。在这种情况下，很多传统原始凭证，像客户购买订单、装船和收货纪录、销售和卖方发票依然保留。这些相关的会计软件也能产生打印的日记账和分类账，注册会计师可以通过会计记录追踪单独的交易。此外，内部控制经常包括客户计算机记录和原始凭证的比较。在这种情况下，信息技术的运用不能显著的影响审计轨迹。有代表性的是，注册会计师可以像在手工会计系统中一样，用同样的方法取得内部控制的了解并且进行控制测试、交易账户余额的实质性测试。注册会计师同样要对取得一般和应用计算机控制的了解负责，因为这些知识对辨认可能影响财务报表的风险有用。然而，注册会计师不能执行专门的计算机控制测试。这种审计方法被称为绕过计算机的审计，因为注册会计师现在不运用计算机控制来降低被评估的控制风险。取而代之，注册会计师运用非信息技术控制方法来降低控制风险评估。

2）利用计算机的审计

随着企业越来越多地使用信息技术，内部控制常常蕴含于以电子形式存在的应用程序之中。当传统的原始凭证，如发票、购货订单、账单记录和会计记录如销售日记账，存货清单和应收账款明细账等以电子形式存在，而不是以繁杂的副本形式存在，注册会计师一定要改变他们的审计方法，这种审计方法通常叫做利用计算机的审计。

知识拓展 14-1

绕过计算机的审计和利用计算机的审计举例：

内部控制	绕过计算机的审计	利用计算机的审计
批准赊销	从销货日记账选取一项销货业务，获取相应的客户销货订单，查看销货业务是否经过信用经理授权	获取客户销货应用程序和相关的信用额度主文件，对销货业务执行测试程序，查看应用软件是否恰当地拒绝了那些超过信用额度的业务，并接受了其他业务
仅对当前确已雇佣的员工薪金进行处理	从工资日记账中选择一笔工资支付业务，检查人事档案资料，确认工资接受者正被雇佣	创立一个包括有效和无效的雇员身份证号码的测试数据文件，使用客户的工资应用程序的复制文件执行数据处理，查看是否无效的雇员身份证号码被拒绝，而有效的号码被接受
现金支出日记账汇总栏由计算机进行自动汇总	获取书面的现金支出日记账，手工计算每栏合计数，验证相应数据的准确性	获取现金支出日记账的复印件，使用通用审计软件来验证相关数据的准确性

利用计算机的审计包含着若干种不同的具体测试技术方法，主要有：测试数据法、平行模拟法、嵌入审计模块法和其他测试方法。

（1）测试数据法。测试数据法是指使用客户计算机系统和客户应用程序测试注册会计师事先准备好的一组测试数据，来确定计算机的运行是否能够正确地控制所测试的数据的过程。因为注册会计师设计了测试数据，他应当能够分辨哪个检验项目被客户系统所接受或拒绝。注册会计师将系统测试数据时产生的输出结果与注册会计师预期的输出结果进行比较，来确定应用程序内部控制的有效性。图 14-1 说明了测试数据方法的应用。

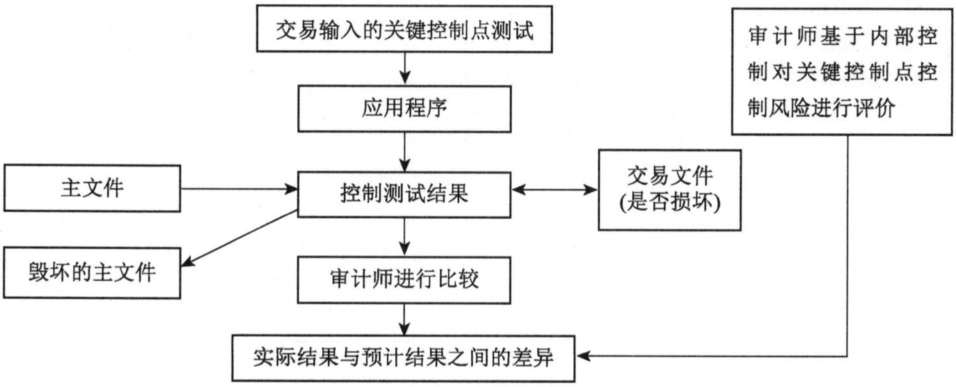

图 14-1 测试数据法

在使用测试数据法时，注册会计师需要注意 3 个主要问题：

① 测试数据必须包括注册会计师想要测试的所有相关条件。测试数据应当测试注册会计师想要依赖以减少审计风险的关键电算化控制的充分性。注册会计师的测试数据应当包括为客户一般处理程序中一部分的实际数据，既包括有效业务，也包括无效业务。

如假定客户处理工资业务时限定：工时每星期不准超过 80 小时。测试此项控制，注册会计师可假定每星期有 79、80 和 81 个小时的情况，按照图 14-1 所示的方法在客户的系统中处理这些情况。如果控制系统有效的运行了，客户系统必然会发现每星期 81 个小时的情况，并报告此项错误。

② 注册会计师的测试数据所测试的程序，必须是客户在整个年度内使用的程序。为确保满足这一条件，注册会计师可采取的方法之一是在整个年度内随机选取几个时间段，采取突击方式运行测试数据。按这种方法成本较高且费时。另一个方法是利用客户资料管理员和系统开发部门的一般控制，以确保被测试的程序在正常的处理过程中是应用的。

③ 测试数据必须从客户的记录中清除。如果客户软件测试在处理测试数据的同时还进行客户实际业务的处理，一旦测试完成，注册会计师必须从客户主文件中清除测试数据，因为，不能让虚构业务记录存在于客户主文件中。清除虚构的业务记录，注册会计师需输入其他数据以消除这些业务的影响。由于多数客户的应用软件程序的复杂性，计划使用测试数据法的注册会计师常常需要计算机审计专家的帮助。很多大型会计公司都有测试客户应用控制的相关人员。

（2）平行模拟法。有很多软件可以帮助注册会计师确定控制的有效性，并获取电子格式的账户余额的证据。注册会计师使用与客户功能相同的软件，处理客户的数据文件。不管是测试控制还是期末余额，注册会计师都要比较其输出结果与客户的输出结果，来测试客户软件的有效性。输出结果差异较小表明客户软件较为有效，相反，差异较大说明存在着潜在的缺陷。因为注册会计师事先准备的软件是用来平行模拟客户软件的功能的，所以这种测试方法被称为平行模拟测试。这种测试方法成本相对较高，占用大量时间，但能处理客户的真实数据，并且完全独立于客户的计算机信息系统。图 14-2 说明了典型的平行模拟。

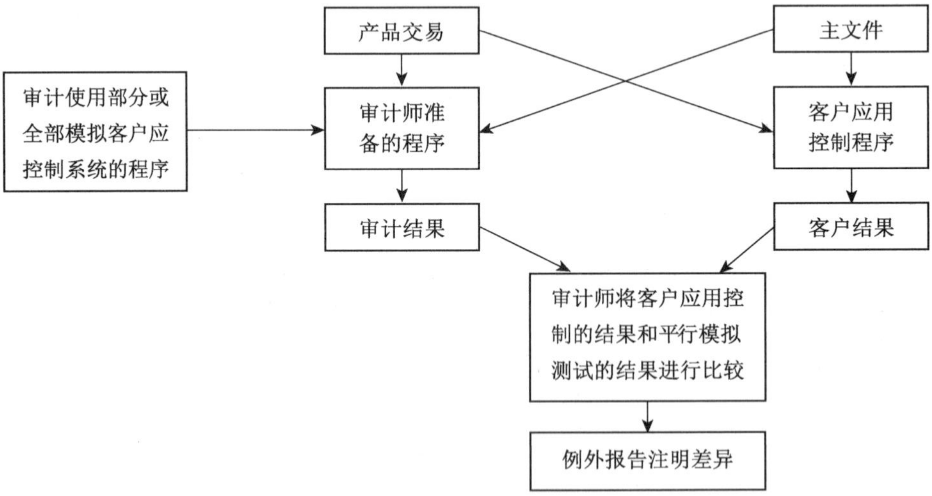

图 14-2　平行模拟法

需要注意的是：一方面，虽然平行模拟法的使用效果要好于测试数据法或者手工审计，但是，首次使用这种方法的成本是较高的，而以后几年审计时却可以降低相应的成本，因此这种方法通常在同一企业多年连续审计时使用；另一方面，注册会计师应当挑选具有代表性的交易，同时应当注意那些非经常使用的程序或者需要身份验证的保护性程序。

注册会计师常用来执行平行模拟测试的工具是通用审计软件(GAS),这是一种专门为注册会计师设计的软件。有些注册会计师使用电子制表软件执行基本的平行模拟测试,其他注册会计师则开发自己的审计软件。通用审计软件是预先设计好的标准化的一系列程序包,用以协助注册会计师读取、计算、分析并处理电子数据,执行一定程度的审计功能。使用通用审计软件的优点有:在某些审计程序的应用上可以大大提高审计效率,减少审计成本;能扩大审计范围,使注册会计师更深入地分析潜在的问题;能使注册会计师不必太依赖信息技术专家,对注册会计师的计算机知识的要求不会太高;不需太依赖客户的信息技术人员,能够提高审计的独立性。使用通用审计软件的缺点有:在使用不同品牌计算机、不同设备组合的电子数据处理系统、不同的程序语言、不同的数据于文件配置方式时可能不兼容;仅能验证数据处理过程的逻辑;适用于一般性审计业务,无法处理特殊的审计工作;如果业务类似的客户数量不多,开发通用软件将不符合成本效益原则。

通用审计软件可以用来验证信息技术控制。例如,注册会计师可以获取客户的顾客信用额度主文件、订单的复印件,在注册会计师的计算机上列示未超过信用额度的业务。注册会计师可以通过审计软件的输出结果与客户记录的比较来验证客户提供的信息的准确性和完整性。通用审计软件的第二个功能是可以用来验证客户账户余额。例如,注册会计师可以利用审计软件加载顾客的应收账款主文件来确定总账与明细账余额是否一致。审计软件一个很重要的优势在于它比传统的手工程序进行审计测试更快捷、更详尽。表 14-2 描述了通用审计软件的其他一般功能。

表 14-2　　通用审计软件的一般功能

功能	描述	举例
检查附注	通过独立计算验证客户计算的正确性	脚注应收账款的测试余额
测试记录的性质、完整性、正确性、一贯性	用特殊的标准审校所有记录	复核期末员工工资单
比较独立文件中的数据	确定两个或两个以上的数据文件信息的一致性	比较交易文件中销售和收款时应收账款余额的变化
概述或重排数据并进行	更改或合计数据	按照易于进行实物观察的原则,重新排列存货项目
选择审计样本	从阅读器中的数据选择样本	随机选取应收账款加以证实
复印件确认要求	复印用于确认测试的样本项目中的数据	从主文件中复印顾客姓名、地址、账户余额信息
将运用其他审计方获取的数据和公司记录进行比较	将阅读器中的数据和已被转换为计算机数据形式的用手工收集的审计证据进行比较	比较认定与应收账款主文件

案例讨论 14-1

平行模拟法案例

福斯特·威尔曼遇到了一个棘手的问题,他的客户曼尼恩公司,是一家赊账销售的百货公司。记录赊销账户的总账程序是一种新型程序,它可以按要求输出应收账款账龄表。该程序能够读取每笔应收账款并确定其账龄,计算各账龄组所占的百分比,以及计算坏账准备余额等。福斯特·威尔曼可以很容易地将恰当的百分比应用于各账龄组的总额，但他却不知道各账龄组的总额是否正确。

福斯特·威尔曼与曼尼恩公司计算机系统经理鲁迪·罗斯讨论了这一问题。鲁迪·罗斯表示，他可以向福斯特·威尔曼出示该总账程序测试执行前的文件记录，并可以完整地向福斯特·威尔曼说明，曼尼恩公司在系统开发过程中所采取的控制。福斯特·威尔曼对此向鲁迪表示感谢。但还是指出，账龄是审计的关键部分，他的事务所必须“证实”曼尼恩公司计算机生成的账龄表是正确的。

福斯特·威尔曼想出了一个创造性的解决办法。他想，他可以取得用于编写曼尼恩公司账龄处理的工作程序逻辑，然后用事务所的通用审计软件进行模拟。然后他就可以运行自己的程序来处理年末应收账款的明细情况。如果他的审计软件所生成的结果与曼尼恩公司的账龄表大体相符，就可以证明曼尼恩公司的账龄表是正确的了。

在征得了曼尼恩公司财务总监的认可后，福斯特·威尔曼拿到了曼尼恩公司应收账款数据的电子副本和该数据组的文件格式清单。福斯特·威尔曼利用他认为曼尼恩公司所采用的应收账款账龄的逻辑程序编制了一个程序，利用事务所的审计软件读取应收账款数据并生成账龄表。当福斯特·威尔曼把他的账龄表与曼尼恩公司的账龄表进行核对时，他感到非常震惊。两个程序计算出来的坏账准备金额存在重大差异。

当福斯特·威尔曼从发现这项差异的震惊中恢复过来时，他推想到，这项差异既可能是他的程序，也可能是客户的程序，也可能是两者引起的。他要求会见鲁迪·罗斯，与他讨论这个困境，并向他出示自己的逻辑说明和开发程序时编写的指令。鲁迪·罗斯同意指派他的高级系统程序员在福斯特·威尔曼的直接监督下调查这项差异。

调查结果发现，实际上是程序员的错误导致了曼尼恩公司应收账款账龄上的错误。出现问题的程序员是公司聘请的兼职人员只负责收入循环中的应收账款工作。而且，该程序员(已不在曼尼恩公司工作)还篡改了程序测试的文件记录。随后，曼尼恩公司对程序变更控制进行了一次检查，以确定为什么会出现这种疏忽。这一结果使福斯特·威尔曼不得不加大了年末应收账款的实质性测试工作量。

参考来源：李雪.审计学原理[M].上海：立信会计出版社，2017.

(3) 嵌入审计模块法。嵌入审计模块法是指在被审计单位的计算机数据处理系统中加入为完成审计的目的而编写的程序代码。嵌入审计模块是被审计的计算机数据处理系统的一个组成部分，为注册会计师生成和输出有关的报告。使用嵌入审计模块法，注册会计师可将一个审计模块嵌入客户的应用系统中以获取注册会计师感兴趣的交易。例如，注册会计师可以获取一定金额以上的所有购货事项，这样他就能够测试购货与付款循环的所有大额交易。使用嵌入审计模块法，注册会计师能够根据对客户实际交易的鉴别来连续审计该交易。与测试数据法和平行模拟只能测试某一时点相比，嵌入审计模块法能够使注册会计师进行连续测试。嵌入审计模块法的另一个优点是能够识别非正常交易。在很多情况下，这些非正常交易被复制成独立的数据文件，这通常是由一个注册会计师设计的软件程序通过复制客户的系统功能来完成。然后，计算机将客户的结果与注册会计师的结果相对比，将不符之处打印在一个例外情况报告上以备注册会计师查验。在这个例子中，这种嵌入审计模块法允许注册会计师进行适时的并行模拟测试。

(4) 其他测试方法。除了上述 3 种方法外，还有其他测试方法，如混合测试法、受控处理法和受控再处理法等。

混合测试法是先在被审计的信息系统中建立一个虚拟的实体(如虚拟的部门、供货商、客户、员工、账户等)，然后利用被审计的计算机信息系统，在正常的业务处理期间，将这些虚拟实体的有关业务数据与真实的业务数据一起处理，并把处理结果与预期结果进行比较，以确定被审计的计算机系统的处理和控制功能是否存在并发挥作用。优缺点与测试数据法基本相同，但不用暂停业务。

受控处理法是指注册会计师对被审计单位的真实业务数据在处理之前先进行核实，然后在被审计的会计系统上监督处理或亲自处理这些数据，并将处理的结果与预期结果比较分析，以判断被审计系统的处理与控制功能是否按设计的要求发挥作用。

受控再处理法是将已经由被审计的信息系统处理过的真实数据，在注册会计师的监督下，或由注册会计师亲自使用相同的计算机系统（或者是注册会计师以前保存的计算机系统副本）处理一次；并将二次处理结果进行比较分析，以判断当前或业务处理时的计算机系统的处理、控制功能是否存在、有效。

注册会计师可以使用一种方法测试，也可以将测试数据法、平行模拟、嵌入审计模块等方法结合使用。通常，注册会计师运用测试数据法来进行交易的控制测试和余额的实质性测试；平行模拟法被用来进行实质性测试，如重新计算交易额和附注主文件账户余额的辅助记录；注册会计师运用嵌入审计模块法进行实质性测试，辨别非正常交易。

14.3 计算机辅助审计技术

14.3.1 计算机辅助审计技术的定义

计算机辅助审计技术（Computer Assisted Audit Techniques，CAATs），是指利用计算机和相关软件，使审计测试工作实现自动化的技术。通常将计算机辅助审计技术分为两类，一类是用来测试程序或系统的，即面向系统的计算机辅助审计技术，另一类是用于分析电子数据的，即面向数据的计算机辅助审计技术。

1）面向系统的计算机辅助审计技术

面向系统的计算机辅助审计技术包括平行模拟（Parllel Simulation）、测试数据（Test Data）、嵌入审计模块法（Embedded Audit Module）、程序编码审查、程序代码比较和跟踪、快照等方法。

平行模拟法，是指注册会计师使用自身的应用软件，并且运用与被审计单位同样的数据文件，执行被审计单位应用软件同样的操作，以确定被审计单位自动控制的有效性或账户余额的准确性。

测试数据法，是指注册会计师使用被审计单位的计算机系统和应用软件处理注册会计师自身准备的测试数据，以确定被审计单位的自动控制是否正确地处理测试数据。

嵌入审计模块法，是指注册会计师在被审计单位的应用软件系统中嵌入审计模块，以识别特定类型的交易。

程序编码审查，是指注册会计师使用专业的编码审查工具，进行开发编码的独立审查，以期发现冗余代码、错误代码、恶意代码等。

程序代码比较和跟踪，是指注册会计师使用专业的代码比较工具，进行开发代码的比对，包括客制化开发版本和标准版之间的代码比对、不同版本程序之间代码的比对跟踪等。

快照，是指注册会计师使用专业的工具，将系统运行过程中的某一状态进行快照记录，以进行包括系统性能、功能、状态等的横向比较。

2) 面向数据的计算机辅助审计技术

面向数据的计算机辅助审计技术包括数据查询、账表分析、审计抽样、统计分析、数值分析等方法。

计算机辅助审计技术一方面可以将现有手工执行的审计测试自动化。例如,对报告数据的准确性和完整性进行测试。另一方面,在手工方式不可行的情况下执行测试或分析。例如,审计大量的和非正常的销售交易,尽管这项工作有可能通过手工执行来实现,但对于多数大型公司而言,从时间角度出发,需要审计的交易数量是无法通过手工方式来进行的。

计算机辅助审计技术不仅能够提高审计大量交易的效率,而且计算机不会受到劳累过度的影响(而注册会计师在审计大量交易后很容易产生疲劳),从这个意义上讲,计算机辅助审计技术还可以使审计工作更具效果。与用手工方式进行同样的测试相比较,即便是第一年使用计算机辅助审计技术进行审计,也会节省大量的审计工作量,而后续年度节约的审计时间和成本则会更多。

14.3.2 计算机辅助审计技术的应用

最广泛地应用计算机辅助审计技术的领域是实质性程序,特别是在与分析程序相关的方面。计算机辅助审计技术使得对系统中的每一笔交易进行测试成为可能,在交易样本量很大的情况下替代手工测试。

与其他控制测试相同,计算机辅助审计技术也可用于测试控制的有效性,选择少量的交易,并在系统中进行穿行测试,或是开发一套集成的测试工具,用于测试系统中的某些交易。在控制测试中使用计算机辅助审计技术的优势是,可以对每一笔交易进行测试(包括主文件和交易文件),从而确定是否存在控制失效的情况。

由于计算机辅助审计技术有助于详细审计大量数据,它也可用于辅助对舞弊的检查工作(如审计非正常的日记账)。

14.3.3 计算机辅助审计工具

计算机辅助审计技术是一种审计方式,因此也需要使用一定的工具来加以实现。常见的工具包括:

(1) 通用类:Excel、Access 等。Excel 自带了大量的核算或分析的库函数或工具,但是它处理的数据量较为有限,Access 可以灵活导入数据,并可使用简单的 SQL 语言进行分析,处理数据的范围和数量大于 Excel。

(2) 数据库类:SQL Server、Oracle 等。专用的数据库工具,可以快速高效地分析大量数据,但是对分析人员的技术水平要求较高,至少非常精通 SQL 语言。

(3) 专业工具类:ACL、IDEA 等。专业的分析工具,一般只有审计和内部控制专业人士以及财务管理人员才会使用这些工具。

14.3.4 大数据对信息系统审计的影响

近年来,大数据技术在我国各个行业领域都具有广泛的应用,这主要由大数据技术本身的优势所决定。大数据技术能够承载大量的数据,能够快速处理多种类型的数据,大数据还具有价值密度低的特点。大数据技术对信息系统审计的影响应当辩证地看,既有积极影响,同时也带来了一定的风险。

1）大数据提高信息系统审计的效率

随着会计电算化的普及，电子化的财务信息逐步取代了以往的纸质账簿。计算机能够从全局的角度对数据进行分析，并且实时处理、动态检查，及时发现问题，将审计人员从繁重的翻账、看账中解放出来。因此，大数据背景下，信息系统审计能够实现对数据的实时处理和动态分析，大大提高了审计工作效率。同时大数据技术的应用也增加了信息系统审计中数据处理的体量，提高了审计结果的准确性，避免因审计结果不准确而进行二次修正，从这一层面上来看大数据也提高了审计效率。

2）大数据改变了信息系统审计的思路和流程

信息系统总体控制审计事项在传统审计事项的基础上还应包括对IT治理体系、IT战略规划和安全管理制度等方面的审查。大数据技术增加了企业信息系统审计的复杂程度，要了解的内容也会更加复杂，因此需要制定更加详细的审计计划，为审计结论的得出提供更加充分的审计证据。换言之，大数据环境下，需要更加关注数据的安全问题。海量数据的特点对信息系统的安全性和性能提出了更高要求。信息系统一般控制审计包括信息系统安全性、职权分离和配置管理等方面。因此，信息系统审计流程应进一步优化，在一般控制审计流程的设置上更多地关注计算机的安全性和信息的安全管理。信息系统应用控制审计包括业务流程控制、数据进出控制、数据处理过程控制、接口控制、数据库管理等方面。在大数据环境下，需要对数据的输入和输出作出更多测试，关注企业对数据库的管理，以提高数据的安全性和可靠性。

3）大数据技术促进信息系统审计由部分审计向全面审计转变

大数据不仅为信息系统审计提供了新的方法，还扩大了信息系统审计的覆盖面，由部分审计向全面审计转变。在传统审计中，由于人员、时间等因素的限制，为了保证审计的经济性，充分考虑成本效益原则，审计人员通常采用抽样的方法实施部分审计，在样本中查找问题进而推断出总体的结论，降低了审计结论的准确性。过去的信息系统审计相对于传统审计来说具有诸多优势，但是因为对不同信息的收集还存在一定的局面性，因此未能完全实现全面审计。而大数据技术的出现，为实现全面审计提供了可能，计算机海量储存和高效处理的能力使得审计不再局限于部分样本的审计，因此大数据进一步扩展了信息系统审计的覆盖面、推动了信息系统审计的转变，实现全面审计的目标，更好地行使审计的监督职能。

4）大数据技术增加了信息系统审计的数据安全风险

这主要是由大数据技术本身的特点所决定的，大数据环境下信息系统审计需要依托网络、计算机和大量数据，这三者本身固有的风险就增加了安全隐患。由于大数据分析的数据原料包括私人和公共资料，因此一旦数据库的安全存在漏洞，就会降低数据的安全性。因此，大数据环境下，信息系统审计应当重点关注数据安全风险。

14.4 数据分析

14.4.1 数据分析的概念

数据分析是注册会计师获取审计证据的重要手段之一，是指注册会计师在计划和执行审计工作时，通过对内部或外部数据进行分析、建模或可视化处理，以发现其中隐藏的模式、偏差或不一致，从而揭示出对审计有用的信息的方法。数据分析对注册会计师来说是一门新学科，需要在硬件、软件、技能和质量控制等方面进行大量投入。在大中型会计师事务所对大型企业审计市场需求作出的响应中，数据分析居于重要地位，不仅可以应用于审计中，也可以广泛应用于其他鉴证业务中。数据分析能够帮助注册会计师以快速、低成本的方式实现对被审计单位整套完整数据（而非运用抽样技术得出的样本数据）进行检查，不仅能够在很大程度上提高审计的效率和效果，也有助于注册会计师从全局的角度更好地把握被审计单位交易和事项的经济实质，从而有助于提高审计质量。

14.4.2 数据分析的作用

数据分析是通过基础数据结构中的字段来提取数据，而不是通过数据记录的格式。一个简单的例子是 Excel 工具中的 Power View，它可以过滤、排序、切分和突显出电子表格中的数据，然后用各种各样的气泡图、柱状图和饼图等方式可视化地呈现数据。可视化与其基础数据几乎一样，因此分析质量的提高程度取决于必须以正确方式提取、分析和连接的基础数据。

数据分析工具可用于风险分析、交易和控制测试、分析性程序，用于为判断提供支撑并提供见解。例如，它们可以利用外部市场数据（如第三方定价信息）为投资重新定价。利率、汇率、GDP 的变化以及其他增长指标也可用于分析性程序。许多数据分析常规工具可以很容易地由注册会计师执行。独立完成这些分析的能力非常重要。更高级的常规分析工具可用于风险分析以便发现问题，而更详细的分析可用来明确重点，提供审计证据和洞察力。

一些常规分析工具可以提供审计证据，为判断会计估计的计算方法是否适当提供支持和依据。例如，如果一个企业有冲销超过一定账龄的应收款项的政策，如果常规分析工具显示，大量的贷项通知单与开具账单错误有关，那么当冲销贷项通知单时，对运用该方法的分析结果可能导致该方法看起来不是那么恰当。

数据分析工具可以提高审计质量。审计质量不在于工具本身，而是在于分析和相应判断的质量。这种价值不在于数据转换，而是在于从分析产生的交谈和询问中提取的审计证据。

14.4.3 数据分析面临的挑战

许多大型事务所在其客户系统中有独立的用户名和密码的只读类型的账号，以便在一段时间里服务于报告的审计。当某一地区使用的是标准账户时，这是一个非常有效的生成审计所需信息的方法。虽然这与提取或转换数据不一样。

注册会计师获取数据的方式也有所不同，有时自己去获取数据，有时使用管理层提取并验证过的数据。注册会计师围绕管理层的数据提取和验证过程执行一套控制测试，然后将管理层生成的信息用于自己的分析。这项工作的常规方面正在逐渐外包。在任何情况下，管理层必须在注册会计师做任何事情以前进行广泛的安全性和完整性检查。

实际上，大型事务所都面临了一个基本的技术问题——通过一个可使用的格式从系统中提取数据。为了开发一个可用的接口，注册会计师不得不为每一个大客户的每一系统、按照每一个排列去映射所有编码。他们也必须对完全定制的系统这样做。注册会计师正在开发多种策略，以使他们能够接入各种各样的系统。

专注于数据的提取、标准化和分析的软件供应商可以通过使用网页链接，从中小型公司广泛使用的专有会计系统中提取信息。供应商可以生成适合审计的信息，并对其进行分析。数据和交易可以采用许多不同的方式进行分析，如通过交易类型，账户或活动代码，或者参考许多不同的数据成分转换使数据变为可用的。一个最新出现的问题是，为了实现可用性，数据应做多大程度的改变。事务所在做出这种改变之前需要仔细思考并消耗资源来进行的关键决策，是有关从常规分析工具中可能获得的审计证据的质量，以及管理层是否能转换该数据以使监管变得更加容易。“更改”客户数据所带来的不安是一个问题，但有时是不可避免的。例如，分类账中将交易错误的数据按照几年前已不再是法定货币的货币加以记录，那么从这种分类账中提取的数据必须加以更改，以便让这些数据具有真实含义。

同时，管理层提供给注册会计师的大量的数据中存在的一些问题，并不是“属于”事务所的。这不是一个新问题，但数据分析的规模和范围让这个问题成为关注焦点。在大容量数据存储引起一些法律和实务问题的背景下，审计质量问题则是需要保留支持关键思考过程的文档记录。注册会计师为了适应数百万兆字节的数据，为了分析上百家报告单位的数百万交易所需的基础设施，已超出了标准服务器的容量。以何种方式保留数据，从而满足审计准则的文件记录要求，实质上是一个测试单个交易所需的信息是否充分的问题。

有观点认为，保留大量的数据不仅成本高昂，而且对于遵守审计准则而言也是不必要的。其他人则认为，分析的数据至少需要保留很多年，因为这是数据分析平台就是这样构建的，并且他们不相信与数据保留相关的风险状况发生了改变。有人认为，由于在数据分析中使用了海量数据，与数据保留相关的风险状况已经改变。虽然数据分析平台的质量对数据保留有影响，但什么应当被保留的标准并没有改变。如果一个项目已被测试，那么关于它的信息就应该被保留，以便在必要时再次找出该项目信息。因此，对于数据保留和平台风险，仍是一个值得商榷的问题，还需要各方学者进一步深入讨论。

14.5 智能审计

14.5.1 智能审计的概念

人工智能背景下人工智能审计，是指在审计过程中将完成数据智能转换、数据智能整理、数据智能分析等工作。智能系统技术与常规软件技术和主流计算环境紧密结合，奠定了基础智能系统以专家系统（ES）、决策支持系统（DSS）、知识管理系统为理论基础，以智能代理和数据挖掘为主要技术支撑，以分布式系统、地理信息系统和可视化多媒体为应用环境，它们互相融合、支撑，共同推动智能系统的发展，促进审计行业继续向前发展。人工智能基于目前发展应用状况，在社会审计应用中带来的技术进步，使审计模式、审计流程、审计方法均发生了改变，人工智能为审计行业带来了创新与进步，推动审计行业在未来的良好发展。

知识拓展 14-2

人工智能（Artificial Intelligence），英文缩写为AI。它是研究、开发用于模拟、延伸和扩展人的智能的理论、方法、技术及应用系统的一门新的技术科学。它旨在了解智能的实质，并生产出一种新的能以人类智能相似的方式做出反应的智能机器，该领域的研究包括机器人、语言识别、图像识别、自然语言处理和专家系统等。换言之，人工智能就是要让机器的行为看起来就像是人所表现出的智能行为，该概念体现了人造机器所表现出来的智能性，使机器"理性地思考"和"理性地行动"。

14.5.2　人工智能在审计流程中的具体应用

人工智能可以帮助实现审计过程的自动化，通过人工智能技术可将其转变为高效的审计流程。智能审计流程与传统审计项目基本一致，是从制定审计计划到实施审计再到审计终结的固定审计业务流程。该流程可以按照传统审计过程的顺序，用结构化的人工智能审计技术实现重复业务的程序化和自动化。

1）审计计划阶段

审计计划阶段应用人工智能技术对媒体资讯、门户网站、社交网络和拟被审计单位的业务数据、管理数据、行业数据、政策数据等通过数据挖掘技术汇总、归类、分析，机器扫描并识别每个数据，并自动将这些数据与相关支持证据相关联，从而检测问题行为。初步筛选出审计疑点多、金额大、问题严重的疑点数据，在审计人员、经费和时间等各项审计资源有限的情况下，自动确定审计范围和重点，审计机构对筛选出的审计事项再进行分析确认，最终确定审计项目计划。审计计划分析还可以通过人工智能技术自动避免重复审计及同时开展多项审计等计划安排不当现象。

2）审计实施阶段

审计实施阶段基于人工智能的连续控制监测检查全部的记录数据，自动生成以确保数据的完整性并防止篡改此类审计证据，据此发现违规问题并报告。此外，还可运用人工智能技术实现审计通知书、审计实施方案、审计工作底稿的自动生成。如通过录入被审计单位的名称并确认审计类型，可自动生成审计通知书；运用数据挖掘技术筛选出的疑点，自动确认审计重点和审计难点，自动计算重要性水平并生成审计实施方案；通过审计问题的录入，检索审计发现问题的关键词，与数据库中法律法规自动关联，生成格式化的审计工作底稿。

3）审计成果生成阶段

审计成果生成阶段可自动进行审理、审计报告生成及整改情况分析。自动分析审计实施方案、审计取证单、工作底稿的勾稽关系，检查是否存在审计实施方案有记录而审计实施中未落实的问题，是否存在审计取证单的问题、数据、定性与工作底稿不相符等问题；根据审计发现的问题，自动生成审计报告，包括基本情况、审计问题、审计建议等；通过人工审核将审计整改意见通过服务器向被审计单位发送，运用计算机图形图像处理等相关技术要求被审计单位在规定时间内上传整改数据及资料，实时在线跟踪修正情况。

14.6　审 计 智 能＋

互联网的普及将审计推入信息化时代，得益于第五代移动通信技术（以下简称 5G）大数据、人工智能与区块链的发展，"审计智能＋"已悄悄拉开帷幕。"审计智能＋"是指通过整合5G、物联网、人工智能与区块链等新兴技术，保证审计数据自产生开始便在线上真实、完整地运行，实现数据采集、分析到报告生成全过程自动化，完成智能审计升级。国际“四大”会计师事务所对此已有一定的实践。在我国，“审计智能＋”尚处于新兴阶段，加快“审计智能＋”的建设，有助于满足审计全覆盖的要求，应对大数据挑战，解决审计发展不平衡问题。

14.6.1 “审计智能＋”的概念

“审计智能＋”是借助 5G 与区块链的支持，通过物联网中的各类传感器进行数据采集，并在物联网中各节点上加载人工智能算法的处理器进行审计数据分析，再由物联网中输出终端生成审计报告的审计全过程自动化运行环境。

在大数据时代下，审计实务逐步迈入以人工智能技术为基础的智能审计阶段，审计人员利用先进的网络通信和计算机技术，将人工智能应用于审计数据分析，及时发现异常值，辅助开展审计工作。与传统审计相比较，智能审计提高了审计效率，保证了审计质量。但是这一模式下数据输入和数据输出阶段的智能化技术相对薄弱，远未实现自动化。为满足审计全覆盖的要求，面对庞大的数据量和复杂的数据结构，仅辅助于数据分析自动化的智能审计显得捉襟见肘。作为一种全流程自动化的审计模式，“审计智能＋”顺应时代发展的要求，成为继智能审计之后的必然选择。它通过整合 5G、物联网、人工智能与区块链，保证数据自产生开始便在线上真实、完整地运行，实现审计数据采集、分析和报告的自动生成，极大地提高审计效率，保证审计质量，增强审计权威性，这不仅是对智能审计的一种升级，更是对现有审计模式的一次深刻革命。

14.6.2 “审计智能＋”的技术支持

审计自动化是“审计智能＋”的典型应用，突出特征是能够模拟审计人员开展审计工作，相应地，组成审计自动化应用的相关技术也可以进行拟人化处理。

1）第五代移动通信技术 5G

作为一种数据传输技术，5G 的重要价值在于能够使数据在不同设备间实现快速互联。5G 数据传输率高，比 4GLTE 蜂窝网络快 100 倍；网络延迟较低，是 4G 的 1/70～1/30，在相同时间可以使数据传输的距离更远、传达的设备更多。市场庞大、成本低、系统容量高、连续广域覆盖的 5G 能够为审计全覆盖和实时审计提供技术支持，即使在偏远地区也能够使审计数据被全面获取，并保证数据在上下级之间和不同行业之间的纵向与横向快速传输。

2）物联网设备

物联网是将物件通过各类传感器链接并互联成网。物联网将现实世界数字化，拉近了分散的信息，统整物与物的数字信息。物联网发展势头强劲，2018 年中国信息通信研究院发布的《物联网白皮书》表明，全球物联网产业规模快速增长，应用场景持续扩展，预计到 2020 年超过 65％的企业和组织将应用物联网产品和方案，全球 44 亿人将通过物联网相连（周锦昌，2016 ）。万物互联的态势将对各个行业产生深刻的影响。借助 5G，物联网的实用性更强，使用场景更多样。

在审计领域，物联网依托自身网络中的各种设备，模拟审计人员的技能，完成审计全过程自动化所需的功能。例如，物联网中红外感应器、全球定位系统（ GPS ）、激光扫描器等信息传感设备能及时捕捉外界信息，相当于人的眼睛或耳朵；加载人工智能算法的各类处理器可以进行数据处理与分析，相当于人的大脑；机械臂等工业机器人能对处理结果作出反应，相当于人的四肢。

3）人工智能

人工智能是基于人工智能算法，通过计算机对人类智慧的模拟。它能系统正确地解释外部数据，从数据中学习并利用所学实现既定的目标和任务，可以类比为人脑的逻辑思维。在审计工作中，人工智能不仅为数据的获取提供多样化的方式，还可以在数据分析和结果呈现环节大大减轻审计人员的脑力负担。

作为人工智能的重要应用领域，自然语言处理和人工神经网络等技术可极大地促进审计数据获取的自动化。其中，自然语言处理是以处理人类语言为任务的计算技术，主要关注人—机之间的交流。审计过程中获取的大量信息以合同、制度、会议纪要等文本形式储存，由人工进行查阅，效率低、错误高。自然语言处理技术可以根据审计需要，对大量文本进行快速分析，提取关键信息，实现对风险点的系统检索，避免人工审查的知识局限与漏判误判。在结果呈现环节，自然语言处理技术将数据分析结果以电子文本或语音形式予以多维度、立体化呈现，既能帮助审计人员发现问题产生的深层次原因，还能为持续审计和风险实时预警提供技术支持。人工神经网络是模仿人脑神经结构和功能的模型，用以记忆和处理外界信息，动态监测录入数据的变化，给出实时反馈意见。人工神经网络具有自学习、自适应的能力，能够像人脑一样不断纠正错误、加深正确意识，提高对事件的识别和预测能力。研究表明，基于人工神经网络构建的审计意见预测模型能够达到非常高的准确率。而且人工神经网络自身由许多“神经元”——处理器节点组成，与物联网能够天然融合。

审计数据的处理可以采取云计算和雾计算①相结合的方法。云计算将被审计单位的本地数据传输到网络中央处理器，再利用中央处理器上加载的人工智能算法对数据进行分析处理，最后将处理结果传给审计机关。其优点是中央处理器算力强大，能够处理大规模复杂数据，但缺点是网络传输成本高、数据传输延迟高。雾计算将数据采集、数据处理和应用程序集中在物联网边缘设备中，利用嵌入式人工智能算法就地处理数据。与云计算相比，雾计算具有低延迟、省核心网络带宽、省电等优点。由于数据标准化是实现数据自动化录入最重要的前提，通过雾计算即时将非标准化数据转化为标准化数据后传到云端，或只将初步处理后的必要数据传送到云端，再由云计算对数据进行处理，能更快地得到处理结果，也会减少核心网络与中央处理器的压力。

4）区块链技术

区块链审计将区块链技术运用到审计工作中，利用区块链技术去中心化、去信任化的集体维护数据库技术的特点搭建区块链审计平台，形成区块链审计实施流程，从而提高审计效率和质量。区块链审计利用区块链技术分布式记账与存储的特点实现去中心化作业，审计工作中整个网络体系无需第三方的中介机构。审计工作所需信息储存在所有节点组成的数据库中，由参与审计的所有成员集体维护和监督。

区块链技术是审计全过程自动化的助推器。区块链能够将价值数字化，以比特币为代表的加密电子货币交易可直接进入“审计智能＋”网络，交易的每一个环节都被实时、真实地记录在分布式账簿中，降低审计过程中追溯交易真实性和可靠性的难度。区块链技术的另一应用是智能合约，可在不依赖任何中心机构的情况下自动化地代表各签署方执行合约，能

① 雾计算是由Cisco公司提出的对云计算的延伸概念，是分析、处理接近收集位置的物联网数据的新模式。

够有效防止欺诈或审计合谋。在区块链中加入自主审计技术，能够对疑似交易进行预警，发出预警信息，由交易的后续参与者对交易的真实性进行验证并加盖时间戳，自主完成对交易的合规性审计，实现审计的自动化。

相关思考 14-1

通过以上了解，请分析智能审计和"审计智能+"之间的区别。

14.7 不同信息技术环境下的问题

不论企业的信息技术系统的结构如何，所有的企业都需要一套有效的一般控制环境，因为信息技术环境不同，一些基本控制事项也会有所不同。下面我们将说明不同信息技术环境下的问题，包括使用电子商务系统、网络、数据库管理系统和外部计算机服务中心。

14.7.1 电子商务系统

越来越多的被审计单位采用电子商务的方式进行交易。电子商务是指在互联网开放的网络环境下，以信息技术为手段，买卖双方不谋面地进行各种商贸活动，实现消费者的网上购物、商户之间的网上交易和在线电子支付以及各种商务活动、交易活动、金融活动和相关的综合服务活动的一种新型的商业运营模式。在这种方式下，交易信息在网上传输，容易被拦截、篡改或不当获取，需要采取相应的安全控制。此外，被审计单位的会计信息系统可能与交易对方的系统相连接，产生了互相依赖的风险，即交易一方的风险部分取决于交易对手如何识别和管理其自身系统中的风险。

14.7.2 网络环境

网络将众多的设备连接起来，如微型计算机、中型计算机、主机、工作站、服务器和打印机，它的广泛使用改变了信息技术的功能和作用。局域网将一个场所或若干场所的设备连接起来，仅供企业内部使用。它通常通过网络系统软件，将一个计算机或工作站的数据和程序传输给另一个计算机或工作站。广域网则在较大的地理区域范围内连接设备，包括全球连接。

在网络环境下，处理业务的应用软件和数据文件在服务器中，服务器是用来处理数据的。计算机或工作站的连接和运行是通过网络服务软件管理的。企业通常会有若干个服务器。

在大型客户网络环境中，因为有信息技术支持及大量使用者的关注，本章所讨论的大多数一般控制都会得到应用。对其他企业，网络环境通常会导致控制发生变化，注册会计师在计划审计工作时必须考虑到这一点。很多组织的网络服务器十分分散，这样由于缺乏网络运行的全面监管和网络安全保障，会增加控制风险。而且，很多网络系统缺少标准化的设备和程序。需要及时交流和调取数据的企业通常会在信息技术系统控制之外自行设计网络系统。设备和软件的购买、维护、管理和物理安全的责任通常由使用人而不是由信息技术系统来承担，这通常会导致缺乏恰当的控制。由于软件和数据的使用者众多，相关的网络软件一般缺乏安全保障，如在传统环境中易于分清的职责分工。

如果客户在网络环境下进行会计处理，注册会计师应当了解客户网络系统的相关内部控制情况，包括相互连接的计算机、服务器、工作站的情况及用来管理系统的网络软件。注册会计师还应当了解对应用程序和数据文件的使用和改变的控制情况。

14.7.3 数据库管理系统

注册会计师常会碰到客户使用数据库管理系统进行会计处理和数据维护。数据库管理系统允许客户自己创立包括应用共享信息的数据库。在非数据库环境下，每项应用程序都有自己的数据文件；而在数据库管理系统中，多个应用程序共享数据库文件。应用数据库管理系统可减少数据重复，加强数据控制，提供更有用的信息以便整合全部职能部门的信息来进行相关决策。例如，客户信息，如在销货、信用、会计处理、市场营销及运输等业务中都要用到的客户名称和地址，在数据库管理系统环境下存在于共享数据库中，这会节约大量成本。企业一般在整个企业中应用数据库管理系统，这种程序称为企业软件。

通过删除重复的数据文件将数据集中于数据库管理系统中，使企业的控制水平得到提高。然而，数据库管理系统也会增加内部控制风险。例如，产生与多用户相关的风险，这些用户包括处理、使用和更新数据人员之外的使用者。没有适当的数据库管理和使用控制，产生未经授权的、不准确的、不完整的数据文件的风险就会增加。而且，将所有数据集中于一个文件使得定期对数据信息进行备份显得更加重要。对使用数据库管理系统的客户，注册会计师应了解其计划、组织、政策和程序以确定系统管理的有效程度。

14.7.4 外部信息技术服务中心

许多企业像进行材料采购的外购决策一样，根据成本效益原则，决定是否在企业内部设立独立的信息技术中心。根据这一决策，许多小型企业往往会选择不在企业内部设立独立的信息技术中心，而是向独立的信息技术服务中心购买其所需要的信息技术以满足信息技术需求。

在向独立的信息技术服务中心购买服务时，企业提交需要录入的数据，信息技术服务中心进行数据处理。最后，信息技术服务中心将输出结果和原始的录入数据交还给企业。以工资单为例，企业向信息技术服务中心提交计时卡片和支付率。信息技术服务中心按照约定定期返还工资单、分类账和录入数据。从上面这一数据处理过程我们可以看出，提供真实、完整、合法的资料是企业的责任；设计信息系统、提供充分的内部控制以确保数据的处理过程是可信赖的是信息技术服务中心的责任。从而，在购买外部信息技术服务的环境下，企业的重要控制环节在信息技术服务中心。

在审计过程中，注册会计师不能仅仅因为信息技术服务中心是个独立的实体就认为其内部控制是充分的。注册会计师在了解企业的内部控制和进行控制测试时，了解信息技术服务中心为企业提供的内部控制以及实施控制测试是必不可少的一个步骤。

在了解信息技术服务中心为企业提供的内部控制和实施控制测试时，注册会计师应当遵循对其他企业进行内部控制评估时所采用的标准。对内部控制的了解程度依赖于信息技术系统的复杂性。同时还依赖于注册会计师想要在多大程度上信赖内部控制以降低控制风险的评估水平，进而减少实质性测试。如果注册会计师认为在信息技术服务中心实施审计程序是进行审计的唯一途径，那么就有必要了解信息技术服务中心的内部控制以及进行符合性测试。

每一信息技术服务中心都有许多客户，如果每个客户都要求由自己的注册会计师评估信息技术服务中心的内部控制，那么给信息技术服务中心带来的不便和成本将是巨大的。目前，国外越来越多的信息技术服务中心自行聘请注册会计师对其内部控制进行评估，信息技术服务中心的注册会计师在完成对内部控制的评估后，签发说明其审计范围和审计结论的特别审计报告。信息技术服务中心的注册会计师签发的这份特别的审计报告中所包含的审计意见的作用是，为信息技术服务中心的客户确信信息技术服务中心的一般控制和应用控制的有效性提供了合理保证。在此基础上，信息技术服务中心的客户和客户聘请的注册会计师共同分享这个评估结果。因此，客户注册会计师的责任就是在多大程度上信赖特别审计报告。

综上，本节内容主要研究信息技术对审计程序的影响。客户使用信息技术虽然提高了其内部控制水平，但与传统手工系统相比，会计电算化系统也带来了新的风险。管理健全的企业认识到了这一问题，并在信息技术系统中实施有效的一般控制与应用控制来减少此类风险对企业财务报告系统的影响。为了有效地计划工作，注册会计师必须了解这些风险并对客户的一般控制与应用控制进行调查。调查了解客户的一般控制为注册会计师是否信赖应用控制提供了基础。注册会计师的一些控制测试能用计算机来执行，这是一种可获取更为有效和高效率的审计结果的方式。为减少审计风险而对一般控制和应用控制的信赖程度会随着客户使用微型计算机、网络、数据库管理系统和外部计算机服务中心的不同而有所不同。

相关思考 14-2

近几年，信息系统审计、数据审计、智能审计、区块链审计等审计模式发展迅速，请结合现状简述审计未来的发展趋势。

重要概念

一般控制　应用控制　绕过计算机审计　利用计算机审计　平行模拟测试
嵌入审计模块法　计算机辅助审计技术　数据分析　智能审计　审计智能+

本章练习

简答题

1. 为什么运用信息技术能够强化内部控制？
2. 对信息技术的依赖增加了哪些新的风险？
3. 信息技术环境下的内部控制可以分为哪几类？
4. 什么是信息技术环境下的一般控制？
5. 信息技术环境下的一般控制包括哪些类型？
6. 什么是信息技术环境下的应用控制？

7. 信息技术环境下的应用控制包括哪些类型?
8. 简述绕过计算机审计和利用计算机审计?
9. 计算机审计测试方法可以分为哪几类?
10. 测试数据法、混合测试法和平行模拟法有什么异同?

选择题

1. 注册会计师与信息系统相关风险的评估中,错误的是(　　)。
A. 管理层对信息系统中的权限设置进行人为干预
B. 系统故障导致的数据丢失
C. 安全控制失效导致记录被篡改
D. 处理大流量交易及数据时效率低于人工控制
2. 下列有关信息技术一般控制的说法中,错误的是(　　)。
A. 信息技术一般控制只能对实现部分或全部财务报表认定做出间接贡献
B. 信息技术一般控制对所有应用控制具有普遍影响
C. 信息技术一般控制包括程序开发、程序变更、程序和数据访问以及计算机运行 4 个方面
D. 信息技术一般控制旨在保证信息系统的安全
3. 注册会计师郭劲男认为以下不属于信息系统一般控制的是(　　)。
A. 程序开发和变更
B. 操作系统安全
C. 数据备份和灾难恢复
D. 业务和财务系统间的接口数据传输
4. 注册会计师白敬亭认为以下属于信息系统应用控制的有(　　)。
A. 计算机运行故障管理
B. 财务系统定期生成分析报告
C. 财务系统中设定各科目映射关系
D. 信息系统的外包和预算管理
5. 下列有关信息系统一般控制、应用控制和公司层面信息技术控制的说法中,正确的有(　　)。
A. 信息技术一般控制是应用控制和公司层面信息技术控制的基础
B. 注册会计师执行公司层面信息技术控制审计通常安排在执行信息技术一般控制和信息技术应用控制审计之前
C. 评估的重大错报风险为低水平时,如果计划依赖自动应用控制,可以对其直接测试,而无需对信息技术的一般控制进行验证
D. 需要关注的应用控制要素包括完整性、准确性、存在和发生
6. 下列有关注册会计师评估被审计单位信息系统的复杂度的说法中,错误的是(　　)。
A. 信息技术环境复杂,意味着信息系统也是复杂的
B. 评估信息系统的复杂度,需要考虑系统生成的交易数量
C. 评估信息系统的复杂度,需要考虑系统中进行的复杂计算的数量
D. 对信息系统复杂度的评估,受被审计单位所使用的系统类型的影响
7. 下列有关数据分析的说法中,不正确的有(　　)。
A. 数据分析主要通过数据记录的格式进行数据提取
B. 审计准则需要彻底的变革以反映数据分析技术的发展
C. 注册会计师可以对提取的数据进行转换,但不应对数据做出改变
D. 数据分析的价值在于可以提高审计质量,这种价值来自数据分析工具本身及对数据进行的转换

8. 某集团将信息技术职能外包给专门服务机构，注册会计师评价服务机构注册会计师对服务机构内部控制有效性出具的报告时，通常无需考虑的因素是(　　)。

A. 控制测试涵盖的期间

B. 测试的控制与企业的关联度

C. 服务机构注册会计师对服务机构内部控制有效性出具的意见

D. 服务机构注册会计师的收费水平

案例分析题

A会计师事务所正在审计B公司的财务报表，B公司最近安装了计算机来进行会计处理。会计师事务所经调查后，发现其业务流程如下：

(1) 为了提高工作效率，B公司现有的一些编表的程序基本不变，只是对电脑操作员进行计算机培训。

(2) 每一个电脑操作员均专门负责某一个程序操作，包括程序的变动、运转和答复问题。该项程序的优点是，每当输入错误时，操作员可以对其进行修改，因而，每个操作员仅负责本部门的电脑工作。

(3) 上班时间至少有一个职员留在电脑房中，且只有电脑操作员一人才有房间钥匙。

(4) 软件公司除了帮助设计软件外，还附送了一套系统说明文件，为保险起见，这些系统说明文件就放在电脑边，以备查阅。

(5) 公司曾考虑通过电脑内部的程序进行控制。但考虑到过于繁琐，最后还是决定保留人工控制。

(6) 公司将产品直接从公共仓库装运，仓库将装运通知单交会计室，由该室开单人员填入各项目的单价并检查每一仓库装运通知的编号顺序。开单人员同时利用计算器汇总装运量及金额表。

(7) 装运通知单及运量表送往电脑部打印，并输出包括发票等一式六份的销售日报，有电脑员与运量表核对。

(8) 发票全部送交开单人，开单人将其分别寄送顾客与仓库，一份发票留档，作为记录应收账款的依据。

要求：描述上述资料流程的内部控制，指出其中存在的问题，并提出改进上述内部控制弱点的建议。

审计学模拟试题

模拟试题(一)

得分	

一、**单选题**(本大题共10小题,每小题1分,共10分)

1	2	3	4	5	6	7	8	9	10

1. 注册会计师审计产生的直接原因是(　　)。

A. 合伙企业制度的产生　　B. 股份制企业制度的形成

C. 资本市场的发展　　D. 所有权和经营权的分离

2. 下列各项业务中,属于相关咨询服务业务的是(　　)。

A. 预测性财务信息审核　　B. 年度财务报表审计

C. 对财务信息执行商定程序　　D. 财务报表审阅

3. 会计师事务所的质量控制制度不包括针对以下(　　)方面的政策和程序。

A. 收费标准和时间预算

B. 对业务质量承担的领导责任及职业道德规范

C. 客户关系和具体业务的接受与保持

D. 业务执行

4. 如果利润表的重要性水平为100万元,资产负债表的重要性水平为120万元,那么会计报表层次的重要性水平为(　　)。

A. 20万元　　B. 120万元　　C. 100万元　　D. 220万元

5. 在审计计划阶段,若注册会计师期望的审计风险确定为4.5%,评估的重大错报风险为40%,那么注册会计师应该将承担的检查风险控制为(　　)。

A. 40%　　B. 11.25%　　C. 6.8%　　D. 15.6%

6. 审计工作底稿的归档期限是(　　)。

A. 审计报告日后30天内　　B. 审计报告日或审计业务中止后60天内

C. 审计业务约定书签订后60天内　　D. 审计业务中止后90天内

7. 充分性和适当性是审计证据的两个重要特征,下列关于审计证据的充分性和适当性的表述中,不正确的是(　　)。

A. 审计证据质量越高,需要的审计证据的数量可能越少

B. 充分性和适当性两者缺一不可,只有充分且适当的审计证据才是有证明力的

C. 如果审计证据质量存在缺陷,仅靠获取更多的审计证据可能无法弥补其质量上的缺陷

D. 审计证据的充分性与适当性密切相关,证据的充分性一定会影响其适当性

8. 甲公司将2016年度的主营业务收入列入2017年度的财务报表,则针对2016年度财务报表存在错

误的认定是(　　)

A. 存在　　B. 发生　　C. 完整性　　D. 准确性

9. 从存货实物中选取项目追查至存货盘点记录,可以测试存货盘点记录的(　　)。

A. 完整性　　B. 存货是否存在　　C. 存货的计价　　D. 存货的所有权

10. 当审计报告的意见段中出现“除……的影响外”的字样时,表明审计报告是(　　)。

A. 无保留意见　　B. 保留意见　　C. 否定意见　　D. 无法表示意见

得分	

二、判断题(本大题共 10 小题,每小题 1 分,共 10 分)

1	2	3	4	5	6	7	8	9	10

1. 会计和审计没有区别,会计从事的工作审计可以从事,审计从事的工作会计业务可以从事。(　　)
2. 目前审计采用的主流审计方法是账项基础审计。(　　)
3. 相对于审计而言,审阅程序简单,保证程度有限,审阅成本也较低。(　　)
4. 为保证审计计划的严肃性,审计计划一旦制订,在执行中就不能做出任何修改。(　　)
5. 如果注册会计师不打算依赖被审计单位的内部控制,则无须对内部控制进行测试。(　　)
6. 如果被审计单位的控制环境比较差,注册会计师应当在期末而非期中实施更多的审计程序。(　　)
7. 应收账款函证的样本应由注册会计师和被审计单位共同商定,并由被审计单位的职员负责寄出询证函。(　　)
8. 控制测试和实质性程序在每次年度会计报表审计中都必须运用,以获取充分、适当的审计证据。(　　)
9. 应付账款通常不需函证,如需要函证,最好采用积极式函证。(　　)
10. 注册会计师无须了解被审计单位的所有内部控制,而只需了解与审计相关的内部控制。(　　)

得分	

三、问答题(本大题共 4 小题,每小题 10 分,共 40 分)

1. 简述注册会计师职业道德基本原则的内容。
2. 审计目标的实现过程需要经过哪几个阶段?
3. 财务报表层次重大错报风险的总体应对措施有哪些?
4. 了解被审计单位是风险评估不可缺少的内容,除了了解被审计单位的诸多外部因素,我们在了解被审计单位及其环境时,还需要了解哪些内部因素?

得分	

四、综合分析题(本大题共 4 题,第 1 题 6 分,第 2 题 10 分,第 3 题 14 分,第 4 题 10 分,共 40 分)

1. 请根据认定的种类与具体审计目标的内容填列下表:

认定	各类认定的含义	各类认定对应的具体审计目标
发生	(1)	确认已记录的交易是真实的
准确性	与交易和事项有关的金额及其他数据已恰当记录	(2)

（续表）

认定	各类认定的含义	各类认定对应的具体审计目标
截止	交易和事项已记录于正确的会计期间	(3)
存在	记录的资产、负债和所有者权益是存在的	(4)
权利和义务	(5)	确认资产归属于被审计单位，负债属于被审计单位的义务
分类和可理解性	财务信息已被恰当地列报和描述，且披露内容表述清楚	(6)

2. A注册会计师在对甲公司2019年度财务报表审计时，获取到以下5组审计证据：

(1) 原材料入库单与购货发票。

(2) 销货发票副本与产品出库单。

(3) 工资计算单与工资发放单。

(4) 存货盘点表与存货监盘记录。

(5) 银行询证函回函与银行对账单。

要求：请分别说明每组审计证据中哪项审计证据较为可靠，并简要说明理由。

3. A和B注册会计师首次接受委托，负责审计上市公司甲公司2019年度财务报表。在对主营业务收入进行审计时，编制了如下审计工作底稿，部分内容摘录如下：(金额单位：万元)

记账凭证编号	记账凭证日期	记账凭证金额	发票日期	出库单日期
转字10	2019年12月20日	12.5	2019年12月18日	2019年12月18日
转字24	2019年12月25日	119.8	2019年12月20日	2019年12月20日
转字40	2019年12月28日	16.3	2019年12月28日	2020年1月2日
		略		
转字4	2020年1月2日	10.7	2020年1月2日	2020年1月2日
转字10	2020年1月2日	7.8	2020年1月2日	2020年1月2日
转字35	2020年1月5日	17.6	2020年1月5日	2020年1月4日
		略		

要求回答下列问题：

(1) 主营业务收入截止测试的目的、关键以及围绕3个关键日期的3条审计路线。

(2) 上表中哪笔收入的截止确认存在问题？请说明理由。

4. 注册会计师赵公正负责三元公司2018年度的财务报表的外勤审计工作。为证实资产负债表上列示库存现金的完整性，赵公正进行库存现金的监盘。三元公司在总部和分部均设有出纳部门，赵公正计划仅对总部库存现金进行监盘对分部的库存现金不进行监盘。为了保证库存现金监盘的顺利进行，注册会计师在监盘前一天通知三元公司会计主管人员，让其做好监盘的准备。考虑到出纳日常的工作安排，监盘时间定在14：00。监盘时，由于会计主管临时有急事，缺席库存现金监盘。出纳把现金放入保险柜，并将已办妥现金收付手续的交易登入现金日记账，结出现金日记账余额。然后，A注册会计师当场盘点现金，在与现金日记账核对后填写“库存现金盘点表”，并在签字后形成审计工作底稿。

要求：指出上述库存现金盘点工作中存在哪些不当之处，并提出改进建议。

模拟试题(二)

得分	

一、单项选择题(本大题共10题,每题1分,共10分)

1	2	3	4	5	6	7	8	9	10

1. 在注册会计师审计发展过程中,标志着注册会计师职业诞生的是(　　)。
A. 1844年英国《公司法》规定了股份公司必须设监察人
B. 1845年英国《公司法》修订后规定了股份公司的账目必须经董事以外的人员审计
C. 1853年英格兰爱丁堡创立了爱丁堡会计师协会
D. 1862年英国《公司法》规定了注册会计师为法定的破产清算人

2. 注册会计师所从事的下列业务中,不属于注册会计师"相关服务业务"的是(　　)。
A. 担任某企业的常年会计顾问
B. 对企业的财务报表实施审阅
C. 帮助企业选择适当的会计政策
D. 为企业代编财务报表

3. 对会计师事务所业务质量控制制度承担领导责任的是(　　)。
A. 主任会计师　　B. 项目负责人
C. 审计员　　D. 助理审计员

4. 实物证据通常证明(　　)。
A. 实物资产是否存在　　B. 实物资产的所有权
C. 实物资产的计价准确性　　D. 有关会计记录是否正确

5. 下列事项中难以通过观察的方法来获取审计证据的是(　　)。
A. 经营场所　　B. 内部控制的执行情况
C. 实物资产是否存在　　D. 固定资产的所有权

6. 在特定的审计风险水平下,检查风险与重大错报风险之间是(　　)的关系。
A. 同向变动　　B. 反向变动
C. 有时同向变动,有时反向变动　　D. 无任何关系

7. 注册会计师设计和实施的进一步审计程序的性质、时间和范围,应当与评估的(　　)重大错报风险具备明确的对应关系。
A. 认定层次　　B. 财务报表层次
C. 账户余额　　D. 交易或事项

8. 下列凭证中不属于销售与收款循环的是(　　)。
A. 销售发票　　B. 发货单　　C. 销售通知单　　D. 存货盘点表

9. 审计工作底稿的所有权属于(　　)。
A. 被审计单位　　B. 注册会计师个人
C. 会计师事务所　　D. 被审计单位的股东

10. 如果注册会计师评估的财务报表层次的重大错报风险为高水平,则拟实施的总体方案倾向于(　　)。
A. 风险应对方案　　B. 实质性方案
C. 控制测试方案　　D. 综合性方案

得分	

二、判断题(本大题共10小题,每小题1分,共10分)

1	2	3	4	5	6	7	8	9	10

1. 审计机构和审计人员在发挥审计职能、达成审计目标过程中所产生的社会效果体现在制约性和促进性两个方面。 ( )

2. 具体审计计划的核心是决策为获取充分适当的审计证据而采取的审计程序的性质、时间和范围。 ( )

3. 如果会计师事务所与客户之间存在对职业道德基本原则产成威胁的情形,会计师事务所必须解除业务约定。 ( )

4. 审计报告的收件人一般为被审计单位管理层。 ( )

5. 在持续考虑和评价会计师事务所质量控制制度时,会计师事务所要在每个周期内对每个项目合伙人至少检查一项已完成的任务。 ( )

6. 应收账款余额明细表可由注册会计师编制也可由被审计单位提供。 ( )

7. 期末余额为零的银行存款账户不需要进行函证。 ( )

8. 一般而言,内部证据不如外部证据可靠。 ( )

9. 定期盘点存货,合理确定存货的数量和状况是注册会计师的责任。 ( )

10. 注册会计师只需要在风险评估时了解被审计单位及其环境,其他时候不需要了解。 ( )

得分	

三、问答题(本大题共4小题,每小题10分,共40分)

1. 简述销售与收款循环的内部控制。

2. 列举哪些因素可能损害注册会计师的独立性。

3. 列举审计报告的类型。

4. 什么是舞弊?舞弊三角论是什么?

得分	

四、综合分析题(本大题共3题,第1题8分,第2题22分,第3题10分,共40分)

1. 大连某公司拟公开发行股票,委托大连某会计师事务所审计其2017年度、2018年度和2019年度的财务报表。双方于2019年年底签订审计业务约定书。假定存在下列情况:

(1) 双方约定审计费用为20万元,其中一半在提交审计报告时支付,另一半视公司能够上市决定是否支付。

(2) 事务所的主任会计师是公司的独立董事。

(3) 审计小组成员C常年担任公司的会计顾问。

(4) 事务所在媒体发布招聘信息中有抬高自我的成分。

要求:

请针对上述4种情况,判断会计师事务所或相关注册会计师是否违反了职业道德的有关规定,并简要说明理由。

2. 甲注册会计师接受委托,对常年审计客户A公司2019年度财务报表进行审计。A公司为木材企业,存货主要有柞木、橡木、橡胶木,其中少量橡木寄放在C公司仓库。另有丁公司部分榆木存放于A公司的仓库。A公司拟于2019年12月27日～12月31日盘点存货,以下是甲注册会计师撰写的存货监盘计划的部分内容。

存货监盘计划

一、存货监盘的目标

检查A公司2019年12月31日存货数量是否真实完整。

二、存货监盘范围

2019年12月31日库存的所有存货，包括柞木、橡木、橡胶木和榆木。

三、监盘时间

存货的观察与检查时间均为2019年12月31日。

四、存货监盘的主要程序

1. 与管理层讨论存货监盘计划。

2. 观察A公司盘点人员是否按照盘点计划盘点。

3. 对于寄放在C公司仓库的橡木，主要实施检查货运文件、出库记录等替代程序。

……

要求回答以下问题：

(1) 什么是存货的监盘？

(2) 请指上述出存货监盘计划中的目标、范围和时间存在的错误，并简要说明理由。

(3) 请判断存货监盘计划中列示的主要程序是否恰当，若不恰当，请予以修改。

3. 众信会计师事务所的注册会计师王一正在对青岛海晶工业有限公司进行2019年度财务报表的审计，在应收账款审计中，对南方工业有限公司进行应收账款函证时设计了如下函证内容：

银行询证函

编号：20190112

青岛海晶工业有限公司：

本公司聘请的众信会计师事务所正在对本公司2019年度财务报表进行审计，按照中国注册会计师审计准则要求，应当询证本公司与贵公司的往来账项等事项。下列数据出自本公司账簿记录，如与贵公司记录相符，请在本函下端"信息证明无误"处签章证明；如有不符，请在"信息不符"处列明不符金额。

邮编：266031　电话：0532-86712211　传真：0532-86712210　联系人：王一

回函地址：青岛市市南区延安路234号37楼

1. 本公司与贵公司的往来账项列示如下：

单位：元

截止日期	款项性质	贵公司欠	欠贵公司	备注
2018年12月31日	应收账款	80 532.00		
合计		80 532.00		

2. 其他事项

本函仅为复核账目之用，并非催款结算。若款项在上述日期之后已经付清，仍请及时函复为盼。

（众信会计师事务所签章）

2020年1月18日

结论：

1. 信息证明无误。

（被询证单位盖章）

日期：

经办人：

2. 信息不符，请列明不符的详细情况：

（被询证单位盖章）

日期：

经办人：

要求：请指出询证函中存在的问题并予以改正。

审计学模拟试题参考答案

模拟试题(一)参考答案

一、单项选择题(本大题共 10 题,每题 1 分,共 10 分)

1	2	3	4	5	6	7	8	9	10
D	C	A	C	B	B	D	C	A	B

二、判断题(本大题共 10 小题,每小题 1 分,共 10 分)

1	2	3	4	5	6	7	8	9	10
×	×	√	×	√	√	×	×	√	√

三、问答题(本大题共 4 小题,每小题 10 分,共 40 分)

1. 注册会计师职业道德基本框架的内容。

(1) 诚信、独立、 (2 分)

(2) 客观和公正 (2 分)

(3) 专业胜任能力和应有的关注 (2 分)

(4) 保密 (2 分)

(5) 良好的职业行为 (2 分)

2. 接受业务委托(1 分);计划审计工作(2 分);评估重大错报风险(2 分);应对重大错报风险(2 分);编制审计报告(2 分)。

3. (1)向项目组强调在搜集和评价审计证据过程中保持职业怀疑态度的必要性。(2 分)

(2) 分派更有经验或者具有特殊技能的注册会计师,或利用专家的工作。(2 分)

(3) 提供更多的督导。(2 分)

(4) 提高审计程序的不可预见性。(2 分)

(5) 提高审计程序的弹性。对拟实施的审计程序的性质、时间安排和范围作出总体修改。(2 分)

4. (1)了解被审计单位的性质。(2 分)

(2) 了解被审计单位的会计政策的选择和运用。(2 分)

(3) 了解被审计单位的目标、战略以及相关经营风险。(2 分)

(4) 了解被审计单位的业绩衡量和评价。(2 分)

(5) 了解被审计单位的内部控制。(2 分)

四、综合分析题(本大题共 4 题,第 1 题 6 分,第 2 题 10 分,第 3 题 14 分,第 4 题 10 分,共 40 分)

1.

认定	各类认定的含义	各类认定对应的具体审计目标
发生	记录的交易和事项已发生,且与被审计单位有关(1 分)	确认已记录的交易是真实的
准确性	与交易和事项有关的金额及其他数据已恰当记录	已记录的交易是按正确金额反映的(1 分)
截止	交易和事项已记录于正确的会计期间	接近于资产负债表日的交易记录已计入恰当的期间(1 分)
存在	记录的资产、负债和所有者权益是存在的	记录的金额确实存在(1 分)
权利和义务	记录的资产由被审计单位拥有或控制,记录的负债是被审计单位应当履行的偿还义务(1 分)	确认资产归属于被审计单位,负债属于被审计单位的义务
分类和可理解性	财务信息已被恰当地列报和描述,且披露内容表述清楚	财务信息已被恰当地列报和描述,且披露内容表述清楚(1 分)

2.(1) 购货发票比原材料入库单可靠。理由:购货发票来自公司以外的机构或人员,而原材料入库单是公司自行编制的。(2 分)

(2) 销货发票副本比产品出库单可靠。理由:销货发票是在外部流转,并获得甲公司以外的机构或个人的承认,而产品出库单只在公司内部流转。(2 分)

(3) 工资发放单比工资计算单可靠。理由:工资发放单需经会计部门以外的工资领取人签字确认,而工资计算单只在会计部门内部流转。(2 分)

(4) 存货监盘记录比存货盘点表可靠。理由:存货监盘记录是注册会计师自行编制的,而存货盘点表是甲公司提供的。(2 分)

(5) 银行询证函回函比银行对账单可靠。理由:银行询证函回函是注册会计师直接获取的,未经公司有关职员之手;而银行对账单经过甲公司有关职员之手,存在伪造、涂改的可能性。(2 分)

3.(1)主营业务收入截止测试的目的:确定被审计单位主营业务收入交易的会计记录归属期是否正确,应计入本期或下期的主营业务收入有无被推迟至下期或提前至本期。(2 分)

截止测试的关键:发货日期、开具发票日期、记账日期是否归属于同一个适当的会计期间(2 分)

3 条路线:

从资产负债表日前后若干天的账簿记录为起点,查至记账凭证、发票存根、发运凭证,防止高估主营业务收入。(2 分)

从资产负债表日前后若干天的发票存根为起点,查至发运凭证、账簿记录、明细账,防止低估主营业务收入。(2 分)

从资产负债表日前后若干天的发运凭证为起点,查至发发票与账簿记录,防止低估主营业务收入。(2 分)

(2) 上表中哪笔收入的截止确认存在问题?请说明理由。

2010 年 12 月份的转字第 40 号凭证记录的收入截止确认存在问题。(2 分)

发货日期、发票日期、记账日期没有归属于同一个会计期间。发票日期、记账日期早于发货日期,企业有提前多计收入的嫌疑。(2 分)

4.(1) 库存现金监盘目的为证实资产负债表上列示库存现金的完整性不恰当。库存现金监盘是证实资产负债表中所列示的库存现金是否存在。(2 分)

(2) 库存现金监盘仅对总部进行而不对分部进行监盘不恰当,库存现金监盘范围应包括企业各部门保管的所有现金。(2 分)

(3) 注册会计师在监盘前一天通知三元公司会计主管人员，让其做好监盘的准备不恰当，库存现金监盘应突击进行。(2分)

(4) 库存现金监盘的时间为下午十四点不正确。库存现金监盘的时间应安排在上午上班前或者下午下班后。(2分)

(5) 库存现金监盘会计主管缺席不恰当。库存现金监盘参加人员应出纳、会计主管、注册会计师，三方在场。(2分)

模拟试题(二)参考答案

一、单项选择题(本大题共10小题，每小题1分，共10分)

1	2	3	4	5	6	7	8	9	10
C	B	A	A	D	B	A	D	C	B

二、判断题(本大题共10小题，每小题1分，共10分)

1	2	3	4	5	6	7	8	9	10
√	√	×	×	√	√	×	√	×	×

三、问答题(本大题共4小题，每小题10分，共40分)

1. 适当的职责分离。(2分)正确的授权审批。(2分)准确及时充分的凭证与记录，凭证连续编号。(2分)按月寄出对账单。(2分)内部核查程序。(2分)

2. 自身利益(2分)；自我评价(2分)；过度推介(2分)；密切关系(2分)；外在压力(2分)。

3. 标准无保留意见的审计报告(2分)；带强调事项段或其他事项段的无保留意见的审计报告(2分)；保留意见的审计报告(2分)；否定意见的审计报告(2分)；无法表示意见的审计报告(2分)

4. 舞弊是指被审计单位的管理层、治理层、员工或第三方使用欺骗手段获取不当或非法利益的故意行为。(4分)

舞弊的三角论是指实施舞弊的动机或压力、实施舞弊的机会、为舞弊行为寻找借口的能力。(6分)

四、综合分析题(本大题共3题，第1题8分，第2题22分，第3题10分，共40分)

1. (1) 违反。(1分)因为双方约定的收费标准属于或有收费，这是职业道德规范不允许的。(1分)

(2) 违反。(1分)因为我国《注册会计师职业道德规范指导意见》中规定，会计师事务所的高级管理人员或员工不得担任鉴证客户的董事(包括独立董事)、经理或者其他关键管理职务。(1分)

(3) 违反。(1分)审计小组成员C担任鉴证客户的常年会计顾问，没有保持形式上的独立性。(1分)

(4) 违反。(1分)我国《注册会计师职业道德规范指导意见》中规定，事务所通过新闻媒体发布招聘信息时，不得含有抬高自我的成分。(1分)

2. (1) 存货监盘：注册会计师现场观察被审计单位存货的存货的盘点，并对已盘点的存货进行适当的检查。(4分)

(2) 存货监盘的目标不正确，应该是获取A公司2019年12月31日有关存货数量和状况的审计证据。(3分)

存货监盘的范围不正确，应该是2019年12月31日库存的柞木、橡木、橡胶木，不包括丁公司存放于A公司仓库的部分榆木。(3分)

存货监盘的时间不正确，存货监盘的时间应该包括实地察看盘点现场的时间、观察存货盘点的时间和对已盘点存货实施检查的时间等，应当与被审计单位实施存货盘点的时间相协调，所以应该是2019年12

月 27 日至 12 月 31 日。(3 分)

(3) 程序 1:“与管理层讨论存货监盘计划”不恰当,应与管理层讨论存货盘点计划。(3 分)

程序 2:“观察丙公司盘点人员是否按照盘点计划盘点”是恰当。(3 分)

程序 3:“对于寄放在C公司仓库的少量橡木,主要实施检查装运文件、出库纪录等替代程序”是不恰当的,应该主要通过函证或利用其他注册会计师工作等替代程序来进行查验。(3 分)

3. (1) 询证函名称错误,应由“银行询证函”改为“企业询证函”。(2 分)

(2) 被询证方名称错误,青岛海晶工业有限公司应改为南方工业有限公司。(2 分)

(3) 缺少通知被询证者直接向会计师事务所回函的语句,应在第一段最后增加语句“回函请直接寄至众信会计师事务所”。(2 分)

(4) 往来账项列示中截止日期错误,应该将“2018 年 12 月 31 日”改为“2019 年 12 月 31 日”。(2 分)

(5) 签章错误。函证发出时应该在“2. 其他事项”后加盖被审计单位签章,而不是会计师事务所签章。(2 分)

参 考 文 献

[1] 中国注册会计师协会.审计[M].北京：中国财政经济出版社，2020.

[2] 中华人民共和国现行审计法规与审计准则及政策解读编写组.中华人民共和国现行审计法规与审计准则及政策解读：2020年版[M].上海：立信会计出版社，2020.

[3] 张龙平，李璐.现代审计学[M].北京：北京大学出版社，2020.

[4] 秦荣生，卢春泉.审计学[M].北京：中国人民大学出版社，2019.

[5] 宋常.审计学[M].北京：中国人民大学出版社，2018.

[6] 李晓慧.审计学：实务与案例[M].北京：中国人民大学出版社，2017.

[7] 李雪.审计基础与实务[M].上海：立信会计出版社，2017.

[8] 赵华.财务审计实务[M].北京：中国政法大学出版社，2019.

[9] 彭俊英，陈艳芬，幸倞.审计实务教学案例[M].北京：中国人民大学出版社，2018.

[10] 霍夫曼，审计案例分析[M].北京：首都经济贸易大学出版社，2019.

[11] 王砚书，董丽英.审计案例[M].大连：东北财经大学出版社，2019.

[12] 洞炎.系统性财务造假揭秘与审计攻略[M].上海：上海财经大学出版社，2019.

[13] 刘明辉，史德刚.审计[M].大连：东北财经大学出版社，2019.

[14] 阿尔文·阿伦斯，兰德尔·埃尔德，马克·比斯.审计学：一种整合方法[M].北京：中国人民大学出版社，2017.

[15] 董东，王艳君，陈玉哲.审计分析：从关系到大数据[M].北京：清华大学出版社，2019.

[16] 高雅青，李三喜，于维言.审计整合框架与操作案例分析[M].北京：中国市场出版社，2018.

[17] 朱锦余.审计[M].大连：东北财经大学出版社，2019.

[18] 中国注册会计师协会.中国注册会计师审计准则[S].2019.

[19] 中国注册会计师协会.质量控制准则第5101号——会计师事务所对执行财务报表审计和审阅、其他鉴证和相关服务业务实施的质量控制[S].2019.

[20] 中国注册会计师协会.中国注册会计师职业道德守则第1号-第5号[S].2009.

[21] 财政部，审计署，中国保险监督管理委员会，中国银行业监督管理委员会，中国证券监督管理委员会.企业内部控制基本规范[S].2008.

[22] 财政部，审计署，中国保险监督管理委员会，中国银行业监督管理委员会，中国证券监督管理委员会.企业内部控制应用指引第1－5号[S].2010.

[23] 财政部会计司.财政部会计司解读《企业内部控制应用指引第1－5号》[S].2010.

[24] 财政部会计司.财政部会计司解读《企业内部控制应用指引第18号——信息系统》[S].2010.

[25] 中国注册会计师协会.会计师事务所质量管理准则第5101号——业务质量管理（征求

意见稿)[S].2020.
[26] 中国注册会计师协会.会计师事务所质量管理准则第 5102 号——项目质量复核(征求意见稿)[S].2020.
[27] 中国注册会计师协会.中国注册会计师审计准则第 1121 号——对财务报表审计实施的质量管理(征求意见稿)[S].2020.